엑셀을 활용한 문제풀이 과정

경영과학

MANAGEMENT SCIENCE

형성우 · 이상만 · 김주안 공저

형설출판사
www.hyungseul.co.kr

머리말

Management science

근래에 이르러 시스템적 사고와 계량분석적 접근방법이 경영학 연구와 경영문제의 해결에 중요한 도구로 등장하고 있어서, 대학에서도 경영학과를 비롯한 산업공학과, 공업경영학과 및 경영과학과 등에서 경영과학, 계량경영학, 계량분석 혹은 OR가 기본 과목들의 하나로 자리잡고 있다. 본서는 독자들이 기업경영을 포함하여 조직형태를 갖춘 모든 기관에서 발생하는 의사결정문제를 모형화하고 그 해를 도출하기 위한 수리적 기법들을 습득·응용할 수 있도록 하는 데 그 목적을 두고 있다.

학계에서는 그동안 계량경영학, 의사결정론, OR 혹은 경영과학 등의 유사한 명칭으로 좋은 교재들이 계속 출간되어 경영학 발전에 지대한 기여를 하고 있어 여간 다행스러운 일이 아니다. 그러나 실제 경영문제에 대한 계량적 접근의 적용이 아직도 그 실천적 타당성을 확보하기에는 미흡한 실정이다. 또한 학생들의 입장에서도 수학이나 통계학에 대한 기초가 충분하지 못한 상태에서 계량경영학 내지 경영과학이라는 학문을 어렵게만 느끼고 있다는 점을 저자로서는 그간의 강의 및 실무경험을 통하여 절실히 느껴 왔다.

이상과 같은 현실을 감안하여 독자들이 계량경영학 혹은 경영과학에 어느 정도의 자신감을 갖도록 함은 물론 이들의 실제 의사결정능력을 배양시키는 데에 목적을 두고 본서는 다음과 같은 네 가지 사항에 주요 역점을 두어 저술되었다.

첫째, 수학 및 통계학적 기초가 튼튼하지 못한 학생들도 그들의 상식이나 직관을 동원하여 수리적 모형과 기법을 이해할 수 있도록 가급적 너무 어려운 내용이나 수학적 증명과정은 생략하고 쉬우면서도 자세한 해설을 하고자 노력하였다.

둘째, 각 장마다 학생들과 실무자들에게 현실적으로 공감이 가는 예를 들어가면서 제 모형과 기법을 설명하였으며, 각 장의 끝 부분에는 간단한 예제와 풀이를 제공함으로써 그 장에서 공부한 내용들을 확실히 정리할 수 있도록 배려하였다.

셋째, 지금까지 출간된 국내외 교과서에서 소개된 모든 내용을 가능한 한 총망라함으로써 대학원 수준의 학생들에게도 도움이 되는 참고서가 되도록 노력하였다.

넷째, 변수의 구조가 복잡한 문제들을 단시간 내에 해결하고 수리적 모형의 알고리즘을 제대로 이해하고 있지 못한 분들도 문제해결이 가능할 수 있도록 EXCEL을 활용한 풀이과정을 삽입하였으며, 풀이과정을 수록한 CD를 별첨하였다.

이 책의 내용을 간단히 소개하면, 제Ⅰ편은 서론 부분으로서 경영과학의 학문적 성격과 이 학문에 접근하는 데 필요한 여러 가지 개념 및 기초지식을 제공하고 있다. 제Ⅱ편에서는 의사결정을 위한 정보를 사전에 확실히 파악하고 있는 경우를 전제로 하는 확정적 의사결정모형을 다루고 있다. 제Ⅲ편에서는 의사결정에 필요한 정보를 정확히는 모르나 그 확률을 파악하고 있는 상황을 전제로 하는 확률적 의사결정모형을 소개하였다.

끝으로, 본서의 출간이 있기까지 많은 분들의 도움이 큰 힘이 되었다. 특히 이왕돈 교수, 박경수 교수 및 김승운 교수의 적극적 조언과 따뜻한 격려에 깊은 감사를 드린다. 본서의 내용상의 문제점에 대해서는 독자 여러분들의 계속적인 충고와 지도가 있기를 진심으로 바라는 바이며, 이는 추후 시정하도록 하겠다.

끝으로 본서가 출판되도록 적극 도와주신 형설출판사 장지익 회장 이하 전 직원에게 충심으로 감사드린다.

저 자 식

차 례

Management science

제 I 편 경영과학과 의사결정

제3장 의사결정이론

제 II 편 수리계획

제4장 선형계획법 : 도해법

제5장 선형계획법 : 심플렉스법

제6장 선형계획법 : 민감도분석, 쌍대이론

제7장 수송문제

제8장 할당문제

제9장 정수계획법

제10장 목적계획법

제11장 동적계획법

제 III 편 확률적 모형

제12장 게임이론

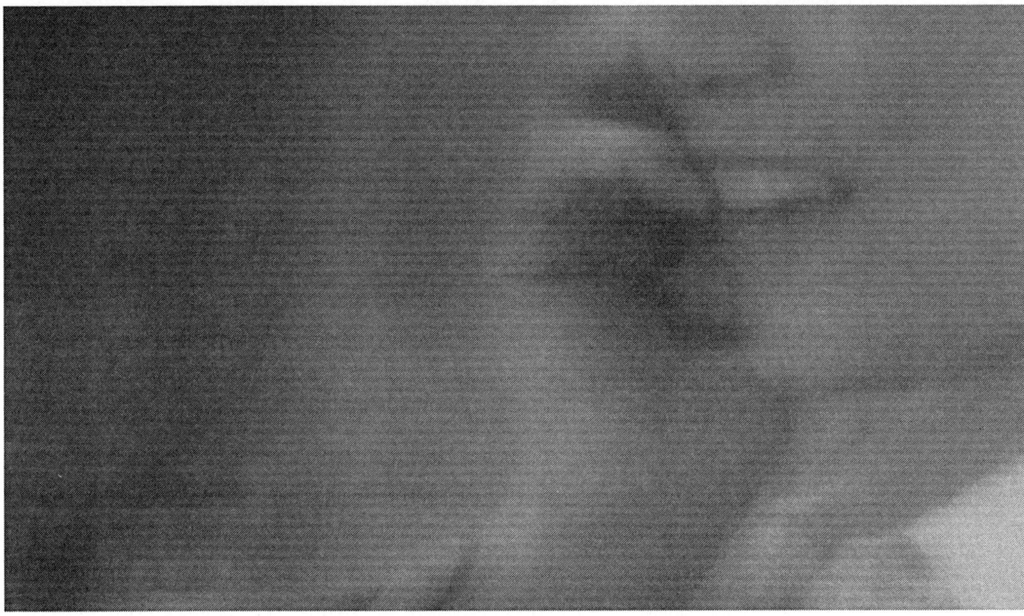

제 I 편 경영과학과 의사결정

제 1 장 경영과학의 기초
제 2 장 경영과학의 의사결정 모형
제 3 장 의사결정이론

1 경영과학의 기초

Management science

1. 경영, 의사결정 및 경영과학

조직의 생명은 합리적 경영이라 할 수 있다. 모든 물적·인적 요소들이 아무리 좋아도 경영이 잘 되지 못한다면 그 조직은 오래 지속될 수 없다. 이처럼 경영이 조직 운영에 필수적인 요소임에는 틀림이 없으나, 그 본질에 대해서는 시대에 따라 견해를 달리한다.

반세기 전 폴렛(Mary P. Follet)은 경영의 본질과 관련하여 "경영(management)이란 사람을 통하여 일이 이루어지도록 하는 것(Getting things done through people)"이라고 정의한 바 있다. 이는 매우 광범위하고 모호한 개념정의이기는 하지만, 경영에 대한 대단히 훌륭한 표현이라 생각한다.

근래에 와서는 시스템적 사고가 경영의 기본적인 철학이 되었다. 이에 따라 시스템 이론가들은 경영을 "산출(output)이 투입(input)의 단순한 합보다 크도록 효과적인 방법으로 인적·물적 자원을 결합시키는 동태적 시스템"으로 정의한다.

전통적으로 경영은 '일을 하게 하는 기술(art)'로서 간주되어 왔다. 그러나 이러한 기술도 과학적인 방법에 의하지 않고는 좋은 효과를 얻을 수 없다. 즉, 경영의 과학적인 측면을 중시해야만 한다. 그래서 경영이란 "실천적이고 체계적인 방법으로 해결하는 데 필요한 기술과 과학의 혼합체(mixture of art and science)"라 할 수 있다. 여기서 기술과 과학은 상호 배타적이 아닌 상호 보완적 기능을 수행한다.

예를 들어, 화화약품들이 어떤 조건하에서 결합되었을 때 나타나는 화학적 반응의 결과는 99.99%의 정확도로서 측정될 수 있다. 그러나 이러한 과학적 실험에서의 정확도를 경영과정에서는 기대할 수 없다. 경영과정에는 인간이 개재되어 있고 또한 예측할 수 없는 상황이 항상 일어나기 때문이다. 그렇다고 하더라도 우리는 그 정확도를 가능한 한 높이기 위해 노력해야 한다. 즉, 경영 속에 존재하는 무질서를 관리하고 문제를 정확히 추출해 내며, 그 문제에 대하여 과학적인 해결방법을 추구하는 결정이 필요하다. 이러한 결정을 의사결정(decision making)이라 부른다. 경영학의 석학이며 1978년 노벨경제학상을 수상한 사이먼(Herbert A. Simon)은 '의사결정은 사실상 경영과 동의어'라고 정의하였다. 또한 밀러(Darid W. Miller)와 스타(Martin K. Starr)는 "경영자는 의사결정 능력에 의하여 평가된다"고 말한 바 있다.

한편, 오늘날 경영자가 과학적으로 혹은 합리적이고 체계적인 방법으로 의사결정을 내리기 위해서는 수리적 모형(mathematical model)을 이용한 계량적 접근법(quantitative approach)을 이용하는 것이 효과적일 때가 많다. 최근 OR(operations research), 계량분석(quantitative analysis), 의사결정과학(decisions science), 경영과학(management science) 등, 유사한 학문 내지 방법론들이 각광을 받고 있는 것도 이 때문이다.

본서에서 다루고자 하는 이러한 방법론들을 하나로 통칭하기는 어려운 문제이다. 그러나 국내·외의 많은 대학에서 경영과학과를 두고 있고, 학문의 명칭 또한 '경영과학'으로 일반화되는 경향을 볼 수 있다. 이와 같은 추세에 따라 본서에서도 '경영과학'이라는 명칭을 사용하기로 한다.

2. 경영과학의 본질과 인접과학

경영과학(management science)이란 말은 경영을 이해하며 경영실무를 수행하는 데 도움을 주는 과학적 지식을 파악하고, 그러한 지식의 영역을 확장·통합하기 위한 목적을 가지고 1953년에 발족된 경영과학회(The Institute of Management Sciences : TIMS)로부터 그 기원을 찾을 수 있다. 밀러와 스타는 이러한 경영과학을 단순히 실천적 의사결정론(applied decision theory)이라고 정의하였다. 즉, "경영과학이란 의사결정 문제를 합리적으로 다루기 위해 과학적이고 수학적이며 논리적인 수단을 사용하는 학문"이라는 것이다. 경영과학은 경영자가 당면하고 있는 실제 문제의 해결을 지향하고 있다는 점을 강조한 내용이다.[1] 즉, 경영과학은 이론지향적이 아니고 문제해결과 응용의 양자를 지향하고 있다는 것이다. 미국 OR학회의 전문표준위원회도 이와 유사한 정의를 내리고 있다. 동 위원회에서는 "OR란 어떤 목적을 달성하기 위해 인간-기계시스템(man-machine system)의 행위를 관찰, 이해 및 예측하기 위한 실험과학이며 응용과학이다. OR 실무자들은 이러한 지식을 기업이나 정부 혹은 사회에서 발생하는 실제 문제를 해결하는 데 응용하는 일에 종사한다"라고 정의하고 있다.[2]

여기서 경영과학은 OR와 어떻게 구분될 수 있을까? 굳이 그 차이를 따지자면, 경영과학은 수리경제학이나 행동과학과 같은 분야를 포함하고 있고, 공학(engineering)이나 현상과학(physical science) 등과도 밀접한 관계를 가지고 있다는 점에서, 경영과학이 OR보다는 넓은 의미의 개념이라고 할 수 있다. 또한 OR가 보다 실천적 혹은 행동지향적인 데 비하여, 경영과학은 폭넓은 이론의 개발을 더욱 지향한다는 점도 양자의 차이로 볼 수 있다.

그러나 현실적으로는 OR와 경영과학을 구별하기가 쉽지 않다. 이 분야의 주요 논문집인 『매니지먼트 사이언스(Management Science)』와 『오퍼레이션즈 리서치(Operations Research)』를 보면, 학자들이 이들 두 용어를 명확히 구별하지 않고 있다. 또한 두 용어를 결합하여 MS/OR(Management Science/Operations Research)란 용어를 사용하는 경우도 많다.[3] 사이먼은 과학적 관리(scientific management), OR 및 경영과학 등의 구분과 관련하여 다음과 같이 지적한 바 있다. "정도의 차이(예를 들어 OR 학자들이 보다 고급수학을 사용한다는 것과 같은)는 있지만, OR와 과학적 관리를 구별하거나 혹은 과학적 관리와 경영과학을 구별하는 명백한 경계를 찾을 수 없다."[4]

---

1) David W. Miller and Martin K. Starr, *Executive Decisions and Operations Research*, Prentice Hall, Inc., Englewood Cliffs, N.J., 1960, p.104.

2) "Guidelines for the Practice of Operations Research", *Operations Research*, September, 1971, p.1138.

3) Wiliam H. Gruber and John S. Niles, "Problems in the Utilization of Management Science/Operations Research-A State of the Art Survey," *Interfaces*, November 1971, pp.12~19 ; and "ORSA/TIMS Collaboration," *Interfaces*, August 1973, pp.32~42.

4) Herbert A. Simon, *The Shape of Automation ; for Men and Managent* : Harper & Row. Publishers

경영과학과 산업공학 사이에는 밀접한 관계가 있다. 이들은 많은 분야에서 동일한 문제를 다루고 있으며, 흔히 유사한 기법들을 사용하고 있다. 산업공학은 경영과학에서 개발된 개념과 모형을 실제 문제를 해결하는 데 직접적으로 응용한다.5)

최근에는 수리경제학자들이 MS/OR에 많은 영향을 끼치고 있다. 한계분석, 최대화문제, 수요공급이론, 균형분석, 투입·산출분석, 효용이론 등의 제 수리경제 분야들이 경영과학에서도 다루어진다. 보몰(William J. Baumol)은 경영문제를 분석하기 위해 경제학적으로 접근하는 경우 가장 핵심이 되는 것은 최적화(optimization)의 개념이라고 하였다. 그는 "최적성 분석은 몇 개의 대안을 고려하여 이들 중 어느 것이 기업목적을 가장 잘 충족시키는 대안인가, 다시 말하면 어느 결정이 최선의 결정인가를 선택하는 접근법이다"라고 하였으며, 또한 "OR 학자는 경영의사결정을 위한 규범적 기준으로서 최적성을 사용한다"6)고 강조하였다.

기타의 학문들도 경영과학의 발전에 공헌하고 있다. 경영과학에서는 수학과 통계학으로부터 다양하고 효과적인 분석도구를 제공받고 있으며, 컴퓨터공학의 발전은 복잡하고 정교한 계량적 의사결정기법들의 활용을 용이하게 만들고 있다.

3. 경영과학의 발전과정

경영과학의 기원을 명확히 단정하기는 어렵다. 다만 OR와 경영과학은 20세기 초반의 과학적 관리운동의 유산이라고 할 수 있으며, 오늘날과 같은 경영과학의 출현은 제2차 세계대전 당시 여러 분야 과학자들의 군사문제 해결을 위한 노력으로부터 나온 부산물이다.

1940년 영국 정부는 과학과 공학 등 여러 분야에 종사하는 사람들로 팀을

Inc. New York, 1965, pp.68~69.

5) Norman N. Barish, "Operations Research and Industrial Engineering : The Applied Science and Its Engineering," *Operations Research*, May-June 1963, p.391.

6) William J. Baumol, *Economic Theory and Operations Analysis*, Prentice-Hall, Inc., Englewood Cliffs, N.J., 1961, p.4.

구성하여 복잡한 군사전략 및 전술문제를 해결하려고 시도하였다. 당시 이 팀의 구성원들은 기술적으로 잘 훈련된 사람들로서 전문 분야 이외의 다른 문제들도 해결할 수 있었기 때문에, 생물학자에게는 전자공학 문제를 검토하도록 하고, 물리학자에게는 인간의 운동에 대하여, 또한 수학자에게는 병사들의 생존확률을 높이기 위한 확률이론의 적용을, 그리고 화학자에게는 시스템의 모형을 연구하도록 요청하였다. 또한 이들 전문가들로 구성된 연구 팀들은 군사시스템의 운용비용과 효율성의 평가 문제로부터 잠수함 공격용 수뢰의 배치 문제에 이르기까지 작전상의 여러 문제를 연구하였다.

영국에서 이 같은 태스크 포스 팀이 성공하게 되자, 미국도 1942년부터 이 분야에 관심을 갖기 시작하였다. 최초의 계획은 적의 잠수함 공격으로부터 자국 상업선박의 손실을 최소화하기 위한 호위작전이었다. 또한 폭탄 투하 시 정확성을 증대시키는 문제, 적군의 잠수함을 찾아내는 방법을 개선하는 문제들을 연구하였다. 이와 같은 노력의 결과로 많은 OR 기법들이 개발되었으며, 전후에 이 기법들은 점차 일반 산업 분야에서 활용되기 시작하였다. 처음에는 OR가 정유회사, 철강회사 및 제지공장과 같은 소품종 대량생산 형태의 산업에 이용되었으며, 이들 산업에서는 제품 단위당 1페니만 절약한다 하더라도 수천 달러의 생산비를 절약할 수 있음을 알게 되었다.

제2차 세계대전 후 약 40년 동안 산업규모의 확대와 산업의 질적 고도화에 따라서 많은 새로운 경영과학 기법들이 개발되었으며, 그 발전의 속도는 한층 더 가속화되고 있다. 그 동안 선형계획법(linear programming), 게임이론(game theory), 통계적 의사결정이론(statistical decision theory), 시스템 분석(system analysis), 시뮬레이션(simulation) 등의 분석기법들이 개발되었으며, 특히 전산시스템(computer system)의 도입으로 매우 복잡한 여러 경영문제까지도 효율적으로 처리할 수 있게 되었다.

또한 국방이나 우주개발 등의 분야에서도 경영과학을 널리 이용하고 있으며, 특히 시스템 분석은 장기적인 전략적 문제를 다루는 데 크게 기여하고 있다. 히치(C.J. Hitch)는 "국가적 차원에서의 시스템 분석이란 군사적 목적을 설정한 후 그 목적을 성취하기 위한 몇 개의 대체적 시스템을 설계하고, 이 대체적 시스템들을 유효성과 비용의 측면에서 평가하되, 새로운 상황이 발생하면 설정된 목적과 기본가정을 재검토함으로써 다시 새로운 목적과 대안을 개발하는 일련의 연속적 순환과정이다"[7]라고 주장하였다. 이는 시스템 분석의 광범위하고 통합적인 성격을 강조한 표현이다.

최근에는 경영과학의 응용이 범죄의 재판, 건강관리 및 교육과 같은 사회·도시 시스템에까지 확대되고 있는 추세이며, 이러한 추세와 함께 경영과학과 조직적 기능을 통합한 의사결정지원 시스템(decision support system : DSS)의 역할이 강조되고 있다.

4. 경영과학의 특징

경영과학은 다른 학문 분야와는 다른 여러 특징을 지니고 있다. 가장 핵심적인 특징은 과학적 접근(scientific approach), 시스템즈 어프로치(systems approach) 및 수학적 모형화(mathematical modeling)이다.

경영과학은 문제를 해결하기 위해서 일정한 절차 즉 문제의 정의, 모형의 설정, 입력자료의 수집, 해의 산출, 해의 검정, 결과분석, 결과의 실행 등의 단계를 거쳐 체계적으로 접근하는 과학적 접근방법을 채택한다. 또한 경영과학은 조직 전체적인 과점에서 문제에 접근하는 시스템즈 어프로치를 강조한다. 그리고 경영과학은 현실을 단순하게 표현한 모형, 특히 수학적 기호를 이용한 수학적 모형을 개발하여 문제해결에 응용하고 있다. 이들 세 가지 중요한 특성에 대해서는 다음 절에서 자세히 다루기로 한다.

이 외에 경영과학이 갖는 몇 가지 특징을 열거하면 다음과 같다.

① 불확실성하에서의 합리적 의사결정에 기본적인 초점을 둔다.
② 주로 컴퓨터를 이용한다.
③ 사회·심리적 측면보다는 경제·기술적 측면에 관심을 둔다.
④ 기술적 모형(descriptive model)보다는 규범적 모형(normative model)을 지향한다.

7) Charlef J. Hitch, "A Planning-Programming-Budgeting System," in Fremont E. Kast and James E. Rosenzweig(eds), *Science, Technologe, and Management*, McGrow-Hill Book Company, New York, 1963, p.64.

5. 경영과학의 과학적 접근

[그림 1-1]에서 보는 바와 같이, 문제의 해결을 위한 과학적 접근법은 일반적으로 문제의 정의, 모형의 설정, 입력자료의 수집, 해의 산출, 해의 검정, 결과의 분석, 결과의 실행 등의 7단계를 거쳐서 수행된다. 여기서 주의할 점은 이 7단계를 거치는 동안 반드시 어느 한 단계가 끝나야 다음 단계로 넘어갈 수 있는 것은 아니라는 사실이다. 왜냐하면, 대부분의 경우에 마지막 단계인 결과의 실행 이전에 어느 단계에서도 수정이 있을 수 있기 때문이다. 예를 들어, 자료를 수집하는 과정에서 자료에 변동이 생길 수 있으며, 또한 해의 검정과정에서 모형이나 입력자료가 정확하지 않음이 발견되기도 한다. 이와 같은 경우에는 다음 단계들을 모두 수정해야만 한다.

그림 1-1 ▶ 과학적 접근법

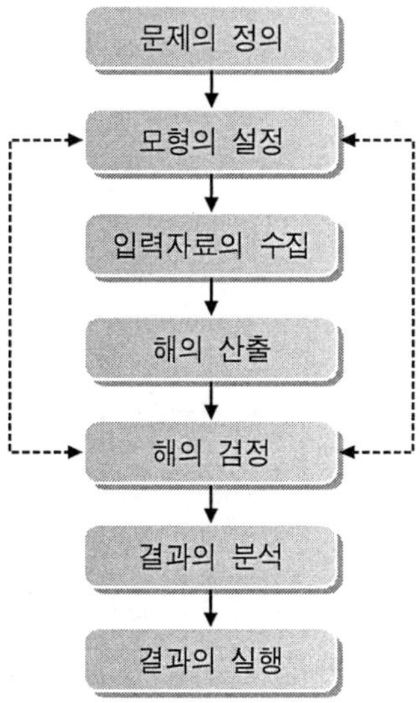

5.1 문제의 정의

과학적 접근방법의 첫 단계는 문제(problem)를 분명하고 간결하게 기술하는 단계이다. 이와 같이 문제를 명확히 정의하면 후속 단계들의 방향과 내용을 알 수 있다.

문제를 정의한다는 것은 가장 중요하고 어려운 작업이다. 눈에 보이는 문제의 외적 현상보다는 그 문제가 가지고 있는 내적 원인을 밝히는 것이 필요하다. 대체적으로 어떠한 문제가 정의되면 이 문제는 다른 여러 문제들과 관련되어 있다. 따라서 관련된 다른 문제들을 고려하지 않고 어느 하나의 문제만을 해결하려고 한다면 전략적인 관점에서 그 문제를 해결할 수 없게 된다. 즉, 하나의 문제에 대한 해(solution)가 다른 문제나 전체 상황에 어떤 영향을 미칠 것인가를 분석하는 것이 중요하다.

문제를 계량화하기가 어려운 경우에는 구체적이며 측정가능한 부분부터 검토해 가는 것이 바람직하다. 예를 들어, 병원의 의료수준을 향상시키기 위해 병상의 수를 증가시키거나 환자 수에 대한 의사의 비율을 높이는 것 등이 구체적이며 측정가능한 부분의 예가 될 수 있다.

5.2 모형의 개발

일단 문제의 정의가 끝나면 다음 단계로서 모형을 개발한다. 간단히 말해서, 모형(model)이란 어떤 상황을 추상적으로(보통 수학적으로) 표현한 것이다. 비록 우리가 의식하고 있지는 않지만, 우리는 일상생활 속에서 많은 모형을 사용하고 있다. 가령, 사람의 행위에 대한 모형을 만들 경우, 예컨대 "우정이란 호의의 교환에 기초한다"라고 하는 것도 일종의 모형이다.

모형의 종류는 수없이 많다. 건축가는 새로 지을 건물의 모형을 만들고, 화학기사는 화학공장의 모형을 만든다. 자동차, 잔디깎이, 컴퓨터 등과 같은 기기들의 설계도는 도시화(圖示化)된 모형의 예이다.

과학적 접근법에서 특히 강조되고 많이 사용되는 모형이 수학적 모형이다. 수학적 모형이란 '과학적 변수 관계의 집합'이라고 할 수 있다. 변수(variable)란 그 이름이 의미하고 있는 것처럼 '변하며 측정이 가능한 양'으로서의 특성을 갖는다. 변수는 통제 가능할 수도 있고 통제 불가능할 수도 있다. 통제가능한 변수는 결정변수(decision variable)라고 한다. 수학적 모형은 현실적이어야 하고, 이해하고 수정하기 쉽게 설정되어야 하며, 자료의 수집이 용이하여야 하고, 해의 산출이 가능하도록 설정되어야 한다.

5.3 입력자료의 수집

일단 모형이 설정되면 모형에 입력할 자료(data)를 수집해야만 한다. 비록 모형이 현실을 정확히 표현하고 있을지라도 입력자료가 타당하지 못하면 원하는 결과의 산출을 기대할 수 없기 때문에, 정확한 자료의 수집은 매우 중요한 작업이다. 따라서 자료를 수집하는 일은 과학적 접근법을 실천하는 과정 중에서 가장 어려운 단계라고 할 수 있다.

자료원(source of date)의 종류에는 여러 가지가 있다. 어느 회사의 보고서나 정리된 문서 등이 자료원이 될 수도 있고, 또는 회사와 관계를 맺고 있는 여러 이해집단이나 개인과의 면접으로부터 자료를 얻을 수도 있으며, 경험이나 판단 또한 매우 귀중한 자료가 될 수 있다.

직접적 측정이나 표본조사(sampling)에 의해서도 자료를 수집할 수 있다. 가령 어떤 화학 제품을 생산하는 데 얼마나 많은 자원이 사용되는가를 알기 위하여 공장에서 사용되는 자원의 양을 실제로 측정해 볼 수도 있고, 통계적 표본조사(statistical sampling)를 통하여 사용자원의 양을 추정할 수도 있다.

5.4 해의 산출

해(解)를 산출한다는 것은 모형으로부터 최적해(optimal solution)를 구한다는 것을 의미한다. 이 경우 방정식을 사용하여 해를 구할 수도 있고, 여러 가지 방법을 반복적으로 사용하는 시행착오법(trial and error method)을 사용하여 해를 구할 수도 있다. 최적해를 구하기 위해서 모형 안에 있는 변수에 가능한 모든 수를 대입해 보는 완전열거법(complete enumeration)도 있다.

한편, 입력자료와 모형의 정확도에 따라 얻어지는 결과의 정확도가 결정된다. 만일 입력자료가 단 두 자리 숫자인 경우에는 출력자료도 두 자리 숫자에 대해서만 의미를 부여해 주어야 한다. 예를 들어, 2.6을 1.4로 나눈 결과는 1.857142857이 아니라 1.9가 되어야 한다는 뜻이다.

5.5 해의 검정

산출된 해는 실행하기 전에 반드시 그 정확성이 검정(test)되어야 한다. 왜냐하면, 해는 입력자료와 모형에 의해서 결정되기 때문이다. 입력자료의 정확성에 대한 검정방법은 몇 가지가 있다. 하나의 방법은 자료원을 달리하여 추가자료를 수집하는 방법이다. 만일 투입자료가 면접에 의해서 수집되었다면 검정에 필요한 자료는 직접적 측정이나 표본조사에 의해 수집될 수 있다. 이와 같이 방법을 달리하여 수집된 두 자료 간에 어떤 차이가 있는가를 알아보기 위해서는 통계적 검정(statistical test)을 실시한다. 만일 자료는 정확하지만 결과가 문제와 일치하지 않는 경우에는 사용한 모형이 문제해결에 타당하지 않음을 의미한다. 이와 같은 경우에는 모형이 논리적이고 또한 실제 상황을 잘 나타내고 있는지를 검토해야 한다.

5.6 결과의 분석

결과를 분석한다는 것은 해가 내포하고 있는 내용을 파악한다는 것을 의미한다. 대부분의 경우 해는 의사결정자에게 해의 실행을 위한 어떠한 조치나 종래의 경영방식에 대한 변화를 요구한다. 따라서 결과를 실행하기 전에 구체적으로 어떤 조치나 변화가 필요한가를 결정하고 분석해야 한다.

모형이란 단지 현실을 추상적으로 표현하는 것이므로, 그 모형이 가져다주는 결과 역시 현실의 근사치에 불과하다. 따라서 모형이나 입력자료의 변화에 대한 해의 민감도(the sensitivity of the solution)는 결과분석 과정에 있어 매우 중요한 부분이 된다. 이러한 분석을 민감도분석(sensitivity analysis)이라고 한다. 이 민감도분석은 모형이나 입력자료상에 변화가 있을 경우 해가 얼마만큼 변하는가를 보여 준다. 모형이나 입력자료의 변화에 대해서 해가 민감하게 변화하는 경우에는 이용된 모형이나 입력자료의 정확성·타당성을 알아보기 위해 추가적인 검정을 실시해야만 한다.

5.7 결과의 실행

이 단계에서는 실제로 문제를 해결하기 위해서 앞 단계에서 구해진 해를 실제로 적용시켜 본다. 비록 결과(outcome)의 실행을 통해서 많은 이익을 얻을 수 있을지라도 경영자가 이를 받아들이지 않으면 모든 분석 노력은 쓸모가 없게 된다. 훌륭한 분석방법을 통하여 얻어진 결과가 경영자의 인식 부족으로 실행에 옮겨지지 못하거나 실행과정에서 실패하는 경우를 우리는 경험을 통하여 많이 볼 수 있다.

모형에서 얻은 해를 실행에 옮긴 후에는 그 결과를 면밀히 검토해야만 한다. 흔히 본래의 해에 대한 수정을 요하는 많은 변화 즉 경기변동, 수요변동, 경영자의 모형 개선 요구 등이 있기 때문이다.

6. 경영과학의 시스템적 접근

경영과학의 특징의 하나로서 경영과학이 시스템 이론과 시스템즈 어프로치에 기초하고 있다는 것이다. 시스템이란 특정의 기능을 수행하거나 목적을 달성하기 위한 인간, 자원, 개념 및 절차의 집합이다. 따라서 특정의 기능이나 목적을 명확하게 정의하는 것은 매우 중요하다.

모든 시스템은 하위시스템(subsystem)들로 구성되어 있다. 이를 시스템의 계층화라고 한다. 예를 들어, 은행 본점의 한 하위시스템인 지점은 다시 여신계, 수신계, 관리과 등과 같은 하위시스템들로 구성되어 있으며, 또한 이 은행 본점은 국가 금융 시스템의 하위시스템이 된다.

6.1 시스템의 구조

시스템은 투입, 변환, 산출 등 세 부분으로 구성된다. 그런데 이 세 부분은 환경에 둘러싸여 있으며, 피드백 장치에 의해 서로 연결된다.

그림 1-2 ▶ 시스템 모형

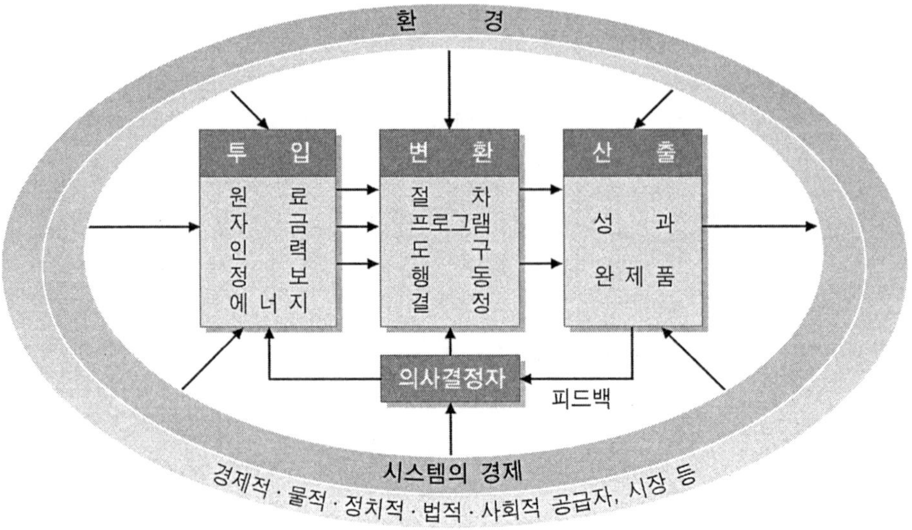

① 투입

투입(input)이란 시스템에 입력되는 요소를 말한다. 이러한 투입요소로는 원료, 자금, 인력, 관리기술, 정보, 에너지 등을 들 수 있다.

② 변환

투입된 요소에 가치를 부과시켜 산출로 전환하는 데 필요한 모든 요소는 변환(conversion process)에 포함된다. 예를 들어 입지, 설비배치, 생산공정, 자료관리 및 사무관리 등을 말하며, 대학에서의 변환요소로는 수업, 학습, 각종 시험과 교수요원의 활용, 실험실, 도서관 등을 들 수 있다.

③ 산출

산출(output)은 최종 제품이나 성과를 말한다. 예를 들어, 비료는 화학공장의 한 산출물이며, 대학에서의 산출로서는 졸업생을 들 수 있다.

④ 피드백

피드백(feedback)이란 산출과 관련된 정보가 의사결정자에게 흘러 들어가는 것을 말하며, 이에는 비교, 측정, 의사결정, 수정조치 등이 포함된다.

⑤ 환경

시스템 외부에는 투입, 산출 및 변환에는 속하지 않으나 성과와 목표의 달성에 영향을 주는 요소들이 존재하며, 이를 통틀어 환경(environment)이라 부른다. 이러한 환경과 시스템 간에는 갈등(conflict)이 존재한다.

환경의 구성요소에는 사회적·정치적·법률적·경제적 및 문화적 환경 등이 있다. 예를 들어, 제조기업이 경우 공급업자, 경쟁자, 고객 등은 환경의 구성요소가 된다.

6.2 시스템의 경계

모든 시스템은 다른 시스템의 하위시스템이기 때문에 그 분석의 대상을 정확히 규정하기가 매우 어렵다. 따라서 실제적으로는 분석의 범위를 한정된 분야로 제한해야 한다. 즉, 의사결정의 영향력이 미칠 수 있는 경계(boundary)를 정한다는 뜻이다. 시스템의 경계는 예비조사시 혹은 시스템의 모형이 구성되기 전에 정해져야 한다. 시스템의 경계는 외관상으로나 시간에 의하여 정해질 수 있다

6.3 시스템의 유효성과 효율

시스템의 유효성(effectiveness)은 효과성이라고도 하며, 목표의 달성 정도를 의미한다. 따라서 성과의 측정치를 가지고 유효성을 평가할 수 있다. 유효성은 종종 효율(efficiency)과 혼동된다. 유효성이 목표의 달성 정도를 측정하는 데 대하여, 효율은 자원의 이용 정도를 측정한다. 만약 한 시스템이 막대한 비용을 들여서 목표를 달성하였다면 그 시스템은 효과적이라 할 수 있으나 효율적이라고 할 수는 없다.

많은 관리 시스템과 교육이나 건강, 레크리에이션 등과 같은 서비스를 제공하는 시스템에서 유효성과 효율의 측정은 용이하지가 않다. 이는 간접적인 비용과 이익뿐만 아니라 계량화할 수 없는 목표가 존재하기 때문이다.

6.4 시스템즈 어프로치

조직의 한 부문에서의 의사결정은 그 부문 자체의 운영뿐만 아니라 다른 부문의 운영에도 영향을 미친다는 사실을 우리는 잘 알고 있다. 따라서 가능한 한 조직 전체적 관점에서 의사결정이 이루어져야 한다. 이와 같이 조직의 한 부문만이 아니라 전체적인 관점에서 문제에 접근해 가는 방법을 시스템즈

어프로치(systems approach)라고 한다. 이 방법으로 문제를 검토함으로써 분석의 영역을 확대시킬 수 있으며, 또한 학제적 접근(interdisciplinary approach)도 가능하게 한다.

연습문제 *Exercise*

1 경영과학의 의의를 설명하라.

2 경영과학의 발전과정을 설명하라.

3 경영과학의 특징을 설명하라.

4 경영과학의 시스템적 접근을 설명하라.

2 경영과학의 의사결정 모형

Management science

앞서의 과학적 접근법에서도 언급하였듯이, 모형이란 현실의 단순화된 표현 즉 현실을 축약시켜 추상적으로 표현한 것을 말한다. 현실은 너무나 복잡하여 정확히 나타낼 수 없을 뿐만 아니라, 이러한 복잡성은 또한 당면한 특정 문제와는 실제로 관련성이 깊지 않은 경우도 많다. 이러한 의미에서 현실의 단순화가 필요한 것이다.

1. 모형의 종류

모형을 이용하여 특정의 문제나 시스템을 표현하는 방법은 현실에 대한 추상화(abstraction)의 정도에 따라 다양하며, 그 추상화 정도에 따라 모형을 다음과 같이 분류할 수 있다,

(1) 정신적 모형

정신적 모형(mental model)은 현실을 가장 높은 정도로 추상화한 모형인데, 보통 사람들이 상상하는 것들은 모두 이 모형이라 할 수 있다.

(2) 언어적 모형

언어적 모형(verbal model)이란 정신적 모형을 글로써 표현한 것을 말한다. 예를 들면, 시, 소설, 연극, 이론 또는 경찰관의 교통사고 보고서 등이다.

(3) 실체적 모형

실체적 모형(iconic model)은 실물을 축소한 외관상의 복제(複製)로서 추상화의 정도가 낮은 모형이다. 이 모형은 일정한 축적의 모형비행기, 자동차, 다리 등의 모형과 같이 3차원으로 나타낸다. 사진은 2차원으로 표현된 또다른 형태의 실체적 모형에 해당한다.

(4) 상사적 모형

상사적(相似的) 모형(analog models)은 실제 시스템과 유사한 모양은 아니지만, 실제 시스템과 똑같이 작용한다. 이러한 상사적 모형은 실체적인 모형으로서, 모형의 형태는 실제 시스템의 형태와 다르나 추상화의 정도는 실체적 모형보다 높다. 상사적 모형의 예를 들면 다음과 같다.

① 구조, 권한 및 책임관계를 기술한 조직도
② 강이나 산을 여러 가지 색상으로 나타낸 지도
③ 주식시장의 상황판
④ 기계나 주택의 청사진
⑤ 모래시계

(5) 수리적 모형

시스템에 따라서는 그 속성과 다른 시스템과의 여러 관계를 실질적인 형태로 나타낼 수 없거나, 설사 그것이 가능하다 하더라도 외관적 형태로 표현하는 것이 지루한 일이며, 작성이나 조작을 하는 데 많은 시간이 걸리는 경우가 많다. 따라서 이런 경우에는 기호를 이용하여 모형의 추상화를 높인다. 대부분의 경영과학적 분석에서는 수학적 기호를 이용한 모형이 많이 이용된다. 이러한 수리적 모형(mathematical model)은 구체적이기보다는 일반적이며 다양한 상황을 표현할 수 있을 뿐만 아니라, 더 나아가 실험과 예측을 목적으로 쉽게 조작할 수 있다.

① 수리적 모형의 구성요소

모든 수리적 모형은 결과변수(結果變數), 결정변수(決定變數) 및 통제불능변수(統制不能變數)의 세 가지 구성요소로 이루어져 있다. 이러한 구성요소들은 수학적(논리적) 관계를 통해 서로 연결된다.

㉠ 결과변수(result variable) : 이 변수는 시스템이 갖는 유효성의 수준을 반영한다. 즉, 이 변수는 특정의 시스템이 목표를 어느 정도 수행하거나 달성할 수 있는지를 말해 준다. 조직의 유효성을 측정하는 데 이용되는 일반적인 결과변수의 예는 [표 2-1]과 같다. 이러한 결과변수는 종속변수이며, 경영과학에서는 성과(performance), 유효성(effectiveness), 이득(payoff), 결과(outcome) 등의 명칭으로 이용된다.

㉡ 결정변수(decision variable) : 결정변수는 의사결정자가 선택 또는 결정해야 하는 요소를 말하며, 의사결정자에 의해서 조작이 가능하고 통제할 수 있는 변수이다. 예로서 제품의 생산량, 주문량 및 은행에서 제공하는 현금자동인출기의 수 등을 들 수 있다. 결정변수는 수학적으로 독립변수 혹은 미지의 변수로 분류되며, x_1, x_2 혹은 X, Y, Z 등으

표 2-1 ▶ 모형 구성요소의 예

영역	결정변수	결과변수	통제불능변수
재무・투자	투자액 투자기간 투자시기	총이익 투자수익률 수익・배당 유동성	인플레이션율 이자율 경쟁
마케팅	광고예산 모형의 수 지역별 판매고	시장점유율 고객의 만족도	가처분소득 경쟁자의 대응
제조	생산량 재고수준	총비율 품질수준	기계의 성능 기술 원료 가격
회계	감사계획 컴퓨터 사용 감가상각 계획	자료처리비 오류율	법적 요건 세율 컴퓨터 기술
수송 서비스	수송 서비스 제공자의 수	총수송비 고객의 만족도	운송거리 서비스에 대한 수요

로 나타낸다. 경영과학의 목표는 이러한 결정변수의 최적치를 구하는 것이다.

㉢ 통제불능변수(uncontrollable variable) : 어떠한 의사결정 상황에서든지 결과변수에 영향을 미치지만 의사결정자의 통제하에 있지 않은 요소가 있다. 예를 들면, 기본이자율, 건물의 번지, 조세규정 및 부품의 가격 등이다. 이들 대부분의 요소는 의사결정자를 둘러싸고 있는 환경으로부터 나오기 때문에 통제불가능하다. 또 이러한 변수는 의사결정 결과에 영향을 미친다는 점에서 독립변수 혹은 상황변수라고도 불린다.

② 수리적 모형의 구조

수리적 모형의 구조는 변수로 표현한다. 이러한 변수는 시스템을 이루는 방정식이나 부등식과 같은 수식의 집합으로 되어 있다. [그림 2-1]은 제조시스템의 수리적 모형이다. 경영과학에서는 그림의 화살표를 수식으로 대체한다.

③ 모형의 수학적 관계

경영과학에서 이용하는 수학적 관계의 표시는 목적함수와 제약조건 등으로 표시하는 경우가 많다.

㉠ 목적함수(objective function) : 목적함수란 종속변수와 독립변수의 관계를 나타내는 함수이다. 예를 들면, 목적함수는 다음과 같은 형태로

그림 2-1 ▶ 제조시스템의 수리적 모형

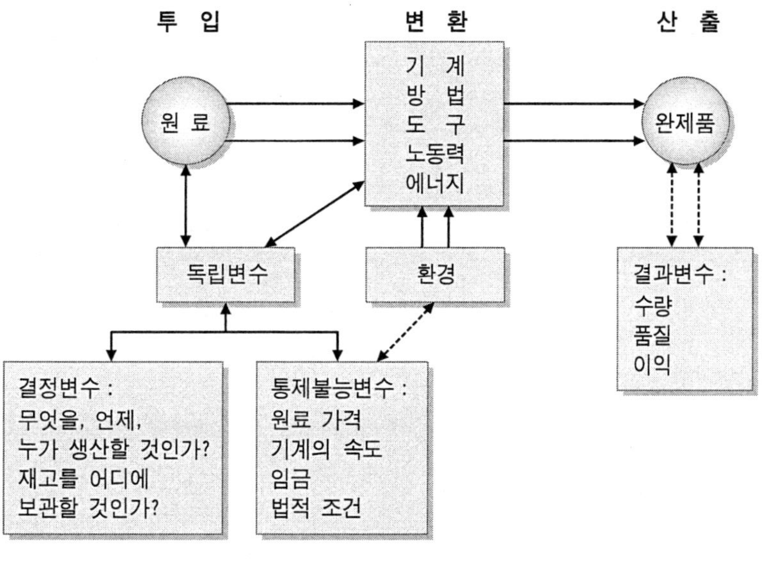

표현된다.

$$R = P_1X_1 + P_2X_2$$

여기서 R는 제조업자의 총수입을 나타내는 종속변수이며, X_1과 X_2는 두 제품의 판매량을 나타내는 통제불능변수이고, P_1과 P_2는 회사에 의해 정해지는 가격 즉 결정변수이다. 목적이나 목표는 총수입을 극대화하는 것으로, 이는 항상 제약조건에 의해서 제약을 받게 된다.

㉡ 제약조건(constraint) : 제약조건은 규정, 경쟁, 자원의 희소성, 기술 또는 기타 통제불능변수 등으로 인하여 관리시스템에 주어지는 제약을 말한다. 예를 들어, 마케팅 제약조건은 다음 식으로 나타낼 수 있다.

$$X_1 + X_2 \leq 50$$

이 제약조건은 두 제품 X_1과 X_2의 총판매량이 50 이하임을 나타낸다. [그림 2-2]는 제조업자의 모형을 예시하고 있는데, 제조업자의 통제불능변수인 마케팅 제약과 판매수준에 따라 총수입 R(결과변수)를 극대화할 수 있도록 결정변수 P_1과 P_2의 값을 구하라는 것으로 해석된다.

그림 2-2 ▶ 제조시스템 모형의 수학적 관계

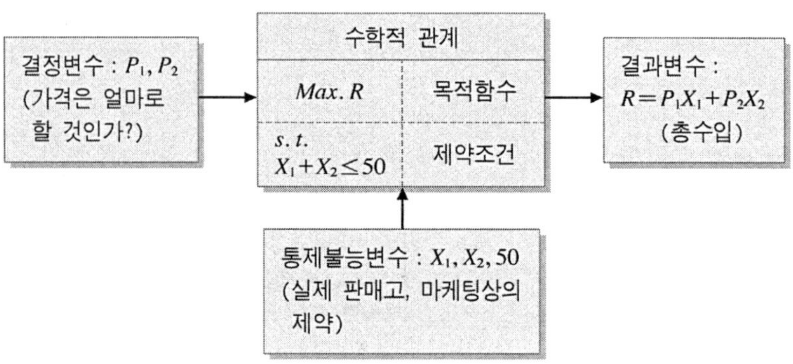

2. 모형화의 과정

모형화 또는 수식화는 문제의 개념화(conceptualization)와 수학적 형태로의 추상화를 말한다. 즉, 종속변수와 독립변수를 정하고 이 변수들 간의 관계를 규정한 방정식을 설정하는 것이다. 예를 들어, 두 변수 간의 관계를 선형관계라고 가정한다면 이 문제는 선형계획모형에 적합하다. 여기서 중요한 것은 모형의 단순화 정도와 현실성 사이에 적절한 균형이 이루어져야 한다는 점이다. 모형이 단순할수록 문제의 조작이나 해를 구하는 것은 용이하나 대신에 현실성은 줄어든다. 모형화는 경영과학에서 가장 복잡한 일 중의 하나이다.

모형화를 통하여 의사결정을 내릴 때에는 다음과 같은 3단계를 거쳐야 한다.

① 행동경로(course of action)의 탐색
② 선정원칙(principle of choice)의 설정
③ 행동경로(course of action)의 결정

2.1 행동경로의 탐색

의사결정과정에서 행동경로의 탐색은 매우 중요하다. 경영과학에서 이와 같은 행동경로는 주어지거나 혹은 모형을 통하여 정해질 수 있다.

행동경로를 탐색하는 방법에는 몇 가지가 있다. 그 중에는 많은 창의력과 기교를 필요로 하는 것도 있다. 또한 탐색과정은 화폐, 노동 및 시간과 같은 자원을 필요로 한다. 이러한 자원들은 한정적이기 때문에 탐색은 신속하게 수행되어야 한다. 경우에 따라서는 탐색이 평가와 더불어 동시에 행해지기도 한다. 예를 들어, 특정의 지위에 임명할 사람을 뽑는 경우, 대개는 후보자들에 대한 탐색이 진행됨과 동시에 평가·비교가 이루어진다.

2.2 선정원칙의 설정

대안에 대한 해의 탐색과 평가는 이에 이용되는 선정원칙에 크게 의존한

다. "선택한 대안이 최상인가", "이 대안이 해가 되기에 충분하며, 어떠한 위험을 가정하고 있지는 않은가" 하는 등이 그 예이다. 선정원칙을 설정할 때에는 기본적으로 다음 두 가지 기본원칙을 고려하여야 한다.

(1) 최적화

최적화(optimization)는 의사결정자가 가장 효과적으로 목표를 달성하기 위하여 취해야 할 최상의 행동경로를 선택하는 것이다. 최적해 혹은 최적 대안은 탐색된 행동경로들 중 최적화의 원칙에 의해 선정된 최상의 대안을 말한다. 최적화는 실제로 다음 세 가지 중의 어느 하나를 충족해야 한다.

① 제한된 자원이나 비용하에서 목표를 최대로 달성하는 대안을 선택한다.
② 요구수준의 목표를 충족시켜 주는 대안 중 최소비용의 대안을 선택한다.
③ 비용 대 목표달성 비율이 가장 큰 대안, 즉 효율을 최대화하는 대안을 선택한다.

이와 같이 최적화를 목적으로 설정되는 모형을 규범적 모형(normative model)이라고 한다. 규범적 모형은 최적 대안을 선정하고 이 대안이 실제로 최적인가를 증명할 수 있는 의사결정 기준이나 선택원칙을 가져야 한다. 규범적 의사결정 이론은 다음과 같은 가정에 기초를 두고 있다.

① 인간은 경제적 존재로서 개인의 목표를 최대화하는 것이 목적이다. 즉, 의사결정자는 합리적(rational)이다.
② 주어진 의사결정 상황에서 모든 행동경로와 이 행동경로의 결과 또는 결과가 나타날 확률은 이미 알려져 있다.
③ 의사결정자는 모든 분석결과를 중요도에 따라 분류할 수 있는 의사결정 기준을 가지고 있다.

(2) 준최적화

의사결정자는 최적 의사결정을 위해서 전체 조직에 미치는 각 행동경로의 영향을 분석해야 한다. 한 분야에서의 의사결정이 다른 분야에 큰 영향을 미칠 수 있기 때문이다.

생산부서의 생산일정계획을 예로 들어 보자. 소품종을 대량으로 생산하는 생산부서는 제조원가를 줄이는 것이 목표이다. 이때 만약 마케팅 부서의 요구대로 재고 수준을 높이면 운영자금을 사장시키고, 자금부서의 요구대로 재고를 줄이면 재고 부족으로 인한 판매기회의 상실 등 기회비용을 초래하게 된다. 그러나 시스템적 사고를 바탕으로 전체 시스템에 대한 영향을 고려하여 주어진 제약적 상황에서 최선의 해를 구할 수 있다.

이처럼 실행상의 측면에서 경영과학은 해의 탐색대상을 조직의 한 부문으로 제한함으로써 최적해가 아닌 준최적해를 추구하기도 한다. 이와 같은 접근방법을 준최적화(suboptimization)라고 한다.

준최적화는 매우 현실적인 접근방법이며, 계량분석 기법의 발전 초기에는 많은 문제들을 이 방법을 이용하여 해결하였다. 이러한 접근법을 이용할 경우, 시스템의 일부만을 분석함으로써 쉽고도 짧은 시간에 부분적인 해를 얻을 수 있을 뿐만 아니라, 이 해가 시스템의 다른 부분에 미치게 될 잠재적인 효과를 검토할 수 있기 때문이다. 이때 어떠한 마이너스의 효과도 발생하지 않는다면 이 해는 시스템적 관점에서 최적이라고 할 수 있다. 컴퓨터의 이용은 이러한 복잡한 준최적화 문제의 분석을 용이하게 한다.

2.3 행동경로의 결정

선택원칙이 정해졌으면 최적 행동경로를 결정하기 위하여 대안들을 비교하여야 한다. 일반적으로 이는 다음과 같은 4단계를 거쳐 수행된다.

① 각 대안의 성과 예측
② 성과와 목표의 대비
③ 대안의 비교
④ 최적안의 선정

(1) 각 대안의 성과 예측

각 대안을 평가하기 위해서는 성과에 대한 예측이 필요하다. 경영과학이 의사결정에 미친 가장 큰 공헌 중의 하나는 각 대안이 실행불가능한 성과를 가져오는지를 예측함으로써 대안의 탐색과 관련된 비용과 시간을 절감할 수 있다는 점이다.

경영문제의 여러 해 중에는 해결하려는 문제의 조건이나 필요성에 적합하지 않은 것도 있다. 예를 들어, n벌의 옷으로 옷차림을 할 수 있는 방법은 $n!$가지이며, $n=10$일 경우 옷차림을 할 수 있는 방법은 3,628,000가지이다. 이 중에서 가장 빠르게 옷차림을 할 수 있는 방법을 정하려 한다고 하자. 이 경우 3,628,000가지의 대안을 모두 조사하지 않아도 된다. 옷차림은 양말로부터 시작해서 셔츠, 구두의 순이 보통이다. 그러나 구두를 신은 후에 양말을 신을 수는 없으며, 이는 분명히 실행불가능해이다. 이러한 실행불가능해를 파악하여 제거함으로써 평가해야 할 대안의 수는 현저히 줄어들게 된다.

(2) 성과와 목표의 대비

의사결정의 질은 목표의 달성 정도에 의하여 결정된다. 성과와 목표의 표현은 동질적일 수도 있고 그렇지 않을 수도 있다. 이익 최대화는 목표이고, 이익은 성과이며, 이들 두 가지는 화폐단위로 표시된다. 그러나 목표는 화폐단위로 표시된 반면, 성과는 기계고장률처럼 비율로 표시될 수도 있다. 이 경우, 성과를 목표와 동일한 척도로 변형시킬 필요가 있다.

(3) 대안의 비교

목표와 성과를 연관시켜 각 대안을 비교한 다음에는, 각 대안의 성과를 상호 비교해야 한다. 이 단계에서 고려해야 할 문제는 다음과 같다.

① 변화에 대한 민감도 평가

종속변수는 독립변수의 변화에 의해 영향을 받는다. 따라서 각 대안별로 독립변수의 변화가 종속변수의 결과에 어떠한 영향을 미치는가에 관한 민감도(sensitivity)를 정확하게 평가해야 한다.

② 대안의 성과차이에 대한 요인분석

각 대안을 비교하여, 예컨대 대안 A가 $323,200의 이익을 가져오는 반면에 대안 B는 $323,150의 이익을 가져온다는 사실을 알았다면, A안은 B안보다 우수하다고 할 수 있을까?

일반적으로 어느 시기에 어떤 조건하에서 그 대안이 실제로 우월하다는 평가를 내리는 것이 중요하다. 가령 단순히 성과를 기준으로 대안 A를 최적 행동대안으로 선정했다면, 대안 A는 $50의 이익을 더 가져오지만, 이러한 이익을 위해 종업원들을 혹사시킬 수도 있다. 여기서의 선택은 단지 양적 기준에 따라 행해졌을 뿐 종업원의 사기 등에 관한 문제는 고려하지 않았다는 데에 문제가 있다. 따라서 현실적으로 발생 가능한 모든 요인들을 최대한으로 고려해야 한다.

③ 선정원칙

선정원칙은 실제 의사결정에 앞서 결정되어야 한다. 선정원칙에는 의사결정자가 최적해만을 추구해야 하는지 아니면 최적해는 아니더라도 신속하고 적은 비용을 가져다 주는 이른바 만족해(satisfactory solution)도 가능한지 등, 의사결정 문제에 대한 의사결정자의 태도와 목적이 반영되어야 한다.

(4) 최적안의 선정

이 단계에서는 최적안 즉 최적 행동대안을 선정함으로써 가장 바람직한 행동경로를 결정한다. 이때에는 미리 설정된 선정원칙에 따라야 한다.

3. 모형의 타당성 검정

모형의 해는 정보의 질과 양에 따라 타당성의 정도가 결정된다. 일정한 가정을 설정하여 불확실하고 다양한 정보원에 기초를 두고 모형을 설정하기 때문에, 해를 선택하기 전에 모형의 타당성을 분석하는 것은 매우 중요한 절차이다. 모형의 타당성을 분석하는 방법의 하나는 다양한 자료들을 통해서 그 모형에서 도출된 해가 시스템의 과거의 해와 유사한지를 검토하는 방법이다. 만약 모형이 과거 시스템의 행태를 충분히 반영하고 있지 않다면, 이 모형은 타당한 모형이라고 할 수 없으므로 수정할 필요가 있다.

(1) 민감도 분석

민감도 분석(sensitivity analysis)은 정보의 상대적 중요성과 정확성이 불충분한 경우에 경영자의 의사결정을 돕기 위한 분석방법이다. 정보의 변화효과를 보기 위해서 이미 투입된 정보를 변형시키면서 해의 변화 여부와 그 정도를 검토하는 기법이다. 만약에 투입정보의 작은 변화에 해의 변화가 크게 나타나는 경우, 이 해는 투입정보의 변화에 민감한 경우이다. 이와 같이 민감도 분석의 목적은 독립변수의 변화에 대한 종속변수의 변화 효과를 분석하는 것이다.

(2) 민감도 분석의 주요 대상

① 해에 영향을 미치지 않고 특정의 독립변수가 변화할 수 있는 범위는 어느 정도인가?

② 독립변수의 변화로 인한 해의 변화는 어느 정도인가?

③ 어느 독립변수가 가장 민감한가? 즉, 어느 독립변수 값의 변화가 종속변수 값에 가장 큰 변화를 가져오는가? 또한 어떠한 독립변수가 가장 민감하지 않은가?

④ 도출된 최적해가 얼마나 민감한가? 즉, 어느 변수 값이 약간만 변화해도 최적해가 바뀌는가?

4. 경영과학의 기법

경영과학 문제의 해란 설정된 모형이 원하는 수준의 산출(output)을 가져오는 결정변수 값들의 특수한 집합을 말한다. 이 원하는 수준의 산출은 최적해이거나 만족해 또는 목표 달성 수준의 예측치를 말하며, 분석의 목적과 선정원칙에 의해 결정된다. 일반적으로 경영과학에서 사용하는 기법은 수치기법과 분석기법으로 분류된다. [표 2-3]은 본서에서 소개되는 경영과학 기법들을 분류한 것이다.

4.1 수치기법

수치기법(numerical technique)은 몇 개의 해를 구하고 이 해를 반복적으로 비교하는 기법이다. 이때 각각의 해는 의사결정 변수들의 집합에 따라 달라진다. 수치기법에서 사용되는 구체적인 기법은 선정원칙과 고려 중인 문제

그림 2-3 ▶ 각 해법별 경영과학 기법의 분류

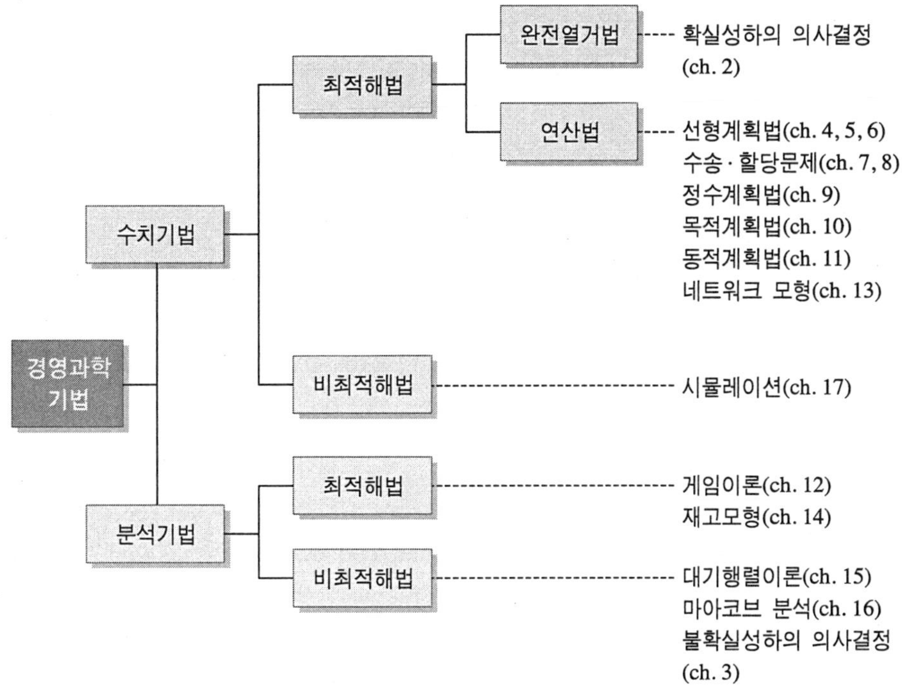

의 본질에 따라 달라지며, 여기서 산출되는 해는 최적해일 수도 있고 비최적해일 수도 있다.

최적해를 산출하는 수치기법에는 완전열거법과 연산법이 있다.

(1) 완전열거법

완전열거법(complete enumeration)은 가능한 해(또는 결정변수의 값)를 모두 열거하는 방법이다. 이 방식은 대안의 수가 적을 경우에 유용하다. 그렇지 않은 경우 이 방식은 복잡하고 많은 시간이 소요되며, 경우에 따라서는 이 기법의 적용이 불가능한 경우도 있다.

(2) 연산법

연산법(algorithm)은 각 해를 점차적으로 향상시킴으로써 최적해를 구하는 단계적 기법이다. 따라서 철저하게 시행착오과정이 반복되는 열거법과는 대조적으로, 연산법은 단지 실행가능한 해들 중 부분적인 해만을 검토하는 점진적 시행착오과정이다.

그 밖에 비최적해를 산출하는 수치기법으로서 시뮬레이션법(simulation method)이 있다.

4.2 분석기법

분석기법(analytical technique)은 직접적으로 최적해를 도출하거나 특정의 결과를 예측하기 위하여 수식을 이용한다. 이와 같이 분석기법은 본래 연역적인 성격을 가지며, 귀납적인 성격의 수치기법과는 대조가 된다.

5. 경영과학 기법의 이용범위와 적용

경영과학 기법들이 현실 세계의 경영자들에게 문제해결이나 의사결정을 위한 최적의 방법이라는 보장은 물론 없다. 따라서 경영자는 무엇을 연구할 것이고, 계량화하지 못하는 요소를 어떻게 다룰 것이며, 또한 과학적 분석의 결과를 어떻게 해석할 것인가 등을 결정해야 한다. 이를 위하여 경영과학은 능력과 경험이 풍부한 경영과학자를 요구하고 있다.

5.1 경영과학 기법의 이용범위

경영과학 기법은 그 적용에 상당한 시간과 비용을 필요로 한다. 피상적으로 문제를 검토하고 부적절한 모형이나 부정확한 자료를 이용함으로써 어떤 지름길을 찾으려고 하는 주관적 판단은 오히려 더 많은 비용이 드는 결과를 초래할 수 있다.

경영과학 기법은 그 성과가 항상 보장되지는 않지만, 경영과학 기법으로부터 얻을 수 있는 이익은 작지 않으며, 따라서 시간, 비용, 노력을 기울일 만한 가치가 있다. 물론 단점도 있다. 경영과학기법의 장점 및 단점을 열거하면 다음과 같다.

(1) 경영과학 기법의 장점

① 의사결정에 있어서 체계적·논리적 접근이 가능하다.
② 다양한 분야의 전문가와의 토론을 통하여 조직 내의 의사소통을 돕는다.
③ 많은 대안에 대하여 저렴한 비용으로 신속하고 철저한 분석이 가능하다.
④ 불확실성을 포함한 모든 상황의 평가가 가능하다.
⑤ 의사결정자들이 주어진 문제에서 어떠한 정보를 수집할 수 있을 것인가를 판단할 수 있다.
⑥ 의사결정의 효율성을 증대시킨다.

(2) 경영과학 기법의 단점

① 시간의 소모가 크다.
② 의사결정자의 인정을 받기가 어렵다.
③ 불확실성에 대한 평가가 어렵다.
④ 현실을 과도하게 단순화한 모형을 이용하여 의사결정을 내린다.
⑤ 실행상 비용이 많이 든다.
⑥ 연구 자체가 비생산적인 것처럼 인식되어 때로는 연구의 결과가 최고경영층에 의해 무시될 수 있다.

5.2 경영과학 기법의 적용분야

경영과학에 관한 강의 후의 토론 중에 경영자들은 종종 "경영과학의 기법들을 어디에 적절하게 적용할 수 있는가"라고 질문하는 경우가 많으나, 이 기법의 적용분야는 계속적으로 늘어나고 있다.

경영과학기법이 경영문제에 적용되는 전형적인 예는 다음과 같다.

① 재고관리
② 시설설계
③ 제품믹스(product mix)의 결정
④ 증권 포트폴리오의 분석
⑤ 일정계획
⑥ 합병－성장분석(merger-growth analysis)

⑦ 수송계획

⑧ 경영시스템의 설계

⑨ 희소자원의 할당

⑩ 투자의사 결정

⑪ 프로젝트 관리-계획 및 통제

⑫ 신제품 의사결정

⑬ 시장조사 의사결정

⑭ 연구개발 의사결정

⑮ 가격결정

⑯ 공개입찰결정

⑰ 기계가동 문제

⑱ 분배결정

⑲ 인력계획 및 통제

⑳ 신용정책의 분석

연습문제 *Exercise*

1 모형의 종류를 설명하라.

2 모형화의 과정을 설명하라.

3 과학적 방법을 통한 문제해결과정을 설명하라.

4 의사결정의 모형 중에서 규범적 모형의 의의와 기본가정을 설명하라.

5 최적화와 준최적화를 비교하라.

6 경영과학 기법의 장 · 단점을 설명하라.

7 경영과학기법의 적용분야를 열거하라.

3 의사결정이론

Management science

1. 서 론

경영자의 핵심 기능 중의 하나인 의사결정은 경영자가 당면하고 있는 경영문제를 효율적으로 해결하는 기본요건이다. 경영자가 기업목표를 달성하기 위해서는 주어진 여건에서 여러 가지 행동 대안을 선택해야만 한다. 특히 기업을 둘러싸고 있는 경제적 상황이나 환경이 급변하는 불확실성하에서는 적절한 의사결정을 하는 것이 매우 어렵다. 이렇게 경영자에 의해서 내려진 의사결정은 단기적인 기업목표뿐만 아니라 기업의 장래를 좌우할 수 있다.

경영자는 오랜 기간 동안 기업경영을 통해 얻어진 경험을 바탕으로 주관적인 판단에 의해 의사결정을 할 수 있다. 그러나 복잡하고 중대한 의사결정에 직면하게 되면, 단순히 의사결정자의 주관적 판단만으로 의사결정을 할 수는 없다.

의사결정이론(decision theory)은 한 개인이나 집단이 주어진 목표를 달성하기 위하여 여러 가지 선택 가능한 행동 대안 중에서 최적의 행동이나 대안을 선택하는 방법을 제공하는 이론이다.

의사결정자는 의사결정이론을 이용하여 많은 대안과 상이한 결과를 가진 복잡한 상황을 분석할 수 있다. 그러나 의사결정에 이용되는 체계적이고 과학적인 기법들은 단지 문제 그 자체에만 기초를 두고 있지 않으며, 의사결정환경이 중요한 변수로서의 역할을 한다.

2. 의사결정문제의 기본요소

의사결정문제는 일반적으로 행동대안, 발생가능상황 및 성과의 세 가지 기본요소로 이루어져 있다.

1.1 행동대안

의사결정문제는 전략이나 대안으로 볼 수 있는 다수의 행동대안(alternative courses of action)을 포함하고 있으며, 이러한 대안들 중 특정 대안이 의사결정대안으로 선택된다. 예를 들면, 여유자금을 투자할 수 있는 대안, 새로 건립할 공장 부지를 선정하는 대안, 주식 투자 대상 등 다수의 행동대안들이 존재한다. 그러나 대부분의 경영환경에서 모든 대안들을 고려하는 것은 불가능하며, 한정된 범위 내에서 대안들을 고려할 수 있다. 따라서 미리 정해진 의사결정기준에서 실행 가능한 대안만을 고려하는 것이 보다 효율적이다.

1.2 발생가능상황

발생가능상황(states of nature)은 특정 대안을 선택했을 때 그 결과에 영향을 주는 환경적 요인을 말한다. 이러한 상황은 의사결정자가 통제할 수 없는 자연환경이나 경제적 상황 등 외적인 힘들이 작용하는 통제불가능한 상황을 의미한다.

의사결정은 주어진 상황에서 일정한 목표를 설정하고 그 목표를 달성하기 위하여 최적 행동대안을 선택하는 과정이다. 의사결정자가 의사결정을 수행하는 상황에 따라 의사결정의 결과가 달라질 수 있으므로 의사결정환경은 매우 중요하다. 일반적으로 의사결정환경은 의사결정에 이용되는 정보의 확실성 정도에 따라 확실한 상황, 위험한 상황, 불확실한 상황으로 분류된다.

확실한 상황(certainty)은 의사결정에 필요한 완전정보(perfect information)의 이용이 가능하여 의사결정자가 각 행동대안에 대한 성과를 명확히 알 수 있는 경우를 말한다. 이 경우 의사결정자는 미래의 성과에 대해 정확한 예측을 할 수 있다. 예를 들어, 국채 투자에 대한 의사결정은 미래의 투자수익률에 관하여 완전한 정보를 이용할 수 있기 때문에 확실한 상황하의 의사결정이라고 할 수 있다. 이와 같이 의사결정에 필요한 정보가 확실한 상황을 확정적 의사결정(deterministic decision)이라고 한다. 확실한 상황하의 의사결정문제는 각 대안의 성과를 비교하여 최대의 이익이나 최소의 비용을 가진 대안을 최적 대안으로 선택함으로써 간단히 해결할 수 있다.

위험한 상황(risk)은 의사결정자가 여러 개의 발생가능한 결과와 이 결과가 출현할 확률을 알 수 있는 상황이다. 따라서 위험한 상황하에서는 의사결정자가 특정 상황이 발생할 확률을 알고 있는 것으로 가정한다.

미래에 출현할 각 상황의 발생가능성은 확률로 표시되며, 발생가능확률의 합은 항상 1이 된다.

$$p_1 + p_2 + p_3 + \cdots + p_n = \sum_{i=1}^{n} p_i$$
$$= 1$$

여기서 p는 발생가능확률, n은 의사결정시 고려해야 할 상황의 수이다. 만약 과거의 경험이나 자료에 의하여 발생가능한 상황의 확률을 알 수 있다면, 특정 결과의 출현은 확률적 개념으로 이해할 수 있다. 이러한 의미에서 위험한 상황하의 의사결정은 확률적 의사결정(stochastic decision)이라고 한다.

불확실한 상황(uncertainty)은 의사결정자가 각 행동대안에 대해 발생가능한 여러 결과를 알고 있으나 위험한 상황과는 대조적으로 각 상황의 발생확률을 전혀 알 수 없는 경우이다. 예를 들면, 신제품의 성공 여부에 대한 확률을 추정하는 것은 거의 불가능하다. 따라서 불확실한 상황하에서는 위험한 상황하에서보다 이용가능한 정보가 거의 없다.

1.3 성 과

성과(pay-offs)는 특정 대안과 상황과의 결합으로 실현되는 이익이나 비용이다. 이러한 성과는 특정 대안을 채택한 후에 발생하는 상황하에서 초래되는 성과이기 때문에 조건부 성과(conditional pay-offs)라고 할 수 있다. 각

표 3-1 ▶ 의사결정표의 구조

행동대안	발생가능상황			
	s_1	s_2	…	s_n
a_1	u_{11}	u_{12}	…	u_{1n}
a_2	u_{21}	u_{22}	…	u_{2n}
⋮	⋮	⋮		⋮
a_m	u_{m1}	u_{m2}	…	u_{mn}
발생확률	p_1	p_2	…	p_n

상황과 대안들의 결합에서 파생되는 정확한 성과를 평가하는 것은 매우 어려운 일이지만, 과거의 자료와 경험을 토대로 성과를 구할 수 있다. [표 3-1]은 의사결정표의 구조를 보여 주고 있다.

a_i : 행동대안

s_j : 발생가능상황

u_{ij} : 대안 i와 상황 j의 성과

3. 불확실한 상황하의 의사결정기준

불확실한 상황하에서 의사결정자는 어떠한 상황이 발생하리라는 것을 알 수 있으나 그 상황의 발생확률을 정확히 추정할 수 없다. 이러한 상황에서는 의사결정자의 태도에 따라 여러 가지 의사결정기준이 있을 수 있다.

C호텔 측에서는 객실을 증축할 것을 고려 중이다. 그런데 객실의 증축에 따른 영업성과는 지방자치단체의 세제상의 혜택 및 다른 호텔과의 경쟁에 달려 있다. 이 호텔의 경영자는 발생가능한 상황을 다음과 같이 네 가지로 보고 있다.

s_1 : 세제상 혜택이 있고 경쟁이 낮은 상황

s_2 : 세제상 혜택이 있고 경쟁이 높은 상황

s_3 : 세제상 혜택이 없고 경쟁이 낮은 상황

s_4 : 세제상 혜택이 없고 경쟁이 높은 상황

표 3-2 ▶ 성과표(투자수익률) (단위 : %)

대안	발생가능상황			
	s_1	s_2	s_3	s_4
a_1	10	5	4	-2
a_2	17	10	1	-10
a_3	24	15	-3	-20

이 발생가능한 상황에 따른 대안은 a_1(객실 30개 증축), a_2(객실 40개 증축), a_3(객실 50개 증축) 세 가지이며, 이에 따른 기대성과는 [표 3-2]에 나타나 있다.

이 의사결정문제는 기대성과를 최대화할 수 있도록 증축할 객실의 수를 결정하는 일이다. 그러나 불확실한 상황하에서는 하나의 최적대안을 선정할 수 있는 유일한 기준은 없으며, 각각의 특성과 한계를 가진 여러 의사결정기준이 존재한다. 따라서 이 여러 기준들 중에서 의사결정자의 태도나 조직의 정책에 의하여 최적 의사결정기준이 설정된다.

3.1 라플라스기준

라플라스기준(Laplace's criterion)은 동일발생가능성 기준(equally likely criterion)이라고도 하며, 모든 상황의 발생가능확률이 동일하다고 가정한다. 따라서 각 대안에 동일한 확률을 부여하여 기대값을 산출하고, 그 중에서 최대 기대값을 가진 대안을 최적대안으로 선정한다.

C호텔의 의사결정문제에서 네 가지 상황의 발생확률이 동일하다고 가정한다면 각 상황의 발생확률은 1/4이다. 이 확률을 부여하여 각 대안의 기대값을 산출하면 다음과 같다.

$$E(a_1) = \left(\frac{1}{4}\right)(10) + \left(\frac{1}{4}\right)(5) + \left(\frac{1}{4}\right)(4) + \left(\frac{1}{4}\right)(-2)$$
$$= 4.25$$
$$E(a_2) = \frac{1}{4}(17 + 10 + 1 - 10)$$
$$= 4.50^*$$

$$E(a_3) = \frac{1}{4}(24 + 15 - 3 - 20)$$
$$= 4.00$$

따라서 라플라스기준에 의한 최적대안은 a_2이며, 기대값은 4.50이다. 이는 객실 40개를 증축하는 것이 최적대안이며, 이때 투자액에 대한 기대수익률은 4.50임을 의미한다.

이 기준의 문제점은 발생확률이 모두 동일하다고 가정할 만한 절대적인 근거가 없다는 점이다. 특히 한 상황의 발생확률이 높은 경우에 이러한 가정은 의사결정에 많은 오류를 가져온다.

3.2 maximax기준

maximax기준은 각 대안별로 최대의 성과를 결정하고 그 중에서 최상의 성과를 가진 대안을 최적대안으로 선정하는 기준이다. 이 의사결정기준은 최대의 이익을 실현하는 대안을 선택하기 때문에 낙관적 의사결정기준(optimistic decision criterion)이라고 한다.

C호텔의 경우 maximax기준을 적용하면 [표 3-3]에서 보는 바와 같이 최적대안은 a_3이다.

그런데 만약 의사결정문제가 비용과 관련된 문제라면 낙관적 의사결정자는 각 대안별 최소의 비용을 결정하고, 이 최소비용들 중에서 최소값을 가진 대안을 최적대안으로 선택하게 된다. 이와 같은 방법을 minimin기준이라고 한다.

이러한 낙관적 기준 또한 이용가능한 정보를 모두 고려하지 않고, 최대의 성과나 최소의 비용만을 고려한다는 단점이 있다.

표 3-3 ▶ maximax기준 (단위 : %)

대안	발생가능상황				최대값
	s_1	s_2	s_3	s_4	
a_1	10	5	4	−2	10
a_2	17	10	1	−10	17
a_3	24	15	−3	−20	24*

3.3 maximin기준

maximin기준은 각 대안별 최소의 성과 중에서 최대값을 갖는 대안을 최적대안으로 선택하는 기준이다. 이 기준은 의사결정자가 어느 대안을 선택하든지 최악의 성과가 발생할 것이라고 가정하고 대안별 최소의 성과만을 고려하기 때문에 비관적 의사결정기준(pessimistic decision criterion)이라고 한다. 이러한 비관적 가정하에서 의사결정자는 자신을 보호하기 위하여 가능한 한 대안별로 최소의 성과 중 최대성과를 주는 대안을 최적대안으로 결정해야 한다.

C호텔문제에 maximin기준을 적용해 보면 [표 3-4]에서 보는 바와 같이 a_1이 최적대안으로 선정된다.

이 maximin기준은 최대화문제에 적용되며, 최소화문제에서는 minimax기준이 적용된다. minimax기준은 각 대안별 최대손실 중에서 최소값을 갖는 대안을 최적대안으로 선정하는 기준이다.

그러나 이러한 비관적 기준은 이용가능한 정보들 중에서 일부 정보에만 의존하여 의사결정이 행하여진다는 단점이 있다. 또한 최대화문제에서 대안별 최소값만을 의사결정시에 고려할 뿐 다른 성과는 일체 고려하지 않기 때문에 보수적 기준이라고 할 수 있다.

표 3-4 ▶ maximin기준 (단위 :%)

대안	발생가능상황				최소값
	s_1	s_2	s_3	s_4	
a_1	10	5	4	-2	-2*
a_2	17	10	1	-10	-10
a_3	24	15	-3	20	-15

3.4 후르비츠기준

현실적으로 의사결정자들은 완전히 낙관적이거나 완선히 비관적일 수 없다. 후르비츠기준(Hurwicz's criterion)은 우선 낙관성의 정도에 따라 0과 1 사이의 값을 갖는 낙관계수(optimistic coefficients) α를 결정하고, 이 낙관계수를 이용하여 의사결정을 하는 방법이다. α가 1에 가까우면 의사결정자가 미래의 상황에 대해 낙관적이며, 0에 가까우면 비관적임을 나타낸다.

이 기준에서 최선의 대안은 각 대안들 중에서 최대의 가중치(weighted value)를 갖는 대안이 된다. 이때 가중치 WV는 다음과 같은 식에 의하여 산출할 수 있다.

$$WV = \alpha(\text{최대의 성과}) + (1-\alpha)(\text{최소의 성과})$$

[표 3-2]에서 $\alpha=0.7$이라고 가정하면 각 대안의 가중치는 다음과 같다.

$$WV(a_1) = 0.7(10)+(1-0.7)(-2\ ) = 6.4$$
$$WV(a_2) = 0.7(17)+(1-0.7)(-10) = 8.9$$
$$WV(a_3) = 0.7(24)+(1=0.7)(-20) = 10.8$$

따라서 대안 a_3가 최적대안이다.

이 기준을 적용하는 데 있어서 가장 큰 어려움은 낙관계수 α값을 결정하는 일이다.

3.5 새비지기준 - minimax 후회기준

새비지기준(Savage's criterion)은 기회손실(opportunity loss)에 기초를 두고 각 대안별로 최대의 기회손실을 갖는 성과 중에서 최소값을 갖는 대안을 선택하는 기준이다. 이때 기회손실 개념은 후회(regret)의 의미를 갖고 있으며, 후회는 특정 상황에서 최적대안을 선택하지 않음으로써 초래되는 손실의 크기를 나타내는 기회손실을 말한다. 따라서 의사결정자는 최대의 기대후회를 최소화하려고 시도한다. 즉, 기회손실로 표시되는 후회표 혹은 기회손

표 3-5 ▶ 기회손실표 (단위 : %)

대안	발생가능상황				최대값
	s_1	s_2	s_3	s_4	
a_1	24-10=14	15-5=10	4-4=0	-2-(-2)=0	14
a_2	24-17=7	15-10=5	4-1=3	-2-(-10)=8	8*
a_3	24-24=0	15-15=0	4-(-3)=7	-2-(-20)=18	18

실표에 대하여 minimax방법으로 최적대안을 결정한다.

C호텔문제의 기회손실표는 [표 3-5]에 나타난 바와 같다. 이 표에 새비지기준을 적용하면 각 대안별 최대의 기회손실 중에서 최소인 대안 a_2가 최적대안으로 결정된다. 이 경우 어떠한 상황이 발생하든지 의사결정자는 8 이상의 후회는 하지 않을 것이다.

4. 위험한 상황하의 의사결정기준

위험한 상황하에서의 의사결정은 발생가능한 상황들에 대한 확률이 알려져 있는 경우의 의사결정이다. 이 경우에 의사결정자는 확률분포에 의하여 위험정도를 평가해야 한다. 이와 같이 미래의 상황에 대한 확률분포를 추정할 수 있는 위험한 상황하에서 가장 널리 이용되는 의사결정방법은 기대가치(expected value)를 선택기준으로 하는 방법이다.

K투자신탁회사에서는 거액의 자금을 투자할 계획이며, 사채, 보통주, 정기예금 등 세 투자대안을 고려 중이다. 그런데 경제 상황이 불확실하고, 사채와 주식시장의 동향에 대하여 정확한 예측을 할 수 없기 때문에 최대의 투자성과를 가져오는 투자안의 결정에는 많은 어려움이 있다. 따라서 경제조사부에 경제상태의 예측을 의뢰한 결과, 발생가능한 경제 상황은 성장, 침체, 인플레이션으로 나타나며, 그 발생가능확률은 각각 0.5, 0.3, 0.2인 것으로 추정되었다. 이를 토대로 경제 상황과 각 대안에 따른 투자수익을 추정한 결과는 [표 3-6]과 같다.

표 3-6 ▶ 의사결정표 (단위 : 백만원)

대안	발생가능상황		
	성장(s_1)	침체(s_2)	인플레이션(s_3)
사 채(a_1)	12	6	3
주 식(a_2)	15	3	-2
정기예금(a_3)	6.5	6.5	6.5
확률	.5	.3	.2

4.1 기대가치기준

기대가치(expected value : EV)를 기준으로 하는 의사결정은 최대의 기대이익을 주는 대안을 최적안으로 선정하는 방법이다. 각 대안의 기대가치(EV)는 각 성과에 발생확률을 곱하여 얻은 모든 가능한 성과의 합이며, 일반적으로 다음과 같이 나타낸다.

$$\mathrm{EV}(a_i) = \sum_{j=1}^{n} u_{ij} p_j$$

따라서 K투자신탁회사 문제에서 각 대안별 기대가치는 다음과 같다.

$$\mathrm{EV}(a_1) = (0.5)12 + (0.3)6 + (0.2)3 = 8.4^*$$

$$\mathrm{EV}(a_2) = (0.5)15 + (0.3)3 + (0.2)(-2) = 8.0$$

$$\mathrm{EV}(a_3) = (0.5)6.5 + (0.3)6.5 + (0.2)6.5 = 6.5$$

일단 모든 대안에 대한 EV가 결정되면 최대의 EV를 가진 대안이 결정대안으로 선정된다. 이 투자문제에서는 대안 a_1이 가장 큰 EV를 가졌기 때문에, a_1 즉 사채에 투자하는 것이 최선의 결정이 된다.

4.2 기대기회손실기준

기대가치(EV)를 최대화하기 위한 대체적인 방법으로 기대기회손실(expected opportunity loss : EOL)을 최소화하는 것을 들 수 있다. 여기서 기회손실(opportunity loss)은 최적이익과 실제이익과의 차이, 즉 주어진 상황에서 최적대안을 선택하지 않고 최적이 아닌 대안을 선택함으로써 발생하는 상대적 손실이다.

[표 3-7]은 기회손실표이다. 만약 경제가 성장되는 상황(s_1)이라면 최적대안은 투자수익이 가장 높은 a_2가 될 것이다. 그러나 만약 이 상황에서 a_1이나 a_3의 투자안을 채택하여 투자한다면 최적대안 a_2를 채택하는 것에 비해 각각 3백만원과 8.5백만원만큼의 손실을 초래하게 된다. 이와 같이 최적대안을 선택하지 않음으로써 발생하는 투자수익상의 손실이 기회손실이다.

표 3-7 ▶ 기회손실표 (단위 : 백만원)

대안	발생가능상황		
	s_1	s_2	s_3
a_1	15-12=3	6.5-6=0.5	6.5-3=3.5
a_2	15-15=0	6.5-3=3.5	6.5-(-2)=8.5
a_3	15-6.5=8.5	6.5-6.5=0	6.5-6.5=0
확률	.5	.3	.2

[표 3-7]과 같은 기회손실표가 작성되면, EV를 계산했던 것과 동일한 방식으로 기대기회손실(EOL)을 산출할 수 있으며, 그 중에서 최소의 기대기회손실을 가진 대안이 최적대안으로 채택된다.

$$\text{EOL}(a_1) = (0.5)3+(0.3)0.5+(0.2)3.5 = 2.35^*$$

$$\text{EOL}(a_2) = (0.5)0+(0.3)3.5+(0.2)8.5 = 2.75$$

$$\text{EOL}(a_3) = (0.5)8.5+(0.3)0+(0.2)0 = 4.25$$

따라서 최적투자안은 EOL이 2.35로 최소인 대안 a_1이 되므로 의사결정자는 a_1 즉 사채에 투자해야 한다. 여기서 한 가지 중요한 사실은 최소 EOL을 기준으로 결정된 대안과 최대 EV를 기준으로 결정된 대안이 일치한다는 점이다. 이는 우연의 일치가 아니며, 의사결정기준으로 EV와 EOL을 사용한다는 개념상의 차이만 있을 뿐, 항상 두 기준에 의한 의사결정의 결과는 일치한다.

4.3 완전정보의 기대가치

위험한 상황하에서 의사결정자는 확실한 상황하의 의사결정의 경우보다 제한된 정보를 가지고 의사결정을 수행한다. 그러나 만약 완전한 추가정보를 얻을 수 있다면 의사결정환경은 확실한 상황으로 바뀔 수 있으며, 이때 관련된 정보를 완전정보(perfect information)라고 한다.

의사결정자는 완전정보와 관련하여 두 가지 의사결정에 직면하게 된다. 첫째는 만약 완전한 정보를 이용할 수 있다면 어느 대안을 의사결정대안으로 선택해야 하는가이며, 둘째는 완전정보의 이용 여부에 관해서이다. 그러나 두

표 3-8 ▶ K 투자신탁회사의 의사결정표 (단위 : 백만원)

대안	발생가능상황			EV
	s_1	s_2	s_3	
a_1	12	6	3	8.4*
a_2	15	3	-2	8.0
a_3	6.5	6.5	6.5	6.5
확률	.5	.3	.2	

번째 문제는 완전정보의 대가로서 지불하는 비용과 완전정보의 이용에 따른 이익을 비교하여 결정해야 한다.

[표 3-8]에서 기대가치기준에 의한 최적대안은 a_1이며, 의사결정자는 장기적으로 평균 8.4백만원의 기대수익를 얻을 수 있다. 그러나 의사결정에 앞서 경제 상황을 정확하게 예측할 수 있다면 의사결정자는 예측 결과에 따라 최적투자안을 선택할 수 있다.

만약 경제 상황에 대한 정확한 완전정보를 갖고 있어서 차기에 경제가 성장(s_1)할 것으로 확신한다면, 의사결정자는 최적대안으로 a_2를 선택할 것이며, 이로 인해 15의 이익을 얻을 수 있다. 마찬가지로 경제가 침체(s_2)될 것으로 예측하면 대안 a_3를 선택함으로써 6.5백만원의 이익을 얻게 되며, 인플레이션(s_3)이 발생한다고 하면 대안 a_3를 선택함으로써 6.5백만원의 이익을 얻게 된다. 따라서 확실한 상황하의 기대성과(expected pay-offs with certainty : EPC)는 다음과 같이 산출할 수 있다.

$$EPC = (0.5)15 + (0.3)6.5 + (0.2)6.5 = 10.75$$

여기서 완전정보를 이용해서 얻는 이익 EPC와 위험한 상황하의 기대이익 EV들 중 최대값인 8.4를 비교하면 2.35가 향상되었음을 알 수 있다. 일반적으로 완전정보를 이용한 의사결정은 완전정보를 이용하지 않을 경우보다 높은 이익을 가져오며, 이 양자의 차이는 의사결정자가 완전한 정보를 얻기 위하여 기꺼이 지불할 수 있는 최대금액으로서 이를 완전정보의 기대가치(expected value of perfect information : EVPI)라고 한다.

EVPI는 의사결정자가 완전정보의 이용 여부를 결정하는 데 사용된다. 즉, 미래에 대한 완전한 정보를 얻기 위해 지불하는 비용과 완전한 정보의 이용에 따른 이익을 비교하여 정보의 이용 여부를 결정할 수 있다. 예를 들어,

K투자신탁회사에서 정보를 얻기 위하여 1.5를 지불한다면 회사는 이 정보를 이용할 경우 완전정보의 기대가치와 지불비용의 차이 즉 0.85(= 2.35 - 1.5)의 이익을 기대할 수 있다. 그러나 정보의 대가로 2.35 이상을 지불해야 한다면 회사는 이 완전정보를 이용하지 않을 것이다. 따라서 EVPI는 완전정보를 얻기 위하여 기꺼이 지불할 수 있는 상한(upper limit)이라고 할 수 있다.

한편 EVPI는 정보의 불확실성 때문에 입게 되는 기회손실이라고 할 수 있으므로 항상 최소의 기대기회손실(EOL)과 그 값이 동일하다. 즉, 정보에 대한 대가로 지불하는 비용은 정보의 불확실성으로 인한 위험 때문에 발생하는 평균 기회손실과 같음을 의미한다. 따라서 EVPI와 EPC, EOL, EV의 관계는 다음과 같이 요약할 수 있다.

$$\text{EVPI} = \text{EPC} - \text{최대의 EV}$$
$$\text{EOL} = \text{EPC} - \text{최대의 EV}$$
$$\text{EPC} = \text{최대의 EV} + \text{최소의 EOL}$$

5. 의사결정수

지금까지의 의사결정방법은 의사결정단계가 하나로 한정된 단순한 의사결정 문제에 관한 것이었다. 그러나 실제로 많은 문제는 1단계에 국한되지 않고 여러 단계에 걸쳐 순차적으로 의사결정을 내려야 할 경우가 있다. 이 경우 한 단계에서 내려진 의사결정은 다음 단계의 의사결정에 영향을 미치므로 모든 단계의 의사결정을 동시에 고려해야 한다. 이와 같은 의사결정과정을 연속적 의사결정(continuous decision) 또는 다단계 의사결정(multi-stage decision)이라고 한다.

다단계 의사결정문제를 풀기 위해서는 매 단계마다 새로운 성과표를 다시 작성해야 하기 때문에 성과표를 이용하는 것은 매우 번거로운 일이다. 따라서 성과표를 이용하는 대신에 새로 개발된 기법이 의사결정수(decision tree)이며, 이는 성과표를 나뭇가지 모양의 도표로 나타낸다. 의사결정수는 연속적인 의사결정과정을 도표로 나타낼 수 있는데, 다단계 의사결정문제에 의사결정수를 이용하면 최적대안 및 최적의사결정에 따른 성과뿐만 아니라 의사결정시점과 각 단계별 의사결정의 성과를 알 수 있다. 또한 각 단계별 계산 결과를 의사결정수 위에 곧바로 기입할 수 있기 때문에 분석을 단순화시킬 수 있다는 장점이 있다.

5.1 의사결정수의 작성

일반적으로 의사결정수는 의사결정점(decision point)과 상황발생점(chance point)으로 구성된다. 보통 □로 표시되는 의사결정점은 의사결정자가 선택 가능한 여러 대안들 중에서 한 대안을 선택해야 하는 점이다. 이때 각 대안들은 의사결정점으로부터 우측으로 나누어지는 가지(branch)로 표시되며, 가지는 각각의 성과나 다른 의사결정점 또는 상황발생점과 연결된다.

상황발생점은 의사결정수에서 보통 ○으로 표시되며, 의사결정과정에서 특정 상황이 발생하는 점이다. 이때 발생가능한 상황은 이 점과 우측 방향으로 연결된 가지로 표시되며, 성과나 의사결정점 또는 다른 상황발생점과 연결된다. 의사결정수는 위험한 상황하의 의사결정기법이기 때문에 상황의 발생가능 확률은 알고 있는 것으로 가정되며, 가지 위에 표시된다.

[그림 3-1]은 앞에서 설명한 K투자신탁회사의 문제를 의사결정수로 나타낸 것이다. 이 문제는 세 개의 대안 중에서 최적투자안을 결정하는 문제이므

그림 3-1 ▶ K투자신탁회사문제의 의사결정수

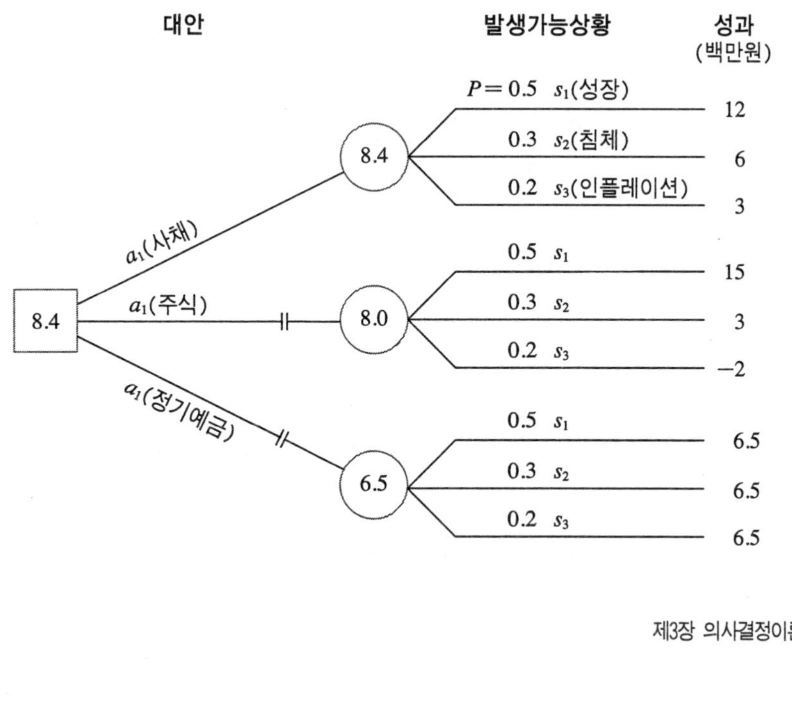

로 1단계 의사결정문제이다. 따라서 의사결정점은 한 개이며, 세 개의 대안은 각각 가지로 분기되어 상황발생점과 연결되며, 각 대안에 대하여 발생가능한 상황 역시 세 개의 가지로 표시된다. 이때 각 가지는 의사결정자가 통제할 수 없는 불확실한 상황을 나타내기 때문에 각 상황에 대한 발생확률이 가지 위에 표시되며, 주어진 상황에 따른 각 대안의 성과와 연결된다.

이와 같이 의사결정수가 작성되면 이를 이용하여 최적대안을 선정해야 한다. 일반적으로 의사결정수를 이용한 의사결정은 우측의 가지 끝에서 좌측 방향으로 역행(backward)하면서 행해진다. [그림 3-1]에서 보는 바와 같이, 우선 각 상황발생점에서의 EV를 계산하여 상황발생점을 표시하는 ○ 안에 기입한다. 이 EV는 기대성과에 확률을 곱하고 이를 합하여 산출된다. 이때 각 상황발생점에서의 EV는 해당 대안을 선택할 경우의 기대이익이다. 따라서 그 중에서 최대의 EV를 가진 대안이 최적대안이 되며, 해당 EV값을 의사결정점을 표시하는 □ 안에 기입하고, 나머지 대안을 나타내는 가지를 ∥ 표로 잘라낸다. 이 문제에서 a_1이 최적대안이 되며, EV는 8.4백만원이다.

5.2 다단계 의사결정문제

연속적인 의사결정과 관련된 다단계 의사결정수는 여러 개의 1단계 의사결정수로 구성된다.

S사의 판매관리자는 신제품의 도입 여부와 신제품의 판매가격수준에 관한 의사결정에 직면해 있다. 이 회사의 이익은 경쟁회사의 신제품 도입 여부와 경쟁상품의 판매가격에 달려 있다. 이 경우 해결해야 할 의사결정점 □은 신제품 도입 여부와 판매가격수준의 결정 두 가지이며, 상황발생점 ○은 경쟁회사의 신제품 도입 여부와 판매가격수준 결정 두 가지이다.

[그림 3-2]는 이 회사의 판매관리자가 조사한 단계별 확률과 성과를 이용하여 작성한 이 문제의 의사결정수이다. 이를 분석하기 위해서는 나무의 끝으로부터 좌측으로 역행해 나가면서 각 상황발생점에서의 EV를 산출해야 한다. 일단 EV가 산출되면 그 중의 최대값이 의사결정점의 EV가 된다.

이러한 분석결과가 [그림 3-2]에 나타나 있다. 이 표에서 의사결정수를 이용한 분석 결과는 두 가지로 나타날 수 있다. 만약 경쟁기업이 신제품을 도입하지 않는다면 이 회사는 신제품을 도입하여 고가로 판매하는 것이 최적 대안이며, 경쟁상품이 개발되는 경우라면 신제품을 도입하되 중간가격으로

그림 3-2 ▶ 다단계 의사결정문제의 의사결정수

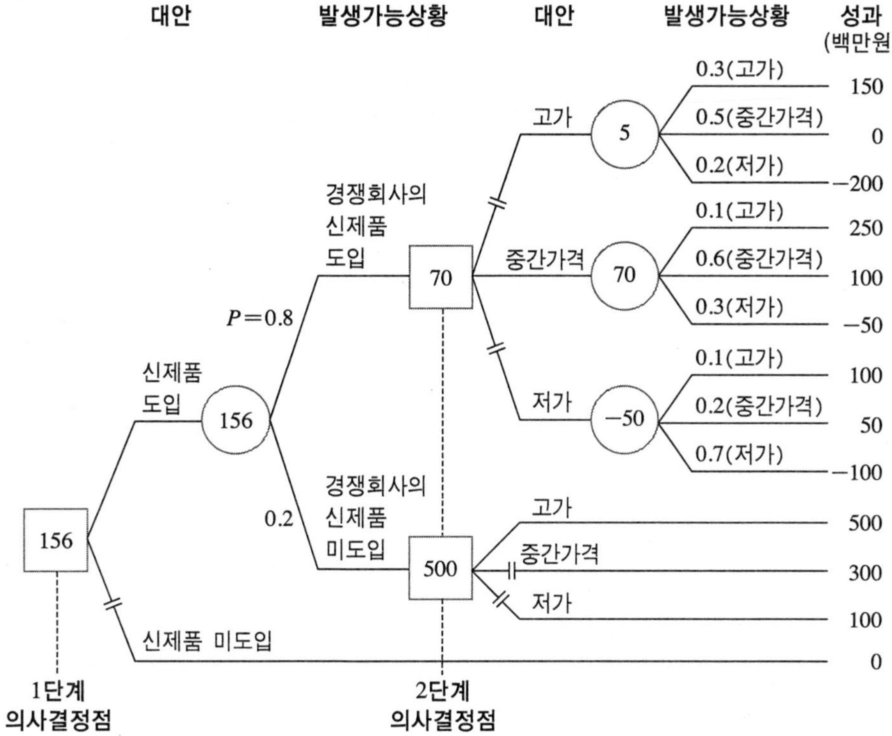

판매해야 한다. 그러나 경쟁회사의 신제품 도입 여부가 확률로 주어져 있는 이 문제의 경우 이 회사는 신제품을 도입하는 의사결정을 내림으로써 156(백만원)의 성과를 기대하는 것이 바람직하다.

6. 베이지안분석

완전정보를 가정한 확정적인 의사결정문제는 현실적으로 문제점이 있다. 우선 경영자가 완전한 정보를 얻을 수 있는 경우는 극히 드물다는 점이다. 의사결정에 이용하는 대부분의 정보는 완전하지 않으며, 따라서 경영자들은 시장조사, 실험, 통계적 예측, 표본추출 등을 통하여 얻은 정보를 추가로 이용하게 된다.

또 하나의 문제점은 의사결정과정에서 추가된 표본정보를 이용할 수 있는 일반적인 방법이 없다는 점이다. 그러나 이 문제는 베이지안분석(Bayesian analysis)이라고 불리는 방법에 의해 어느 정도 해결할 수 있다.

의사결정자는 자신의 경험이나 판단에 의하여 얻어진 정보를 이용하여 각 상황의 발생가능성에 관한 최초의 확률을 설정한다. 이러한 최초의 확률을 사전확률(prior probabilities)이라고 한다.

한편, 가능한 한 최선의 성과를 가져오는 대안을 선택하기 위하여 의사결정자는 발생가능한 상황들에 관한 추가적인 정보를 얻고자 할 것이다. 표본조사를 통하여 발생가능한 상황과 관련된 추가적인 정보를 얻을 경우, 이 정보를 이용하여 사전 확률을 수정함으로써 보다 향상된 의사결정의 결과를 기대할 수 있다. 이때 수정된 확률을 사후확률(posterior probabilities)이라고 하며, 확률수정과정을 베이지안수정(Bayesian revision)이라고 한다.

베이지안분석에서 원래의 사전확률은 의사결정자의 경험이나 판단에 의하여 정해진 확률이므로 주관적이다. 이러한 주관적인 확률은 실험이나 표본추출을 통해 얻은 추가정보를 이용하여 수정되며, 수정확률인 사후확률로부터 산출된 수정확률분포를 각 상황에 적용하여 의사결정이 행해진다. 따라서 베이지안분석은 실험의 결과로서 얻은 정보를 기초로 하여 사전확률을 수정하고, 수정된 확률을 사용하여 EV기준이나 EOL기준에서 최적행동경로나 최적전략을 결정하는 방법이라고 할 수 있다.

6.1 베이지안확률수정

베이지안확률수정을 위해서는 기본적으로 조건확률의 개념을 이해해야 한다. 조건부확률(conditional probability)은 어떤 사상(event)이 이미 발생하였다는 조건하에서 다른 사상이 발생할 확률이다. 예를 들어, 내일 비가 내릴 확률이 0.20 즉 P(비) =0.20이라고 하자. 또 다음 날 아침에 하늘에 구름이 덮여 날씨가 흐릴 경우 비가 내릴 확률은 0.45라고 하자. 이때 한 사상(흐린 날씨)이 발생하였을 때 다른 사상(비)이 발생할 가능성을 측정한 것이기 때문에 이 확률은 조건부확률이다. 조건부확률을 나타내는 부호로는 P(결과|원인)을 사용하며, 따라서 P(비|흐린 날씨) = 0.45로 쓸 수 있다. 즉, 어떤 사상 A가 주어졌을 때 다른 사상 B의 조건부확률은 $P(B \mid A)$로 나타내며, $P(A) > 0$이면 다음과 같은 관계가 성립한다.

$$P(B|A) = \frac{P(A \cap B)}{P(A)}$$

어떤 사상 B가 A를 조건으로 할 때 발생할 확률 $P(B|A)$는 A와 B의 두 사상이 결합된 사상이 발생할 결합확률(joint probability)인 $P(A \cap B)$를 사상 A가 발생할 확률 $P(A)$로 나누어 얻는다.

이 조건부확률의 이해로부터 베이즈정리를 유도할 수 있다. 상호배반이 되는 사상 B_1, B_2, ……, B_n이 있다고 할 때, 사상 A가 일어난다는 조건하에서 어느 사상 B가 일어날 조건확률 $P(B_i|A)$는

$$P(B_i|A) = \frac{P(A \cap B_i)}{P(A)}$$

로 나타낼 수 있다. 그런데 $P(A) > 0$이면

$$P(A \cap B_i) = P(A)P(B_i|A) = P(B_i)P(A|B_i)$$

이므로

$$P(B_i|A) = \frac{P(B_i)P(A|B_i)}{P(A)}$$

이다. 또한 사상 A가 일어날 확률 $P(A)$는 사상 A와 B_i의 결합확률의 합이므로

$$\begin{aligned} P(A) &= P(A \cap B_1) + P(A \cap B_2) + \cdots + P(A \cap B_n) \\ &= P(B_1)P(A|B_1) + P(B_2)P(A|B_2) + \cdots + P(B_n)P(A|B_n) \end{aligned}$$

이다. 결국 $P(B_i|A)$는

$$P(B_i|A) = \frac{P(B_i)P(A|B_i)}{\sum_{i=1}^{n} P(B_i)P(A|B_i)}$$

로 표시할 수 있다. 이를 베이즈정리(Bayes' theorem)라고 한다.

이때 $P(B_i)$는 어떤 다른 사상이 일어나기 전에 사상 B_i가 발생할 확률이므로 사전확률이며, $P(B_i|A)$는 A가 발생한 후에 B_i가 발생할 확률이므로 사후확률이라 할 수 있다.

6.2 베이지안분석을 이용한 의사결정

의사결정자는 베이즈정리를 이용한 확률수정과정을 통하여 의사결정에 추가적인 표본정보를 반영할 수 있다.

한 TV방송국에서는 차기 프로그램의 개편으로 인하여 프로그램 제작 대행회사로부터 TV 드라마를 구입할 것을 고려 중이다. 그런데 방송국 측으로서는 이 드라마에 대한 시청자의 반응이 가장 중대한 관심사이다. 차기에 이 드라마를 방영했을 때 발생가능한 상황은 다음 세 가지이다.

s_1 : 인기 하락

s_2 : 인기 유지

s_3 : 인기 상승

이러한 상황에서 방송국 측의 의사결정대안은 연속물을 구입하는 것(a_1)과 구입하지 않는 것(a_2)이며, [표 3-9]와 같은 조건부 성과를 기대할 수 있다.

한편 방송국 측에서는 과거의 경험이나 판단을 토대로 발생가능한 상황 s_1, s_2, s_3의 확률을 각각 0.3, 0.5, 0.2로 추정하고 있다. 우선 이 사전확률을 이용하여 각 대안에 대한 기대가치(EV)를 구하면 다음과 같다.

$$\text{EV}\ (a_1) = 0.3(-10) + 0.5(10) + 0.2(50) = 12^*$$

$$\text{EV}\ (a_2) = 0.3(-1) + 0.5(-1) + 0.2(-1) = -1$$

이 결과에 의하면 대안 a_1 즉 드라마를 구입하는 것이 유리하다.

그런데 방송국측이 시청자 조사 전문기관에 개편될 프로그램에 대한 시청자의 반응에 관한 예측을 의뢰했다고 가정하자. 실제 시청자의 반응과 전문

표 3-9 ▶ 조건부 성과 (단위 : 백만원)

대안	발생가능상황		
	s_1	s_2	s_3
a_1	−10	10	50
a_2	−1	−1	−1

표 3-10 ▶ 조건부확률표

예측	발생가능상황		
	s_1(인기 하락)	s_2(인기 유지)	s_3(인기 상승)
인기 하락(PD)	.80	.20	.10
인기 유지(PS)	.10	.70	.30
인기 상승(PU)	.10	.10	.60

조사기관의 예측결과와의 관계를 [표 3-10]과 같이 확률로 표시하였다.

[표 3-10]에서 보는 바와 같이, 프로그램에 대한 시청자의 실제 반응이 인기 하락인데 전문조사기관이 프로그램의 인기가 하락될 것으로 예측할 확률은 80%이며, 이것은 조건부확률이기 때문에 $P(PD \mid s_1) = 0.80$으로 표시할 수 있다. 또한 실제로 인기가 하락하는 추세이나 인기가 유지될 것으로 예측할 확률은 $P(PS \mid s_1) = 0.10$으로 표시할 수 있으며, 실제로 인기가 하락하였으나 인기가 상승될 것으로 예측할 확률은 $P(PU \mid s_1) = 0.10$이다. 나머지 두 상황에 대해서도 동일한 설명이 가능하다. 따라서 [표 3-10]은 각 상황이 실제로 주어졌을 때 전문조사기관의 예측 결과에 대한 조건부확률을 나타낸 것이라고 할 수 있다.

여기서 다시 전문조사기관이 차기에 방영될 드라마에 대한 반응을 시청자 조사를 통하여 분석하고 이 프로그램의 인기가 하락될 것으로 예측했다고 가정하자. 이 경우 의사결정자는 전문조사기관의 예측 결과에 기초를 두고 드라마의 인기 여부를 고려하여 의사결정을 수행해야 한다. 따라서 사전확률에 표본정보를 추가하여 인기하락을 예측했을 때, 실제로 각 상황이 발생할 확률 즉 수정된 사후확률을 산출하고 이를 기초로 각 대안의 EV와 EOL을 구하여 프로그램의 구입 여부를 결정해야 한다. [표 3-11]은 표본정보를 추

표 3-11 ▶ 인기 하락을 예측할 경우의 사후확률

발생가능상황 (s_i)	사전확률 $P(s_i)$	조건부확률 $P(PD \mid s_i)$	결합확률 $P(s_i)P(PD \mid s_i)$	사후확률 $P(s_i \mid PD)$
s_1	.3	.8	.24	.67
s_2	.5	.2	.10	.28
s_3	.2	.1	.02	.05
	1.0		.36	1.00

가하여 사전확률을 수정하는 확률수정과정을 보여 주고 있다.

여기서 얻은 사후확률은 원래의 사전확률과 마찬가지로 의사결정에 이용된다. 수정된 사후확률을 이용하여 각 대안별 EV를 산출하면 다음과 같다.

$$\text{EV}(a_1) = 0.67(-10) + 0.28(10) + 0.05(50) = -1.4$$

$$\text{EV}(a_2) = 0.67(-1) + 0.28(-1) + 0.05(-1) = -1.0^*$$

따라서 사후확률에 의한 최적대안은 a_2가 되며, 전문조사기관으로부터 제공된 추가정보에 의하여 의사결정의 결과인 최적대안이 프로그램을 구입하지 않는 것으로 변화되었음을 알 수 있다. 이와 같이 최대의 EV값을 가진 대안을 최적대안으로 선정하는 과정을 베이지안절차(Bayesian procedure)라고 한다.

다시 전문조사기관이 인기 하락 대신에 차기에 해당 프로그램의 인기가 예전처럼 유지될 것이라고 예측했다고 가정하자. 이 예측 결과를 이용하여 베이지안확률수정과정을 거치면 [표 3-12]에서 보는 바와 같이 수정된 사후확률을 얻을 수 있다.

이 사후확률을 이용하여 각 대안에 대한 EV를 산출하면 대안 a_1의 EV가 최대이므로 대안 a_1이 최적대안이 된다. 따라서 전문조사기관이 차기기에 프로그램의 인기가 유지되리라고 예측했을 때 최적대안은 그 프로그램을 구입하는 것이다.

$$\text{EV}(a_1) = 0.07(-10{,}000) + 0.79(10{,}000) + 0.14(50{,}000) = 14{,}200^*$$

$$\text{EV}(a_2) = 0.07(-1{,}000) + 0.79(-1{,}000) + 0.14(-1{,}000) = -1{,}000$$

이는 전문조사기관이 인기의 하락을 예측했을 때 최적대안이 프로그램을 구입하지 않는 것이었던 의사결정의 경우와는 대조적이라고 할 수 있다.

표 3-12 ▶ 인기 유지를 예측할 경우의 사후확률

발생가능상황 (s_i)	사전확률 $P(s_i)$	조건부확률 $P(PS \mid s_i)$	결합확률 $P(s_i)P(PS \mid s_i)$	사후확률 $P(s_i \mid PS)$
s_1	.3	.1	.03	.07
s_2	.5	.7	.35	.79
s_3	.2	.3	.06	.14
	1.0		.44	1.00

표 3-13 ▶ 인기 상승을 예측할 경우의 사후확률

발생가능상황 (s_i)	사전확률 $P(s_i)$	조건부확률 $P(PU \mid s_i)$	결합확률 $P(s_i)P(PU \mid s_i)$	사후확률 $P(s_i \mid PU)$
s_1	.3	.1	.03	.15
s_2	.5	.1	.05	.25
s_3	.2	.6	.12	.60
	1.0		.20	1.00

마지막으로, 전문조사기관이 차기에 프로그램의 인기가 상승하리라고 예측했을 때의 베이지안확률수정의 결과를 산출하면 [표 3-13]과 같다. 따라서 사후확률을 이용하여 최적대안을 구하면 a_1 즉 프로그램을 구입하는 것이 최적대안이다.

$$\text{EV}(a_1) = 0.15(-10{,}000) + 0.25(10{,}000) + 0.60(50{,}000) = 31{,}000^*$$

$$\text{EV}(a_2) = 0.15(-1{,}000) + 0.25(-1{,}000) + 0.60(-1{,}000) = -1{,}000$$

베이지안분석에 의한 의사결정에서는 조사나 예측 결과에 따라서 최적대안이 달라짐을 알 수 있다. 그런데 표본조사의 결과는 확률적 성격을 갖고 있기 때문에 실제로 표본조사를 하지 않고는 그 값을 알 수가 없다. 따라서 최적대안을 구하기 위해서는 모든 가능한 표본조사 결과들을 토대로 의사결정 문제를 평가할 필요가 있다.

TV드라마 구입에 관한 의사결정문제에서 의사결정을 위해 베이지안분석을 적용한 이유는 표본조사의 결과라고 할 수 있는 전문조사기관의 예측 결과가 주어졌을 때 각 상황이 발생할 확률을 구하여 이를 의사결정에 이용하기 위해서이다. [표 3-14]에 분석의 결과가 요약되어 있다.

표 3-14 ▶ 베이지안분석의 결과 (단위 : 백만원)

표본 결과 (예측)	사후확률			EV		최적대안
	s_1	s_2	s_3	a_1	a_2	
인기 하락(PD)	.67	.28	.05	−1.4	−1.0	a_2
인기 유지(PS)	.07	.79	.14	14.2	−1.0	a_1
인기 상승(PS)	.15	.25	.60	31.0	−1.0	a_1

6.3 표본정보의 기대가치

표본정보의 기대가치(expected value of sample information : EVSI)는 표본조사를 통하여 얻은 불완전정보의 가치를 의미하며, 불완전정보의 사용으로 인하여 정보를 전혀 사용하지 않을 때 얻을 수 있는 이익에 추가된 기대이익이라고 할 수 있다. 이러한 EVSI는 표본정보의 이용 여부를 결정하는 기준이 된다. 만약 표본조사비용이 EVSI값보다 적다면 표본정보를 이용하는 것이 유리하다. 그러나 표본조사비용이 EVSI값보다 크다면 표본정보를 이용하지 않아야 한다.

방송국의 드라마 프로그램 구입에 대한 의사결정문제에서 각 상황의 사전확률 0.3, 0.5, 0.2를 확정적인 것으로 가정하고 [표 3-9]의 성과를 이용하여 확실한 상황하의 기대성과인 EPC를 산출하면 다음과 같다.

$$\text{EPC} = 0.3(-1) + 0.5(10) + 0.2(50) = 14.7$$

마찬가지로 완전정보의 기대가치인 EVPI는 EPC와 추가적인 정보가 없을 때의 각 대안별 EV 중 최대 EV와의 차이로서 다음과 같이 산출할 수 있다.

$$\begin{aligned} \text{EVPI} &= \text{EPC} - \text{최대의 EV} \\ &= 14.7 - 12 = 2.7 \end{aligned}$$

EVPI는 완전정보를 얻기 위하여 기꺼이 지불할 수 있는 최대금액이다. 그런데 전문조사기관으로부터 얻을 수 있는 정보는 완전한 정보는 아니다. 앞의 [표 3-10]에서 보았듯이, 전문조사기관의 예측과 실제 결과가 항상 일치하는 것은 아니기 때문이다. 따라서 표본정보의 기대가치를 평가하여 이용 여부를 결정할 필요가 있다.

표본정보의 기대가치는 베이즈의사결정 결과를 이용하여 쉽게 산출할 수 있다. 우선 발생가능한 표본 결과와 관련된 EV값을 알아야 한다. [표 3-15]는 이러한 내용을 보여 주고 있다.

표본정보의 가치를 평가하기 위해서는 각 예측 결과의 발생가능확률이 필요하며, 이 값은 예측에 관한 베이지안확률에서 구할 수 있다. 각 확률수정표에서 이를 구하면 각 예측 결과의 발생가능결합확률은 0.36, 0.44, 0.20이다.

표 3-15 ▶ 최적대안별 EV

예측	최적대안	EV(백만원)
인기 하락	a_2	−1.0
인기 유지	a_1	14.2
인기 상승	a_1	31.0

따라서 이 사후확률에 의한 기대이익인 표본정보의 기대성과(expected pay-offs with sample information : EPSI)는 이들 확률값에 최적대안의 EV 값을 곱하여 다음과 같이 산출할 수 있다.

$$\begin{aligned} \text{EPSI} &= 0.36(-1) + 0.44(14.2) + 0.20(31) \\ &= 12.09 \end{aligned}$$

이 값은 표본조사 결과로 얻을 수 있는 기대이익으로, 완전하지 않은 표본정보에 기초를 두고 있기 때문에 항상 완전정보의 기대성과인 EPC보다 작은 값을 갖는다. 따라서 EVSI는 EPSI와 추가정보를 갖지 않은 상황에서의 최대의 EV와의 차이라고 할 수 있다.

$$\begin{aligned} \text{EVSI} &= \text{EPSI} - \text{최대의 EV} \\ &= 12.09 - 12 \\ &= 0.09 \end{aligned}$$

즉, EVSI는 표본조사를 하기 전의 사전확률에 의한 EV와 수정된 사후확률에 의한 EV와의 차이로서 표본조사에 의하여 추가된 정보의 기대가치이다. 따라서 방송국은 EVSI값인 0.09(9만원)보다 적은 비용으로 표본조사를 할 수 있다면 전문조사기관을 통하여 시청자의 반응에 관한 정보를 얻으려고 할 것이다. 그러나 전문조사기관으로부터 정보를 얻는 데 드는 비용이 EVSI보다 많다면 전문조사기관에 표본조사를 의뢰하지 않을 것이다.

7. 효용이론

현실적으로 보면 의사결정기준으로 기대가치를 사용하는 것이 타당하지 않은 경우가 많이 있다. 예를 들어, 동전을 던져 뒷면이 나오면 5,000원을 받을 수 있는 복권을 가지고 있다고 하자. 만약 어떤 사람이 이 복권을 2,000원에 사겠다고 제의한다면 복권 소지자는 어떻게 할 것인가? 이를 위하여 의사결정수(decision tree)를 작성하면 [그림 3-3]과 같으며, EV기준에 의하면 구입제의를 거절하고 복권을 그대로 가지고 있어야 할 것이다. 그러나 아무것도 얻지 못할 확률이 50%이며, 대신에 2,000원을 확실히 받을 수 있다는 것을 생각하면 어떤 사람들은 복권을 팔려고 할 것이다. 즉, 위험을 선호하는 사람이라면 복권을 가지고 있을 것이며, 위험을 회피한다면 복권을 팔게 될 것이다.

효용이론(utility theory)은 위험에 대한 의사결정자의 태도나 그 밖의 요인들을 반영한 효용을 EV 대신 의사결정기준으로 이용하는 방법이다.

그림 3-3 ▶ 복권문제의 의사결정수

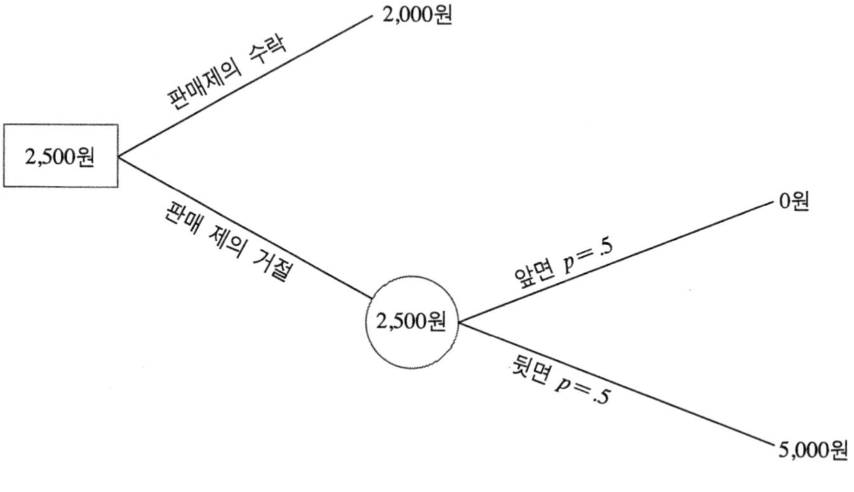

7.1 효용의 측정과 효용곡선의 작성

효용은 의사결정자가 측정한 성과에 대하여 위험이나 선호도 및 기타의 요인을 고려하여 부여하는 주관적 가치이다.

효용의 크기는 의사결정문제에 포함된 최악의 성과와 최상의 성과를 기준으로 하여 임의로 부여할 수 있다. 그러나 편의상 최악의 성과에 0, 최상의 성과에 1을 부여한다면, 모든 다른 성과의 효용치는 0과 1 사이에 있게 된다. 예를 들어, [그림 3-4]와 같은 의사결정수로 나타낼 수 있는 도박게임이 있다고 하자. 이 그림에서 p는 최상의 결과가 발생할 수 있는 확률이며, $(1-p)$는 최악의 결과가 발생할 확률이다. 또한 첫 번째 대안 a_1은 도박게임에 참여하는 것으로 최상의 성과나 최악의 성과를 얻을 수 있으며, 두 번째 대안 a_2는 도박게임에 참여하지 않는 것으로 다른 성과를 확실하게 얻을 수 있다. 여기서 대안 a_1과 대안 a_2에 대하여 의사결정자가 느끼는 주관적 가치가 동일하다고 하면, 이 두 대안은 무차별하다고 할 수 있다. 따라서 대안 a_1과 대안 a_2가 무차별하다면, 의사결정자가 이 두 대안에 대하여 부여하는 기대효용은 동일하다.

대안 a_1의 성과에 대한 기대효용을 $U(a_1)$, 대안 a_2의 성과에 대한 기대효용을 $U(a_2)$라고 하면, 무차별한 관계는 다음과 같이 나타낼 수 있다.

$$U(a_1) = U(a_2)$$

그림 3-4 ▶ 효용평가를 위한 의사결정수

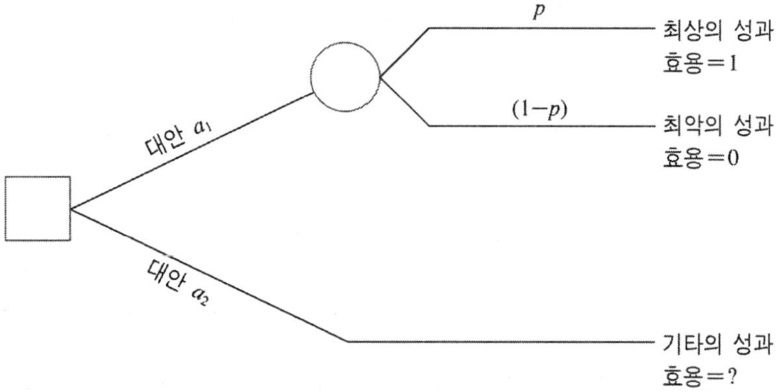

그런데 대안 a_1의 기대효용 $U(a_1)$은 최선의 성과와 최악의 성과에 대한 효용에 각각의 확률을 곱하여 구할 수 있다.

$$\begin{aligned} U(a_1) &= (\text{확률})(\text{최선의 성과의 효용}) + (\text{확률})(\text{최악의 성과의 효용}) \\ &= (p)(1) + (1-p)(0) \\ &= p \end{aligned}$$

따라서 두 대안을 무차별하게 하는 대안 a_2의 성과에 대한 기대효용은 다음과 같다.

$$U(a_2) = U(a_1) = p$$

여기서 특정 성과에 대한 효용을 측정하기 위해서는 확률 p를 결정해야 한다는 것을 알 수 있다. 그러나 확률의 결정은 객관화된 척도를 측정할 수 없고 완전히 주관적이다.

J씨는 자신의 돈을 은행에 예금할 수도 있고 부동산에 투자할 수도 있다. 만약 은행에 예금을 한다면 3년 후 확실히 \$5,000의 이자소득을 얻을 수 있으며, 부동산에 투자한다면 역시 3년 후에 이익이 \$0이거나 \$10,000이 된다. 그러나 J씨는 매우 보수적이어서 부동산투자로 \$10,000의 수익을 얻을 확률이 80%가 되지 않으면 은행에 예금을 하여 확실하게 \$5,000의 이익을 얻으려고 한다. 이 경우 J씨는 \$10,000을 얻을 확률이 80% 즉, $p=0.8$일 때 부동산투자나 은행예금에서 느끼는 효용이 모두 동일하다고 생각하기 때문에 \$5,000에 대한 효용은 다음과 같이 산출할 수 있다.

$$\begin{aligned} U(5,000) &= (p)\,U(10,000) + (1-p)\,U(0) \\ &= (0.8)(1) + (0.2)(0) \\ &= 0.8 \end{aligned}$$

즉, \$5,000에 대한 효용은 0.8로서 확률 p와 동일한 값을 가짐을 알 수 있다. 그런데 여기서 \$10,000을 얻을 수 있는 확률이 0.8이므로, 부동산투자로 얻을 수 있는 EV를 구하면

$$\text{EV} = (0.8)(10,000) + (0.2)(0) = 8,000(\$)$$

가 된다. 이 위험한 상황에서 기대되는 성과인 EV와 확실한 수익인 \$5,000

와는 효용은 동일하나 화폐가치에는 차이가 있다. 이러한 차액을 위험프리미엄(risk premium)이라고 한다. 이 위험프리미엄은 위험에 대하여 지불하는 대가라고 할 수 있으며, 각 개인의 위험선호도를 측정하는 척도가 된다. 만약에 두 개인이 동일한 성과를 보장하는 의사결정문제에 직면했을 때 높은 위험프리미엄을 가진 사람이 더 위험을 기피한다고 할 수 있다.

이번에는 부동산투자로 $10,000을 얻을 수 있는 확률이 0.9인 경우와, 예금으로 인한 확실한 수익 $7,000의 효용이 동일하다고 하면, $7,000에 대한 효용은 다음과 같이 측정할 수 있다.

$$
\begin{aligned}
U(7,000) &= (0.9)\,U(10,000) + (1-0.9)U(0) \\
&= (0.9)(1) + (0.1)(0) \\
&= 0.9
\end{aligned}
$$

$3,000에 대한 효용도 같은 방법으로 결정할 수 있다. 부동산투자로 인한 불확실한 수익 $10,000을 얻을 확률이 50%일 때, $3,000의 수익을 확실히 얻을 수 있는 것과 무차별하다면 $3,000에 대한 효용은 0.5이다. 물론 이러한 과정을 통해서 어떤 금액이라도 그 효용을 측정할 수 있다. [표 3-16]은 이 결과를 표로 나타낸 것이며, 이러한 결과를 [그림 3-5]와 같이 효용곡선(utility curve)으로 그래프에 표시할 수 있다.

[그림 3-5]에서 보는 바와 같이, J씨의 효용곡선은 전형적인 위험회피자(risk avoider)의 효용곡선이다. 위험회피자는 위험에 따른 효용을 덜 선호하고 큰 손실이 발생할 수 있는 상황을 회피하는 경향이 있다. 이러한 위험회피자의 효용곡선은 금액이 증가할수록 효용이 낮은 비율로 증가한다.

표 3-16 ▶ 화폐가치와 효용

확률	화폐가치($)	효용
1.0	$10,000	1.0
.9	7,000	.9
.8	5,000	.8
.5	3,000	.5
.0	0	.0

그림 3-5 ▶ J씨의 효용곡선

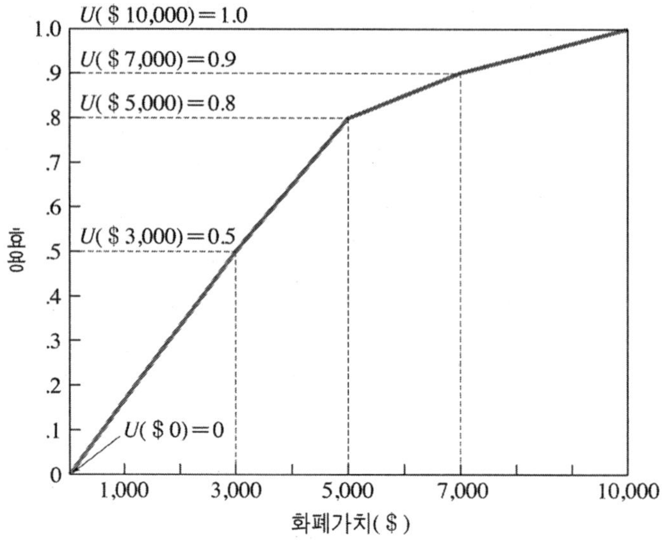

반대로 위험선호자(risk taker)의 효용곡선은 [그림 3-6]에서 보는 바와 같이 금액이 효용곡선상에서 증가할수록 효용이 더 높은 비율로 증가한다. 위험선호자도 위험회피자도 아닌 사람의 효용곡선은 직선의 형태를 갖는다.

그림 3-6 ▶ 효용곡선의 형태

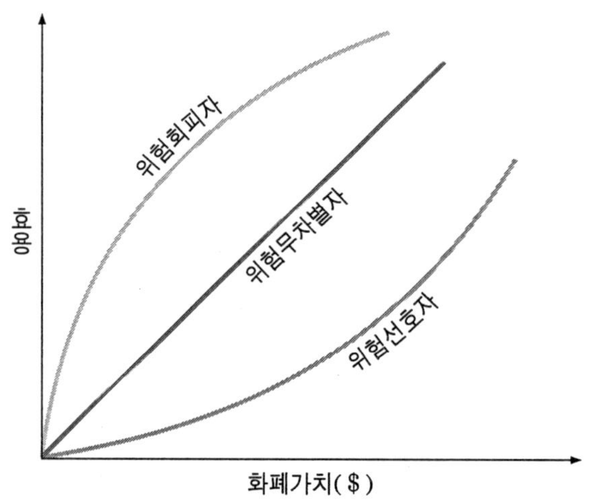

7.2 효용곡선의 이용

의사결정자는 성과에 대한 자신의 주관적 가치를 반영한 효용곡선이 결정되면 곡선의 효용치를 이용하여 의사결정을 할 수 있다. 즉, 금전적 성과를 적당한 효용치로 대체하고 해당확률을 곱하여 얻은 기대효용을 기준으로 의사결정을 할 수 있다.

M씨는 도박을 매우 즐기는 편으로 새로운 도박에 참여할 것을 고려 중이다. 만약 도박에 참여하여 이기게 되면 $10,000의 이익을 얻게 되며, 패한다면 $10,000의 손실을 입게 된다. 또한 도박에 참여하지 않는다면 수익이나 손실이 전혀 발생하지 않는다. [그림 3-7]에 이러한 내용이 의사결정수로

그림 3-7 ▶ 도박문제의 의사결정수

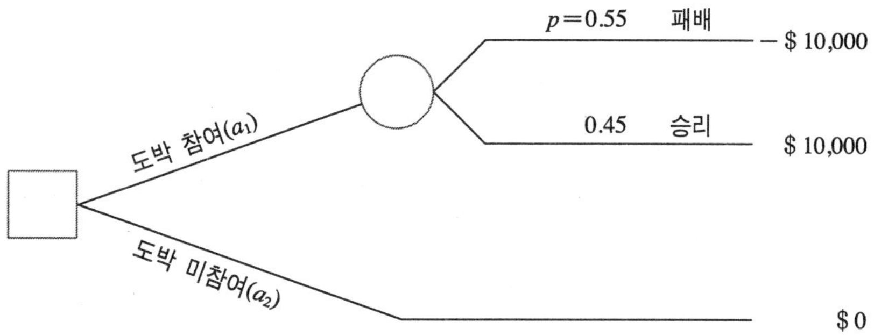

그림 3-8 ▶ M씨의 효용곡선

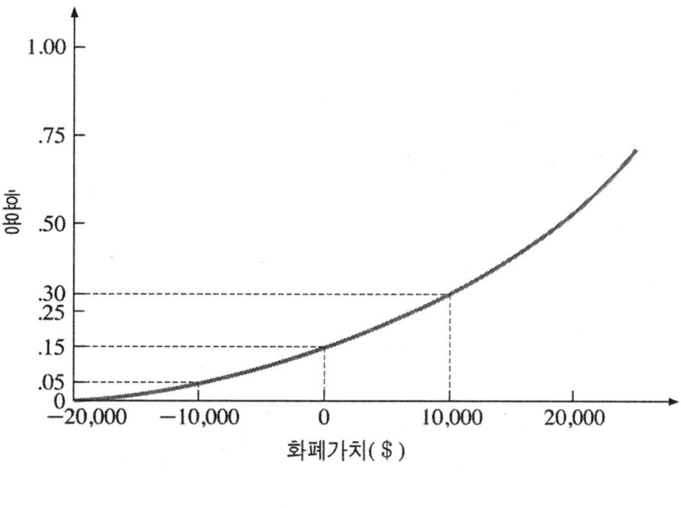

나타나 있다.

[그림 3-7]에서 보는 바와 같이, 대안 a_1은 도박에 참여하는 것으로 $10,000의 이익이 발생할 확률은 45%, $10,000의 손실이 발생할 확률은 55%이다. 대안 a_2는 도박을 하지 않는 것이다. 이러한 상황에서 도박의 참여 여부에 대한 의사결정은 M씨의 화폐가치에 대한 효용에 달려 있다. [그림 3-8]의 효용곡선에서 -$10,000에 대한 효용은 0.05, $0에 대한 효용은 0.15, $10,000에 대한 효용은 0.30이다. M씨의 목표는 그의 기대효용을 최대화하는 것이므로, 이 값을 이용하여 의사결정을 할 수 있다.

우선 금전적 성과를 효용으로 대체시켜서 대안 a_1과 a_2의 효용을 계산하면 다음과 같다.

$$
\begin{aligned}
U(a_1) &= pU(10,000) + (1-p)U(-10,000) \\
&= (0.45)(0.3) + (0.55)(0.05) \\
&= 0.1625 \\
U(a_2) &= U(0) \\
&= 0.15
\end{aligned}
$$

따라서 효용을 기준으로 의사결정을 행할 때 최적대안은 높은 효용치를 갖는 대안 a_1이다. 만약 기대가치(EV)를 의사결정기준으로 하였다면 대안 a_2가 최적전략이었을 것이다. 여기서 M씨의 효용곡선은 위험선호자의 효용곡선의 형태이며, 도박에 참여한다는 선택은 위험선호 태도를 반영한 의사결정임을 알 수 있다.

8. 엑셀을 이용한 의사결정문제

8.1 불확실한 상황하에서의 의사결정문제

불확실한 상황하에서의 의사결정문제를 풀기 위해 [그림 3-9]와 같이 기본 자료를 입력한다. C호텔은 객실을 a1, a2, a3 세 가지 대안을 갖고 증축할 것을 고려 중이다. 이 호텔의 경영자는 앞으로 발생가능한 상황을 s1, s2, s3, s4 네 가지로 보고 있다.

먼저 불확실한 상황에서의 의사결정기준인 maximax기준, maximin기준, minimax기준, Hurwicz기준, Laplace기준 및 Savage기준을 이용하여 최적 대안을 결정하면 다음과 같다.

그림 3-9 ▶ 엑셀을 이용한 불확실한 상황에서의 의사결정문제 해

Microsoft Excel - decision making1

	A	B	C	D	E	F	G	H	I	J	K	L
1	C호텔측의 불확실한 상황하에서의 의사결정											
2												
3	자료											Savage기준
4	이익	s1	s2	s3	s4		기회손실	s1	s2	s3	s4	MINIMAX
5	a1(30개증축)	10	5	4	-2		a1(30개증축)	14	10	0	0	14
6	a2(40개증축)	17	10	1	-10		a2(40개증축)	7	5	3	8	8
7	a3(50개증축)	24	15	-3	-20		a3(50개증축)	0	0	7	18	18
8	열의 최대값	24	15	4	-2							8
9	분석결과											
10	MAXIMIN	MINIMAX	MAXIMAX		Hurwicz	Laplace기준						
11				후르비츠계수	0.7							
12	-2	10	10		6.4	4.25						
13	-10	17	17		8.9	4.50						
14	-20	24	24		10.8	4.00						
15	-2	10	24		10.8	4.50						

maximin기준은 a1(A12), minimax기준은 a1(B12), maximax기준은 a3(C14), 후르비츠기준은 a3(E14), 라플라스기준은 a2(F13) 및 새비지기준은 a2(L6)가 최적대안이다.

이러한 의사결정기법을 이용한 최적대안 선정과정은 [표 3-17], [표 3-18]과 같은 함수식을 이용한다.

표 3-17 ▶ maximin, minimax 및 maximax기준

	A	B	C
10	MAXIMIN	MINIMAX	MAXIMAX
11			
12	=MIN(B5:E5)	=MAX(B5:E5)	=MAX(B5:E5)
13	=MIN(B6:E6)	=MAX(B6:E6)	=MAX(B6:E6)
14	=MIN(B7:E7)	=MAX(B7:E7)	=MAX(B7:E7)
15	=MAX(A12:A14)	=MIN(B12:B14)	=MAX(C12:C14)

표 3-18 ▶ 후르비츠, 라플라스 및 새비지기준

	Hurwicz	Lapalce	Savage
10	MAXIMIN	MINIMAX	MAXIMAX
11			
12	=$E$11*B12+(1-$E$11)*A12	=SUM(B5:E5)/4	=MAX(H5:K5)
13	=$E$11*B13+(1-$E$11)*A13	=SUM(B6:E6)/4	=MAX(H6:K6)
14	=$E$11*B14+(1-$E$11)*A14	=SUM(B7:E7)/4	=MAX(H7:K7)
15	=MAX(E11:E14)	=MAX(F12:F14)	=MIN(L5:L7)

8.2 위험한 상황하에서 의사결정문제

위험한 상황하에서의 의사결정문제를 풀기 위해 [그림 3-10]과 같이 기본자료를 입력한다. 한 투자신탁회사는 거액의 자금을 사채(a1), 주식(a2), 정기예금(a3) 등 세 가지 투자대안을 갖고 한 투자 안에 투자할 것을 고려 중이다. 이 회사의 경제조사부는 앞으로 발생가능한 경제 상황을 성장(s1), 침체(s2), 인플레이션(s3) 세 가지로 예측했으며, 그 발생가능확률은 각각 0.5, 0.3, 0.2인 것으로 추정하였다.

먼저 위험한 상황에서의 의사결정기준인 기대가치(EV)기준과 기대기회손실(EOL)기준을 이용하여 최적대안을 결정하고, 이에 따른 확실한 상황에서의 기대성과(EPC)와 완정정보의 기대가치(EVPI)를 구하면 다음과 같다.

그림 3-10 ▶ 엑셀을 이용한 위험한 상황에서의 의사결정문제 해

	A	B	C	D	E	F	G	H	I	J
1	투자신탁회사의 위험한 상황하에서의 의사결정									
2										
3	의사결정표									
4		의사결정표 안에 있는 값은 투자신탁회사의 이익을 나타내는 값이다. 여기								
5		에 각 상황이 발생할 수 확률은 각각 0.5, 03, 02이다.								
6										
7	자료				EV기준	EPC(Expected Value Under Certainty)				
8	이익	성장(s1)	침체(s2)	인플레이션(s3)			EVPI(Expected Value of Perfect Information)			
9	사채(a1)	12	6	3	8.4					
10	주식(a2)	15	3	-2	8					
11	정기예금(a3)	6.5	6.5	6.5	6.5					
12	발생확률	0.5	0.3	0.2	8.4	10.75	2.35			
13										
14	열의 최대값	15	6.5	6.5						
15					EOL(Expected Opportunity Loss)					
16	기회손실	성장(s1)	침체(s2)	인플레이션(s3)						
17	사채(a1)	3	0.5	3.5	2.35					
18	주식(a2)	0	3.5	8.5	2.75					
19	정기예금(a3)	8.5	0	0	4.25					
20	발생확률	0.5	0.3	0.2	2.35					

표 3-19 ▶ EV기준

	E
7	EV기준
9	=SUMPRODUCT($B$12: $D$12,B9:D9)
10	=SUMPRODUCT($B$12: $D$12,B10:D10)
11	=SUMPRODUCT($B$12: $D$12,B11:D11)
12	=MAX(E9:E11)

위험한 상황하에서의 의사결정기준인 EV기준과 EOL기준을 이용한 의사결정 결과와 EPC, EVPI값을 구한 결과 역시 [그림 3-10]에 나타나 있다.

여기서 EV기준을 이용한 의사결정에서는 [표 3-19]에 나타난 바와 같이 [E9=SUMPRODUCT($B$8: $C$8,B9:C9)] 함수를 이용하여 구한 값, E10, E11 중에서 가장 큰 값을 값는 E9=8.4인 사채(a1)에 투자하는 대안을 최적대안으로 결정한다.

기회손실값인 EOL기준을 이용한 의사결정은 [표 3-20]에 나타난 함수식을 통해 결정된 E17값 2.35가 최소 EOL값을 갖는 사채(a1) 투자안이 최적해이다.

표 3-20 ▶ 기회손실표

	A	B	C	D	E
	Regret(Opportunity Loss)				EOL
16	기회손실	s1	s2	s3	
17	a1	= $B$14-B9	= $C$14-C9	= $D$14-D9	=SUMPRODUCT($B$20: $D$20,B17:D17)
18	a2	= $B$14-B10	= $C$14-C10	= $D$14-D10	=SUMPRODUCT($B$20: $D$20,B18:D18)
19	a3	= $B$14-B11	= $C$14-C11	= $D$14-D11	=SUMPRODUCT($B$20: $D$20,B19:D19)
20	발생확률	0.5	0.3	0.2	=MIN(E17:E19)

표 3-21 ▶ EPC와 EVPI값

	F	G
12	=SUMPRODUCT(B14:D14,B12:D12)	=F12-E12

[표 3-21]의 수식을 통해 확실한 상황하의 기대성과인 EPC=F12=10.75를 산출할 수 있고, 완전정보의 기대값인 EVPI=G12=2.35를 산출할 수 있다.

8.3 의사결정수 모형

의사결정수 모형을 분석하기 위해서는 엑셀 추가기능 소프트웨어로 Michael Middleton 교수가 개발한 Treeplan(www.treeplan.com)과 Palisade사에서 개발한 DecisionTree(www.palisade.com)를 이용할 수 있다. 각 사이트에서 시험판 제품을 다운로드하여 추가하여 이용할 수 있다.

먼저 [그림 3-11]과 같이 도구 ⇨ [Decision Tree]를 선택한다.

그림 3-11 ▶ Decision Tree 기능 추가

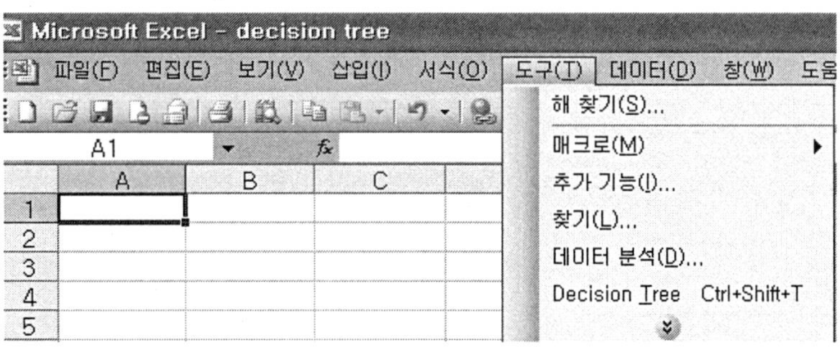

[그림 3-12]와 같이 [New Tree] 버튼을 누르면, 새로운 의사결정수 모형을 예시하게 된다.

그림 3-12 ▶ Treeplan 시작 대화상자

[그림 3-13]에 나타난 처음 의사결정수 모형에서는 의사결정점은 네모(□)로, 상황발생점은 원(○)으로 표시된다.

그림 3-13 ▶ Treeplan에 의한 첫 구조화면

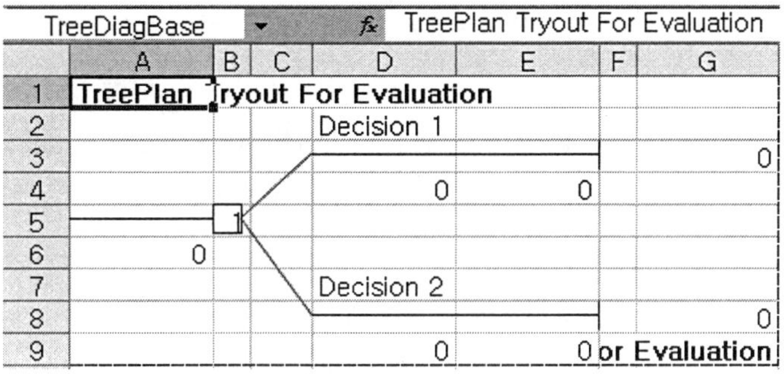

현재의 나무구조에 새로운 가지를 추가하기 위해서는 의사결정점 셀(B5)에 클릭한 후, [Ctrl+Shift+T]키를 누르면, [그림 3-14]와 같은 대화상자가 나타난다. [Add Branch] 옵션을 클릭한 후, OK 버튼을 누른다.

그림 3-14 ▶ Add branch 추가상자

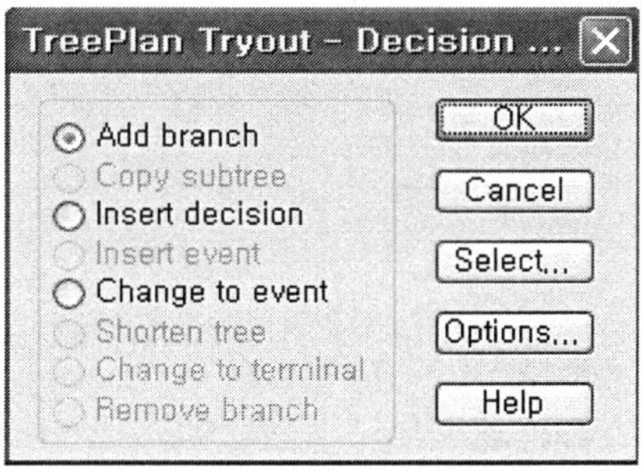

그림 3-15 ▶ Event 노드 마디 추가상자

그리고, 상황발생점에서의 Event 노드를 추가하기 위해서는 가지의 종료점인 셀 F3을 선택한다. 다음으로 [그림 3-15]의 [노드 마디 추가상자]가 나타나면, [Change to event node] 옵션을 선택하고, 옆에 있는 [Branches] 숫자 옵션에서 원하는 수(여기서는 Three)를 선택하고 OK를 누른다.

이상과 같은 과정을 통해 얻은 결과는 [그림 3-16]과 같다. 여기에서 의사결정수 모형 문제를 풀기 위해서 각 발생가능상황의 확률값과 성과를 입력한다. 셀 H1=0.5, H4=12, H6=0.3, H9=6, H11=0.2, H14=3을 입력하면 F8=8.4값을 자동으로 산출하여 얻을 수 있다. 같은 방법으로 나머지 Event 노드의 값을 구하면 F23=8, F38=6.5값이 된다.

결론적으로, B23=8.4가 선정되어 투자신탁회사는 투자안 중 첫 번째 투자안인 사채(a1)에 투자를 할 것이다.

그림 3-16 ▶ 의사결정수 구조 초기화면

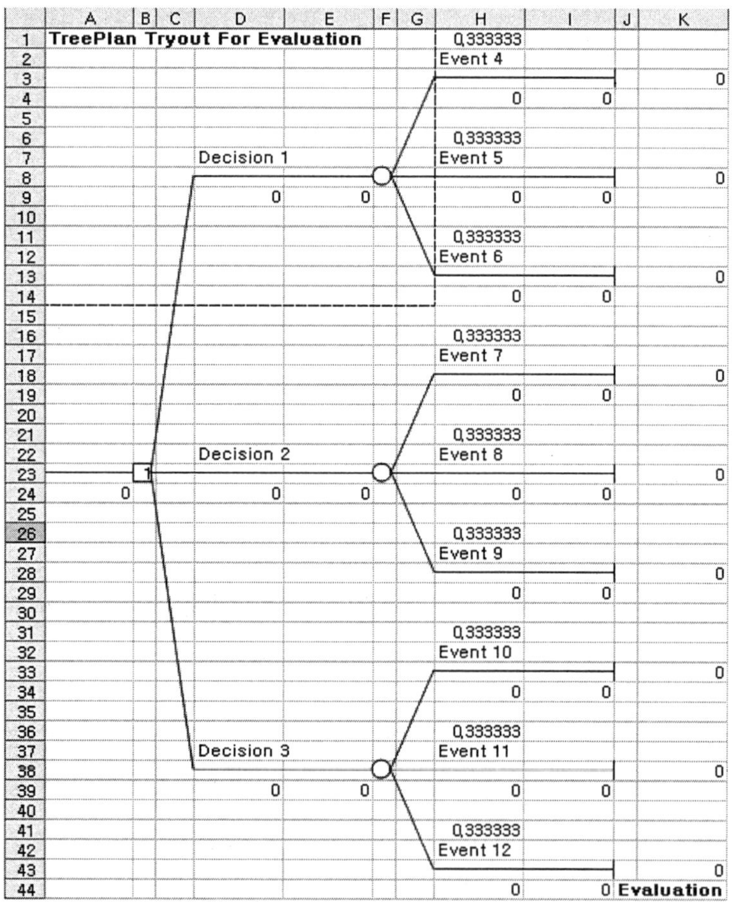

그림 3-17 ▶ 완성된 의사결정수 구조

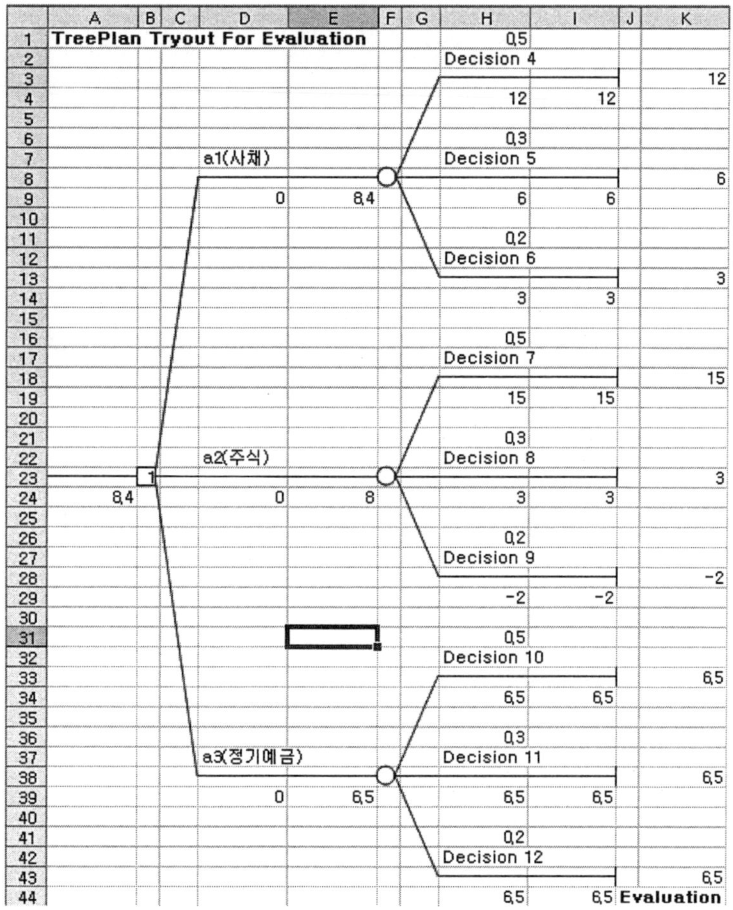

예 제

1 다음과 같은 성과표가 주어져 있을 때 아래의 기준에 의하여 최적대안을 구하라.

(단위 : 백만원)

대안	발생가능상황		
	s_1	s_2	s_3
a_1	25	400	650
a_2	−10	440	740
a_3	−125	400	750

(1) 라플라스기준
(2) maximin기준
(3) maximax기준
(4) 후르비츠기준($\alpha=0.6$)
(5) 최소후회기준

해답 (1) $E(a_1)=\frac{1}{3}(25)+\frac{1}{3}(400)+\frac{1}{3}(650)=358.33$

$E(a_2)=\frac{1}{3}(-10+440+740)=390^*$

$E(a_3)=\frac{1}{3}(-125+400+750)=341.67$

∴ 최적대안은 a_2

(2) 행의 최소값 $=(25^*, -10, -125)$

∴ 최적대안은 a_1

(3) 행의 최대값 $=(650, 740, 750^*)$

∴ 최적대안은 a_3

(4) (단위 : 백만원)

대안	최대성과	최소성과
a_1	650	25
a_2	740	−10
a_3	750	−125

$WV(a_1) = 0.6(650) + (1-0.6)(25) = 400$

$WV(a_2) = 0.6(740) + (1-0.6)(-10) = 440^*$

$WV(a_3) = 0.6(750) + (1-0.6)(-125) = 400$

∴ 최적대안은 a_2

(5) 기대손실표

대안	발생가능상황			행의 최대값
	s_1	s_2	s_3	
a_1	25－25＝0	440－400＝40	750－650＝100	100
a_2	25－(－10)＝35	440－440＝0	750－740＝10	35*
a_3	25－(－125)＝150	440－400＝40	750－750＝0	150

∴ 최적대안은 a_2

2 **한 의사결정자는 세 가지 대안 중에 하나를 의사결정대안으로 선정하려고 한다. 발생가능한 상황에 따른 성과표가 아래와 같이 주어져 있을 때 물음에 답하라.**

(단위 : 백만원)

대안	발생가능상황		
	s_1	s_2	s_3
a_1	10	15	25
a_2	15	20	15
a_3	20	15	15
확률	.3	.4	.3

(1) EV, EOL기준하에서 최적대안을 결정하라.

(2) EVPI를 산출하라.

(3) 의사결정수를 작성하고 EV기준으로 최적대안을 결정하라.

해답 (1) $EV(a_1) = 0.3(10) + 0.4(15) + 0.3(25) = 16.5$

$EV(a_2) = 0.3(15) + 0.4(20) + 0.3(15) = 17^*$

$EV(a_3) = 0.3(20) + 0.4(15) + 0.3(15) = 16.5$

∴ EV기준하에서의 최적대안은 a_2

기회손실표 (단위 : 백만원)

대안	발생가능상황		
	s_1	s_2	s_3
a_1	20 − 10 = 10	20 − 15 = 5	25 − 25 = 0
a_2	20 − 15 = 5	20 − 20 = 0	25 − 15 = 10
a_3	20 − 20 = 0	20 − 15 = 5	25 − 15 = 10
확률	.3	.4	.3

$EOL(a_1) = 0.3(10) + 0.4(5) + 0.3(0) = 5$

$EOL(a_2) = 0.3(5) + 0.4(0) + 0.3(10) = 4.5^*$

$EOL(a_3) = 0.3(0) + 0.4(5) + 0.3(10) = 5$

∴ EOL기준하에서의 최적대안은 a_2로 EV기준하에서의 결과와 동일하다.

(2) EVPI = EPC − 최대의 EV

= EOL

EOL = 0.3(20) + 0.4(20) + 0.3(25) = 21.5

EVPI = 21.5 − 17 = 4.5

(3)

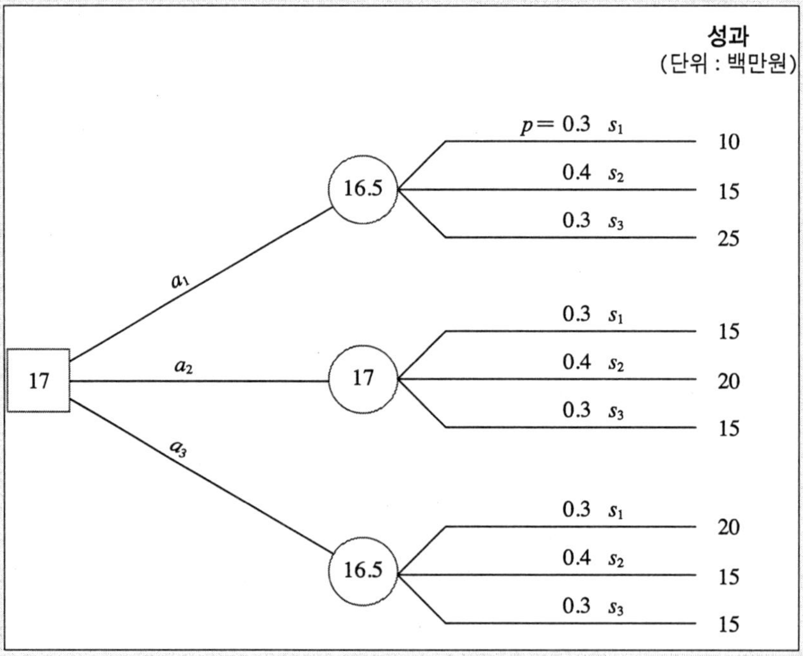

3 **다음과 같은 성과표가 주어졌다고 하자. 각 상황의 사전확률은 s_1이 0.75, s_2가 0.25이다.**

대안	발생가능상황	
	s_1	s_2
a_1	4,000	10,000
a_2	8,000	2,000

(1) 사전확률을 이용하여 최적대안을 구하라.

(2) EPC와 EVPI를 계산하라.

(3) 다음의 조건확률을 두 발생가능상황과 관련된 예측에 적용시켜 보자.

예측결과	발생가능상황	
	s_1	s_2
S_1	.80	.10
S_2	.20	.90

s_1이 발생할 것이라는 예측하에서 최적행동대안과 EV를 산출하라.

(4) s_2가 발생할 것이라는 예측하에서 최적대안을 구하고 EV를 산출하라.

(5) EVSI를 산출하고 EVPI와 비교하라.

해답 (1) EV(a_1) = 0.75(4,000) +0.25(10,000) = 5,500

EV(a_2) = 0.75(8,000) +0.25(2,000) = 6,500*

∴ 최적대안은 a_2이다.

(2) EPC = 0.75(8,000) +0.25(10,000) = 8,500

EVPI = EPC − 최대의 EV

= 8,500 − 6,500 = 2,000

(3)

발생가능상황 (s_i)	사전확률 $P(s_i)$	조건부확률 $P(s_1$예측$\mid s_i)$	결합확률 $P(s_i)P(s_1$ 예측$\mid s_i)$	사후확률 $P(s_i \mid s_1$ 예측$)$
S_1	.75	.80	.600	.96
S_2	.25	.10	.025	.04
	1.00		.625	1.00

$EV(a_1) = 0.96(4,000) + 0.04(10,000) = 4,240$

$EV(a_2) = 0.96(8,000) + 0.04(2,000) = 7,760^*$

∴ 최적대안은 a_2

(4)

발생가능상황 (s_i)	사전확률 $P(s_i)$	조건부확률 $P(s_2 \text{예측} \mid s_i)$	결합확률 $P(s_i)P(s_2 \text{예측} \mid s_i)$	사후확률 $P(s_i \mid s_2 \text{예측})$
s_1	.75	.20	.150	.4
s_2	.25	.90	.225	.6
	1.00		.375	1.0

$EV(a_1) = 0.4(4,000) + 0.6(10,000) = 7,600^*$

$EV(a_2) = 0.4(8,000) + 0.6(2,000) = 4,400$

∴ 최적대안은 a_1

(5)

예측결과	최적대안	EMV
s_1	a_2	7,760
s_2	a_1	7,600

$EPSI = 0.625(7,760) + 0.375(7,600) = 7,700$

EVSI = EPSI − 사전확률에 의한 최대의 EV

$= 7,700 - 6,500 = 1,200$

$EVPI - EVSI = 2,000 - 1,200 = 800$

연습문제 *Exercise*

1 **의사결정표가 아래와 같이 주어져 있을 때 다음 기준에 의하여 최적대안을 구하라.**

(1) 라플라스기준

(2) minimax 또는 maximin기준

(3) maximax 또는 minimin기준

(4) 후르비츠기준(단 $\alpha=0.4$)

(5) 새비지기준

(a) 비용표

대안	발생가능상황			
	s_1	s_2	s_3	s_4
a_1	5	8	3	1
a_2	7	4	5	2
a_3	3	6	6	4

(b) 이익표

대안	발생가능상황		
	s_1	s_2	s_3
a_1	7	2	−1
a_2	3	6	2
a_3	0	3	8

2 다음과 같은 성과표가 주어졌을 때 아래에 제시된 기준에 의하여 최적대안을 결정하라.

대안	발생가능상황		
	s_1	s_2	s_3
a_1	3,250	5,000	−2,000
a_2	3,000	4,000	500
a_3	2,500	2,500	2,500

(1) 라플라스기준

(2) maximin기준

(3) maximax기준

(4) 후르비츠기준

(5) 새비지기준

3 다음은 이익에 관한 의사결정표이다. EV와 EOL기준하에서 최적대안을 구하라.

(1) (단위 : 백만원)

대안	발생가능상황		
	s_1	s_2	s_3
a_1	5	8	3
a_2	6	5	7
확률	.3	.5	.2

(2) (단위 : 백만원)

대안	발생가능상황			
	s_1	s_2	s_3	s_4
a_1	3	5	8	−1
a_2	6	5	2	0
a_3	0	5	6	4
확률	.6	.1	.2	.1

4 문제 3의 의사결정표 (1)과 (2)를 이용하여 완전정보의 기대가치(EVPI)를 구하라.

5 **다음은 비용으로 표시된 의사결정표이다. 이에 관한 물음에 답하라.**

대안	발생가능상황	
	화재발생	화재발생하지 않음
보험가입	100	100
보험미가입	80,000	0

(1) 화재가 발생할 확률이 0.1이라고 할 때, 이 의사결정표를 이용하여 의사결정나무를 작성하라.

(2) 최적의사결정대안을 구하라.

6 **다음과 같은 의사결정표가 주어졌을 때 아래 물음에 답하라.**

대안	발생가능상황		
	s_1	s_2	s_3
a_1	3,000	3,000	3,000
a_2	2,800	3,600	3,600
a_3	2,600	3,400	4,200
확률	.2	.3	.5

(1) 각 대안의 EV를 산출하고 최적대안을 결정하라.

(2) 기회손실표를 작성하고 EOL기준에 의하여 최적대안을 결정하라.

(3) 완전정보의 기대가치를 구하라.

7 **A사는 X, Y 두 종류 중 어느 한 종류의 가정용 태양열이용장치를 개발할 것을 고려 중이다. 장래 태양열이용장치의 전망은 유가에 달려 있다. 유가의 변동에 따른 태양열이용장치의 개발로 인한 기대이익은 다음 표와 같다.**

(단위 : 백만원)

품명	유가		
	하락	유지	상승
X	−50	73	500
Y	138	−100	60

회사측은 과거의 자료에 의해 유가가 하락할 확률은 60%, 현상태대로 유지될 확률은 30%, 상승될 확률은 60%로 추정하고 있다. 만약 이 회사가 이익의 최대화를 목적으로 한다면 어떤 장치를 개발해야 하는가? 다음 물음에 답하라.

(1) 의사결정표와 의사결정수를 작성하라.
(2) 최적대안을 구하라.
(3) EVPI를 산출하라.

8 **아래와 같은 의사결정수가 주어져 있을 때 최적대안과 기대가치를 구하라. 단, 성과는 비용으로 표시되었다.**

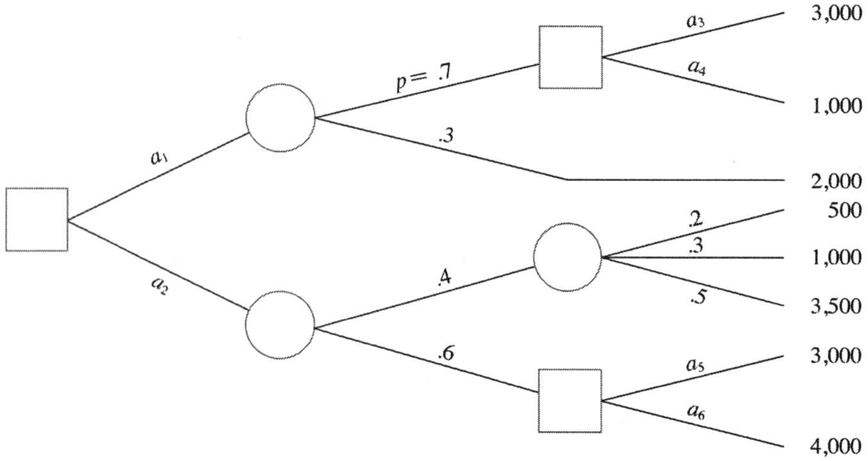

9 **한 수산시장에서는 참치를 kg당 $2.5에 구매해서 $4에 판매하고 있다. 그러나 구입한 참치를 1주 내에 판매하지 못하면 잔여량을 kg당 $0.5에 통조림공장에 넘겨주어야 한다. 참치의 수요는 과거의 판매기록에 따라 다음과 같이 확률분포로 나타낼 수 있다.**

수요(kg)	확률
10	.1
11	.2
12	.2
13	.3
14	.1
15	.1

(1) 구매량과 수요에 따른 성과표를 작성하라.
(2) 시장이 다음 주의 수요에 관하여 완전한 정보를 보유하고 있을 경우 기대이익은 얼마인가?
(3) 최적구매량을 결정하라.

10 **A씨는 중고자동차 매매업체의 소유주로서 최근에 2대의 중고차동차에 대한 매입 제의를 받고서 구입 여부를 결정하려고 한다. 구입의사결정시 고려해야 할 가장 중요한 조건은 엔진의 성능이다. 그러나 A씨는 엔진의 성능을 검사할 수 있는 능력을 갖추지 않았기 때문에 과거의 경험에 의해 의사결정을 해야 한다. A씨는 발생가능한 상황을 세 가지로 보고 다음과 같이 사전확률을 부여하였다.**

발생가능상황	사전확률
S_1 : 두 대의 엔진이 모두 양호	.6
S_2 : 한 대의 엔진만 양호	.2
S_3 : 두 대의 엔진이 모두 불량	.2

또한 A씨가 취할 수 있는 행동대안과 각 상황에 따른 기대성과는 다음과 같이 추정된다.

대안	발생가능상황		
	s_1	s_2	s_3
a_1 : 2대 모두 구입	$200	$100	- $100
a_2 : 2대 모두 구입하지 않음	0	0	0

(1) 사전확률을 이용하여 최적대안을 결정하라.
(2) EVPI를 산출하라.
(3) A씨는 친구로 하여금 2대 중 무작위로 1대를 추출하여 검사를 하도록 하여 엔진의 성능이 불량하다는 판정을 받았다고 하자. 이 검사에 따라 표본결과에 대한 조건확률은 다음과 같이 표시할 수 있다.

$$P(\text{엔진불량} \mid s_1) = 0.0$$
$$P(\text{엔진불량} \mid s_2) = 0.5$$
$$P(\text{엔진불량} \mid s_3) = 1.0$$

이 표본결과에 대한 조건확률을 이용하여 발생가능상황의 사후확률을 구하라.

(4) A씨의 친구가 엔진의 성능이 양호하다는 판정을 내렸다고 한다면 표본결과에 대한 조건확률은 다음과 같이 표시할 수 있다.

$P(\text{엔진양호} \mid s_1) = 1.0$
$P(\text{엔진양호} \mid s_2) = 0.5$
$P(\text{엔진양호} \mid s_3) = 0.0$

이 표본결과가 주어졌을 때 베이지안확률수정을 통하여 사후확률을 산출하라.

(5) 표본결과에 따른 최적대안을 결정하라.

(6) EVSI를 계산하라. A씨가 친구에게 지불할 수 있는 검사비는 최대로 얼마인가?

11 **B개발에서는 한 지역에서 온천을 개발하기 위하여 사후를 준비하고 있다. 온천발견의 확률은 사전조사에 따라 25%로 추정되고 있다. 그러나 이 정보는 주관적이어서 정확한 의사결정을 내리기가 곤란하다고 판단하고 객관적 정보를 얻기 위하여 전문가에게 의뢰, 지질조사를 실시할 예정이다. 과거의 자료에 따르면 온천개발가능지역이 가능판정을 받을 확률은 85%이고, 불가능지역이 불가능판정을 받을 확률은 90%이다. 또한 온천이 발견되면 $20,000의 이익, 온천이 발견되지 않으면 $10,000의 손실을 입게 된다. 그러나 시추를 하지 않으면 이익이나 손실이 없다고 할 때, 다음 물음에 답하라.**

(1) 의사결정표를 작성하라.

(2) EV기준하에서 사전확률을 이용해 최적대안을 결정하고 EVPI를 산출하라.

(3) 전문가가 가능지역 및 불가능지역이라고 판단할 경우에 사후확률에 의하여 최적대안을 결정하라.

(4) EVSI를 산출하라.

12 **J씨는 특정한 범위 내의 화폐가치에 대한 자신의 효용함수를 구하고자 한다. 그가 아래 표에 제시된 승·패의 확률이 50:50의 도박게임에 참여하여 얻는 수입과 표의 우측에 제시된 확실히 받을 수 있는 화폐가치 사이에 무차별할 때, 다음 물음에 답하라.**

50 : 50인 도박게임의 손익($)		확실한 수입($)
30,000	−10,000	0
30,000	0	1,000
0	−10,000	−7,000
10,000	−70,000	1,000

(1) U(30,000)=1, U(−10,000)=0일 때, $0에 대한 효용을 계산하라.

(2) $10,000와 −$7,000에 대한 효용을 계산하라.

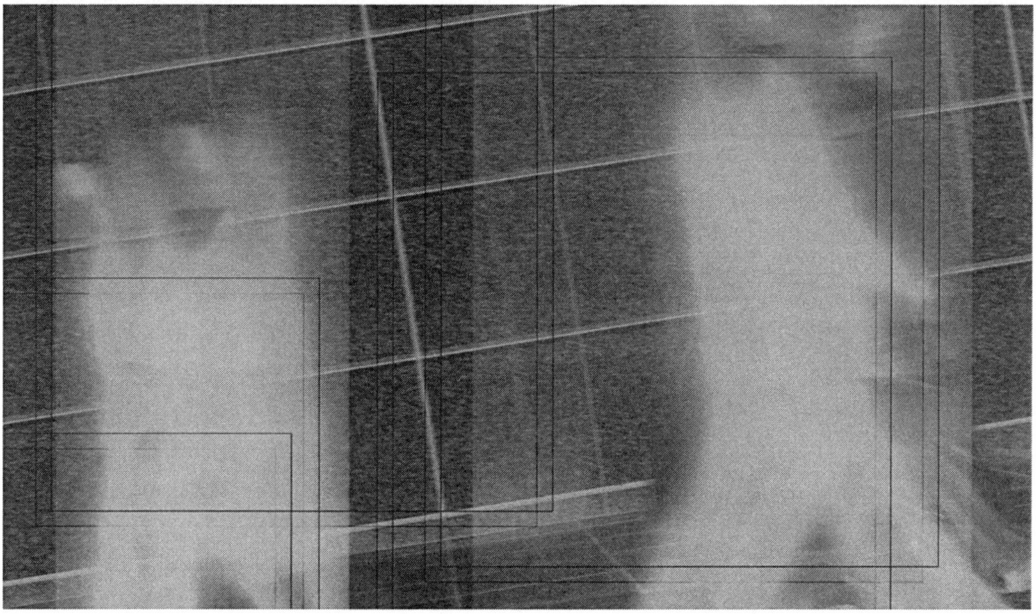

제 II 편 수리계획

4 선형계획법 : 도해법

Management science

1. 서 론

경영의사결정은 한정된 자원을 가장 효율적으로 이용하여 목표이익을 달성하고자 하는 문제에 관한 것이다. 경영자원은 자본, 기계, 노동, 화폐, 시간, 원재료 등을 들 수 있으며, 이들은 제품이나 서비스를 생산하는 데 이용된다. 선형계획법(LP : linear programming)은 이러한 자원의 배분에 관한 경영자의 의사결정에 도움을 줄 수 있도록 고안된 가장 일반화된 수리적 기법(mathematical technique)이다.

선형계획법이라는 명칭에서 선형(linear)은 함수관계에 있어서 변수가 1차임을 나타내며, 계획법(programming)이란 수학적으로 문제를 모형화하고 해를 도출하는 방법을 의미한다. 따라서 선형계획법은 의사결정의 환경을 이루는 여러 제약조건하에서 특정의 목적을 달성할 수 있도록 수학적 모형을 이용하여 한정된 자원을 합리적으로 배분하는 방법이라고 할 수 있다.

선형계획법에서 사용하고 있는 수리적기법은 1947년 단치히(Geoge B. Dantzig)에 의하여 최초로 개발되었으며, 초기에는 주로 군사전략문제를 다루는 데 적용되었다. 그 후 군사전략문제의 해결에서 얻어진 지식을 바탕으로 정부, 기업 및 비영리조직에서도 이 기법을 도입하게 되었다. 선형계획법은 수많은 기업에서 생산, 재무, 마케팅 및 회계 등과 관련된 경영문제에 대한 의사결정기법으로서 광범위하게 적용되고 있다.

2. 선형계획문제의 특성 및 기본가정

일반적으로 선형계획문제는 다음과 같은 네 가지의 특성을 가지고 있다.

첫째, 모든 선형계획문제는 이익을 최대화하거나 비용을 최소화하는 문제의 특성을 갖고 있으며, 이것이 선형계획문제의 목표가 된다. 선형계획문제에서는 이처럼 명확한 목표를 가져야 하며, 이를 목적함수(objective function)로 표시한다.

둘째, 선형계획문제에는 제약조건(constraints)이 주어진다. 예를 들어, 한 기업의 생산라인에서 생산해야 할 생산량은 이용가능한 노동력, 기계 등에 의하여 제약을 받는다. 또한 광고정책의 결정이나 재무 포트폴리오의 선정은 투자할 수 있는 자료의 양에 의하여 제약을 받게 된다. 선형계획법은 이와 같이 한정된 자원하에서 목표를 최대화하거나 최소화하는 기법이다. 따라서 모든 선형계획모형은 생산소요량과 가용자원과의 관계와 같은 수학적으로 표시된 제약조건을 가지게 된다.

셋째, 선형계획문제에서는 선택가능한 대안(alternative)들이 존재한다. 예를 들어, 어느 기업이 세 종류의 제품을 생산할 경우 경영자는 한정된 생산자원을 세 종류의 제품에 어떻게 배분할 것인가를 결정해야 한다. 이때 모든 생산능력을 단지 한 종류의 제품을 생산하는 데 집중시키거나, 각각의 제품을 동일하게 생산할 수 있도록 자원을 동일한 비율로 배분하는 방법 또는 자원을 각각 상이한 비율로 각 제품에 배분하는 방법 등 여러 대안이 존재한다. 이와 같이 선택 가능한 여러 대안이 존재할 경우 최적대안을 선택하기 위하여 선형계획법을 적용한다.

마지막으로, 선형계획문제의 목적함수와 제약조건은 선형(linearity)으로 표시된다. 여기서 선형이란 목적함수 및 제약조건의 모든 항이 1차임을 의미한다. 그러므로 선형계획모형의 목적함수 및 제약조건은 예컨대 $ax_1 + bx_2 = c$ 등의 1차방정식 형태이거나 $ax_1 + bx_2 \leq c$ 또는 $ax_1 + bx_2 \geq c$와 같은 1차부등식의 형태이어야 한다. 제약조건이 부등식으로 표시되는 경우에는 해결하려는 문제의 자원에 대한 제약을 규정하는 데 많은 융통성을 부여해 준다.

실제의 경영문제를 수학적 모형에 의해 해결하기 위해서는 여러 가정이 필요하다. 선형계획법을 적용하여 문제를 모형화하는 경우도 마찬가지이다. 선형계획모형이 기술적 타당성을 갖기 위해서는 다음과 같은 기본가정이 필요하다.

(1) 확실성

선형계획모형에서는 모든 결정변수의 계수가 확정적(deterministic)이라고 가정한다. 목적함수와 제약조건의 계수 및 가용 자원량은 확실하며 일정불변하다는 것이 확실성(certainty)의 가정이다. 그러나 실제문제에 있어서 각 계수는 동태적으로 변화하기 때문에 이 가정이 성립하지 않는 경우도 많다. 선형계획법에서는 이러한 문제점을 사후최적성분석(post-optimality analysis) 혹은 민감도분석(sensitivity analysis)을 통해 수정보완할 수 있다.

(2) 비례성

비례성(proportionality)은 어떤 개별활동으로부터 얻은 이익과 자원의 사용량이 활동수준에 정비례함을 의미한다. 예를 들어, 제품 1단위의 생산에 3시간의 특정한 자원이 사용된다면, 제품 10단위의 생산에는 30시간의 자원이 사용된다는 것이 비례성의 가정이다.

(3) 가산성

가산성(additivity)은 전체활동이 각 개별활동의 합과 같음을 나타내는 가정이다. 즉, 모든 제품이나 활동으로부터 발생하는 총이익(또는 총비용)은 개별활동으로부터 발생하는 이익(또는 비용)의 합과 같다는 것이다. 예를 들어, 선형계획문제의 목적함수가 A제품 1단위당 8천원의 공헌이익과 B제품 1단위당 3천원의 공헌이익을 합한 값을 최대화하는 것이라면, 실제로 각 제품을 1단위씩 생산할 경우 8천원과 3천원의 공헌이익을 가산한 만천원의 이익이 산출되는 것으로 가정한다.

(4) 가분성

가분성(divisibility)은 선형계획의 해는 분할이 가능하며 소수값을 취할 수도 있다는 가정이다. 그러나 특정 제품의 생산량을 소수로 표시하는 것이 현실적으로 불가능한 경우가 많다. 이와 같은 문제는 정수계획법을 적용하여 해결할 수 있다.

(5) 비부성

비부성(nonnegativity)은 모든 선형계획문제의 해가 되는 결정변수의 값은 음수가 아니어야 한다는 가정이다. 가령, 특정 제품의 생산량이 음수값을 갖는다는 것은 전혀 불가능하기 때문에 선형계획문제의 해나 변수는 0이거나 양수값을 가져야 한다.

3. 선형계획문제의 정식화

일반적으로 기업은 노동력, 기계, 원재료 등과 같은 한정된 자원을 이용하여 두 종류 이상의 제품을 생산한다. 따라서 기업은 한정된 자원을 가지고 총이익을 최대화할 수 있도록 각 제품의 생산량을 결정해야 한다. 이와 같이 최적 제품믹스를 결정하는 문제에 선형계획법을 적용할 수 있다.

A가구사는 목공작업이나 도장작업 등의 생산공정을 거쳐 책상과 의자를 생산하고 있다. 그런데 책상 하나를 만드는 데는 목공작업에 4시간, 도장작업에 2시간이 소요되며, 의자는 목공작업에 3시간, 도장작업에 1시간이 소요된다. 생산시간 중에 이용가능한 작업시간은 목공 부문의 경우 240시간이며, 도장 부문은 100시간이다. 한편, 책상 1단위를 판매하여 얻을 수 있는 이익은 7달러이며, 의자 1단위의 판매이익은 5달러이다. A가구사의 목표는 이익을 최대화하는 것이며, 이를 위하여 의자와 책상의 생산량을 최적으로 구성해야 한다. 이러한 제품믹스문제는 [표 4-1]의 자료를 이용하여 선형계획문제로 정식화하여 해결할 수 있다.

표 4-1 ▶ A가구사 문제의 자료

작업 부문 \ 제품	단위당 생산 소요시간		주당 가용 작업시간
	책상(x_1)	의자(x_2)	
목공 부문	4	3	240
도장 부문	2	1	100
단위당 이익	7(달러)	5(달러)	

우선 결정변수(decision variable)를 각각 x_1, x_2로 정하고, x_1을 책상의 생산량, x_2를 의자의 생산량이라 한다면, 이 문제는 이익을 최대화하는 문제이므로 목적함수는 다음과 같이 표시된다. 단, max.는 목적함수를 최대화한다는 의미이다.

$$\max.\ z = 7x_1 + 5x_2$$

다음은 이 문제의 두 제약조건을 수식으로 표현해야 한다. 이 경우 일반적으로 사용되는 자원의 양은 가용자원의 양보다 적거나 같아야 한다. 따라서 목공작업시간에 대한 제약조건(constraint)은 다음과 같다.

$$4x_1 + 3x_2 \leq 240$$

또한 도장작업시간에 대한 제약조건은 다음과 같다.

$$2x_1 + x_2 \leq 100$$

이 두 제약식은 생산능력상의 제약을 나타내는 것으로서 총이익의 결정에 영향을 미친다. 예를 들어, A가구사 문제에서 $x_1 = 70$이라면 두 제약조건을 위반하기 때문에 70단위의 책상을 생산하는 것은 불가능하다. 책상 50단위와 의자 10단위의 생산도 마찬가지로 생산이 불가능하다. 도장작업에 할당할 수 있는 시간이 100시간 이하이므로 이와 같은 생산량은 도장작업의 가용시간에 대한 제약조건을 위반하기 때문이다. 이처럼 변수들 간에 특정한 상호관계가 존재한다는 것이 선형계획의 중요한 특성이라고 할 수 있다.

마지막으로, 제약조건에 다음과 같은 비음조건(non-negative constraint)이 포함되어야 한다.

$$x_1 \geq 0,\ x_2 \geq 0$$

비음조건은 결정변수의 값이 음수의 값을 취해서는 안 된다는 것을 의미한다. 예를 들어, 책상이나 의자를 전혀 생산하지 않는 경우에는 변수의 값은 0이며, 조금이라고 생산하게 되면 양수값을 갖는다. 따라서 각 제품의 생산량을 나타내는 변수는 항상 0이거나 양수값을 가져야 한다.

이상을 정리하면 A가구사 문제에 대하여 다음과 같이 완성된 선형계획모형을 작성할 수 있다. 단, s.t.는 제약조건을 의미한다.

$$\begin{aligned} \text{max.} \quad & z = 7x_1 + 5x \\ \text{s.t.} \quad & 4x_1 + 3x_2 \leq 240 \\ & 2x_1 + x_2 \leq 100 \\ & x_1 \geq 0,\ x_2 \geq 0 \end{aligned}$$

선형계획모형은 목적함수와 제약조건 및 비음조건으로 구성된다. 만일 특정의 문제에 n개의 결정변수와 m개의 제약조건이 있다면, 선형계획의 최대화모형(maximization moldel)과 최소화모형(minimization model)은 각각 다음과 같은 일반식으로 나타낼 수 있다.

(1) 최대화모형

$$\begin{aligned} \text{max.} \quad & z = c_1x_1 + c_2x_2 + \cdots + c_nx_n \\ \text{s.t.} \quad & a_{11}x_1 + a_{12}x_2 + \cdots + a_{1n}x_n \leq b_1 \\ & a_{21}x_1 + a_{22}x_2 + \cdots + a_{2n}x_n \leq b_2 \\ & \cdots\cdots\cdots\cdots\cdots\cdots\cdots\cdots \\ & \cdots\cdots\cdots\cdots\cdots\cdots\cdots\cdots \\ & a_{m1}x_1 + a_{m2}x_2 + \cdots + a_{mn}x_n \leq b_m \\ & x_1,\ x_2,\ \cdots,\ x_n \geq 0 \end{aligned}$$

위의 식을 보다 일반적인 식으로 표현하면 다음과 같다.

$$\begin{aligned} \text{max.} \quad & z = \sum_{j=1}^{n} c_j x_j \\ \text{s.t.} \quad & \sum_{j=1}^{n} a_{ij} \leq b_i \ (i = 1,\ 2,\ \cdots,\ m) \\ & x_j \geq 0 \ (j = 1,\ 2,\ \cdots,\ n) \end{aligned}$$

단, c_j : 단위당 공헌이익

a_{ij} : 기술계수

b_j : 가용자원량

x_i : 결정변수

m : 제약조건의 수

n : 결정변수의 수

(2) 최소화모형

$$\begin{aligned}
\text{min.} \quad & z = c_1x_1 + c_2x_2 + \cdots + c_nx_n \\
\text{s.t.} \quad & a_{11}x_1 + a_{12}x_2 + \cdots + a_{1n}x_n \geq b_1 \\
& a_{21}x_1 + a_{22}x_2 + \cdots + a_{2n}x_n \geq b_2 \\
& \cdots\cdots\cdots\cdots\cdots\cdots\cdots\cdots \\
& \cdots\cdots\cdots\cdots\cdots\cdots\cdots\cdots \\
& a_{m1}x_1 + a_{m2}x_2 + \cdots + a_{mn}x_n \geq b_n \\
& x_1,\ x_2,\ \cdots,\ x_n \geq 0
\end{aligned}$$

위의 식을 최대화문제와 마찬가지로 일반식으로 표현하면 다음과 같다.

$$\begin{aligned}
\text{min.} \quad & z = \sum_{j=1}^{n} c_jx_j \\
\text{s.t.} \quad & \sum_{j=1}^{n} a_{ij}x_j \geq b_i \ (i=1,\ 2,\ \cdots,\ m) \\
& x_j \geq 0 \ (j=1,\ 2,\ \cdots,\ n)
\end{aligned}$$

선형계획모형에는 정준형(canonical form)과 표준형(standard form)이 있다. 위의 경우처럼 제약식을 부등호로 표현하면 이를 정준형이라 하고, 새로운 변수를 도입하여 부등호를 등호로 바꾸어 표현하면 이를 표준형이라고 한다.

4. 선형계획문제의 도해법

선형계획문제의 해법은 일반적으로 도해법(graphic method)과 심플렉스법(simplex method)으로 구분할 수 있다. 이 중에서 도해법은 간단한 선형계획문제를 해결할 수 있는 가장 기초적인 방법으로 선형계획문제를 이해하는 데 많은 도움을 준다.

도해법은 선형계획문제의 결정변수가 두 개인 경우에 한하여 이용할 수 있다. 만약 두 개 이상의 변수가 포함되는 경우에는 2차원 공간의 도표를 이용하여 해를 산출하는 것이 불가능하며, 심플렉스법을 이용하여야 한다.

4.1 최대화문제

A가구사의 선형계획모형을 토대로 도해적 방법에 의해 최적해를 구해 보도록 한다.

$$\begin{aligned} \text{min.} \quad & z = 7x_1 + 5x_2 \\ \text{s.t.} \quad & 4x_1 + 3x_2 \leq 240 \\ & 2x_1 + x_2 \leq 100 \\ & x_1 \geq 0, \quad x_2 \geq 0 \end{aligned}$$

(1) 제약조건 표시

선형계획문제에서 도해적 방법으로 최적해를 구하기 위해서는 우선 실행가능해의 영역(region of feasible solutions) 즉 해가 존재하는 영역을 구해야 한다. 이를 위하여 먼저 문제의 각 제약조건을 그래프에 표시한다.

[그림 4-1]에서 보는 바와 같이, 일반적으로 변수 x_1은 그래프에서 가로축, 변수 x_2는 세로축에 표시한다. 이 경우 문제의 해는 책상과 의자의 실제 생산량을 나타내기 때문에 x_1과 x_2는 비음이어야 한다. 따라서 $x_1 \geq 0$, $x_2 \geq 0$이라는 비음조건을 추가하면 모든 제약조건의 영역은 제1상한에서 형성된다.

그림 4-1 ▶ 비음제약조건의 영역

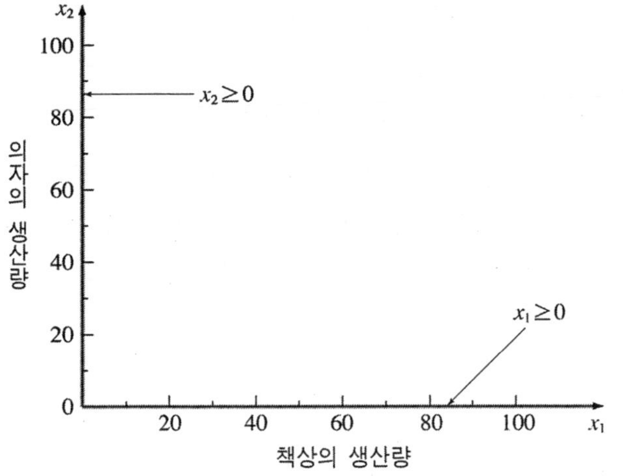

다음으로 제약조건 $4x_1+3x_2 \leq 240$을 그래프에 표시하기 위해 부등식인 제약조건을 다음과 같이 등식으로 변형한다.

$$4x_1+3x_2 = 240$$

이 등식은 변수가 두 개인 1차방정식이다. 이를 그래프상에 나타내기 위해서는 방정식을 만족시키는 임의의 두 점을 구해야 한다. 일반적으로 제약식은 직선의 방정식과 x_1축 및 x_2축의 교점을 구하고 이 두 점을 연결함으로써 그래프에 표시할 수 있다.

A가구사 문제에서 $x_1=0$ 즉 책상을 전혀 생산하지 않을 경우

$$\begin{aligned} 4(0)+3x_2 &= 240 \\ x_2 &= 80 \end{aligned}$$

이다. 이는 모든 목공 부문의 가용작업시간을 의자를 생산하는 데 사용한다면 80개의 의자를 제작할 수 있음을 의미한다. 따라서 이 직선은 세로축 즉 x_2축의 좌표가 (0, 80)인 점을 지난다. 다시 가로축의 교점을 구하기 위하여 의자를 전혀 제조하지 않는다고 가정하자. 즉, $x_2=0$이라면

$$\begin{aligned} 4x_1+3(0) &= 240 \\ x_1 &= 60 \end{aligned}$$

이다.

결국, 목공 부문의 작업시간에 대한 제약조건은 [그림 4-2]에서 보는 바와 같이 점 A($x_1=0$, $x_2=80$)와 점 B($x_1=60$, $x_2=0$)를 연결하는 직선에 의해 그 영역이 정해진다.

그런데 실제 제약조건은 $4x_1+3x_2 \leq 240$이므로 이 부등식을 만족시키는 모든 해를 찾아야 한다. 이는 직선의 상단과 하단에 있는 임의의 두 점을 부등식에 대입해 봄으로써 가능하다. [그림 4-2]에서 보는 바와 같이 직선의 아래쪽에 있는 임의의 점($x_1=30$, $x_2=20$)을 부등식에 대입하면

$$4(30)+3(20)=180$$

시간으로, 목공 부문의 가용작업시간인 240시간보다 작기 때문에 제약조건을 만족시킨다.

직선 위쪽에 있는 임의의 점($x_1=70$, $x_2=40$)의 경우는 $4(70)+3(40)=400$시간이므로, 이 경우에는 가용작업시간인 240시간을 초과하게 되어 제약조건을 위반하므로 해가 될 수 없다. 따라서 [그림 4-2]에서 직선 아래쪽의 영역 중 색칠한 부분이 원래의 제약부등식을 만족시키는 해의 집합이 된다.

이상과 같은 방법을 적용하면, 도장 부문의 가용작업시간에 관한 두 번째 제약조건도 그래프에 표시할 수 있다. 선형계획문제에서는 모든 제약조건을 동시에 만족시키는 해의 집합을 구해야 하므로, 각 제약조건에 따른 영역을

그림 4-2 ▶ 목공작업시간 제약조건에 의한 실행가능영역

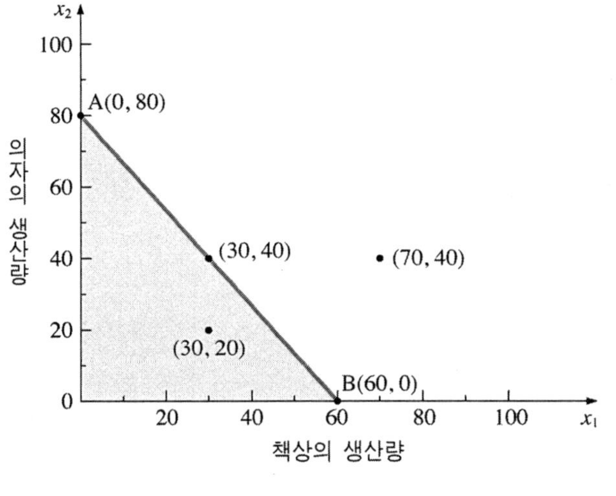

그림 4-3 ▶ 실행가능영역

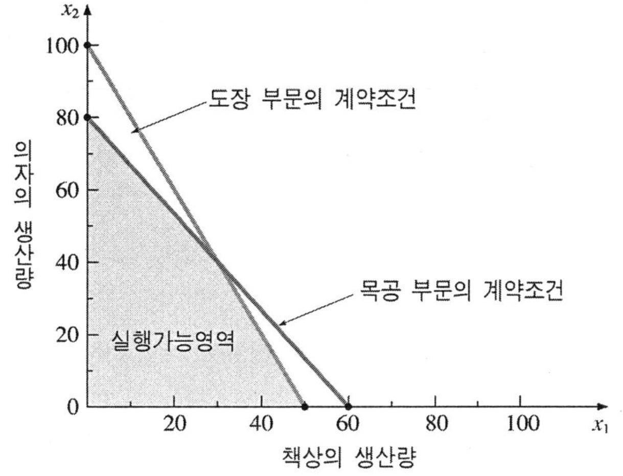

동일한 그래프에 표시해야 한다. [그림 4-3]에서 색칠한 부분이 두 제약조건과 변수의 비음조건을 모두 만족시키는 해의 영역이며, 이를 실행가능해의 영역 혹은 간단히 실행가능영역(feasible region)이라고 한다.

선형계획문제에서 실행가능영역은 그 문제의 모든 제약조건을 충족시키므로 이 영역 내에 있는 모든 점이 해가 될 수 있다. 따라서 모든 제약조건을 동시에 충족시키는 실행가능영역 내에 있는 점들을 실행가능해(feasible solution)라고 하며, 반면에 실행가능영역 내에 들어 있지 않은 점들을 실행불가능해(infeasible solution)라고 한다.

(2) 최적해의 산출

실행가능영역 내에는 제약조건을 만족시키는 무수히 많은 해가 있으므로 그 중에서 목적함수의 값을 최대화하는 최적해(optimal solution)를 구해야 한다. 실행가능영역이 구성되면 이익등가선법과 꼭지점해법을 이용하여 최적해를 산출할 수 있다.

① 이익등가선법에 의한 최적해의 산출

선형계획문제에서 목적함수의 값은 고정되어 있지 않다. 즉, 목적함수 z의 값은 변수들이 취하는 값에 따라 변동하므로 이를 하나의 직선으로 표시하기가 곤란하다. 이익등가선법(iso-profit line method)은 이와 같은 문제점을 해결하기 위해 목적함수의 값을 임의로 정하여 목적함수를 그래프에 표시함으로써 최적해를 구하는 방법이다.

A가구사 문제의 목적함수는 다음과 같다.

$$\text{max.}\quad z = 7x_1 + 5x_2$$

여기서 이익수준을 210달러라고 가정하면, 이 문제의 목적함수는 다음과 같이 표시된다.

$$210 = 7x_1 + 5x_2$$

이 식은 제약조건을 그래프에 표시하는 방법과 동일한 방법으로 그래프에 표시할 수 있다. 실제로 그래프에 표시하면 [그림 4-4]에서 보는 바와 같이 점($x_1=0$, $x_2=42$)과 점($x_1=30$, $x_2=0$)을 연결하는 직선이 된다. 이 직선은 변수 x_1과 x_2가 직선상의 어떠한 값을 취하든 목적함수값은 210달러의 동일한 이익을 제공하므로 이익등가선이라 한다.

그러나 210달러의 이익등가선은 기업의 최대이익수준이 아니기 때문에 보다 높은 이익을 제공하는 여러 개의 이익등가선을 산출할 수 있다. [그림 4-5]에 도시된 이익등가선들은 서로 평행한 상태에서 원점으로부터 멀어질수록 이익이 증가함을 보여 주고 있다. 그러나 이익등가선을 원점으로부터 무한히 증가시킬 수는 없기 때문에 최적해는 실행가능영역 내의 이익등가선 중에서 가장 높은 이익을 보장하는 이익등가선상에 존재한다. 따라서 최적해는 일정 수준의 이익을 제공하는 이익등가선과 실행가능영역이 접하는 점에서

그림 4-4 ▶ 이익등가선

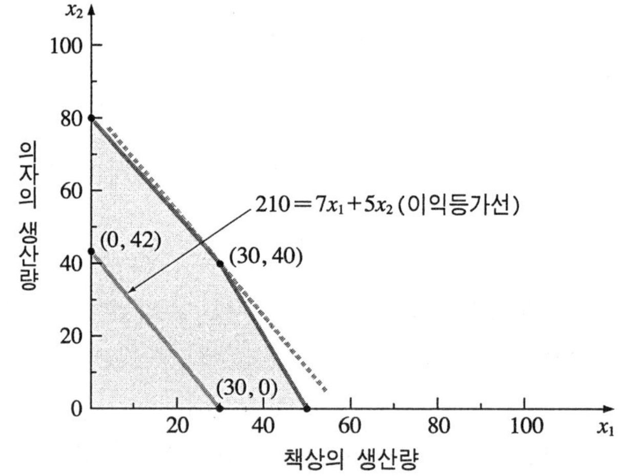

그림 4-5 ▶ A가구사 문제의 최적해

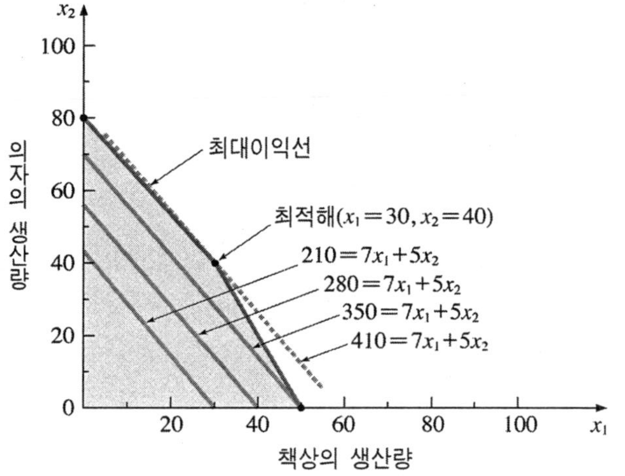

결정된다. [그림 4-5]를 보면 문제의 최적해는 410달러의 이익을 가져오는 이익등가선과 실행가능영역이 접하는 꼭지점에서 결정됨을 알 수 있다. 따라서 최적해는 꼭지점을 형성하는 두 제약식을 연립으로 풀면 구할 수 있다. 방정식

$$4x_1+3x_2 = 240$$
$$2x_1+x_2 = 100$$

을 연립으로 풀면, 꼭지점의 좌표는 $x_1=30$, $x_2=40$이며, 목적함수의 값은 410달러이다. 이는 책상 30단위와 의자 40단위를 생산 판매함으로써 410달러의 최대이익을 얻을 수 있음을 의미한다.

② 꼭지점해법에 의한 최적해의 산출

이익등가선법을 통하여 알 수 있듯이, 선형계획문제의 최적해는 실행가능영역의 꼭지점에서 결정된다. 꼭지점해법(corner point solution method)은 이익등가선법의 원리를 토대로 각 꼭지점에서 두 변수의 값을 구하여 이를 목적함수에 대입한 후에 최대의 이익을 제공하는 꼭지점을 최적해로 결정하는 방법이다.

[그림 4-6]에서 보는 바와 같이, A가구사 문제의 실행가능영역은 네 개의 꼭지점을 가지고 있다. 이 네 개의 점 중에서 원점인 점 A, 점 B 및 점 D의 좌표는 그래프상에서 쉽게 구할 수 있다. 점 C는 두 제약조건 직선

그림 4-6 ▶ 실행가능영역의 꼭지점

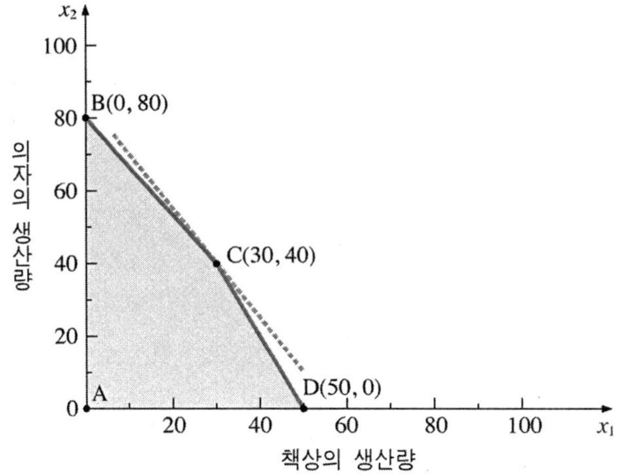

$4x_1+3x_2=240$, $2x_1+x_2=100$의 교점이므로 연립방정식의 해법을 이용하여 이 교점의 좌표를 구하면 된다. 이 두 직선을 연립으로 풀면 점 C의 좌표는 $x_1=30$, $x_2=40$이다.

각 꼭지점의 좌표가 산출되면, 이 값들을 목적함수에 대입하여 이익수준이 최대인 점의 좌표가 최적해가 된다.

꼭지점 A(0, 0) : $z=7(0)+5(0)=0$
꼭지점 B(0, 80) : $z=7(0)+5(80)=400$
꼭지점 C(30, 40) : $z=7(30)+5(40)=410$
꼭지점 D(50, 0) : $z=7(50)+5(0)=350$

점 C가 네 개의 꼭지점 중 가장 높은 이익을 가져오기 때문에 $x_1=30$, $x_2=40$, 즉 30단위의 책상과 40단위의 의자를 생산하는 것이 최적제품믹스이다. 이 경우 총이익은 410달러이며, 이 해는 이익등가선법을 이용하여 얻은 해와 동일함을 알 수 있다.

4.2 최소화문제

선형계획문제는 이익함수의 최대화뿐만 아니라 비용의 최소화에 관한 문제도 포함한다. 그러나 최소화문제 역시 도해적 절차에 따라 실행가능영역을 정하고 최대화문제의 꼭지점해법 또는 이익등가선법과 유사한 방법을 이용하여 최소비용을 가져오는 최적해를 구할 수 있다.

(1) 최소화문제의 정식화

P농장은 두 회사 제품의 사료를 구입, 이를 다시 배합하여 양계용 사료로 사용하는 문제를 검토하고 있다. 그런데 각 회사 제품의 사료에는 닭의 사육에 필요한 세 종류의 영양소가 상이한 비율로 함유되어 있다. F사 제품의 사료에는 1kg당 성분 A가 5g, 성분 B가 4g, 성분 C가 1/2g 함유되어 있으며, W사 제품에는 성분 A가 10g, 성분 B가 3g 함유되어 있으나 성분 C는 전혀 함유되어 있지 않다. 가격 면에서는 F사 제품이 kg당 2센트인 반면에 W사 제품은 3센트이다. 이와 같은 상태에서 농장 주인은 닭이 각 영양소를 최대로 섭취하게 하면서 사료비를 최소화할 수 있도록 각 제품의 구입량을 결정하려고 한다.

[표 4-2]는 이와 같은 문제를 선형계획모형으로 정식화하는 데 필요한 여러 가지 정보를 요약한 것이다. 여기서 만약

x_1 = F사 제품의 사료 구매량

x_2 = W사 제품의 사료 구매량

이라 하면, 이 문제에 대한 선형계획모형은 다음과 같다.

$$\begin{aligned} \text{min.}\quad & z = 2x_1 + 3x_2 \\ \text{s.t.}\quad & 5x_1 + 10x_2 \geq 90 \\ & 4x_1 + 3x_2 \geq 48 \end{aligned}$$

표 4-2 ▶ P농장의 자료

성분 \ 제품	kg당 함유량(g)		1마리당 월중 최소 필요량(g)
	F사 제품	W사 제품	
A	5	10	90
B	4	3	48
C	$\frac{1}{2}$	0	$1\frac{1}{2}$
kg당 비용	2(센트)	3(센트)	

$$\frac{1}{2}x_1 \geq 1\frac{1}{2}$$

$$x_1,\ x_2 \geq 0$$

여기서 유의해야 할 점은, 최소화문제에서는 제약조건의 부등호의 방향이 '≥'라는 사실이다. 이는 최대화모형의 경우에 실행가능해의 영역이 제약직선의 아래쪽에서 형성되는 데 반하여 최소화모형에서는 제약직선의 위쪽에 형성된다는 것을 의미한다.

(2) 최적해의 산출

최소화선형계획문제의 해를 도해적 방법에 따라 산출할 경우에 그 절차는 최대화문제의 경우와 유사하다. 각 제약조건을 만족하는 실행가능영역을 결정하고 꼭지점해법이나 비용등가선법을 이용하여 최적해를 산출하면 된다.

① 꼭지점해법을 이용한 최적해의 산출

P농장의 선형계획문제의 해를 구하기 위해서는 우선 [그림 4-7]과 같이 세 개의 제약식을 도시하여 실행가능영역을 정하여야 한다.

단, 제약조건 $\frac{1}{2}x_1 \geq 1\frac{1}{2}$은 양변에 2를 곱하여 $x_1 \geq 3$으로 변형하여 도시한다. 최소화문제에서는 실행가능영역이 우측 상단으로 열려 있다는 차이

그림 4-7 ▶ P농장 문제의 실행가능영역

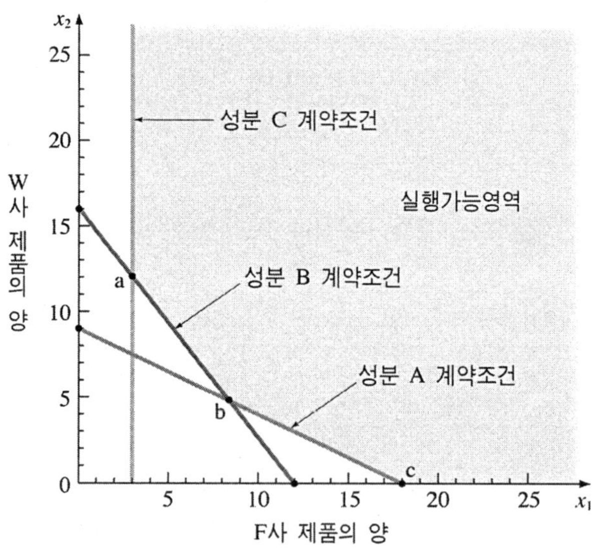

점은 있으나, 문제의 해를 구하는 절차는 최대화문제의 경우와 다르지 않다.

실행가능영역이 구성되면 a, b, c 세 개의 꼭지점이 나타나는데, 점 a는 성분 B와 성분 C에 관한 제약조건인 직선 $4x_1+3x_2=48$과 직선 $x_1=3$의 교점에서 그 좌표가 결정된다. 따라서 두 식을 연립방정식으로 풀면 a점의 좌표를 구할 수 있다. 마찬가지로 점 b의 좌표도 두 개의 방정식 $4x_1+3x_2=48$ 및 $5x_1+10x_2=90$을 연립으로 구한다. c점의 좌표는 그래프상에서 쉽게 구할 수 있다. 이렇게 하여 각 꼭지점의 좌표가 구해지면 이 값들을 목적함수에 대입하여 총비용을 최소로 하는 점의 좌표가 사료배합문제의 최적해가 된다.

꼭지점 a(3, 12) : $z = 2(3)+3(12) = 42$

꼭지점 b(8.4, 4.8) : $z = 2(8.4)+3(4.8) = 31.2$

꼭지점 c(18, 0) : $z = 2(18)+3(0) = 36$

이상에서 P농장의 선형계획문제의 최적해는 최소비용을 가져오는 꼭지점 b임을 알 수 있다. 따라서 이 농장에서는 닭 1마리당 매월 8.4kg의 F사 사료와 4.8kg의 W사 사료를 구입함으로써 총비용이 최소가 되며, 이때의 총비용은 31.2센트이다.

② 비용등가선법을 이용한 최적해의 산출

P농장의 문제와 같은 최소화선형계획문제의 최적해는 비용등가선법을 이

그림 4-8 ▶ P농장문제의 등가비용선

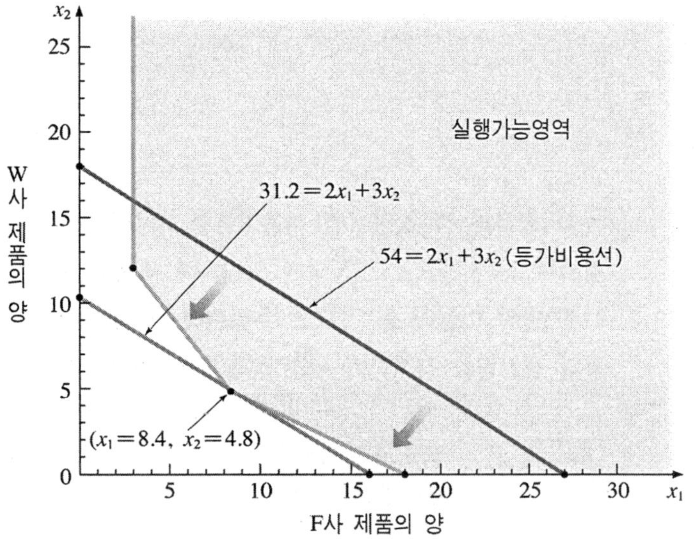

용하여 산출할 수도 있다. 각 꼭지점에서의 비용을 일일이 계산하지 않고 이익등가선법에서와 같이 일련의 평행한 비용등가선을 그려 나가면서 실행가능영역을 지나는 비용등가선들 중 원점에 가장 가까운 비용등가선상에서 최적해를 산출할 수 있다.

예를 들어, [그림 4-8]에서 보는 바와 같이 우선 비용이 54센트일 경우의 비용등가선, 즉 $54 = 2x_1 + 3x_2$라는 직선을 도시해 보자. 그러나 실행가능영역에는 이 직선의 점들보다 더욱 낮은 비용을 보장하는 해가 되는 점들이 무수하게 존재한다. 따라서 비용등가선을 54센트의 비용을 제공하는 비용등가선과 평행하게 좌측 하단으로 이동시키면 실행가능영역과 비용등가선이 접하는 교점이 발생한다. 물론 이 점은 [그림 4-7]의 꼭지점 b와 일치하며, 이 점의 좌표는 $x_1 = 8.4$, $x_2 = 4.8$이다. 이 값을 목적함수에 대입하면 총비용 31.2센트가 산출되며, 이는 P농장이 사료 성분에 대한 최적배합을 했을 때의 최소비용이다.

예 제

1 **한 제조회사는 모델 A, B 두 종류의 제품을 생산하고 있으며, 각 제품의 생산에 필요한 작업별 소요시간은 아래 표와 같다.**

제품	단위당 이익	조립시간	도장시간	검사시간
A	50	1.2	0.8	0.2
B	75	1.6	0.9	0.2

이 회사의 각 작업부별 이용가능한 시간은 조립부 1,600시간, 도장부 700시간, 검사부 300시간으로 한정되어 있다. 각 제품의 수요는 모델 A가 150단위, 모델 B가 90단위 이상이 될 것으로 추정된다. 주당 총이익을 최대화할 수 있도록 각 제품의 생산량을 결정하기 위한 선형계획모형을 작성하라.

해답 x_1 : 모델 A의 생산량

x_2 : 모델 B의 생산량

$$
\begin{aligned}
\text{max.}\quad & z = 50x_1 + 75x_2 \\
\text{s.t.}\quad & 1.2x_1 + 1.6x_2 \leq 1600 \\
& 0.8x_1 + 0.9x_2 \leq 700 \\
& 0.2x_1 + 0.2x_2 \leq 300 \\
& x_1 \geq 150,\quad x_2 \geq 90 \\
& x_1,\ x_2 \geq 0
\end{aligned}
$$

2 다음 선형계획문제에 관한 물음에 답하라.

$$
\begin{aligned}
\text{max.}\quad & z = 7x_1 + 6x_2 \\
\text{s.t.}\quad & x_1 + 2x_2 \leq 8 \\
& 3x_1 + 2x_2 \leq 12 \\
& x_1 \leq 3 \\
& x_1,\ x_2 \geq 0
\end{aligned}
$$

(1) 그래프에 실행가능영역을 도시하라.

(2) 실행가능영역을 구성하는 각 꼭지점의 좌표와 그 점에서의 목적함수값을 산출하라.

(3) 이익등가선을 그래프에 도시하고 최적해를 구하라.

해답 (1)

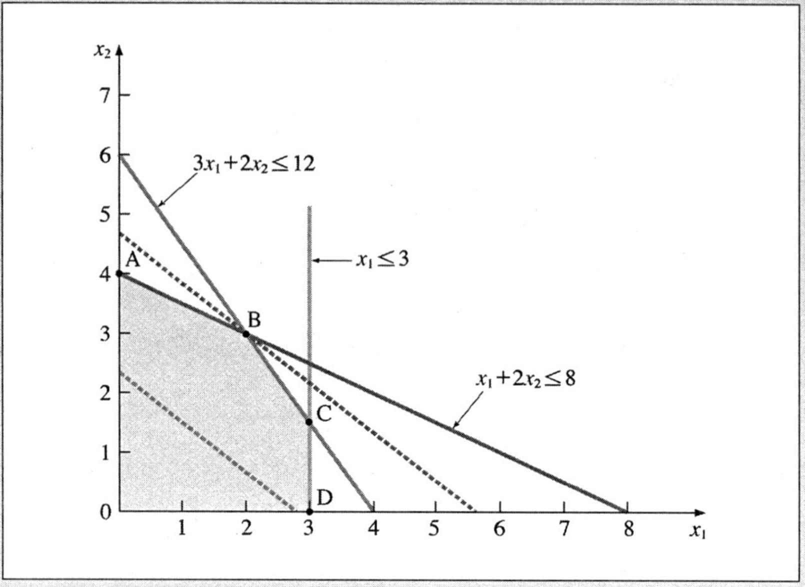

(2) 원점 : $x_1=0$, $x_2=0$, $z=0$

점 A : $x_1=0$, $x_2=4$, $z=24$

점 B : $x_1=2$, $x_2=3$, $z=32$

점 C : $x_1=3$, $x_2=\frac{3}{2}$, $z=30$

점 D : $x_1=3$, $x_2=0$, $z=21$

(3) 이익등가선 : (1)의 그림 참조

최적해 : 점 B($x_1=2$, $x_2=3$), $z=32$

연습문제 *Exercise*

1 한 전자회사는 별도의 생산라인에서 두 가지 모델의 라디오를 생산하고 있다. 모델 A를 생산하는 제1라인의 1일 생산능력은 60대이며, 모델 B를 생산하는 제2라인의 1일 생산능력은 75대이다. 한편, 모델 A의 생산에는 특정 부품이 1대당 10개가 필요하며, 모델 B에는 8개가 필요하다. 그런데 이 회사가 이용할 수 있는 부품의 최대량은 1일 800대이다. 모델 A와 모델 B의 단위당 이익을 각각 $30와 $20라고 했을 때, 최적생산량의 결정을 위한 선형계획모형을 작성하고 도해법으로 최적해를 구하라.

2 한 회사에서 두 종류의 제품을 세 대의 기계를 거쳐 생산하고 있다. 그런데 두 종류의 제품에 할당된 기계의 가동시간은 기계당 1일 10시간으로 제한된다. 각 제품의 생산에 소요되는 시간과 단위당 이익은 아래 표에 주어져 있다. 두 제품의 최적믹스를 구하기 위하여 선형계획모형을 작성하고 도해법으로 최적해를 구하라.

제품	단위당 생산시간(시)			이익($)
	기계 Ⅰ	기계 Ⅱ	기계 Ⅲ	
1	10	6	8	2
2	5	20	15	3

3 한 회사에서 A, B 두 종류의 제품을 제조하고 있다. 제품 A의 판매량은 두 제품의 총판매량 중 최소한 60%를 차지해야 한다. 두 제품은 동일한 원자재를 사용하는데 이 원자재의 가용량은 1일 100kg으로 한정되어 있으며, 제품 A와 B의 생

산에는 각각 단위당 2kg과 4kg의 원자재가 필요하다. 두 제품의 단위당 판매가격은 각각 $20와 $40이다. 이 문제를 선형계획모형으로 작성하고 A, B 두 제품의 최적생산량을 결정하라.

4 **다음과 같은 부등식에 관한 물음에 답하라.**

$$x_1 + x_2 \leq 4$$
$$4x_1 + 3x_2 \leq 12$$
$$-x_1 + x_2 \geq 1$$
$$x_1 + x_2 \leq 6$$
$$x_1,\ x_2 \geq 0$$

(1) 위의 부등식을 이용하여 실행가능해의 영역을 도시하라.

(2) 실행가능영역을 변화시키지 않는 범위 내에서 제약조건의 수를 최소화하라.

5 **다음 그래프에 나타난 실행가능영역을 구성하는 제약조건을 모두 구하라.**

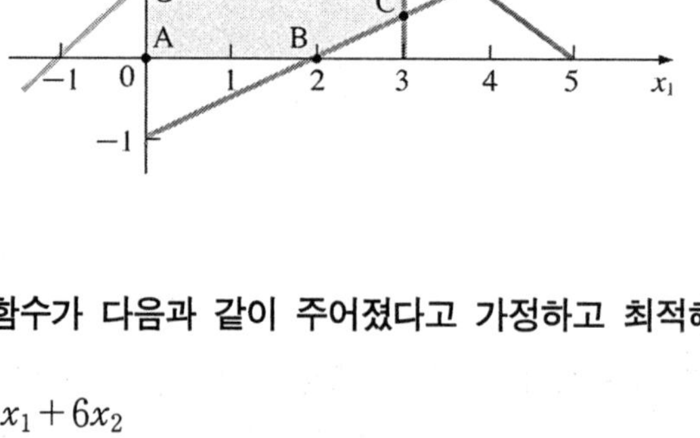

6 **위 문제에서 목적함수가 다음과 같이 주어졌다고 가정하고 최적해를 구하라.**

(1) min. $z = 2x_1 + 6x_2$

(2) max. $z = -3x_1 + 4x_2$

(3) min. $z = 3x_1 + 4x_2$

(4) min. $z = x_1 - 1x_2$

(5) min. $z = x_1$

(6) max. $z = x_1$

7 도해법에 의하여 다음 선형계획문제의 최적해를 구하라.

$$\begin{aligned} \text{max.}\ & z = 4x_1 + 4x_2 \\ \text{s.t.}\ & 5x_1 + 7x_2 \leq 21 \\ & 2x_1 + 3x_2 \geq 12 \\ & x_1,\quad x_2 \geq 0 \end{aligned}$$

(1) 그래프를 이용하여 실행가능한 꼭지점이 존재하지 않음을 보여라.

(2) 이 문제의 해에 관해서 어떠한 결론을 내릴 수 있는가?

8 다음과 같은 선형계획문제에 관한 물음에 답하라.

$$\begin{aligned} \text{max.}\ & z = 2x_1 + 4x_2 \\ \text{s.t.}\ & 4x_1 + 8x_2 \leq 48 \\ & 8x_1 + 4x_2 \geq 48 \\ & x_2 \leq 5 \\ & x_1,\quad x_2 \geq 0 \end{aligned}$$

(1) 그래프에 각 제약조건을 표시하고 실행가능영역을 도시하라.

(2) 실행가능영역 위에 두 개의 이익등가선을 그리고, 이익최대화를 위하여 이 직선을 어느 방향으로 이동해야 하는지를 그래프에 표시하라.

(3) 최적해를 구하라.

(4) 그래프상에 $x_1 = 8$, $x_2 = 2$인 점을 표시하고, 이 점에서의 이익수준을 산출하라.

9 네 종류의 제품은 각각 제1공정과 제2공정을 거쳐 생산된다. 두 공정에서 각 제품의 생산에 소요되는 단위당 작업시간은 아래 표와 같다.

공정	단위당 작업시간			
	제품 1	제품 2	제품 3	제품 4
공정 1	2	3	4	2
공정 2	3	2	1	2

각 제품의 단위당 생산비는 각 공정의 작업시간에 따라 다르며, 제1공정과 제2공정의 시간당 비용은 각각 \$10와 \$15라고 하자. 그런데 각 제품의 생산을 위해 할당된 공정 1과 공정 2의 가용시간은 500시간과 800시간이다. 만약 각 제품의 판매가격이 각각 \$65, \$70, \$55 및 \$45라고 할 경우, 이익을 최대화하도록 이 문제의 선형계획모형을 작성하라.

10 제조과정에서 한 제품은 정확히 150kg의 중량을 가져야 한다. 그런데 이 제품의 제조에는 단위당 가격이 \$4인 원재료 A와 단위당 가격이 \$8인 원재료 B가 사용된다. A의 단위당 중량은 5kg이고, B의 단위당 중량은 10kg이다. 또한 제품의 제조에 필요한 각 원재료의 양은 B가 14단위 이상 사용되어야 하고, A는 20단위 이하이다. 선형계획법을 이용하여 최종 제품의 생산비용을 최소화하는 최적원재료 사용량을 구하라.

11 도해법에 의하여 다음 선형계획문제의 최적해를 산출하라.

$$\begin{aligned} \text{min.}\ & z = 25x_1 + 22x_2 \\ \text{s.t.}\ & x_1 + x_2 \geq 5 \\ & 3x_1 + 2x_2 \geq 12 \\ & 3x_1 + 6x_2 \geq 18 \\ & x_1,\quad x_2 \geq 0 \end{aligned}$$

12 다음과 같은 선형계획문제를 그래프에 도시하고 실행가능영역의 존재 여부를 밝혀라.

$$
\begin{aligned}
\text{min. } & z = -2x_1 + 3x_2 \\
\text{s.t. } & -x_1 + 2x_2 \le 2 \\
& 2x_1 - x_2 \le 3 \\
& x_2 \ge 4 \\
& x_1,\quad x_2 \ge 0
\end{aligned}
$$

5 선형계획법 : 심플렉스법

Management science

1. 서 론

선형계획법의 도해법은 변수가 2개 이하인 경우로 한정되지만, 실제로 경영자가 직면하는 대부분의 의사결정문제는 많은 변수를 포함하는 복잡한 문제의 양상을 띤다. 이를 해결하기 위해 개발된 기법이 심플렉스법이다.

심플렉스법(simplex method)은 최적해를 구하기 위해 일련의 절차를 반복하는 반복기법(iterative technique)이다. 즉, 이 방법은 최초의 실행가능해를 산출한 후 계속적으로 해를 향상시켜 가면서 최적해에 도달할 때까지 체계적으로 일정한 절차를 반복 시행하는 기법이다. 심플렉스법에서는 원점에서 시작하여 최적해가 되는 꼭지점이 구해질 때까지 인접 꼭지점으로 이동하면서 최적해의 탐색을 계속한다. 각 반복과정을 거치는 동안 목적함수의 값이 점점 향상되면서 최적해에 도달하게 된다.

일반적으로 프로그램화된 컴퓨터 패키지나 엑셀을 활용한 최적해 탐색을 통해 선형계획문제를 더욱 쉽게 해결할 수 있다.

2. 선형계획모형의 표준화

심플렉스법을 이용하여 선형계획문제를 해결하기 위해서는 부등식보다는 등식의 형태로 문제의 해를 구하는 것이 수학적으로 용이하다. 따라서 ≥ 형태나 ≤ 형태의 부등식 제약조건을 등식으로 변형시켜야 한다. A가구사 문제와 같이 ≤ 형태의 제약조건을 가지고 있는 경우에는 여유변수(slack variables)라는 새로운 변수를 추가하여 등식으로 변형시켜야 한다. 이때 여유변수는 미사용된 여유자원량을 나타낸다.

그러면 A가구사 문제의 선형계획모형에 여유변수를 추가하여 원래의 LP 모형을 표준형으로 변형시켜 보도록 하자. 단,

s_1 = 도장작업시간의 여유변수

s_2 = 목공작업시간의 여유변수

를 나타낸다.

원모형

$$
\begin{aligned}
\text{max.}\ & z = 7x_1 + 5x_2 \\
\text{s.t.}\ & 2x_1 + x_2 \le 100 \\
& 4x_1 + 3x_2 \le 240 \\
& x_1,\quad x_2 \ge 0
\end{aligned}
$$

표준형

$$
\begin{aligned}
\text{max.}\ & z = 7x_1 + 5x_2 \\
\text{s.t.}\ & 2x_1 + x_2 + s_1 = 100 \\
& 4x_1 + 3x_2 + s_2 = 240 \\
& x_1,\ x_2,\ s_1,\ s_2 \ge 0
\end{aligned}
$$

위 식에서 책상을 x_1, 의자를 x_2만큼 생산하는 데 사용된 총도장작업시간이 100시간보다 작다고 할 때, 아직 사용되지 않은 가용시간이 곧 여우변

수 s_1의 값이다. 예를 들어, $x_1=0$, $x_2=0$, 즉 어떠한 제품도 전혀 생산하지 않는다면 도장작업시간의 여유변수 s_1은 100시간이 된다.

이처럼 여유변수가 제약조건에 추가되었음에도 불구하고 이익에는 전혀 영향을 미치지 않으므로 목적함수에는 0의 이익계수를 가진 여유변수로 나타낼 수 있다.

이상을 정리하면 심플렉스법을 적용하기 위해 A가구사의 선형계획문제를 다음과 같이 나타낼 수 있다.

$$\begin{aligned} \text{max. } & z = 7x_1 + 5x_2 + 0s_1 + 0s_2 \\ \text{s.t. } & 2x_1 + x_2 + s_1 + 0s_2 = 100 \\ & 4x_1 + 3x_2 + 0s_1 + s_2 = 240 \\ & x_1,\ x_2,\ s_1,\ s_2 \geq 0 \end{aligned}$$

일반적으로 모든 부등식 제약조건을 등식의 형태로 변형시킨 표준형의 선형계획문제는 제약조건의 수보다 많은 수의 변수를 갖게 된다. A가구사의 표준모형에서도 제약조건은 두 개인 반면에 네 개의 변수가 포함되어 있음을 알 수 있다.

예를 들어, n개의 결정변수와 m개의 부등식 제약조건을 가진 선형계획문제가 있다고 하자. 이 경우 부등식 형태의 제약조건을 등식으로 전환하기 위해서는 m개의 여유변수가 추가되어야 한다. 따라서 일반적으로 표준형에서는 $m+n$개의 변수와 m개의 제약조건을 갖게 된다.

이처럼 변수의 수가 제약조건의 수보다 많은 문제에 대한 해를 구하기 위해서는 제약조건의 수를 초과하는 변수의 수만큼을 0으로 놓아야 한다. 즉, n개의 변수의 값을 0으로 놓고, 나머지 m개의 변수의 값을 계산하여 방정식의 해를 구해야 한다. 이때 0이 되는 변수를 비기저변수(nonbasic variable)라고 하며, 0이 아닌 변수를 기저변수(basic variable)라고 한다. 또한 이렇게 하여 구한 해를 기저해(basic solution)라고 한다.

A가구사의 문제에서는 두개의 방정식에 네 개의 변수가 있으므로 네 개의 변수 중에서 두 개를 0으로 놓고 나머지 두 변수의 값을 구해야 한다. 예를 들어, $x_1=0$, $x_2=0$이라고 하면 $s_1=100$, $s_2=240$이 된다. 이 경우 변수 x_1과 x_2는 비기저변수이며, s_1과 s_2는 기저변수가 된다. 또한 최초의 기저해는 $x_1=0$, $x_2=0$, $s_1=100$, $s_2=240$이다.

3. 심플렉스법의 적용

3.1 최초해의 산출

심플렉스법은 원점인 실행가능기저해(feasible basic solution)로부터 해를 구하는 절차가 시작된다. 모든 결정변수의 값이 0인 원점에서부터 해의 탐색을 시작하여 계속적으로 목적함수의 값을 향상시키는 실행가능기저해로 이동하면서 최적해에 도달하게 된다. 따라서 심플렉스법에서는 처음에 x_1, x_2 등의 결정변수의 값이 0이기 때문에 여유변수가 우측 상수값을 갖는 최초해가 산출된다.

A가구사 문제에서 최초해는 [그림 5-1]에서 보는 바와 같이 모든 결정변수값이 0인 원점에서 형성되며, 이때 여유변수 s_1과 s_2는 우측변상수값을 취한다. 또, 이때의 총이익은 0이다.

$$2(0)+(0)+s_1 = 100$$
$$4(0)+3(0)+s_2 = 240$$

그림 5-1 ▶ A가구사 문제의 실행가능영역의 꼭지점

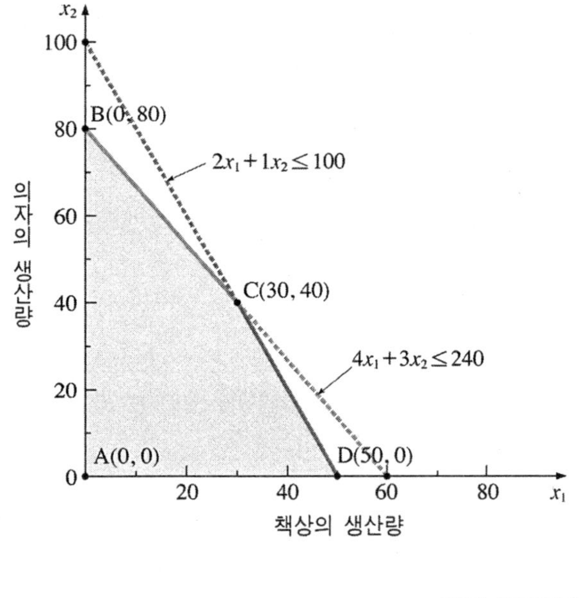

$$z = 7(0) + 5(0) = 0$$

따라서, A가구사 문제의 최초실행가능해(intial feasible solution)는 $x_1 = 0$, $x_2 = 0$, $s_1 = 100$, $s_2 = 240$이며, 이때의 총이익은 $z = 0$이다. 이는 책상과 의자를 전혀 생산하지 않아 가용자원이 전혀 사용되지 않고 모두 여유자원으로 남게 되며, 이익도 전혀 발생되지 않음을 의미한다.

3.2 최초심플렉스표의 작성

심플렉스법에서는 문제의 방정식을 보다 용이하게 다루기 위하여 심플렉스표를 작성하여 해를 구한다. [표 5-1]은 A가구사 문제의 최초심플렉스표이다.

(1) 1단계: 제약조건의 표시

A가구사 문제의 두 제약조건은 심플렉스표에 다음과 같이 표시된다.

기저	상수	x_1	x_2	s_1	s_2
s_1	100	2	1	1	0
s_2	240	4	3	0	1

여기서 방정식의 우변상수는 편의상 표의 좌측에 나타내며, 첫째 행의 수치는 제약조건 $2x_1 + x_2 + s_1 + 0s_2 = 100$의 계수들이다.

마찬가지로 둘째 행의 수치는 제약조건 $4x_1 + 3x_2 + 0s_1 + s_2 = 240$의 계수

표 5-1 ▶ 최초심플렉스표

단위당 이익 ↓ 기저 ↓ 상수 ↓ 결정변수 ↙ ↘ 여유변수 ↙ ↘

$c_j \rightarrow$ ↓	기저변수	상수	7	5	0	0	← 단위당 이익
			x_1	x_2	s_1	s_2	
0	s_1	100	2	1	1	0	제약식
0	s_2	240	4	3	0	1	
	z_j	0	0	0	0	0	← 총이익
	$c_j - z_j$		7	5	0	0	← 순이익

들이다.

심플렉스표에서 첫째 열은 해가 되는 기저변수를 나타내는 기저(basis)로서, 최초의 심플렉스표에서는 여유변수 s_1, s_2가 기저변수를 구성하며, 이 두 기저변수의 값은 상수열의 $s_1=100$, $s_2=240$이다. 결정변수 x_1과 x_2는 기저변수에 포함되어 있지 않기 때문에 비기저변수로서 0의 값을 갖는다. 따라서 최초심플렉스표상의 해는 다음과 같이 나타낼 수 있다.

$$\begin{pmatrix} x_1 \\ x_2 \\ s_1 \\ s_2 \end{pmatrix} = \begin{pmatrix} 0 \\ 0 \\ 100 \\ 240 \end{pmatrix}$$

(2) 2단계 : 대체율 계산

심플렉스표에서 각 열의 원소는 해당변수의 계수이다. x_1의 계수는 $\begin{pmatrix} 2 \\ 4 \end{pmatrix}$이며, x_2의 계수는 $\begin{pmatrix} 1 \\ 3 \end{pmatrix}$, s_1의 계수는 $\begin{pmatrix} 1 \\ 0 \end{pmatrix}$, 그리고 s_2의 계수는 $\begin{pmatrix} 0 \\ 1 \end{pmatrix}$로 이것을 대체율(substitution rate)이라고 한다.

예를 들어, $x_1>0$ 즉 약간의 책상을 생산한다고 하자. x_1을 1단위 생산하게 되면 s_1은 2단위, s_2는 4단위가 감소한다. 이것은 책상 1단위를 생산하는데 도장 부문의 여유시간(s_1) 중 2시간과 목공 부문의 여유시간(s_2) 중 4시간의 투입이 필요하다는 것을 의미한다. 따라서 결정변수 x_1의 1단위가 해에 진입할 경우 s_1은 2단위, s_2는 4단위가 감소한다. 마찬가지로 x_2가 새로운 해가 되면 단위당 대체율은 s_1이 1단위, s_2가 3단위이다.

또한, 기저변수의 계수열은 어느 한 원소만이 1이며, 다른 원소는 0인 단위행렬을 구성한다. 위 표에서 s_1열은 $\begin{pmatrix} 1 \\ 0 \end{pmatrix}$이므로 변수 s_1이 기저해가 되며, 또한 s_2열은 $\begin{pmatrix} 0 \\ 1 \end{pmatrix}$이므로 s_2도 기저해가 된다.

(3) 3단계 : 목적함수의 표시

다음 단계는 목적함수의 계수를 표시하는 행을 추가하는 것이다. 목적함수의 계수 c_j는 목적함수에 대한 공헌율(contribution rate)로서 심플렉스표에

c_j→ ↓	기저변수	상수	7	5	0	0
			x_1	x_2	s_1	s_2
0	s_1	100	2	1	1	0
0	s_2	240	4	3	0	1

서 해당 변수의 상단에 표시된다.

또한 현재의 해가 되는 기저변수의 공헌율은 좌측의 c_j열에도 표시한다. 만일 위 변수열의 표에서 s_1이 기저에서 탈락하고 대신에 x_2가 기저에 진입한다면 x_2행 좌측의 c_j열에 5를 기입해야 한다.

(4) 4단계 : z_j행과 $c_j - z_j$행 계산

최초심플렉스표의 작성을 위한 마지막 단계는 총이익은 현재 얼마이고 현재의 해가 과연 최적인가를 판정하기 위하여 z_j행과 $c_j - z_j$행을 계산하는 작업이다.

z_j행의 값은 j번째 변수 한 단위가 해에 진입할 경우에 발생하는 이익의 감소를 의미한다. 이 값은 c_j열의 공헌율에 각 행의 j번째 열에 있는 수를 곱하고 이들을 합하여 산출한다.

$$z_j(x_1\text{열}) = (0)(2) + (0)(4) = 0$$
$$z_j(x_2\text{열}) = (0)(1) + (0)(3) = 0$$
$$z_j(s_1\text{열}) = (0)(1) + (0)(0) = 0$$
$$z_j(s_2\text{열}) = (0)(0) + (0)(1) = 0$$

여기서 x_1, x_2, s_1, s_2 중 어느 변수든지 한 단위를 추가한다 해도 z_j의 값이 0이므로 이익의 감소를 초래하지 않는다는 것을 알 수 있다. 상수열의 z_j값은 현재의 해가 가져오는 총공헌이익을 나타낸다. 현재의 해는 $s_1 = 100$, $s_2 = 240$이기 때문에 총이익은

$$\begin{aligned} z_j(\text{총이익}) &= (s_1\text{의 단위당 이익}) \times (s_1\text{의 값}) \\ &\quad + (s_2\text{의 단위당 이익}) \times (s_2\text{의 값}) \\ &= 0 \times 100 + 0 \times 240 = 0 \end{aligned}$$

이다.

각 열의 $c_j - z_j$값은 해당 변수가 1단위만큼 기저해에 진입할 경우 발생하는 총이익의 증감을 나타낸다. 이는 어떤 변수 1단위가 기저해에 진입함으로써 발생하는 이익증가분(c_j)에서 이 변수가 진입하고 다른 변수가 탈락됨에 따라 발생하는 이익의 감소분(z_j)을 공제함으로써 산출되는 총이익 변동량이다.

	x_1	x_2	s_1	s_2
c_j	7	5	0	0
z_j	0	0	0	0
$c_j - z_j$	7	5	0	0

3.3 진입변수와 진출변수의 결정

(1) 진입변수의 결정

최초심플렉스표가 작성되면 이 표에 나타난 해의 최적성 여부를 조사해야 한다. 이 최적성 여부는 $c_j - z_j$행의 값을 통하여 판단할 수 있다. 만일 $c_j - z_j$행의 값이 음수이면 이는 해당 변수가 기저에 진입할 경우 총이익의 감소를 가져옴을 의미한다. 따라서 최대화심플렉스법에서 $c_j - z_j$행을 검토하여 이 행의 원소가 모두 0이거나 음수값을 갖는 경우에는 더 이상 기저변수에 진입하여 총이익을 향상시킬 수 있는 변수가 없으며, 따라서 최적해에 도달한 것으로 결론짓는다. [표 5-1]을 보면 $c_j - z_j$값이 양수인 비기저변수는 x_1 및 x_2이다. 이 두 변수 x_1과 x_2가 각각 해에 진입하게 되면 단위당 7과 5의 목적함수값이 증가하게 되며, 이는 현재의 해는 최적해가 아님을 의미한다. 따라서 기저에 새로이 진입할 진입변수(entering variable)와 기저에서 탈락할 진출변수(leaving variable)를 결정해야 한다.

진입변수는 비기저변수 중 심플렉스표의 $c_j - z_j$행에서 가장 큰 양수값을 갖는 변수가 선정된다. 이 변수는 현 단계에서는 비기저변수이지만 해에 진입하면 목적함수값을 가장 많이 증가시킬 수 있기 때문이다. 이때 진입변수로 결정된 변수열을 기준열(pivot column)이라 한다. A가구사 문제에서 진입변수는 x_1이며, 이 변수의 열이 기준열이 된다. 이 경우 x_1이 기저에 진입함으로써 전체 이익이 1단위당 7씩 증가한다.

(2) 진출변수의 결정

진입변수가 결정되면 이 변수와 대체되어야 할 진출변수를 결정해야 한다. 모든 선형계획문제에는 제약조건의 수만큼 기저변수가 존재한다. 따라서 x_1을 기저해에 진입시키기 위해서는 현재의 기저해 중에서 어느 하나가 탈락되어야 한다. 기저에서 탈락될 진출변수를 결정하기 위해서는 상수열의 값들을 기준열의 각 원소로 나누어 계산된 비율들 중 최소의 비율을 갖는 기저변수를 선택하면 된다. 단, 이때 기준열의 원소가 음수이거나 0인 원소에 대하여는 비율계산을 할 필요가 없으며, 그 행의 변수는 진출변수가 되지 못한다. 여기서 최소의 비음값을 갖는 진출변수의 행을 기준행(pivot row)이라고 한다.

A가구사 문제의 최초심플렉스표에서 x_1이 기저변수가 되기 위해서는 s_1이나 s_2 중 어느 한 변수가 기저에서 탈락해야 한다. 이 진출변수를 결정하기 위하여 [표 5-2]의 상수열을 기준열인 x_1열로 나누어 보자.

$$s_1\text{행} : \frac{100}{2} = 50$$

$$s_2\text{행} : \frac{240}{4} = 60$$

이 비율 중에서 최소값은 50이므로 s_1이 진출변수가 된다. 그 이유는 이 값은 모든 제약조건을 위반하지 않고 생산할 수 있는 x_1의 최대량이기 때문

표 5-2 ▶ 최초심플렉스표의 기준열, 기준행 및 기준요소

$c_j \rightarrow$ ↓	기저	상수	7	5	0	0	
			x_1	x_2	s_1	s_2	
0	s_1	100	⓶	1	1	0	← 기준행
0	s_2	240	4 ↖ 기준요소	3	0	1	
	z_j	0	0	0	0	0	
	$c_j - z_j$		7 ↑ 기준열	5	0	0	

이다. 도장 부문의 이용가능시간은 100시간이며, x_1을 한 단위 생산하는 데 2시간이 필요하므로 도장 부문의 생산능력으로는 최대 100/2＝50단위까지 생산할 수 있다. 마찬가지로 목공 부문의 생산능력으로 240/4＝60단위까지 생산할 수 있다. 그러나 제품으로 완성되려면 두 공정을 모두 거쳐야 하기 때문에 x_1의 최대생산량은 50단위가 된다. 만약 x_1을 60단위 생산한다면, 이는 도장 부문에서 2(60)＝120만큼의 작업시간을 요함으로써 이 부문의 생산능력(100)을 초과하게 된다.

심플렉스표에서 기준행과 기준열이 교차하는 원소를 기준요소(pivot element)라 한다. [표 5-2]에서 원으로 둘러싸인 원소가 기준요소이며, 기준열과 기준행은 화살표로 표시되어 있다.

3.4 새로운 해의 산출

일단 진입변수(x_1)와 진출변수(s_1)가 결정되면 보다 향상된 목적함수값을 제공하는 해를 탐색하기 위하여 새로운 심플렉스표를 작성해야 한다. 이를 위해서는 [표 5-3]에서 보는 바와 같이, 먼저 기준행의 모든 원소를 기준요소로 나누어 기준요소를 1로 하는 새로운 기준행을 산출해야 한다. 기준요소의 값이 2이므로 이 값으로 나누어 산출된 새로운 기준행은 [표 5-3]의 x_1행이다. 이는 변수 x_1이 기저해가 되어 책상 50단위를 생산하게 됨을 의미한다. 또한 x_1이 기저해가 될 경우 단위당 공헌율은 7이므로 c_j열의 x_1좌측에 7을 기입한다.

다음, 심플렉스표의 기준행인 x_1행 이외의 행에 대해서는 일정한 행렬조작을 통하여 새로운 행으로 변형시킨다. 즉, 행렬에 있어 어느 한 행의 임의의

표 5-3 ▶ 2차 심플렉스표

$c_j \rightarrow$	기저	상수	7	5	0	0
↓			x_1	x_2	s_1	s_2
7	x_1	50	1	1/2	1/2	0
0	s_2	40	0	1	−2	1
	z_j	350	7	7/2	7/2	0
	$c_j - z_j$		0	−3/2	−7/2	0

배수만큼 다른 행에 더하거나 빼도 그 행렬의 내용은 변하지 않는다는 기본 특성을 이용하여 다음과 같은 절차를 거쳐 새로운 행을 산출한다.

새로운 s_2행의 값 = s_2행의 값 − (기준열의 값×새로운 기준행의 값)

(새로운 s_2행의 값)	=	(s_2행의 값)	−	[(기준열의 값)	×	(새로운 기준행의 값)]
40	=	240	−	(4)	×	(50)
0	=	4	−	(4)	×	(1)
1	=	3	−	(4)	×	(1/2)
−2	=	0	−	(4)	×	(1/2)
1	=	1	−	(4)	×	(0)

이제 x_1과 s_2 변수열의 계수가 각각 $\begin{pmatrix} 1 \\ 0 \end{pmatrix}$ 및 $\begin{pmatrix} 0 \\ 1 \end{pmatrix}$로써 단위행렬로 변형되었기 때문에 해의 값을 구할 수 있다.

다음으로 $c_j - z_j$행의 값을 구해야 한다. 상수열의 z_j값은 현재의 해가 가져오는 총이익이며, 기타 열의 z_j값은 앞서 지적한 바와 같이 각 변수가 해에 진입함으로써 초래되는 단위당 이익의 감소분을 나타낸다. 각 z_j값은 다음과 같다.

$$z_j(\text{총이익}) = (7)(50) + (0)(4) = 350$$

$$z_j(x_1\text{열}) = (7)(1) + (0)(0) = 7$$

$$z_j(x_2\text{열}) = (7)(1/2) + (0)(1) = 7/2$$

$$z_j(s_1\text{열}) = (7)(1/2) + (0)(-2) = 7/2$$

$$z_j(s_2\text{열}) = (7)(0) + (0)(1) = 0$$

따라서 현재의 총이익은 350이다.

	열			
	x_1	x_2	s_1	s_2
c_j행	7	5	0	0
z_j행	7	7/2	7/2	0
$c_j - z_j$행	0	3/2	−7/2	0

$c_j - z_j$행의 값은 역시 앞서 지적한 바와 같이 각 변수가 해에 진입함으로써 얻게 되는 단위당 순이익을 나타내는 것으로 각 변수의 c_j에서 z_j값을 공제하여 산출한다.

이상에서 구한 z_j와 $c_j - z_j$값을 심플렉스표에 기입하면 [표 5-3]과 같은 2차 심플렉스표가 작성된다. 2차 심플렉스표의 해는 $x_1 = 50$, $x_2 = 0$로서 이는 350의 이익을 제공하는 생산수준이다. 이때 x_1은 기저변수, x_2는 비기저변수이며, [그림 5-1]의 꼭지점 D와 일치한다. 또한 목공 부분의 미사용 작업시간을 나타내는 여유변수 s_2는 기저해로서 값은 40이며, 이는 목공 부문의 작업시간을 40시간 더 사용할 수 있음을 의미한다.

[표 5-3]의 계수행렬은 2차 심플렉스표상에서 새로운 한계대체율을 나타낸다. 예컨대 x_2열을 구성하고 있는 계수$\begin{pmatrix} 1/2 \\ 1 \end{pmatrix}$은 비기저변수 x_2가 한 단위 해에 추가되면, x_1은 1/2단위, s_2는 1단위 포기해야 함을 의미한다. 도장작업시간의 제약조건 $2x_1 + x_2 + s_1 = 100$에서 해가 $x_1 = 50$, 즉 책상을 50단위 제작하면 도장 부문의 가용시간인 100시간을 전부 사용하게 되므로, 의자 1단위를 생산하기 위해서는 책상 1/2단위의 생산을 포기해 한다.

또한 의자 1단위를 생산할 때 s_2가 1단위 즉 1단위의 이용가능한 목공작업시간이 감소하게 된다. 목공작업시간에 대한 제약조건 $4x_1 + 3x_2 + s_2 = 240$에서 의자 1단위를 생산하기 위해서는 3시간 목공작업이 필요하며, 이에 따라 목공 부문의 여유시간인 s_2가 3단위 감소됨을 알 수 있다. 그러나 의자 1단위의 생산은 도장작업시간의 제약으로 책상 1/2단위의 생산을 포기해야 하기 때문에 이로 인해 s_2가 4(1/2)=2단위 증가하게 된다. 결국 1단위의 의자를 생산하게 되면 s_2가 1(=3-2)단위 감소하게 되는 것이다. 한계대체율은 x_1과 s_2열의 계수에 대해서도 동일한 방법으로 해석할 수 있다.

3.5 최적해의 판정

심플렉스표에서 $c_j - z_j$행은 매우 중요한 정보를 제공해 준다는 것은 앞에서 설명한 바와 같다.

첫째, 현재의 해의 최적성 여부를 알려 준다. 즉, 최대화문제에서 이 행에 양수값이 존재하지 않을 경우 최적해에 도달했음을 의미한다. [표 5-3]의 경우는 x_2의 c_j-z_j값이 양수이기 때문에 현재의 해는 최적이 아니다. c_j-z_j의 값이 3/2이라는 것은 1단위의 의자를 생산하게 되면 순이익이 3/2 증가함을 의미한다. 그러나 x_1의 c_j-z_j값은 0이기 때문에 x_1을 아무리 증가시켜도 총이익은 변하지 않는다. s_1열의 −7/2이라는 음수값은 1단위의 s_1을 해에 추가할 경우 총이익이 7/2 감소함을 나타낸다.

둘째, 진입변수의 결정에 이용된다. 즉, 심플렉스표에서 c_j-z_j행의 값이 가장 큰 변수가 진입변수가 된다.

A가구사 문제의 경우 2차 심플렉스표의 c_j-z_j행의 원소 중에 양수값을 가진 원소가 존재하기 때문에 2차 심플렉스표의 해는 최적이 아니다. 따라서 심플렉스해법에 따라 다시 3차 심플렉스표를 작성해야 한다. 이때에도 c_j-z_j 행의 값이 가장 큰 변수인 x_2가 진입변수가 되며, 이 열이 새로운 기준열이다. 진입변수가 결정되면 진출변수를 찾아야 하는데, 상수항의 각 수치를 x_2 열의 각 원소로 나눈 값 중 최소인 행의 기저변수 s_2가 진출변수이며, 이 행이 기준행이 된다. 또한 기준열과 기준행이 교차하는 점의 원소가 기준요소이다. 이 기준요소를 이용하여 2차 심플렉스표를 작성할 때와 동일한 방법으로 제약조건계수의 새로운 행렬을 유도하여 3차 심플렉스표를 작성한다. [표 5-4]는 심플렉스법에 의해 3차 해의 도출결과를 정리한 것이다.

이 표에서 c_j-z_j행의 모든 값이 0 또는 음수이기 때문에 이제 최적해에 도달하였음을 알 수 있다. 이때 최적해는 $x_1=30$, $x_2=40$, $s_1=0$, $s_2=0$, 총이익 $z=410$이며, s_1과 s_2는 비기저변수인 반면에 x_1과 x_2는 기저변수이다. 또한 이 해는 [그림 5-1]의 꼭지점 C와 일치한다. 따라서 심플렉스법에 의한 A가구사의 최적해는 책상 30단위, 의자 40단위를 생산하는 것이며, 이때 이 회사는 410달러의 이익을 얻게 된다.

표 5-4 ▶ **최종 심플렉스표**

$c_j\rightarrow$ $\downarrow$	기저	상수	7	5	0	0
			x_1	x_2	s_1	s_2
7	x_1	30	1	0	3/2	−1/2
5	x_2	40	0	1	−2	1
	z_j	410	7	5	1/2	3/2
	c_j-z_j		0	0	−1/2	−3/2

3.6 심플렉스법의 기본절차

지금까지의 최대화문제에 대한 심플렉스해법의 기본절차를 정리하면 다음과 같다.

① 선형계획문제의 목적함수와 제약조건을 정식화한다.

② $\leq$ 형태의 제약조건 및 목적함수에 여유변수를 추가하여 표준형으로 변형시킨다.

③ 여유변수를 최초의 기저해로 하고 그 밖의 변수를 비기저해 즉 0으로 처리하여 최초의 심플렉스표를 작성하고, 이 표의 z_j값과 c_j-z_j값을 계산한다.

그림 5-2 ▶ 심플렉스해법의 기본절차

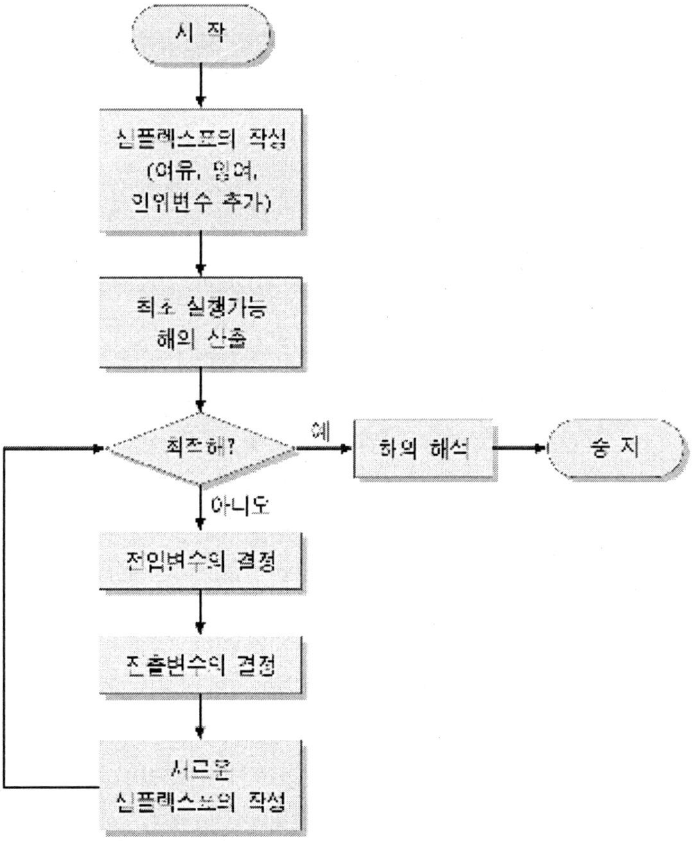

④ 최적해에 도달할 때까지 다음 다섯 단계를 반복한다.

1단계 : 양수값으로서 최대의 c_j-z_j값을 가진 변수를 진입변수로 결정한다. 이때 진입변수의 열이 기준열이다.

2단계 : 우측 상수를 기준열의 요소로 나누어 얻은 값 중에서 양수의 최소값을 가진 변수를 진출변수로 결정한다. 이때 진출변수의 행이 기준행이다.

3단계 : 기준행의 새로운 값을 계산한다.

4단계 : 행렬조작을 통하여 기준행이 아닌 기타 행의 새로운 값을 계산한다.

5단계 : 이 표의 z_j와 c_j-z_j값을 산출한다. 만일 c_j-z_j행의 값 중 어느 하나라도 양수값을 가지면 1단계로 되돌아간다. 그러나 c_j-z_j행의 모든 값들이 음수이거나 0이면 최적해에 도달한 것이므로 심플렉스 절차를 종료한다.

4. 잉여변수와 인위변수

심플렉스법을 이용하여 최적해를 구하기 위해서는 특별히 $\leq$ 형태의 제약조건으로 이루어진 문제뿐만 아니라 $\geq$ 혹은 $=$ 형태의 제약조건을 갖는 일반적인 LP문제에 대해서도 심플렉스법의 적용에 알맞게 특수한 형태로 표준화시켜야 한다.

다음 식을 예로 들어, 일반적인 LP문제의 제약식을 심플렉스법에 맞는 특수한 형태로 변형시키는 방법에 대해 살펴보기로 한다.

제1제약조건 : $5x_1+10x_2+8x_3 \geq 210$

제2제약조건 : $25x_1+30x_2 = 900$

4.1 잉여변수

제1제약조건과 같은 $\geq$ 형태의 제약식을 가진 문제에 심플렉스법을 적용하기 위해 등식으로 변형할 경우, 좌측이 우측 상수보다 크거나 같기 때문에 여유변수를 추가하기보다는 잉여변수를 공제하여 등식으로 변형해야 한다. 이때 잉여변수(surplus variable)는 특정의 해가 한정된 자원을 초과하는 정도를 나타내며, 여유변수라는 용어를 원용하여 음의 여유변수(negative slack variables)라고도 한다.

이와 같이 잉여변수 s_1을 도입하여 제1제약조건을 등식으로 변형시키면 다음과 같다.

$$5x_1 + 10x_2 + 8x_2 - s_1 = 210$$

이러한 제약조건을 가진 선형계획문제의 해가 $x_1=20$, $x_2=8$ 및 $x_3=5$라고 하면 잉여변수 s_1은 10이 된다. 이는 초과사용한 자원의 양이 10단위임을 의미한다.

$$5(20)+10(8)+8(5) - s_1 = 210$$
$$s_1 = 10$$

4.2 인위변수

심플렉스법을 이용하여 최초의 실행가능기저해를 산출하는 데 있어 ≥ 형태의 제약조건식에 잉여변수를 도입하여 등식으로 유도한다 하더라도 최초의 심플렉스표에서 x_1, x_2, x_3 등 모든 결정변수는 비기저변수로서 그 값이 각각 0이 되므로, 다음에서 보는 바와 같이 최초의 기저해가 되는 잉여변수 s_1은 음의 값을 갖게 된다.

$$5(0)+10(0)+8(0) - s_1 = 210$$
$$s_1 = -210$$

그러나 선형계획문제에서 결정변수, 여유변수 및 잉여변수를 포함한 모든 변수는 비음이어야 하는데, $s_1=-210$이라는 해는 음수로 비음조건을 위반하고 있다. 이와 같은 문제를 해결하기 위하여 인위변수(artificial variable)라고 하는 가공의 변수 a_1이 추가된다.

$$5x_1 + 10x_2 + 8x_3 - s_1 + a_1 = 210$$

인위변수 a_1이 추가되면 s_1의 값도 0으로 놓아 $a_1=210$이라는 해를 산출할 수 있다. 이 해는 비음조건을 위반하지 않으므로 실행가능하며, 심플렉스표에서 최초해가 된다.

제2제약조건은 이미 등식으로 되어 있지만, 다음과 같이 또 다른 인위변수를 추가함으로써 심플렉스법의 적용이 비로소 가능하게 된다.

$$25x_1+30x_2+a_2 = 900$$

등식의 제약조건에 인위변수를 추가하는 이유는 최초의 실행가능 심플렉스해를 쉽게 구하기 위해서이다. 제2제약조건과 같은 간단한 제약식의 경우에는 $x_1=0$, $x_2=30$이 최초의 실행가능해라는 것을 쉽게 확인할 수 있으나, 한 문제에 여러 개의 제약등식이 주어져 있고 각 제약식에 많은 변수가 포함되어 있을 때에는 최초해를 구하기가 쉽지 않다. 그러나 a_2와 같은 인위변수를 추가하면 쉽게 최초해를 구할 수 있으며, 이것이 곧 인위변수의 도입이유가 된다. 예에서 x_1과 x_2를 0이라 하면 a_2는 900이라는 최초해가 산출된다.

인위변수의 추가는 실질적으로 아무런 의미를 갖지 않으며, 최초의 실행가능해를 산출하기 위한 절차상의 일부에 불과하다. 또한 심플렉스법에서 모든 인위변수는 최적심플렉스해에 도달하기 전에 반드시 기저에서 탈락한다.

4.3 목적함수의 잉여변수와 인위변수

잉여변수와 인위변수가 제약식에 추가되면 여유변수와 마찬가지로 이 변수들은 목적함수에도 포함되어야 한다. 이 경우 잉여변수는 여유변수와 같이 목적함수에 아무런 영향을 미치지 않기 때문에 목적함수의 계수는 0이다. 그러나 인위변수의 경우는 다르다.

먼저, 최소화문제에서는 목적함수의 비용계수가 낮은 변수부터 기저해에 진입하므로 낮은 계수를 갖는 변수가 최초의 진입변수가 된다. 반면에 높은 비용계수를 가진 변수는 기저에서 탈락되며 상대적으로 해에 진입하기가 어렵다.

그런데 인위변수는 계산상의 편의를 위해 도입된 변수에 불과하므로 해가 될 수 없다. 따라서 각 인위변수에 매우 큰 비용을 할당하여 해가 되는 것을 방지할 필요가 있다. 이 경우 1,000 혹은 100,000 등의 실제 화폐액보다는 단순히 매우 큰 값을 나타내는 'big M'이라는 계수를 이용한다.

만약 문제의 선형계획모형이 앞의 두 제약조건과 목적함수

$$\text{min.} \quad z = 5x_1 + 9x_2 + 7x_3$$

로 되어 있다면, 이 선형계획모형을 다음과 같이 변형시킬 수 있다.

$$\begin{aligned} \text{min.} \quad & z = 5x_1 + 9x_2 + 7x_3 + 0s_1 + Ma_1 + Ma_2 \\ \text{s.t.} \quad & 5x_1 + 10x_2 + 8x_3 - s_1 + a_1 + 0a_2 = 210 \\ & 25x_1 + 30x_2 + 0x_3 + 0s_1 + 0a_1 + a_2 = 900 \end{aligned}$$

최대화문제의 경우도 최소화문제에서와 거의 동일한 논리가 적용된다. 단, 최대화문제에서는 이익의 감소를 가져오는 변수가 기저에서 탈락되어야 하며, 해에 진입할 수 없다. 따라서 최대화문제에서 기저해로부터 인위변수를 탈락시키기 위해서는 목적함수에 포함된 인위변수의 계수에 매우 큰 음수값인 $-M$을 할당해야 한다.

5. 엑셀을 활용한 LP문제 최적해 탐색(최대화)

그림 5-3 ▶ 엑셀을 이용한 LP문제 입력(최대화문제)

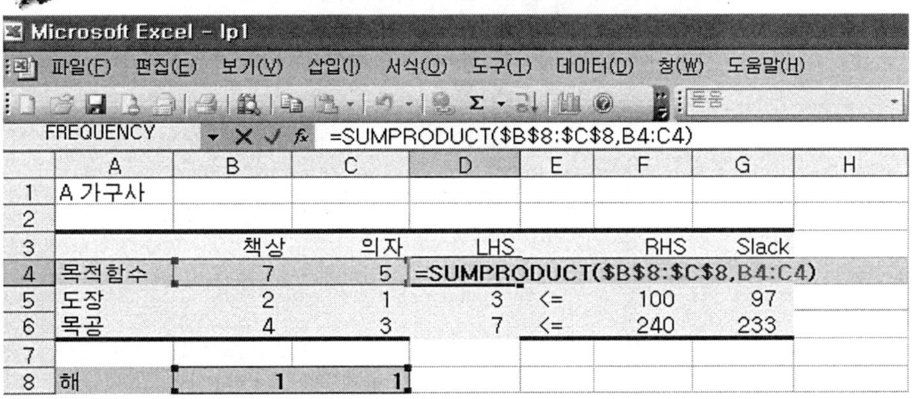

LP(선형계획)문제의 해를 도출하기 위해서 엑셀 그림의 [해 찾기] 도구를 활용하여 A가구사의 기본자료를 입력한다.

① 먼저 셀 [B3:C6]에 변수명과 목적함수 계수값, 그리고 제약조건식의 기술계수값을 입력한다.
② 셀 [B8:C8] 값은 변수값을 나타내며, 해 찾기 최종 단계에서 변수해를 표시해 준다.
③ 다음으로 셀 [D4]는 목적함수값을 의미하며, SUMPRODUCT함수를 이용하여 수식화한다. SUMPRODUCT함수는 주어진 배열에서 대응하는 요소를 모두 곱하고 그 곱의 합계를 구한다. 여기에서 초기목적함수값은 12가 도출된다.

 = SUMPRODUCT($B$8: $C$8,B4:C4) = (1*7) + (1*5) = 12

④ 셀 [E5:E6]의 제약조건식에 사용된 '<='는 형식상 표시한 것이고, 실제로는 엑셀의 [해 찾기] 도구에서 제한조건식 추가시 자동적으로 산출된다.
⑤ 셀 [F5:F6] 값은 각 제약조건식의 우변 상수값을 의미한다.
⑥ 셀 [G5:G6]은 각 제약조건식의 여유(slack)값을 표시하며, 여유값은 G5 = F5 - D6이 된다.

입력된 자료를 이용하여 A가구사의 최적해를 산출하면 다음과 같다.

① 엑셀 메뉴에서 [도구(T)] ⇨ [해 찾기(S)]를 선택한다. [그림 5-4]와 같은 [해 찾기 모델 설정] 창이 뜨면, 선형모형의 목적함수값을 의미하는 [목표 셀] 칸에 D4를 입력한다. 최대화선형계획법이므로 [해의 조건]란

그림 5-4 ▶ 해 찾기 모델 설정

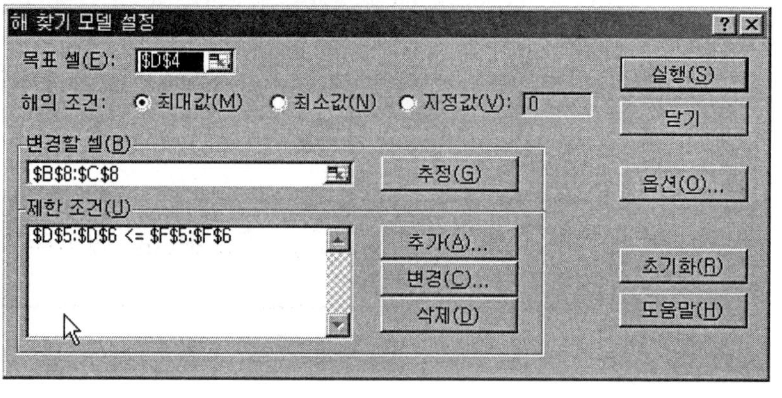

에 최대값(M)에 체크한 다음, [변경할 셀] 칸에 의사결정변수값인 '$B$8:$C$8'을 입력한다. [제한조건] 칸에 제약조건식을 삽입하기 위해 [추가] 버튼을 누른다.

② [추가] 버튼을 누르면, [그림 5-5]와 같은 [제한조건 추가] 창이 뜨며, [셀 참조 영역] 칸에는 제약조건의 좌변상수(LHS)값 '$D$5:$D$6'을 입력하고, [제한 조건] 칸에는 우변 상수값 '$F$5:$F$6'을 입력한다. 같은 방법으로 나머지 제약조건도 추가시킨 후 [확인] 버튼을 누른다.

그림 5-5 ▶ 제한조건 추가

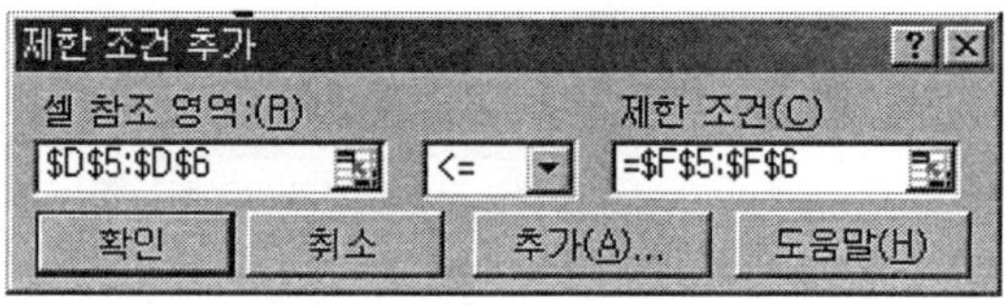

③ [그림 5-4] [해 찾기 모델 설정]에서 [옵션] 버튼을 누르면, [그림 5-6] [해 찾기 옵션] 창이 뜬다. [선형모델가정]과 [음수 아닌 것으로 가정] 란에 체크를 한 다음, [확인] 버튼을 누른다. [최대 계산 시간]과 [최대 계산 횟수] 옵션은 해 찾기가 문제의 해를 풀기 위해 허용할 수 있는 최대의 계산 시간과 계산 횟수를 결정하게 해 준다. 기본값이 설정되어 있으며, 조정하여 사용할 수 있다.

정밀도는 해 찾기가 찾는 해의 근사오차를 지정한다. [음수 아닌 것으

그림 5-6 ▶ 해 찾기 옵션

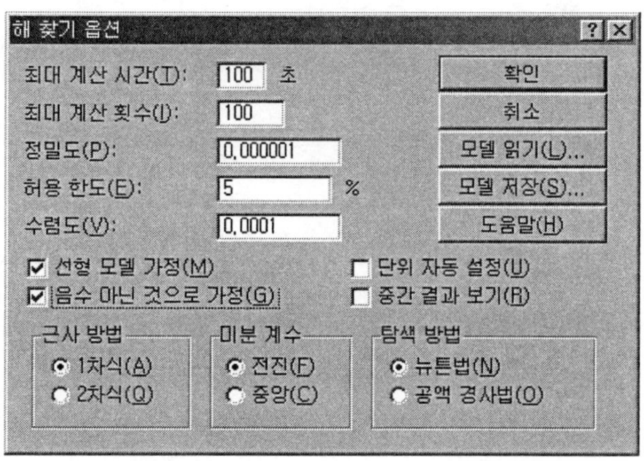

로 가정] 옵션은 앞에서 언급한 바와 같이 비음조건식을 지정할 때 설정한다. [중간 결과 보기] 옵션을 선택하면, 계산 도중의 결과를 횟수별로 보여 주며 시나리오를 작성할 수 있도록 해 준다. 그리고 [단위 자동 설정] 옵션을 사용하면 문제를 풀기 전에 자료의 단위를 자동적으로 재설정할 수 있다.

④ [그림 5-7] [해 찾기 결과]에서 구하고자 하는 보고서를 선택한 후, [확인] 버튼을 누른다. [해답 보고서]를 구하면 [그림 5-9] [최적해] 결과를 도출할 수 있다.

그림 5-7 ▶ 해 찾기 결과

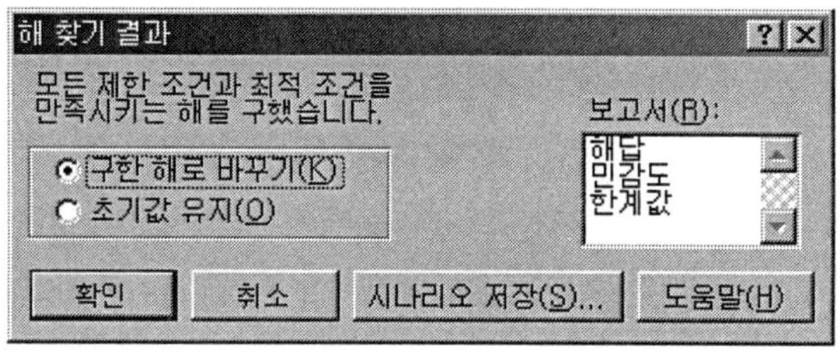

⑤ [그림 5-8]의 「최적해」는 A가구사의 선형계획문제에 대한 최적해를 보여 주고 있다. 최적해값은 D4 셀의 410이며, 셀 B8, C8은 변수해를 의미한다. 즉, A가구사는 책상은 30개를 생산하고, 의자는 40개를 생산함으로써 410이라는 최대이익을 추구할 수 있다. 따라서 $x_1=30$, $x_2=40$, $s_1=0$, $s_2=0$, $z=410$의 최적해를 갖는다.

그림 5-8 ▶ 최적해

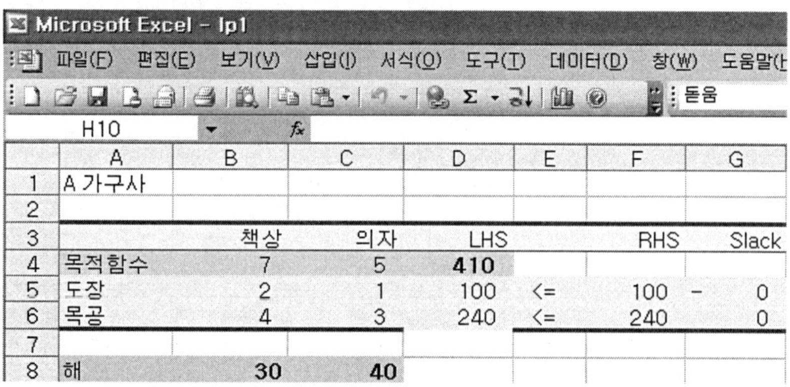

	A	B	C	D	E	F	G
1	A 가구사						
2							
3		책상	의자	LHS		RHS	Slack
4	목적함수	7	5	410			
5	도장	2	1	100	<=	100	- 0
6	목공	4	3	240	<=	240	0
7							
8	해	30	40				

⑥ [그림 5-7] [해 찾기 결과]에서 [해답] 보고서를 클릭하면 [그림 5-9]의 [해답 보고서]를 얻을 수 있다. 이 보고서의 첫 번째 영역은 목표 셀(최대값)에 대한 영역으로 계산 전·후의 값이 나타나 있다. 두 번째 영역은 변경할 셀에 대한 의사결정변수값의 계산 전·후의 값이 표시된다. 그리고 세 번째 영역은 제한조건에 대한 정보를 제공해 준다. 셀의 값은 각 제약 셀의 최종해를 나타낸다.

[만족 정도]를 나타내는 열에서는 제약의 상·하한을 완전히 달성했는지의 여부를 보여 준다. 이 문제에서는 상한을 완전히 달성한 경우, 즉 최적해와 상한이 일치하는 경우 제약조건은 만족되었다고 본다. 그렇지 않은 경우는 부분적 만족이라고 한다.

[조건과의 차] 열에는 제약조건의 좌변값과 우변값의 차이, 즉 여유분을 보여 주고 있다. 제약조건을 만족시킨 경우 여유분을 나타내는 값은 0 ($s1=0$, $s2=0$)이다. 부분적 만족의 경우에는 여유분이 남아 있게 되어 양의 값을 갖게 된다.

그림 5-9 ▶ 해답 보고서

Microsoft Excel 11.0 해답 보고서
워크시트 이름: [maxlp.xls]data
보고서 작성일: 2006-12-28 오후 12:21:41

목표 셀 (최대값)

셀	이름	계산 전의 값	계산 값
$D$4	목적함수 LHS	12	410

값을 바꿀 셀

셀	이름	계산 전의 값	계산 값
$B$8	해 책상	1	30
$C$8	해 의자	1	40

제한 조건

셀	이름	셀의 값	수식	만족 정도	조건과의 차
$D$5	도장 LHS	100	$D$5<=$F$5	만족	0
$D$6	목공 LHS	240	$D$6<=$F$6	만족	0

6. 최소화문제의 심플렉스법

앞에서 고찰한 내용을 기초로 ≥ 형태, ≤ 형태 및 = 형태의 제약조건을 모두 포함하는 선형계획문제를 가지고 최소화문제의 최적해 산출방법을 설명하고자 한다.

6.1 최소화문제의 심플렉스원칙

선형계획의 최소화문제를 심플렉스법으로 해결하고자 하는 경우 다음과 같은 점에서 최대화문제의 경우와 차이가 있다.

첫째, 진입변수의 선정기준이 다르다. 최소화문제의 목적은 비용을 최소화하는 것이기 때문에 해에 진입하는 새로운 변수(기준열)는 $c_j - z_j$행에서 가장 큰 음수값을 가진 변수가 된다. 즉, 비용을 가장 많이 감소시킬 수 있는 변수가 진입변수로 선정된다.

둘째, 최소화문제의 경우 심플렉스표상에서 $c_j - z_j$행의 원소 중 어느 하나의 원소도 음수값을 갖지 않을 때 최적해에 도달한 것이다. 즉, 행 전체가 $c_j - z_j \geq 0$이면 이때의 기저해가 최적해이며, 심플렉스 연산절차는 여기서 종료된다.

이상과 같은 내용을 제외하고 최소화문제의 심플렉스 연산절차는 최대화문제의 경우와 동일하다.

6.2 심플렉스법의 적용

K화학공업사는 고객을 위하여 1,000kg의 인산염과 칼슘이 배합된 특수 혼합물을 생산하고자 한다. 인산염의 구입비용은 kg당 \$5이며, 칼슘은 kg당 \$6이다. 또한 인산염은 300kg 이상 사용이 불가능하며, 칼슘은 150kg 이상을 사용해야 한다. K사가 직면하고 있는 문제는 비용을 최소화할 수 있도록 두 성분의 배합률을 결정하는 데 있다. 이와 같은 K사의 문제를 선형계획모

형으로 표현하면 다음과 같다.

$$\begin{aligned} \text{min.} \quad & z = 5x_1 + 6x_2 \\ \text{s.t.} \quad & x_1 + x_2 = 1000 \\ & x_1 \le 300 \\ & x_2 \ge 150 \\ & x_1,\ x_2 \ge 0 \end{aligned}$$

단, x_1 = 인산염의 배합량

x_2 = 칼슘의 배합량

이 LP모형을 보면 첫 번째 제약조건은 등식이고, 두 번째 제약조건과 세 번째 제약조건은 각각 $\le$ 형태 및 $\ge$ 형태의 부등식인 혼합형 제약조건을 가진 최소화문제임을 알 수 있다.

이와 같은 문제에 대한 심플렉스해법의 제1단계는 제약식과 목적함수를 심플렉스법을 적용할 수 있도록 적절한 형태로 변형시키는 것이다.

K화학공업사의 각 제약식과 목적함수에 여유변수 및 잉여변수를 추가하여 표준형으로 변형하면 다음과 같다.

$$\begin{aligned} \text{min.} \quad & z = 5x_1 + 6x_2 + 0s_2 + Ma_1 + Ma_2 \\ \text{s.t.} \quad & x_1 + x_2 + 0s_1 + 0s_2 + a_1 + 0a_2 = 1000 \\ & x_1 + 0x_2 + s_1 + 0s_2 + 0a_1 + 0a_2 = 300 \\ & 0x_1 + x_2 + 0s_1 - s_2 + 0a_1 + a_2 = 150 \\ & x_1,\ x_2,\ s_1,\ s_2,\ a_1,\ a_2 \ge 0 \end{aligned}$$

다음으로 최초해의 도출을 위해 심플렉스표를 작성해야 한다. 최초의 심플렉스표는 앞의 최대화문제에서와 동일한 방법으로 작성한다. 최소화문제의 심플렉스표를 작성하는 데 있어 주의할 점은 인위변수 a_1과 a_2 및 이들의 비용계수 M의 도입이며, 특히 M은 임의의 큰 값이라는 점이다.

[표 5-5]는 K화학사의 최초심플렉스표이다. 이 최초심플렉스표에 나타난 해가 최초기저해이며, 열백터(row vector)로 나타낼 수 있다.

표 5-5 ▶ K화학사 문제의 최초심플렉스표

$c_j \rightarrow$ / $\downarrow$	기저	상수	5	6	0	0	M	M
			x_1	x_2	s_1	s_2	a_1	a_2
M	a_1	1000	1	1	0	0	1	0
0	s_1	300	1	0	1	0	0	0
$\leftarrow M$	a_2	150	0	①	0	−1	0	1
	z_j	$1150M$	M	$2M$	0	$-M$	M	M
	$c_j - z_j$		$-M+5$	$-2M+6$	0	M	0	0
				$\uparrow$				

$$\begin{pmatrix} x_1 \\ x_2 \\ s_1 \\ s_2 \\ a_1 \\ a_2 \end{pmatrix} = \begin{pmatrix} 0 \\ 0 \\ 300 \\ 0 \\ 1000 \\ 150 \end{pmatrix}$$

최초심플렉스표에서 $c_j - z_j$값 중에 음수값이 있기 때문에 최적해에 도달하지 않았으므로 심플렉스절차에 따라 다음 단계의 심플렉스표를 작성해야 한다. M화학사 문제는 [표 5-6]에서 보는 바와 같이 4차 심플렉스표까지 작성함으로써 최적해에 도달한다.

[표 5-6]의 최종심플렉스표에서 $c_j - z_j$행을 검토해 보면, 모든 값이 양수이거나 0임을 알 수 있다. 따라서 이 4차 심플렉스표의 해 즉 $x_1 = 300$, $x_2 = 700$, $s_2 = 550$ 및 $z = 5700$이 K화학공업사 문제의 최적해이다.

이 화학공장은 300kg의 인산염(x_1)과 700kg의 칼슘(x_2)을 배합하도록 의사결정을 해야 하며, 이때의 비용 $5,700가 최소비용이 된다. 이 경우 칼슘은 최저 배합량인 150kg보다 550kg(s_2)이나 초과하여 배합됨을 알 수 있다.

표 5-6 ▶ 최소화문제의 2차, 3차 최종심플렉스표

$c_j \rightarrow$ ↓	기저변수	상수	5	6	0	0	M	M
			x_1	x_2	s_1	s_2	a_1	a_2
M	a_1	850	1	0	0	1	1	−1
←0	s_1	300	(1)	0	1	0	0	0
6	x_2	150	0	1	0	−1	0	1
	z_j	$850M+900$	M	6	0	$M-6$	M	$-M+6$
	c_j-z_j		$-M+5$ ↑	0	0	$-M+6$	0	$2M+6$
←M	a_1	550	0	0	−1	1 (circled)	1	−1
5	x_1	300	1	0	1	0	0	0
6	x_2	150	0	1	0	−1	0	1
	z_j	$550M+2400$	5	6	$-M+5$	$M-6$	M	$-M+6$
	c_j-z_j		0	0	$M-5$	$-M+6$ ↑	0	$2M-6$
0	s_2	550	0	0	−1	1	1	−1
5	x_1	300	1	0	1	0	0	0
6	x_2	700	0	1	−1	0	1	0
	z_j	5700	5	6	−1	0	6	0
	c_j-z_j		0	0	1	0	$M-6$	M

6.3 엑셀을 활용한 LP문제 최적해 탐색(최소화)

선형계획문제의 해를 도출하기 위해서 엑셀 그림의 [해 찾기] 도구를 활

그림 5-10 ▶ 엑셀을 이용한 LP문제 입력(최소화문제)

H14 ▾ fx

	A	B	C	D	E	F	G
1	M 화학공업사						
2							
3		인산염(x1)	칼슘(x2)	좌변상수		우변상수	여유값
4	목적함수	5	6	11			
5	제약조건1	1	1	2	>=	1000	-998
6	제약조건2	1	0	1	>=	300	-299
7	제약조건3	0	1	1	>=	150	-149
8							
9	해	1	1				

용하여 M화학공업사의 기본 자료를 입력한다.

① 먼저 셀 [B3:C7]에 변수명과 목적함수 계수값, 그리고 제약조건식의 기술계수값을 입력한다.

② 셀 [B9:C9]값은 변수값을 나타내며, 해 찾기 최종 단계에서 변수의 해를 표시해 준다.

③ 다음으로 셀 D4는 목적함수값을 의미하며, SUMPRODUCT함수를 이용하여 수식화한다. SUMPRODUCT함수는 주어진 배열에서 대응하는 요소를 모두 곱하고 그 곱의 합계를 구한다. 여기서 목적함수값은 5가 도출된다.

=SUMPRODUCT($B$9: $C$9,B4:C4) = (1*2) + (1*3) = 5

④ 셀 [E5:E7]의 제약조건식에 사용된 '>='는 형식상 표시한 것이고, 실제로는 엑셀의 [해 찾기] 도구에서 제한조건식 추가시에 해당하는 등호 및 부등호(=, 〈=, 〉=)가 자동적으로 선정된다.

⑤ 셀 [F5:F7]값은 각 제약조건식의 우변 상수값을 의미한다.

⑥ 셀 [G5:G7]은 각 제약조건식의 잉여값을 표시하며, 잉여값은 G5=F5-D6이 된다.

입력된 자료를 이용하여 M화학공업사의 최적해를 산출하면 다음과 같다.

① 엑셀 메뉴에서 [도구(T)] ⇨ [해 찾기(S)]를 선택한다. [그림 5-11]의 [해 찾기 모델 설정] 창이 뜨면, [목표 셀] 칸에 D4를 입력한다. [해의 조건]란에는 선형계획모형의 최소화문제이므로 [최소값(N)]에 체크한 다

그림 5-11 ▶ 해 찾기 모델 설정

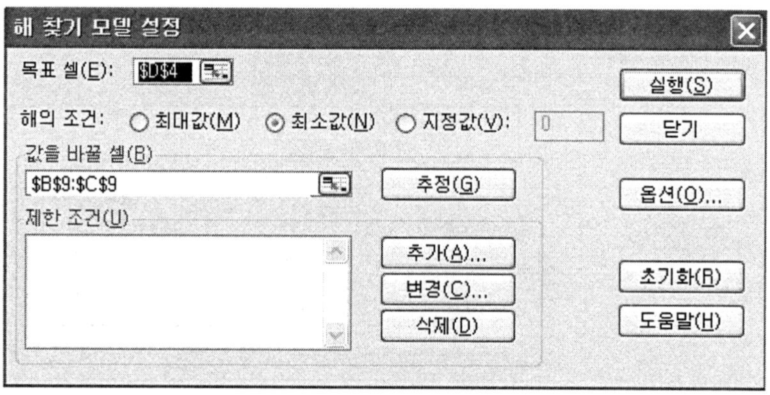

음, [값을 바꿀 셀」 칸에 변수값인 셀 '$B$9:$C$9'을 입력한다. [제한조건] 칸에 제약조건을 삽입하기 위해 [추가] 버튼을 누른다.

② [추가] 버튼을 누른 후, [셀 참조 영역] 칸에는 첫째 제약조건식의 좌변 상수값 (LHS)-$D$5를 입력하고, [부등호] 칸에는 '='을 선택한 다음, [제한 조건(u)] 칸에는 첫째 제약조건식의 우변 상수값인 '$F$5'을 입력한다. 같은 방법으로 나머지 두 번째와 세 번째 제약조건도 추가시키고 [확인] 버튼을 누른다.

그림 5-12 ▶ 제한조건 추가

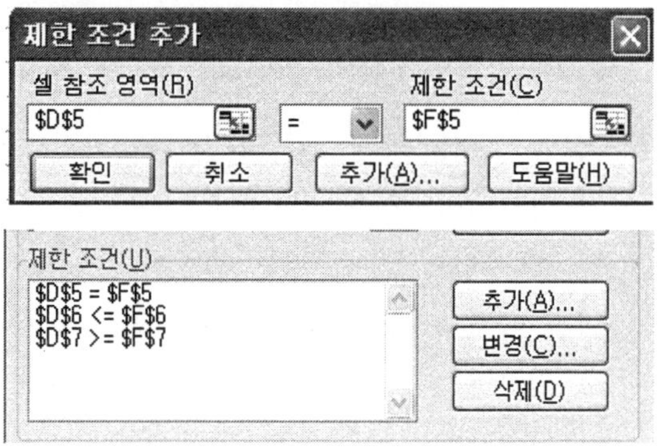

③ [그림 5-11] [해 찾기 모델 설정]에서 [옵션] 버튼을 누르면, [그림 5-13] [해 찾기 옵션] 창이 뜬다. [선형 모델 가정(M)]과 [음수 아닌 것으로 가정(G)]란에 체크를 한 다음 [확인] 버튼을 누른다.

그림 5-13 ▶ 해 찾기 옵션

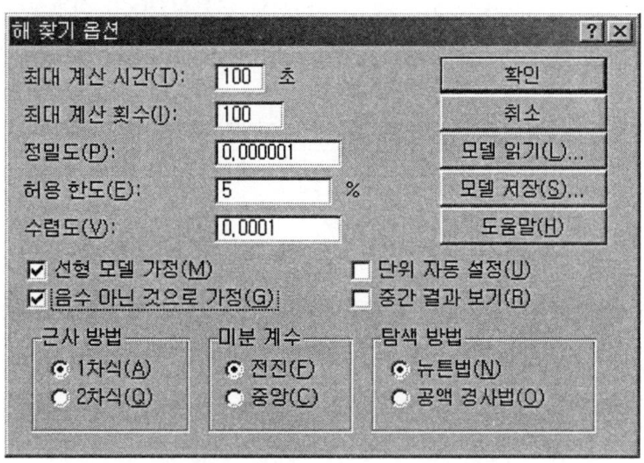

④ [그림 5-14]의 [해 찾기 결과]에서 구하고자 하는 [보고서]를 선택한 후, [확인] 버튼을 누른다. [해답 보고서]를 구하면 [그림 5-15]의 [최적해] 보고서의 결과를 도출할 수 있다.

그림 5-14 ▶ 해 찾기 결과

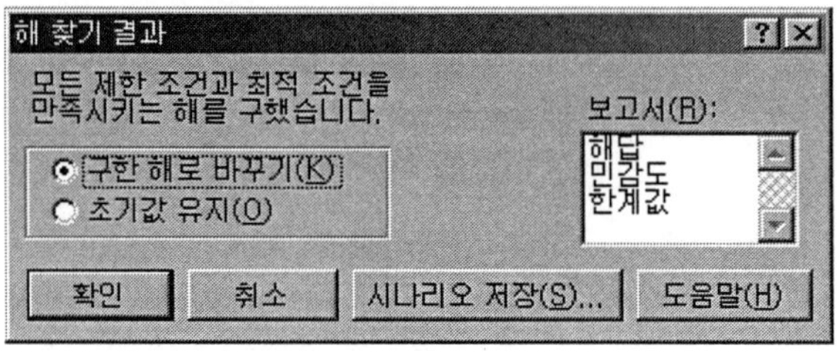

⑤ [그림 5-15]와 [그림 5-16]은 최적해와 해답 보고서로서 M화학공업사의 선형계획문제의 최적해를 보여 주고 있다. [그림 5-15]의 최적해에서 셀 B9=300, C9=700은 결정변수의 최적해를 의미하고, D4 셀의 5700은 최적 목적함수값을 의미한다. 즉, M화학공업사는 5700이라는 최소비용으로 인산염(x1) 300, 칼슘(x2) 700을 배합하여 목표제품을 생산할 수 있다. 요약하면, $x_1=300$, $x_2=700$, $s_1=0$, $s_2=0$, $s_3=550$, $z=5,700$의 최적해를 갖는다.

그림 5-15 ▶ 최적해

E27

	A	B	C	D	E	F	G
1	M 화학공업사						
2							
3		인산염(x1)	칼슘(x2)	좌변상수		우변상수	여유값
4	목적함수	5	6	5700			
5	제약조건1	1	1	1000	>=	1000	1E-06
6	제약조건2	1	0	300	>=	300	1E-06
7	제약조건3	0	1	700	>=	150	550
8							
9	해	300	700				

그림 5-16 ▶ 해답 보고서

Microsoft Excel 11.0 해답 보고서
워크시트 이름: [minilp.xls]output
보고서 작성일: 2006-12-28 오전 11:53:05

목표 셀 (최소값)

셀	이름	계산 전의 값	계산 값
$D$4	목적함수 좌변상수	5700.000005	5700.000005

값을 바꿀 셀

셀	이름	계산 전의 값	계산 값
$B$9	해 인산염(x1)	300.000001	300.000001
$C$9	해 칼슘(x2)	700	700

제한 조건

셀	이름	셀의 값	수식	만족 정도	조건과의 차
$D$5	제약조건1 좌변상수	1000.000001	$D$5=$F$5	부분적 만족	0
$D$6	제약조건2 좌변상수	300.000001	$D$6<=$F$6	만족	0
$D$7	제약조건3 좌변상수	700	$D$7>=$F$7	부분적 만족	550

7. 선형계획법의 특수문제

7.1 실행불가능해

실행가능해가 존재하지 않는 실행불가능해(infeasible solution)가 나타난다는 것은 선형계획문제의 모든 제약조건을 동시에 충족시키는 해가 존재하지 않는 경우를 말한다. 선형계획문제에서 제약조건의 내용이 서로 상반되어 실행가능해의 영역이 존재하지 않는다면 실행가능해를 구할 수 없다. 예를 들어, 다음과 같은 선형계획문제가 있다고 하자.

$$\begin{aligned} \text{max.} \quad & z = 6x_1 + 4x_2 \\ \text{s.t.} \quad & x_1 + x_2 \leq 5 \\ & x_2 \geq 8 \\ & x_1,\ x_2 \geq 0 \end{aligned}$$

[그림 5-17]은 상기 선형계획문제의 제약조건을 그래프로 도시한 것이다.

그래프에서 보는 바와 같이, 이 선형계획문제는 서로 상반된 제약조건으로 인해 실행가능영역이 존재하지 않는다.

실행불가능해의 존재 여부는 최종심플렉스표를 통해서도 확인할 수 있다. 최종심플렉스표에서 $c_j - z_j$행의 모든 원소들의 부호가 최적상태임을 나타내고 있음에도 불구하고 인위변수가 기저해에서 제거되지 않고 남아 있을 경우에는 실행불가능해가 존재함을 의미한다.

그림 5-17 ▶ 실행불가능해의 예

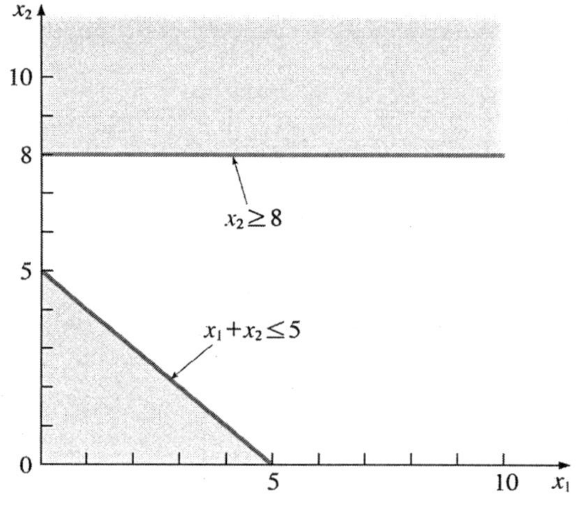

표 5-7 ▶ 실행불가능해를 갖는 문제의 심플렉스표

$c_j \rightarrow$ ↓	기저	상수	6	4	0	0	$-M$
			x_1	x_2	s_1	s_2	a_1
←0	s_1	5	1	(1)	1	0	0
$-M$	a_1	8	0	1	0	−1	1
	z_1	$5-8M$	0	$-M$	0	M	$-M$
	$c_j - z_j$		6	$4+M$ ↑	0	$-M$	0
4	x_2	5	1	1	1	0	0
$-M$	a_1	3	−1	0	−1	−1	1
	z_1	$20-3M$	$4+M$	4	$4+M$	M	$-M$
	$c_j - z_j$		$2-M$	0	$-4-M$	$-M$	0

[표 5-7]은 상기의 선형계획문제에 대한 최초 및 최종심플렉스표이다. 이 표에서 제2차의 최종심플렉스표를 보면, $c_j - z_j$행의 모든 원소가 음수 또는 0의 값을 가짐에도 불구하고 인위변수 a_1이 기저해에 남아 있음을 알 수 있다. 이는 상기의 선형계획문제에 어떠한 실행가능해도 존재하지 않음을 의미한다.

7.2 무한해

선형계획문제의 무한해(unbounded solution)는 해가 되는 변수들 중 하나 이상의 변수가 어떠한 제약식도 위반하지 않으면서 목적함수의 값을 무한히 향상시킬 수 있는 경우를 말한다.

예를 들어, 다음과 같은 선형계획문제가 있다고 하자.

$$\begin{aligned} \text{max.} \quad & z = 3x_1 + 6x_2 \\ \text{s.t.} \quad & 3x_1 + 4x_2 \geq 12 \\ & -2x_1 + x_2 \leq 4 \\ & x_1,\ x_2 \geq 0 \end{aligned}$$

그림 5-18 ▶ 무한해의 해

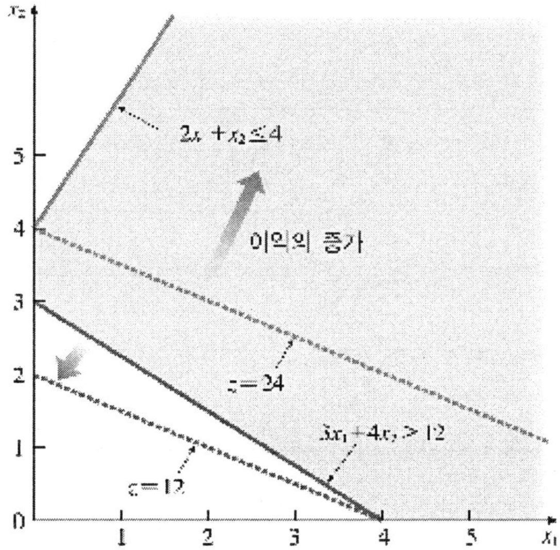

[그림 5-18]에서 보는 바와 같이, 이 문제는 최대화문제이고, 제약조건에 해당하는 실행가능영역이 우측 상단으로 한없이 열려 있기 때문에 한정된 해가 존재하지 않는다.

무한해의 존재가능성은 최종심플렉스표를 작성하기 전에 확인할 수 있다. 진출변수를 결정하기 위하여 기준열의 값을 확인하였을 때 이 기준열의 모든 원소가 음수이거나 0이면 이 문제는 무한해를 갖게 된다. [표 5-8]의 3차 심플렉스표에서 $c_j - z_j$행의 원소들 모두가 0 또는 음수는 아니기 때문에 이 해는 최적이 아니다. 이때 진입변수는 x_1이며, 진출변수를 구하기 위하여 기준열인 x_1열을 확인해 본 결과 기준열의 원소가 모두 음수이므로 무한해가 존재함을 알 수 있다.

이와 같이 무한해가 나타나는 것은 문제의 정식화가 잘못되었음을 의미한다. 기업이 무한한 양의 제품을 생산한다는 것은 사실상 불가능하며, 가용자원이 무한하거나 제품의 수요가 무한한 경우도 없을 것이기 때문이다.

표 5-8 ▶ 무한해를 갖는 문제의 심플렉스표

$c_j \rightarrow$ ↓	기저	상수	3	6	0	0	$-M$
			x_1	x_2	s_1	s_2	a
$\leftarrow -M$	a	12	3	(4)	−1	0	1
0	s_2	4	−2	1	0	1	0
	z_i	$-12M$	$-3M$	$-4M$	M	0	$-M$
	$c_j - z_j$		$3+3M$	$6+4M$	$-M$	0	0
				↑			
6	x_2	3	3/4	1	−1/4	0	1/4
←0	s_2	1	−11/4	0	(1/4)	1	−1/4
	$-z_i$	18	9/2	6	−3/2	0	3/2
	$c_j - z_j$		−3/2	0	3/2	0	$-M-3/2$
					↑		
6	x_2	4	−2	1	0	1	0
0	s_1	4	−11	0	1	4	−1
	z_i	24	−12	6	0	6	0
	$c_j - z_j$		15	0	0	−6	$-M$
			↑				

7.3 다수최적해

선형계획문제는 경우에 따라서 두 개 이상의 최적해를 가질 수 있다. 이처럼 다수최적해(alternate optima)는 그래프상에서 목적함수와 제약직선들 중 어느 하나가 완전히 평행을 이룰 경우에 나타난다. 다시 말해서 목적함수와 제약직선의 기울기가 같은 경우에 다수최적해가 발생한다. 다음과 같은 선형계획문제를 그래프로 도시해 보면 다수최적해가 존재함을 알 수 있다.

$$\begin{aligned} \text{max.} \quad & z = 3x_1 + 2x_2 \\ \text{s.t.} \quad & 6x_1 + 4x_2 \geq 24 \\ & x_1 \leq 3 \\ & x_1,\ x_2 \geq 0 \end{aligned}$$

[그림 5-19]에서 목적함수를 나타내는 이익등가선은 한 제약직선과 평행이므로 12의 이익수준에서 두 직선이 겹치게 된다. 이것은 그래프상의 A와 B를 잇는 선분 위의 모든 점이 최적해 x_1과 x_2의 좌표임을 의미한다.

다수최적해의 존재 여부는 최종심플렉스표를 통해서도 확인할 수 있다. 즉, 심플렉스표의 $c_j - z_j$행의 요소 중에서 비기저변수의 값이 0일 경우에 다수 최적해가 존재한다. 위 문제의 최종심플렉스표인 [표 5-9]를 검토해 보

그림 5-19 ▶ 다수최적해의 예

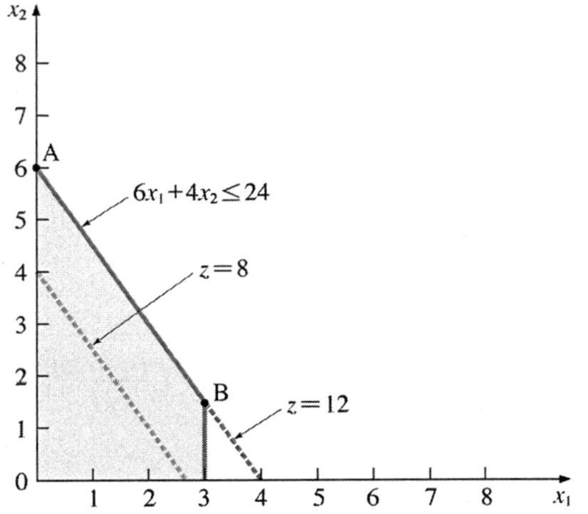

표 5-9 ▶ 다수최적해를 가진 문제의 심플렉스표

$c_j \rightarrow$ ↓	기저	상수	3	2	0	0
			x_1	x_2	s_1	s_2
2	x_2	6	3/2	1	1	0
0	s_2	3	1	0	1/2	1
	z_j	12	3	2	2	0
	$c_j - z_j$		0	0	-2	0

자. 이 표를 보면, $c_j - z_j$행의 모든 요소가 0 또는 음수이기 때문에 최적해에 도달되었음을 알 수 있다. 이때의 해는 $x_2 = 6$, $s_2 = 3$이며, 이익은 12이다. 그러나 비기저변수 x_1의 경우 $c_j - z_j$값이 0이므로 이익의 증감을 초래하지 않는 상태에서 기저변수에 진입할 수 있으며, x_1이 기저변수에 진입할 경우의 새로운 해는 $x_1 = 3$, $x_2 = 3/2$이다. 물론 이때의 이익은 여전히 12이지만, 최적해의 값은 앞서의 최적해($x_2 = 6$, $s_2 = 3$)와 상이함을 알 수 있다.

7.4 해의 퇴화

해의 퇴화(degeneracy)는 심플렉스법을 이용하여 선형계획문제의 해를 구할 경우 내용이 서로 중복되는 제약조건을 갖게 될 때에 발생한다. 즉, 어떤 선형계획모형에서 한 제약조건으로 인하여 다른 제약조건이 불필요하게 됨으로써 해의 퇴화가 발생한다.

퇴화 현상은 진출변수를 결정하기 위한 비율계산이 행해지고 난 후에 확인할 수 있다. 즉, 진출변수를 결정하는 최소비율이 두 개 이상일 경우 해의 퇴화가 존재함을 의미한다. [표 5-10]은 퇴화 현상이 발생하는 예를 보여주고 있다. 이 심플렉스표에서 진출변수의 결정에 필요한 각 비율을 계산하면 다음과 같이 두 개의 동일한 최소비율이 산출된다.

표 5-10 ▶ 퇴화문제의 심플렉스표

$c_j \rightarrow$ ↓	기저	상수	5 x_1	8 x_2	2 x_3	0 s_1	0 s_2	0 s_3
8	x_2	10	1/4	1	1	2	0	0
0	s_2	20	4	0	1/3	−1	1	0
←0	s_3	10	(2)	0	2	2/5	0	1
	z_j	80	2	8	8	16	0	0
	$c_j - z_j$		3 ↑	0	−6	−16	0	0

$$x_2\text{행} : \frac{10}{\frac{1}{4}} = 40$$

$$s_2\text{행} : \frac{20}{4} = 5$$

$$s_3\text{행} : \frac{10}{2} = 5$$

이 경우 의사결정자는 진출변수를 임의로 결정할 수밖에 없다. 여기서 임의로 s_3를 진출변수로 선정하여 다음 단계의 심플렉스표를 작성하면 [표 5-11]과 같다. 이 표의 s_2는 기저변수임에도 불구하고 0의 값을 갖는다. 이처럼 기저변수가 0의 값을 갖기 때문에 양수값을 갖는 기저변수의 수가 제약조건의 수보다 적게 되는데, 이는 해의 퇴화로 인해 발생하는 현상이다.

표 5-11 ▶ 퇴화해

$c_j \rightarrow$ ↓	기저	상수	5 x_1	8 x_2	2 x_3	0 s_1	0 s_2	0 s_3
8	x_2	$8\frac{3}{4}$	0	1	$\frac{3}{4}$	$1\frac{19}{20}$	0	0
0	s_2	0	0	0	$-3\frac{2}{3}$	$-1\frac{4}{5}$	1	0
5	x_1	5	1	0	1	$\frac{1}{5}$	0	1
	z_j	95	5	8	11	$16\frac{3}{5}$	0	$\frac{3}{2}$
	$c_j - z_j$		0	0	−9	$-16\frac{3}{5}$	0	$-\frac{3}{2}$

예 제

1 다음 선형계획문제에 관한 물음에 답하라.

$$\begin{aligned} \max.\quad & z = 24x_1 + 20x_2 \\ \text{s.t.}\quad & x_1 + 2x_2 \leq 24 \\ & 3x_1 + 2x_2 \leq 48 \\ & x_1,\ x_2 \geq 0 \end{aligned}$$

(1) 위 모형을 심플렉스표를 이용하여 최적해를 구할 수 있도록 적절한 형태로 변형하라.

(2) 최초의 실행가능기저해를 구하라.

(3) 심플렉스법에 의하여 최적해를 구하라.

해답 (1)

$$\begin{aligned} \max.\quad & z = 24x_1 + 20x_2 + 0s_1 + 0s_2 \\ \text{s.t.}\quad & x_1 + 2x_2 + s_1 + 0s_2 = 24 \\ & 3x_1 + 2x_2 + 0s_1 + 0s_2 = 48 \\ & x_1,\ x_2,\ s_1,\ s_2 \geq 0 \end{aligned}$$

(2) $s_1 = 24,\ s_2 = 48$

(3) 최초심플렉스표

$c_j \rightarrow$ ↓	기저	상수	24	20	0	0
			x_1	x_2	s_1	s_2
0	s_1	24	1	2	1	0
←0	s_2	48	③	2	0	1
	z_j		0	0	0	0
	$c_j - z_j$		24	20	0	0
			↑			

2차 심플렉스표

$c_j\rightarrow$ ↓	기저	상수	24	20	0	0
			x_1	x_2	s_1	s_2
←0	s_1	8	0	$\frac{4}{3}$ (○)	1	$-\frac{1}{3}$
24	x_1	16	1	$\frac{2}{3}$	0	$\frac{1}{3}$
	z_j	384	24	16	0	8
	c_j-z_j		0	4 ↑	0	−8

3차 심플렉스표

$c_j\rightarrow$ ↓	기저	상수	24	20	0	0
			x_1	x_2	s_1	s_2
20	x_2	6	0	1	$\frac{3}{4}$	$-\frac{1}{4}$
24	x_1	12	1	0	$-\frac{1}{2}$	$\frac{1}{2}$
	z_j	408	24	20	3	7
	c_j-z_j		0	0	−3	−7

비기저변수의 $c_j-z_j\leq 0$이므로 최적해에 도달

최적해 : $x_1=12,\ x_2=6,\ z=408$

2 다음 선형계획문제에 관한 물음에 답하라.

$$\begin{aligned}\text{max.}\quad & z=4x_1+x_2\\ \text{s.t.}\quad & 3x_1+x_2=3\\ & 4x_1+3x_2\geq 6\\ & x_1+2x_2\leq 4\\ & x_1,\ x_2\geq 0\end{aligned}$$

(1) 심플렉스표를 이용하여 최적해를 구할 수 있도록 적절한 형태로 변형하라.

(2) 기저해의 수는 모두 몇 개인가?

(3) 최초의 실행가능기저해를 구하라.

(4) 최초의 심플렉스표를 작성하고, 진입변수와 진출변수를 표시하라.

해답 (1) max. $z = 4x_1 + x_2 + 0s_1 + 0s_2 + Ma_1 + Ma_2$

s.t. $3x_1 + x_2 + 0s_1 + 0s_2 + a_1 + 0a_2 = 3$

$4x_1 + 3x_2 - s_1 + 0s_2 + 0a_1 + a_2 = 6$

$x_1 + 2x_2 + 0s_1 + s_2 + 0a_1 + 0a_2 = 4$

$x_1,\ x_2,\ s_1,\ s_2,\ a_1,\ a_2 \geq 0$

(2) m : 제약조건의 수

n : 변수의 수

$m = 3$, $n = 6$이므로

$\binom{m+n}{m} = \binom{9}{3} = \frac{9!}{6!3!} = 84$(개)

(3) $a_1 = 3$, $a_2 = 6$, $s_2 = 4$

(4) 진입변수 : x_1, 진출변수 : a_1

$c_j \rightarrow$	기저	상수	4	1	0	0	M	M
$\downarrow$			x_1	x_2	s_1	s_2	a_1	a_2
$\leftarrow M$	a_1	3	③	1	0	0	1	0
M	a_2	6	4	3	−1	0	0	1
0	s_2	4	1	2	0	1	0	0
	z_j	$9M$	$7M$	$4M$	$-M$	0	M	M
	$c_j - z_j$		$4-7M$	$1-4M$	M	0	0	0
			$\uparrow$					

연습문제 *Exercise*

1 심플렉스법으로 해를 구할 수 있도록 다음 선형계획문제를 표준형으로 변형하라.

$$\begin{aligned} \text{max.} \quad & z = 2x_1 + 3x_2 + 5x_3 \\ \text{s.t.} \quad & x_1 + x_2 - x_3 \geq -5 \\ & -6x_1 + 7x_2 - 9x_3 \leq -4 \\ & x_1 + x_2 + 4x_3 = 10 \\ & x_1,\ x_2,\ x_3 \geq 0 \end{aligned}$$

2 다음 선형계획문제에 관한 물음에 답하라.

$$\begin{aligned} \text{max.} \quad & z = 2x_1 - 4x_2 + 5x_3 - 6x_4 \\ \text{s.t.} \quad & x_1 + 4x_2 - 2x_3 + 8x_4 \leq 2 \\ & -x_1 + 2x_2 + 3x_3 + 4x_4 \leq 1 \\ & x_1,\ x_2,\ x_3,\ x_4 \geq 0 \end{aligned}$$

(1) 기저해의 수는 모두 몇 개인가?

(2) 최초의 실행가능기저해를 구하라.

(3) 실행가능최적해를 구하라.

3 다음 선형계획문제에 관한 물음에 답하라.

$$\begin{aligned} \max.\quad & z = 2x_1 + 3x_2 \\ \text{s.t.}\quad & x_1 + 2x_2 \le 10 \\ & 3x_1 + x_2 \le 15 \\ & x_2 \le 4x_1 \\ & x_1,\ x_2 \ge 0 \end{aligned}$$

(1) 그래프를 이용하여 실행가능꼭지점의 좌표를 모두 구하고, 이 점들 중에서 최적해를 표시하라.

(2) 최초심플렉스표를 작성하기 위하여 적절한 형태로 변형하라.

(3) 최초의 실행가능기저해를 구하라.

(4) 심플렉스법에 의하여 최적해를 구하라.

4 심플렉스법에 의하여 다음 선형계획문제의 최적해를 구하라.

$$\begin{aligned} \max.\quad & z = 4x_1 + 3x_2 + 6x_3 \\ \text{s.t.}\quad & 3x_1 + x_2 + 3x_3 \le 30 \\ & 2x_1 + 2x_2 + 3x_3 \le 40 \\ & x_1,\ x_2,\ x_3 \ge 0 \end{aligned}$$

5 다음은 한 최대화선형계획문제의 심플렉스표이다.

$c_j \rightarrow$	기저	상수	5	7	9	7	8
$\downarrow$			x_1	x_2	x_3	x_4	x_5
9	x_3	6	−2	0	1	2	1
7	x_2	3	3	1	0	−3	2
	z_j						
	$c_j - z_j$						

(1) 심플렉스표의 빈 칸을 완성하라.

(2) 진입변수와 진출변수를 결정하고 기준요소를 구하라.

6 심플렉스법에 의하여 다음 선형계획문제의 최적해를 구하라.

$$\begin{aligned} \text{max.} \quad & z = 2x_1 + 3x_2 \\ \text{s.t.} \quad & x_1 + 3x_2 \geq 3 \\ & x_1 - 2x_2 \leq 4 \\ & x_1,\ x_2 \geq 0 \end{aligned}$$

7 다음과 같은 최종심플렉스표를 보고 최적해와 최대이익을 구하라.

$c_j \rightarrow$	기저	상수	100	200	150	0	0
↓			x_1	x_2	x_3	x_4	x_5
100	x_1	8	1	0	4	−1/5	1/5
200	x_2	1	0	1	1/2	1/10	−1/20
	z_j	1,000	100	200	500	0	10
	$c_j - z_j$		0	0	−350	0	−10

8 심플렉스법에 의하여 다음 최소화선형계획문제의 최적해를 구하라.

$$\begin{aligned} \text{min.} \quad & z = x_1 - 3x_2 - 2x_3 \\ \text{s.t.} \quad & 3x_1 - x_2 + 2x_3 \leq 7 \\ & -2x_1 + 4x_2 \leq 12 \\ & -4x_1 + 3x_2 + 8x_3 \leq 10 \\ & x_1,\ x_2,\ x_3 \geq 0 \end{aligned}$$

9 다음 선형계획문제에 관한 물음에 답하라.

$$\begin{aligned} \text{max.} \quad & z = 15x_1 + 25x_2 + 10x_3 \\ \text{s.t.} \quad & -6x_2 + 3x_3 \geq 12 \\ & 3x_1 + 12x_2 + 6x_3 = 30 \\ & x_1,\ x_2,\ x_3 \geq 0 \end{aligned}$$

(1) 최초심플렉스표를 작성하고, 최초의 실행가능기저해를 구하라.

(2) 최초의 진입변수와 진출변수를 결정하라.

(3) 심플렉스법에 의하여 최적해를 구하라.

10 다음 선형계획문제에 관한 물음에 답하라.

$$\begin{aligned}
\text{max.}\quad & z = 3x_1 + 2x_2 \ (\text{이익}) \\
\text{s.t.}\quad & 4x_1 + 3x_2 \le 12 \ (\text{자원 } 1) \\
& 4x_1 + x_2 \le 8 \ (\text{자원 } 2) \\
& 4x_1 - x_2 \le 8 \ (\text{자원 } 3) \\
& x_1,\ x_2 \ge 0
\end{aligned}$$

(1) 심플렉스표를 이용하여 최적해를 구하라.

(2) 최종심플렉스표를 이용하여 각 자원의 상태를 파악하라.

11 다음과 같은 선형계획문제가 있고, 이 문제의 최종심플렉스표는 아래와 같다.

$$\begin{aligned}
\text{max.}\quad & z = 2x_1 + 3x_2 + 5x_3 + x_4 \\
s.t.\quad & 3x_1 + x_2 + x_3 + 3x_4 = 5 \\
& 2x_1 - x_2 + x_3 + x_4 = 3 \\
& 5x_1 + 2x_3 + 3x_4 \le 8 \\
& x_1,\ x_2,\ x_3,\ x_4 \ge 0
\end{aligned}$$

$c_j\rightarrow$ ↓	기저	상수	2	3	5	1	0	M	$-M$
			x_1	x_2	x_3	x_4	s_3	a_1	a_2
1	a_1	0	0	0	0	1	−1	0	1
5	a_2	4	5/2	0	1	0	2	−3/2	−3/2
3	s_2	1	1/2	1	0	0	1	−1/2	−3/2
	z_j	23	14	3	5	1	12	−8	−11
	c_j-z_j		−12	0	0	0	−12	$8-M$	$11-M$

(1) 최적해를 구하라.

(2) 퇴화 현상이 발생하는가? 그 이유는?

(3) 다수해가 존재하는가? 그 이유는?

(4) 무한해를 갖는가? 그 이유는?

6 선형계획법 : 민감도분석, 쌍대이론

Management science

1. 서 론

선형계획문제를 모형화하고 도해법과 심플레스법을 이용하여 최적해를 구한 후에는 최적해의 민감도분석과 쌍대문제를 이해할 필요가 있다.

현실적으로 경영상황이 동태적 환경에서 이루어지고 있어서 비용과 가격이 수시로 변동하고, 이용가능한 자원의 양이 증감하며, 생산에 영향을 미치는 기술적 진보가 발생한다. 따라서 선형계획법을 의사결정수단으로 이용하는 기업에서는 모형의 설정에 이용된 자료의 변화에 대한 최적해의 민감도를 분석해 보아야 한다.

또한 모든 선형계획문제는 서로 다른 두 가지 방법으로 수식화 및 분석이 가능하다. 모형화된 모든 선형계획문제는 쌍대문제로 나타낼 수 있으며, 이는 경영자에게 경제적 정보를 제공하고, 최적해에 보다 신속하게 도달할 수 있게 한다.

2. 민감도분석

선형계획문제의 최적해는 확정적 가정(deterministic assumption)하에서 구해졌다. 확정적 가정이란 가격, 자원 및 생산시간 등에 관한 자료가 변하지 않고 고정되어 있음을 의미한다. 그러나 현실적으로 모든 조건은 동태적이며 수시로 변화한다. 따라서 최적해가 도출된 후 모형의 가정과 자료의 변화에 대하여 그 해가 얼마나 민감한가를 검토할 필요가 있다. 예를 들어, 한 기업의 제품 단위당 이익이 변화할 경우 이에 따른 총이익의 변화를 분석해야 하며, 또한 자원의 추가이용이 가능하다면 문제의 해가 어떻게 변화할 것인가를 분석해야 한다. 이와 같이 모형의 여러 계수가 변할 때 최적해와 목적함수의 값이 어떻게 변화하는가를 분석하는 것을 민감도분석(sensitivity analysis)이라고 하며, 이를 사후최적성분석(post-optimality analysis)이라고도 한다.

일반적으로 최적해의 민감도분석은 다음과 같은 내용의 변화가 최적해에 미치는 효과를 검토하는 데 이용된다.

① 목적함의 계수 즉 각 변수의 공헌율(c_i)

② 기술계수(a_{ij})

③ 우변 상수 즉 가용자원량(b_i)

여기서는 제품믹스(product-mix)에 관한 선형계획문제를 가지고 민감도분석에 대하여 설명하고자 한다. 민감도분석이 어떻게 선형계획모형을 더욱 현실성 있게 만드는가를 그래프나 심플렉스표를 통하여 확인할 수 있다.

H전자회사는 전축과 TV를 생산하고 있다. 각 제품의 생산에는 전기 부문과 음향 부문의 숙련된 기술이 필요하며, 각 부문의 가용작업시간은 한정되어 있다. 이러한 조건하에서 이 회사는 전축(x_1)과 TV (x_2)의 최적생산량을 결정하기 위하여 다음과 같이 선형계획모형을 설정하였다.

max. $z = 50x_1 + 120x_2$

s.t. $2x_1 + 4x_x \leq 80$ (전기기술자의 가용작업시간)

그림 6-1 ▶ H전자회사의 최적해

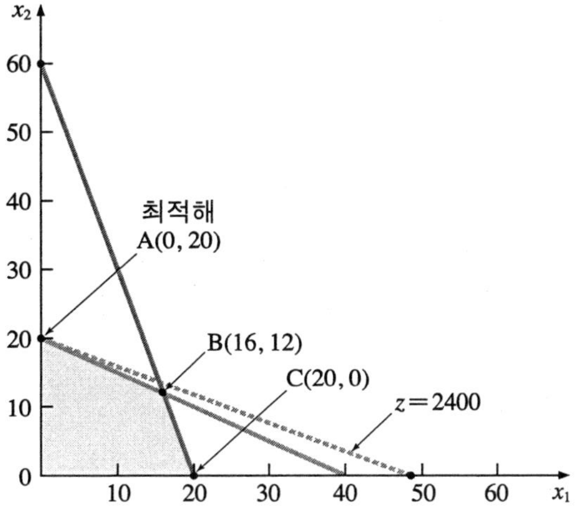

$$3x_1 + x_2 \le 60 \text{ (음향기술자의 가용작업시간)}$$

$$x_1, x_2 \ge 0$$

이 문제의 해는 [그림 6-1]에 표시되어 있다. 즉, 이 기업은 총이익의 최대화를 위해서 TV 20대만을 생산해야 하며, 이 경우 총이익은 2,400이다.

2.1 목적함수계수의 변화

현실적으로 목적함수의 공헌율(제품 단위당 이익이나 비용)은 매기간 변동하며, 이러한 변동은 그래프상에서 실행가능영역은 동일하나 이익등가선이나 비용등가선의 기울기가 변하는 것을 의미한다.

[그림 6-2]에서 이익등가선과 실행가능영역이 접하는 점 a(0, 20)에서 최적해가 산출된다. 기술 향상에 따라 TV의 단위당 이익이 120에서 150으로 증가할 경우에도 점 a에서 수익이 가장 크기 때문에 최적해는 변하지 않는다. 그런데 만약 x_2의 이익계수 120은 과대평가된 것이며, 실제로는 80이라면 이익선의 기울기가 변화하여 새로운 꼭지점 b(16, 12)에서 최적이 된다. 이 경우 총이익은 1,760(=16×50+12×80)이다.

목적함수계수의 민감도는 그래프뿐만 아니라 선형계획문제의 최종심플렉스표를 이용하여 분석할 수도 있다. [표 6-1]을 이용하여 목적함수계수의 민감도를 분석해 보자. 우선 이 표에서 최적해는 다음과 같다.

그림 6-2 ▶ 목적함수계수의 변화

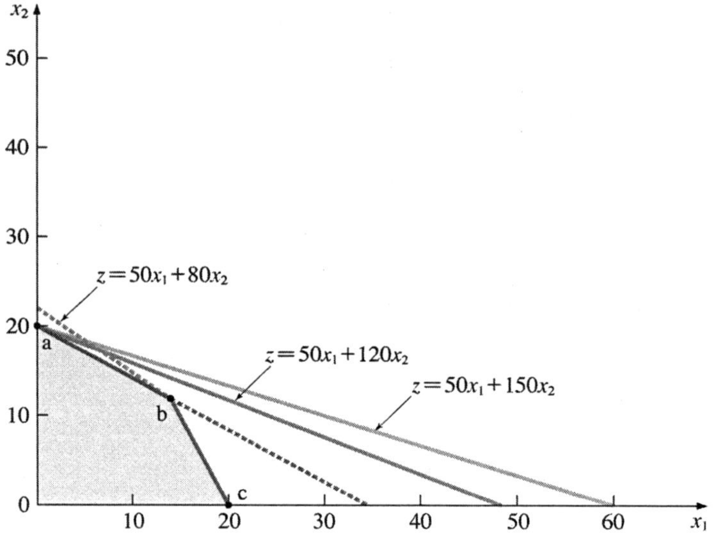

표 6-1 ▶ 최종심플렉스표

$c_j \rightarrow$ ↓	기저	상수	50	120	0	0
			x_1	x_2	s_1	s_2
120	x_2	20	$\frac{1}{2}$	1	$\frac{1}{4}$	0
0	s_2	40	$\frac{5}{2}$	0	$-\frac{1}{4}$	1
	z_j	2400	60	120	30	0
	$c_j - z_j$		−10	0	−30	0

$x_2=20$: TV의 생산량
$s_2=40$: 음향기술자의 여유작업시간 } 기저변수

$x_1=0$: 전축의 생산량
$s_1=0$: 전기기술자의 여유작업시간 } 비기저변수

심플렉스표를 이용한 목적함수계수의 민감도분석에서는 기저변수의 계수와 비기저변수의 계수를 별도로 나누어 분석해야 한다.

(1) 비기저변수 목적함수계수의 변화

문제의 최적해가 비기저변수의 공헌율(c_j)의 변화에 어느 정도나 민감한가를 파악하는 것이 목적이다. 즉, 현재의 기저해에 영향을 미치지 않는 비기저변수의 목적함수계수의 변화가능 범위를 구하는 것이다.

비기저변수의 목적함수계수의 변화는 단지 해당 비기저변수의 c_j-z_j값에만 영향을 미치므로 이 변화가능 범위는 최종심플렉스표의 c_j-z_j행을 이용하여 구할 수 있다. 이 문제는 최대화문제이기 때문에 모든 비기저변수의 c_j-z_j행의 새로운 값이 양수가 아닌 한 기저해는 변하지 않는다. 다시 말해서, c_j-z_j행의 모든 요소가 음수이거나 0일 경우 현재의 최적해는 불변이다. 그러나 만약 비기저변수의 c_j-z_j값이 양수라면 현재의 해는 최적이 아니다. 따라서 최적해에 영향을 미치지 않는 c_j값의 변화가능 범위는 다음과 같이 정할 수 있다.

$$c_j-z_j \le 0$$
$$c_j \le z_j$$

예에서 비기저변수 x_1의 c_j값은 50이고 z_j값은 60이기 때문에, 전축의 단위당 이익(c_j)이 60을 초과하지 않는 한, 즉 10 이상 증가하지 않는 한 현재의 최적해는 불변이다. 또한 s_1의 c_j값은 0이고 z_j값은 30이기 때문에, 이 여유자원의 단위당 이익이 0에서 30까지 증가해도 현재의 최적해에 영향을 미치지 않는다.

한편 비기저변수의 c_j값을 음의 무한대($-\infty$)까지 감소시켜도 현재의 최적해에 영향을 미치지 않는다. 이러한 c_j값의 범위를 비기저변수의 무의미한 범위(range of insignificance)라 한다.

$$x_1: \ -\infty \le c_j \le 60$$
$$s_1: \ -\infty \le c_j \le 30$$

(2) 기저변수 목적함수계수의 변화

기저변수의 목적함수계수에 대한 민감도분석은 약간 복잡하다. 앞에서 비기저변수의 목적함수계수의 변화는 단지 그 비기저변수의 c_j-z_j값에만 영향을 미친다는 사실을 알 수 있었다. 그러나 기저변수의 단위당 이익이나 비용의 변화 즉 목적함수계수의 변화는 비기저변수의 $c_j - z_j$값에 영향을 미친다.

H전자회사 문제에서 기저변수 x_2의 이익계수 즉 공헌율을 변화시켜 보도록 하자. 일단 기저변수의 목적함수계수의 변화량을 반영하여 일반 심플렉스표의 작성과 동일한 방법으로 최종심플렉스표를 다시 작성해야 한다. [표 6-2]는 x_2의 단위당 이익인 120에 변화량 Δ를 가정한 경우의 심플렉스표이다.

이 표에서 비기저변수의 새로운 $c_j - z_j$행의 요소가 양수이면 현재의 최적해는 변한다. 따라서 문제는 모든 $c_j - z_j$행의 요소가 양이 되지 않도록 Δ값을 정하는 데 있다. 즉, 현재의 기저를 그대로 유지하기 위해서는 [표 6-2]의 x_1열로부터

$$-10 - \frac{1}{2}\Delta \leq 0$$

이어야 하므로

$$-20 \leq \Delta \rightarrow \Delta \geq -20$$

인 한 최적해는 달라지지 않는다. 따라서 x_2의 이익계수가 20 이상 감소되지 않는 한 x_1이 기저에 진입하지 못하며 최적해는 변하지 않음을 알 수 있다. 다시 말하면, TV(x_2)의 단위당 이익이 100(=120-20) 이상인 한 기저는 변하지 않는다.

다음에는 s_1열을 보도록 하자. 현재의 최적해가 유지되기 위해서는

표 6-2 ▶ 기저변수 목적함수계수의 변화

$c_j \rightarrow$ ↓	기저	상수	50	120+Δ	0	0
			x_1	x_2	s_1	s_2
120+Δ	x_2	20	$\frac{1}{2}$	1	$\frac{1}{4}$	0
0	s_2	40	$\frac{5}{2}$	0	$-\frac{1}{4}$	1
	z_j	2400-20Δ	$60+\frac{1}{2}\Delta$	120+Δ	$30+\frac{1}{4}\Delta$	0
	$c_j - z_j$		$-10-\frac{1}{2}\Delta$	0	$-30-\frac{1}{4}\Delta$	0

$$-30-\frac{1}{4}\Delta \leq 0$$

$$\Delta \geq -120$$

이어야 한다. 그런데 x_2의 원래의 이익계수는 120이므로 새로운 이익계수가 0(=120-120) 이상인 한 현재의 최적해는 변하지 않는다. 여기서 s_1은 x_2의 단위당 이익(c_i)이 120으로부터 0 이하로 감소하지 않는 한 기저변수에 진입하지 못하므로, s_1이 x_2보다 이익계수의 변화에 덜 민감하다는 것을 알 수 있다.

따라서 x_1열과 s_2열에서 공통되는 기저변수 x_2의 이익계수인 c_j의 최적성 범위는

$$100 \leq c_j \leq \infty$$

이다. 즉, TV의 단위당 이익이 100 이상인 한 TV $x_2=20$대와 전축 $x_1=0$대를 생산하는 현재의 제품믹스는 최적이다. 이러한 내용이 [표 6-2]의 그래프를 통해서도 확인할 수 있다. 그러나 TV의 단위당 이익이 80으로 감소한다면 최적해는 꼭지점 a로부터 꼭지점 b로 이동한다.

2.2 기술계수의 변화

기술계수는 제약식의 계수를 말하며, 이 값의 변화는 기술수준의 변화를 의미한다. 만약 전축이나 TV와 같은 제품을 생산하는 데 사용되는 단위당 소요자원량이 증감한다면 제약조건의 계수는 변하게 된다. 이러한 변화는 선형계획문제의 목적함수에는 아무런 영향도 미치지 않으나 실행가능영역에 변화를 가져오며, 이에 따라 최대이익이나 최소비용이 변하게 된다.

[그림 6-3]은 H전자회사 문제의 두 기술계수가 변화하는 경우를 그래프를 이용하여 설명하고 있다.

먼저 [그림 6-3(a)]의 원문제에 대한 최적해는 점 a 즉 $x_1=0$, $x_2=20$이다. 그런데 [그림 6-3(b)]에서 녹음기를 생산하는 데 필요한 음향기술자의 작업시간이 3시간에서 2시간으로 감소하였기 때문에 제약조건의 계수가 변경되었다. 즉, 제약조건이 $3x_1+x_2 \leq 60$에서 $2x_1+x_2 \leq 60$으로 변경되었다. 그러나 이와 같은 변화에도 불구하고 최적해는 여전히 점 a이다. [그림 6

그림 6-3 ▶ 기술계수의 변화

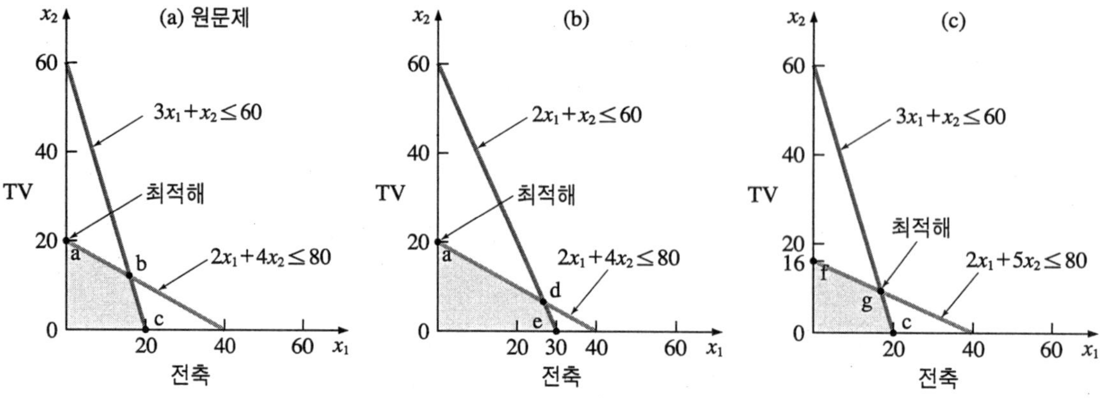

-3(c)]에서는 제약조건 $2x_1+4x_2 \leq 80$이 $2x_1+5x_2 \leq 80$으로 변함에 따라 실행가능영역이 수정되었으며, 그 결과 새로운 점 g가 최적해가 된다. 이러한 기술계수의 변화에 대해서는 비기저변수와 기저변수로 나누어 민감도를 분석해야 한다.

(1) 비기저변수 기술계수의 변화

비기저변수 기술계수 a_{ij}가 변하면 현재의 최적해에는 영향을 미치지 않고 단지 해당 비기저변수열에 있는 계수만 변하게 된다. 따라서 비기저변수의 c_j-z_j값을 검토하여 현재의 해에 대한 최적성 여부를 결정해야 한다.

전기기술자의 작업시간에 대한 제약조건에서 비기저변수 x_1의 계수 a_{11}이 Δ만큼 변화하였다고 가정하자. 기술계수의 변동에 따라 최종심플렉스표를 다시 작성해야 하며, [표 6-3]은 변경된 심플렉스표이다.

이 표에서 x_1열의 c_j-z_j값이 여전히 음수이거나 0이면 최적해는 변하지 않을 것이므로, 이 점을 고려하여 최적해에 영향을 미치지 않는 기술계수 a_{11}의 변화범위를 구할 수 있다. 즉,

$$-10-30\Delta \leq 0$$

$$\Delta \geq -\frac{1}{3}$$

이므로 기술계수의 변화가 $-\frac{1}{3}$ 이상인 한 현재의 최적해는 계속 유지된다.

표 6-3 ▶ 비기저변수의 기술계수의 변화

$c_j \rightarrow$ ↓	기저	상수	50	120	0	0
			x_1	x_2	s_1	s_2
120	x_2	20	$\frac{1}{2}+\frac{1}{4}\Delta$	1	$\frac{1}{4}$	0
0	s_2	40	$\frac{5}{2}-\frac{1}{4}\Delta$	0	$-\frac{1}{4}$	1
	z_j	$2{,}400-20\Delta$	$60+30\Delta$	120	30	0
	c_j-z_j		$-10-30\Delta$	0	-30	0

따라서 기술향상으로 인하여 전축 1대의 생산에 필요한 전기작업시간이 2시간에서 $\frac{5}{3}\left(=2-\frac{1}{3}\right)$ 시간 이하로 감소하지 않는 한 현재의 최적해는 변하지 않는다. 그러나 만약 전축의 생산에 필요한 전기작업시간이 $\frac{5}{3}$시간 이하로 감소하면 현재의 최적해는 변하게 되며, 심플렉스 연산절차를 통해 새로운 최적해를 구해야 한다.

(2) 기저변수 기술계수의 변화

민감도분석에서 기저변수의 기술계수의 변화가 최적해에 미치는 영향을 분석하는 것은 약간 복잡하다. 왜냐하면, 기저변수는 최종심플렉스표상의 해로서 항상 양수값을 갖게 되므로 기저변수의 변화는 다른 기저변수의 해에 영향을 미치기 때문이다. 따라서 기저변수의 기술계수의 변화에 대한 해의 민감도를 다루기 위한 가장 간단한 방법은 기술계수가 변화된 제약식을 가지고 문제를 다시 풀어서 해의 실행가능성 및 최적성 여부를 분석하는 방법이다.

전기작업시간에 대한 제약조건 $2x_1+4x_2 \leq 80$이 $2x_1+3x_2 \leq 80$으로 변경되었다고 가정하자. 이 경우 x_2열의 계수는 다음과 같이 변하게 된다.

$$\begin{pmatrix} 1 \\ 0 \end{pmatrix} -1 \begin{pmatrix} \frac{1}{4} \\ -\frac{1}{4} \end{pmatrix} = \begin{pmatrix} \frac{3}{4} \\ \frac{1}{4} \end{pmatrix}$$

그러나 x_2열은 기저변수열이기 때문에 x_2열의 모든 계수는 자신의 행의 계수가 1인 것을 제외하고는 모두 0이어야 한다. 즉, 단위행렬 $\begin{pmatrix} 1 \\ 0 \end{pmatrix}$이어야

표 6-4 ▶ 기저변수의 기술계수의 변화

$c_j \rightarrow$ ↓	기저	상수	50	120	0	0
			x_1	x_2	s_1	s_2
120	x_2	$\frac{80}{3}$	$\frac{2}{3}$	1	$\frac{1}{3}$	0
0	s_2	$\frac{100}{3}$	$\frac{7}{3}$	0	$-\frac{1}{3}$	1
	z_j	3200	80	120	40	0
	$c_j - z_j$		-30	0	-40	0

한다. 따라서 최종심플렉스표 [표 6-1]의 x_2열을 $\begin{pmatrix} \frac{3}{4} \\ \frac{1}{4} \end{pmatrix}$로 대체하고, 이 열을 기준열로 하여 새로운 심플렉스표를 작성해야 한다. [표 6-4]는 이와 같이 해서 작성된 새로운 심플렉스표이다.

이 표에서 모든 $c_j - z_j$행의 값이 음수이거나 0이므로 최적해에 도달되었음을 알 수 있다. 이와 같이 제약조건이 변함에 따라 최적해는 변화하며, 새로운 최적해는 $x_1=0$, $x_2=\frac{80}{3}$, $s_1=0$ 및 $s_2=\frac{100}{3}$이고, 이때의 총이익은 $z=3,200$이다.

2.3 우변상수의 변화

선형계획모형의 제약식에서 우변상수는 기업의 노동, 기계, 자금 및 원자재 등 생산자원의 가용자원량을 나타낸다. H전자회사의 경우는 전기작업과 음향작업에 이용가능한 각 기술자의 작업시간이 바로 가용자원량이 된다. 이와 같은 가용자원량은 동태적 시장조건하에서 수시로 변화하므로 우변상수의 변화에 대한 최적해의 민감도를 파악하는 것은 매우 중요한 일이다.

우변상수의 변화는 실행가능영역을 변경시키며, 때때로 최적해의 변화를 가져오기도 한다. [그림 6-4]는 매주 생산과정에서 필요한 전기기술자의 가용작업시간과 관련된 두 자원의 변화를 보여 주고 있는데, 등가이익선법 혹은 꼭지점해법을 작용시켜 보면 두 그래프에서 공히 꼭지점 a가 최적임을 알 수 있다. 즉, [그림 6-4(a)]에서 전기기술자의 가용작업시간이 80시간에서 100시간으로 증가되면 실행가능영역이 바뀌어 최적해는 $x_1=0$, $x_2=25$

그림 6-4 ▶ 전기기술자의 가용작업시간의 변화

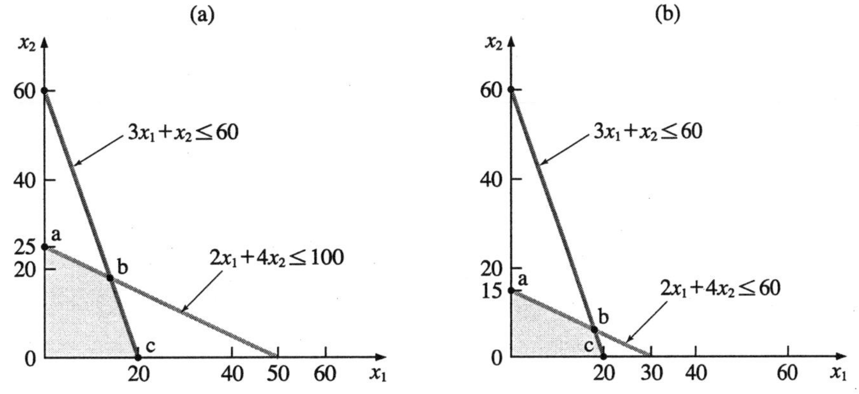

가 되며, 이때의 총이익은 3,000이다. 또한 [그림 6-4(b)]에서 전기기술자의 가용작업시간이 60시간으로 감소되면 실행가능영역이 다시 바뀌어 최적해는 $x_1=0$, $x_2=15$가 되고, 이때의 총이익은 1,800이다.

이상과 같은 우변상수에 대한 해의 민감도분석에서 잠재가격(shadow price)이라는 중요한 개념이 나타난다. 예를 들어, 기업이 자원을 추가로 이용하기 위해서는 이에 대한 대가를 지불해야 한다. 즉, 생산량을 증가시키기 위해 초과작업을 하였다면 작업자들에게 초과근무수당을 지급해야 하며, 기계를 추가로 사용하였다면 이에 대한 추가사용료를 지출해야 한다. 따라서 경영자는 자원의 추가사용에 대한 경제성 여부를 판단하여 의사결정을 하려고 할 것이다. 이 경우 추가된 자원의 가치를 알 수 있다면 이것은 의사결정에 매우 귀중한 정보가 된다.

이 추가된 자원의 가치는 선형계획문제의 최종심플렉스표에서 얻을 수 있는데, 이를 잠재가격이라 부른다. 잠재가격을 좀 더 구체적으로 설명하면 기계가동시간이나 노동시간 또는 기타의 회소자원을 1단위 더 추가함으로써 목적함수값에서 증가(최소화문제에서는 감소)된 한계이익(한계비용)이라 할 수 있으며, c_j-z_j행에서 여유변수(s_i)열의 음수값이 추가자원의 단위당 가치인 잠재가격이 된다. 왜냐하면, c_j-z_j란 j번째 변수 1단위가 해에 진입함으로써, 즉 해당자원이 1단위 추가됨으로써 증가되는 목적함수의 값을 나타내기 때문이다.

H전자회사 문제의 최종심플렉스표인 [표 6-5]에서 최적해는 $x_1=0$, $x_2=20$, $s_1=0$, $s_2=40$, $z_j=2,400$이며, $s_2=40$은 음향기술 부문의 미사

표 6-5 ▶ 잠재가격

$c_j \rightarrow$ ↓	기저	상수	50	120	0	0
			x_1	x_2	s_1	s_2
120	x_2	20	$\frac{1}{2}$	1	$\frac{1}{4}$	0
0	s_2	40	$\frac{5}{2}$	0	$-\frac{1}{4}$	1
	z_j	2400	60	120	30	0
	$c_j - z_j$		−10	0	−30 (잠재가격)	0

용작업시간을 나타낸다. 또한 비기저변수 s_1열의 $c_j - z_j$값은 −30으로서, 이는 전기기술자의 작업시간에 대한 잠재가격이 30임을 의미한다.

실제로, 이 기업의 경영자가 시간제로 전기기술자를 고용하는 문제를 고려하고 있다고 하자. 고용에 따른 비용은 시간당 22이며, 전기기술자의 작업시간을 1단위 추가함으로써 얻는 한계이익 즉 잠재가격은 위에서 언급한 바와 같이 30이다. 따라서 이 기업은 신규 종업원을 생산과정에 투입함으로써 시간당 8(=30−22)의 이익을 얻을 수 있기 때문에 시간제 전기기술자를 고용하는 것이 경제적이다.

또한 H전자회사는 시간당 14의 임금으로 시간제 음향기술자를 고용할 것을 고려 중이라고 하자. 이 경우 음향기술자의 작업시간에 대한 잠재가격은 s_2열의 $c_j - z_j$값인 0이며, 이는 새로운 음향기술자를 고용하여도 목적함수의 증대에 전혀 기여하지 못한다는 것을 의미한다. 이는 현재의 가용자원이 전부 사용되지 않고 40시간의 여유시간이 있기 때문이다. 따라서 추가자원의 구입(음향기술자의 고용)을 위하여 자금을 사용해서는 안 될 것이다. 현실적으로 자원의 사용에 따른 제약이 없이 무한한 양의 자원을 추가할 수는 없다.

한편, 자원의 추가에 대한 잠재가격을 이해하였다면, 이익을 증대시키기 위해 실제로 추가가 가능한 작업시간을 결정할 수 있다. 이 과정은 잠재가격을 변동시키지 않고 그대로 유지할 수 있는 우변상수의 범위를 구하는 것이다.

우변상수의 범위를 구하는 과정은 매우 간단하며, 심플렉스법에서 진입변수를 결정하는 절차와 유사하다. 전기작업시간에 대한 우변상수의 범위를 구하기 위해서는 먼저 다음과 같이 [표 6-1]의 상수열과 s_1열을 참고하여 그 비율을 구해 보아야 한다.

상수	s_1	비율
20	$\frac{1}{4}$	20/(1/4)=80
40	$-\frac{1}{4}$	40/(-1/4)=-160

여기서 양수값을 가진 최소비율은 현재의 기저를 유지하면서 전기기술자의 가용작업시간 중에서 감소시킬 수 있는 시간을 나타낸다. 이 문제에서 양수값을 가진 최소비율은 80이며, 이는 현재의 기저변수를 해에서 탈락시키지 않고 전기기술자의 가용작업시간 중 80시간을 줄일 수 있음을 의미한다. 이와 같이 현재 80시간인 가용작업시간에서 80시간을 줄이면 가용작업시간은 0이 되는데, 이것이 우변상수의 변화가능 범위의 하한이다. 반면에 음수값을 가진 최소비율은 해를 변경시키지 않고 자원에 추가할 수 있는 시간이다. 이 경우 전기기술자의 가용작업시간은 80시간에서 160시간이 늘어나 240(=80+160)시간이 되는데, 이것이 곧 우변상수의 변화가능 범위의 상한이다. 결국 잠재가격을 30으로 유지할 수 있는 전기기술자의 가용작업시간 b_1의 범위는 $0 \leq b_1 \leq 240$임을 알 수 있다.

한편, 음향기술 부문의 경우 미사용자원량은 $s_2 = 40$시간으로 총가용시간인 60시간을 전부 사용하지 않았기 때문에 우변상수의 변화범위의 산출은 앞서의 전기기술 부문의 경우와 다르다. 아래 표에서 보는 바와 같이 비율검정을 실시한 결과 음향기술 부문은 가용작업시간 중 미사용시간인 40시간만큼을 줄일 수 있다. 즉, 이 부문의 가용자원은 20시간 이상이면 된다. 또한 현재의 가용시간을 전부 사용하지 않은 상태이기 때문에 자원량을 무한히 늘린다고 해도 해는 변하지 않는다. 따라서 주어진 잠재가격이 유지되는 우변상수 b_2의 변화가능 범위는 $20 \leq b_2 \leq \infty$이다.

상수	s_2	비율
20	0	$\frac{20}{0}$ (불능)
40	1	40

3. 선형계획법의 쌍대이론

모든 선형계획모형은 또 하나의 상이한 문제로 수식화화여 분석할 수 있는 선형계획모형을 갖는다. 첫 번째 형태는 원문제(primal problem)라고 하는 보통의 선형계획모형이며, 두 번째 형태는 쌍대문제(dual problem)라고 하는 또 다른 선형계획모형이다. 이처럼 모든 선형계획문제는 쌍대문제로의 변형이 가능하다. 예를 들어, 이익최대화문제는 비용최소화문제로 바꿀 수 있다.

이와 같은 선형계획법의 쌍대적 특성은 심플렉스 절차에 대한 깊은 이해와 통찰력을 갖게 하며, 경제적 성과에 관한 귀중한 정보를 제공해 준다. 또한 특정 문제에 대한 쌍대적 접근은 최적해에 도달하기 위한 해법 절차를 효율적으로 수행하게 하는 토대를 제공해 주기도 한다.

3.1 원문제와 쌍대문제의 관계

일반적으로 원문제와 쌍대문제는 다음과 같은 상호관계를 가지고 있다.

① 원문제가 최대화문제이면 쌍대문제는 최소화문제이다. 또한 원문제가 최소화문제이면 쌍대문제는 최대화문제이다.
② 원문제의 제약조건식의 우변상수는 쌍대문제에서 목적함수의 계수가 된다.
③ 원문제의 목적함수의 계수는 쌍대문제에서 제약조건식의 우변상수가 된다.
④ 쌍대문제의 기술계수는 원문제의 기술계수의 행과 열의 위치가 서로 바뀐 것이다. 즉, 원문제의 제약조건식에서 i번째 행의 계수는 쌍대문제의 제약조건식에서 j번째 열의 계수가 된다.
⑤ 원문제의 제약부등식의 기호가 전부 바뀐다.
⑥ 쌍대문제의 모든 결정변수는 비음(非陰)의 값을 갖는다.

이상과 같은 원문제와 쌍대문제의 상호관계에 따라 H전자회사의 선형계획문제에 대한 쌍대문제는 다음과 같이 나타낼 수 있다.

원문제	쌍대문제
max. $z = 50x_1 + 120x_2$	max. $\pi = 80y_1 + 60y_2$
s.t. $2x_1 + 4x_2 \leq 80$	s.t. $2y_1 + 3y_2 \geq 50$
$3x_1 + x_2 \leq 60$	$4y_1 + y_2 \geq 120$
$x_1,\ x_2 \geq 0$	$y_1,\ y_2 \geq 0$

3.2 혼합형 쌍대문제

원문제가 혼합형 제약조건을 가진 선형계획모형일 경우, 이를 쌍대문제로 변형하기 위해서는 몇 가지 추가적인 설명이 필요하다.

첫째, 구조적 제약조건식에서 부등호의 방향이 다른 경우에는 그 제약부등식의 양변에 -1을 곱해 부등호의 방향을 바꾸어 일반형을 만든 후 쌍대문제로 변형시킨다. 가령, 다음과 같은 선형계획모형이 있다고 하자.

$$\text{원문제 : max.} \quad z = 8x_1 + 120x_2$$
$$\text{s.t.} \quad 4x_1 + 8x_2 \leq 240$$
$$8x_1 - 4x_2 \geq 36$$
$$x_1,\ x_2 \geq 0$$

이 문제는 최대화문제이므로 쌍대문제로 수식화하기 위해서는 원문제의 모든 제약식을 $\leq$형태로 바꾸어야 한다. 이를 위해 두 번째 제약식에 -1을 곱하여 다음과 같이 나타낸다.

$$-8x_1 + 4x_2 \leq -36$$

따라서 이 문제의 쌍대문제는 다음과 같이 모형화된다.

$$\text{쌍대문제 : min.} \quad \pi = 240y_1 - 36y_2$$
$$\text{s.t.} \quad 4y_1 - 8y_2 \geq 8$$
$$8y_1 + 4y_2 \geq 120$$
$$y_1,\ y_2 \geq 0$$

둘째, 비음조건이 없는 변수가 존재하거나 구조적으로 제약조건이 등식으로 되어 있는 경우에는 혼합형을 일반형으로 전환시키지 않고 혼합형에서 직접 쌍대문제로 변형할 수 있다. 원문제에서 제약조건이 등식이면 쌍대문제에서는 이 식에 상응하는 쌍대변수가 비음조건을 갖지 않는다. 또한 원문제에서 비음제약조건이 없는 변수가 존재하면 쌍대문제에서 이 변수에 대응하는 제약조건식은 등식이 된다.

원문제 : max. $z = 40x_1 + 36x_2$

s.t. $16x_1 + 8x_2 = 80$

$2x_2 \le 8$

$x_1,\ x_2 \ge 0$

이 선형계획문제에서 첫 번째 제약조건이 등식이므로 이 제약조건에 대응하는 쌍대문제의 변수 y_1은 부호에 제약을 받지 않는다. 따라서 이 문제의 쌍대문제는 다음과 같다.

쌍대문제 : min. $\pi = 80y_1 + 8y_2$

s.t. $16y_1 \ge 40$

$8y_1 + 2y_2 \ge 36$

y_1 : 부호 제약 없음, $y_2 \ge 0$

제약조건에 등식이 포함되어 있을 경우 쌍대모형을 설정하기 위한 또 다른 방법은 등식을 2개의 부등식으로 나누어 표시하는 방법이다. 예를 들어, 위 식의 등식제약조건 $16x_1 + 8x_2 = 80$은 다음과 같이 2개의 부등식으로 나타낼 수 있다.

$16x_1 + 8x_2 \le 80$

$16x_1 + 8x_2 \ge 80$

이 식에서 두 번째 제약조건의 부등호가 $\ge$이므로 역시 양변에 -1을 곱하여 부등호의 방향을 바꾸어야 한다.

$-16x_1 - 8x_2 \le -80$

이상을 종합하면 원문제는 다음과 같이 수정하여 나타낼 수 있으며,

$$\begin{aligned}
\text{max.} \quad & z = 40x_1 + 36x_2 \\
\text{s.t.} \quad & 16x_1 + 8x_2 \le 80 \\
& -16x_1 - 8x_2 \le -80 \\
& 2x_2 \le 8 \\
& x_1,\ x_2 \ge 0
\end{aligned}$$

원문제에 대한 쌍대문자는 다음과 같이 표현된다.

$$\begin{aligned}
\text{min.} \quad & \pi = 80y_1 - 80y_2 + 8y_3 \\
\text{s.t.} \quad & 16y_1 - 16y_2 \ge 40 \\
& 8y_1 - 8y_2 + 2y_3 \ge 36 \\
& y_1,\ y_2,\ y_3 \ge 0
\end{aligned}$$

3.3 쌍대심플렉스법

쌍대심플렉스법(dual simplex method)은 특수한 선형계획문제의 해를 구하는 방법으로, 지금까지 설명한 일반적인 심플렉스법과 마찬가지로 원문제 및 쌍대문제의 최적해는 실행가능한 해 중에서 결정된다는 기본적 개념에 기초를 두고 있으며, 보통의 심플렉스법과 유사한 연산과정을 거친다. 단지 차이가 있다면 보통의 심플렉스법에서는 최적은 아니나 실행가능한 해로부터 연산절차를 시작하는 반면에, 쌍대심플렉스법에서는 목적함수값은 최적해에서의 경우보다 높으나 실행불가능한 해로부터 연산을 시작한다는 것이다.

따라서 쌍대심플렉스문제의 최초해는 최대화문제의 경우 비기저변수의 $c_j - z_j$값이 음수 또는 0이고, 최소화문제의 경우 이 값이 양수 또는 0으로써 최적조건을 충족시키지만 실행불가능해한 음수값을 갖는 기저변수로 구성된다. 쌍대심플렉스법의 연산절차가 계속됨에 따라 $c_j - z_j$값의 최적조건은 유지되면서도 목적함수의 값은 점차로 악화되어 가면서, 결국 모든 기저변수가 비음의 값을 갖는 실행가능한 최적해가 산출된다.

이상의 쌍대심플렉스법의 최적해를 구하기 위한 절차를 정리하면 다음과 같다.

• 단계 1 : 최초의 실행불가능기저해를 구한다. 이때 $\ge$형의 제약식에는 -1

을 곱하여 $\leq$형으로 만들어야 하며, 모든 비기저변수에 대하여 최소화문제의 경우 $c_j - z_j \geq 0$이고, 최대화문제의 경우 $c_j - z_j \leq 0$이어야 한다.

- 단계 2 : 최초해의 실행가능성 여부를 조사한다. 실행가능해라면, 즉 모든 기저변수의 값이 비음이라면 이는 최적해이며, 그렇지 않으면 단계 3으로 간다.
- 단계 3 : 가장 큰 음수값을 갖는 기저변수를 진출변수(기준행)로 결정한다.
- 단계 4 : 비기저변수의 $c_j - z_j$값을 그에 대응하는 기준행의 음의 계수로 나누었을 때 최소의 절대값을 갖는 비기저변수를 진입변수(기준열)로 결정한다.
- 단계 5 : 심플렉스 연산절차를 적용하여 새로운 해를 구하고 단계 2로 되돌아간다.

이 쌍대심플렉스법의 절차를 H전자회사의 쌍대문제에 적용하여 해를 구해보도록 하자.

$$
\begin{aligned}
\text{min.}\quad & \pi = 80y_1 + 60y_2 \\
\text{s.t.}\quad & 2y_1 + 3y_2 \geq 50 \\
& 4y_1 + y_2 \geq 120 \\
& y_1,\ y_2 \geq 0
\end{aligned}
$$

우선 각 제약조건식이 $\geq$형태이기 때문에 -1을 곱하여 $\leq$형태로 바꾸어야 한다.

$$
\begin{aligned}
\text{min.}\quad & \pi = 80y_1 + 60y_2 \\
\text{s.t.}\quad & -2y_1 - 3y_2 \leq -50 \\
& -4y_1 - y_2 \leq -120 \\
& y_1,\ y_2 \geq 0
\end{aligned}
$$

이번에는 여유변수를 도입하여 모든 제약식을 등식으로 변형시킨다.

$$
\begin{aligned}
-2y_1 - 3y_2 + s_1 &= -50 \\
-4y_1 - y_2 + s_2 &= -120
\end{aligned}
$$

이와 같이 정식화된 선형계획문제를 가지고 [표 6-6]에서 보는 바와 같

표 6-6 ▶ 최초의 쌍대심플렉스표

$c_j \rightarrow$ ↓	기저	상수	80	60	0	0	
			y_1	y_2	s_1	s_2	
0	s_1	−50	−2	−3	1	0	
0	s_2	−120	(−4)	−1	0	1	← 기준행
	z_j	0	0	0	0	0	
	$c_j - z_j$		80	60	0	0	
			↑ 기준열				

이 최초의 쌍대심플렉스표를 작성할 수 있다.

[표 6-6]의 최초해 $s_1 = -50$, $s_2 = -120$은 실행불가능해이기 때문에 쌍대심플렉스절차에 따라 다음 단계의 심플렉스표를 작성한다. 이때 s_2가 가장 큰 음수값을 갖기 때문에 진출변수가 되며, 진입변수는 다음과 같은 비율계산을 통하여 결정한다.

$$y_1 : 80 \div (-4) = -20 \leftarrow \text{최소 절대값}$$

$$y_2 : 60 \div (-1) = -60$$

계산된 비율들 중 가장 작은 절대값을 갖는 y_1이 진입변수이다. 진입변수와 진출변수가 결정되었으면, 심플렉스 절차에 따라 2차 심플렉스표를 작성한다.

[표 6-7]은 2차 쌍대심플렉스표이다. 이 표에서 모든 기저변수가 0 또는 양수값을 갖고 $c_j - z_j$행의 모든 값이 비음이므로 최적해가 산출되었음을 알

표 6-7 ▶ 2차 쌍대심플렉스표

$c_j \rightarrow$ ↓	기저	상수	80	60	0	0
			y_1	y_2	s_1	s_2
0	s_1	10	0	$-\frac{5}{2}$	1	$-\frac{1}{2}$
80	y_1	30	1	$-\frac{1}{4}$	0	$-\frac{1}{4}$
	z_j	2400	80	20	0	−20
	$c_j - z_j$		0	40	0	20

수 있다. 이때 최적해는 $y_1=30$, $y_2=0$, $s_1=10$, $s_2=0$이며, π는 2,400이다.

3.4 쌍대모형의 경제적 해석

H전자회사의 쌍대모형에서 결정변수 y_1과 y_2는 두 기술 부문의 작업시간에 대한 단위당 한계가치(marginal value)를 나타낸다. 전축 1대의 생산에는 2시간의 전기작업시간과 3시간의 음향작업시간이 필요하기 때문에 1대의 전축을 생산하기 위하여 투입한 자원의 총가치는 $2y_1+3y_2$가 된다. 그런데 원문제의 목적함수에서 볼 수 있듯이 전축의 단위당 이익은 50이다. 따라서 1대의 전축을 생산하는 데 $2y_1+3y_2$의 자원을 투입하기 위한 필요조건은 최소한 50의 이익을 얻는 것이다. 만약 전축의 생산에 투입된 자원에 대하여 최소한 50의 이익을 보상받지 못한다면 경영자는 이 자원을 다른 목적에 사용해야 할 것이다. 따라서 H전자회사 문제에 대한 쌍대모형의 첫 번째 제약조건은 다음과 같이 나타낼 수 있다.

$$2y_1+3y_2 \geq 50$$

쌍대모형의 두 번째 제약조건도 동일한 방법으로 수식화할 수 있다. TV의 생산에는 4시간의 전기작업과 1시간의 음향작업이 필요하며, TV의 단위당 공헌이익은 120이다. 따라서 두 번째 제약조건은 다음과 같이 표시된다.

$$4y_1+y_2 \geq 120$$

원문제에서 가용자원은 전기기술 부문에서 80시간, 음향기술 부문에서 60시간의 작업시간이었다. 쌍대문제의 목적함수는 이러한 자원을 이용하여 전축과 TV를 생산하는 데 지출되는 총비용을 최소화하는 것이다. 따라서 목적함수는 다음과 같이 나타낼 수 있다.

$$\text{min.} \quad \pi = 80y_1+60y_2$$

[표 6-8]은 H전자회사의 원문제와 쌍대문제의 최종심플렉스표이다. 여기서 원문제의 여유변수열에 있는 c_j-z_j값의 절대값(30, 0)은 쌍대문제의 최적해($y_1=30$, $s_2=0$)와 일치함을 알 수 있다. 이때의 c_j-z_j값은 앞서

표 6-8 ▶ 원문제와 쌍대문제의 최종심플렉스표의 비교

원문제의 최적해

c_j ↓	기저	상수	50 x_1	120 x_2	0 s_1	0 s_2
120	x_2	20	$\frac{1}{2}$	1	$\frac{1}{2}$	0
0	s_2	40	$\frac{5}{2}$	0	$-\frac{1}{2}$	1
	z_j	2400	60	120	30	0
	c_j-z_j		10	0	30	0

쌍대최적해

c_j ↓	기저	상수	80 y_1	60 y_2	0 s_1	0 s_2	M a_1	M a_2
80	y_1	30	1	$\frac{1}{4}$	0	$-\frac{1}{4}$	0	$\frac{1}{2}$
0	s_1	10	0	$-\frac{5}{2}$	1	$-\frac{1}{2}$	-1	$\frac{1}{2}$
	z_j	2400	80	20	0	-20	0	40
	c_j-z_j		0	40	0	20		

정의된 자원의 잠재가격으로서 자원 1단위의 추가로 인한 한계이익을 나타낸다. 또한 원문제에서 결정변수 x_1과 x_2의 최적해($x_1=0$, $x_2=20$)는 쌍대문제에서 여유변수의 c_j-z_j값(0, 20)의 절대값과 일치한다. 마지막으로, 쌍대문제에서 산출된 최소총비용(2,400)은 원문제에서 산출된 최대총이익(2,400)과 동일하다. [표 6-8]에는 이러한 원문제와 쌍대문제의 관계가 화살표로 표시되어 있다.

쌍대문제는 경제적 해석의 용이함뿐만 아니라 계산상의 이유 때문에 이용되기도 한다. 예를 들어, 10개의 결정변수와 30개의 제약조건을 가진 문제가 있다고 하자. 제약조건의 수가 많기 때문에 원문제에 심플렉스법을 적용할 경우 약 30회의 연산과정을 거쳐야 한다. 그러나 이 문제에 대한 쌍대모형을 이용할 경우 30개의 결정변수와 10개의 제약조건만을 갖게 되므로 최적해의 산출에 소요되는 시간을 크게 절약할 수 있다.

4. 엑셀을 활용한 민감도분석

그림 6-5 ▶ 자료 입력(최대화문제)

	A	B	C	D	E	F	G
1	원문제						
2							
3		전축(x1)	TV(x2)	LHS		RHS	Slack
4	목적함수	50	120	170			
5	전기작업시간	2	4	6	<=	80	74
6	조립작업시간	3	1	4	<=	60	56
7							
8	해	1	1				
9							

그림 6-6 ▶ 최적해

	A	B	C	D	E	F	G
1	최적해						
2							
3		전축(x1)	TV(x2)	LHS		RHS	Slack
4	목적함수	50	120	2,400			
5	전기작업시간	2	4	80	<=	80	0
6	조립작업시간	3	1	20	<=	60	40
7							
8	해	0	20				

H전자회사 선형계획문제의 최대화문제에 대한 자료를 [그림 6-5]와 같이 입력한 다음, 최적해를 구하면 [그림 6-6]과 같은 결과를 얻을 수 있다.

최적해를 구한 후에 기저변수를 변화시키지 않는 모수의 변화 범위를 결정하는 사후최적직싱분석, 민감도분석을 할 수 있다.

엑셀의 [해 찾기 결과] 창의 [보고서] 란에서 [해답 보고서]와 [민감도]를 클릭하면 [그림 6-7]과 [그림 6-8]과 같은 결과를 얻을 수 있다.

그림 6-7 ▶ 해답 보고서

Microsoft Excel 11.0 해답 보고서
워크시트 이름: [민감도및쌍대문제.xls]원문제자료
보고서 작성일: 2008-07-27 오후 3:16:00

목표 셀 (최대값)

셀	이름	계산 전의 값	계산 값
$D$4	목적함수 LHS	170	2,400

값을 바꿀 셀

셀	이름	계산 전의 값	계산 값
$B$8	해 전축(x1)	1	0
$C$8	해 TV(x2)	1	20

제한 조건

셀	이름	셀의 값	수식	만족 정도	조건과의 차
$D$5	전기작업시간 LHS	80	$D$5<=$F$5	만족	0
$D$6	음향작업시간 LHS	20	$D$6<=$F$6	부분적 만족	40

그림 6-8 ▶ 민감도 보고서

Microsoft Excel 11.0 민감도 보고서
워크시트 이름: [민감도및쌍대문제.xls]원문제자료
보고서 작성일: 2008-07-27 오후 3:16:16

값을 바꿀 셀

셀	이름	계산 값	한계 비용	목표 셀 계수	허용 가능 증가치	허용 가능 감소치
$B$8	해 전축(x1)	0	-10	50	10	1E+30
$C$8	해 TV(x2)	20	0	120	1E+30	20

제한 조건

셀	이름	계산 값	잠재 가격	제한 조건 우변	허용 가능 증가치	허용 가능 감소치
$D$5	전기작업시간 LHS	80	30	80	160	80
$D$6	음향작업시간 LHS	20	-	60	1E+30	40

민감도분석에서는 잠재가격과 가용작업시간의 범위 등을 구할 수 있다.

(1) 목적함수계수(CJ)의 변화

최적해의 결과에 나타난 대로 전축(X1)과 TV(X2) 두 제품의 생산량은 각각 0, 20이다.

① 비기저변수 목적함수계수의 변화

[그림 6-8]의 [값을 바꿀 셀] 영역의 [목표 셀 계수] 열에 표시된 목적함수계수값(C1, C2)은 각각 50, 120이다. 그 다음 두 열은 이 목적함수계수의 허용가능 증가치와 허용가능 감소치를 나타낸다. 여기서 허용가능 증가치와 허용가능 감소치가 각각 10, 1E+30(∞)이기 때문에, 다른 모든 계수가 일정하다고 가정하였을 때, 비기저변수인 전축 생산량(X1)의 목적함수계수가 10 이상 증가하지 않는 한, 이 계수가 무한대(1E+30=∞)로 감소하더라도 최적해는 변하지 않는다.

$$50-\infty \leq C1 \leq 50+10$$
$$-\infty \leq C1 \leq 60$$

② 기저변수 목적함수계수의 변화

비기저변수인 전축 생산량의 목적함수계수 변화의 경우, 마찬가지 방법으로 기저변수인 TV 생산량(X2)의 목적함수계수의 변화가능 범위 역시 다음과 같이 구할 수 있다. 즉, 다른 모든 계수가 일정하다고 가정하였을 때, 기저변수인 TV 생산량의 목적함수계수 120이 무한대(1E+30=∞)로 증가하거나 100 이하로 감소하지 않는 한 최적해는 변하지 않는다.

$$120-40 \leq C2 \leq 120+\infty$$
$$100 \leq C2 \leq \infty$$

(2) 우변상수값(RHS)의 변화

제약조건식의 우변상수값은 [그림 6-8]의 [제한조건] 영역에 [제한조건 우변]으로 나타나 있다. 그 다음의 두 열은 허용가능 증가치와 허용가능 감소치를 보여 주고 있다. 예를 들면, 다른 모든 계수가 일정하다고 가정하였을 때, 전기작업시간제약의 우변상수값(80)이 160 이상으로 증가하거나 80 이상 감소하지 않는 한 최적해는 변하지 않는다는 것이다. 음향작업시간제약의 우변상수값 역시 똑같이 적용된다.

이상을 토대로 각 제약조건식 우변상수값의 변화가능 범위를 산출하면 다음과 같다.

$$80-80 \leq b1 \leq 80+160$$
$$0 \leq b1 \leq 240$$

$$60-40 \leq b2 \leq 60+\infty$$

$$20 \leq b2 \leq \infty$$

(3) 잠재가격

[그림 6-8]에 의하면, 전기작업시간의 잠재가격은 $30이다. 이는 전기작업시간의 자원이 한 단위 증가할 때마다 목적함수값 즉 총이익이 30씩 증가하며, 반대로 이 자원이 한 단위 감소할 때마다 목적함수값이 30씩 감소하게 됨을 의미한다.

따라서 새로운 전기기술자의 고용 여부를 고려할 때, 고용에 따른 시간당 비용이 22라고 하면, 전기작업시간 1단위를 추가함으로써 얻는 한계이익은 잠재가격 30이므로, 신규 전기기술자를 투입함으로써 8(=30-22)의 이익을 얻을 수 있기 때문에 전기기술자를 고용하는 것이 경제적이다.

5. 엑셀을 활용한 쌍대문제

엑셀를 활용하여 원문제를 쌍대문제로 변환시키는 방법을 H전자회사의 경우를 예로 들어 설명하고자 한다.

[그림 6-9]는 원문제를 보여 주고 있다.

그림 6-9 ▶ 원문제

Microsoft Excel - 민감도및쌍대문제최송

H14

	A	B	C	D	E	F	G
1	원문제						
2							
3		전축(x1)	TV(x2)	LHS		RHS	Slack
4	목적함수	50	120	170			
5	전기작업시간	2	4	6	<=	80	74
6	음향작업시간	3	1	4	<=	60	56
7							
8	해	1	1				
9							

원문제를 쌍대문제로 바꾸기 위해서는 우변 상수값 ⇔ 목적함수, 기술계수행 ⇔ 기술계수열처럼 서로 맞바꾸는 작업이 필요하다. 이를 위해서 [함수 마법사] [TRANSPOSE함수]를 이용한다. 이는 세로 셀 범위를 가로 범위로, 가로 셀 범위를 세로 범위로 바꾸어 준다.

먼저 바꾸려는 열의 자리([그림 6-12] 쌍대문제의 F5:F6)를 지정한다. 다음으로 [그림 6-10]과 같이 [함수 마법사] 대화 상자의 [범주 선택]에서 [찾기/참조 영역], [함수 선택]에서 [TRANSPOSE]를 선택하여 지정한다.

그림 6-10 ▶ 함수 마법사 TRANSPOSE 이용

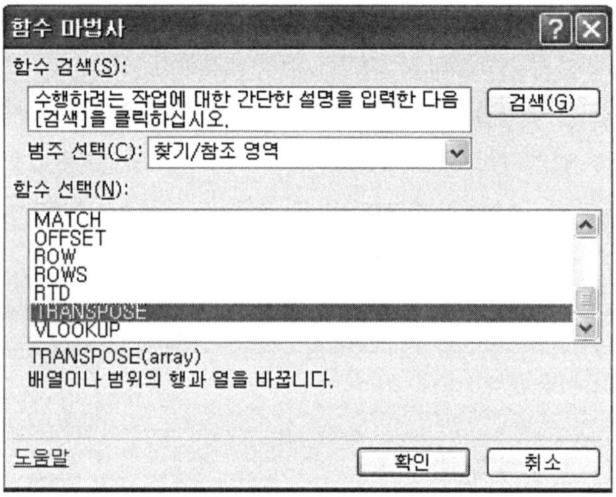

다음으로 [그림 6-11]과 같이 [TRANSPOSE]함수의 대화 상자가 나타나면 전치(transpose)시키고자 하는 셀을 지정한다(원문제의 B4:C4).

그림 6-11 ▶ TRANSPOSE함수값 산출

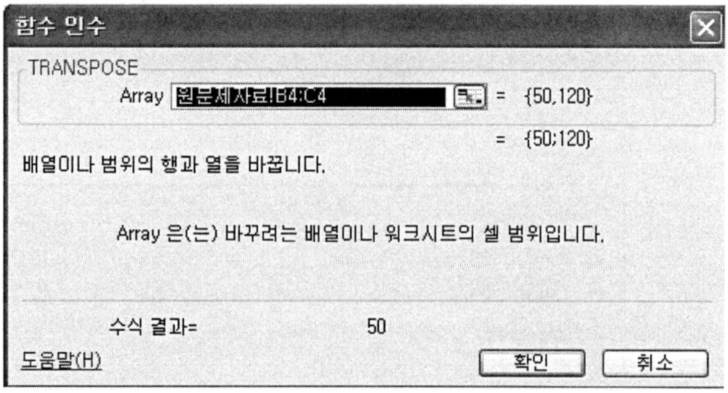

표 6-9 ▶ 쌍대문제로 전환

	B	D	F
4	=TRANSPOSE (원문제자료! F5:F6)	=SUMPRODUCT ($B$8:$C$8, B4:C4)	
5	=TRANSPOSE (원문제자료! B5:B6)		=TRANSPOSE (원문제자료! B4:C4)
6	=TRANSPOSE (원문제자료! C5:C6)		=TRANSPOSE (원문제자료! B4:C4)

다음으로 F2 기능키를 누른 후, 셀 [F5:F6]을 새로 지정한 다음, [Ctrl+Shift+Enter]키를 동시에 눌러서 처리한다. [표 6-9]에 나타난 방법으로 목적함수와 기술계수값을 구하면 [그림 6-12]와 같은 쌍대문제를 구할 수 있다.

그림 6-12 ▶ 쌍대문제

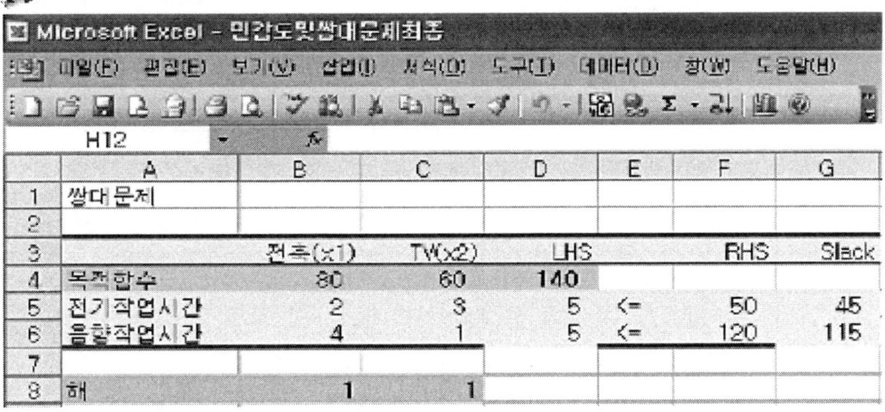

쌍대문제를 구한 후, [그림 6-13]과 같이 제한 조건을 추가한 다음, 해를 구하면 된다. 최적해를 구하는 방법은 원문제와 동일하다.

그림 6-13 ▶ 제한 조건 추가

예 제

1 선형계획문제의 최종심플렉스표가 아래와 같이 주어져 있다. 물음에 답하라.

$$\text{max.} \quad z = 3x_1 + 2x_2 \ (\text{이익})$$
$$\text{s.t.} \quad 4x_1 + 3x_2 \leq 12 \ (\text{자원 } 1)$$
$$4x_1 + x_2 \leq 8 \ (\text{자원 } 2)$$
$$4x_1 - x_2 \leq 8 \ (\text{자원 } 3)$$

$c_j\rightarrow$ ↓	기저	상수	3 x_1	2 x_2	0 s_1	0 s_3	0 s_3
2	x_2	2	0	1	$\frac{1}{2}$	$-\frac{1}{2}$	0
3	x_1	$\frac{3}{2}$	1	0	$-\frac{1}{8}$	$\frac{3}{8}$	0
0	s_3	4	0	0	1	-2	1
	z_j	$\frac{17}{2}$	3	2	$\frac{5}{8}$	$\frac{1}{8}$	0
	$c_j - z_j$		0	0	$-\frac{5}{8}$	$-\frac{1}{8}$	0

(1) 각 자원의 상태를 파악하라.

(2) 각 자원의 잠재가격(shadow price)을 구하라.

(3) 현재의 기저변수를 해에서 탈락시키지 않고 유지할 수 있는 자원 1의 변화가능 범위를 구하라.

(4) 자원 2의 변화가능 범위를 구하라.

(5) 현재의 해에 영향을 미치지 않는 기저변수 x_1의 목적함수계수의 변화 범위를 구하라.

해답 (1) 자원 1 : $s_1 = 0$이므로 희소자원

자원 2 : $s_2 = 0$이므로 희소자원

자원 3 : $s_3 = 4$이므로 잉여자원

(2) 각 여유변수에 대한 $c_j - z_j$행의 값이 각 자원의 잠재가격을 나타낸다.

자원 1의 잠재가격 : $\frac{5}{8}$

자원 2의 잠재가격 : $\frac{1}{8}$

자원 3의 잠재가격 : 0

(3)

상수	s_1	비율
2	$\frac{1}{2}$	4
$\frac{3}{2}$	$-\frac{1}{8}$	-12
4	1	4

양의 비율은 최적해에 영향을 미치지 않고 감소시킬 수 있는 자원 1의 양이며, 음의 비율은 기저에 영향을 미치지 않고 증가시킬 수 있는 자원 1의 양이다. 따라서 자원 1의 가용자원량 b_1의 변화가능 범위는

$$(12-4) \leq b_1 \leq (12+12)$$

$$8 \leq b_1 \leq 24$$

(4)

상수	s_1	비율
2	$-\frac{1}{2}$	-4
$\frac{3}{2}$	$\frac{3}{8}$	4
4	-2	-2

(3)에서와 마찬가지이므로 자원 2의 가용자원량 b_2의 변화가능 범위는

$$(8-4) \leq b_1 \leq (8+2)$$

$$4 \leq b_1 \leq 10$$

(5) Δ를 기저변수 x_1의 목적함수계수 c_1의 변화량이라고 하면

$$s_1 : -\frac{5}{8}+\frac{1}{8}\Delta \leq 0 \qquad \Delta \leq 5$$

$$s_2 : -\frac{1}{8}-\frac{3}{8}\Delta \leq 0 \qquad \Delta \geq -\frac{1}{3}$$

$$-\frac{1}{3} \leq \Delta \leq 5$$

$$\therefore 2\frac{2}{3} \leq c_1 \leq 8$$

2 **다음 선형계획문제의 최종심플렉스표가 아래와 같이 주어져 있다. 이에 관한 물음에 답하여라.**

$$\text{max.}\quad z = 3x_1 + 2x_2 + 5x_3$$
$$\text{s.t.}\quad x_1 + 2x_2 + x_3 \le 430$$
$$3x_1 + 2x_3 \le 460$$
$$x_1 + 4x_2 \le 420$$
$$x_1,\ x_2,\ x_3 \ge 0$$

$c_j \rightarrow$	기저	상수	3	2	5	0	0	0
↓			x_1	x_2	x_3	s_1	s_2	s_3
2	x_2	100	$-\frac{1}{4}$	1	0	$\frac{1}{2}$	$-\frac{1}{4}$	0
5	x_3	230	$\frac{3}{2}$	0	1	0	$\frac{1}{2}$	0
0	s_3	20	2	0	0	−2	1	1
	z_j	1350	7	2	5	1	2	0
	$c_j - z_j$		−4	0	0	−1	−2	0

(1) 위 문제를 쌍대문제로 변형하라.

(2) 위 심플렉스표에서 쌍대문제의 최적해를 구하라.

(3) 쌍대심플렉스법으로 (1)에서 구한 쌍대문제의 최적해를 구하고, 원문제의 최적해와 비교하라.

해답 (1) $$\text{min.}\quad \pi = 430y_1 + 460y_2 + 420y_3$$
$$\text{s.t.}\quad y_1 + 3y_2 + y_3 \ge 3$$
$$2y_1 + 4y_3 \ge 2$$
$$y_1 + 2y_2 \ge 5$$
$$y_1,\ y_2,\ y_3 \ge 0$$

(2) 각 여유변수에 대한 $c_j - z_j$값의 절대값이 쌍대문제의 해가 되므로, 쌍대문제의 최적해는

$$y_1 = 1,\ y_2 = 2,\ y_3 = 0,\ \pi = 1{,}350$$

(3) 각 제약식의 양변에 −1을 곱하고 여유변수를 도입하면 다음과 같다.

$$\min.\quad \pi = 430y_1 + 460y_2 + 420y_3$$
$$\text{s.t.}\quad -y_1 - 3y_2 - y_3 + s_1 = -3$$
$$-2y_1 + 4y_3 + s_2 = -2$$
$$-y_1 - 2y_2 + s_3 = -5$$

최초쌍대심플렉스표

$c_j \rightarrow$ ↓	기저	상수	430 y_1	460 y_2	420 y_3	0 s_1	0 s_2	0 s_3
0	s_1	−3	−1	−3	−1	1	0	0
0	s_2	−2	−2	0	−4	0	1	0
←0	s_3	−5	−1	(−2)	0	0	0	1
	z_j	0	0	0	0	0	0	0
	$c_j - z_j$		430	460 ↑	420	0	0	0

$c_j \rightarrow$ ↓	기저	상수	430 y_1	460 y_2	420 y_3	0 s_1	0 s_2	0 s_3
0	s_1	$\frac{9}{2}$	$\frac{1}{2}$	0	−1	1	0	0
←0	s_2	−2	(−2)	0	−4	0	1	0
460	y_2	$\frac{5}{2}$	$\frac{1}{2}$	1	0	0	0	$-\frac{1}{2}$
	z_j	1150	230	460	0	0	0	−230
	$c_j - z_j$		200 ↑	0	420	0	0	230

$c_j \rightarrow$ ↓	기저	상수	430 y_1	460 y_2	420 y_3	0 s_1	0 s_2	0 s_3
0	s_1	4	0	0	−2	1	$-\frac{1}{4}$	3
430	y_1	1	1	0	2	0	$-\frac{1}{2}$	0
460	y_2	2	0	1	−1	0	$\frac{1}{4}$	$\frac{1}{2}$
	z_j	1350	430	460	400	0	−100	−230
	$c_j - z_j$		0	0	20	0	100	230

쌍대심플렉스법에 의한 최적해는 $y_1=1$, $y_2=2$, $\pi=1,350$으로서, 원문제의 최종심플렉스표에서 얻은 최적해와 동일하다.

연습문제 *Exercise*

1 **다음 선형계획문제에 관한 물음에 답하라.**

$$\begin{aligned} \text{max.} \quad & z = 3x_1 + 2x_2 \\ \text{s.t.} \quad & 2x_1 + 2x_2 \leq 150 \\ & 2x_1 + 3x_2 \leq 300 \\ & x_1, \ x_2 \geq 0 \end{aligned}$$

(1) 도해법으로 최적해를 구하라.

(2) x_1의 단위당 이익이 \$4.5로 증가한다면 이는 최적해에 영향을 미치는가?

(3) 목적함수가 $3x_1 + 3x_2$가 되면 최적해는 어떻게 되는가?

2 **다음 선형계획문제를 도해적으로 분석하라.**

$$\begin{aligned} \text{max.} \quad & z = 4x_1 + 6x_2 \\ \text{s.t.} \quad & x_1 + 2x_2 \leq 8 \\ & 6x_1 + 4x_2 \leq 24 \\ & x_1, \ x_2 \geq 0 \end{aligned}$$

(1) 최적해를 구하라.

(2) 첫 번째 제약조건이 $x_1 + 3x_2 \leq 8$로 변경되면 실행가능영역과 최적해는 어떻게 되는가?

3 다음 선형계획문제에 관한 물음에 답하라.

$$\begin{aligned} \text{max.} \quad & z = x_1 + x_2 \\ \text{s.t.} \quad & 2x_1 + x_2 \le 100 \\ & x_1 + 2x_2 \le 100 \end{aligned}$$

(1) 이 문제의 최적해를 구하라.

(2) 기술향상으로 인하여 x_1의 단위당 이익이 \$3로 증가한다면 이는 최적해에 영향을 미치는가?

(3) x_1의 가격이 하락하여 단위당 이익이 \$1.25가 된다면 이는 최적해에 영향을 미치는가?

4 다음과 같은 심플렉스표가 주어져 있다고 하자.

$c_j \rightarrow$ ↓	기저	상수	10	30	0	0
			x_1	x_2	s_1	s_2
10	x_1	160	1	4	2	0
0	s_1	200	0	0	−7	1
	z_j	1600	10	40	20	0
	$c_j - z_j$		0	−10	−20	0

(1) 변수 x_1의 공헌율에 대한 최적성 범위를 구하라.

(2) 변수 x_2의 공헌율에 대한 무의미한 범위를 구하라.

(3) 첫 번째 자원 한 단위를 추가하기 위하여 기꺼이 지불할 수 있는 금액은 얼마인가?

(4) 두 번째 자원의 잠재가격은 얼마인가? 또 그 이유는?

5 다음은 3개의 제약조건과 4개의 변수를 가진 한 선형계획문제의 최종심플렉스표이다. 각 자원의 잠재가격을 구하고, 잠재가격이 0이라는 것은 무엇을 의미하며, 0이 되는 이유를 설명하라.

$c_j \rightarrow$ ↓	기저	상수	4	6	3	1	0	0	0
			x_1	x_2	x_3	x_4	s_1	s_2	s_3
3	x_3	125	$\frac{1}{2}$	0	1	$\frac{1}{2}$	$\frac{3}{10}$	0	$-\frac{1}{5}$
0	s_2	425	$\frac{39}{12}$	0	0	$-\frac{1}{2}$	$-\frac{1}{2}$	1	0
6	x_2	25	$\frac{39}{60}$	1	0	$\frac{1}{2}$	$-\frac{1}{10}$	0	$\frac{3}{5}$
	z_j	525	$\frac{81}{20}$	6	3	$\frac{9}{2}$	$\frac{3}{10}$	0	3
	$c_j - z_j$		$-\frac{1}{20}$	0	0	$-\frac{7}{2}$	$-\frac{3}{10}$	0	−3

6 다음은 제5장의 A가구사 문제의 최종심플렉스표이다.

$c_j \rightarrow$ ↓	기저	상수	7	5	0	0
			x_1	x_2	s_1	s_2
7	x_1	30	1	0	$\frac{3}{2}$	$-\frac{1}{2}$
5	x_2	40	0	1	−2	−1
	z_j	410	7	5	$\frac{1}{2}$	$\frac{3}{2}$
	$c_j - z_j$		0	0	$-\frac{1}{2}$	$-\frac{3}{2}$

(1) 각 자원의 잠재가격을 구하라.

(2) 이들 잠재가격의 경제적 의미를 설명하라.

(3) 최적해에 영향을 미치지 않고 변화가 가능한 책상의 단위당 이익의 범위를 구하라.

(4) x_2의 최적성 범위를 구하라.

(5) 각 자원의 Δ 변화가능 범위를 계산하라.

7 다음 선형계획문제의 쌍대문제를 작성하라.

$$
\begin{aligned}
\text{min.} \quad & z = 120x_1 + 250x_2 \\
\text{s.t.} \quad & 12x_1 + 20x_2 \geq 50 \\
& x_1 + 3x_2 \geq 4 \\
& x_1,\ x_2 \geq 0
\end{aligned}
$$

8 다음 선형계획문제의 쌍대문제를 작성하고, 다시 이 쌍대문제의 쌍대문제를 구하라.

$$\begin{aligned} \text{max.} \quad & z = 80x_1 + 75x_2 \\ \text{s.t.} \quad & x_1 + 3x_2 \le 4 \\ & 2x_1 + 5x_2 \le 8 \end{aligned}$$

9 다음은 한 선형계획문제의 최종심플렉스표이다. 이 문제의 쌍대변수의 값을 구하고 최적쌍대비용을 구하라.

$c_j \rightarrow$ ↓	기저	상수	200	200	0	0
			x_1	x_2	s_1	s_2
200	x_1	3	1	0	$\frac{3}{5}$	$-\frac{1}{5}$
200	x_2	2	0	1	$-\frac{1}{5}$	$\frac{2}{5}$
	z_j	1000	200	200	80	40
	$c_j - z_j$		0	0	−80	−40

10 쌍대심플렉스법에 의하여 다음 선형계획문제의 최적해를 구하라.

$$\begin{aligned} \text{min.} \quad & z = 2x_1 + 3x_2 \\ \text{s.t.} \quad & 2x_1 + 3x_2 \le 30 \\ & x_1 + 2x_2 \ge 10 \\ & x_1,\ x_2 \ge 0 \end{aligned}$$

11 쌍대심플렉스법에 의하여 다음 선형계획문제의 최적해를 구하라.

$$\begin{aligned} \text{min.} \quad & z = 5x_1 + 6x_2 \\ \text{s.t.} \quad & x_1 + x_2 \ge 2 \\ & 4x_1 + x_2 \ge 4 \\ & x_1,\ x_2 \ge 0 \end{aligned}$$

12 **다음 선형계획문제에 관한 물음에 답하라.**

$$
\begin{aligned}
\text{min.} \quad & z = 6x_1 + 7x_2 + 3x_3 + 5x_4 \\
\text{s.t.} \quad & 5x_1 + 6x_2 - 3x_3 + 4x_4 \geq 12 \\
& x_2 - 5x_3 - 6x_4 \geq 10 \\
& 2x_1 + 5x_2 + x_3 + x_4 \geq 8 \\
& x_1,\ x_2,\ x_3,\ x_4 \geq 0
\end{aligned}
$$

(1) 이 문제의 최적해를 구하는 데 이용할 수 있는 세 가지 해법을 열거하고, 각각의 방법에 의하여 최초의 심플렉스표를 작성하라.

(2) 세 가지 해법 중 어느 것이 가장 효율적인가? 또 그 이유는?

7 수송문제

Management science

1. 서 론

선형계획의 특수형태인 수송문제(transportation problem)는 다수의 공급지(sources)로부터 다수의 수요지(destinations)로의 제품의 수송과 관련된 문제이다. 수송문제의 목적은 총수송비용이 최소가 되도록 공급지와 수요지 간의 물량수송을 계획하는 것이다.

이러한 문제를 해결하기 위해 선형계획법을 사용할 수도 있지만, 특별히 수송문제만을 다루기 위해서 매우 효율적인 수송계획기법들이 개발되어 있다. 이 기법들 역시 심플렉스법처럼 먼저 최초의 실행가능기저해를 구한 다음, 최적해에 도달할 때까지 한 단계씩 보다 나은 해를 탐색해 나간다. 그러나 이러한 수송계획기법들은 해를 산출하는 과정이 매우 간단하다는 장점이 있다.

수송문제는 1941년 히치콕(F.L Hitchcock)에 의해서 처음으로 발표된 뒤 쿠프만스(T.C. Koopmans), 찬스(A. Charnes) 및 쿠퍼(W.W. Cooper) 등에 의해 발전되어 왔다. 수송문제는 기업의 여러 가지 경영문제에 응용할 수 있는데, 특히 제품의 수송계획을 비롯하여 제품의 총괄생산계획 및 생산일정계획 문제와 시설입지의 선정문제를 해결하는 데 수송모형을 유용하게 활용할 수 있다.

2. 수송문제의 모형화

A가구회사는 S_1, S_2, S_3 세 곳의 공장에서 사무용 책상을 제조하여 D_1, D_2, D_3 세 곳의 도매점을 통해 이 제품을 공급하고 있다. 각 공장의 월간 생산능력과 세 개의 각 도매점에서 매월 필요로 하는 책상의 수와 공급지에서 목적지로의 수송비는 [표 7-1]과 같다. 단위당 수송비는 수송량의 크기와는 관계없이 일정하다고 가정한다. 총비용을 최소화할 수 있도록 수송로의 선택과 각 수송로로 수송되어야 할 책상의 수를 결정하는 것이 A가구회사가 당면한 문제이다. 물론 이 경우 공장의 공급가능량과 도매점의 수요량에 관한 제약조건을 고려해야 한다.

수송문제의 해를 구하기 위해서는 먼저 [표 7-1]과 같은 수송표(transportation table)를 작성한다. 이 표의 특징으로는 첫째, 세 공장의 총공급가능량과 세 도매점의 총수요량이 동일하다는 것이다. 이러한 경우를 균형수송문제라고 한다. 둘째, 수송문제에서는 선형계획에서와 같이 기저변수의 수가 제약조건의 수와 같아야 하는데, 만약 공급지의 수를 m, 수요지의 수를 n이라 하면 실행가능한 기저해에 포함될 기저변수의 수는 $m+n-1$개다. 이

표 7-1 ▶ A가구회사의 수송표

공급지 \ 수요지	D_1	D_2	D_3	공급량
S_1	5	4	3	100
S_2	8	4	3	300
S_3	9	7	5	300
수요량	300	200	200	700

S_1의 생산능력

S_2와 D_3 간의 수송량이 할당될 칸

S_3에서 D_2까지의 단위당 수송비

D_3의 수요량

총공급량 = 총수요량

처럼 기저변수의 수가 $m+n$개가 아니고 $m+n-1$개인 이유는 균형수송문제의 경우 공급량과 수요량이 일치하기 때문에 제약조건식 중 하나는 항상 중복되기 때문이다. 위의 예에서는 $m=3$, $n=3$이므로 기저변수는 모두 3+3-1=5개이다. 이는 수송량이 할당되는 수송로의 수가 다섯 개임을 의미한다. 만일 할당된 수송로의 수가 이보다 작으면 그 해는 퇴화한다.

3. 수송문제의 선형계획모형

수송문제는 선형계획모형으로 작성할 수 있다. m개의 공급지와 n개의 수요지, a_i개의 공급가능한 제품의 수량 및 b_i개의 제품의 수요량이 있다고 하자. 한편 공급지 i에서 수요지 j까지 제품 1단위를 수송하는 데 소요되는 비용을 c_{ij}라 하고, 공급지 i에서 수요지 j까지의 수송량을 $x_{ij}(\geq 0)$라 하면, 총수송비용 z를 최소화하기 위한 수송계획모형은 일반적으로 다음과 같이 표현된다.

$$\text{min.} \quad z = \sum_{i=1}^{m} \sum_{j=1}^{n} c_{ij} x_{ij}$$

$$\text{s.t.} \quad \sum_{j=1}^{n} x_{ij} = a_i$$

$$\sum_{i=1}^{m} x_{ij} = b_j$$

$$\text{단, } x_{ij} \geq 0$$

균형수송문제의 경우에는 위의 두 제약조건과 관련하여

$$\sum_{i=1}^{m} a_i = \sum_{j=1}^{n} b_j$$

와 같은 관계식이 성립한다.

A가구회사의 수송문제를 선형계획모형으로 작성하면 다음과 같다.

$$\text{min.} \quad z = 5x_{11} + 4x_{12} + 3x_{13} + 8x_{21} + 4x_{22} + 3x_{23} + 9x_{31} + 7x_{32} + 5x_{33}$$

$$\begin{aligned} \text{s.t.} \quad & x_{11}+x_{12}+x_{13} = 100 \\ & x_{21}+x_{22}+x_{23} = 300 \\ & x_{31}+x_{32}+x_{33} = 300 \\ & x_{11}+x_{21}+x_{31} = 300 \\ & x_{12}+x_{22}+x_{32} = 200 \\ & x_{13}+x_{23}+x_{33} = 200 \\ & x_{ij} \geq 0 \end{aligned}$$

이 문제는 9개의 의사결정변수와 6개의 제약조건식을 갖고 있기 때문에, 선형계획의 심플렉스법으로 해를 구하려면 상당한 시간이 소요되고 복잡하지만, 수송계획기법을 사용하면 보다 간편하고 쉽게 해를 구할 수 있다.

4. 최초실행가능기저해의 산출

수송문제의 해를 구하기 위해서는 특별히 개발된 수송법(transportation method)을 적용하여 다음과 같은 절차를 거쳐 최적해를 산출한다.

첫째, 수송표를 작성한다.

둘째, 최초실행가능기저해를 구한다.

셋째, 최적성을 검정한다.

넷째, 만약 최적해에 도달했으면 여기서 종료하되, 그렇지 않은 경우에는 새로운 실행가능기저해를 구한다.

다섯째, 최적해가 산출될 때까지 셋째와 넷째 단계를 반복한다.

최초실행가능기저해를 구하는 방법에는 여러 가지가 있으나, 북서코너법, 최소비용법 그리고 보겔추정법 등이 있다.

4.1 북서코너법

북서코너법(northwest corner method)은 수송표의 좌측 상단(북서코너)에서 출발하여 우측 하단까지 행의 공급량과 열의 수요량을 차례로 충족시키면서 단계적으로 빈 칸에 할당을 하는 방법이다.

그러면 [표 7-1]에 제시된 A가구회사 문제에 대하여 북서코너법에 의한 최초실행가능기저해를 구해 보기로 한다. 이 예에서는 기저해를 구하기 위하여 다음과 같은 다섯 단계를 거친다([표 7-2] 참조).

1단계 : 좌측 상단에서 시작하여 S_1와 D_1 간의 수송로에 100개를 할당한다. 그러면 S_1의 공급가능량은 모두 할당된다. 그러나 S_1의 도매점에는 여전히 200개의 미충족수요량이 남아 있다. 따라서 같은 열의 다음 행으로 내려간다.

2단계 : S_2와 D_1 간의 수송로에 200개를 할당한다. 이제 D_1의 총수요량 300개는 충족되었으나 아직 S_2에는 100개의 공급량이 남아 있기 때문에 두 번째 행의 다음 열로 이동한다.

3단계 : S_2와 D_2 간의 수송로에 100개를 할당한다. 그 결과 S_2의 공급가능량은 모두 할당되었으나 D_2에는 100개의 부족량이 남아 있으므로 다시 D_2 열의 다음 행으로 내려간다.

4단계 : S_3와 D_2 간의 수송로에 100개를 할당하며, 이로써 D_2의 총수요량 200개가 충족된다. 그러나 S_3에는 200개의 공급량이 남아 있으므로 계속해서 다음 열로 이동한다.

5단계 : S_3와 D_3 간의 수송로에 마지막 200개를 할당한다. 이렇게 하면

표 7-2 ▶ 북서코너법을 이용한 A가구회사 문제의 기저해

공급지 \ 수요지	D_1	D_2	D_3	공급량
S_1	[5] 100	[4]	[3]	100
S_2	[8] 200	[4] 100	[3]	300
S_3	[9]	[7] (100)	[5] 200	300
수요량	300	200	200	700

S_3와 D_2 간의 수송로를 통해서 100개를 수송한다는 것을 의미한다.

S_3의 공급량은 모두 할당되고 D_3의 수요량도 모두 충족된다. 균형문제에서는 이와 같이 수요량과 공급량이 항상 일치하게 된다.

이상과 같은 다섯 단계의 과정을 거쳐 산출된 최초실행가능기저해가 [표 7-2]이다.

이 기저해에서 총수송비를 계산하면 다음과 같다.

기저해의 총수송비				
수송로		수송량×단위당 비용		총비용
공급지	수요지			
S_1	D_1	100	5	500
S_2	D_1	200	8	1,600
S_2	D_2	100	4	400
S_3	D_2	100	7	700
S_3	D_3	200	5	1,000
				4,200

기저해는 수요와 공급에 관한 제약조건을 모두 만족시키므로 실행가능한 해이다. 북서코너법은 신속하고도 쉽게 최초의 실행가능기저해를 산출시킨다는 장점이 있으나, 각 수송로의 수송비를 전혀 고려하지 않고 있기 때문에 총비용을 최소화하는 최적해와는 거리가 멀다는 단점이 있다.

4.2 최소비용법

최소비용법(minimum cost method)은 상호우선법(mutually preferred method) 또는 지름길법(shortcut method)이라고도 하는데, 수송표에서 단위당 수송비 c_{ij}가 가장 작은 칸을 택하여 우선적으로 할당하되 해당 행의 공급량과 해당 열의 수요량을 고려하여 가능한 한 최대의 양을 할당하는 방법이다. 가장 작은 비용을 제시하는 칸에 최대한의 할당을 하고 난 후, 두 번째로 작은 비용의 칸에 가능한 한 최대의 양을 할당한다. 할당하는 과정에서 만약 같은 수송비용을 갖는 칸이 둘 이상 있을 때에는 임의로 어느 한 칸을 선택하여 할당한다.

가령 [표 7-3]과 같은 수송표가 주어져 있다고 하자. 이 표의 (B, 3) 칸

표 7-3 ▶ 최소비용법에 의한 기저해

공급지 \ 수요지	1	2	3	4	공급량
A	③ 8 50	9	11	16	50
B	12	② 7 40	① 5 40	8	80
C	⑤ 14 40	④ 10 30	6	② 7 50	120
수요량	90	70	40	50	250

은 모든 칸들 중 최소의 단위당 수송비 5에 해당한다. 따라서 이 칸에 B공장의 공급량과 창고 3의 수요량 중 작은 양 40단위를 할당한다. 다음 두 번째의 최소비용은 7인데 (B, 2)와 (C, 4) 칸이 똑같다. 그러므로 (C, 4)칸에는 B공장의 공급량과 창고 4의 수요량 중 작은 양 50단위를 할당하고, (B, 2)칸에는 B공장의 공급량 80 중 이미 (B, 3)에 할당한 40을 제외한 나머지 40과 창고 2의 수요량 70을 비교하여 이 중 작은 양 40단위를 할당한다.

그러면 공급지 B행의 공급량 80은 충족이 되며, 수요지 3열과 4열의 수요량 40과 50 역시 충족된다. 이를 제외한 칸들 중에서 다음으로 최소비용 8을 갖는 칸 (A, 1)에 A공장의 공급량과 창고 1의 수요량 중 작은 양 50단위를 할당한다. 다음 최소비용 10을 갖는 칸 (C, 2)에 C공장의 공급량 중 아직 할당되지 않은 양과 창고 2의 수요량 중 아직 충족되지 않은 양 중 작은 30단위를 할당한다. 이제 A, B행과 2, 3, 4열은 모두 만족되었으므로 칸 (C, 1)에 C공장에 남아 있는 공급량과 창고 1의 미 충족수요량인 40단위를 마지막으로 할당하면 최소비용법에 의한 최초실행가능기저해가 산출된다. [표 7-3]에서 원(○) 안에 있는 숫자는 할당순서를 나타낸다.

4.3 보겔추정법

보겔추정법(Vogel's approximation method)은 북서코너법이나 최소비용법보다 계산방법이 다소 복잡하지만, 최적해에 가장 근접한 해를 산출하기 때문에 가장 효과적인 방법이다.

보겔추정법은 기회비용의 개념을 도입하여 최초의 실행가능기저해를 구하는 방법이다. 각 행과 각 열에 대하여 최선의 수송로가 아닌 차선의 수송로로 수송할 경우 발생하는 기회손실을 계산한다.

앞의 A가구회사 문제에 대하여 보겔추정법에 의한 최초실행가능기저해의 산출과정은 다음과 같다.

1단계 : 수송표의 각 행 및 각 열에 대하여 두 개의 가장 작은 수송비용 간의 차이인 기회비용을 계산한다. 이와 같은 기회비용이 [표 7-4]에서는 각 행의 우측과 각 열의 상단에 표시되어 있다.

예를 들어, S_2행에는 8, 4, 3 세 개의 단위당 수송비용이 있는데, 이들 중 가장 작은 두 비용은 4와 3이기 때문에 그 차이 즉 1이 이 행의 기회비용이 된다.

2단계 : 가장 큰 기회비용을 갖는 행이나 열을 찾는다. [표 7-4]의 경우 가장 큰 기회비용을 갖는 행 또는 열은 D_1열(3)임을 알 수 있다.

3단계 : 가장 큰 기회비용을 갖는 것으로 결정된 행이나 열에서 가장 작은 수송비용 칸에 가능한 한 최대의 양을 할당한다. D_1열에서 가장 작은 수송비용을 갖는 수송로는 (S_1, D_1)이므로 이 칸에 가능한 한 최대의 양을 할당해야 하는데, 공급가능량 100과 수요량 300 중 작은 쪽인 100단위를 할당하면 된다([표 7-5] 참조).

4단계 : 할당을 함으로써 완전히 만족된 행이나 열을 소거한다. 이 경우

표 7-4 ▶ 행과 열의 기회비용을 보여 주는 수송표

	3	0	0		
수요지 / 공급지	D_1	D_2	D_3	공급량	
S_1	5	4	3	100	1
S_2	8	4	3	300	1
S_3	9	7	5	300	2
수요량	300	200	200	700	

표 7-5 ▶ S_1행의 공급량이 만족된 보겔추정법에 의한 할당

	~~3~~ 1	~~0~~ 3	~~0~~ 2		
수요지 / 공급지	D_1	D_2	D_3	공급량	
S_1	[5] 100	[4] ×	[3] ×	100	
S_2	[8]	[4]	[3]	300	1
S_3	[9]	[7]	[5]	300	2
수요량	300	200	200	700	

할당된 행이나 열의 나머지 칸에 모두 ×표시를 하면, 해당 행이나 열을 소거한다. [표 7-5]와 같이, S_1행의 (S_1, D_2)와 (S_1, D_3)에는 앞으로 더 이상 할당이 되지 않을 것이므로 ×표시를 한다.

5단계 : 앞에서 소거된 행이나 열을 빼고, 기회비용을 다시 계산한다. A 가구회사 문제의 경우 S_1행이 소거되었으므로 [표 7-5]와 같이 D_1, D_2, D_3의 각 열에 대한 기회비용은 다시 계산되겠지만 S_2와 S_3행의 기회비용은 [표 7-4]와 동일하다.

6단계 : 2단계로 돌아가서 최초의 실행가능기저해가 산출될 때까지 지금

표 7-6 ▶ D_2열의 수요량이 만족된 보겔추정법에 의한 두 번째 할당

	~~3~~ 1	~~0~~ 3	~~0~~ 2		
수요지 / 공급지	D_1	D_2	D_3	공급량	
S_1	[5] 100	[4] ×	[3] ×	100	1
S_2	[8]	[4] 200	[3]	300	~~1~~ 5
S_3	[9]	[7] ×	[5]	300	~~2~~ 4
수요량	300	200	200	700	

표 7-7 ▶ D_3열의 수요량이 만족된 보겔추정법에 의한 세 번째 할당

공급지 \ 수요지	D_1	D_2	D_3	공급량
S_1	5 100	4 ×	3 ×	100
S_2	8 ×	4 200	3 100	300
S_3	9	7 ×	5	300
수요량	300	200	200	700

까지의 각 단계를 반복한다. [표 7-5]에서 D_2열이 가장 큰 기회비용(3)을 가지므로 D_2열에서 가장 낮은 수송비용을 갖는 칸에 200단위를 할당한다. 이제 D_2열의 수요량이 만족되었으므로 (S_3, D_2)에 ×표시를 하여 D_2열을 소거한다. 그리고 [표 7-6]과 같이 기회비용을 다시 계산한다.

이번에는 S_2행이 가장 큰 기회비용을 갖기 때문에 S_2행에서 가장 작은 수송비용을 갖는 칸 (S_2, D_3)에 가능한 최대의 양을 할당한다. 최대할당가능량 100단위를 할당하고 나면 S_2행의 공급량은 모두 소모된다. 따라서 (S_2, D_1) 칸에 ×표시를 함으로써 S_2행을 소거한다([표 7-7] 참조).

끝으로 행의 공급량과 열의 수요량에 관한 제약조건을 검토하여 마지막 남은 두 칸 (S_3, D_1) 및 (S_3, D_3)에 할당하면 모든 할당이 종료된다. (S_3, D_1)

표 7-8 ▶ 행의 공급량과 열의 수요량이 균형을 이룬 최종할당

공급지 \ 수요지	D_1	D_2	D_3	공급량
S_1	5 100	4 ×	3 ×	100
S_2	8 ×	4 200	3 100	300
S_3	9 200	7 ×	5 100	300
수요량	300	200	200	700

에는 200단위를, (S_3, D_3)에는 100단위를 할당함으로써 [표 7-8]과 같은 수송표가 완성되고 최초실행가능기저해가 산출된다.

이와 같이 보겔추정법에 의해 산출된 최초실행가능기저해에 대한 총수송비용을 계산하면 3,900이 된다 :

(100단위×5)+(200단위×4)+(100단위×3)+(200단위×9)+(100단위×5)
= 3,900

보겔추정법은 북서코너법이나 최소비용법보다 많은 계산과정을 요구하지만, 이 접근법은 언제나 최적해에 보다 가까운 기저해를 산출하므로 그 계산과정을 크게 단축할 수 있다는 이점이 있다.

5. 최적해의 탐색

일단 최초의 실행가능한 기저해가 산출되면, 이 해가 최적해인가를 검토하여 만약 최적해가 아니면 이보다 개선된 새로운 기저해를 계속적으로 탐색하면서 최종적으로 최적해를 산출한다. 최적해를 구하는 방법에는 디딤돌법과 MODI법이 있다.

5.1 디딤돌법

디딤돌법(stepping-stone method)은 실행가능한 현재의 기저해가 최적해인가의 여부를 확인하기 위해 아직 할당이 되지 않은 각 칸에 한 단위를 할당한다고 했을 때, 이것이 미치는 비용증감효과를 평가함으로써 점차적으로 최적해에 접근하는 방법이다.

(1) 최적성 평가방법

현재의 해에 대한 최적성(optimality)을 평가하기 위해서는 이미 산출된 최초실행가능기저해로부터 출발하여 다음 다섯 단계를 거쳐야 한다.

1단계 : 할당이 되지 않은 칸 하나를 선택한다.

2단계 : 선택된 칸에서 출발하여 수직과 수평으로 이동하면서 현재 할당된 칸들을 디딤돌로 하여 원래 출발점으로 돌아오는 하나의 폐쇄경로(closed path)를 만든다.

3단계 : 처음 출발점에 +를 부여하고, 폐쇄경로의 각 칸에 -와 +를 교대로 부여한다.

4단계 : +가 표시된 칸들의 단위당 수송비용의 합에서 -가 표시된 칸들의 단위당 수송비용의 합을 차감함으로써 향상지수(improvement index)를 산출한다. 여기서 향상지수란 할당이 되지 않은 칸에 새로이 한 단위를 할당했을 때 예상되는 총비용변동량을 말한다.

5단계 : 할당이 되지 않은 모든 칸들에 대하여 향상지수가 산출될 때까지 1단계에서 4단계까지를 계속 반복한다. 산출된 지수들이 모두 0보다 크면 최적해에 도달한 것이다.

그러면 북서코너법에 의한 A가구회사 문제의 최초해를 가지고 이 해의 최적성 평가절차를 살펴보기로 하자. 현재 할당이 안 된 칸은 (S_1, D_2), (S_1, D_3), (S_2, D_3) 및 (S_3, D_1) 등 네 개다.

1, 2단계 : (S_1, D_2)에서 시작하여 현재 할당이 되어 있는 칸들을 디딤돌로 하는 하나의 폐쇄경로를 만들고, 이 폐쇄경로의 각 칸에 +, -를 각각 부여한다([표 7-9] 참조). 이때 출발점을 제외한 폐쇄경로상의 나머지 칸들은 현재 할당되어 있는 칸이어야 한다. 또한 할당이 안 된 각 칸에 대하여 단 하나의 폐쇄경로만을 만든다.

3단계 : 먼저 (S_1, D_2)를 검토하기 위하여 이 수송로를 통해서 한 단위를 수송한다고 가정하고 이 칸에 +를 부여한다. 이와 같이 (S_1, D_2)에 한 단위를 할당함에 따라 S_1의 생산능력이 한 단위 초과되는 결과가 발생하므로 공급제약조건을 위반하게 된다. 이를 피하기 위해서는 (S_1, D_1)에서 한 단위를 줄여야 하기 때문에 (S_1, D_1)에 -를 부여한다. 그러나 이는 다시 D_1의 수요량 300단위가 충족되지 못하게 되는 결과를 발생시키므로 (S_2, D_1)에 한 단위를 추가 할당하여 201단위로 만들어야 한다. 따라서 (S_2, D_1)에는 +를 부여한다. 마찬가지로 이번에는 S_2의 생산능력이 초과되므로 (S_2, D_2)에서 1단위를 줄여 99단위로 하기 위해 이 칸에 -를 부여한다. 이로써 폐쇄경로의 모든 칸들은 수요와 공급상의 균형을 이루면서 새로운 내용의 할당조합을 형

표 7-9 ▶ (S_1, D_2) 수송로를 검토하기 위한 폐쇄경로

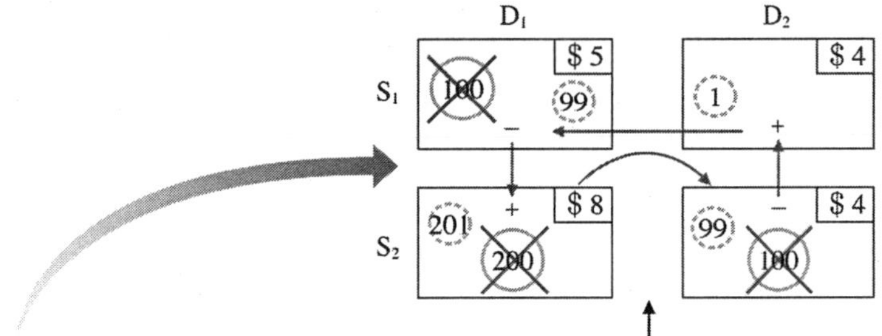

수요자 / 공급자	D_1	D_2	D_3	공급량
S_1	100 [5]	[4]	[3]	100
S_2	200 [8]	100 [4]	[3]	300
S_3	[9]	100 [7]	200 [5]	300
수요량	300	200	200	700

성시킨다.

4단계 : +가 부여된 칸들의 단위당 수송비용을 모두 합한 다음 −가 부여된 칸들의 단위당 수송비용을 차감함으로써 (S_1, D_2)에 대한 향상지수를 산출한다. (S_1, D_2)의 향상지수는 +4−5+8−4=+3이 된다. 이것은 (S_1, D_2)를 통해서 수송할 경우 제품 한 단위 수송할 때마다 총수송비가 현재 수준보다 3씩 증가한다는 것을 의미한다.

5단계 : 할당이 되어 있지 않은 다음 칸 (S_1, D_3)는 약간 복잡하기 때문에 주의해야 한다. 폐쇄경로를 작성할 때에는 할당되어 있는 칸만을 디딤돌로 사용할 수 있기 때문에 (S_1, D_3)의 폐쇄경로상에는 (S_2, D_3)가 포함될 수 없으며, 따라서 이 칸에는 + 혹은 −를 부여할 수 없다. 그러므로 (S_1, D_3)에 대한 폐쇄경로는 +(S_1, D_3)−(S_1, D_1)+(S_2, D_1)−(S_2, D_2)+(S_3, D_2)−(S_3, D_3)이어야 한다. 그리고 (S_1, D_3)의 향상지수는 +3−5+8−4+7−5=+4와 같이 산출된다. 따라서 이 칸들을 통해서 수송한다고 할 때 총수송비는 역시 종전보다 증가할 것임을 알 수 있다.

할당이 되지 않은 나머지 두 칸에 대해서도 이상과 같은 방법을 적용하면 각각에 대해 다음과 같은 폐쇄경로와 향상지수가 산출된다.

표 7-10 ▶ (S_1, D_3) 수송로를 검토하기 위한 폐쇄경로

공급지 \ 수요지	D_1	D_2	D_3	공급량
S_1	[5] − 100	[4]	출발점 [3] +	100
S_2	[8] + 200	[4] − 100	[3]	300
S_3	[9]	[7] + 100	[5] − 200	300
수요량	300	200	200	700

(S_2, D_3)
- 폐쇄경로 : +(S_2, D_3) − (S_2, D_2) + (S_3, D_2) − (S_3, D_3)
- 향상지수 : $+3-4+7-5=+1$

(S_3, D_1)
- 폐쇄경로 : +(S_3, D_1) − (S_3, D_2) + (S_2, D_2) − (S_2, D_1)
- 향상지수 : $+9-7+4-8=-2$

(S_3, D_1)의 향상지수가 음수이므로 이 칸을 통해 수송할 경우 총수송비가 감소될 수 있음을 알 수 있다.

(2) 개선된 해의 산출

디딤돌법에 의해 산출된 어느 한 칸의 향상지수가 음수일 때 이는 이 칸에 제품 1단위를 할당함으로써 향상지수만큼의 총수송비가 절감된다. A가구회사 문제에서는 (S_3, D_1)에서만 −2라는 음의 향상지수가 산출되었다. 만일 음의 향상지수가 2개 이상 산출되었을 경우에는 해를 최대한으로 개선시키기 위해 가장 큰 음수값을 가진 칸을 선택해야 한다.

디딤돌법에 의한 최적해 산출의 다음 단계는 절대값이 가장 큰 음의 향상지수를 산출한 칸에 할당할 수 있는 최대량이 얼마인가를 결정하는 것이다. 여기서 우리는 폐쇄경로에서 (−)부호가 부여된 칸에 할당되어 있는 수송량 중 가장 적은 양을 할당가능한 최대의 양으로 결정한다.

표 7-11 ▶ (S_3. D_1) 수송로를 검토하기 위한 폐쇄경로

공급지 \ 수요지	D_1	D_2	D_3	공급량
S_1	[5] 100	[4]	[3]	100
S_2	[8] − 200	[4] + 100	[3]	300
S_3	[9] +	[7] − 100	[5] 200	300
수요량	300	200	200	700

따라서 (S_3, D_1)에 할당할 수 있는 최대의 수송량은 100이 된다([표 7-11] 참조).

(S_3, D_1)에 100을 할당하면 (S_3, D_2)의 할당량은 0이 되고 (S_2, D_2)에는 100이 추가로 할당되어 200이 되는 반면에, (S_2, D_1)에는 100만큼 감소되어 나머지 100만이 할당된다. 이렇게 해서 유도된 새로운 조합의 할당계획에서는 [표 7-12]에서 볼 수 있는 바와 같이 각 행과 열의 합이 정확히 일치되기 때문에 공급량과 수요량에 관한 제약조건을 여전히 충족하게 된다.

(S_3, D_1)에 새로이 100단위를 할당할 경우의 개선된 해에 있어서는 100× 향상지수 = 100×2 = 200만큼의 수송비가 감소되기 때문에 총수송비는 결국

표 7-12 ▶ 개선된 두 번째 해

공급지 \ 수요지	D_1	D_2	D_3	공급량
S_1	[5] 100	[4]	[3]	100
S_2	[8] 100	[4] 200	[3]	300
S_3	[9] 100	[7]	[5] 200	300
수요량	300	200	200	700

4,200 − 200 = 4,000이 된다. 실제로 다음과 같이 각 칸의 단위 수송비에 할당량을 곱하여 이들의 합을 구하면 총수송비 4,000이 나온다.

$$(100\times5)+(100\times8)+(200\times4)+(100\times9)+(200\times5)=4{,}000$$

이제 [표 7-12]의 해가 과연 최적해인가를 검토하기 위해 앞에서 언급한 다섯 단계를 거쳐 폐쇄경로를 유도하고 아직 할당되어 있지 않은 나머지 칸들에 대한 향상지수를 산출하면 다음과 같다.

(S_1, D_2) : +4 − 5 + 8 − 4 = +3
〔폐쇄경로 : +(S_1, D_2) − (S_1, D_1) + (S_2, D_1) − (S_3, D_2)〕

(S_1, D_3) : +3 − 5 + 9 − 5 = +2
〔폐쇄경로 : +(S_1, D_3) − (S_1, D_1) + (S_3, D_1) − (S_3, D_3)〕

(S_2, D_3) : +3 − 8 + 9 − 5 = −1
〔폐쇄경로 : +(S_1, D_3) − (S_2, D_1) + (S_3, D_1) − (S_3, D_2)〕

(S_3, D_2) : +7 − 4 + 8 − 9 = +2
〔폐쇄경로 : +(S_3, D_2) − (S_2, D_2) + (S_2, D_1) − (S_3, D_1)〕

이상의 계산결과를 보면 (S_2, D_3)의 향상지수만이 아직도 음수이므로 이 칸에 할당이 가능한 최대량을 할당함으로써 해를 개선시킬 수 있다. 그런데 (S_2, D_3)에 대한 폐쇄경로상에는 (S_2, D_1)과 (S_3, D_3) 칸만이 (−)부호를 가지고 있다. 따라서 이 두 칸에 할당되어 있는 양 중 적은 양이 100이므로 (S_2, D_1)과 (S_3, D_3)에서는 각각 100을 차감하면 개선된 새로운 해가 산출된다. 이 세 번째 해에 대한 총수송비는

표 7-13 ▶ **(S_2, D_3) 수송로를 검토하기 위한 폐쇄경로**

공급지 \ 수요지	D_1	D_2	D_3	공급량
S_1	[5] 100	[4]	[3]	100
S_2	[8] 100 −	[4] 200	[3] +출발점	300
S_3	[9] 100 +	[7]	[5] −200	300
수요량	300	200	200	700

$$100 \times 5 + 200 \times 4 + 100 \times 3 + 200 \times 9 + 100 \times 5 = 3{,}900$$

이다.

[표 7-14]는 새로이 산출된 세 번째의 해로서 아직 할당이 되어 있지 않은 칸들의 향상지수가 다음과 같이 모두 0보다 크거나 같기 때문에 이 해가 곧 최적해임을 알 수 있다.

(S_1, D_2) : $+4-5+9-5+3-4 = +2$
〔폐쇄경로 : $+(S_1, D_2)-(S_1, D_1)+(S_3, D_1)-(S_3, D_3)+(S_2, D_3)-(S_2, D_2)$〕

(S_1, D_3) : $+3-5+9-5 = +2$
〔폐쇄경로 : $+(S_1, D_3)-(S_1, D_1)+(S_3, D_1)-(S_3, D_3)$〕

(S_2, D_1) : $+8-9+5-3 = +1$
〔폐쇄경로 : $+(S_2, D_1)-(S_3, D_1)+(S_3, D_3)-(S_2, D_3)$〕

(S_3, D_2) : $+7-5+3-4 = +1$
〔폐쇄경로 : $+(S_3, D_2)-(S_3, D_3)+(S_2, D_3)-(S_2, D_2)$〕

디딤돌법을 적용하여 최적해를 유도하는 데 있어서 가장 큰 문제점은 향상지수를 구하기 위해 폐쇄경로를 모두 작성해야 한다는 점이다. 특히 많은 공급지와 수요지를 갖는 복잡한 문제의 최적해를 구하고자 하는 경우에는 디딤돌법보다는 MODI법을 이용하면 문제를 비교적 쉽게 해결할 수 있다.

표 7-14 ▶ 세 번째 해(최적해)

공급지 \ 수요지	D_1	D_2	D_3	공급량
S_1	[5] 100	[4]	[3]	100
S_2	[8]	[4] 200	[3] 100	300
S_3	[9] 200	[7]	[5] 100	300
수요량	300	200	200	700

5.2 MODI법

MODI법(modified-distribution method, 수정배분법)은 가장 큰 음의 향상지수를 산출하는 칸을 발견하여 해를 개선시켜 나가는 접근법이다. 각 행과 각 열에 대해 특정 지수를 부여함으로써 할당이 되어 있지 않은 모든 칸에 대해 일일이 폐쇄경로를 도출하지 않고도 향상지수를 산출할 수 있다. 향상지수들이 일단 산출된 다음에는 이들 중 가장 큰 음의 향상지수를 산출하는 칸 하나에 대해서만 폐쇄경로를 추적하여 현재의 해보다 개선된 새로운 해를 도출한다. 따라서 MODI법은 계산 면에서 디딤돌법보다 훨씬 효율적인 방법이라 할 수 있다.

MODI법에서는 일반적으로 다음 5단계를 거쳐 최적해에 도달된다.

1단계 : 먼저 R_i를 i행에 부여되는 지수, K_j를 j열에 부여되는 지수, 그리고 C_{ij}를 수송로 ij의 비용이라고 한 다음, 현재 할당되어 있는 각 칸에 대하여 각 행과 각 열의 지수를 계산하기 위해

$$R_i + K_j = C_{ij} \tag{5-1}$$

라 놓는다. 예를 들어, 현재의 해에서 2행과 1열의 수송로에 할당되어 있다면 $R_2 + K_1 = C_{21}$이라 놓는다.

2단계 : 할당되어 있는 각 칸에 대해 (5-1)과 같은 등식을 세운 다음 일단 $R_1 = 0$을 부여한다. 이 경우 R_i나 K_j 중 어느 것을 0으로 놓아도 상관없다. 이것은 수송계획법에서 제약조건의 수$(m+n-1)$가 결정변수의 수$(m+n)$보다 적기 때문에 제약조건의 수를 초과하는 결정변수의 수만큼을 0으로 놓고서 해를 구하는 선형계획법의 원리가 적용되기 때문이다.

3단계 : 모든 R_i와 K_j에 대하여 등식을 푼다.

4단계 : 다음의 (5-2)식을 이용하여 할당이 되어 있지 않은 각 칸에 대한 향상지수를 계산한다.

$$\text{향상지수} = C_{ij} - (R_i + K_j) = C_{ij} - R_i - K_j \tag{5-2}$$

5단계 : 가장 큰 음수의 향상지수를 산출한 다음, 디딤돌법에서와 같은 방법으로 현재의 해를 개선시켜 가면서 최적해에 접근한다.

표 7-15 ▶ 기저해를 **MODI**법으로 개선시키기 위해서 작성한 수송표

	K_j	K_1	K_2	K_3	
R_i	공급지 \ 수요지	D1	D2	D3	공급량
R_1	S1	[5] 100	[4]	[3]	100
R_2	S2	[8] 200	[4] 100	[3]	300
R_3	S3	[9]	[7] 100	[5] 200	300
	수요량	300	200	200	700

MODI법을 적용하여 A가구회사 문제의 최적해를 산출해 보기로 하자. 최적해의 산출은 최초의 실행가능기저해가 출발점이므로, 앞서 북서코너법에 의해 산출된 최초의 기저해를 [표 7-15]에 정리하였다. 이 수송표의 각 행과 열에는 R_i와 K_j가 부여되어 있는데, 최적해 산출을 위한 제1단계로서 먼저 할당이 되어 있는 각 칸들에 대해 다음과 같은 5개의 등식을 세운다.

① $R_1+K_1=5$

② $R_2+K_1=8$

③ $R_2+K_2=4$

④ $R_3+K_2=7$

⑤ $R_3+K_3=5$

다음, $R_1=0$이라 놓고, K_1, R_2, K_2, R_3, K_3를 차례로 구한다.

① $R_1+K_1=5$

$0+K_1=5 \qquad K_1=5$

② $R_2+K_1=8$

$R_2+5=8 \qquad R_2=3$

③ $R_2+K_2=4$

$3+K_2=4 \qquad K_2=1$

④ $R_3+K_2=7$

$R_3+1=7 \qquad R_3=6$

⑤ $R_3+K_3=5$

$6+K_3=5 \qquad K_3=-1$

여기서 R_i와 K_j의 값들이 항상 양수가 되지는 않으며, 0 혹은 음수가 될 수도 있다는 사실을 알 수 있다.

다음 단계에서는 할당이 되지 않은 각 칸들에 대한 향상지수를 계산한다.

$$(S_1, D_2)\text{의 향상지수} = C_{12}-R_1-K_2 = 4-0-1 = +3$$

$$(S_1, D_3)\text{의 향상지수} = C_{13}-R_1-K_3 = 3-0-(-1) = +4$$

$$(S_2, D_3)\text{의 향상지수} = C_{23}-R_2-K_3 = 3-3-(-1) = +1$$

$$(S_3, D_1)\text{의 향상지수} = C_{31}-R_3-K_1 = 9-6-5 = -2$$

위의 향상지수들 중에는 음수값을 갖는 것이 포함되어 있기 때문에 현재의 해는 최적해가 아니다. 이때 현재의 해를 개선시키기 위해서는 음의 향상지수를 산출한 (S_3, D_1)의 폐쇄경로 하나만을 추적하면 된다. 향상지수가 구해진 후 해를 개선하는 방법은 디딤돌법에서와 같다. MODI법을 적용하여 산출된 새로운 해와 최적해는 각각 앞서의 디딤돌법에 의한 해와 같다.

최적해 산출을 위해 MODI법을 적용할 경우에는 개선된 새로운 해가 산출될 때마다 이의 최적성 평가를 위해 R_i와 K_j 값들을 다시 계산해야 한다.

6. 수송문제의 특수한 경우

균형수송문제 이외에도 수송문제 중에는 공급량과 수요량이 일치하지 않는 경우도 있으며, 퇴화현상이 발생하거나 수송로가 금지·차단되어 있는 경우, 다수의 최적해가 존재하거나 경유수송문제 등 특수한 형태도 나타난다.

6.1 불균형수송문제

실제 수송문제에 있어서는 수요량과 공급량이 일치하지 않는 경우도 있는데, 이를 불균형수송문제라고 한다. 이러한 불균형수송문제에 대해서는 가상공급지(dummy sources) 혹은 가상수요지(dummy destinations)를 추가한 최적해를 산출할 수 있다.

공급량이 수요량보다 많은 경우에는 초과공급량만큼의 수요량을 갖는 가상수요지를 추가하고, 수요량이 공급량보다 많은 경우에는 초과수요량만큼의 공급량을 갖는 가상공급지를 추가한다. 가상수송로에는 수송비용계수를 모두 0으로 놓는다. 이것은 가상공급지나 가상수요지에서는 실제로 수송이 이루어지지 않기 때문이다.

(1) 공급량이 수요량보다 많은 경우

A가구회사 문제에서 S_1공장이 생산시간당 공급량을 100단위에서 250단위로 증가시켰다고 하자. S_1공장의 이와 같은 공급량 증대로 이 회사는 총 850단위의 공급능력을 갖추게 되었다. 한편 수요량은 여전히 700단위라 하면 이 회사의 경우 수요량과 공급량이 일치하지 않는다. 따라서 수송량과 공급량이 균형을 이루도록 하기 위해서는 150단위의 수요량을 갖는 가상수요지를 추가해야 한다. 이는 선형계획문제에서 해의 도출을 위해 여유변수(slack variable)를 도입하는 경우와 유사하다. 또한 선형계획문제의 목적함수에서 여유변수의 계수가 0이 되는 것과 마찬가지로 가상수요지에 대한 수송비는 0으로 놓는다.

이 수정된 A가구회사 문제에 북서코너법을 적용하면 [표 7-16]과 같은 최초의 기저해가 산출된다. 공급지 S_1의 공급능력을 확장함으로써 최초실행가능기저해에서의 총수송비는 오히려 감소되었다. 이 해를 바탕으로 최적해를 산출하기 위해서는 디딤돌법이나 MODI법을 적용하면 된다. 여기서 (S_3, 가상수요지) 칸에 할당된 150단위는 실제로 수송이 되지는 않는 가상수송량이다. 이는 S_3공장의 경우 150단위의 과잉공급능력을 보유하고 있기 때문에 총생산량을 이 수준만큼 단축시키는 것이 경제적임을 의미한다.

표 7-16 ▶ 공급량이 수요량보다 많은 불균형문제의 최초실행가능기저해

공급지 \ 수요지	D_1	D_2	D_3	가상수요지	공급량
S_1	[5] 250	[4]	[3]	[0]	250 ← S_1공장의 새로운 생산능력
S_2	[8] 50	[4] 200	[3] 50	[0]	300
S_3	[9]	[7]	[5] 150	[0] 150	300
수요량	300	200	200	150	850

총수송비용 = 250(5) + 50(8) + 200(4) + 50(3) + 150(5) + 150(0)
= 3,350

(2) 수요량이 공급량보다 많은 경우

수요지에서 요구하는 수요량이 공급지에서 공급할 수 있는 양보다 큰 불균형수송문제에 있어서는 가상공급지를 도입하여 해를 구한다.

F오디오회사는 세 곳의 공장에서 고성능 오디오를 조립하여 세 곳의 창고를 통해 이 제품들을 유통시키고 있다. 각 공장의 생산능력, 각 창고의 수요량 및 단위당 수송비는 [표 7-17]과 같다. 이 회사에서는 수송계획을 어떻게 세워야 할까?

표 7-17 ▶ F오디오회사 문제의 불균형수송표

공급지 \ 수요지	D_1	D_2	D_3	공급량
S_1	[6]	[4]	[9]	200
S_2	[10]	[5]	[8]	175
S_3	[12]	[7]	[6]	75
수요량	250	100	150	450 / 500

공급량≠수요량

표 18 ▶ 공급보다 수요가 큰 불균형문제의 최초실행가능기저해

공급지 \ 수요지	D_1	D_2	D_3	공급량
S_1	[6] 200	[4]	[9]	200
S_2	[10] 50	[5] 100	[8] 25	175
S_3	[12]	[7]	[6] 75	75
가상공급지	[0]	[0]	[0] 50	50
수요량	250	100	150	500

기저해의 총수송비용 = 200(6) + 50(10) + 100(5) + 25(8) + 75(6) + 50(0)
= 2,850

이 문제는 총수요량이 총공급량을 초과하는 불균형문제이므로, [표 7-18]에서 보는 바와 같이 가상공급지를 추가하여 균형문제로 변형한 다음, 앞서의 북서코너법에 의해 최초의 실행가능기저해를 구해야 한다.

[표 7-18]의 기저해는 (가상공급지, D_3) 칸에 50단위가 할당되어 있다. 이것은 D_3의 총수요량 중 50단위가 미충족되고 있음을 의미한다. 일반적으로 가상공급지로부터 특정의 수요지로 할당된 수송량은 수요지에서 이 수량만큼의 수요가 충족되지 않음을 나타낸다.

수요량이 공급량을 초과하는 F오디오회사의 수송문제에 대한 최적해를 산출하기 위해서는 [표 7-18]의 최초의 기저해를 토대로 디딤돌법이나 MODI법을 적용하면 된다.

6.2 수송문제의 퇴화현상

일반적으로 수송문제의 경우에는 할당된 수송로의 수가 공급지와 수요지의 합에서 1을 뺀 수와 같게 되는데, 이보다 작을 때에는 퇴화현상(degeneracy)이 일어난다. 이러한 퇴화현상은 기저해에서 발생할 수도 있고 그보다 개선된 해 혹은 최적해에서 발생할 수도 있다. 할당이 되어 있지 않는 각 칸에

대해 폐쇄경로를 만들기 위해서는 할당된 수송로의 수가 폐쇄경로의 작성에 지장이 없을 만큼 충분해야 하며, 그렇지 않을 경우 디딤돌법을 적용할 수 없을 뿐만 아니라 MODI법을 적용할 때에도 등식의 수가 부족하기 때문에 향상지수의 산출에 필요한 R_i와 K_j의 값을 계산할 수 없다. 이러한 퇴화문제를 다루기 위해서는 인위적으로 할당된 칸을 만들어야 한다. 할당되지 않는 칸 중에서 어느 한 칸에 0(이때의 0은 실제로는 0에 가까운 아주 작은 해를 나타냄)을 할당한 다음 그 칸이 할당된 것처럼 취급한다. 단, 인위적으로 할당하고자 하는 칸은 모든 디딤돌의 경로가 폐쇄될 수 있게 해 주는 곳에 위치해야 한다.

퇴화현상은 최초의 기저해에서 일어날 수 있다. [표 7-19]는 북서코너법에 의한 최초실행가능기저해로서, 이 해에서는 할당된 칸의 수(4개)가 공급지와 수요지의 합에서 1을 뺀 수(5개)보다 작기 때문에 퇴화현상이 발생한다. 이 해에 퇴화현상이 발생한 이유는 한 개의 행과 열(S_1행과 D_1열)의 제약조건이 동시에 만족되었기 때문이다. 따라서 문제를 해결하기 위해 할당이 안 된 칸 중 모든 디딤돌경로가 폐쇄될 수 있게 해 주는 칸인 (S_1, D_2) 칸과 (S_2, D_1) 칸 중 하나를 선택하여 이 칸에 극소의 수송량(0 또는 ε로 표시)을 할당량으로 부여한다. 여기서는 (S_1, D_2) 칸에 ε값을 부여한 후 해를 탐색할 수 있다.

표 7-19 ▶ 기저해의 퇴화현상

수요지 / 공급지	D_1	D_2	D_3	공급량
S_1	[8] 100	[2] ε	[6]	100
S_2	[10]	[9] 100	[9] 20	120
S_3	[7]	[10]	[7] 80	80
수요량	100	100	100	300

6.3 금지된 경로나 차단된 수송로가 있는 경우

실제의 수송문제를 해결하다 보면 자연적 혹은 인위적 조건으로 인해 특정의 수송로가 차단되어 여기에는 수송량을 할당할 수 없는 경우가 발생한다. 이러한 경우에는 심플렉스법에서 big M을 사용하는 것처럼, 차단된 수송로에 수송비용을 아주 큰 값(big M)으로 놓고 일반적인 수송문제의 해법을 적용시키면 된다. 그 결과 big M이 부여된 수송로는 기저변수에서 탈락되어 이 수송로에는 할당이 되지 않을 것이므로 수송로의 차단이라는 문제가 해결될 수 있다.

6.4 다수의 최적해가 존재하는 경우

수송표에서 빈 칸의 향상지수값이 0 또는 양수일 경우 최적해가 도달하였음을 알 수 있다. 그러나 만약 하나 이상의 빈 칸에서 향상지수값이 0인 경우 수송비가 동일한 또 다른 최적해가 존재함을 의미한다.

이러한 경우가 다수의 최적해가 존재하는 수송문제이며, 다른 최적해를 구하기 위해서는 향상지수값이 0인 빈 칸에 폐쇄경로에 의한 이동가능한 수송량을 할당하면 되고, 이때 빈 칸의 향상지수값이 0이었으므로 총수송비에는 변동이 없다.

6.5 경유수송문제

수송문제는 단지 공급지에서부터 수요지로 제품을 수송하는 경우를 다룬다. 하지만 실제 수송문제에 있어서는 특정 목적지는 다른 목적지의 중간 경유지 역할을 하는 경우가 종종 있다. 예를 들면, 휘발유는 울산 정유공장에서부터 대전 저장소까지 운반된 후 다시 대전 저장소에서 다른 저장소인 서울로 운반될 수 있다.

이러한 경우를 경유수송문제라고 하며, 수송표의 수정을 거쳐 해를 탐색해 나간다.

7. 엑셀을 이용한 수송문제

그림 7-1 ▶ 엑셀을 이용한 수송문제 자료 입력

Microsoft Excel - 수송문제

파일(F) 편집(E) 보기(V) 삽입(I) 서식(O) 도구(T) 데이터(D) 창(W) 도움말(H)

D4 | D3

	A	B	C	D	E	F
1	A 가구회사의 수송표					
2						
3	자료입력					
4		D_1	D_2	D_3	공급량	
5	S_1	5	4	3	100	
6	S_2	8	4	3	300	
7	S_3	9	7	5	300	
8	수요량	300	200	200	700/700	
9						
10						
11	수송량					
12		D_1	D_2	D_3	공급량	
13	S_1	1	1	1	3	
14	S_2	1	1	1	3	
15	S_3	1	1	1	3	
16	수요량	3	3	3	9/9	
17						
18	총수송비용	48				

[그림 7-1]과 같이 A가구회사의 수송량 결정문제의 기본 자료를 입력한다. 이 수송문제는 총수송량과 총공급량이 같은 균형수송문제(balanced transportation problem)이다.

먼저 최적 수송량값을 구하기 위해 사용되는 함수식을 살펴보면 다음과 같다.

(1) 총수요량과 총공급량 결정

여러 텍스트를 한 텍스트로 조인트시키는 CONCATENATE함수를 사용하여 [표 7-20]과 같이 총수요량(SUM(B8:D8))과 총공급량(SUM(E5:E7))을 구하여 결합시킨다.

표 7-20 ▶ 총수요량/총공급량 계산

	E
8	=CONCATENATE(SUM(B8:D8),"/",SUM(E5:E7))

E16 칸에 사용된 =CONCATENATE(INT(SUM(B16:D16)+0.5),"/", INT(SUM(E13:E15)+0.5))는 수요량과 공급량이 정수값을 갖도록 설정한 CONCATENATE함수이다.

(2) 총수송비용 계산

A18 칸의 총수송비용 SUMPRODUCT(B5:D7,B13:D15)는 단위당 수송비용과 수송량을 각각 곱한 후 합산한 값이다.

표 7-21 ▶ 수요량과 총수송비용 계산

	A	B	E
16	수요량	=SUM(B13:B15)	=CONCATENATE (INT(SUM(B16:D16)+0.5),"/" , INT(SUM(E13:E15)+0.5))
17			
18	총수송 비용	=SUMPRODUCT(B5:D7,B13: D15)	

함수식을 통하여 새로운 계산식을 입력한 다음, 엑셀 메뉴 중 [도구] 메뉴에서 [해 찾기] 서브메뉴를 클릭하면 [그림 7-2]와 같은 [해 찾기 모델 설

그림 7-2 ▶ 해 찾기 모델 설정

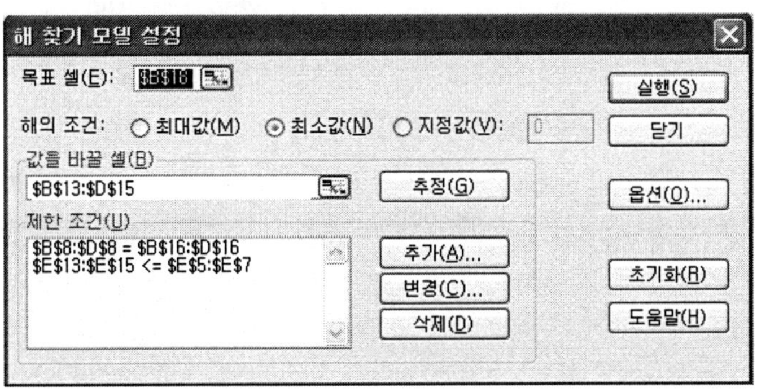

정] 창이 뜬다.

[해 찾기 모델 설정] 창에서 [목표 셀]($B$18)은 총수송비용값이 구해지고, 수송문제는 총수송비용을 최소화하는 문제이므로 [해의 조건] 란에서 [최소값(N)]을 누른다. [값을 바꿀 셀]에서는 수송문제의 변수인 $B$13:$D$15를 지정한다. [제한조건] 란에는 [추가]에서는 버튼을 눌러서 $B$8:$D$8 =$B$16:$D$16을 삽입하여 수요량 제약조건을 충족시키고, $E$13: $E$15<=E5$E$7을 추가하여 공급량을 초과하지 않는다는 제약조건을 충족시킨다.

다음으로 [실행] 버튼을 누르면, [그림 7-3]과 같은 최소 수송비용으로 최적수송량을 결정하는 최적해와 [그림 7-4]의 해답 보고서를 구할 수 있다. 여기에서 나타난 바와 같이 총수송비용은 3900이며, 수송량은 $D_1/S_1=100$, $D_1/S_3=200$, $D_2/S_2=200$, $D_3/S_2=100$, $D_3/S_3=100$이다.

그림 7-3 ▶ 최적수송량(최적해)

Microsoft Excel - 수송문제

	A	B	C	D	E
1	E 가구회사의 수송표				
2					
3	자료입력				
4		D_1	D_2	D_3	공급량
5	S_1	5	4	3	100
6	S_2	8	4	3	300
7	S_3	9	7	5	300
8	수요량	300	200	200	700/700
9					
10					
11	수송량				
12		D_1	D_2	D_3	공급량
13	S_1	**100**	0	0	100
14	S_2	0	**200**	**100**	300
15	S_3	**200**	0	**100**	300
16	수요량	300	200	200	700/700
17					
18	총수송비용	**3900**			

그림 7-4 ▶ 해답 보고서

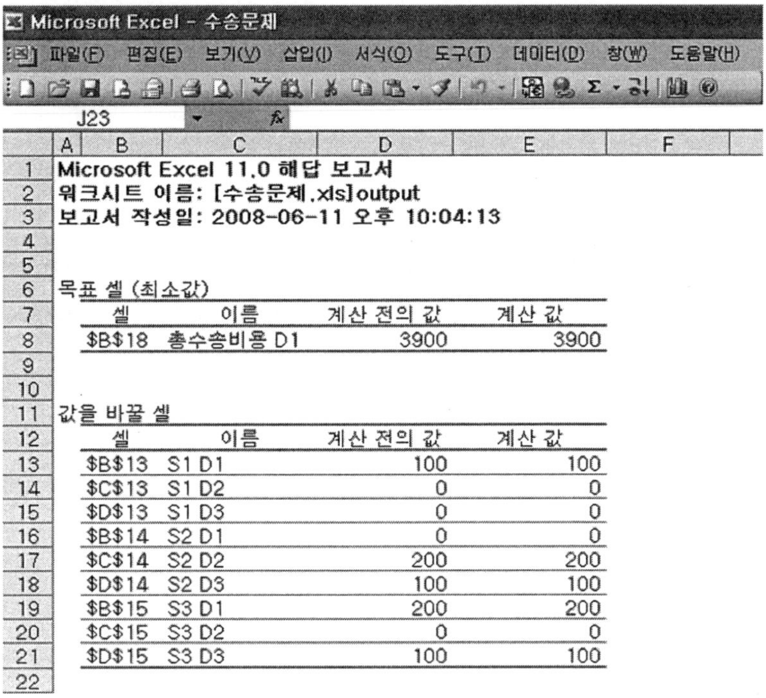
Microsoft Excel - 수송문제

Microsoft Excel 11.0 해답 보고서
워크시트 이름: [수송문제.xls]output
보고서 작성일: 2008-06-11 오후 10:04:13

목표 셀 (최소값)

셀	이름	계산 전의 값	계산 값
$B$18	총수송비용 D1	3900	3900

값을 바꿀 셀

셀	이름	계산 전의 값	계산 값
$B$13	S1 D1	100	100
$C$13	S1 D2	0	0
$D$13	S1 D3	0	0
$B$14	S2 D1	0	0
$C$14	S2 D2	200	200
$D$14	S2 D3	100	100
$B$15	S3 D1	200	200
$C$15	S3 D2	0	0
$D$15	S3 D3	100	100

예 제

1 **호남가구사는 세 곳의 공장으로부터 책장을 생산하여 세 곳의 창고를 통해서 이 제품을 유통시키고 있다. 각 창고의 수요량과 공급량은 다음과 같다.**

창고	수요량	공장	공급량
A	50	I	80
B	100	II	80
C	50	III	40

또한 각 공장과 각 창고 간의 단위당 수송비는 다음과 같다.

공급지 \ 수요지	A	B	C
Ⅰ	10	12	16
Ⅱ	9	9	12
Ⅲ	8	16	18

(1) 수송표를 작성하라.

(2) 북서코너법에 의하여 최초의 실행가능기저해를 구하라.

(3) (2)에서 구한 최초해를 가지고 디딤돌법에 의해 최적해를 구하라.

해답 (1)

공급지 \ 수요지	A	B	C	공급량
Ⅰ	[10]	[12]	[16]	80
Ⅱ	[9]	[7]	[12]	80
Ⅲ	[8]	[16]	[18]	40
수요량	50	100	50	200

(2)

공급지 \ 수요지	A	B	C	공급량
Ⅰ	[10] 50	[12] 30	[16]	80
Ⅱ	[9]	[7] 70	[12] 10	80
Ⅲ	[8]	[16]	[18] 40	40
수요량	50	100	50	200

(3) 최초해를 검토하기 위한 폐쇄경로와 향상지수

(Ⅰ, C) : +16－12+7－12=－1 〔+(Ⅰ, B)+(Ⅱ, B)－(Ⅰ, C)〕

(Ⅱ, A) : +9－7+12－10=4 〔+(Ⅱ, A)－(Ⅱ, B)+(Ⅰ, B)－(Ⅰ, A)〕

(Ⅲ, A) : +8－18+12－7+12－10=－3 〔+(Ⅲ, A)－(Ⅲ, C)
+(Ⅱ, C)－(Ⅱ, B)+(Ⅰ, B)－(Ⅰ, A)〕

(Ⅲ, B) : +16－18+12－7=3 〔+(Ⅲ, B)－(Ⅲ, C)+(Ⅱ, C)－(Ⅱ, B)〕

(Ⅲ, A)의 향상지수가 가장 큰 음수값을 가지므로 이 칸에 새로이 할당을 하면 다음과 같다.

공급지 \ 수요지	A	B	C	공급량
Ⅰ	[10] 10	[12] 70	[16]	80
Ⅱ	[9]	[7] 30	[12] 50	80
Ⅲ	[8] 40	[16]	[18]	40
수요량	50	100	50	200

다시 폐쇄경로와 향상지수를 구한다.

(Ⅰ, C) : +16－12+7－12=－1 〔+(Ⅰ, C)－(Ⅰ, B)+(Ⅱ, B)－(Ⅱ, C)〕

(Ⅱ, A) : +9－7+12－10=4 〔+(Ⅱ, A)－(Ⅱ, B)+(Ⅰ, B)－(Ⅰ, A)〕

(Ⅲ, B) : +16－12+10－8=6 〔+(Ⅲ, B)－(Ⅰ, B)+(Ⅰ, A)－(Ⅲ, A)〕

(Ⅲ, C) : +18－12+7－12+10－8=3 〔+(Ⅲ, C)－(Ⅱ, C)+(Ⅱ, B)－(Ⅰ, B)+(Ⅰ, A)－(Ⅲ, A)〕

(Ⅰ, C)가 음수값을 가지므로 이 칸에 새로이 할당을 한다.

공급지 \ 수요지	A	B	C	공급량
Ⅰ	[10] 10	[12] 20	[16] 50	80
Ⅱ	[9]	[7] 80	[12]	80
Ⅲ	[8] 40	[16]	[18]	40
수요량	50	100	50	200

(Ⅱ, A) : +9－7+12－10=4 〔+(Ⅱ, A)－(Ⅱ, B)+(Ⅰ, B)－(Ⅰ, A)〕

(Ⅱ, C) : +12－16+12－7=1 〔+(Ⅱ, C)－(Ⅰ, C)+(Ⅰ, B)－(Ⅱ, B)〕

(Ⅲ, B) : +16－12+10－8=6 〔+(Ⅲ, B)－(Ⅰ, B)+(Ⅰ, A)－(Ⅲ, A)〕

(Ⅲ, C) : +18－16+10－8=4 〔+(Ⅲ, C)－(Ⅰ, C)+(Ⅰ, A)－(Ⅲ, A)〕

향상지수가 모두 양수이므로 이 해는 최적해이다. 이때의 총비용은

$$10\times10+20\times12+50\times16+80\times7+40\times8)=2020$$

이다.

2 다음의 수송표가 주어졌을 때 물음에 답하여라.

수요지 / 공급지	A	B	C	D	공급량
X	(8)	(9)	(11)	(16)	70
Y	(12)	(7)	(5)	(8)	80
Z	(14)	(10)	(6)	(7)	120
수요량	90	70	40	50	270 / 250

(1) 이 수송표는 수요와 공급이 일치하지 않고 있다. 이런 경우 최적해를 구하기 위해서 어떻게 해야 되는가?

(2) 최적해를 구하고 이를 설명하라.

해답 (1) 다음과 같이 가상수요지를 추가한다.

수요지 / 공급지	A	B	C	D	가상 수요지	공급량
X	(8)	(9)	(11)	(16)	(0)	70
Y	(12)	(7)	(5)	(8)	(0)	80
Z	(14)	(10)	(6)	(7)	(0)	120
수요량	90	70	40	50	20	270

(2) 최적해는 다음과 같다.

수요지 / 공급지	A	B	C	D	가상 수요지	공급량
X	(8) 70	(9)	(11)	(16)	(0)	70
Y	(12) 10	(7) 70	(5)	(8)	(0)	80
Z	(14) 10	(10)	(6) 40	(7) 50	(0) 20	120
수요량	90	70	40	50	20	270

공급지 Z와 가상수요지 간의 수송로에 20단위가 할당되어 있는데, 이것은 이 20단위가 실제로는 공급지 Z에서 수송되지 않음을 나타낸다.

연습문제 *Exercise*

1 **건지주식회사는 Ⅰ, Ⅱ, Ⅲ 세 곳의 공장으로부터 생산된 제품을 A, B, C 세 곳의 창고로 수송하려고 한다. 각 공장의 생산량과 각 창고의 수요량 및 단위당 수송비는 다음과 같다.**

수요지	수요량	공급지	공급량
A	200	Ⅰ공장	300
B	200	Ⅱ공장	150
C	200	Ⅲ공장	250

공급지 \ 수요지	A	B	C
Ⅰ	5	4	3
Ⅱ	8	4	3
Ⅲ	9	7	5

(1) 북서코너법에 의하여 최초실행가능기저해를 구하라.

(2) (Ⅰ)에서 구해진 기저해로부터 디딤돌법에 의하여 최적해를 구하라.

2 다음과 같은 수송표가 주어졌을 때 물음에 답하여라.

공급지 \ 수요지	I	II	III	IV	공급량
A	2	12	6	10	20
B	14	6	2	12	10
C	18	8	10	8	25
수요량	11	13	17	14	55

(1) 최소비용법에 의하여 최초실행가능기저해를 구하라.

(2) 디딤돌법에 의하여 최적해를 구하라.

3 다음과 같은 수송표가 주어졌을 때 물음에 답하여라.

공급지 \ 수요지	A	B	C	D	공급량
I	8	9	11	16	50
II	12	7	5	8	80
III	14	10	6	7	120
수요량	90	70	40	50	250

(1) 보겔추정법에 의하여 최초실행가능기저해를 구하라.

(2) MODI법에 의하여 최적해를 구하라.

4 다음과 같은 수송표가 주어졌을 때, 북서코너법에 의하여 최초의 실행가능기저해를 구하고, 디딤돌법에 의하여 최적해를 구하라.

공급지 \ 수요지	1	2	3	공급량
A	3	3	2	25
B	4	2	3	40
C	3	2	3	30
수요량	30	30	35	95

5 문제 4에서 북서코너법에 의해 구한 최초의 실행가능기저해를 가지고 MODI법을 이용하여 최적해를 구하라.

6 다음과 같은 수송표가 주어졌을 때 보겔추정법에 의하여 최초의 실행가능기저해를 구하고, 이 해가 최적해인가를 검토하라.

공급지 \ 수요지	A	B	C	공급량
W	4	3	3	35
X	6	7	6	50
Y	8	2	5	50
수요량	30	65	40	135

7 건지주식회사는 A, B, C 세 장소에서 건설공사를 하고 있으며, 공사에 필요한 콘크리트는 W, X, Y 등 세 곳의 공장에서 생산하여 공급하고 있다. 다음 수송표에는 트럭 1대분의 수송비용과 각 공장의 일일생산량, 그리고 공사 현장의 일일소비량이 표시되어 있다. 북서코너법에 의하여 최초의 실행가능기저해를 구하고, 디딤돌법을 이용하여 최적해를 구하라.

현장 \ 공급지	A현장	B현장	C현장	공급량
W 공장	1	2	2	120
X공장	4	3	5	160
Y공장	1	2	3	160
수요량	140	200	80	440 \ 420

8 다음과 같은 수송표가 주어졌을 때 물음에 답하여라.

수요지 \ 공급지	A	B	C	판매량
1	8	9	4	72
2	5	6	8	38
3	7	9	6	46
4	5	3	7	19
수요량	110	34	31	175

(1) 북서코너법에 의하여 최초의 기저해를 구하라.

(2) (1)에서 구한 최초의 기저해에서 어떤 현상이 일어나는가?

(3) 이런 경우, 최적해를 구하기 위해서 어떻게 해야 되는가?

9 **다음과 같은 수송표가 주어졌을 때 물음에 답하여라.**

공급지 \ 수요지	I	II	III	IV	공급량
A	7	16	12	9	150
B	11	8	7	8	80
C	10	14	6	5	120
수요량	90	70	40	150	350

(1) 최적해를 구하여라.

(2) 만일 (C, 1)의 수송로가 차단되어 있다면, 최적해를 구하기 위해 어떻게 해야 되는가?

10 **한 부동산업자는 4개의 빌딩을 구매하기 위해 세 은행으로부터 대부를 받고자 한다. 각 은행이 대부할 수 있는 한도액과 각 빌딩을 구매하기 위해 대부받고자 하는 금액 그리고 각 은행이 각 빌딩에 대해서 부과한 이자율 등에 대한 자료는 아래와 같다.**

은 행	이자율(%)				대부한도액
	갑빌딩	을빌딩	병빌딩	정빌딩	
A	8	8	10	11	800(만)
B	9	10	12	10	1,000
C	9	11	10	9	1,200
각 빌딩을 구매하기 위해 대부받으려는 금액	600	400	1,300	700	

이 부동산업자는 최소의 이자를 지불하고 가능한 한 모든 빌딩을 구매하려고 한다. 이 부동산업자가 빌딩을 구매하기 위해 세 은행으로부터 각각 얼마의 대부를 받아야 하는가?

11 비사벌주식회사는 A, B 두 공장에서 컴퓨터를 생산하여 X, Y 두 곳의 창고를 통하여 이 제품을 공급하고 있다. 최근 들어 수요가 증가함에 따라 새로운 공장 하나를 세우려고 한다. C, D 두 곳이 후보지로 선정되었는데, 총생산비와 총수송비를 가장 적게 하기 위해서는 두 곳 중 어느 곳에 공장을 세워야 할 것인가? 각 공장의 생산량과 수요지의 수요량, 제품 한 단위당 생산비용과 수송비용은 다음과 같다.

수요지 / 공급지	X	Y	생산량	단위당 생산비
A	8	5	600	6
B	4	7	900	5
C	5	6	500	4
D	4	6	500	3
예측수요량	800	1200	2000	

8 할당문제

Management science

1. 서 론

할당문제(assignment problem)는 수송문제와 마찬가지로 선형계획문제의 특수한 형태로서, 기업에서 여러 가지 자원을 할당하는 경우에 사용할 수 있는 매우 효율적인 모형이다. 예를 들어, 작업자를 작업에 할당하는 경우, 직무를 기계에 할당하는 경우 및 판매원을 판매지역에 할당하는 경우 등에 이 모형을 사용할 수 있다.

할당문제의 목적은 주어진 과업을 수행하는 데 필요한 총시간 혹은 총비용을 최소화하는 것이다. 이 할당문제가 가지고 있는 중요한 특징은 하나의 기계 또는 한 명의 작업자는 오직 하나의 과업에만 할당된다는 점이다.

할당문제는 앞서 소개한 심플렉스법이나 수송법 또는 열거법(enumeration)으로 풀 수도 있지만, 할당문제의 해결을 위해 특별히 고안된 방법을 도입하여 해를 구할 수 있다.

이러한 할당문제는 드와이어(P.S. Dwyer), 플루드(M.M. Flood) 및 쿤(H. W. Kuhn) 등에 의해서 개발되었으며, 할당문제의 고유한 해법인 헝가리법은 헝가리의 수학자 쾨니히(D. König)에 의해서 고안되었다.

2. 할당문제의 기본개념 및 모형

2.1 기본개념

먼저 열거법을 이용하여 할당문제의 기본개념을 살펴보기로 한자.

한 자동차 생산작업장에서는 새로운 기계 3대를 들여왔다. 이 작업장에는 재능과 숙련도에서 서로 차이가 있는 세 명의 작업자가 있다. 이 작업장의 관리자는 3명의 작업자에게 3대의 기계를 할당하는 경우애 소요될 교육비용을 추산하여 [표 8-1]과 같은 비용행렬표를 작성하였다.

작업장 관리자의 목표는 총비용이 최소가 되도록 3명의 작업자에게 3대의 기계를 할당하는 것이다. 여기서 각 기계에는 단 한 명의 작업자가 할당되어야 하므로, 할당문제의 비용행렬표에서 행의 수와 열의 수는 항상 일치해야 된다는 점이다. 이 할당문제의 해를 구하기 위한 가장 간단한 방법은 할당가능한 모든 경우와 각 경우에 대한 비용을 전부 열거해 보는 것이다.

예를 들면, A를 기계 1에, B를 기계 2에, C를 기계 3에 할당한다면 총비용은 7+7+5=19가 된다.

표 8-1 ▶ 자동차 생산작업장 할당문제의 교육비용 추정액

작업자	기 계		
	1	2	3
A	7	9	3
B	4	7	8
C	6	10	5

표 8-2 ▶ 할당가능한 모든 경우와 각 경우의 비용

기계 1	기계 2	기계 3	교육비	총비용
A	B	C	7+7+5	19
A	C	B	7+10+8	25
B	A	C	4+9+5	18
B	C	A	4+10+3	17
C	A	B	6+9+8	23
C	B	A	6+7+3	16

[표 8-2]는 할당가능한 모든 경우(6가지)에 대한 총비용을 나타내고 있다. 이 표는 C를 기계 1에, B를 기계 2에, A를 기계 3에 할당하는 것이 비용을 최소화하는 해임을 보여 준다. 이때 총비용은 16이다.

이와 같이 열거법에 의해서 해를 구하는 방법은 행과 열의 수가 많지 않은 소규모 문제에서는 타당하지만 대규모 할당문제에서는 비효율적이다. 예를 들어, 어떤 작업장에서 네 명의 작업자를 네 개의 기계에 할당하는 문제는 4!(=4×3×2×1) 즉 24개의 대안을 검토해야 한다. 또한 8명의 작업자를 8개의 기계에 할당하는 문제는 8! 즉 40,320개의 대안을 검토해야 한다. 이와 같이 수많은 대안을 일일이 검토하는 것은 사실상 불가능한 일이기 때문에 보다 능률적인 해법을 필요로 하게 된다.

2.2 선형계획법의 적용

그러면 기계할당에 관한 문제를 선형계획의 형태로 수식화해 보기로 한다. 만약 i 번째 작업자를 j 번째 기계에 할당했을 때의 의사결정변수를 x_{ij} 라 하고, 이때 발생하는 비용을 c_{ij} 라고 하면, 할당문제의 일반형은 다음과 같이 표현할 수 있다.

$$\text{min.} \quad z = \sum_{i=1}^{n} \sum_{j=1}^{n} c_{ij} x_{ij}$$

$$\text{s.t.} \quad \sum_{i=1}^{n} x_{ij} = 1 \quad (j = 1,\ 2,\ \cdots\cdots,\ n)$$

$$\sum_{j=1}^{n} x_{ij} = 1 \quad (i = 1,\ 2,\ \cdots\cdots,\ n)$$

$$x_{ij} = 0 \text{ 또는 } 1$$

이상의 형태로 일반화할 수 있는 할당문제는 작업자의 수와 기계의 수가 동일한 경우에 한하는데, 이와 같은 할당문제를 일반적으로 균형할당문제라 고 한다.

위의 예를 선형계획모형으로 작성하면 다음과 같다.

최소화 $Z = 7x_{11} + 9x_{12} + 3x_{13} + 4x_{21} + 7x_{22} + 8x_{23} + 6x_{31} + 10x_{32} + 5x_{33}$

제약조건
$$x_{11} + x_{12} + x_{13} = 1$$
$$x_{21} + x_{22} + x_{23} = 1$$
$$x_{31} + x_{32} + x_{33} = 1$$
$$x_{11} + x_{21} + x_{31} = 1$$
$$x_{12} + x_{22} + x_{32} = 1$$
$$x_{13} + x_{23} + x_{33} = 1$$
$$x_{ij} = 0 \text{ 또는 } 1 \ (i, j = 1, 2, 3)$$

일단 할당이 이루어지고 나면 할당행렬의 모든 칸은 할당된 칸과 할당되지 않은 칸으로 구분이 된다. 할당된 칸에 대해서는 x_{ij} 값이 1이고 할당되지 않은 칸은 x_{ij} 값은 0이 된다. 최적할당행렬에서 각 행과 각 열은 하나의 할당된 칸만을 갖게 된다. 따라서 최적해에서 각 행 또는 각 열에서 x_{ij} 의 합은 항상 1이 된다. 즉,

$$\sum_{i=1}^{n} x_{ij} = \sum_{j=1}^{n} x_{ij} = 1$$

위의 일반형에서 제약식의 수는 $2n$개인 데 반해 1의 값을 갖는 기저변수는 n개이므로, 수송문제의 해법을 적용할 경우 $(n-1)$개의 기저변수가 0의 값을 갖는 대량퇴화현상(massive degeneracy)이 발생한다.

3. 헝가리법

헝가리법(Hungarian method)은 원래의 비용행렬표를 가지고 기회비용행렬표(opportunity cost matrix)를 만든 다음, 총기회비용이 0이 되도록 할당을 하는 방법이다. 여기서 기회비용(opportunity cost)이란 할당을 함에 있어서 비용을 최소화하도록 할당하지 않음으로써 발생하는 상대적 손실을 의미한다.

헝가리법에서는 다음과 같은 세 가지 단계를 거친다.

1단계 : ① 원래의 비용행렬표의 각 행에서 최소의 수치를 해당 행의 모든 수치에서 뺀다.

② ①에서 얻어진 표의 각 열에서 최소의 수치를 해당 열의 모든 수치에서 뺌으로써 기회비용행렬표를 만든다.

2단계 : 최적할당이 가능한지를 알아보기 위해 1단계에서 산출된 표를 검토한다.

1단계에서 얻어진 기회비용표에서 모든 0값을 소거하는 데 필요한 최소한의 직선(수직선과 수평선)의 수를 도출한다. 만일 표에서 직선의 수가 행이나 열의 수 중 어느 것과 일치하면 이는 최적할당이 가능함을 의미하며, 만일 직선의 수가 행이나 열의 수보다 적으면 3단계로 넘어간다.

3단계 : 현재의 비용행렬표를 수정한다. 즉, 직선에 의해 소거되지 않은 모든 값에서 가장 작은 값을 직선에 의해 소거되지 않은 모든 값에서 뺀다. 그리고 이 가장 작은 값을 수직선과 수평선의 교차점에 있는 값에 더한다. 이제 다시 2단계로 돌아가서 최적할당이 가능할 때까지 계속 반복한다.

그림 8-1 ▶ 할당문제의 절차

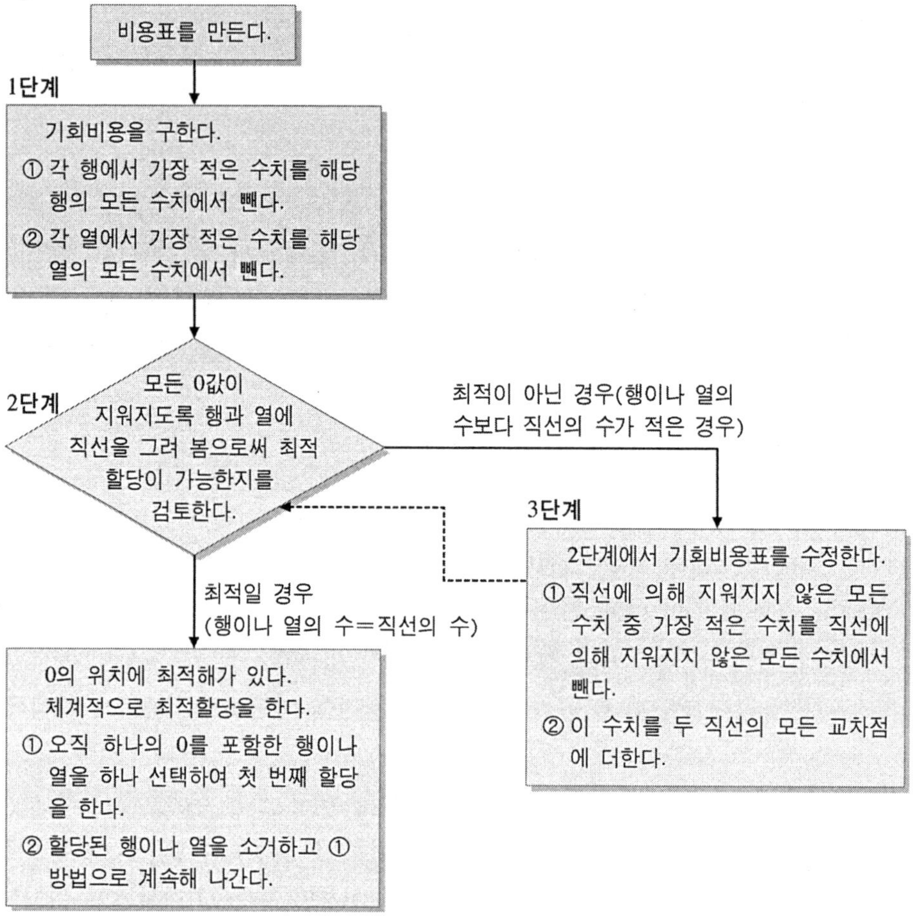

지금까지 설명한 내용을 도표로 설명하면 [그림 8-1]과 같다.

이제 이러한 절차를 실제문제에 적용시켜 보자.

1단계 : 먼저 기회비용표를 만든다.

비용행렬표 [표 8-1]에서 작업자 C에게 기계 2를 할당하기로 결정했다고 가정해 보자. 이 경우에 발생하는 교육비용은 10인데, 기회비용의 개념에 기초해 보면, 이와 같은 결정은 최선이 아니다. 왜냐하면, C는 기계 3을 단 5에 수행할 수 있기 때문이다. 따라서 기계 2를 C에게 할당하면 5(=10-5)의 기회비용이 발생한다. 즉, 5는 최선의 결정을 하지 않음으로써 발생되는 기회손실이다. 마찬가지로 C에게 기계 1을 할당하면 1(=6-5)의 기회비용이 발생한다. 따라서 C에게는 기계 3을 할당하는 것이 최선의 할당이고, 이 경우 기회비용은 0(=5 -5)이다.

[표 8-1]의 모든 행에 대해서 이와 같은 계산을 하면 [표 8-3]과 같이 되는데, 이를 행의 기회비용이라 한다. 여기서 유의해야 할 점은 작업자 측면에서 보면 작업자 C를 기계 3에 할당하는 것이 최소의 비용을 가져오는 방법이겠지만, 기계 측면에서 보면 이것이 반드시 기계 3을 완성하기 위한 가장 경제적인 방법은 아니라는 것이다. 만약 A에게 기계 3을 할당한다면 그는 단 3으로 이 작업을 완성할 수 있다. 이와 같은 사실은 사람 측면이 아닌 기계 측면에서도 할당문제를 검토할 수 있음을 의미한다. 이것을 열의 기회비용이라 한다.

할당문제의 1단계를 완성하기 위해서 총기회비용표를 구한다. 이 총기회비용표는 행의 기회비용과 열의 기회비용을 모두 포함하고 있다. 행의 기회비용표인 [표 8-3]에서 각 열에서 가장 작은 수치를 해당 열의 모든 수치에서 뺀다. 이와 같은 계산결과 [표 8-4]와 같은 총기회비용표가 산출된다.

[표 8-4]의 1열 및 3열은 각각 [표 8-3]의 1열 및 3열과 같음을 볼 수 있다. 이것은 두 개 열의 가장 작은 수치가 0이기 때문이다.

2단계 : 최적할당이 가능한지를 검토한다.

최적할당이 이루어지기 위해서는 모든 할당에 대해서 기회비용이 모두 0(즉 총기회비용이 0)이 되어야만 한다. 그런데 [표 8-4]를 보면 기회비용

표 8-3 ▶ **행 기회비용표**

작업자	기 계		
	1	2	3
A	4	6	0
B	0	3	4
C	1	5	0

표 8-4 ▶ **총기회비용표**

작업자	기 계		
	1	2	3
A	4	3	0
B	0	0	4
C	1	2	0

0의 할당이 네 개가 있음을 알 수 있다. 따라서 A에게 기계 3을, 그리고 B에게 기계 1 혹은 기계 2를 할당하는 방법을 고려할 수 있다. 그러나 이로 인해 C에게는 기회비용 0의 할당을 할 수 없게 된다. 즉, 두 명의 작업자에게 동일한 기계를 할당할 수 없기 때문이다. 따라서 [표 8-4]의 비용표에는 비록 네 개의 0값이 나타나 있지만, 총기회비용을 0으로 하는 할당은 현재 상태에서는 불가능하다.

최적할당이 가능한지에 대해서 알아보기 위해 비용표에 있는 모든 0을 소거하는 데 필요한 최소한의 직선(수직선과 수평선)의 수를 구해 본다. 만약 직선의 수가 비용표의 행이나 열의 수와 일치할 경우는 최적할당이 가능함을 의미한다. 그러나 직선의 수가 행이나 열의 수보다 적으면 최적할당이 불가능하다. 이러한 경우에는 3단계로 돌아가 새로운 총기회비용표를 만들어야 한다.

[표 8-5]는 단 두 개의 직선을 가지고 [표 8-4]의 0 네 개를 모두 소거할 수 있음을 보여 주고 있다. 그러나 현재의 직선의 수(2개)가 행의 수(3개)보다 적기 때문에 아직은 최적할당이 이루어지지 않은 상태이다.

3단계 : 이 단계에서는 기회비용표를 수정한다.

일반적으로 최적해가 최초의 기회비용표에서 곧바로 산출되는 경우는 극히 드물다. 직선의 수가 행이나 열의 수보다 적으므로 직선에 의해 소거되지 않은 가장 작은 기회비용 하나를 0으로 만들어야 한다. 이를 위해 직선에 의해 소거되지 않은 값 중에서 최소치를 직선에 의해 소거되지 않은 모든 값에서 뺀다. 그리고 이 최소값을 두 직선의 교차점에 있는 값에 더한다. 그 결과는 [표 8-6]과 같다.

이제 최적할당을 검토하기 위해 2단계로 돌아가 수정된 기회비용표에서 모

표 8-5 ▶ 할당문제의 최적해 검토

작업자	기 계			
	1	2	3	
A	4	3	0	
B	0	0	4	→ 1
C	1	2	0	
			↓ 2	

표 8-6 ▶ 할당문제의 수정된 기회비용표

작업자	기 계		
	1	2	3
A	3	2	0
B	0	0	5
C	0	1	0

든 0을 소거하는 데 필요한 최소한의 직선수를 구한다.

[표 8-7]에서와 같이 0을 지우기 위해서는 세 개의 직선이 필요하기 때문에 이제 최적할당이 가능하게 되었다.

최적할당 : 작업장 문제에서는 A에게 기계 3을, B에게 기계 2를, C에게 기계 1을 할당하는 것이 최적할당이다. 그러나 이보다 규모가 큰, 즉 행과 열이 많은 문제를 풀기 위해서는 보다 체계적인 할당방법을 적용할 필요가 있다.

최적할당을 하기 위해 우선 단 하나의 0을 포함하고 있는 행이나 열 하나를 선택한다. 이는 작업장의 경우 첫 번째 행인 A행이 된다. 이 행에는 기계 3열에만 0이 있기 때문에 이 칸에 최초로 할당을 한다. 그리고 이 할당된 행(혹은 열)을 지나는 직선을 그린다. 이제 직선으로 지워지지 않은 행과 열에 다시 단 하나의 0을 포함하는 행이나 열 하나를 선택한다. 각 작업자에게 하나의 기계가 각각 할당될 때까지 이 방법을 계속한다([표 8-8] 참조).

표 8-7 ▶ 할당문제의 수정된 기회비용표의 최적성 검토

작업자	기 계			
	1	2	3	
A	3	2	0	
B	0	0	5	1
C	0	1	0	2
			3	

표 8-8 ▶ 할당문제의 최적해

첫 번째 할당	1	2	3
A	3	4	[0]
B	0	0	5
C	0	1	0

두 번째 할당	1	2	3
A	3	4	[0]
B	0	0	5
C	[0]	1	0

세 번째 할당	1	2	3
A	3	4	[0]
B	0	[0]	5
C	[0]	1	0

이 최적할당의 총교육비는 [표 8-1]의 비용표에 의해 아래와 같이 계산된다.

할 당	비 용
A에게 기계 3을 할당	3
B에게 기계 2를 할당	7
C에게 기계 1을 할당	6
	총비용 16

4. 최대화문제

비용을 최소화하는 문제와는 달리, 이익이나 능률을 최대화하는 할당문제도 헝가리법으로 해결할 수 있다. 최대화문제를 이해하기 위하여 하나의 예를 들어 보자.

한국 해군은 서해안의 4개 구역을 순찰하기 위해 네 척의 함정을 각 구역에 할당하려고 한다. 어떤 구역에서는 불법어선을 감시해야 하고, 또 다른 구역에서는 북한간첩선을 감시해야 하는 등 구역에 따라서 임무가 서로 다르기 때문에 각 구역별로 각 함정의 능률이 다르게 평가되었다([표 8-9] 참조).

이 문제의 목적은 최대의 능률을 올릴 수 있도록 네 척의 함정을 네 개의 구역에 각각 할당하는 것이다.

이러한 최대화문제는 먼저 최소화문제로 변형시킨 뒤 헝가리법을 적용한다. 최소화문제로 변형시키기 위해서 능률표에서 가장 높은 능률로부터 나머지 모든 능률을 뺀 후 기회비용표를 만든다.

표 8-9 ▶ 각 구역에 대한 각 함정의 능률표

함 정	구 역			
	A	B	C	D
1	20	60	50	55
2	60	30	80	75
3	80	100	90	80
4	65	80	75	70

[표 8-9]의 능률표에서는 가장 큰 능률이 100이므로 모든 능률을 100에서 빼면 [표 8-10]과 같은 기회비용표가 산출된다.

이렇게 계산된 기회비용을 최소화하기 위한 할당은 능률을 최대화하기 위한 할당과 동일한 결과가 된다.

이 변형된 문제의 최적할당이 완료되면 최적할당이 된 칸에 있는 원래의 능률을 모두 더함으로써 총능률을 구할 수 있다.

이제 헝가리법에 의해 문제를 풀기 위해 [그림 8-1]의 1단계, 2단계를 적용한다. 즉, 각 행에서 가장 작은 값을 각 행의 모든 값에서 빼고([표 8-11]), 각 열에서 가장 작은 값을 각 열의 모든 값에서 빼면 총기회비용표가

표 8-10 ▶ 각 함정의 기회비용표

함 정	구 역			
	A	B	C	D
1	80	40	50	45
2	40	70	20	25
3	20	0	10	20
4	35	20	25	30

표 8-11 ▶ 행 기회비용표

함 정	구 역			
	A	B	C	D
1	40	0	10	5
2	20	50	0	5
3	20	0	10	20
4	15	0	5	10

표 8-12 ▶ 총기회비용표

함 정	구 역			
	A	B	C	D
1	25	0	10	0
2	5	50	0	0
3	5	0	10	15
4	0	0	5	5

구해진다([표 8-12] 참조).

이 총기회비용에 있는 모든 0을 소거하기 위해 필요한 최소한의 직선수는 4개이다. 직선의 수가 행이나 열의 수와 같기 때문에 최적할당이 가능하다.

이제 1대 1 대응이 가능하도록 할당을 하면 함정 1이 D구역에, 함정 2가 C구역에, 함정 3이 B구역에 그리고 함정 4가 A구역에 각각 할당된다. [표 8-9]의 최초의 능률표에 의해서 총능률을 계산하면 다음과 같다.

할 당	능 률
함정 1을 D구역에 할당	55
함정 2를 C구역에 할당	80
함정 3을 B구역에 할당	100
함정 4를 A구역에 할당	65
	총능률 300

5. 할당문제의 특수문제

5.1 불균형할당문제

비용행렬표에서 행의 수와 열의 수가 일치하는 균형할당문제와는 달리, 실제 상황에서는 행의 수와 열의 수가 일치하지 않는 불균형할당문제가 흔히 발생한다. 이러한 경우에는 수송문제와 마찬가지로 가상행(dummy row)이나 가상열(dummy column)을 추가한다.

표 8-13 ▶ 작업자 D가 추가된 작업장 할당문제의 교육비

작업자	기 계			
	1	2	3	가상열
A	7	9	3	0
B	4	7	8	0
C	6	10	5	0
D	7	11	6	0

즉, 열보다 행이 많은 경우에는 가상열을 추가하고, 행보다 열이 많은 경우에는 가상행을 추가한다. 이렇게 하면 균형을 이루는 행렬표를 만들 수 있고, 앞서의 해법에 의해서 문제를 풀 수 있다. 단, 가상작업이나 가상작업자란 실제로는 존재하지 않기 때문에, 비용이나 시간을 추산하는 경우에 가상행이나 가상열에 대해서는 계산을 하지 않는다.

가령 작업장문제에서 작업자 D가 새로 채용되었다고 가정하자. D는 기계 1을 7에, 기계 2를 11에 그리고 기계 3을 6에 수행할 수 있다. 그런데 기계의 수는 여전히 세 개이기 때문에, 이 할당문제가 균형을 이루도록 하기 위해서 가상열 즉 가상기계를 추가한다.

작업자 D가 추가된 최초의 비용행렬표는 [표 8-13]과 같다. 여기서 네 명의 작업자 중 한 명은 가상기계에 할당된다는 점을 주의해야 한다. 즉, 한 명의 작업자에게는 기계가 할당되지 않는다.

5.2 금지된 할당문제

할당문제도 수송문제와 마찬가지로 할당을 할 수 없는 경우가 발생한다. 예를 들어, 어떤 작업자는 기술 부족이나 신체적 부적합 등의 이유로 특정 작업에 할당을 할 수 없는 경우가 있다.

이러한 경우에는 할당문제의 해법을 적용하기 위해 약간의 사전조작이 필요하게 된다. 만일 비용최소화문제인 경우에는 불가능한 할당의 칸에 대단히 큰 비용 $+M$을 부여하고, 이익최대화문제인 경우에는 대단히 작은 이익 $-M$을 부여하면 헝가리법을 적용하여 최적해를 구할 수 있다.

5.3 다수의 최적할당이 존재하는 경우

할당문제의 최적해를 구할 때, 최적할당의 가능성을 분석하기 위해서는 총기회비용표에서 0의 값을 갖는 칸들을 찾아 최소한의 직선을 사용하여 지운다.

이때 총기회비용표에서 0의 값을 갖는 칸이 여러 개의 행과 열에 존재하는 경우, 총할당비용이 동일한 여러 개의 할당방법이 존재한다는 것을 의미한다. 이 경우 다수의 최적할당은 같은 값을 갖게 되므로 여러 개의 최적할당을 구하게 된다.

6. 엑셀을 이용한 할당문제

[그림 8-2]와 같이 작업장의 할당문제의 기본자료를 입력한다. 이 할당문제는 작업자 한 사람당 하나의 기계만 할당되는 문제이다.

그림 8-2 ▶ 엑셀을 이용한 할당문제 자료 입력

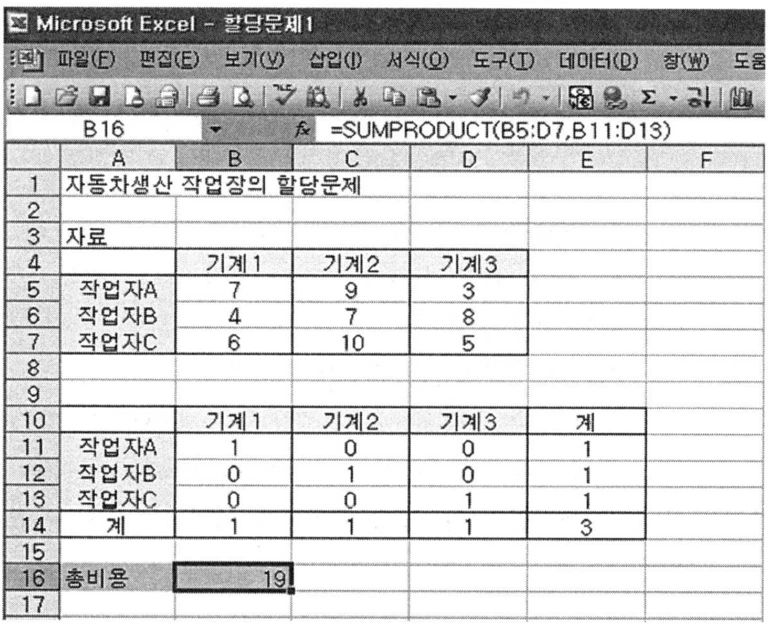

	A	B	C	D	E	F
1	자동차생산 작업장의 할당문제					
2						
3	자료					
4		기계1	기계2	기계3		
5	작업자A	7	9	3		
6	작업자B	4	7	8		
7	작업자C	6	10	5		
8						
9						
10		기계1	기계2	기계3	계	
11	작업자A	1	0	0	1	
12	작업자B	0	1	0	1	
13	작업자C	0	0	1	1	
14	계	1	1	1	3	
15						
16	총비용	19				
17						

표 8-14 ▶ 총할당비용 계산

	A	B	C	D	E
14	계	=SUM(B11:B13)	=SUM(C11:C13)	=SUM(D11:D13)	=SUM(B14:D14)
15					
16	총비용	=SUMPRODUCT (B5:D7,B11:D13)			

A16 칸의 총할당비용 28은 SUMPRODUCT(B5:D7,B11:D13)함수식을 이용하여 계산하며, 단위당 할당비용과 할당량을 각각 곱한 후 합산한 값이다.

자료를 입력한 다음, 엑셀 메뉴 중 [도구] 메뉴에서 [해 찾기] 서브메뉴를 클릭하면 [그림 8-3]과 같은 [해 찾기 모델 설정] 창이 뜬다.

[해 찾기 모델 설정] 창에서 [목표 셀]($B$16)은 할당량의 변화에 따른 총할당비용값 중 최소비용값이 구해지게 된다.

할당문제는 총할당비용을 최소화하는 문제이므로 [해의 조건] 란에서 [최소값(N)]을 누른다.

[값을 바꿀 셀]은 할당문제의 변수인 $B$11:$D$13를 지정한다.

[제한조건] 란에는 [추가] 버튼을 눌러서 $B$14:$D$14=1을 입력한다. 이는 프로젝트는 각각 한 종업원에게만 할당됨을 원칙으로 함을 의미한다. [추가] 버튼을 다시 눌러 $E$11:$E$13=1을 입력하는데, 이는 종업원은 각각 하나의 기계에만 할당됨을 의미한다.

다음에 [해 찾기 모델 설정] 창에서 오른쪽 [옵션] 버튼을 눌러 [그림 8-4] [해 찾기 옵션]에서 선형모델 가정과 음수 아닌 것으로 가정에 체크한다.

그림 8-3 ▶ 해 찾기 모델 설정

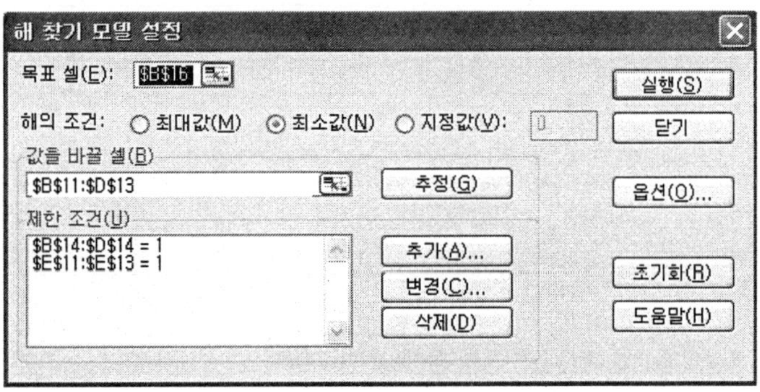

그림 8-4 ▶ 해 찾기 옵션

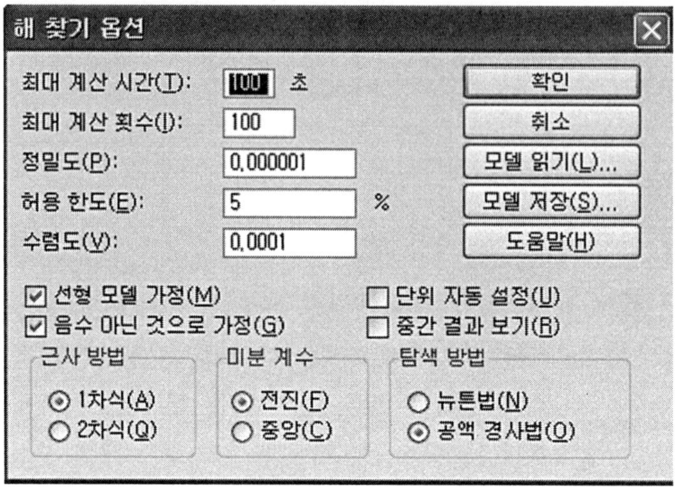

[그림 8-4 [해 찾기 옵션] 다음으로 [실행] 버튼을 누르면, [그림 8-5]와 [그림 8-6]과 같은 최적할당량(최적해)과 해답 보고서를 구할 수 있다. 총할당비용은 16이며, 할당은 기계 1은 작업자 C에, 기계 2는 작업자 B에, 기계 3은 작업자 A에게 할당하게 된다.

그림 8-5 ▶ 최적할당량(최적해)

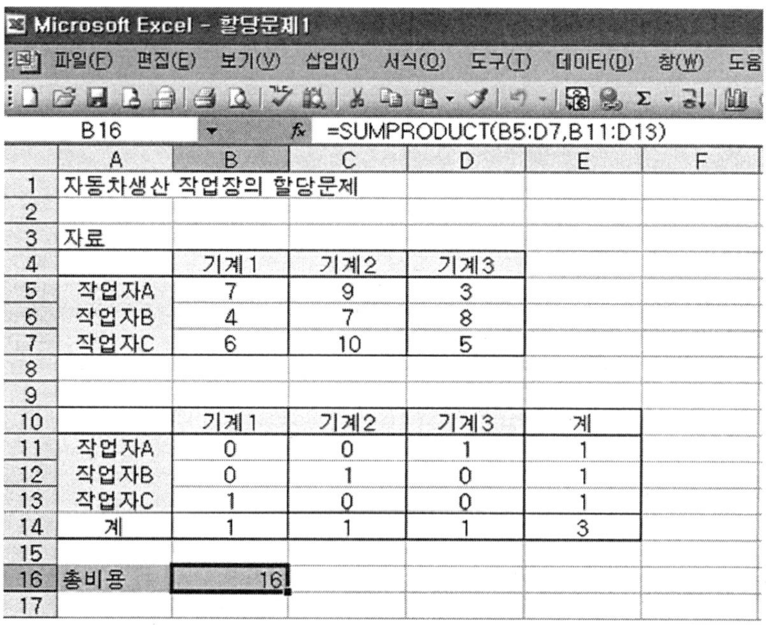

	A	B	C	D	E	F
1	자동차생산 작업장의 할당문제					
2						
3	자료					
4		기계1	기계2	기계3		
5	작업자A	7	9	3		
6	작업자B	4	7	8		
7	작업자C	6	10	5		
8						
9						
10		기계1	기계2	기계3	계	
11	작업자A	0	0	1	1	
12	작업자B	0	1	0	1	
13	작업자C	1	0	0	1	
14	계	1	1	1	3	
15						
16	총비용	16				
17						

그림 8-6 ▶ 해답 보고서

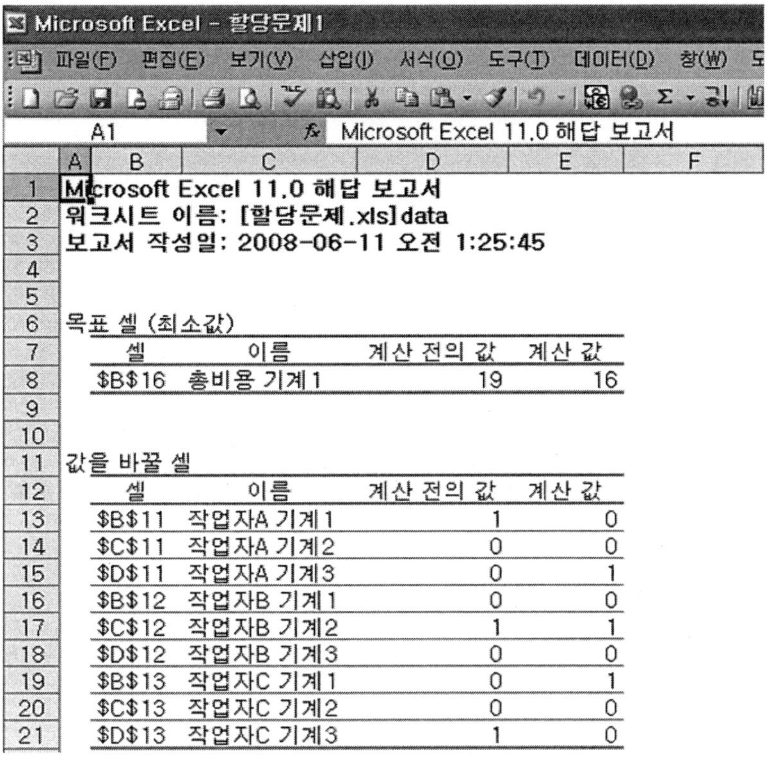
Microsoft Excel - 할당문제1

Microsoft Excel 11.0 해답 보고서
워크시트 이름: [할당문제.xls]data
보고서 작성일: 2008-06-11 오전 1:25:45

목표 셀 (최소값)

셀	이름	계산 전의 값	계산 값
$B$16	총비용 기계1	19	16

값을 바꿀 셀

셀	이름	계산 전의 값	계산 값
$B$11	작업자A 기계1	1	0
$C$11	작업자A 기계2	0	0
$D$11	작업자A 기계3	0	1
$B$12	작업자B 기계1	0	0
$C$12	작업자B 기계2	1	1
$D$12	작업자B 기계3	0	0
$B$13	작업자C 기계1	0	1
$C$13	작업자C 기계2	0	0
$D$13	작업자C 기계3	1	0

예 제

1 한 건축설계사무소는 교회, 학교, 백화점 등 3개의 설계프로젝트 의뢰를 받았다. 이 설계사무소에는 서로 다른 재능을 가진 세 명의 건축설계사가 있다. 각각의 프로젝트에 한 명의 설계사를 할당하려고 하는데, 이들이 각 프로젝트를 수행하는 데 드는 비용은 다음과 같다.

설계사	프로젝트		
	교회	학교	백화점
A	6	7	9
B	8	13	7
C	12	17	6

(1) 이 문제는 할당문제의 해를 구하기 위해서 요구되는 조건을 충족시키고 있는가?

(2) 최적할당을 결정하라.

해답 (1) 설계사의 수와 프로젝트의 수가 동일하므로 조건을 충족시키고 있다.

(2) 행 기회비용표

	교회	학교	백화점
A	0	1	3
B	1	6	0
C	6	11	0

총기획비용표

	교회	학교	백화점
A	0	0	3
B	1	5	0
C	6	10	0

수정된 기회비용표

	교회	학교	백화점
A	0	0	4
B	0	4	0
C	5	9	0

최적할당

	교회	학교	백화점
A	0	[0]	4
B	0	4	0
C	5	9	0

	교회	학교	백화점
A	0	[0]	4
B	[0]	4	0
C	5	9	0

	교회	학교	백화점
A	0	[0]	4
B	[0]	4	0
C	5	9	[0]

학교프로젝트를 A에게, 교회프로젝트를 B에게, 백화점프로젝트를 C에게 각각 할당한다.

2 H공장은 세 개의 작업을 수행하기 위해서 각 작업당 1명의 기술자를 할당하려고 한다. 현재 이 공장에는 네 명의 기술자가 있다. 이들이 각 작업을 수행하는 데 소요되는 비용은 다음과 같다.

기술자	작 업		
	I	II	III
A	4	3	9
B	7	1	8
C	2	6	4
D	9	5	5

(1) 이 할당문제의 해를 구하기 위해서 맨 먼저 어떻게 해야 되는가?

(2) 비용최소화의 관점에서 작업을 수행할 세 명의 기술자를 선정하라.

해답 (1) 가상작업을 추가하여 이 할당문제가 균형을 이루게 한다.

	I	II	III	가상작업
A	4	3	9	0
B	7	1	8	0
C	2	6	4	0
D	9	5	5	0

(2) 기회비용표

	I	II	III	가상작업
A	2	2	5	0
B	5	0	4	0
C	0	5	0	0
D	7	4	1	0

수정된 기회비용표

	I	II	III	가상작업
A	1	1	4	0
B	5	0	4	1
C	0	5	0	1
D	6	3	0	0

최적할당

	I	II	III	가상작업
A	1	1	4	[0]
B	5	0	4	1
C	0	5	0	1
D	6	3	0	0

	I	II	III	가상작업
A	1	1	4	[0]
B	5	[0]	4	1
C	0	5	0	1
D	6	3	0	0

	Ⅰ	Ⅱ	Ⅲ	가상작업
A	1	1	4	0
B	5	0	4	1
C	0	5	0	1
D	6	3	0	0

	Ⅰ	Ⅱ	Ⅲ	가상작업
A	1	1	4	0
B	5	0	4	1
C	0	5	0	1
D	6	3	0	0

작업 Ⅰ을 C에게, 작업 Ⅱ를 B에게, 작업 Ⅲ을 D에게 각각 할당한다.

연습문제 *Exercise*

1 A, B, C, D 네 개의 작업을 W, X, Y, Z 네 개의 기계에 각각 할당하려고 한다. 이 기계들이 각 작업을 끝마치는 데 필요한 시간은 다음 표와 같다. 총작업시간이 최소가 되도록 할당을 하여라.

작 업	기 계			
	W	X	Y	Z
A	10	14	16	13
B	12	13	15	12
C	9	12	12	11
D	14	16	18	16

2 A, B, C보험회사는 갑, 을, 병 세 사람의 직원을 X, Y, Z 세 지역의 영업소에 각각 한 명씩 파견하려고 한다. 이때 각 직원들의 이사와 관련하여 다음 표와 같이 비용이 발생한다. 이사비용을 최소화하는 관점에서 직원을 각 영업소에 파견한다면 어떻게 해야 되는가?

직원 \ 영업소	X	Y	Z
갑	80	110	120
을	50	160	130
병	50	100	230

3 J콜택시회사는 각각 다른 장소에 있는 네 명의 고객으로부터 서비스 요청을 받았다. 이 회사의 콜택시 4대는 Ⅰ, Ⅱ, Ⅲ, Ⅳ 등 네 곳에서 대기 중에 있다. 다음 표에는 대기 중인 콜택시의 위치와 고객이 서 있는 장소와의 거리를 제시하고 있다. 4대의 택시가 고객에게 가는 총거리를 최소화하려면, 어느 택시를 어느 고객에게 보내야 하는가?

택시 위치	고 객			
	A	B	C	D
Ⅰ	7	3	4	8
Ⅱ	5	4	6	5
Ⅲ	6	7	9	6
Ⅳ	8	6	7	4

4 H경찰서장은 5개의 서로 다른 성격의 범죄사건을 5팀의 수사전담반에 할당하려고 한다. 경찰서장은 과거 실적을 토대로 각 전담반이 각 사건을 끝마치기에 필요한 시간을 다음과 같이 추정하였다. 모든 사건을 가장 빠른 시일에 끝마치기 위한 최적할당을 하여라.

수 사 전담반	범죄사건				
	A	B	C	D	E
1	14	7	3	7	27
2	20	7	12	6	30
3	10	3	4	5	21
4	8	12	7	12	21
5	13	25	24	26	8

5 K제약회사는 네 명의 판매원을 4개 지역에 파견하려고 한다. 각 판매원을 각 지역에 파견했을 때 예측되는 판매량은 다음 표와 같다. 총판매량을 최대로 하는 최적할당을 하여라.

판매원	지 역			
	Ⅰ	Ⅱ	Ⅲ	Ⅳ
A	90	65	95	40
B	70	60	80	75
C	85	40	80	60
D	55	90	65	55

6 전주병원 원장은 새로 채용한 네 명의 수간호원을 내과, 외과, 산부인과, 정형외과 등에 각각 한 명씩 배치하려고 한다. 네 명과 인터뷰를 한 결과 재능과 성격을 고려하여 다음과 같은 예상능률표를 작성하였다. 총능률이 최대화되도록 하여라.

간호원	부 서			
	내과	외과	산부인과	정형외과
A	28	18	15	75
B	32	48	23	38
C	51	36	24	36
D	25	38	55	12

7 다음과 같이 할당문제를 위한 능률표가 주어졌을 때 총능률이 최대화되도록 할당을 하여라.

작업자	작 업			
	1	2	3	4
A	27.1	18.1	11.3	9.5
B	18.9	15.5	17.1	10.6
C	19.2	18.5	9.9	7.7
D	11.5	21.4	16.8	12.8

8 G전자회사는 4가지 전자부품을 생산하고 있는데 1개의 품목을 더 생산하려고 한다. 각 공장에서 현재의 4가지 부품을 생산하기 위해 소요되는 비용은 다음과 같다. 앞으로 생산하려는 새로운 부품은 어느 공장에 할당하여야 총생산비용이 최소가 되겠는가?

부 품	공 장			
	1	2	3	4
C63	10	12	13	11
C2	5	6	4	8
D57	32	40	31	30
D4	17	14	19	15

9 **본 장의 5절에서 수리센터문제에 수리공 D를 추가한 경우를 살펴보았다.**

(1) 이와 같이 수리공 D가 추가된 경우에 최적할당을 결정하라.

수리공	작 업			
	1	2	3	가상열
A	11	14	6	0
B	8	10	11	0
C	9	12	7	0
D	10	13	8	0

(2) 최적해에서 어떤 현상이 일어나는가?

10 **한 연구소가 5개의 프로젝트를 수행하려고 한다. 이 연구소에서 7개의 연구팀이 있다. 각 팀의 성격과 과거 분석을 토대로 다음과 같은 예상능률표를 작성하였다. 7개 팀 중 프로젝트를 할당할 5팀을 선정하라.**

연구팀	프로젝트				
	1	2	3	4	5
1	95	110	103	115	98
2	89	95	100	87	92
3	120	132	118	128	121
4	107	119	112	108	96
5	75	83	99	100	85
6	113	115	98	111	120
7	102	73	95	70	94

9 정수계획법

Management science

1. 서 론

선형계획법에서는 모든 결정변수가 비음조건을 만족할 경우 분수값(fraction)을 취할 수 있다는 것을 기본전제로 하고 있다. 이러한 가분성(divisibility)의 가정은 대부분의 실제 의사결정문제에서 거의 문제가 되지 않는다. 그러나 문제에 따라서는 변수의 값이 정수이어야 할 경우가 있다. 예를 들어, 어느 항공회사에서 보잉767기의 구입에 관한 의사결정문제에 직면하여 최적해가 5.38대로 결정되었다고 하자. 그러나 이 회사는 5.38대를 주문할 수 없으며, 실제로 5대 내지 6대를 주문해야 한다.

이와 같이 변수가 정수값을 가져야 하는 문제에는 선형계획법을 그대로 적용할 수 없다. 정수계획법(integer programming)은 이러한 문제를 해결하고, 선형계획문제에 대한 최적해를 구하기 위해 개발된 선형계획법의 확대모형이라고 할 수 있다.

정수계획문제에서 가장 간단한 해법은 선형계획기법으로 결정변수의 해를 구한 다음, 이 해를 정수값으로 반올림(round-off)하는 것이다. 이 방법은 정수해를 얻는 데 필요한 시간과 비용 측면에서 매우 경제적인 기법이지만, 반면에 반올림한 해가 항상 모든 제약조건을 만족시킨다고는 할 수 없다. 즉, 반올림하여 산출된 해는 실제로 실행불가능하거나 최적해가 아닐 수도 있다.

이와 같은 문제를 해결하고 최적정수해를 구하기 위한 여러 가지 기법들이 개발되었다.

현재 정수계획문제의 해법으로 널리 이용되고 있는 것은 분단탐색법(branch-and-bound method)이다. 분단탐색법은 어떤 정수계획문제가 한정된 실행가능해를 가지고 있을 때 이들을 단계적으로 분할하여 검토함으로써 최적해에 접근해 가는 방법이다.

또한 투자의사결정문제에 적용할 수 있는 0 또는 1의 정수해 값만을 갖는 특수한 정수계획문제인 0-1정수계획법(zero-one integer programming)을 들 수 있다.

2. 정수계획문제의 해법

정수계획모형도 일반 선형계획모형과 마찬가지로 제약조건과 목적함수를 갖는다. 양자의 차이가 있다면 정수계획모형의 경우 최종적으로 해가 되는 결정변수가 정수값을 취해야 한다는 점이다.

정수계획문제에서 최적해가 되는 결정변수 전부가 정수값을 취해야 하는 경우도 있고, 이들 중 일부만이 정수값을 취하면 되는 경우도 있다. 모든 결정변수가 정수값을 취해야 하는 모형을 순수정수계획문제(pure integer programming problem)라고 하며, 특정 변수만이 정수값을 취해야 하는 모형을 혼합정수계획문제(mixed integer programming problem)라고 한다. 또한 특수한 경우로서 결정변수가 0 또는 1의 값만을 취할 수 있는 모형이 있는데, 이를 0-1정수계획문제(zero-one integer programming problem)라고 한다.

2.1 정수계획법의 도해법

정수계획문제에 단지 두 개의 결정변수만이 포함되는 경우에는 도해법에 의해 정수해를 쉽게 구할 수 있다. 도해법은 정수조건을 충족시켜야 한다는 점을 제외하면 선형계획문제의 도해법과 다른 점이 없다. 이 방법은 실행가능영역 내에 있는 정수좌표를 그래프에 표시하고 등가이익(비용)선법이나 탐색기법을 이용하여 최적정수해를 구하는 방법이다. 따라서 최적해는 실행가능영역에 포함되는 점들 중에 하나이어야 하며, 실행가능영역의 경계선상에 있는 점 중에서 한 점이 선형계획문제에서 최적꼭지점이더라도 정수제약조건에 위반되면 이 점에서 가장 가까운 정수점이 최적정수해가 된다.

다음과 같은 정수계획모형을 가지고 도해법에 의한 최적해를 산출하도록 하자.

$$\begin{aligned} \text{max.}\ \ & z = 20x_1 + 16x_2 \\ \text{s.t.}\ \ & 2x_1 + 3x_2 \le 12 \\ & 5x_1 + 3x_2 \le 15 \\ & x_1,\ x_2\ :\ \text{비음정수} \end{aligned}$$

이 문제는 결정변수 x_1과 x_2가 비음의 정수값을 가져야 한다는 정수제약조건을 제외하면 선형계획문제라고 할 수 있다. 따라서 그래프를 이용하여 해를 구하기 위해서는 일단 실행가능영역을 도시해야 한다. [그림 9-1]에서 보는 바와 같이 실행가능영역은 OABC이며, 점 B가 선형계획문제의 최적해가 된다. 즉, $x_1=1$, $x_2=3\frac{1}{3}$이 선형계획문제의 최적해이며, 이때의 목적함수값은 $z=77.33$이다. 여기서 $x_2=3\frac{1}{3}$은 정수가 아니기 때문에 점 B는

그림 9-1 ▶ 정수계획법의 도해법

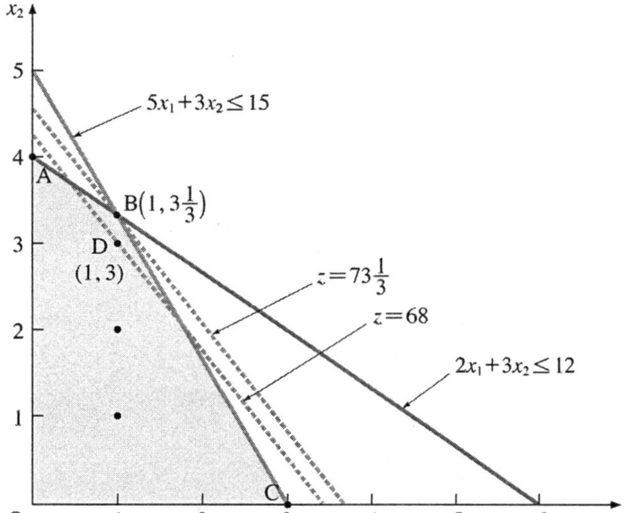

정수계획문제의 해가 될 수 없다. 따라서 정수계획문제의 최적정수해를 구하기 위하여 실행가능영역 내의 모든 정수좌표를 그래프상에 표시하고 기울기가 5/4인 등가이익선을 원점을 향해 이동시켜야 한다. 이때 등가이익선과 최초로 교차하는 점인 점 D가 최적정수해가 된다. D의 좌표는 (1, 3)이므로 최적정수해는 $x_1=1$, $x_2=3$이며, 목적함수값은 $z=68$이다. 여기서 정수계획문제의 목적함수값은 선형계획문제의 목적함수값보다 작음을 알 수 있다. 이는 정수제약조건의 추가로 실행가능영역이 감소되었기 때문이다.

2.2 분단탐색법

분단탐색법(branch and bound method)은 정수계획문제를 해결하는 데 있어서 가장 광범위하게 사용되는 기법이다. 이 기법은 정수계획문제의 한정된 실행가능해 중에서 최적해가 될 수 없는 해를 미리 제거함으로써 문제를 단순화시켜 체계적으로 최적해에 접근해 가는 순차적 탐색과정이다. 목적함수를 최적화하는 해가 결정될 때까지 실행가능해의 영역을 세분하여 실행가능정수해가 포함되지 않은 부분을 제거해 감으로써 단계적으로 최적정수해를 구하는 방법이다.

분단탐색법은 순수정수계획문제뿐만 아니라 혼합정수계획문제에도 동일한 방법으로 적용된다. 혼합정수계획문제의 경우 변수에 대한 정수제약조건이 적기 때문에 보다 용이하게 최적정수해를 구할 수 있다.

이러한 분단탐색법의 기본절차는 다음과 같다.

단계 1 : 심플렉스법을 이용하여 정수제약조건에 관계없이 선형계획모형으로 문제의 해를 구한다.

단계 2 : 최적해를 검토한다. 만약 정수제약조건에 해당되는 기저변수가 모두 정수값을 갖는다면 최적정수해가 구해졌기 때문에 탐색절차는 끝나게 된다. 그러나 만약 기저변수 중의 어느 하나라도 정수조건을 만족시키지 않는다면 절차는 계속된다.

단계 3 : 실행가능 비정수해(非整數解)가 정수값을 갖도록 두 개의 제약조건으로 분단하여 두 개의 분단문제를 구성한다. 이 경우 해당 변수의 정수조건을 만족시키기 위해서는 두 개의 상호배반적인 제약조건의 도입이 필요하다.

단계 4 : 최적비정수해의 목적함수값을 정수해의 상한으로 정하고, 실행가능정수해의 목적함수값을 하한으로 정한다. 이때 하한보다 낮은 상한을 가진 분단문제는 다음 분석에서 제외한다. 또한 상한과 같은 값이나 상한보다 개선된 목적함수값을 가져오는 실행가능정수가 존재한다면 그것이 바로 최적해가 된다. 그러나 이와 같은 해가 존재하지 않는다면 최선의 상한을 가진 분단문제가 선정되고 단계 3으로 돌아가 다음 단계를 반복한다.

분단탐색법은 정수계획모형을 계속적으로 변형시켜 문제를 해결한다. 다음과 같은 순수정수문제를 가지고 분단탐색법을 적용하여 문제의 해를 구해보도록 한다.

$$\begin{aligned} \text{max. } & z = 7x_1 + 9x_2 \\ \text{s.t. } & -x_1 + 3x_2 \le 6 \\ & 7x_1 + x_2 \le 35 \\ & x_1,\ x_2 : \text{비음정수} \end{aligned}$$

단계 1 : 일반 심플렉스법을 적용하여 문제를 풀면, 최적해는 $x_1 = 4\frac{1}{2}$, $x_2 = 3\frac{1}{2}$, $z = 63$이다.

단계 2 : x_1과 x_2는 정수해가 아니기 때문에 이 문제의 해가 될 수 없다. 따라서 분단탐색법을 적용하여 최적정수해를 찾아야 한다.

단계 3 : 원래의 문제를 두 개의 분단문제로 분리하기 위하여 비정수값을 가진 기저변수 중 분수 부분의 값이 최대인 변수를 선정한다. 여기서는 분수 부분이 $\frac{1}{2}$로서 동일하기 때문에 임의로 x_1을 선정한다. x_1이 선정되었으면 분수 부분을 제거하기 위하여 두 개의 새로운 제약조건을 추가해야 한다. 즉, x_1의 값은 $4\frac{1}{2}$로서 $4 < 4\frac{1}{2} < 5$이기 때문에 제약조건 $x_1 \le 4$와 $x_1 \ge 5$를 추가하여 다음과 같은 두 개의 분단문제를 구성한다. 이러한 상호배반적인 제약조건으로 4와 5 사이에 존재하는 x_1의 분수값이 제거될 수 있다.

$$\begin{aligned} \text{분단문제 I : max. } & z = 7x_1 + 9x_2 \\ \text{s.t. } & -x_1 + 3x_2 \le 6 \\ & 7x_1 + x_2 \le 35 \\ & x_1 \le 4 \\ & x_1,\ x_2 \ge 0 \end{aligned}$$

분단문제 Ⅱ : max. $z = 7x_1 + 9x_2$

$$\begin{aligned} \text{s.t.}\quad & -x_1 + 3x_2 \le 6 \\ & 7x_1 + x_2 \le 35 \\ & x_1 \ge 5 \\ & x_1,\ x_2 \ge 0 \end{aligned}$$

단계 4 : 심플렉스법이나 도해법을 이용하여 두 분단문제의 해를 구한다. 분단문제 Ⅰ의 해는 $x_1=4$, $x_2=3\frac{1}{3}$ 및 $z=58$로서 x_2가 비정수해를 갖기 때문에 정수계획문제의 최적해가 될 수 없다. 한편 분단문제 Ⅱ의 해는 $x_1=5$, $x_2=0$ 및 $z=35$로서 모든 변수가 정수값을 갖기 때문에 이 z값이 정수해의 하한이 된다. 그런데 분단문제 Ⅰ에서 z값이 하한(35)보다 큰 값(58)을 가지므로 상한이 되며, 따라서 분단문제 Ⅰ을 분수값을 갖는 변수 x_2에 관하여 다시 둘로 분단하여 다음과 같이 새로운 분단문제 Ⅲ, Ⅳ를 구성해야 한다.

분단문제 Ⅲ : max. $z = 7x_1 + 9x_2$

$$\begin{aligned} \text{s.t.}\quad & -x_1 + 3x_2 \le 6 \\ & 7x_1 + x_2 \le 35 \\ & x_1 \le 4 \\ & x_2 \le 3 \\ & x_1,\ x_2 \ge 0 \end{aligned}$$

분단문제 Ⅳ : max. $z = 7x_1 + 9x_2$

$$\begin{aligned} \text{s.t.}\quad & -x_1 + 3x_2 \le 6 \\ & 7x_1 + x_2 \le 35 \\ & x_1 \le 4 \\ & x_2 \ge 4 \\ & x_1,\ x_2 \ge 0 \end{aligned}$$

분단문제 Ⅲ의 해는 $x_1=4$, $x_2=3$ 및 $z=55$로 정수해를 갖는다. 이 해는 기존의 하한보다 개선된 값을 갖기 때문에 정수해의 새로운 하한이 된다. 분단문제 Ⅳ는 실행가능영역이 존재하지 않기 때문에 실행불가능하다. 여기

그림 9-2 ▶ 분단탐색과정

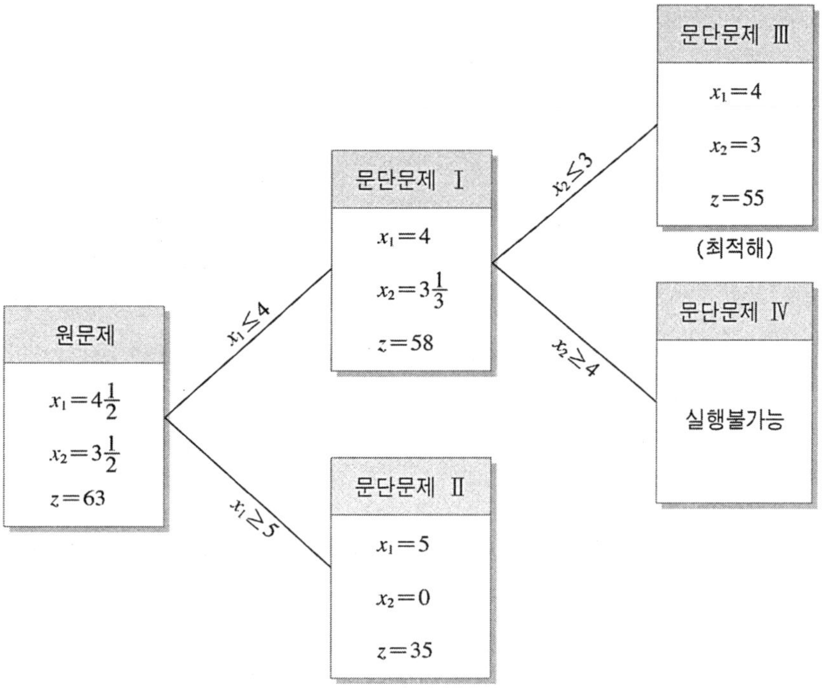

서 하한보다 개선된 상한값을 가진 해가 존재하지 않기 때문에 분단탐색절차는 종료된다. 따라서 최적정수해는 현재의 상한인 $x_1=4$, $x_2=3$, $z=55$이다.

이상의 분단탐색과정을 요약하면 [그림 9-2]와 같다.

2.3 엑셀을 이용한 정수계획해법

그림 9-3 ▶ 엑셀을 이용한 정수계획문제 자료 입력

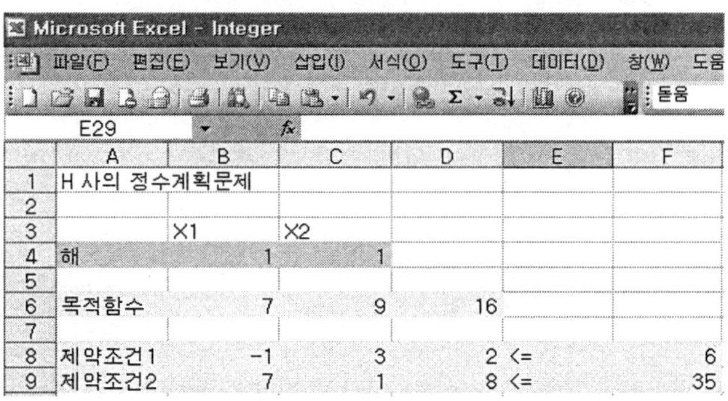

	A	B	C	D	E	F
1	H 사의 정수계획문제					
2						
3		X1	X2			
4	해	1	1			
5						
6	목적함수	7	9	16		
7						
8	제약조건1	-1	3	2	<=	6
9	제약조건2	7	1	8	<=	35

표 9-1 ▶ SUMPRODUCT함수 이용

	D
6	=SUMPRODUCT(B4: $C$4,B6:C6)
7	
8	=SUMPRODUCT($B$4: $C$4,B8:C8)
9	=SUMPRODUCT($B$4: $C$4,B9:C9)

[그림 9-3]과 같이 H사의 정수계획문제의 기본자료를 입력한다. 이 정수계획문제는 x_1, x_2 두 의사결정변수가 반드시 정수값만을 갖는 조건이 수반되는 문제이다.

SUMPRODUCT함수를 이용하여 목적함수값을 도출하는 식을 [표 9-1]과 같이 입력한다.

자료를 입력한 다음, 엑셀 메뉴 중 [도구] 메뉴에서 [해 찾기 서브메뉴]를 클릭하면, [그림 9-4]와 같은 [해 찾기 모델 설정] 창이 뜬다.

[해 찾기 모델 설정] 창에서 [목표 셀]($D: $6)은 목적함수값을 의미하며, 최대화문제임을 나타내 주고 있다. [값을 바꿀 셀]은 정수계획문제의 변수인 $B$4: $C$4를 지정한다.

[제한조건] 란에는 [추가] 버튼을 눌러서 $B$4: $C$4=정수를 입력한다. 이는 의사결정변수값이 모두 정수값을 갖는다는 것을 의미한다.

[추가] 버튼을 다시 눌러 $D$8: $D$9<= $F$8: $F$9을 입력하여 [제약조건] 1과 [제약조건] 2를 충족시킨다.

다음으로 실행 버튼을 누르면, [그림 9-5]과 같은 최적해를 구할 수 있

그림 9-4 ▶ 해 찾기 모델 설정

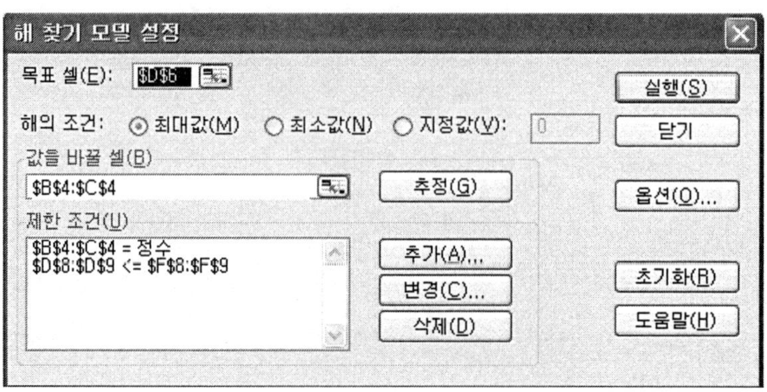

그림 9-5 ▶ 최적해

	A	B	C	D	E	F
1	H 사의 정수계획문제					
2						
3		X1	X2			
4	해	4	3			
5						
6	목적함수	7	9	55		
7						
8	제약조건1	-1	3	5	<=	6
9	제약조건2	7	1	31	<=	35

다. 최적해는 목적함수값 Z=55이며, 의사결정변수 $x_1=4$, $x_2=3$이다.

이상과 같은 정수계획문제의 해답 보고서를 구하면 [그림 9-6]와 같다.

그림 9-6 ▶ 해답 보고서

Microsoft Excel 11.0 해답 보고서
워크시트 이름: [Integer.xls]Sheet2
보고서 작성일: 2006-12-28 오후 9:11:13

목표 셀 (최대값)

셀	이름	계산 전의 값	계산 값
$D$6	목적함수	16	55

값을 바꿀 셀

셀	이름	계산 전의 값	계산 값
$B$4	해 X1	1	4
$C$4	해 X2	1	3

제한 조건

셀	이름	셀의 값	수식	만족 정도	조건과의 차
$D$8	제약조건1	5	$D$8<=$F$8	부분적 만족	1
$D$9	제약조건2	31	$D$9<=$F$9	부분적 만족	4
$B$4	해 X1	4	$B$4=정수	만족	0
$C$4	해 X2	3	$C$4=정수	만족	0

3. 0-1정수계획법

정수계획문제에서는 흔히 모든 결정변수가 취할 수 있는 값이 0 혹은 1의 두 가지로 한정되는 특별한 경우가 나타난다. 가령 자본예상문제에서 변수의 값이 1이면 해당 투자안을 채택하고, 0이면 해당 투자안을 채택하지 않는 경우가 이에 해당한다. 이와 같이 다수의 0-1 변수들만으로 표시되는 의사결정문제를 0-1정수계획문제(zero-one integer programming problem) 또는 이진정수계획문제(binary integer programming problem)라고 한다.

이러한 0-1정수계획문제를 해결하기 위한 연산방식이 많은 학자들에 의해 개발되어 왔는데, 이 중 가장 잘 알려져 있는 것은 발라스(E. Balas)의 덧셈해법(additive algorithm)이다. 이 방법은 순수 0-1계획문제에 적용가능한 방법으로, 그 기본개념은 가능한 해를 모두 열거한 다음 이들 중 일부의 해만을 검토한다는 데에 있다. 이는 우선 수학적 조작에 의해 정수문제를 표준형으로 변형하고, 최적해이지만 실행불가능한 일차적 해를 도출한 후 계속하여 이 해가 실행가능조건을 충족할 수 있도록 유도하는 연산방식이다.

3.1 엑셀을 이용한 0-1정수계획해법

그림 9-7 ▶ 엑셀을 이용한 0-1정수계획문제 자료 입력

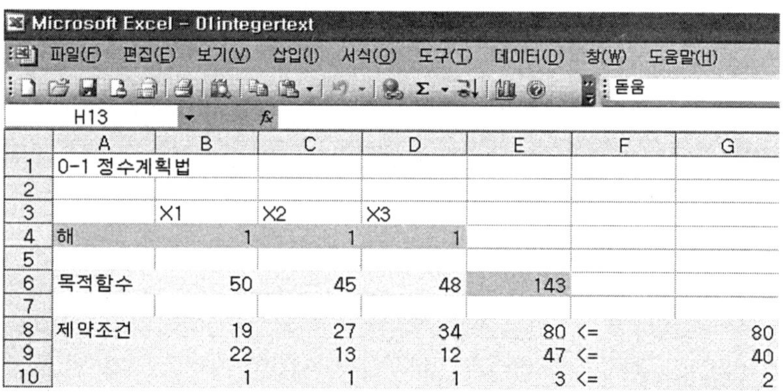

	A	B	C	D	E	F	G
1	0-1 정수계획법						
2							
3		X1	X2	X3			
4	해	1	1	1			
5							
6	목적함수	50	45	48	143		
7							
8	제약조건	19	27	34	80	<=	80
9		22	13	12	47	<=	40
10		1	1	1	3	<=	2

표 9-2 ▶ SUMPRODUCT함수 이용

	E
6	=SUMPRODUCT($B$4:$D$4,B6:D6)
7	
8	=SUMPRODUCT($B$4:$D$4,B8:D8)
9	=SUMPRODUCT($B$4:$D$4,B9:D9)
10	=SUMPRODUCT($B$4:$D$4,B10:D10)

[그림 9-7]과 같이 0-1정수계획문제의 기본자료를 입력한다. 이 0-1정수계획문제는 x_1, x_2, x_3의 세 의사결정변수 모두가 반드시 0 또는 1의 정수값만을 갖는 조건이 수반되는 문제이다.

SUMPRODUCT함수를 이용하여 목적함수값을 도출하는 식을 [표 9-2]와 같이 입력한다.

자료를 입력한 다음 엑셀 메뉴 중 [도구] 메뉴에서 [해 찾기 서브메뉴]를 클릭하면 [그림 9-8]와 같은 [해 찾기 모델 설정] 창이 뜬다.

[해 찾기 모델 설정] 창에서 [목표 셀]($E:$6)은 목적함수값을 의미하며, 최대화문제임을 나타내 주고 있다. [값을 바꿀 셀]은 0-1정수계획문제의 변수인 $B$4:$D$4를 지정한다.

[제한조건] 란에는 [추가] 버튼을 눌러서 $B$4:$D$4=2진수를 입력한다. 이는 의사결정변수값이 모두 0 또는 1의 정수값(2진수)을 갖는다는 것을 의미한다.

그림 9-8 ▶ 해 찾기 모델 설정

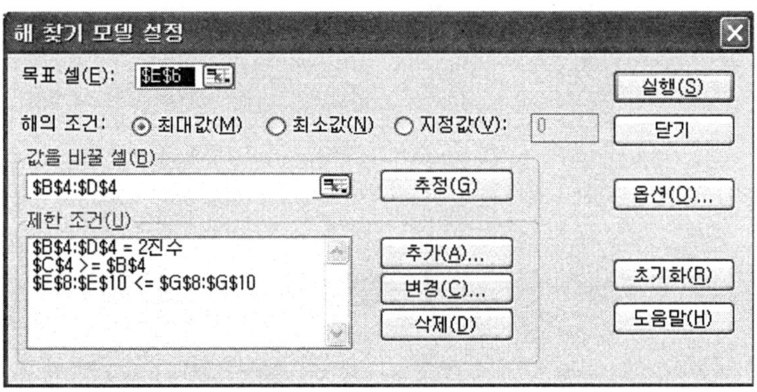

그림 9-9 ▶ 최적해

H14 ▾ fx

	A	B	C	D	E	F	G
1	0-1 정수계획법						
2							
3		X1	X2	X3			
4	해	1	1	0			
5							
6	목적함수	50	45	48	95		
7							
8	제약조건	19	27	34	46	<=	80
9		22	13	12	35	<=	40
10		1	1	1	2	<=	2

[추가] 버튼을 다시 눌러 $C$4>=$B$4와 $E$8:$E$10<=&G$8:$G$10을 입력하여 제약조건을 충족시킨다.

다음으로 [실행] 버튼을 누르면, [그림 9-9]과 같은 최적해를 구할 수 있다. 최적해는 목적함수값 Z=95이며, 의사결정변수 $x_1=1$, $x_2=1$, $x_3=0$이다.

이상과 같은 정수계획문제의 해답 보고서를 구하면 [그림 9-10]과 같다.

그림 9-10 ▶ 해답 보고서

	A	B	C	D	E	F	G
1	**Microsoft Excel 9.0 해답 보고서**						
2	**워크시트 이름: [01integer-1.xls]Sheet2**						
3	**보고서 작성일: 2006-04-07 오후 1:55:17**						
4							
5							
6	목표 셀 (최대값)						
7		셀	이름	계산 전의 값	계산 값		
8		$E$6	목적함수	143	95		
9							
10							
11	변경할 셀						
12		셀	이름	계산 전의 값	계산 값		
13		$B$4	해 X1	1	1		
14		$C$4	해 X2	1	1		
15		$D$4	해 X3	1	0		
16							
17							
18	제한 조건						
19		셀	이름	셀의 값	수식	만족 정도	조건과의 차
20		$E$8	제약조건	46	$E$8<=$G$8	부분적 만족	34
21		$E$9		35	$E$9<=$G$9	부분적 만족	5
22		$E$10		2	$E$10<=$G$10	만족	0
23		$C$4	해 X2	1	$C$4>=$B$4	만족	0
24		$B$4	해 X1	1	$B$4=2진수	만족	0
25		$C$4	해 X2	1	$C$4=2진수	만족	0
26		$D$4	해 X3	0	$D$4=2진수	만족	0

3.2 0-1정수계획의 특수문제(할당문제)

할당문제(assignment problem)는 총비용이 최소가 되도록 각 작업을 기계에 할당하는 문제이다. 이러한 할당문제는 0 또는 1값만을 가지는 이진변수(binary variable)를 사용하여 나타낼 수 있기 때문에 정수계획법을 적용할 수 있는 특수한 형태이다. 여기서는 분단탐색법을 이용하여 [표 9-3]과 같은 비용표를 갖는 할당문제를 풀어 보도록 하자.

이 문제에서 작업 A를 할당할 수 있는 방법은 네 가지이다. 만약 작업 A를 어느 한 기계에 할당했다면, 작업 B는 나머지 세 기계 중 어느 기계에든 할당할 수 있으므로 세 가지의 할당방법을, 그리고 작업 C는 마찬가지로 두 가지의 할당방법을 갖게 되며, 나머지 기계에 자동적으로 작업 D가 할당된다. 따라서 가능한 할당방법은 $4!=4\times3\times2\times1=24$가지이다.

단계 1 : 24개의 가능해 중에서 최소의 총할당비용을 하한으로 결정한다. 이 하한은 비용표의 각 열에서 최소비용을 찾아 합함으로써 산출할 수 있다. 이때 최소비용을 가져오는 할당방법은 실행가능한 할당방법일 필요는 없다. [표 9-3]에서 각 열의 최소값을 합한 하한은 $14+14+16+17=61$이 된다. 이 값은 24개의 가능해 중에서 최소이기 때문에 극하한이라고 할 수 있다. 할당문제에서 극하한을 갖는 할당방법이 실행가능하다면 분단탐색절차는 종료된다. 그러나 이 문제에서 극하한값을 갖는 해는 작업 D → Ⅰ, A → Ⅱ, B → Ⅲ, D → Ⅳ, 작업 D에 Ⅰ, Ⅳ 두 기계가 할당되기 때문에 중복되어 실행불가능해이다. 따라서 최소비용의 실행가능해를 구하기 위하여 계속해서 다음 단계를 수행해야 한다.

표 9-3 ▶ 할당비용표 (단위 : $)

작업	기계			
	Ⅰ	Ⅱ	Ⅲ	Ⅳ
A	17	14	19	18
B	22	19	16	20
C	19	17	20	23
D	14	21	18	17

단계 2 : 해를 탐색하는 과정을 분할한다. 우선 기계 Ⅰ에 각 작업을 교대로 할당하고, 이 네 가지 경우의 할당비용을 검토해 보자.

작업 A를 Ⅰ에 할당하는 경우 비용표에서 A행과 Ⅰ열을 제외한 나머지 3개의 열에서 최소비용을 구하여 합하면 17+(17+16+17)=67이 된다. 이는 A→Ⅰ, C→Ⅱ, B→Ⅲ, D→Ⅳ의 할당방법이기 때문에 실제로 실행이 가능한 해이다. 나머지 B→Ⅰ, C→Ⅰ, D→Ⅰ의 경우에 대해서도 동일한 방법으로 하한을 구할 수 있으며, 구체적인 계산결과는 [표 9-4]에 정리되어 있다.

이번에는 [표 9-4]를 토대로 하한과 상한을 결정해야 한다. 하한은 실행가능해의 여부에 관계없이 네 가지 할당에 대한 하한 중에서 최소값으로 한다. 따라서 새로운 하한은 할당 D→Ⅰ인 62가 된다. 상한은 실행가능한 할당 중에서 최소값으로 하며, 할당 C→Ⅰ인 66이 상한이 된다. 만약 여기서 하한과 상한이 같다면 이 할당방법이 최적해이다. 그러나 하한과 상한이 다르기 때문에 하한이 D→Ⅰ의 할당에 대해서만 분단을 계속하되 나머지 할당은 더 이상 고려할 필요가 없다. 이상의 과정을 그림으로 설명하면 [그림

표 9-4 ▶ 제1단계 하한의 산출

할당	하한
A→Ⅰ	17+(17+16+17)=67 (실행가능)
B→Ⅰ	22+(14+18+17)=71 (실행불가능)
C→Ⅰ	19+(14+16+17)=66 (실행가능)
D→Ⅰ	14+(14+16+18)=62 (실행불가능)

그림 9-11 ▶ 제1단계 할당결과

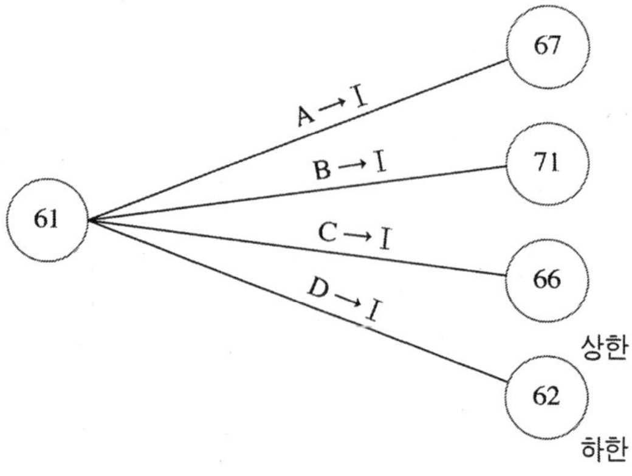

9-11] 같다.

단계 3 : 새로운 하한값을 갖는 할당방법을 가지고 분단과정을 계속한다. 그런데 여기서는 작업 D가 기계 Ⅰ에 할당되었으므로 작업 A, B, C 중 어느 하나가 기계 Ⅱ에 할당될 수 있도록 분단이 되어야 한다. 만약 작업 B를 기계 Ⅱ에 할당한다면 하한은 D→Ⅰ 및 B→Ⅱ의 비용에 D행과 B행을 제외한 Ⅲ, Ⅳ열에서의 각 최소비용을 합하여 구한다.

이와 동일한 방법으로 작업 A, B, C의 할당에 대한 하한을 구한 결과가 [표 9-5]에 정리되어 있다.

이제 새로운 하한은 64가 되며, 상한은 실행가능한 해이어야 하므로 C → Ⅱ가 상한이 된다. 이 상한(65)을 제2단계까지의 실행가능해 중에서 최소인 현재의 상한(66)과 비교해야 한다. C→Ⅱ 할당의 경우가 기존의 상한보다

표 9-5 ▶ 제2단계 하한의 산출

할당	하한
A→Ⅱ	14+14+(16+20) = 64 (실행불가능)
B→Ⅱ	14+19+(19+18) = 70 (실행불가능)
C→Ⅱ	14+17+(16+18) = 65 (실행가능)

그림 9-12 ▶ 제2단계 할당결과

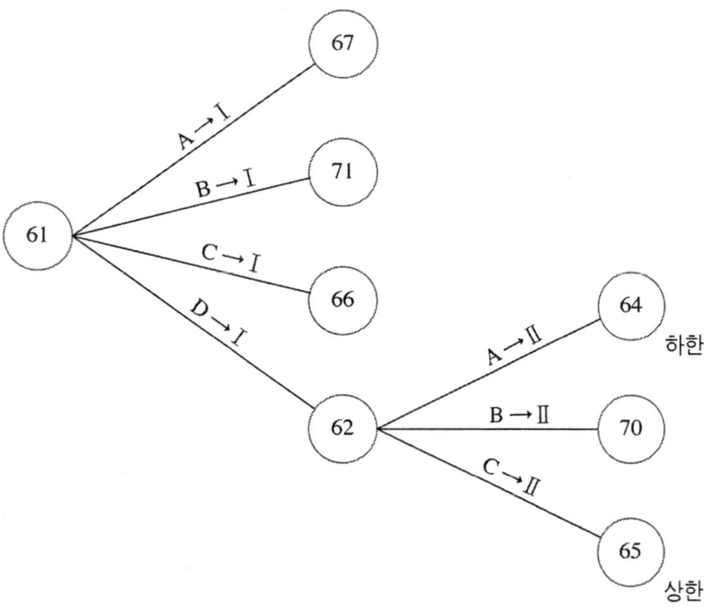

작기 때문에 다음 분단에서 상한으로 쓰인다. 이 결과를 요약하면 [그림 9-12]와 같다.

단계 4 : [그림 9-12]에서 3가지의 할당방법 중 하한값이 64인 A → Ⅱ 할당방법이 새로운 분단을 위한 출발점이 된다. 새로운 분단은 하한 64(D → Ⅰ, A → Ⅱ)에서 시작하며, 이제 나머지 두 기계에 작업을 할당하는 절차만 남아 있다. 따라서 고려할 수 있는 할당방법은 작업 C와 D를 기계 Ⅲ과 Ⅳ 중 어느 하나에 할당하는 것이다. 즉, D → Ⅰ, A → Ⅱ, B → Ⅲ, C → Ⅳ와 D → Ⅰ, A → Ⅱ, C → Ⅲ, B → Ⅳ 등 두 가지이다. 다시 이 두 가지 할당에 대한 하한을 구하면 [표 9-6]과 같다.

[그림 9-13]에서 B → Ⅲ과 C → Ⅲ의 할당방법은 모두 실행가능해이지만 상한보다 큰 값이므로 최저해가 될 수 없다. 따라서 현재의 상한을 갖는 해가 최적해이다. 즉, D → Ⅰ, C → Ⅱ, B → Ⅲ, A → Ⅳ의 방법으로 할당하는

표 9-6 ▶ 제3단계 하한의 산출

할당	하한
B → Ⅲ	14+14+16+(23) = 69 (실행가능)
C → Ⅲ	14+14+20+(20) = 68 (실행가능)

그림 9-13 ▶ 제3단계 할당결과

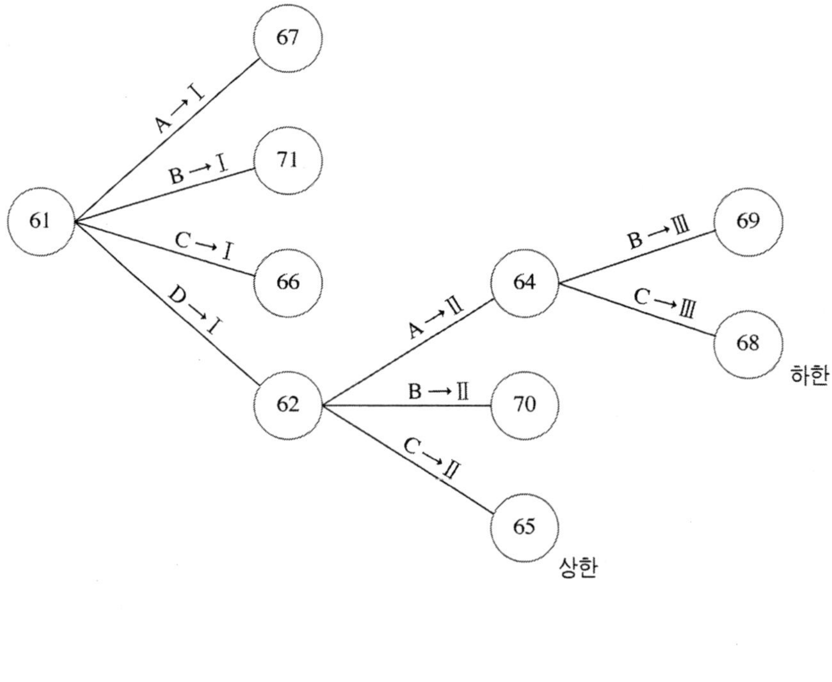

것이 최적할당이다. 이 경우 할당에 따른 총비용은 65이다.

3.3 0-1정수계획법을 이용한 투자의사결정문제

[그림 9-14]와 같이 S사의 0-1정수계획법을 이용한 투자의사결정문제의 기본자료를 입력한다. 주식투자대상회사에 대한 투자 여부는 C4:C10에 나타난 바와 같이 투자를 하게 되면 1의 값을, 투자를 하지 않으면 0의 정수값만을 갖는다.

SUMPRODUCT함수를 이용하여 목적함수값을 도출하는 식을 [표 9-7]과 같이 입력한다.

그림 9-14 ▶ 엑셀을 이용한 0-1정수계획법을 이용한 투자의사결정문제 자료 입력

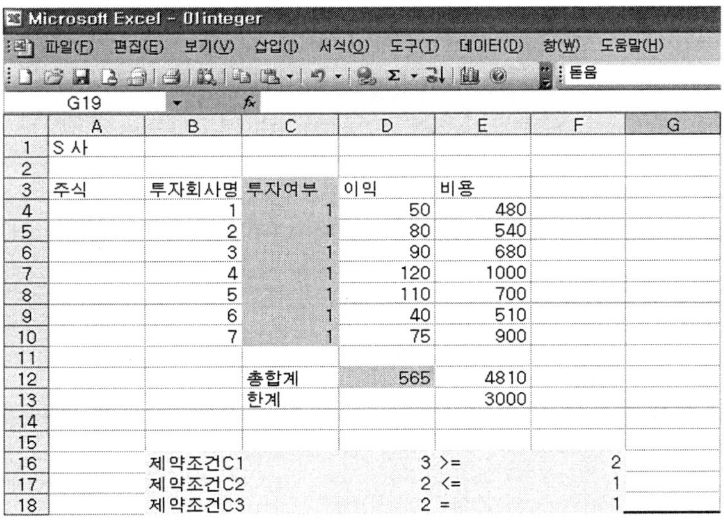

Microsoft Excel - 01integer

	A	B	C	D	E	F	G
1	S 사						
2							
3	주식	투자회사명	투자여부	이익	비용		
4		1	1	50	480		
5		2	1	80	540		
6		3	1	90	680		
7		4	1	120	1000		
8		5	1	110	700		
9		6	1	40	510		
10		7	1	75	900		
11							
12			총합계	565	4810		
13			한계		3000		
14							
15							
16		제약조건C1		3	>=	2	
17		제약조건C2		2	<=	1	
18		제약조건C3		2	=	1	

표 9-7 ▶ SUMPRODUCT함수

	D	E
12	=SUMPRODUCT($C$4:$C$10,D4:D10)	=SUMPRODUCT($C$4:$C$10,E4:E10)

	D
16	=C4+C7+C8
17	=C5+C6
18	=C9+C10

그림 9-15 ▶ 해 찾기 모델 설정

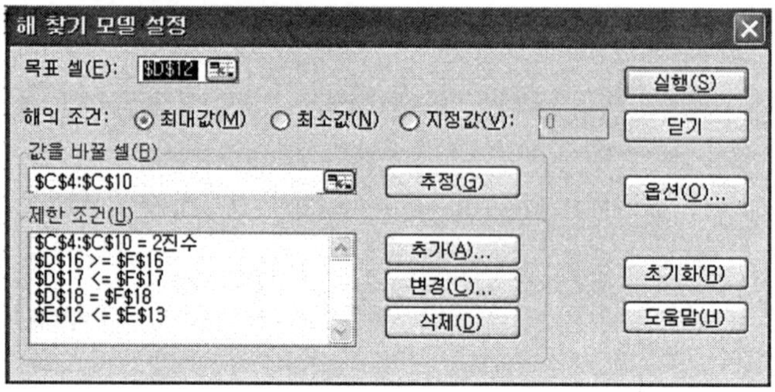

자료를 입력한 다음 엑셀 메뉴 중 [도구] 메뉴에서 [해 찾기 서브메뉴]를 클릭하면 [그림 9-15]와 같은 [해 찾기 모델 설정] 창이 뜬다.

[해 찾기 모델 설정] 창에서 [목표 셀]($D: $12)은 목적함수값을 의미하며, 최대화문제임을 나타내 주고 있다. [값을 바꿀 셀]은 0-1정수계획문제의 변수인 $C$4: $C$10을 지정한다. [제한조건] 란에는 [추가] 버튼을 눌러서 $C$4: $CD$10=2진수를 입력한다. 이는 의사결정변수값이 모두 0 또는 1의 정수값을 갖는다는 것을 의미한다.

[추가] 버튼을 다시 눌러 $D$16〉= $F$16, $D$17〈= $F$17, $D$18= $F$18, $E$12〈= $E$13을 입력하여 제약조건을 충족시킨다.

다음으로 [실행] 버튼을 누르면, [그림 9-16]과 같은 최적해를 구할 수 있

그림 9-16 ▶ 최적해

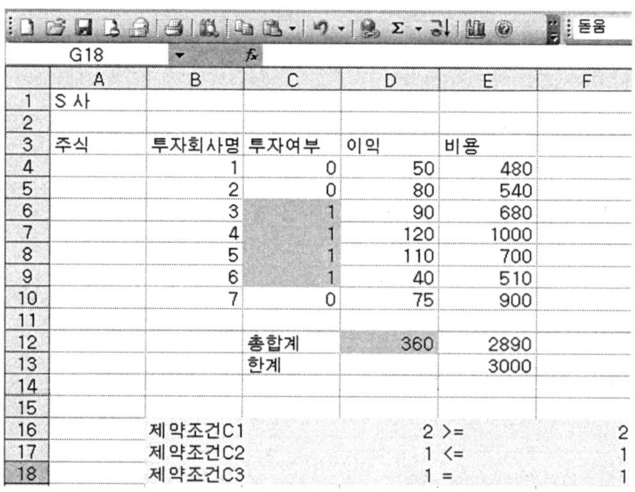

	A	B	C	D	E	F
1	S 사					
2						
3	주식	투자회사명	투자여부	이익	비용	
4		1	0	50	480	
5		2	0	80	540	
6		3	1	90	680	
7		4	1	120	1000	
8		5	1	110	700	
9		6	1	40	510	
10		7	0	75	900	
11						
12			총합계	360	2890	
13			한계		3000	
14						
15						
16		제약조건C1		2	>=	2
17		제약조건C2		1	<=	1
18		제약조건C3		1	=	1

다. 최적해는 목적함수값 Z=360이며, 의사결정변수 투자회사 3=1, 투자회사 4=1, 투자회사 5=1, 투자회사 6=1이다. 즉, 투자회사 1, 2, 7에는 투자를 하지 않고, 3, 4, 5, 6에 투자를 할 때, 360의 이익을 낼 수 있다.

이상과 같은 정수계획문제의 해답 보고서를 구하면 [그림 9-17]과 같다.

그림 9-17 ▶ 해답 보고서

Microsoft Excel 9.0 해답 보고서
워크시트 이름: [01integer.xls]Sheet1
보고서 작성일: 2006-04-07 오후 1:53:34

목표 셀 (최대값)

셀	이름	계산 전의 값	계산 값
$D$12	총합계 이익	565	360

변경할 셀

셀	이름	계산 전의 값	계산 값
$C$4	투자여부	1	0
$C$5	투자여부	1	0
$C$6	투자여부	1	1
$C$7	투자여부	1	1
$C$8	투자여부	1	1
$C$9	투자여부	1	1
$C$10	투자여부	1	0

제한 조건

셀	이름	셀의 값	수식	만족 정도	조건과의 차
$E$12	총합계 비용	2890	$E$12<=$E$13	부분적 만족	110
$D$16	제약조건C1 이익	2	$D$16>=$F$16	만족	0
$D$17	제약조건C2 이익	1	$D$17<=$F$17	만족	0
$D$18	제약조건C3 이익	1	$D$18=$F$18	만족	0
$C$4	투자여부	0	$C$4=2진수	만족	0
$C$5	투자여부	0	$C$5=2진수	만족	0
$C$6	투자여부	1	$C$6=2진수	만족	0
$C$7	투자여부	1	$C$7=2진수	만족	0
$C$8	투자여부	1	$C$8=2진수	만족	0

예 제

1 분단탐색법에 의하여 다음 정수계획문제의 최적해를 구하라.

$$\begin{aligned} \text{max.}\ & z = 5x_1 + 2x_2 \\ \text{s.t.}\ & 2x_1 + 2x_2 \le 9 \\ & 3x_1 + x_2 \le 11 \\ & x_1,\ x_2 \ :\ \text{비음정수} \end{aligned}$$

해답 선형계획문제로 간주하여 심플렉스법을 적용하여 해를 구하면 $x_1 = 3\frac{1}{4}$, $x_2 = 1\frac{1}{4}$, $z = 18\frac{3}{4}$ 이다.

두 기저변수의 해가 모두 분수이므로 그 중에서 임의로 x_2를 선정하여 분단문제를 구성하여 해를 구하면 다음과 같다.

분단문제 Ⅰ

$$\begin{aligned} \text{max.}\ & z = 5x_1 + 2x_2 \\ \text{s.t.}\ & 2x_1 + 2x_2 \le 9 \\ & 3x_1 + x_2 \le 11 \\ & x_2 \le 1 \\ & x_1,\ x_2 \ge 0 \end{aligned}$$

최적해 : $x_1 = 3\frac{1}{3}$, $x_2 = 1$, $z = 18\frac{2}{3}$

분단문제 Ⅱ

$$\begin{aligned} \text{max.}\ & z = 5x_1 + 2x_2 \\ \text{s.t.}\ & 2x_1 + 2x_2 \le 9 \\ & 3x_1 + x_2 \le 11 \\ & x_2 \ge 2 \end{aligned}$$

최적해 : $x_1 = \frac{5}{2}$, $x_2 = 2$, $z = 16\frac{1}{2}$

분단문제 Ⅰ은 $z = 18\frac{2}{3}$ 이고 분단문제 Ⅱ는 $z=16\frac{1}{2}$ 이므로, 분단문제

Ⅰ의 z값이 상한이 된다. 따라서 분단문제 Ⅰ의 해에서 분수값을 갖는 x_1에 관하여 다시 분단하면 다음과 같다.

분단문제 Ⅲ

$$\begin{aligned} \text{max. } & z = 5x_1 + 2x_2 \\ \text{s.t. } & 2x_1 + 2x_2 \le 9 \\ & 3x_1 + x_2 \le 11 \\ & x_2 \le 1 \\ & x_1 \le 3 \\ & x_1,\ x_2 \ge 0 \end{aligned}$$

최적해 : $x_1 = 3$, $x_2 = 1$, $z = 17$

분단문제 Ⅳ

$$\begin{aligned} \text{max. } & z = 5x_1 + 2x_2 \\ \text{s.t. } & x_1 + 2x_2 \le 9 \\ & 3x_1 + x_2 \le 11 \\ & x_2 \le 1 \\ & x_1 \ge 4 \\ & x_1,\ x_2 \ge 0 \end{aligned}$$

최적해 : 실행불가능

분단문제 Ⅳ는 실행불가능이기 때문에 정수해를 고려할 필요가 없다. 분단문제 Ⅲ은 정수해를 가지며, $z=17$로서 분단문제 Ⅱ의 z값보다 크기 때문에 더 이상의 분단을 고려할 필요가 없다.

그러므로 최적정수해는 $x_1=3$, $x_2=1$, $z=17$이다.

이상을 요약하면 다음과 같다.

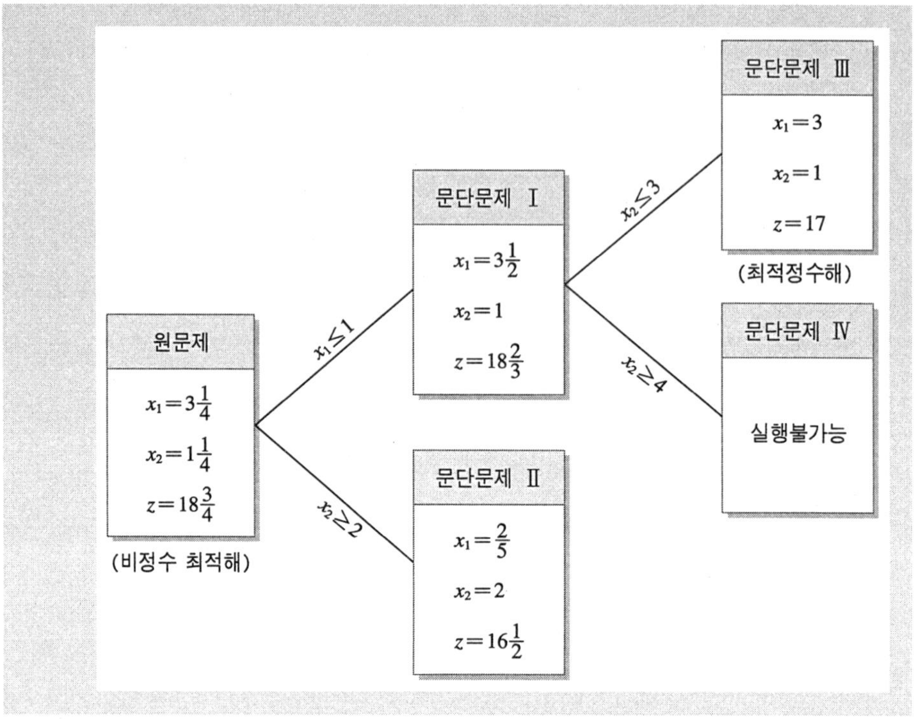

2 다음과 같은 비용표를 갖는 할당문제에 대하여 분단탐색법을 적용하여 최적할당 방법을 구하라.

(단위 : $)

작업	기계			
	Ⅰ	Ⅱ	Ⅲ	Ⅳ
A	90	5	48	73
B	69	14	83	80
C	57	93	2	79
D	7	77	73	23

해답 최적할당을 위한 분단과정은 다음과 같다.

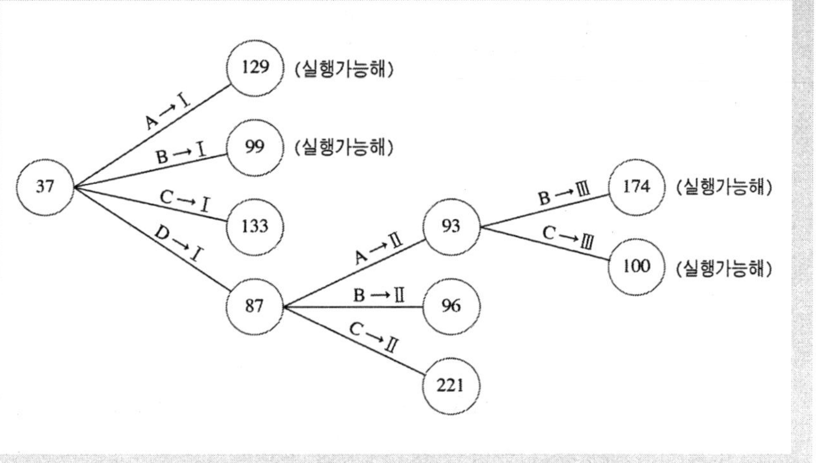

실행가능해 중에서 비용이 96인 할당방법이 최적할당이다. 따라서 최적할당방법은 다음과 같다.

A → I	7
B → II	14
C → III	2
D → IV	73
총비용	96

연습문제 *Exercise*

1 **다음 정수계획문제를 선형계획법으로 풀고, 단순한 반올림법에 의해서는 실행가능 정수해의 산출이 불가능함을 보여라.**

$$
\begin{aligned}
\text{max. } & z = 20x_1 + 10x_2 + 10x_3 \\
\text{s.t. } & 2x_1 + 20x_2 + 4x_3 \le 15 \\
& 6x_1 + 20x_2 + 4x_3 = 20 \\
& x_1,\ x_2, x_3 \ : \text{ 비음정수}
\end{aligned}
$$

2 **분단탐색법으로 다음 문제의 최적정수해를 구하고 각각의 해를 비교하라.**

$$
\begin{aligned}
\text{max. } & z = 4x_1 + 6x_2 + 2x_3 \\
\text{s.t. } & 4x_1 + 4x_2 \le 5 \\
& -x_1 + 6x_2 \le 5 \\
& -x_1 + x_2 + x_3 \le 5 \\
& x_1,\ x_2, x_3 \ : \text{ 비음정수}
\end{aligned}
$$

3 **분단탐색법으로 다음 문제의 최적정수해를 구하고 각각의 해를 비교하라.**

$$
\begin{aligned}
\text{max. } & z = 2x_1 + x_2 \\
\text{s.t. } & 10x_2 + 10x_2 \le 9 \\
& 10x_1 + 5x_2 \ge 1 \\
& x_1,\ x_2 \ : \text{ 비음정수}
\end{aligned}
$$

4 **다음 정수계획문제에 관한 물음에 답하라.**

$$\begin{aligned} \text{max. } & z = 33x_1 + 12x_2 \\ \text{s.t. } & -x_1 + 2x_2 \leq 4 \\ & 5x_1 + 2x_2 \leq 16 \\ & 2x_1 - x_2 \leq 4 \\ & x_1,\ x_2 \ : \text{비음정수} \end{aligned}$$

(1) 선형계획법으로 풀고, 이때의 해를 반올림한 정수값을 이용하여 목적함수값을 구하라.

(2) 도해법에 의하여 정수해를 산출하고, 이때의 목적함수값과 (1)에서 구한 값을 비교하라.

(3) 분단탐색법에 의하여 최적정수해를 구하라.

5 **분단탐색법에 의하여 다음 정수계획문제의 최적해를 구하라.**

$$\begin{aligned} \text{max. } & z = 40x_1 + 90x_2 \\ \text{s.t. } & 9x_1 + 7x_2 \leq 56 \\ & 7x_1 + 20x_2 \leq 70 \\ & x_1,\ x_2 \ : \text{비음정수} \end{aligned}$$

6 **다음과 같은 비용표를 갖는 할당문제를 분단탐색법을 이용하여 총비용을 최소화하는 최적할당계획을 작성하라.**

(단위 : $)

종업원	직 무				
	Ⅰ	Ⅱ	Ⅲ	Ⅳ	Ⅴ
A	39	65	69	66	57
B	64	84	24	92	22
C	49	50	61	31	45
D	48	45	55	23	50
E	59	34	30	34	18

10 목적계획법

Management science

1. 서 론

기업이 지향하는 유일한 목표가 이익의 최대화나 비용의 최소화만은 아니다. 실제로 이러한 목표는 시장점유율의 증대, 완전고용의 유지, 생산성 향상, 공해방지 등과 같은 다수의 경제적·비경제적 경영목표들 중의 하나에 불과한 것이다. 이와 같이 다수의 상충된 목표가 존재하는 경우에 경영의사결정자는 가능한 한 다수 목표를 동시에 달성하려고 시도할 것이다. 그러나 이 경우에 경영의사결정자가 해결해야 할 문제들은 매우 복잡하여 단일 목표를 전제로 하는 선형계획법을 적용할 수 없다. 이와 같은 선형계획법의 단점을 보완하기 위하여 개발된 의사결정기법이 목적계획법(goal programming)이다.

목적계획법은 다수의 목표를 가진 의사결정문제를 해결할 수 있는 기법으로서, 1961년 찬스(A. Charnes)와 쿠퍼(W.W. Cooper)의 공동 연구에서 시작되어 1970년대 아이지리(Y. Ijiri)와 한국인 이상문(S.M. Lee)에 의해 발전되었다. 이 기법은 의사결정자가 가진 다수의 목표에 대한 기대수준을 분석하고, 모형의 일부 제약조건을 완화시킬 수 있으며, 다수의 상충된 목표에 대한 의사결정자의 선호체계를 모형에 반영할 수 있다. 이러한 특징 때문에 목적계획법은 다수의 상충된 목표와 그 하위목표로 구성된 문제뿐만 아니라 단일목표와 다수의 하위목표로 구성된 다양한 의사결정문제에도 적용될 수 있다.

2. 목적계획법의 개념과 특성

일반적인 의사결정 상황에서는 기업이 설정한 특정 목표를 달성하기 위해서는 다른 목표들을 희생시켜야만 가능하다. 따라서 목표 간의 중요도에 따른 우선순위(preemptive priority)를 설정하여 상위목표가 충족된 후에 하위목표가 달성되도록 할 필요가 있다. 그러나 모든 목표를 기대수준만큼 달성할 수는 없기 때문에, 목적계획법에서는 다수의 목표에 대하여 '만족스러운 수준(satisfactory level)'에 도달하는 것을 목표로 한다. 이는 물론 단일목표에 대한 최적해를 탐색하는 선형계획법의 경우와 근본적으로 차이가 있다.

또한 목적계획법의 구체적인 특성은 목적계획모형의 목적함수에서 나타난다. 선형계획법의 목적함수는 단일목표를 최소화하거나 최대화하는 방향으로 설정되는 데 반하여, 목적계획법에서는 목표에 관한 제약조건 및 시스템제약조건과 실제로 달성 가능한 기대수준과의 편차를 최소화하는 방향으로 목적함수가 설정된다. 선형계획법의 심플렉스법에서는 이와 같은 편차를 여유변수나 잉여변수와 같은 가상변수(dummy variable)로 표시하였다. 그러나 목적계획법에서의 편차변수(deviation variable)는 양이나 음의 값을 취할 수 있으며, 목적함수를 구성하는 유일한 실제변수라는 중요한 의미를 갖는다. 목적계획법의 목표는 바로 이러한 편차변수의 값을 최소화하는 데 있다.

그러나 목적계획법의 기본적인 제약이나 가정, 필요조건 등은 선형계획법의 경우와 유사하다. 또한 계산절차도 선형계획법과 유사하여 도해법이나 심플렉스법을 약간 수정한 수정심플렉스법(modified simplex method)을 이용하여 문제를 해결할 수 있다.

최근에 이르러 상충된 목표를 가진 경영문제의 의사결정수단으로서 목적계획법에 대한 관심이 증대되고 있다. 목적계획법은 의사결정자로 하여금 독특한 의사결정환경과 일상적인 의사결정과정, 조직의 목표와 우선순위 등을 반영할 수 있게 해 주는 우수한 기법이다. 이 기법의 가장 중요한 장점은 다수의 제약조건과 다수의 목표를 우선순위에 따라 모형화할 수 있는 신축성이 있다는 점이다.

일반적인 목적계획모형은 다음 세 가지 유형의 분석에 이용된다.

① 다수의 목표 달성에 필요한 자원의 소요량 결정
② 주어진 제약조건하에서 달성하고자 하는 목표수준의 결정
③ 다수의 제약조건과 목표에 대한 우선순위체계화에서 최상의 만족을 주는 해의 산출

그러나 목적계획법을 의사결정문제에 이용할 경우, 목적계획법의 장점이 충분히 활용될 수 있도록 신중히 검토해야 한다. 목적계획법이 적용되는 가장 기본적인 의사결정문제는 희소자원의 최적할당에 관한 것이다. 예를 들어, 다수의 희소자원을 결합하여 다수의 제품을 생산할 경우에, 의사결정문제는 모든 목표의 달성이 조직 전체의 관점에서 최대화가 되도록 한정된 자원을 가장 적절하게 할당하는 것이다.

또한 목적계획법은 장·단기계획 및 일정계획(scheduling)문제에 적용된다. 일반적으로 장래의 특정 목표를 달성하기 위해서는 현재나 장래의 행동에 관한 의사결정이 이루어져야 하는데, 이 경우 목적계획법이 유용하게 이용되는 것이다.

목적계획법은 기업뿐만 아니라 정부기관, 비영리조직 등에서도 여러 가지 의사결정문제에 적용되고 있다. 정부기관이나 비영리조직에서는 의사결정에 있어 가장 기본적인 목표들에 1차적인 우선순위를 부여하고 이 목표를 달성하기 위하여 제반 계획을 수립하게 되는데, 이와 같은 과정이 정책분석이며, 여기에 목적계획법이 이용되는 것이다.

3. 목적계획문제의 모형화

다수의 목표를 가진 의사결정문제에 목적계획법을 적용하여 그 해를 구할 수 있도록 조직의 목표가 하나인 경우와 둘 이상인 다수의 경우로 나누어 목적계획문제를 모형화하는 방법을 설명하기로 한다.

3.1 단일목표문제

목적계획문제의 모형화를 위하여 우선 단일목표를 가진 가장 단순한 경우를 고찰해 보자. 단일목표를 가진 목적계획문제는 선형계획모형으로도 수식화할 수 있으나, 목적계획법으로 모형화함으로써 보다 효율적으로 최적해를 탐색할 수 있으며, 다수목표를 가진 목적계획문제에 접근하기가 쉬워진다. 우선 다음과 같은 예를 검토해 보자.

J시 부근의 공단에 위치한 M전기회사는 전등과 선풍기를 생산하고 있다. 이 전등과 선풍기는 배선과 조립 등 2단계 공정을 거쳐 생산된다. 배선에는 전등 1단위당 약 2시간, 선풍기는 1단위당 약 3시간이 소요되며, 최종 공정인 조립에는 전등과 선풍기의 생산에 각각 6시간과 5시간이 소요된다고 한다. 한편 이 회사는 배선에 12시간, 조립에 30시간의 생산능력을 보유하고 있으며, 생산되는 전등과 선풍기는 각각 단위당 \$7와 \$6의 판매이익을 가져온다. 현재 이 회사는 정상적인 생산 및 시장조건하에서 판매에 따른 총이익을 최대화하고자 하는 단일목표를 가지고 있다.

우선 이 문제는 다음과 같이 선형계획문제로 간단히 모형화할 수 있다.

x_1 = 전등의 생산량

x_2 = 선풍기의 생산량

$$\begin{aligned} \text{max.}\ & z = 7x_1 + 6x_2 \\ \text{s.t.}\ & 2x_1 + 3x_2 \le 12 \\ & 6x_1 + 5x_2 \le 30 \\ & x_1,\ x_2 \ge 0 \end{aligned}$$

만약 M전기회사의 경영자가 순수하게 하나의 목표만을 지향한다면 상기의 선형계획모형을 이용하여 최적해를 구하는 것이 바람직하다. 그러나 이 기업이 특정의 생산기간 중에 새로운 장소로 이전할 예정이며, 따라서 이익최대화만이 당면한 목표는 아니라고 가정해 보자. 이때 CEO가 회사 이전기간 중에 정상적으로 달성할 수 있는 이익목표를 \$30로 설정했다면, 이는 목적계획법을 적용하여 목표달성 최적해를 구할 수 있다.

그러면 목적계획모형을 구성하고 있는 목적함수와 제약조건을 중심으로 모형화하는 절차에 대해 살펴보도록 하자.

(1) 시스템제약조건

목적계획모형은 시스템제약조건(system constraints)과 목표제약조건(goal constraints) 등 두 가지 형태의 제약조건으로 구성되어 있다. 시스템제약조건은 의사결정환경에 따라 모형에 부여된 절대적 제약을 말한다. 예를 들면, 일주일은 7일이라든지(시간제약조건), 단기의 생산용량 혹은 판매능력은 일정한 조건에 따라 한정되어 있다든지(용량제약조건), 생산은 수요나 보관용량에 따라 제한을 받는다는 것(물적제약조건) 등을 들 수 있다. 목적계획법에서 이러한 시스템제약조건은 목표제약조건보다 우선적으로 고려되어야 한다. M전기회사문제의 시스템제약조건은 다음과 같다.

$$2x_1+3x_2 \leq 12$$
$$6x_1+5x_2 \leq 30$$

(2) 목표제약조건

목표제약조건은 특정 목표의 기대수준을 나타낸다. 목표제약조건으로 이익의 기대수준, 공해방지의 기대수준, 시장점유율과 투자수익률에 대한 기대수준 등을 예로 들 수 있다. M전기회사의 목적계획문제는 주어진 제약조건에서 $30라는 목표이익 달성을 가능하게 하는 생산믹스를 찾고자 하는 것이므로, 이의 목표제약조건은 다음과 같이 나타낼 수 있다.

$$7x_1+6x_2+d_1^- - d_1^+ = 30$$

단, $d_1^- = 30$ 목표이익의 미달량

$d_1^+ = 30$ 목표이익의 초과량

여기서 d_1^-과 d_1^+는 편차변수(deviational variable)이며, 선형계획모형에서의 여유변수와 잉여변수로 생각할 수 있다. 예를 들어, 판매로 인한 총이익이 30보다 작다면 음의 편차변수 d_1^-는 미달된 양만큼의 값을 갖게 되며, 30보다 크다면 양의 편차변수 d_1^+가 초과된 양만큼의 값을 갖게 된다.

만약 이익수준을 30 이하로 제한한다면 초과달성량을 나타내는 d_1^+를 최소화하여 0이 되도록 함으로써 총이익은 30 혹은 그 미만이 될 것이다. 반면에, 총이익을 30 이상으로 초과달성하려면 목표의 미달량을 나타내는 d_1^-를 가능한 한 최소화해야 된다. 이때 d_1^-를 0까지 최소화하면 총이익은 30 이상이 될 것이다. 또한 두 편차변수 d_1^-와 d_1^+를 0이 되게 최소화하면 총이익수준은 정확히 30이 된다. 이상에서 최소한 하나의 편차변수는 항상 0이라는 사실을 명백히 알 수 있다. 즉, d_1^-와 d_1^+는 상호보완적이기 때문에 $d_1^- > 0$이면 $d_1^+ = 0$이며, $d_1^+ > 0$이면 $d_1^- = 0$이다. 따라서 $d_1^- \times d_1^+ = 0$인 관계가 항상 성립한다.

(3) 목적함수

M전기회사는 가능한 한 정확히 30의 목표이익을 달성하고자 하는 단일목표를 가지고 있다. 여기서 이 회사는 목표이익의 미달량을 나타내는 음의 편차변수 d_1^-와 목표이익의 초과달성량을 나타내는 편차변수 d_1^+를 최소화하여 0이 될 때 정확히 30의 목표를 달성할 수 있다. 따라서 목적함수를 다음과 같이 나타낼 수 있다.

$$\text{min. } z = d_1^- + d_1^+$$

이상을 종합하면, M전기회사의 생산계획문제는 다음과 같이 단일목적계획모형으로 표현된다.

$$\begin{aligned} \text{min. } & z = d_1^- + d_1^+ \\ \text{s.t. } & 7x_1 + 6x_2 + d_1^- - d_1^+ = 30 \\ & 2x_1 + 3x_2 \le 12 \\ & 6x_1 + 5x_2 \le 30 \\ & x_1,\ x_2,\ d_1^-,\ d_1^+ \ge 0 \end{aligned}$$

3.2 다수목표문제

다수목표의 제약조건에는 시스템제약조건과 목표제약조건이 모두 포함되는 경우도 있고, 다수의 목표제약조건만이 포함되는 경우도 있다. 또한 상충된 다수의 목표가 존재하는 경우에 모든 목표를 효용이나 화폐량과 같은 하나의 통일된 측정수단으로 나타낼 수 있다면 다수목표문제도 단일목표문제로 단순화시킬 수 있다. 그러나 실제로 목표들 간에는 상충될 뿐만 아니라 비교가 불가능한 경우도 많다. 예를 들어, 어느 기업이 고용인의 수로 표시되는 고용목표, 화폐단위로 표시되는 이익목표 및 화학폐기물의 중량으로 표시되는 공해통제목표 등을 가지고 있을 경우, 이러한 목표들을 효용이나 이익과 같은 공통된 측정수단으로 일관성 있게 표시하는 것은 불가능하다. 이와 같은 목표들을 계량적으로 표시할 수 있는 가장 효과적인 방법은 상충된 다수의 목적을 그 중요도에 따라 평가하여 우선순위를 부여하는 방법이다.

우선순위를 부과하는 이유는 상위목표가 하위목표에 비해 우선적으로 달성될 수 있도록 하기 위해서이다. 만약 제1순위의 목표가 기대수준에 도달하거나 문제의 제약조건하에서 달성가능한 최대수준에 도달하면 의사결정자는 계속적으로 다음 목표를 탐색하게 된다. 이를 위하여 우선순의 P_j가 편차변수에 부여되는데, 가장 중요한 목표에는 P_1, 그 다음 목표에는 P_2 등과 같이 목표의 중요도에 따라 차례로 우선순위가 부여된다.

그러면 M전기회사의 경영자가 다음과 같은 우선순위를 가진 다수의 목표를 달성하고자 한다고 가정해 보자.

제1목표 : 선풍기 2대의 생산계약 이행
제2목표 : 생산기간 중 30의 이익목표 달성
제3목표 : 배선 부문 가용시간의 최대한 활용

이 문제의 제약조건은 하나의 시스템제약조건과 세 개의 목표제약조건으로 구성됨을 알 수 있다. 그러면 이 문제를 다수의 목표를 가진 다수목표계획문제로 모형화해 보자.

(1) 시스템제약조건

이 회사는 조립에 30시간의 생산능력을 보유하고 있으며, 전등과 선풍기의 생산에 단위당 각각 6시간과 5시간이 소요되기 때문에, 시스템제약조건은 다음과 같이 나타낼 수 있다.

$$6x_1 + 5x_2 \leq 30$$

(2) 목표제약조건

이 회사는 세 가지의 목표를 설정하고 있기 때문에 목표제약조건 역시 세 개가 된다. 제1목표는 선풍기의 생산계약에 관한 것이다. 이 회사는 생산기간 중 2대의 선풍기를 생산·납품하기로 계약했기 때문에 이 제품을 최소한 2대 이상 생산해야 한다. 제2목표는 가능한 한 30의 이익목표를 달성하는 것이며, 제3목표는 12시간의 배선 부문 가용시간을 최대한으로 활용하는 것이다. 이와 같은 목표들과 관련하여 각각의 목표제약조건을 다음과 같이 나타낼 수 있다.

$$x_1 + d_1^- - d_1^+ = 2 \quad \text{(제 1목표 제약)}$$

$$7x_1 + 6x_2 + d_2^- - d_2^+ = 30 \quad \text{(제 2목표 제약)}$$

$$2x_1 + 3x_2 + d_3^- - d_3^+ = 12 \quad \text{(제 3목표 제약)}$$

단, d_1^- = 선풍기생산목표의 미달량

d_1^+ = 선풍기생산목표의 초과달성량

d_2^- = 이익목표의 미달액

d_2^+ = 이익목표의 초과달성액

d_3^- = 배선 부문의 유휴시간

d_3^+ = 배선 부문의 초과작업시간

(3) 목적함수

이 문제는 세 가지의 상충된 목표가 있기 때문에 이 세 목표의 우선순위 P_j를 다음과 같이 정의할 수 있다.

P_1 : 최우선순위는 선풍기의 생산목표 달성에 부여되며, 이 목표는 경영자가 선풍기의 초과생산 여부를 문제시하지 않는다면 생산목표의 미달량 d_1^-를 최소화함으로써 달성가능하다.

P_2 : 두 번째 우선순위는 이익목표 달성에 부여되며, 이익목표의 미달량 d_2^-와 초과달성량 d_2^+를 최소화함으로써 달성가능하다.

P_3 : 세 번째 우선순위는 배선 부문의 가용시간을 최대한으로 활용하는데 부여된다. 이것도 경영자가 배선 부문의 초과작업을 문제시하지 않는다면 d_3^-를 최소화함으로써 달성가능하다.

이상에서의 편차변수와 우선순위를 고려하면 M전기회사문제의 목적함수는 다음 같이 표시된다.

$$\text{min. } z = P_1 d_1^- + P_2(d_2^- + d_2^+) + P_3 d_3^-$$

여기서 z는 이익이나 비용과 같은 1차원적 함수가 아니라 우선순위를 나타내는 여러 인수들로 구성된 다차원적 함수이다. 또한 이 목적함수의 경우 $P_1 \rangle\rangle\rangle P_2 \rangle\rangle\rangle P_3$의 관계가 성립하는데, 이는 P_1이 P_2보다 더 중요하고 P_2가 P_3보다 더 중요하다는 것을 의미한다. 이상을 종합하면 다수의 목표를 갖는 M전기회사의 새로운 목적계획모형은 다음과 같다.

$$\begin{aligned}
\text{min.} \quad & z = P_1 d_1^- + P_2(d_2^- + d_2^+) + P_3 d_3^- \\
\text{s.t.} \quad & x_2 + d_1^- - d_1^+ = 2 \\
& 7x_1 + 6x_2 + d_2^- - d_2^+ = 30 \\
& 2x_1 + 3x_2 + d_3^- - d_3^+ = 12 \\
& 6x_1 + 5x_2 \le 30 \\
& x_1,\ x_2,\ d_1^+,\ d_1^-,\ d_2^-,\ d_2^+,\ d_3^-, d_3^+ \ge 0
\end{aligned}$$

4. 목적계획법의 도해법

목적계획법의 목적은 단일목표의 최대화나 최소화가 아니라 다수의 목표들을 가능한 한 기대수준에 가깝게 달성하는 데 있다. 주어진 시스템제약조건 하에서 달성가능한 결과와 설정된 목표 사이의 편차를 최소화하는 데 목적을 둔다. 의사결정자는 최우선목표에 대한 편차를 가능한 한 최소로 줄인 다음, 두 번째 우선순위를 가진 목표의 편차를 줄여 가는 방식을 따른다. 따라서 목적계획법에서는 다수의 목표를 최대로 만족시키는 해가 최적해가 된다. 목적계획문제가 만약 두 개의 결정변수만을 갖고 있다면, 선형계획문제와 마찬가지로 도해적 방법(graphic method)에 의하여 해를 구할 수 있다. 여기서는 M전기회사의 목적계획모형을 가지고 도해적 방법에 의하여 최적해를 구하는 방법을 예시하도록 한다.

$$\text{min. } z = P_1d_1^- + P_2(d_2^- + d_2^+) + P_3d_3^-$$

$$\begin{aligned}\text{s.t. } & x_2 + d_1^- - d_1^+ = 2 \\ & 7x_1 + 6x_2 + d_2^- - d_2^+ = 30 \\ & 2x_1 + 3x_2 + d_3^- - d_3^+ = 12 \\ & 6x_1 + 5x_2 \le 30 \\ & x_1,\ x_2,\ d_1^-,\ d_2^-,\ d_3^-,\ d_1^+,\ d_2^+, d_3^+ \ge 0\end{aligned}$$

단, x_1 = 전등의 생산량

x_2 = 선풍기의 생산량

일반적으로 목적계획모형의 제약조건은 시스템제약조건과 목표제약조건의 두 가지 형태로 구성되어 있는 경우도 있고, 단지 목표제약조건만으로 되어 있는 경우도 있다. 이 중 시스템제약조건과 목표제약조건 둘 다를 가지고 있는 경우에는 시스템제약조건을 우선적으로 만족시켜야 한다. M전기회사문제는 하나의 시스템제약조건과 세 개의 목표제약조건을 가지고 있다. 따라서 이 문제를 도해적 방법으로 해결하기 위해서는 시스템제약조건을 우선적으로 그래프상에 표시해야 한다. 시스템제약조건 $6x_1 + 5x_2 \le 30$을 만족시키는 실

그림 10-1 ▶ 시스템제약조건의 실행가능영역

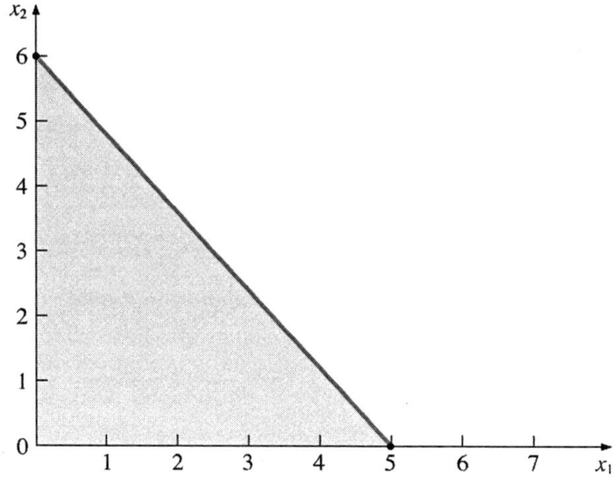

행가능영역을 도시하면 [그림 10-1]과 같다.

시스템제약조건의 실행가능영역이 산출된 다음에는, 목적함수값의 결정에 영향을 미치는 각 목표제약조건을 그래프에 표시해야 한다. M전기회사의 최우선목표는 선풍기의 생산미달량 d_1^-를 최소화하는 것이다. 선풍기의 생산목표에 대한 제약조건은 [그림 10-2]와 같이 나타낼 수 있는데, d_1^-를 최소화할 경우의 실행가능영역은 그래프의 색칠한 부분이 되며, 이 영역 내의 모든 점은 생산량이 2대 이상이기 때문에 1차 목표를 충족시킨다.

그림 10-2 ▶ 시스템제약조건과 1차 목표의 실행가능영역

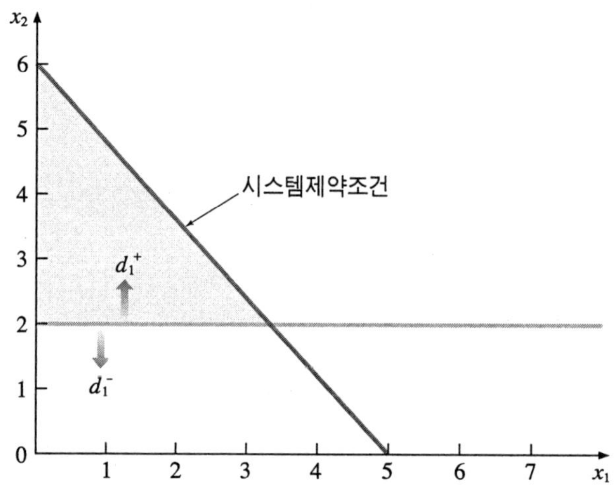

그림 10-3 ▶ 시스템제약조건과 1차, 2차 목표의 실행가능영역

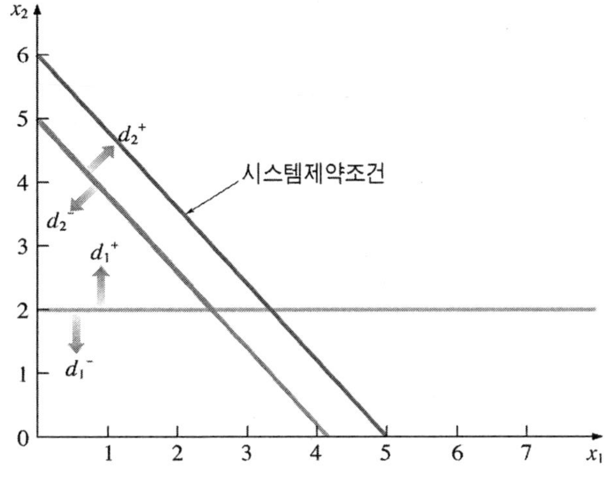

이 회사의 2차 목표는 가능한 한 30의 이익목표를 달성하는 것이다. 이는 두 번째 제약조건에서 이익목표의 미달량 d_2^-와 초과달성량 d_2^+를 최소화함으로써 달성된다. 이 목표에 대한 실행가능영역은 [그림 10-3]에서 보는 바와 같이 1차 목표를 충족시키는 실행가능영역 내에서 하나의 직선으로 나타난다.

3차 목표는 배선 부문의 가용시간인 12시간을 최대한으로 활용하는 것인데, 이는 d_3^-를 최소화함으로써 달성할 수 있다. 이와 같은 3차 목표의 실행가능영역은 이 목표에 관한 제약조건을 나타내는 직선의 상단부에서 정해진다. 그러나 2차 목표의 실행가능영역이 직선으로 나타나므로, 3차 목표에 대한 실행가능영역은 [그림 10-4]에서 보는 바와 같이 2차 목적제약식과 만나는 점으로 한정되며, 이 점이 곧 M전기회사문제의 최적해가 된다.

최적해에 해당하는 x_1과 x_2의 값은 이 점에서 서로 접하는 두 직선의 식을 연립하여 구할 수 있다. 즉, 최적해는 $7x_1+6x_2=30$과 $2x_1+3x_2=12$의 교점인 $x_1=2$, $x_2=\frac{8}{3}$이다. 마지막으로 모든 목표제약식에 이 값을 대입하면 다음과 같이 각 변수의 값이 산출된다.

$$x_1=2,\ x_2=\frac{8}{3}$$

$$d_1^+=\frac{2}{3},\ d_1^-=d_2^-=d_2^+=d_3^-=d_3^+=0$$

그림 10-4 ▶ M전기회사문제의 최적해

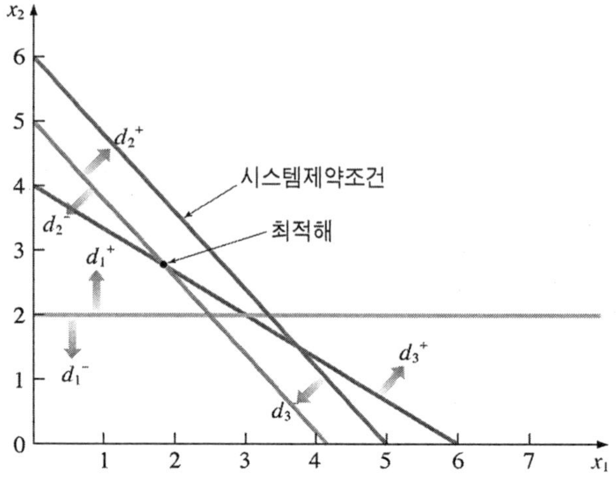

이 해를 통하여 목표달성도에 관해 다음과 같은 해석을 내릴 수 있다.

P_1 : 달성(선풍기 생산목표의 $\frac{2}{3}$대 초과달성)

P_2 : 달성

P_3 : 달성

5. 목적계획법의 심플렉스법

최근에 목적계획문제를 해결하기 위한 여러 기법들이 개발되었으나 이들 대부분은 목적계획법의 특성을 이용한 수정된 심플렉스법의 원리에 기초를 두고 있다. 본 절에서는 다음과 같은 목적계획모형을 예로 들어 수정심플렉스법을 이용한 목적계획문제의 해법에 대해 설명하고자 한다.

$$\begin{aligned} \text{min. } z &= P_1(d_1^- + d_1^+) + P_2(d_2^- + d_3^-) \\ s.t. \quad & 20x_1 + 24x_2 + d_1^- - d_1^+ = 264 \\ & 4x_1 + 2x_2 + d_2^- - d_2^+ = 36 \\ & 3x_1 + 6x_2 + d_3^- - d_3^+ = 60 \\ & x_1,\ x_2,\ d_i^-,\ d_i^+ \geq 0 \end{aligned}$$

목적계획문제에 수정심플렉스법을 적용하기 위해서는 목적계획모형의 특성과 관련하여 다음과 같은 사항에 유의해야 한다.

① 목적계획법은 각 목표 간에 우선순위를 정하고 각 목표에 관한 편차변수를 우선순위에 따라 최소화하면서 가능한 한 다수의 목표를 달성하는 것이다.

② 목적함수에 표시되는 우선순위는 기수가 아닌 서수이므로 다차원의 값을 갖는다. 따라서 z_j와 $c_j - z_j$는 하나의 행(즉 행벡터)으로 표시되지 않고 행렬로 표시된다.

③ $c_j - z_j$는 행렬로 표시되기 때문에 기준열(pivot column)은 우선순위에 따라 결정된다.

④ 시스템제약조건이 있을 경우 적절한 편차변수에 최우선순위 P_0를 부과하여 이를 만족시켜야 한다.

5.1 최초심플렉스표의 작성

최초심플렉스표의 작성방법은 선형계획법의 경우와 거의 일치하며, 특히 최초해는 생산을 하지 않는 원점이 된다. 즉, $x_1 = 0$, $x_2 = 0$이 최초해이며, 이 값을 제약조건에 대입하여 기저변수를 결정한다.

첫 번째 제약조건식에서 $x_1 = 0$, $x_2 = 0$, 즉 두 제품을 생산하지 않기 때문에 초과달성량을 나타내는 편차변수 d_1^+는 0이 되며, d_1^-가 기저변수가 된다.

$$x_1 + x_2 + d_1^- - d_1^+ = 264$$

$$0 + 0 + d_1^- - 0 = 264$$

$$d_1^- = 264$$

마찬가지로 두 번째 및 세 번째 제약조건식에서도 d_2^-, d_3^-가 기저변수이다. 실제로 목적계획법에서는 항상 모든 음의 편차변수가 최초심플렉스표상의 기저해가 된다.

[표 10-1]은 최초심플렉스표이다. 여기서 c_j값은 목적함수에서의 j변수의 계수를 나타낸다. 예를 들어, 목적함수에서 d_1^-와 d_1^+의 계수가 P_1이므

표 10-1 ▶ 최초심플렉스표

$c_j\rightarrow$ ↓	기저	상수	0	0	P_1	P_2	P_2	P_1	0	0
			x_1	x_2	d_1^-	d_2^-	d_3^-	d_1^+	d_2^+	d_3^+
P_1	d_1^-	264	20	24	1	0	0	−1	0	0
P_2	d_2^-	36	4	2	0	1	0	0	−1	0
$\leftarrow P_2$	d_3^-	60	3	⑥	0	0	1	0	0	−1
c_j-z_j	P_2	96	−7	−8	0	0	0	0	1	1
	P_1	264	−20	−24 ↑	0	0	0	2	0	0

로 P_1은 d_1^-와 d_1^+의 열과 행에 c_j 값으로 기입된다.

목적계획모형의 심플렉스표에서 c_j-z_j 값이 행렬로 표시된다는 사실은 앞서 지적한 바와 같다. 이 문제의 경우 2개의 우선순위와 8개의 변수를 포함하고 있기 때문에 c_j-z_j는 2×8행렬로 표시된다. 이때 기저열(basis column)은 우선순위가 낮은 것부터 차례로 배열한다.

모든 변수에 대한 z_j 값과 c_j-z_j 값은 선형계획법에서와 동일한 절차를 적용하여 간단히 구할 수 있다. 먼저 해가 되는 상수열의 z_j 값을 구하면 다음과 같다.

$$
\begin{aligned}
z_j &= (c_j\text{열})\times(\text{상수열}) \\
&= (P_1\times 264)+(P_2\times 36)+(P_2\times 60) \\
&= 264P_1+96P_2
\end{aligned}
$$

상수열의 z_j 값은 각 목표의 미달량을 나타내는데, 최초심플렉스표에서 상수열의 z_j 값이 $P_1=264$, $P_2=96$이기 때문에 현 상태에서는 어느 목표도 달성하지 못하고 있음을 알 수 있다.

다음으로 변수열의 c_j-z_j 값을 계산해야 되는데, 기저변수열의 경우는 c_j-z_j값이 항상 0이기 때문에 이의 계산은 생략할 수 있다. 기저변수열을 제외한 나머지 변수열에 대해서는 먼저 다음 공식에 따라 z_j 값을 계산한 다음 c_j-z_j 값을 산출한다.

$$z_j(\text{변수})\text{열} = c_j\text{열}\times(\text{각 변수열의 계수})$$

예컨대, x_1 열의 z_j값은

$$z_j(x_1) = (P_1 \times 20) + (P_2 \times 4) + (P_2 \times 3)$$
$$= 20P_1 + 7P_2$$

이며, x_1 열의 c_j 값은 0이기 때문에 이 열의 $c_j - z_j$ 값은

$$0 - (20P_1 + 7P_2) = -20P_1 - 7P_2$$

가 된다. 그러나 P_1과 P_2는 서수로서 비교가 불가능한 값이기 때문에 $c_j - z_j$ 행렬의 P_1과 P_2행에 각각 −20과 −7을 기입해야 한다. 최초심플렉스표에서 기저변수열인 d_1^-, d_2^-, d_3^-의 $c_j - z_j$ 값은 모두 0이다. 그러나 비기저변수 d_1^+ 열의 경우는 z_j 값이 $-P_1$이고 c_j 값이 P_1이기 때문에 $c_j - z_j$ 값은 $2P_1$이다. 따라서 P_1행에 2를 기입해야 한다. 나머지 비기저변수열에 대해서도 동일한 계산과정을 적용하여 $c_j - z_j$행렬을 계산할 수 있다.

5.2 해의 탐색

이상과 같이 1차 심플렉스표가 작성되면, 진입변수와 진출변수를 결정해야 한다. 이때 미달된 최우선순위의 목표를 최대한으로 달성시키는 데 대한 각 비기저변수의 공헌율을 비교하여 이를 진입변수의 선정기준으로 삼는다. 따라서 P_1행에서 절대값이 가장 큰 음의 $c_j - z_j$ 값을 갖는 변수가 진입변수가 된다.

[표 10-1]의 최초심플렉스표를 보면, 미달성된 목표들 중에서 최우선순위는 P_1이며, 이는 264의 미달성량을 가지고 있다. 또한 P_1행 중 절대값이 가장 큰 음의 $c_j - z_j$ 값을 갖는 비기저변수는 x_2이므로 x_2가 진입변수가 되며, 이 변수의 열은 기준열이 된다. 진출변수의 결정방법은 선형계획법의 경우와 동일하다. 즉, 해가 되는 상수열을 다음과 같이 기준열의 양의 계수로 나누어 비음의 최소값을 갖는 행을 기준행으로 한다.

d_1^-행 : $264 \div 24 = 11$

d_2^-행 : $36 \div 2 = 18$

d_3^-행 : $60 \div 6 = 10$

표 10-2 ▶ 2차 심플렉스표

$c_j \rightarrow$ ↓	기저	상수	0	0	P_1	P_2	P_2	P_1	0	0
			x_1	x_2	d_1^-	d_2^-	d_3^-	d_1^+	d_2^+	d_3^+
$\leftarrow P_1$	d_1^-	24	⑧	0	1	0	−4	−1	0	4
P_2	d_2^-	16	3	0	0	1	$-\frac{1}{3}$	0	−1	$\frac{1}{3}$
0	x_2	10	$\frac{1}{2}$	1	0	0	$\frac{1}{6}$	0	0	$-\frac{1}{6}$
$c_j - z_j$	P_2	16	−3	0	0	0	$\frac{4}{3}$	0	1	$-\frac{1}{3}$
	P_1	24	−8 ↑	0	0	0	4	2	0	−4

따라서 최소값을 갖는 d_3^-행이 기준행이 되며, 진출변수는 d_3^-이다. 진입변수와 진출변수가 정해지면 선형계획법의 심플렉스법에서와 동일한 절차를 적용하여 2차 심플렉스표를 작성한다. [표 10-2]는 이 목적계획문제의 2차 심플렉스표이다.

새로운 심플렉스표가 작성되면 해의 최적성 여부를 조사해야 한다. 이를 위해 심플렉스표상의 경우 각 우선순위에 대한 $c_j - z_j$ 값을 검토해야 하는데, 이 값들이 비음이 되어 z_j가 0이면 그 해는 최적해이다. 만약 한 우선순위의 $c_j - z_j$값들 중에서 음수값이 나타날 때에는 현재의 해가 최적해가 아니므로 새로운 해를 찾아야 한다. 그러나 이 우선순위에서 음의 $c_j - z_j$ 값을 갖는 비기저변수가 이보다 상위의 우선순위에서 양의 $c_j - z_j$ 값을 가질 때에는 그 열의 변수는 진입변수가 될 수 없다. 따라서 다른 변수의 열을 검토해야 한다.

예에서 2차 심플렉스표 [표 10-2]의 경우 P_1행에 음수값이 존재하므로 최우선순위 P_1의 목표는 아직 달성되지 않은 상태이다. 그러나 1차 목표의 미달량인 z_j 값은 264에서 24로 상당히 감소되었음을 알 수 있다.

2차 심플렉스표에서 최우선목표가 달성되지 않았으므로 다시 새로운 진입변수와 진출변수를 결정해야 한다. 여기서는 x_1이 진입변수가 되고, d_1^-이 진출변수가 된다. 계속해서 앞에서와 같은 방법으로 각 행의 새로운 계수를 계산하면 [표 10-3]과 같은 3차 심플렉스표가 산출된다.

표 10-3 ▶ 3차 심플렉스표

$c_j \rightarrow$	기저	상수	0	0	P_1	P_2	P_2	P_1	0	0
$\downarrow$			x_1	x_2	d_1^-	d_2^-	d_3^-	d_1^+	d_2^+	d_3^+
0	x_1	3	1	0	$\frac{1}{8}$	0	$-\frac{1}{2}$	$-\frac{1}{8}$	0	$\frac{1}{2}$
$\leftarrow P_2$	d_2^-	7	0	0	$-\frac{3}{8}$	1	$\textcircled{\frac{7}{6}}$	$\frac{3}{8}$	-1	$-\frac{7}{6}$
0	x_2	$8\frac{1}{2}$	0	1	$-\frac{1}{16}$	0	$\frac{5}{12}$	$\frac{1}{16}$	0	$-\frac{5}{12}$
$c_j - z_j$	P_2	7	0	0	$\frac{3}{8}$	0	$-\frac{1}{6}$	$-\frac{3}{3}$	1	$1\frac{1}{6}$
	P_1	0	0	0	1	0	0	1	0	0
							$\uparrow$			

3차 심플렉스표에서 P_1의 $c_j - z_j$ 행에 표시된 모든 계수가 비음의 값을 가지므로 일단 1차 목표는 달성되었다고 할 수 있다. 따라서 2차 목표의 달성 여부를 조사하기 위해 우선순위 P_2의 $c_j - z_j$행을 검토해 보면, 계수 중에 음수가 존재하므로 아직 목표가 달성되지 않았음을 알 수 있다. 따라서 음수값을 갖는 d_3^-와 d_1^+ 중에서 진입변수가 결정된다. 그러나 d_1^+의 경우는 P_2보다 상위의 목표인 P_1행의 계수가 1이기 때문에 진입변수가 될 수 없다. 이는 양수값을 갖는 계수가 있으면 P_2의 목표와 그 상위의 우선순위 P_1의 목표가 상충되는 관계로 그 열의 변수를 결정함으로써 P_2의 목표는 향상되지만 보다 상위인 P_1의 목표가 희생되기 때문이다. 그러므로 d_3^-가 진입변수가 되고, 진출변수는 d_2^-가 되어, [표 10-4]에서 보는 바와 같이 새로운 심플렉스표가 작성된다.

[표 10-4]는 4차 심플렉스표이다. 이 표에서 우선순위 P_2의 d_2^+열의 계수가 $-\frac{9}{28}$로서 음수이나 상위의 우선순위 P_1의 계수가 1이기 때문에 더 이상 진입변수를 선정할 수 없다. 따라서 4차 심플렉스표에서 최적해에 도달하게 되며, 최적해는 다음과 같다.

$$x_1 = 6$$
$$x_2 = 6$$
$$d_3^- = 6$$

표 10-4 ▶ 4차(최종)심플렉스표

$c_j \rightarrow$ ↓	기저	상수	0	0	P_1	P_2	P_2	P_1	0	0
			x_1	x_2	d_1^-	d_2^-	d_3^-	d_1^+	d_2^+	d_3^+
0	x_1	6	1	0	$-\frac{1}{28}$	$\frac{3}{7}$	0	$\frac{1}{28}$	$-\frac{3}{7}$	0
P_2	d_2^-	6	0	0	$-\frac{9}{28}$	$\frac{6}{7}$	1	$\frac{9}{28}$	$-\frac{6}{7}$	-1
0	x_2	6	0	1	$\frac{1}{14}$	$-\frac{5}{14}$	0	$-\frac{1}{14}$	$\frac{5}{14}$	0
$c_j - z_j$	P_2	6	0	0	$\frac{9}{28}$	$\frac{1}{7}$	0	$-\frac{9}{28}$	$\frac{6}{7}$	1
	P_1	0	0	0	1	0	0	1	0	0

P_1 : 달성

P_2 : 미달 (세 번째 제약조건 중 6 미달)

6. 엑셀를 이용한 목표계획법

그림 10-5 ▶ 엑셀을 이용한 목표계획법 문제 입력

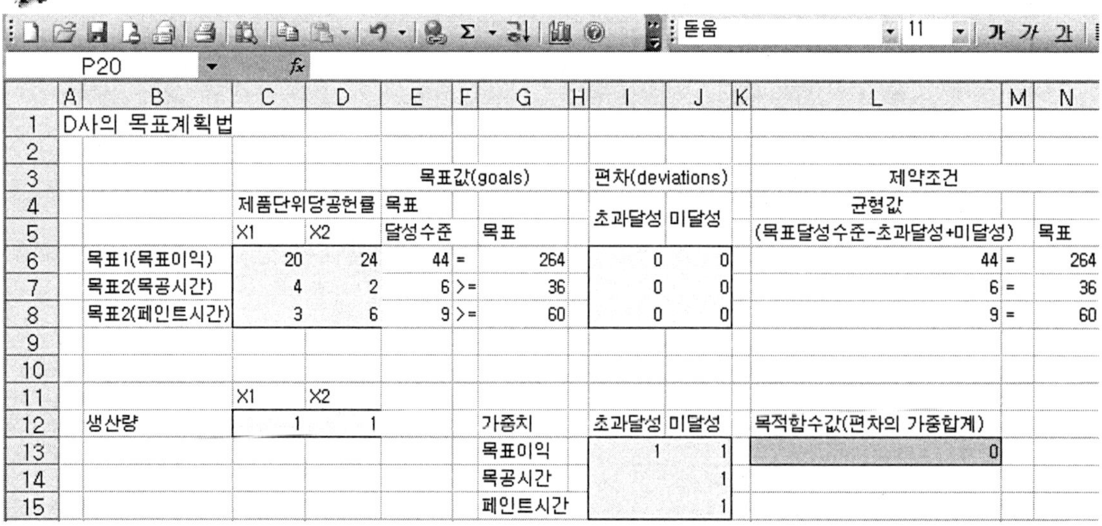

	A	B	C	D	E	F	G	H	I	J	K	L	M	N
1	D사의 목표계획법													
2														
3					목표값(goals)				편차(deviations)			제약조건		
4			제품단위당공헌률		목표				초과달성	미달성		균형값		
5			X1	X2	달성수준		목표					(목표달성수준-초과달성+미달성)		목표
6		목표1(목표이익)	20	24	44	=	264		0	0		44	=	264
7		목표2(목공시간)	4	2	6	>=	36		0	0		6	=	36
8		목표2(페인트시간)	3	6	9	>=	60		0	0		9	=	60
9														
10														
11			X1	X2										
12		생산량	1	1			가중치		초과달성	미달성		목적함수값(편차의 가중합계)		
13							목표이익		1	1		0		
14							목공시간			1				
15							페인트시간			1				

목표계획 의사결정문제의 해를 도출하기 위해서 엑셀 프로그램의 해 찾기 도구를 활용하여 [그림 10-5]와 같이 D사의 기본자료를 입력한다.

D사는 x_1, x_2 2개의 제품을 생산하고 있으며, 다음과 같은 사업목표를 설정하고 각각의 목표에 대해 우선순위를 결정하였다.

목표 1 : 첫 번째 목표는 $20x_1+24x_2=264$로서 총이익을 264만큼 안정적으로 달성하고자 한다.

목표 2 : 두 번째 목표는 $4x_1+2x_2 \geq 36$ 으로 목공작업시간을 적어도 36시간 이상 확보하는 것이다.

목표 3 : 세 번째 목표는 $3x_1+6x_2 \geq 60$ 으로 페인트작업시간을 적어도 60시간 이상 확보하는 것이다.

다음으로 서수적 우선순위를 부여한 목적함수를 공식화하면 다음과 같다.

목표 1(판매목표) : 판매목표를 달성하기 위해서 먼저 다음의 제약조건에서 판매이익액의 미달성분(d_1^-)과 초과달성분(d_1^+)을 0으로 만듦으로써 최소화할 수 있다.

$$20x_1+24x_2+d_1^- - d_1^+ = 264$$

따라서 가장 높은 우선순위 P_1이 d_1^-와 d_1^+의 최소화에 할당되어야 하며, 이때의 목적함수를 공식화하면 다음과 같다.

$$\text{최소화 } Z = P_1(d_1^- - d_1^+)$$

목표 2(목공작업시간 수준) : D사는 목공작업시간을 적어도 36시간 이상을 확보하려는 목표를 설정했다. 이러한 목표를 달성하기 위해서는 다음의 제약조건에서 종업원의 미달성분(d_2^-)을 최소화해야 한다.

$$4x_1+2x_2+d_2^- - d_2^+ \geq 36$$

따라서 두 번째 높은 우선순위 P_2가 d_2^-의 최소화에 할당되어야 하며, 지금까지의 목적함수를 공식화하면 다음과 같다.

$$\text{최소화 } Z = P_1(d_1^- - d_1^+) + P_2(d_2^-)$$

목표 3(페인트작업시간 수준) : D사는 페인트작업시간을 적어도 60시간 이상을 확보하려는 목표를 설정했다. 이러한 목표를 달성하기 위해서는 다음의 제약조건에서 종업원의 미달성분(d_3^-)을 최소화해야 한다.

$$3x_1+6x_2+d_3^- - d_3^+ \geq 60$$

따라서 두 번째 높은 우선순위 P_2가 d_3^-의 최소화에 할당되어야 하며, 지금까지의 목적함수를 공식화하면 다음과 같다.

$$\text{최소화 } Z = P_1(d_1^- - d_1^+) + P_2(d_2^- + d_3^-)$$

위의 D사의 경우 완전한 목표계획법의 모델은 다음과 같이 공식화될 수 있다.

$$\begin{aligned} \text{min.} \quad & z = P_1(d_1^- + d_1^+) + P_2(d_2^- + d_3^-) \\ \text{s.t.} \quad & 20x_1+24x_2+d_1^- - d_1^+ = 264 \\ & 4x_1+2x_2+d_2^- - d_2^+ \geq 36 \\ & 3x_1+6x_2+d_3^- - d_3^+ \geq 60 \\ & x_1,\ x_2,\ d_i^-,\ d_i^+ \geq 0 \end{aligned}$$

입력된 자료를 이용하여 D사의 최적해를 산출하면 다음과 같다.

엑셀 메뉴에서 도구(T)-해 찾기(S)를 선택한다. [그림 10-6] [해 찾기 모델 설정] 창이 뜨고 [목표 셀] 칸에 L13을 입력한다. L13셀은 편차들의 가중

그림 10-6 ▶ 해 찾기 모델 설정

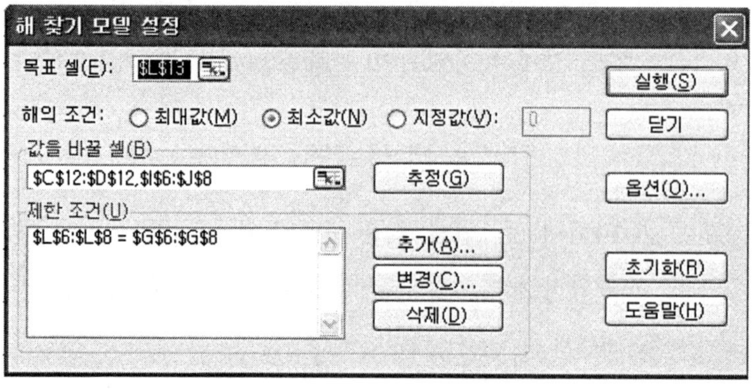

합계인 목적함수값이 된다. [해의 조건] 란에서 [최소값(N)]에 체크한 다음, [값을 바꿀 셀]에 8변수값인 X1, X2, d_i^-, d_i^+의 값인 $C$12:$D$12, $I$6:$J$8을 입력한다. [제한조건] 칸에 제약조건을 삽입하기 위해 [추가] 버튼을 누른 후, 균형값과 목표값이 일치하도록 $L$6:$L$8=$G$6:$G$8를 삽입한다.

F6 셀은 SUMPRODUCT(C6:D6,C12:D12)로 제품단위당 공헌율과 생산량을 곱한 값으로 합산되며, 이하 F7, F8도 마찬가지로 계산되어진다.

L6 셀의 균형값은 E6−I6+J6으로 목표달성수준−초과달성분+미달성분으로 계산된다. 목적함수값인 L13 셀은 SUMPRODUCT(I13:J15,I6:J8)로 편차들의 가중합계값이 구해지게 된다.

	E	L
6	=SUMPRODUCT(C6:D6,C12:D12)	=E6-I6+J6
7	=SUMPRODUCT(C7:D7,C12:D12)	=E7-I7+J7
8	=SUMPRODUCT(C8:D8,C12:D12)	=E8-I8+J8
13		=SUMPRODUCT(I13:J15,I6:J8)

[실행] 버튼을 눌러 최적해와 해답 보고서를 산출할 수 있다.

[그림 10-7]은 D사의 목표계획문제의 최적해(optimal solution)를 보여

그림 10-7 ▶ 최적해

	A	B	C	D	E	F	G	H	I	J	K	L	M	N
1	D사의 목표계획법													
2														
3					목표값(goals)				편차(deviations)			제약조건		
4			제품단위당공헌률		목표				초과달성	미달성		균형값		
5			X1	X2	달성수준		목표					(목표달성수준-초과달성+미달성)		목표
6		목표1(목표이익)	20	24	264	=	264		0	0		264	=	264
7		목표2(목공시간)	4	2	36	>=	36		0	0		36	=	36
8		목표2(페인트시간)	3	6	54	>=	60		0	6		60	=	60
9														
10														
11			X1	X2										
12		생산량	6	6			가중치		초과달성	미달성		목적함수값(편차의 가중합계)		
13							목표이익		1	1		6		
14							목공시간			1				
15							페인트시간			1				

주고 있다. 최적해는 $x_1=6$, $x_2=6$, $d_3^-=6$이다. 즉, 페인트작업시간을 54시간 운영하면서 제품 x_1은 6개, 제품 x_2는 6개를 생산해야 한다. 따라서 '목표 1'의 총판매이익을 264를 달성하고자 하는 목표와 '목표 2'의 목공작업시간을 36시산 이상 확보하려는 목표는 달성될 수 있으며, 60시간 페인트 작업시간을 확보하려는 '목표 2'는 6시간이 미달성되었다.

예 제

1 **한 소규모 전자제품제조회사는 TV 및 라디오를 생산한다. 생산공장에서 TV 및 라디오 한 대를 생산하는 데에는 제품의 종류에 관계없이 평균 1시간이 소요되며, 이 회사는 주당 40시간의 정규생산능력을 가지고 있다. 주당 예상판매량이 TV가 20대, 라디오가 30대이며, 단위당 이익은 각각 $40, $30이다. 경영자는 다음 주의 공장생산에 대하여 다음과 같은 목표를 설정하였다.**

1. 정규생산능력의 미사용량을 최소화한다.
2. TV의 판매목표 달성을 위하여 최소한 20대의 라디오를 생산한다.
3. 10시간 이상의 초과가동은 금한다.
4. 주당 $1,800의 이익목표를 달성한다.
5. 라디오의 판매목표를 달성하기 위하여 최소한 30대의 라디오를 생산한다.

(1) 이 문제의 목적계획모형을 작성하라.
(2) 도해법에 의해 최적해를 구하라.

해답 (1) x_1 : TV 생산량
x_2 : 라디오 생산량
d_1^- = 정규생산능력의 미사용량
d_1^+ = 정규생산능력의 초과사용량
d_2^- = TV의 생산미달량
d_2^+ = TV의 생산초과량
d_3^- = 초과가동제한시간의 미달량

d_3^+ = 초과가동제한시간의 초과량

d_4^- = 이익목표의 미달성액

d_4^+ = 이익목표의 초과달성액

d_5^- = 라디오 판매목표의 미달성량

d_5^+ = 라디오 판매목표의 초과달성량

이라고 정의하면, 이 문제의 목적계획모형은 다음과 같다.

$$\begin{aligned}
\text{min.}\quad & z = P_1d_1^- + P_2d_2^- + P_3d_3^+ + P_4d_4^- + P_5d_5^- \\
\text{s.t.}\quad & x_1 + x_2 + d_1^- - d_1^+ = 40 \\
& x_1 + d_2^- - d_2^+ = 20 \\
& x_1 + x_2 + d_3^- - d_3^+ = 50 \\
& 40x_1 + 30x_2 + d_4^- - d_4^+ = 1,800 \\
& x_2 + d_5^- - d_5^+ = 30 \\
& x_1,\ x_2,\ d_i^-,\ d_i^+ \geq 0
\end{aligned}$$

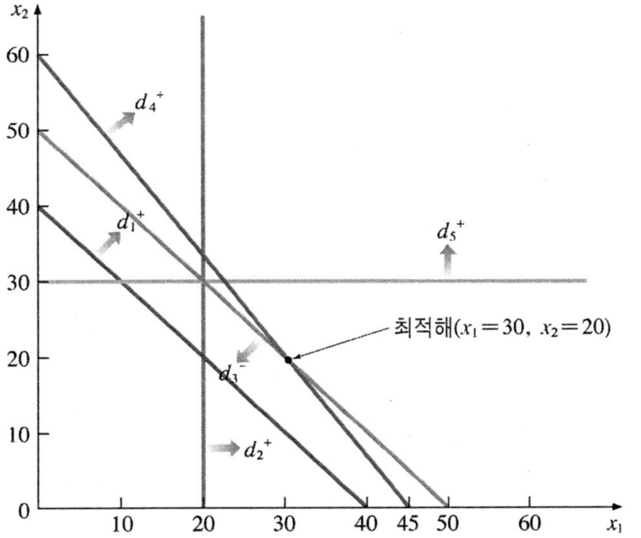

최적해 : $x_1 = 30$, $x_2 = 20$, $d_1^+ = 10$, $d_2^+ = 10$, $d_5^- = 10$

목표달성도 : P_1 : 달성 (10시간 초과사용)

P_2 : 달성 (10대 초과생산)

P_3 : 달성

P_4 : 달성

P_5 : 미달 (10대 미달)

2 수정된 심플렉스법에 의하여 다음 목적계획문제의 최적해를 구하라.

$$\min. \quad z = P_3 d_1^- + P_4 d_2^+ + P_4 d_3^+ + P_1 d_4^+ + P_2 d_5^-$$

$$s.t. \quad 6x_1 + 4x_2 + d_1^- - d_1^+ = 100$$

$$2x_1 + x_2 + d_2^- - d_2^+ = 10$$

$$x_1 + x_2 + d_3^- - d_3^+ = 8$$

$$d_2^+ + d_3^+ + d_4^- - d_4^+ = 16$$

$$x_2 + d_5^- = 7$$

$$x_1,\ x_2,\ d_i^-,\ d_i^+ \geq 0$$

해답 최초심플렉스표

$c_j \rightarrow$	기저	상수	0	0	P_3	0	0	0	P_2	0	P_4	P_4	P_1
$\downarrow$			x_1	x_2	d_1^-	d_2^-	d_3^-	d_4^-	d_5^-	d_1^+	d_2^+	d_3^+	d_4^+
P_3	d_1^-	100	6	4	1	0	0	0	0	−1	0	0	0
0	d_2^-	10	2	1	0	1	0	0	0	0	−1	0	0
0	d_3^-	8	1	1	0	0	1	0	0	0	0	−1	0
0	d_4^-	16	0	0	0	0	0	1	0	0	1	1	−1
$\leftarrow P_2$	d_5^-	7	0	①	0	0	0	0	1	0	0	0	0
$c_j - z_j$	P_4	0	0	0	0	0	0	0	0	0	1	1	0
	P_3	100	−6	−4	0	0	0	0	0	1	0	0	0
	P_2	7	0	−1	0	0	0	0	0	0	0	0	0
	P_1	0	0	0	0	0	0	0	0	0	0	0	1
				$\uparrow$									

2차 심플렉스표

$c_j \rightarrow$	기저	상수	0	0	P_3	0	0	0	P_2	0	P_4	P_4	P_1
$\downarrow$			x_1	x_2	d_1^-	d_2^-	d_3^-	d_4^-	d_5^-	d_1^+	d_2^+	d_3^+	d_4^+
P_3	d_1^-	72	6	0	1	0	0	0	−4	−1	0	0	0
0	d_2^-	3	2	0	0	1	0	0	−1	0	−1	0	0
$\leftarrow 0$	d_3^-	1	①	0	0	0	1	0	−1	0	0	−1	0
0	d_4^-	16	0	0	0	0	0	1	0	0	1	1	−1
0	x_2	7	0	1	0	0	0	0	1	0	0	0	0
$c_j - z_j$	P_4	0	0	0	0	0	0	0	0	0	1	1	0
	P_3	72	−6	0	0	0	0	0	4	1	0	0	0
	P_2	0	0	0	0	0	0	0	1	0	0	0	0

	P_1	0	0	0	0	0	0	0	0	0	0	0	1
			↑										

3차 심플렉스

$c_j \rightarrow$ ↓	기저	상수	0	0	P_3	0	0	0	P_2	0	P_4	P_4	P_1
			x_1	x_2	d_1^-	d_2^-	d_3^-	d_4^-	d_5^-	d_1^+	d_2^+	d_3^+	d_4^+
P_3	d_1^-	66	0	0	1	0	−6	0	2	−1	0	6	0
← 0	d_2^-	1	0	0	0	1	−2	0	1	0	−1	②	0
0	x_1	1	1	0	0	0	1	0	−1	0	0	−1	0
0	d_4^-	16	0	0	0	0	0	1	0	0	1	1	−1
0	x_2	7	0	1	0	0	0	0	1	0	0	0	0
$c_j - z_j$	P_4	0	0	0	0	0	0	0	0	0	1	1	0
	P_3	66	0	0	0	0	6	0	−2	1	0	−6	0
	P_2	0	0	0	0	0	0	0	1	0	0	0	0
	P_1	0	0	0	0	0	0	0	0	0	0	0	1
												↑	

4차 심플렉스표

$c_j \rightarrow$ ↓	기저	상수	0	0	P_3	0	0	0	P_2	0	P_4	P_4	P_4
			x_1	x_2	d_1^-	d_2^-	d_3^-	d_4^-	d_5^-	d_1^+	d_2^+	d_3^+	d_4^+
P_3	d_1^-	63	0	0	1	−3	0	0	−1	−1	3	0	0
P_4	d_3^+	$\frac{1}{2}$	0	0	0	$\frac{1}{2}$	−1	0	$\frac{1}{2}$	0	$-\frac{1}{2}$	1	0
0	x_1	$\frac{3}{2}$	1	0	0	$\frac{1}{2}$	0	0	$-\frac{1}{2}$	0	$-\frac{1}{2}$	0	0
←0	d_4^-	$\frac{31}{5}$	0	0	0	$-\frac{1}{2}$	1	1	$-\frac{1}{2}$	0	$\frac{3}{2}$	0	−1
0	x_2	7	0	1	0	0	0	0	1	0	0	0	0
$c_j - z_j$	P_4	$\frac{1}{2}$	0	0	0	$-\frac{1}{2}$	1	0	$-\frac{1}{2}$	0	($\frac{3}{2}$)	0	0
	P_3	63	0	0	0	3	0	0	1	−	−3	0	0
	P_2	0	0	0	0	0	0	0	1	0	0	0	0
	P_1	0	0	0	0	0	0	0	0	0	0	0	1
											↑		

5차(최종) 심플렉스표

$c_j \rightarrow$ ↓	기저	상수	0	0	P_3	0	0	0	P_2	0	P_4	P_4	P_1
			x_1	x_2	d_1^-	d_2^-	d_3^-	d_4^-	d_5^-	d_1^+	d_2^+	d_3^+	d_4^+
P_3	d_1^-	32	0	0	1	−2	−2	−2	0	−1	0	0	2
P_4	d_3^+	$\frac{17}{3}$	0	0	0	$\frac{1}{3}$	$-\frac{2}{3}$	$\frac{1}{3}$	$\frac{1}{3}$	0	0	1	$-\frac{2}{3}$
0	x_1	$\frac{20}{3}$	1	0	0	$\frac{1}{3}$	$\frac{1}{3}$	$\frac{1}{3}$	$-\frac{2}{3}$	0	0	0	$-\frac{1}{3}$
P_4	d_2^+	$\frac{31}{3}$	0	0	0	$-\frac{1}{3}$	$-\frac{2}{3}$	$\frac{2}{3}$	$-\frac{1}{3}$	0	1	0	$-\frac{1}{3}$
0	x_2	7	0	1	0	0	0	0	1	0	0	0	0
$c_j - z_j$	P_4	16	0	0	0	0	0	−1	0	0	0	0	1
	P_3	32	0	0	0	2	2	2	0	1	0	0	−2
	P_2	0	0	0	0	0	0	0	1	0	0	0	0
	P_1	0	0	0	0	0	2	0	0	0	0	0	1

이 표에서 P_3행의 d_4^+열의 원소가 −2로서 음수값을 갖지만 P_3보다 우선순위인 P_1행의 원소가 1로서 양수값을 갖는다. 따라서 P_3의 목표와 P_1의 목표가 상충되어 더 높은 우선순위 P_1의 목표가 희생되기 때문에 d_4^+는 진입변수가 될 수 없으므로 이 표는 최적의 심플렉스표이다.

최적해 : $x_1 = \frac{20}{3}$, $x_2 = 7$, $d_1^+ = 32$, $d_2^+ = \frac{31}{3}$, $d_3^+ = \frac{17}{3}$

목표달성도 : P_1 : 달성

P_2 : 달성

P_3 : 미달 (미달량 32)

P_4 : 미달 (미달량 16)

연습문제 *Exercise*

1 한 전자제품제조업체에서는 디지털카메라와 MP3 등 두 종류의 전자제품을 생산하고 있다. 과거의 경험으로 비추어 보아 디지털카메라와 MP3의 한 단위 생산에는 평균 3시간이 소요되며, 공장은 주당 120시간의 정규생산능력을 가지고 있다. 판매부에서는 주당 25대의 디지털카메라와 25대의 MP3가 판매될 것으로 추정하였다. 디지털카메라 판매로부터의 이익은 단위당 $80이며, 반면에 MP3의 판매이익은 단위당 $40이다. 이 회사의 경영자는 다음과 같이 조직에 대한 중요도에 따라 목표를 설정하였다.

① 정규생산능력을 완전히 사용한다(생산직 사원의 해고는 전혀 없음).

② 판매부가 추정한 양을 판매해야 한다. 디지털카메라의 판매이익은 MP3의 2배이기 때문에 경영자는 MP3보다는 디지털카메라의 판매목표가 우선적으로 달성되기를 바라고 있다.

③ 가능한 한 공장의 초과가동을 최소화한다.

이 문제의 목적계획모형을 작성하고 목적계획법의 도해법을 이용하여 해를 구하라.

2 O주식회사는 기계로 만든 세계적으로 유명한 양탄자를 생산하고 있다. 회사의 생산시설은 두 개의 생산라인으로 구성되어 있으며, 제1라인은 시간당 평균 2장의 양탄자를 생산할 수 있는 숙련작업자가 고용되어 있다. 또한 제2라인은 상대적으로 신입사원이 고용되어 있기 때문에 시간당 평균 $1\frac{1}{2}$장의 양탄자를 생산할 수 있으며, 각 라인별 주당 생산능력은 40시간이다. 양탄자의 평균이익은 단위당

$200이며, 두 라인의 운영비는 실제로 동일한 것으로 추정된다. 경영자는 다음 주에 달성해야 될 다수의 목표를 다음과 같이 설정하였다.

① 주당 170장의 생산목표를 달성해야 한다.
② 제 1라인의 초과가동시간을 5시간으로 제한한다.
③ 노동제약에 따라 제 1라인의 정규작업시간을 완전히 사용해야 한다.
④ 각 생산라인의 초과가동시간을 제한한다.

이 문제의 목적계획모형을 수식화하고 도해법을 이용하여 해를 구하라.

3 한 생산관리자는 2개조에 대한 작업할당문제에 직면해 있다. 제1조의 생산율은 시간당 5단위이며, 제2조의 생산율은 시간당 6단위이다. 각 조의 정규생산능력은 1일 8시간이다. 생산관리자는 다음 날의 목표를 다음과 같이 정하고 중요도의 순서에 따라 기술하였다.

① 120단위로 정해진 생산수준을 반드시 달성해야 한다.
② 제2조의 초과가동시간은 3시간 이하로 제한한다.
③ 총초과가동시간을 최소화한다.
④ 정규작업시간은 완전히 사용되어야 한다.

(1) 이 문제를 목적계획모형으로 작성하라.
(2) 도해법에 의하여 이 문제를 해결하라.

4 도해법으로 다음 목적계획문제의 최적해를 구하라.

$$
\begin{aligned}
\text{min.}\quad & z = P_1 d_1^+ + P_2 d_2^- + P_3 d_3^- \\
\text{s.t.}\quad & 10x_1 + 15x_2 + d_1^- - d_1^+ = 40 \\
& 100x_1 + 100x_2 + d_2^- - d_2^+ = 1{,}000 \\
& x_2 + d_3^- - d_3^+ = 7 \\
& x_1,\ x_2,\ d_2^-,\ d_2^+ \geq 0
\end{aligned}
$$

5 S전자주식회사는 품질이 우수한 TV를 생산하고 있다. 이 회사는 두 개의 생산라

인을 가지고 있으며, 제1라인의 생산율은 시간당 4대이고, 제2라인 시간당 3대이다. 정규생산능력은 라인당 1주에 40시간이며, TV의 평균기대이익은 단위당 $100이다. 기업의 최고경영자는 순서별로 다음과 같이 목표를 정하였다.

① 주당 360대의 생산목표를 달성한다.
② 제1라인의 초과작업시간을 1시간으로 제한한다.
③ 두 라인의 정규작업시간을 완전히 이용한다.
④ 각 라인의 시간초과가동을 제한한다.

(1) 이 문제를 목적계획모형으로 작성한다.
(2) 최고경영자가 제시한 네 가지 목표에 우선하는 목표로서 주당 이익목표를 $38,000로 정하기를 원한다면, 모형을 어떻게 변형시켜야 하는가?
(3) 최고경영자가 두 라인의 정규생산능력에 따른 이익최대화라는 단일목표만을 가졌다면, 목적계획모형은 어떻게 작성되어야 하는가?

6 **A전자회사는 AM, FM 두 종류의 라디오를 생산하고 있다. 과거 경험에 비추어 보아 라디오 생산에는 종류에 관계없이 평균 30분이 소요되며, 공장의 정규생산능력은 주당 80시간이다. 판매부는 주당 AM과 FM라디오의 최대 판매가능량을 각각 80대와 100대로 보고 있다. 이때 단위당 이익은 AM이 $30, FM이 $20이다. 이 회사의 시장은 다수의 목표를 설정하고 중요도에 따라 기술하였다.**

① 정규생산능력의 미사용을 배제한다.
② AM라디오 80대와 FM라디오 100대의 판매목표를 달성한다.
③ 가능한한 초과가동을 최소화한다.

(1) 이 문제에서 이 회사의 사장은 정규생산능력과 판매제약조건 내에서 이익최대화라는 단일목표를 가지고 있다면, 목적계획모형을 어떻게 작성해야 하는가?
(2) 이 문제를 목적계획모형으로 작성하고 심플렉스법으로 해를 구하라.

7 **수정된 심플렉스법을 이용하여 다음의 목적계획문제를 풀어라.**

$$\text{min. } z = P_1 d_1^{\,+} + P_2 d_3^{\,-} + P_3 d_4^{\,-} + P_4 d_2^{\,-}$$

$$
\begin{aligned}
\text{s.t.} \quad & x_1 + d_1^{\ -} - d_1^{\ +} = 8 \\
& x_1 + d_1^{\ -} - d_1^{\ +} = 8 \\
& x_1 + x_2 + d_3^{\ -} - d_3^{\ +} = 10 \\
& x_1 + d_4^{\ -} - d_4^{\ +} = 1 \\
& x_j,\ d_i^{\ -},\ d_i^{\ +} \geq 0
\end{aligned}
$$

8 **다음 목적계획문제를 심플렉스법을 이용하여 해를 구하라.**

$$
\begin{aligned}
\text{min.} \quad & z = P_1 d_2^{\ -} + P_2 d_3^{\ -} + P_3 d_1^{\ -} + P_4 d_3^{\ +} + P_5 d_1^{\ +} \\
\text{s.t.} \quad & 10x_1 + 12x_2 + d_1^{\ -} - d_1^{\ +} = 1,000 \\
& x_1 + d_1^{\ -} - d_2^{\ +} = 40 \\
& x_2 + d_3^{\ -} - d_3^{\ +} = 40 \\
& d_1^{\ +} + d_3^{\ -} - d_3^{\ +} = 5 \\
& x_j,\ d_i^{\ -},\ d_i^{\ +} \geq 0
\end{aligned}
$$

9 **O전자회사는 녹음기와 전축 등 두 종류의 음향기기를 2개의 조립공장에서 생산하고 있다. 녹음기는 제1조립공장에서 4시간이 소요되며, 제2조립공장에서는 2시간이 소요된다. 전축은 제1조립공장에서 1시간이 소요되며, 제2조립공장에서는 6시간이 소요된다. 또한 각 제품의 생산에는 약간의 재공품이 필요하다. 즉, 녹음기는 $100 상당의 재공품이 필요하며, 전축은 $60 상당의 재공품이 필요하다. 이 회사의 조립공장의 월간 정상가동능력은 제1공장이 240시간, 제2공장이 300시간이며, 평균재공품액은 $8,000이다. 판매부에 따르면 녹음기와 전축의 다음 달의 예상판매량은 각각 55대와 65대이다.**

(1) 경영자가 단순히 이익만을 최대화하려 한다고 할 경우 정규생산능력 평균재고수준 및 예상판매량의 제약 내에서 선형계획모형을 작성하라.

(2) 선형계획모형의 도해법으로 이 문제를 해결하라.

(3) 이 회사의 경영자는 중요도에 따라 다음과 같이 다수의 목표를 설정하였다.

- 월간 녹음기의 판매목표는 55대이다.

- ＄8,500 이상의 재품을 재고로 두지 않는다.
- 두 조립공장의 정규가동시간의 미사용을 배제한다.
- 제1조립공장의 초과가동시간을 40시간으로 제한한다.
- 65대의 전축의 판매목표를 달성한다.
- 각 조립공장의 초과가동을 제한한다.

이 문제의 목적계획모형을 작성하고 심플렉스법에 의하여 최적해를 산출하라.

11 동적계획법

Management science

1. 서 론

일반적으로 대부분의 경영과학기법들은 어느 한 계획기간을 상대로 주어진 문제에 대한 최적화를 시도하거나 각 계획기간이 동일한 상황 내지 조건을 갖는 경우의 문제해결을 위한 정태적 의사결정모형(static decision model)들이다. 그러나 실제 경영문제는 각 기간의 의사결정 상황이 일정하지 않고 시간의 경과에 따라 변동하기 때문에 하나의 문제가 상호 관련되어 있는 여러 개의 의사결정들로 구성되어 있는 경우가 많다. 이 경우 제 n기에 의사결정자가 취할 수 있는 행동은 그 이전 $n-1$기 동안의 의사결정에 영향을 받게 되는데, 이와 같이 시간의 경과에 따른 의사결정의 최적화기법을 동적계획법(dynamic programming)이라 한다.

동적계획법은 기초적 선형계획모형을 확대·연장시킨 기법으로서, 1950년대에 벨만(Richard Bellman)과 단치히(G.B. Dantzig)에 의해 최초로 개발되었다. 이 기법은 원래 확률적 선형계획법(stochastic linear programming) 혹은 불확실성하의 선형계획법 등으로 불리워졌으며, 오늘날 다양한 경영문제의 해결에 광범위하게 응용될 수 있는 중요한 경영과학기법으로 발전하였다.

한편, 동적계획법은 시간과 관련이 없는 문제의 해결에 이용되기도 한다. 가령 어느 기업이 특정 시점에서 매출액의 극대화를 위해 네 명의 판매원을 세 지역에 배치하고자 하는 의사결정문제가 여기에 해당한다. 이때에는 동적계획법의 기본적 특성을 살려서 각 지역을 세 가지의 동태적 단계로 간주하여 마치 문제가 시간의 경과에 따른 일련의 상호종속적 의사결정들로 이루어진 것처럼 해석함으로써 각 지역에 대한 최적할당량을 산출하는 방식을 채택한다. 이와 같은 경우의 동적계획법을 특히 다단계계획법(multistage programming)이라 한다.

본 장에서는 동적계획법이 어떠한 특성을 가지고 있으며, 그 유형에는 어떠한 것이 있는가를 고찰한 다음, 이 기법이 주로 이용되고 있는 몇 가지 경영문제에 대한 사례를 살펴보고자 한다.

2. 동적계획법의 특성 및 유형

2.1 동적계획법의 특성

동적계획법은 다른 경영과학모형과는 달리 모든 문제에 일관성 있게 적용할 수 있는 모형이 존재하지 않는다. 그러나 모든 동적계획문제에는 고유한 구조적 특성이 있어, 이를 이해하면 비교적 간편하게 문제의 해에 접근할 수 있다. 동적계획법의 특성을 구체적으로 설명하면 다음과 같다.

① 모든 문제는 의사결정의 각 단계(stage)로 분할할 수 있으며, 각 단계에서 결정변수(decision variable)에 대한 최적치를 찾게 된다. 즉, 동적계획문제는 일련의 상호관련된 의사결정으로 이루어져 있다.

② 각 단계에는 그와 관련되어 있는 다수의 상태(state)가 존재한다. 여기서 상태란 주어진 문제의 각 단계에서 그 시스템이 직면하고 있는 여러 가지 가능한 상황 내지 조건을 의미하며 보통 s로 표시한다. 상태의 수는 유한할 수도 있고 무한할 수도 있다.

③ 각 단계에서의 의사결정은 현재의 상태를 다음 단계에 관한 상태로 변환시키는 효과를 갖는다. 즉, 현재 어떠한 의사결정이 이루어졌느냐 하는 것이 다음 단계의 상태에 영향을 미치게 된다.

④ 현재의 상태가 주어져 있을 때, 나머지 단계에 대한 최적의사결정은 지금

까지의 전 단계들에서 취해진 의사결정과는 독립적이다. 동적계획법에서는 시스템의 현 상태를 알면, 앞으로의 최적의사결정을 하는 데 요구되는 시스템의 과거 행위에 관한 정보도 파악하는 결과가 되기 때문에 주어진 현재의 상태를 전제로 최적화를 추구하게 된다. 동적계획법에 관한 이와 같은 속성을 최적성의 원리(principle of optimality)라 한다.

⑤ 해의 산출절차는 일반적으로 마지막 단계에서의 각 상태에 대한 최적해의 산출로부터 시작하여 초기단계(initial stage)에서의 최적해가 산출될 때까지 각 단계에서의 각 상태에 대한 최적해를 산출해 나간다. 최적해의 산출을 위한 이와 같은 절차를 후향적 연산절차(backward procedure)라 한다. 동적계획법에는 $n+1$단계에서의 각 상태에 대한 최적해가 주어져 있을 때 n단계에서의 각 상태에 대한 최적해를 도출해 주는 장치가 존재한다. 이 장치를 재귀적 관계(recursive relationship)라 하는데

$$f_n^*(s) = \max_{x_n} / \min_{x_n} \{f_n(s,\ x_n)\}$$

과 같이 표시되며, 후향적 연산절차를 이용할 경우에는

$$f_n^*(s) = \max_{x_n} / \min \{c_s x_n + f^*_{n+1}(x_n)\}$$

으로 표시된다.

여기서 $f_n(s,\ x_n)$은 시스템이 n단계에서 상태 s로 출발하여 결정변수 x_n을 선정한다고 할 때 목적함수가 취할 수 있는 여러 가지 값을 나타내며, $f_n^*(s)$는 x_n이 취할 수 있는 모든 값에 대한 $f_n(s,\ x_n)$의 최적치를 나타낸다.

2.2 동적계획법의 두 가지 유형

동적계획문제는 현 단계의 의사결정이 다음 단계의 상태에 어떻게 영향을 미치는냐에 따라 확정적 동적계획모형과 확률적 동적계획모형의 두 가지로 나누어진다.

(1) 확정적 동적계획모형

확정적 동적계획모형(deterministic dynamic programming)은 현 단계에

그림 11-1 ▶ 확정적 동적계획모형의 기본구조

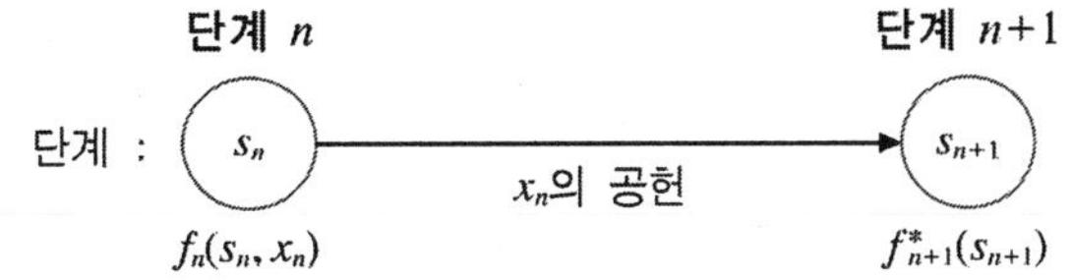

서의 상태와 의사결정에 의해 다음 단계에서의 상태가 확정되는 경우의 문제에 적용되는 동적계획법을 말한다. 최적경로문제, 생산평활문제 및 판매원배치문제는 확정적 동적계획모형이 적용되는 전형적인 문제에 해당한다. 이 모형의 기본구조를 그림으로 설명하면 [그림 11-1]과 같다.

그림에 표시한 바와 같이 제 n단계에서 어느 시스템이 나타내는 상태를 s_n, 이 단계에서 의사결정자가 선택하는 결정변수를 x_n이라 하면, 확정적 동적계획문제에서는 n단계에서의 결정변수의 값 x_n이 얼마냐에 따라 $n+1$ 단계에서의 상태 s_{n+1}이 달라지게 된다. 그림의 $f^*{}_{n+1}(s_{n+1})$은 제 $n+1$ 단계에서 최적결정을 할 경우의 목적함수의 최적치를 나타내며, 이는 후향적 연산절차에 따라 계산되는 것이 보통이다.

한편 제 n단계에서는, $n+1$단계에서의 최적해 $x^*{}_{n+1}$과 목적함수의 최적치 $f^*{}_{n+1}(s_{n+1})$은 이미 후향적 연산절차에 따라 산출되어 있을 것이 확실하므로, 상태 s_n 하에서 결정변수 x_n을 취할 때의 목적함수의 값 $f_n(s_n,\ x_n)$을 계산하면 된다. 즉, 대체가능한 여러 가지 결정변수의 값들 중 $f_n(s_n,\ x_n)$을 최적화시키는 값 $x_n{}^*$을 택하면 이것이 곧 제 n단계에서의 목적함수의 최적치 $f_n{}^*(s_n) = f_n(s_n,\ x_n{}^*)$이다.

(2) 확률적 동적계획모형

확률적 동적계획모형(probabilistic dynamic programming)은 다음 단계에서의 상태가 현 단계에서의 상태와 의사결정에 의해 완전히 결정되지 않고, 대신에 다음 단계의 상태에 관한 확률분포가 주어진다는 점에서 확정적 동적계획모형과 차이가 있다. 그러나 이 확률분포 역시 현 단계에서의 상태와 의사결정에 따라 달라진다는 점을 유의해야 한다. 다음에 예시하게 될 불확실성하의 구매관리는 바로 이 모형이 적용되는 대표적인 문제에 해당한다.

확률적 동적계획모형의 기본구조를 그림으로 설명하면 [그림 11-2]와 같

그림 11-2 ▶ 확률적 동적계획모형의 기본구조

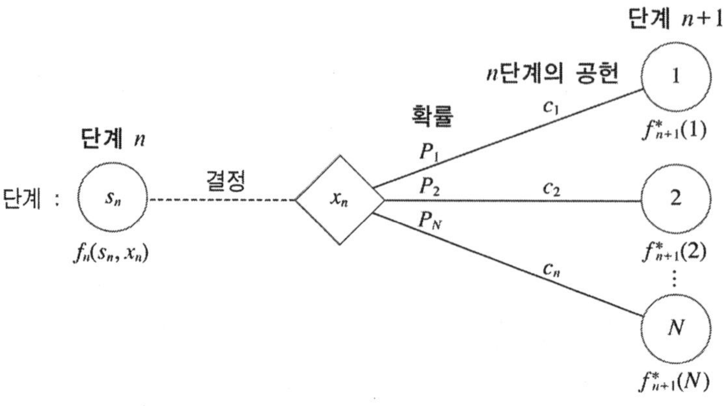

다. 단, 이 그림의 N은 제 $n+1$단계에서 시스템이 취할 수 있는 상태의 수를 나타내며, (P_1, P_2, P_3, …, P_N)은 n 단계에서의 상태 s_n 하에서 의사결정자가 x_n이라는 결정변수의 값을 선택했을 때 제 $n+1$단계에서 상태 1, 2, …, N이 출현할 확률을 나타낸다. 또한 c_i는 제 $n+1$단계의 상태가 i로 판명되었을 경우 이 단계에서의 해가 목적함수에 미치는 공헌도를 나타낸다.

확률적 동적계획문제는 확률적 구조로 되어 있기 때문에 $f_n(s_n,\ x_n)$과 $f^*{}_{n+1}(s_{n+1})$의 관계가 확정적 동적계획문제의 경우보다는 약간 복잡하게 나타난다. 이는 목적함수의 전체적 형태가 어떠냐에 따라 위의 관계가 달라지기 때문이다. 가령 각 단계로부터의 공헌도의 합에 대한 기대값을 최소화하는 것이 시스템의 목적이라면, 이때의 $f_n(s_n,\ x_n)$은 제 n단계에서의 상태와 의사결정이 각각 s_n 및 x_n으로 주어져 있다 할 때, n단계 이하의 공헌도 합계에 대한 기대치들 중 최소값을 나타낸다. 따라서 $f_n(s_n,\ x_n)$은

$$f_n(s_n,\ x_n) = \sum_{i=1}^{N} P_i[c_i + f^*{}_{n+1}(i)]$$

와 같이 정의되며, 이 식의 $f^*{}_{n+1}(i)$는

$$f^*{}_{n+1}(s_{n+1}) = \min_{x_{n+1}} f_{n+1}(s_{n+1},\ x_{n+1})$$

즉, $n+1$단계에서 x_{n+1}이 취할 수 있는 모든 실행가능한 값에 대한 최소치를 나타낸다.

3. 최적경로문제

[그림 11-3]은 어떤 차량이 도시 ①에서 ⑩까지 가는 데 이용할 수 있는 경로와 비용을 나타내고 있다. 이와 같이 출발지에서 목적지에 이르기까지의 비용이 가장 적게 드는 경로를 찾는 것을 최적경로문제(shortest path problem)라고 한다.

최적경로문제는 비용을 최소화시키는 문제도 있을 수 있고, 거리 혹은 시간을 최소화시키는 문제도 있을 수 있다. [그림 11-3]을 보면 □ 안에 1에서 10 사이의 10개의 숫자로 표시되어 있는 지점이 있는데, 이를 결합점(node)이라고 한다. 또한 결합점과 결합점 사이의 화살표는 진행경로를, 화살표 위의 숫자는 운행비용을 나타낸다. 그리고 전 여행경로의 첫 번째 부분인 결합점 ①에서부터 결합점 ② 혹은 ③에 도착할 때까지가 단계가 된다. 위의 예에서는 네 개의 단계가 있음을 알 수 있다.

그런데 각 단계마다 최적해를 결정해 나간다 해도 전체적으로는 최적결정이 되지 않을 수도 있다. 단계별 최적해를 탐색한 경우의 경로는 ①→②→⑥→⑨→⑩이며, 이때의 비용은 13이 된다. 그러나 어느 한 단계에서 더 많은 비용이 소요될지라도 다음 단계에서 그보다 더 많은 비용이 절감될 수도 있다. 예를 들어, ①→④→⑥은 ①→②→⑥보다 전체적으로 적은 비용이 소요된다.

그림 11-3 ▶ 차량의 도로망

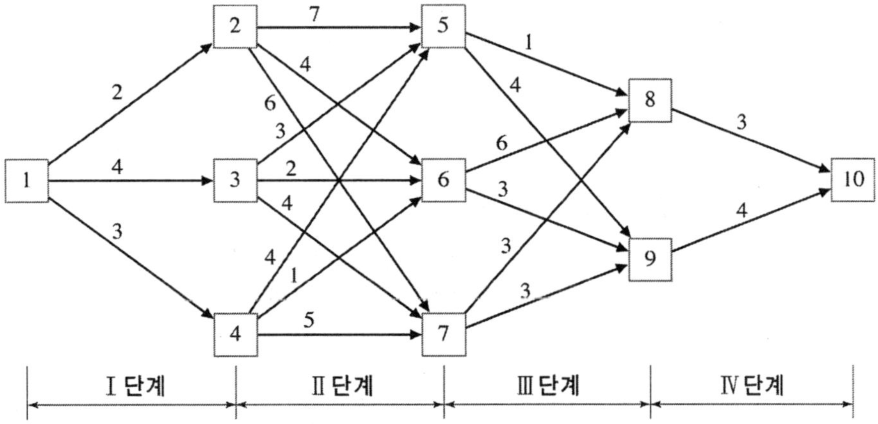

여기서 제 n단계의 바로 다음 목적지를 결정변수 $x_n(n=1, 2, 3, 4)$이라고 하자. 이때 택해야 할 경로는 [1] → [x_1] → [x_2] → [x_3] → [x_4]이며, x_4의 값은 10이다. 또한 $f_n(s, x_n)$은 차량이 s에 있으며 x_n을 다음 목적지로 선택했을 때에 나머지 단계들의 총비용이라 하자.

만약 s와 n이 주어지면 $f_n(s, x_n)$의 값이 최소가 되게 하는 x_n^*가 존재할 것이다. $f_n(s, x_n)$의 최소치를 $f_n^*(s)$로 표시하면

$$f_n^*(s) = f_n(s, x_n^*)$$

이다. 그러면 이 문제의 목적은 $f_n^*(1)$과 그것에 대응하는 정책을 찾는 데 있다. 동적계획법은 이 경우에 $f_4^*(s)$, $f_3^*(s)$, $f_2^*(s)$ 그리고 $f_1^*(1)$의 순서로 결정변수 x_n의 값을 찾아 나간다.

먼저, 제 4단계 즉 최종목적지까지 한 단계가 남았을 경우의 결정변수값은 $x_4=10$이 된다. 그러므로 $n = 4$에서의 최적해는 [표 11-1]과 같다.

제 3단계에서는 계산이 약간 복잡하다. 예를 들어, 차량이 도시 [5]에 있다면, 다음에는 도시 [8] 또는 도시 [9]로 가야 하며, 이때의 비용은 각각 1과 4이다. 도시 [8]을 택하면 거기에 도착한 후의 최소추가비용은 표에 주어진 것처럼 3이므로, 이 경우의 총비용은 1+3=4이다. 마찬가지로 도시 [9]를 택했을 경우 총비용은 4+4=8이 된다. 따라서 제3단계에서는 도시 [8]을 택하는 것이 최적결정이므로 $x_3^*=8$이고, $f_3^*(5)=4$이다. $s=6$과 $s=7$에 대해서도 같은 방법을 적용하면 $n = 3$에서의 최적해는 [표 11-2]와 같다.

표 11-1 ▶ $n=4$에서의 해

s	$f_4^*(s)$	x_4^*
8	3	10
9	4	10

표 11-2 ▶ $n=3$에서의 해

s \ x_3	$f_3(s, x_3)=c_s x_3+f_4^*(x_3)$		$f_3^*(s)$	x_3^*
	8	9		
5	4	8	4	8
6	9	7	7	9
7	6	7	6	8

제 2단계에서의 해도 같은 방법으로 얻어진다. 이 경우

$$f_2(s,\ x_2) = c_s x_2 + f_3{}^*(x_2)$$

의 관계를 적용한다. 예를 들어, 차량이 도시 [2]에서 도시 [5]로 갈 것을 택했다고 하면, 최소총비용 $f_2(2,\ 5)$는 비용 $c_{25}=7$에다가 도시 [5]에서의 최소비용 $f_3{}^*(5)=4$를 더한

$$f_2(2,\ 5) = 7+4 = 11$$

이 된다. 마찬가지로

$$f_2(2,\ 6) = 4+7 = 11$$

$$f_2(2,\ 7) = 6+6 = 12$$

이므로

$$f_2{}^*(2) = \min\{11,\ 11,\ 12\} = 11$$

이고, $x_2{}^*$는 5 또는 6이다. $n = 2$에서의 최적해는 [표 11-3]과 같다.

마지막으로, 제 1단계에서의 총비용은 첫 단계의 비용과 위 [표 11-3]에서 얻은 $f_2{}^*(s)$를 합한 것이며, $n = 1$에서의 최적해 산출 결과는 [표 11-4]와 같다.

이제 문제 전체에 대한 최적해가 산출되었다. 제 1단계에서의 해를 보면 차량은 출발 후 도시 [3]이나 [4]로 가야 한다. 여기서 $x_1{}^*=3$을 택했다 하면, 제 2단계에서는 상태가 $s=3$이고, 이 상태에서의 최적해는 $x_2{}^*=5$이다. 다음 제 3단계에서는 $s=5$가 되고, 이때의 최적해는 $x_3{}^*=8$이다. 마지막으로 제 4단계에서는 $s=8$이 되고 이때의 최적해는 $x_4{}^*=10$이 된다. 그러므

표 11-3 ▶ $n=2$에서의 해

s \ x_2	$f_2(s,\ x_2)=c_s x_2+f_3{}^*(x_2)$			$f_2{}^*(s)$	$x_2{}^*$
	5	6	7		
2	11	11	12	11	5 또는 6
3	7	9	10	7	5
4	8	8	11	8	5 또는 6

표 11-4 ▶ $n=1$에서의 해

s \ x_1	$f_1(s, x_1)=c_s x_1+f_2^*(x_1)$			$f_1^*(s)$	x_1^*
	2	3	4		
1	13	11	11	11	3 또는 4

로 최적경로의 하나는 [1]→[3]→[5]→[8]→[10]이다.

출발점 $n=1$에서 $x_1^*=4$를 택할 때에도 이와 같은 방법을 적용하면 된다. 결국 이 문제의 경우 두 개의 최적경로 즉

[1]→[3]→[5]→[8]→[10]
[1]→[4]→[6]→[9]→[10]

이 존재한다. 이때의 총비용은 둘 다 $f_1*(1)=11$이 된다.

4. 생산평활문제

동적계획법은 계절상품의 생산에 대한 최적계획을 수립하는 생산계획 및 재고관리에 관한 문제에도 적용할 수 있다.

가구제조회사인 진선미회사는 3개월간의 생산계획을 수립하고자 한다. 생산은 10개 단위로 하고, 이 회사의 월간 제조능력은 60개이다. 월간 수요는 평균 40개이고, 창고에는 50개까지 보관이 가능하다. 생산비는 생산준비비용으로 1,500,000원이 소요되고, 개당 생산비로서 20,000원이 소요된다. 그리고 월간 보관비는 단위당 50,000원이고, 기초재고가 20개이며, 기말재고는 없다고 가정한다. 여기서 월간 판매수요를 만족시키면서 동시에 생산비용과 재고비용의 합을 최소로 하는 생산계획을 세워 보자.

d_n ; n월의 수요　　x_n ; n월의 생산량

s_n ; n월의 기말재고량　　t_n ; n월의 최대재고량

h ; 월간 보관비　　p ; 생산단가

$f_n^*(s_n)$; n월까지의 최소비용　　$c_s x_n$; n월의 총비용

이 문제에서 n월의 총비용 $c_s x_n$은 생산량과 재고량에 의해

$$c_s x_n = p \cdot x_n + h \cdot s_n$$

으로 결정된다. 단,

$$\max\{0,\ d_n + s_n + t_{n-1}\} \le x_n \le \min\{60,\ d_n + s_n\}$$

이다. 그러면 우리가 구하고자 하는 목적함수는 식 (11-1)과 같이 표현된다.

$$f_n^*(s_n) = \min\{c_s x_n + f^*_{n-1}(s_{n-1})\} \tag{11-1}$$

단, $\max\{0,\ d_n + s_n + t_{n-1}\} \le x_n \le \min\{60,\ d_n + s_n\}$

여기서 보관비와 생산비의 단위를 100,000원으로 하고 i개의 생산비를 $p(i)$라 하면, $h = 0.5$이고, $p(10) = 17$, $p(20) = 19$, $p(30) = 21$, $p(40) = 23$, …… 등이 된다. 그러면 각 단계 즉 매월에서의 최소총비용과 그에 상응하는 생산량을 구해 보도록 하자.

$n = 0$일 때 $f_0^*(s_0) = 0$

$$\begin{aligned} n = 1\text{일 때 } f_1^*(s_1) &= \min_{x_1}\{c_s x_1 + f_0^*(s_0)\} \\ &= \min_{x_1}\{p \cdot x_1 + h \cdot s_1\} \\ &= \min_{x_1}\{p(s_1 + 20) + h \cdot s_1\} \\ &\quad (\because\ x_1 = s_1 + 40 - s_0 = s_1 + 20) \\ &= p(s_1 + 20) + h \cdot s_1 \end{aligned}$$

제 1단계의 해를 표로 나타내면 [표 11-5]와 같다.

표 11-5 ▶ $n = 1$에서의 해

s_1	$f_1^*(s_1)$	x_1^*
0	19	20
10	26	30
20	33	40
30	40	50
40	47	60
50		

다음 $n=2$일 때는 식 (11-1)에 의하여 다음과 같이 된다.

$$f_2^*(s_2) = \min_{x_2} \{c_s x_2 + f_1^*(s_1)\}$$
$$= \min_{x_2} \{p \cdot x_2 + h \cdot s_2 + f_1^*(s_1)\}$$
$$= \min_{x_2} \{p \cdot x_2 + h \cdot s_2 + f_1^*(s_2 - x_2 + 40)\} \qquad (11-2)$$

단, $40 + s_2 - t_1 \leq x_2 \leq \min\{60,\ 40 + s_2\}$, $t_1 = 40$

이다. 위의 식을 보면, 제2단계에서의 생산량 x_2는 s_2에 의해 결정되므로, 다음과 같이 x_2가 취할 수 있는 값의 범위가 구해진다.

x_2	x_2의 범위
0	[0, 40]
10	[10, 50]
20	[20, 60]
30	[30, 60]
40	[40, 60]
50	[50, 60]

이를 토대로 식 (11-2)를 이용하여 제2단계의 해를 표로 나타내면 [표 11-6]과 같다.

다음, $n=3$일 때에는 $s_3=0$이기 때문에 식 (11-1)에 의하여

$$f_3^*(0) = \min_{x_3} \{(c_s x_3) + f_2^*(s_2)\}$$
$$= \min_{x_3} \{p \cdot x_3 + f_2^*(40 - x_3)\}$$

표 11-6 ▶ $n=2$에서의 해

s_2	$c_s x_2 + f_1^*(s_1)$							$f_2^*(s_2)$	x_2^*
	$x_2=0$	10	20	30	40	50	60		
0	47	57	52	47	42			42	40
10		69	64	59	54	49		49	50
20			76	71	66	61	56	56	60
30				83	78	73	68	68	60
40					83	78	73	73	60
50						97	92	92	60

표 11-7 ▶ 생산계획

s_n	$n=1$		$n=2$		$n=3$	
	$f_1^*(s_1)$	x_1^*	$f_2^*(s_2)$	x_2^*	$f_3^*(s_3)$	x_3^*
0	19	20	42	40	65	40
10	26	30	49	50		
20	33	40	56	60		
30	40	50	68	60		
40	47	60	73	60		
50			92	60		

가 된다. 그러므로,

$$f_3^*(0) = \min\left\{\begin{array}{l} p(40)+f_2^*(0) \ =65 \\ p(30)+f_2^*(10)=70 \\ p(20)+f_2^*(20)=75 \\ p(10)+f_2^*(30)=85 \\ p(0) \ +f_2^*(40)=73 \end{array}\right\} = 65$$

를 얻으며, 이때의 최적생산량은 $x_3^*=40$이다.

이상의 내용을 토대로 생산계획을 수립하면 [표 11-7]과 같다.

이 표를 보면, $f_3^*(0)=65$이며, 이때의 x_3 값은 40임을 알 수 있다. 그런데 제 3단계에서 40을 생산한다는 것은 최종재고가 0이고 이 단계의 수요량이 40이므로, 결국 제2단계의 재고량이 0이 되어야 한다는 것을 뜻한다. 그런데 $s_2=0$이면, 이 표에서 $f_2^*(0)=42$, $x_2^*=40$임을 알 수 있다. 그리고 $s_2=0$, $x_2=40$이고 수요량은 역시 40이기 때문에 $s_1=0$이다. s_1이 0이면 x_1은 20이다.

이상을 정리해 보면, 매월의 생산량과 월말 재고에 관한 다음과 같은 해가 산출된다.

구분 \ 단계(n)	0	1	2	3
x_n^*	0	20	40	40
s_n	20	0	0	0

5. 판매원할당문제

동적계획법을 판매원할당문제에 적용해 보기로 하자. 설명의 편의를 위해 먼저 판매지역이 두 개일 때의 판매원할당문제를 검토한 다음, 판매지역이 세 개인 경우로 확대시켜 설명하기로 한다. 문제는 최대의 이익을 얻기 위해 각 지역에 판매원을 어떻게 할당할 것인가 하는 것이다. [그림 11-4]에서 두 판매지역에 대한 이익은 판매촉진함수로서 주어져 있다. 이 그림을 보면,

그림 11-4 ▶ 판매촉진함수로서의 이익

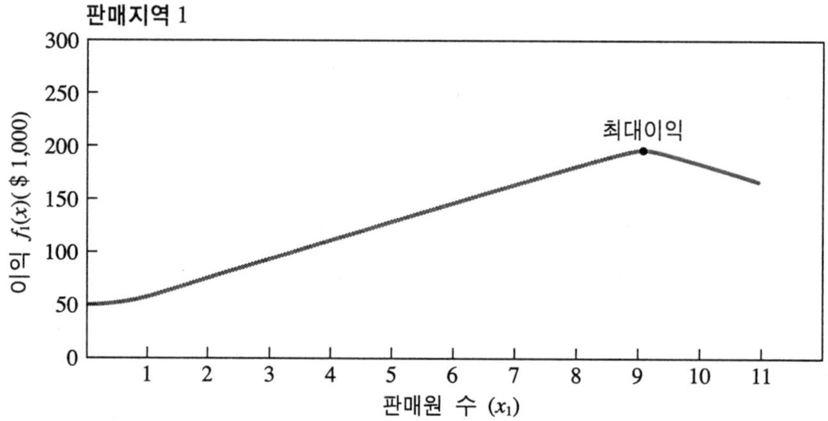

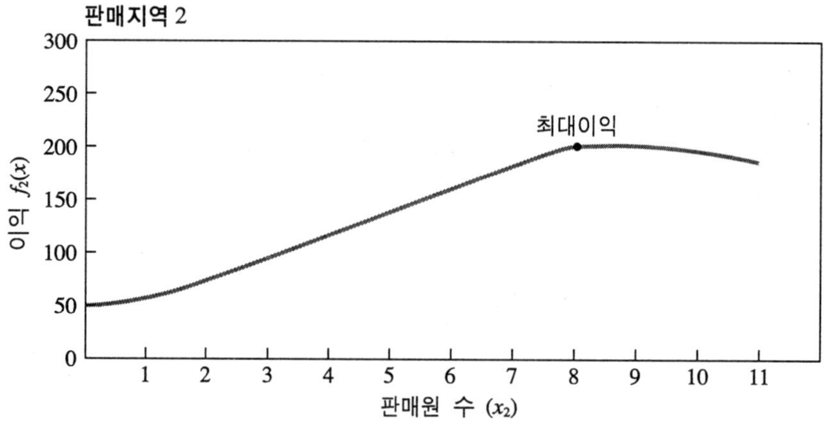

표 11-8 ▶ 두 지역에서 가능한 이익 (금액단위:원)

판매원수	x_1(지역 1)	6	5	4	3	2	1	0
	x_2(지역 2)	0	1	2	3	4	5	6
판매지역에서의 이익	$f_1(x)$	150,000	130,000	115,000	105,000	80,000	60,000	50,000
	$f_2(x)$	50,000	65,000	85,000	110,000	140,000	160,000	175,000
총이익		200,000	195,000	200,000	215,000	220,000	220,000	225,000

판매원이 지나치게 많은 경우에는 오히려 이익이 떨어짐을 알 수 있다.

두 개의 판매지역에 6명의 판매원을 배치하는 것은 7개의 조합이 가능하다. 즉, 6명 모두를 판매지역 1에 할당하고 판매지역 2에는 전혀 할당하지 않는 경우, 판매지역 1에 5명을 배치하고 판매지역 2에는 1명의 판매원을 배치하는 등이다. 이것은 [표 11-8]에 나타나 있다. $f_1(x)$는 판매지역 1에서의 이익을 표시하고, $f_2(x)$는 판매지역 2에서의 이익을 표시하며, x는 판매지역에 할당하는 판매원의 수를 타낸다.

[표 11-8]의 마지막 행은 7개의 조합에 대한 각각의 총이익을 나타낸다. 여기서 최적의 배치는 6명의 판매원을 판매지역 2에 배치하고 판매지역 1에는 전혀 배치하지 않는 것이며, 이때 최대이익 225,000원을 얻을 수 있다. [표 11-8]에 제시된 자료를 수식으로 표시하면 다음과 같다. 단, Z는 총이익을 나타낸다.

$$Z = f_1(0) + f_2(6) \qquad Z = f_1(1) + f_2(5)$$
$$Z = f_1(2) + f_2(4) \qquad Z = f_1(3) + f_2(3)$$
$$Z = f_1(4) + f_2(2) \qquad Z = f_1(5) + f_2(1)$$
$$Z = f_1(6) + f_2(0)$$

여기서 우리가 필요로 하는 것은 최대이익을 위한 최적의 판매원 할당절차이다. 이 절차는 위의 식을 기초로 산출되는 다음과 같은 재귀방정식으로부터 얻을 수 있다.

$$Z = F(A) = \max_{0 \le x \le A} \{f_1(x) + f_2(A-x)\} \qquad (11-3)$$

여기서 x는 한 판매지역에 배치되는 판매원의 수이고, $F(A)$는 A명의 판매원을 최적의 방법으로 두 지역에 할당할 경우 얻을 수 있는 최대이익을 나타낸다. 이 문제에서 A는 상태변수이다.

식 (11-3)의 회귀방정식을 6명의 판매원배치문제에 적용하면,

$$F(6) = \max_{0 \leq x \leq B} \{f_1(x) + f_2(6-x)\} \tag{11-4}$$

와 같은 공식을 얻는다. [표 11-9]에는 판매지역 1에 어떤 수의 판매원을 할당했을 때의 이익과, 나머지 수의 판매원을 판매지역 2에 할당했을 때의 이익이 표시되어 있다.

이 표의 기초자료는 [그림 11-4]로부터 산출된 것이다.

예를 들면, 만약 4명의 판매원이 지역 1에 할당되고 1명의 판매원이 지역 2에 배정되면, 실현이익은 지역 1에서의 4명의 판매원에 대한 115,000원과 지역 2에서의 1명의 판매원에 대한 65,000원을 합하여 180,000원이 될 것이다. 판매원 11명을 최적배치하는 문제에서는 지역 1에 6명을 배치함으로써 150,000원의 이익을 얻고 지역 2에 5명을 배치함으로써 160,000원의 이익을 얻어 310,000원의 최대이익이 실현된다. [표 11-9]에 나타난 각 최대이익은 여러 판매원수에 대해 대각선상의 *로 표시된 양이다. 이 자료는 [그림 11-5]에 나타나 있다. 따라서 $F(A)$ 즉 A명의 판매원을 두 지역에 할당한 조

표 11-9 ▶ 두 지역에 판매촉진을 함으로써 얻을 수 있는 이익 (금액 단위:원)

			판매지역 1의 판매원수											
판매원수			0	1	2	3	4	5	6	7	8	9	10	11
이익 (단위 : 1,000)			50	60	80	105	115	130	150	165	185	200	195	185
판매지역 2에서의 판매원수	0	50	100*	110	130	155	165	180	200	215	235	250	245	235
	1	65	115*	125	145	170	180	195	215	230	250	265	260	
	2	85	135*	145	165	190	200	215	235	250	270	285		
	3	110	160*	170	190	215	225	240	260	275	295			
	4	140	190*	200	220	245*	255	270	290	305				
	5	160	210*	220	240	265*	275	290	310*					
	6	175	225*	235	255	280*	290	305						
	7	190	240	250	270	295*	305							
	8	200	250	260	280	305								
	9	195	245	255	275									
	10	193	243	253										
	11	190	240											

그림 11-5 ▶ 두 지역에 판매원을 최적할당함으로써 얻을 수 있는 최대이익

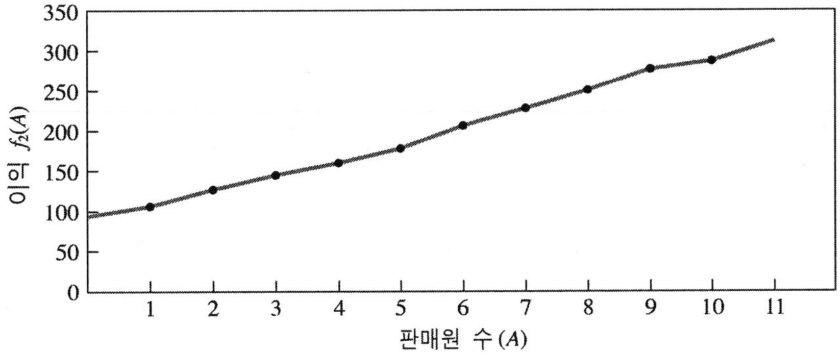

함수에 대한 최대이익은 비교적 간단히 산출될 수 있다.

이상에서 두 판매지역에 관한 문제를 다루어 보았으므로, 이제 세 판매지역에 대한 이익과 판매원수의 관계를 고려해 보자. [그림 11-6]에 제시된 바와 같이 처음의 두 지역에 대한 판매촉진의 함수로 이익을 구해낸 것처럼, 세 번째의 지역에 대해서도 이익을 판매원수의 함수로 나타낼 수 있다.

그러나 또 다른 판매지역의 추가로 인하여 문제가 훨씬 더 복잡하게 되었다. 가령 11명의 판매원일 때에는 할당방법이 78가지가 나오며, 6명의 판매원일 때에는 28가지의 상이한 할당방법이 나온다. 모든 가능한 조합에 대한 표를 작성하는 데에는 매우 복잡한 계산이 요구된다.

이 문제를 수학적으로 표현해 보면, 최대이익을 결정하는 다음과 같은 일반적인 재귀방정식이 산출된다. 단, n은 판매지역의 수를 나타낸다.

그림 11-6 ▶ 판매지역 3에서의 판매촉진함수로서의 이익

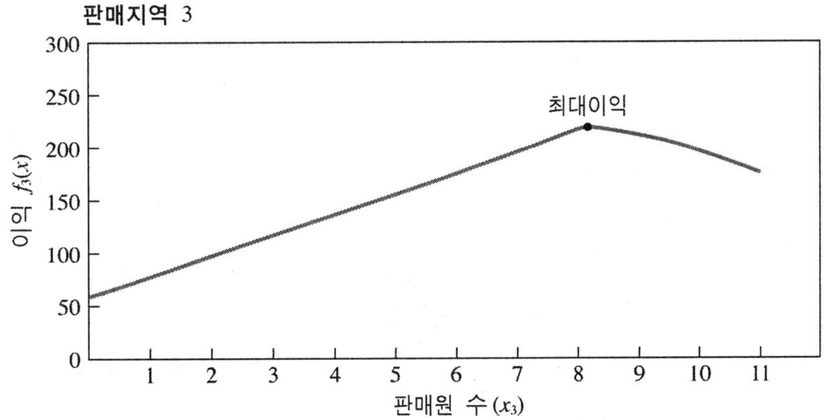

$$F_n(A_n) = \max_{0 \le x_n \le A_n} \{f_1(x_1) + f_2(x_2) + \cdots + f_n(x_n)\} \qquad (11-5)$$

세 판매지역에 최적의 판매원할당을 하고자 하는 경우에는 반드시 고려해야 할 사항이 있다. 예를 들면, 6명의 판매원을 세 지역에 할당하는 문제를 보면, 두 명의 판매원이 처음의 두 지역에 할당되고, 세 번째 지역에는 다른 4명의 판매원이 할당되는 것으로 이해하여 풀 수 있다. 식 (11-5)를 변형하여 처음의 두 지역에 2명의 판매원을 할당함으로써 얻은 이익은 $F(2)$이고, 세 번째 지역에 4명의 판매원을 할당함으로써 얻는 이익은 $f_3(4)$라고 할 수 있다. 그러므로 6명의 판매원에 대한 이익함수는 다음과 같다.

$$Z = F(2) + f_3(4) \qquad (11-6)$$

그러나 처음의 두 지역에 반드시 2명의 판매원을 할당해야 하는 것은 아니기 때문에 최초의 두 지역에 할당할 수 있는 모든 경우에 대한 이익함수를 작성해 보아야 한다. 즉, 할당가능한 경우의 수가 총 7가지이므로 다음과 같은 7개의 이익함수가 산출된다.

$$Z = F(0) + f_3(6) \qquad Z = F(1) + f_3(5)$$
$$Z = F(2) + f_3(4) \qquad Z = F(3) + f_3(3)$$
$$Z = F(4) + f_3(2) \qquad Z = F(5) + f_3(1)$$
$$Z = F(6) + f_3(0)$$

이제 세 판매지역에 대한 이익최대화문제를 풀기 위해 상기의 이익함수들을 다음과 같은 재귀방정식으로 일반화할 수 있다.

$$F_3(A_3) = \max_{0 \le x \le A_3} \{F_2(x) + f_3(A_3 - x)\} \qquad (11-7)$$

이는 처음 두 지역에 x명의 판매원을 할당했을 경우의 이익에다 다른 한 지역에 나머지 판매원을 할당했을 경우의 이익을 합하여 산출된 모든 경우의 이익 중 최대가 되는 이익이 곧 최적할당방법 하에서의 이익이 됨을 의미한다. 여기서 구체적인 해를 구하기 위해서는 이 재귀방정식을 각 단계별로 적용시킴으로써 각 단계 즉 지역별 최적화를 탐색해야 한다.

먼저, 제 2단계에서 처음 두 판매지역에 판매원을 할당함으로써 얻을 수 있는 최대이익 즉 $F_2(A_2)$는 다음과 같이 표현된다. 이는 식 (11-3)에서

$F(A)$로 표시한 것과 동일할 함수로서 방정식의 양변은 근본적으로 변하지 않았다.

$$F_2(A_2) = \max_{0 \le x_1 \le A_2} \{f_1(x_1) + f_2(A_2 - x_1)\} \qquad (11-8)$$

다음, 제 3단계 즉 세 판매지역에 A_3의 판매원을 할당함으로써 실현할 수 있는 최대이익은

$$F_3(A_3) = \max_{0 \le A_2 \le A_3} \{F_2(A_2) + f_3(A_3 - A_2)\} \qquad (11-9)$$

와 같다. 식 (11-9)의 $F_2(A_2)$는 실제로 식 (11-8)에 제시된 두 지역의 할당에 대한 최대이익을 나타낸다. 그러므로 이 식은 세 판매지역 전체를 고려할 경우의 최대이익을 나타내는 함수가 된다.

이제 식 (11-9)를 토대로 두 판매지역의 이익을 세 번째 판매지역의 이익에 가산함으로써 판매원할당의 모든 경우에 대한 이익을 [표 11-10]과 같이 나타낼 수 있다.

이 표의 제1행에는 판매지역 1과 2에서의 판매원수의 조합이 나타나 있고, 두 번째 행에는 처음 두 판매지역에 판매원을 할당함으로써 실현될 수 있는

표 11-10 ▶ 세 개의 지역에서 판매촉진함으로써 얻을 수 있는 이익 (금액단위:원)

			판매지역 1과 2											
판매원수			0	1	2	3	4	5	6	7	8	9	10	11
이익 (단위 : 1,000)			100	115	135	160	190	210	225	245	265	280	295	310
판매지역 3에서의 판매원수	0	60	160*	175*	195	220*	250*	270*	285	305	325	340	355	370
	1	75	175*	190	210	235	265	285	300	300	340	355	370	
	2	100	200*	215	235	260	290*	310*	325	345*	365*	380		
	3	120	220*	235	255	280	310*	330*	345*	365*	385*			
	4	135	235	250	270	295	235	345*	360	380				
	5	150	250	265	285	310	340	360	375					
	6	175	275	290	310	335	365*	385*						
	7	190	290	305	325	350	380							
	8	205	305	320	340	365								
	9	202	302	317	337									
	10	200	300	315										
	11	195	295											

최대이익 $F_2(A_2)$가 나타나 있다. 이 두 번째 행은 [표 11-9]에서 나온 것이고, 이익은 대각선 위에 *로 표시되어 있다. [표 11-10]의 좌측에 있는 열은 지역 3에 대한 판매원수와 이익이다. 두 번째 열(이익)은 [그림 11-4]에 제시된 자료에 근거한 것이다. 표 전체는 판매원할당의 모든 조합에 대한 이익을 나타낸다. 여기서 만약 대각선을 따라 *표로 표시된 최대치를 선택하면 이것이 곧 세 지역에의 판매원할당으로 인한 최대이익, 즉 $F_3(A_3)$가 된다.

그러면 6명의 판매원을 할당하고자 하는 본래의 문제로 돌아가 보자. 문제는 최대이익을 얻기 위해서 세 판매지역에 이들 6명을 어떻게 할당하느냐 하는 것이다. [표 11-10]의 대각선상을 보면 지역 1과 2에 4명의 판매원을, 그리고 지역 3에 2명의 판매원을 할당하여 얻을 수 있는 이익 290,000가 6명의 판매원할당에 대한 최대이익임을 알 수 있다. 그런데 지역 1과 2에 여러 가지 가능한 방법으로 판매원을 할당할 경우의 이익에 대한 내역을 설명해 주는 [표 11-9]를 보면, 4명의 판매원에 대한 대각선상의 최대이익은 190,000원이며, 이는 지역 2에 4명의 판매원을 할당하고 지역 1에는 전혀 할당하지 않는 경우에 해당한다. 결국 이 문제에 대한 최적해는 제1지역에 4명, 그리고 제2지역에 2명을 할당하는 것이며, 이때 최대이익 290,000원을 얻을 수 있다. 판매원의 적절한 할당을 위해서는 이와 같이 두 표를 적절히 참조해 가면서 결정해야 한다.

이 문제는 판매지역이 세 개 이상 포함되는 경우로 확대하여 일반화시킬 수 있다. 만약 4개 지역을 고려한다면 최대이익을 위한 재귀방정식은 다음과 같다.

$$F_4(A_4) = \max_{0 \le A_3 \le A_4} \{F_3(A_3) + f_4(A_4 - A_3)\} \qquad (11-10)$$

식 (11-10)에서 $F_3(A_3)$는 식 (11-9)에 제시된 내용과 동일하기 때문에 이 방정식을 적용하면 여러 가지 가능한 할당방법에 대한 이익을 나타내는 표를 만들 수 있다. 이상에서 설명한 내용을 기초로 하여 다음과 같은 재귀방정식을 적용함으로써 모든 판매지역(n=2, 3, …)에 대해서 최대이익의 산출방법을 구할 수 있다.

$$F_n(A_n) = \max_{0 \le A_{n-1} \le A_n} \{F_{n-1}(A_{n-1}) + f_n(A_n - A_{n-1})\} \qquad (11-11)$$

6. 불확실성하의 구매문제

원자재 구매비용을 최소화할 수 있는 최적구매정책은 동적계획법에 의해 해결할 수 있다. 예를 들어, 4주 동안 특정 원자재 구매가격이 다음과 같은 확률분포에 따라 변화한다고 가정하자.

가격	확률
$150	.25
170	.35
200	.40
	1.00

[그림 11-7]에는 매주 원자재 구입과 관련하여 직면하게 되는 여러 가지 대안들에 대한 정보가 제시되어 있다. 만약 구매자가 제1주말에 원자재를 구입한다면 이때 지불해야 할 가격은 그 주의 시장가격이 된다. 그러나 구매를 다음으로, 즉 제2, 3, 4주로 연기한다면 그때마다 시장가격을 지불해야 할 것이다. 만약 제4주 이전에 원자재를 구매하지 않는다면 생산계획상의 필요성으로 인해 4주째 말에는 반드시 구입해야 하는 것으로 가정된다. 이처럼 4주 말이 되기 전에 원자재를 구입해야만 하므로 원자재 구입시기의 결정을 위해서는 마지막 주부터 시작하여 첫 번째 주로 거슬러 올라가는 후향적 연산절차를 적용해야 한다.

그림 11-7 ▶ 4주 동안 고객이 매주 직면하게 되는 대안

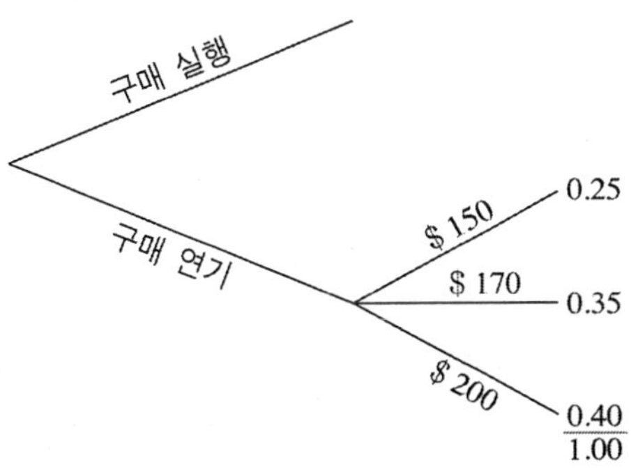

한편, 이 문제에서는 시장가격(x)을 상태변수로 하고 각 주(n)를 단계로 처리하는 것이 문제해결에 편리하다. 먼저,

$F_n(x_n) =$ n번째 주의 유통가격이 x_n이고 4주 동안 최적정책을 추구 할 경우 기대되는 최저기대비용

$x_n =$ n번째 주의 시장가격

$n = 1, 2, 3, 4$

라 정의하면, $n=4$ 즉 제4주에 대한 재귀방정식은 다음과 같다.

$$F_4(x_4) = x_4 \tag{11-12}$$

다음, $n=3$ 즉 제3주의 재귀방정식은 다음과 같다.

$$F_3(x_3) = \min\{\underbrace{x_3}_{\text{구매}},\ \underbrace{(150)(0.25)+(170)(0.35)+(200)(0.40)}_{\text{구매연기}}\} \tag{11-13}$$

이 식은 의사결정자가 제3주에 가격 x_3로 구매하든지 아니면 제4주의 기대구매가격과 x_3를 비교하여 구매를 연기해야 한다는 것을 나타낸다. 그러므로 식 (11-13)은 다음과 같이 변형될 수 있다.

$$F_3(x_3) = \min\{\underbrace{x_3}_{\text{구매}},\ \underbrace{F_4(150)(0.25)+F_4(170)(0.35)+F_4(200)(0.40)}_{\text{구매연기}}\} \tag{11-14}$$

구매 혹은 구매연기라는 대안 사이의 손익분기점을 찾기 위해서는 이 두 대안이 제시하는 비용이 서로 같도록 식 (11-14)를 변형시켜야 한다. 여기서 x_3에 대한 식 (11-14)의 손익분기점 $x_{3B,E}$를 구하면

$$\begin{aligned} x_{3B,E} &= (150)(0.25)+(170)(0.35)+(200)(0.40) \qquad (11-15) \\ &= 37.50+59.50+80.00 \\ &= 177\text{원} \end{aligned}$$

이 된다. 이는 원자재가격이 기대구매가격 177원 이하 즉 150원 혹은 170원이면 구매하고 177원 이상이면 제4주로 구매를 연기해야 함을 의미한다.

따라서 식 (11－12)를 토대로 제3주의 최소기대비용을 산출하면 다음과 같다.

$$F_3(x_3) = \begin{cases} 150\text{원 } (x_3=150\text{원일 경우}) \\ 170\text{원 } (x_3=170\text{원일 경우}) \\ 177\text{원 (손익분기점)} \end{cases} \qquad (11-16)$$

다음, $n=2$ 즉 제2주에 대해서는 식 (11－16)을 이용하여 다음 재귀방정식이 산출된다.

$$F_2(x_2) = \min\{\underset{\text{구매}}{\underline{x_2}},\ \underset{\text{구매연기}}{\underline{F_3(150)(0.25) + F_3(170)(0.35) + F_3(177)(0.40)}}\} \qquad (11-17)$$

이 식에 대해서도 제3주에서와 마찬가지 방법으로 구매와 구매연기 사이의 손익분기점을 계산할 수 있다. 즉, 구매와 구매연기가 동일한 기대비용을 제시하는 분기점 $x_{2B,E}$는 다음과 같이

$$\begin{aligned} x_{2B,E} &= (150)(0.25) + (170)(0.35) + (177)(0.40) \qquad (11-18) \\ &= 37.5 + 59.5 + 70.8 \\ &= 167.8\text{원} \end{aligned}$$

이 된다. 따라서 제2주의 구매가격이 기대가격인 167.8원 이하 즉 150원이면 즉시 주문을 시행하고, 167.8원 이상이면 다음으로 구매를 연기한다. 따라서 제2주의 최소비용은 다음과 같다.

$$F_2(x_2) = \begin{cases} 150\text{원 } (x_2=150\text{원일 경우}) \\ 167.8\text{원 (손익분기점)} \end{cases} \qquad (11-19)$$

마지막으로, $n=1$ 즉 제1주의 최소기대비용에 관한 재귀방정식은 다음과 같다.

$$F_1(x_1) = \min\{\underset{\text{구매}}{\underline{x_1}},\ \underset{\text{구매연기}}{\underline{F_2(150)(0.25) + F_2(167.8)(0.35) + F_2(167.8)(0.4)}}\} \qquad (11-20)$$

이 방정식에 대한 손익분기점은 $x_{1B,E}=163.35$이므로, 제1주의 최소기대비용은

$$F_1(x_1) = \begin{cases} 150\text{원} & (x_1 = 150\text{원일 경우}) \\ 163.35\text{원} & (\text{손익분기점}) \end{cases}$$

이다.

이 문제에 대한 불확실성하에서의 최적구매정책은 다음과 같이 요약될 수 있다. 즉, 제1주나 제2주에는 구매가격이 150원이면 원자재를 구입하고, 그렇지 않으면 연기한다. 제3주에는 구매가격이 150원, 170원이면 구매하고, 그렇지 않으면 연기한다. 그러나 만약 제4주가 될 때까지 구매가 이루어지지 않으면 제4주 말에 당시의 시장가격으로 구매하면 된다.

불확실성하에서의 구매문제에 대한 의사결정에 있어서도 앞에서 제시된 예제들의 경우와 마찬가지로 일반화된 재귀방정식을 개발할 수 있다. 즉, 계획기간이 4주 이상에 걸친 구매의사결정의 경우에도 식 (11-12)와 식 (11-14)과 같은 후향적 재귀방정식에 의해 최적해를 유도해낼 수 있는 것이다.

예 제

1 **보라화장품주식회사의 판매부장은 10명의 판매원을 3개의 지역에 어떻게 배치할 것인지를 결정하고자 한다. 과거의 기록을 토대로 하여 각 지역에 대한 월간 판매이익은 다음 표와 같다. 이익을 최대로 하는 배치방법을 구하라.**

(단위 : $1,000)

지역 \ 인수	0	1	2	3	4	5	6	7	8	9	10
1	0	1	4	8	9	10	14	16	17	19	22
2	0	2	3	5	8	12	16	17	18	22	24
3	0	5	8	9	10	13	15	18	20	21	23

해답 $f_i(x_i)$: i지역에 x_i명의 판매원을 투입할 때의 이익

$F_n(x_n)$: n개의 판매지역에 총인원 x_n명을 투입했을 때의 최대 이익

이라고 정의하면, 여기서 구하고자 하는 것은 $F_3(10)$이며, 제3지역에 x_3명을 배치한다면 이는 다음과 같이 나타낼 수 있다.

$$F_3(10) = \max_{0 \le x_3 \le 10} \{f_3(x_3) + F_2(10 - x_3)\}$$

만약 제3지역에 x_3명을 배치하면 나머지 1, 2지역에는 $10 - x_3$명을 배치할 수밖에 없고, 이 인원으로 가장 큰 이익을 올릴 수 있는 배치방법을 찾아야 한다. 그러나 이 식에서 $F_2(10 - x_3)$의 값은 x_3가 결정되기 전에는 구할 수 없다. 단지 $10 - x_3$의 값이 0에서 10 사이에 있기 때문에 이 각각의 값에 대한 F_2의 값을 구해야 한다.

다시 $10 - x_3 = A_n$이라고 두면

$$F_2(A_n) = \max_{0 \le x_2 \le A_n} \{f_2(x_2) + F_1(A_n - x_2)\}$$

로 나타낼 수 있다. 이 식에서 $F_2(A_n)$의 값을 구하려면 또한 F_1의 값을 알아야 한다. 그런데 F_1의 값은 한 지역에 x_1명의 판매원을 배치했을 때의 이익을 의미하기 때문에, 문제의 표를 이용하여 직접 구할 수 있다.

$A_n - x_2 = A_{n1}$이라 놓고 $F_1(A_{n1})$을 식으로 표시하면

$$F_1(A_{n1}) = \max_{0 \le x_1 \le A_{n1}} \{f_1(x_1) + F_0(A_{n1} - x_1)\} = f_1(x_1)$$

이다. 따라서 F_1의 값은

$F_1(0) = 0$ $\quad F_1(1) = 1$ $\quad F_1(2) = 4$ $\quad F_1(3) = 8$

$F_1(4) = 9$ $\quad F_1(5) = 10$ $\quad F_1(6) = 14$ $\quad F_1(7) = 16$

$F_1(8) = 17$ $\quad F_1(9) = 19$ $\quad F_1(10) = 22$

이 값들과 식 (1)을 이용하여 F_2의 값을 구할 수 있다.

$$F_2(0) = 0$$

$$F_2(1) = \max \left\{ \begin{array}{l} f_2(0) + F_1(1) = 1 \\ f_2(1) + F_1(0) = 2 \end{array} \right\} = 2$$

$$F_2(2) = \max \left\{ \begin{array}{l} f_2(0) + F_1(2) = 4 \\ f_2(1) + F_1(1) = 3 \\ f_2(2) + F_1(0) = 3 \end{array} \right\} = 4$$

$$F_2(3) = \max \begin{Bmatrix} f_2(0) + F_1(3) = 8 \\ f_2(1) + F_1(2) = 6 \\ f_2(2) + F_1(1) = 4 \\ f_2(3) + F_1(0) = 5 \end{Bmatrix} = 8$$

$$F_2(4) = \max \begin{Bmatrix} f_2(0) + F_1(4) = 9 \\ f_2(1) + F_1(3) = 10 \\ f_2(2) + F_1(2) = 7 \\ f_2(3) + F_1(1) = 6 \\ f_2(4) + F_1(0) = 8 \end{Bmatrix} = 10$$

$$F_2(5) = \max \begin{Bmatrix} f_2(0) + F_1(5) = 10 \\ f_2(1) + F_1(4) = 11 \\ f_2(2) + F_1(3) = 11 \\ f_2(3) + F_1(2) = 9 \\ f_2(4) + F_1(1) = 9 \\ f_2(5) + F_1(0) = 12 \end{Bmatrix} = 12$$

$$F_2(6) = 16 \quad F_2(7) = 17 \quad F_2(8) = 20 \quad F_2(9) = 24 \quad F_2(10) = 25$$

그러므로 3개의 지역에 10명의 판매원을 배치할 때 얻을 수 있는 최대 이익 $F_2(10)$은 다음과 같다.

$$F_3(10) = \max \begin{Bmatrix} f_3(0) + F_2(10) = 25 \\ f_3(1) + F_2(9) = 29 \\ f_3(2) + F_2(8) = 28 \\ f_3(3) + F_2(7) = 28 \\ f_3(4) + F_2(6) = 26 \\ f_3(5) + F_2(5) = 25 \\ f_3(6) + F_2(4) = 25 \\ f_3(7) + F_2(3) = 26 \\ f_3(8) + F_2(2) = 24 \\ f_3(9) + F_2(1) = 23 \\ f_3(10) + F_2(0) = 23 \end{Bmatrix} = 29$$

따라서 1지역에 3명, 2지역에 6명, 3지역에 1명을 배치해야 하며, 최대 이익 $29,000를 얻게 된다.

2 **한 가족이 동부지역에서 서부로 이사를 하는데 하루에 한 단계씩 3일간 여행함으로써 목적지에 도착하려 한다. 이 가족의 목표는 총여행비용을 최소화하는 것이다. 모든 가능한 경로와 각 구간의 소요비용은 아래 그림에 표시된 바와 같다.**

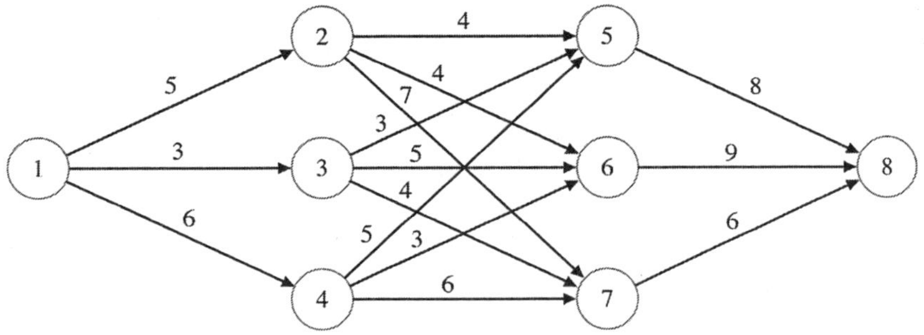

해답 본문에 나온 예보다 쉽게 풀이해 보면

$f_n(c)$: 최적경로와 관련된 최소의 총비용

c_{i_j} : i 번째 결합점으로부터 다음 단계에 있는 j번째 결합점까지 이동하는 데 필요한 비용

$f_j(c)$: j번째 결합점으로부터 최종목적지까지 가는 데 소요되는 최소총비용

이라 하면, $f_n(c)$에 관한 회귀방정식은 다음과 같이 나타낼 수 있다.

$$f_n(c) = \min\{c_{i_j} + f_j(c)\}$$

마지막 단계 3으로부터 시작하여 역으로 단계 1을 향하여 결정해 나가는 절차에 후진적 절차에 따르면 단계 3의 3개의 상태를 나타내는 세 결합점 ⑤, ⑥, ⑦에서 마지막 결합점 ⑧까지 이동하는 비용은 다음과 같다.

$$f_5(c) = c_{58} = 8$$
$$f_6(c) = c_{68} = 9$$
$$f_7(c) = c_{78} = 6$$

다음으로 세 개의 결합점을 가진 단계 2와 위의 단계 3을 포함하는 최소비용경로를 결정해야 한다. 결합점 ②에서 ⑧까지 가는 방법은 3가지이다. 즉,

$$f_2(c) = \min \begin{Bmatrix} c_{25} + f_5(c) = 4 + 8 = 12 \\ c_{26} + f_6(c) = 4 + 9 = 13 \\ c_{27} + f_7(c) = 7 + 6 = 13 \end{Bmatrix} = 12$$

결합점 ③으로부터 ⑧까지 가는 방법도 3가지이다.

$$f_3(c)=\min\begin{Bmatrix} c_{35}+f_5(c)=3+8=11 \\ c_{36}+f_6(c)=5+9=14 \\ c_{37}+f_7(c)=4+6=10 \end{Bmatrix}=10$$

또한 결합점 ④로부터 ⑧까지 가는 방법도 3가지이므로

$$f_4(c)=\min\begin{Bmatrix} c_{45}+f_5(c)=5+8=13 \\ c_{46}+f_6(c)=3+9=12 \\ c_{47}+f_7(c)=6+6=12 \end{Bmatrix}=12$$

위에서 계산한 경로별 최소비용은 12, 10, 12로서 이 중 10이 가장 적은 비용이므로, 결합점 ③→⑦→⑧을 통과하면 가장 비용이 적게 들게 됨을 알 수 있다.

마지막으로, 출발점에서 최종목적지까지의 최소비용을 계산해 보면

$$f_1(c)=\min\begin{Bmatrix} c_{12}+f_2(c)=5+12=17 \\ c_{13}+f_3(c)=3+10=13 \\ c_{14}+f_4(c)=6+12=18 \end{Bmatrix}=13$$

이와 같은 총비용이 13으로 최소비용을 가져다 주는 경로는 결합점 ①→③→⑦→⑧로서 최적경로이다.

연습문제 Exercise

1 한 여행자가 도시 ①에서 출발하여 하루에 한 단계씩 4일간 여행하여 종착지 ⑩에 도착하려 한다. 모든 가능한 경로와 각 구간의 소요비용은 그림과 같을 때, 총여행비용을 최소화할 수 있는 최적경로를 구하여라.

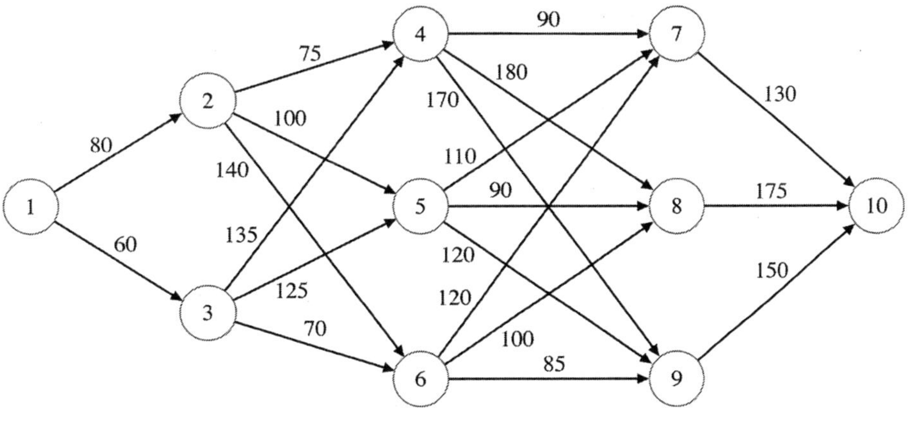

2 어느 학생은 기말고사까지 7일을 남겨두고 4과목을 남은 기간에 가장 효과적으로 공부하고자 한다. 각 과목당 최소한 하루씩의 공부가 필요할 때, 이 네 과목으로 얻는 총등급점을 극대화하도록 이 할당문제를 동적계획법으로 풀고자 한다. 각 과목마다 할당일수에 따라 얻을 수 있는 등급점이 다음 표와 같다고 할 때, 이 문제를 동적계획법으로 풀어라.

일수 \ 과목	1	2	3	4
1	3	5	2	6
2	5	5	4	7
3	6	6	7	9
4	7	9	8	9

3 3개의 연쇄식품점의 주인이 싱싱한 딸기 다섯 상자를 샀다. 주인은 자기의 기대이익을 극대화하기 위해 이 다섯 상자의 딸기를 상하기 전에 분배하고자 한다. 운영상의 이유로 한 상자를 여러 상점에 나누는 것은 원하지 않으나 어느 상점이 한 상자도 받지 않을 수도 있다. 다음 표는 딸기를 각 상자수씩 각 상점에 할당하였을 때의 기대이익의 추정치를 보인 것이다. 동적계획법을 써서 총기대이익을 극대화하려면, 각 상점에 딸기를 몇 상자씩 할당하여야 하는지 결정하라.

딸기	상점		
상자의 수	1	2	3
0	0	0	0
1	3	5	4
2	7	10	6
3	9	11	11
4	12	11	12
5	13	11	13

4 다음은 상수도 네트워크 문제이다. 전문가에 의해서 다음 그림과 같이 A에서 M까지의 중간지점들이 선정되었으며 화살표 방향으로 물이 흐르게 되어 있다. 각 구간의 숫자는 재료비(파이프, 밸브 등)와 건설비를 합친 비용들이다. 모든 중간지점들에 급수가 가능하도록 하고 비용을 최소화하는 경로를 동적계획법으로 구하여라.

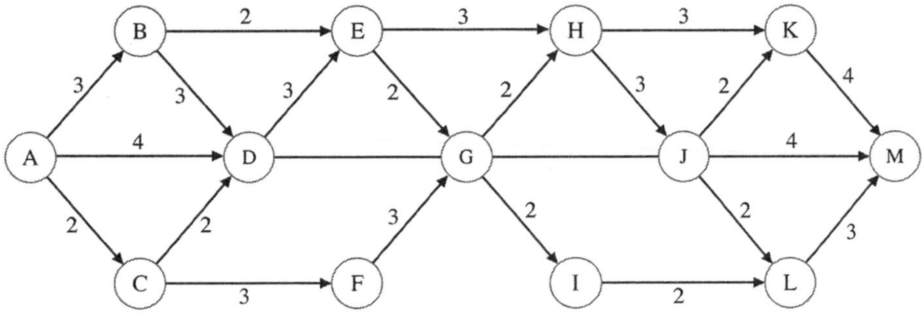

5 어떤 회사가 앞으로 4개월간의 생산계획을 수립코자 한다. 이 회사는 월간 50대의 제조능력을 가지고 있고, 생산은 10대 단위로 한다. 창고에는 40대까지 보관할 수 있고 월간 주문은 평균 30대이다. 생산비는 생산준비비용으로 13,000,000원이 소요되고, 대당 생산비는 추가적으로 200,000원이 소요된다. 그리고 재고분에 대한 관리비용은 월 100,000원이 소요된다. 이 회사의 4개월간의 생산계획을 세워라 (단, 초기재고 $S_0 = 10$, 최종재고 $S_4 = 0$).

6 앞 문제에서 초기재고를 20이라 하고 최종재고를 0이라고 했을 때의 3개월간의 생산계획을 세워라.

7 300,000원을 가지고 있는 사람이 전액을 증권시장에 투자하려 하고 있다. 각 분기 초에 전액을 투자할 수 있는 기회를 어떤 증권회사가 제안하고 있는데, 그는 이러한 제안을 받아들일 것인지 거절할 것인지 망설이고 있다. 만약에 이 제안을 받아들인다면 투자는 적어도 1년은 계속해야 한다. 이 증권회사는 아주 건실한 회사로 다음과 같은 수익과 그에 따른 확률을 보장할 수 있다고 한다.

연간수익	확률
45,000원	.5
60,000원	.3
82,000원	.2
	1.0

이 사람은 이 증권회사를 통하여 투자하기로 결정하였다. 만약 그가 1년 중 처음 3분기 중에 투자하지 않았다면 마지막 4/4분기에 투자하여야 한다고 할 때, 순환등식을 이용하여 최적투자결정을 구하라.

8 7번의 문제에 있어서 기대수익에 대한 정보가 다음과 같다고 할 때, 재귀방정식을 이용하여 최적해를 구하라.

수익률(%)	확률
10	.4
15	.3
20	.3
	1.0

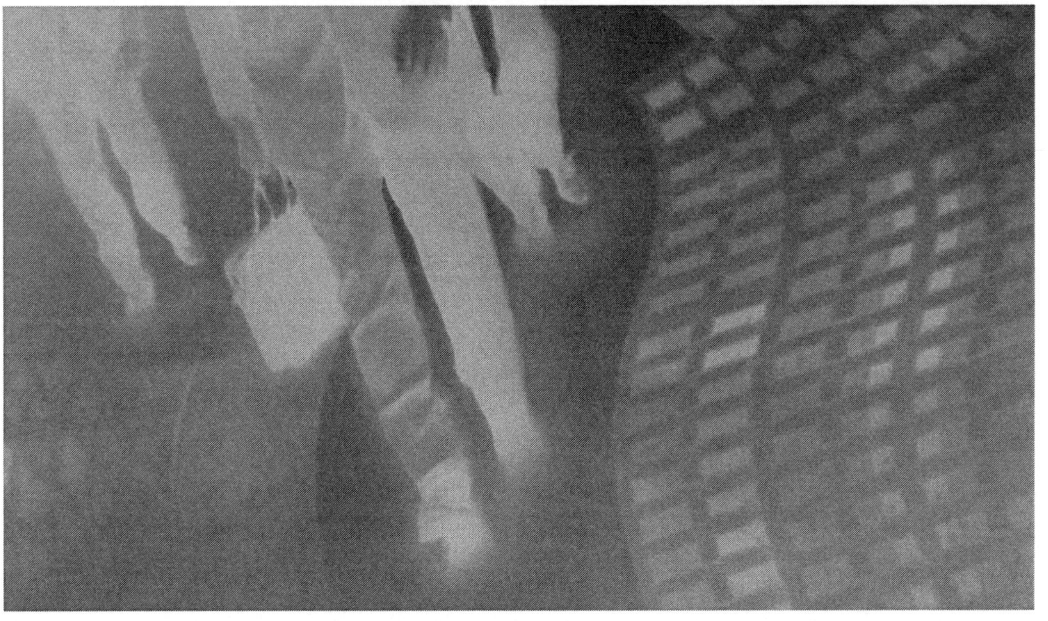

제 III 편 확률적 모형

12 게임이론

Management science

1. 서 론

많은 기업들은 서로 경쟁하고 협력하면서 자기 기업의 존속과 번영을 위하여 끊임없는 노력을 하고 있다. 그러나 기업의 발전은 기업 스스로의 의사결정에 의해서뿐만 아니라 경쟁기업들의 의사결정에 의해서도 영향을 받는다. 따라서 각 기업은 의사결정을 하기 전에 우선 다른 경쟁자들이 어떠한 전략을 채택할 것인지를 신중하게 검토해야 한다.

게임이론(game theory)은 이와 같은 경쟁 상황 속에서의 의사결정과정을 분석하고 설명하는 데 필요한 정보를 제공해 준다. 게임이론이란 특정 상황에서 이해가 상반되는 경쟁자들이 어떤 결정을 해야 하며, 그 의사결정에 대해 어떤 결과를 기대할 수 있는지를 연구하는 것이다.

게임이론에 대한 연구는 1944년 발표된 노이만(J. Von Neumann)과 모르겐슈테른(O. Morgenstern)의 'Theory of Games and Economic Behavor'에서 시작되었다. 그 후 게임이론은 군대에서 군사전략 수립에 주로 이용되어 왔으며, 노사 간의 협상 및 장기나 카드 놀이와 같은 오락 등에도 적용되어 왔다. 현재는 정치, 경제, 사회, 심리학, 공학, 외교 등에까지 폭넓게 응용되고 있다.

2. 게임이론의 기초개념

게임(game)이란 2인 또는 2인 이상의 참가자 즉 경쟁자가 서로 상반된 목표를 추구하면서 경쟁하는 상황을 말한다. 게임에서는 각 경쟁자의 목표가 서로 상충되기 때문에 이들의 목표는 동시에 달성될 수 없다. 따라서 한 경쟁자가 특정 게임에서 이득을 얻게 되면 다른 경쟁자들은 손실을 입게 된다.

게임을 구성하는 요소로는 경쟁자(player), 전략(strategy) 및 이득 내지 성과(payoff) 등이 있으며, 게임이 성립하려면 이들에 관한 여러 조건이 충족되어야 한다.

경쟁자란 게임에 참여하는 사람 혹은 집단을 말하며, 전략은 경쟁자들이 선택가능한 대안들로서 사전에 알려져 있는 것으로 가정한다. 특히 전략의 개념은 게임이론에서 매우 중요한 것으로, 각 경쟁자는 자신의 목표 달성을 위하여 선택가능한 전략을 두 개 이상 가지고 있어야 한다. 물론 각 경쟁자는 상대방이 그 중 어떠한 전략을 채택할 것인가를 알지 못하는 것으로 가정한다.

이득이란 경쟁자들의 전략의 채택에 따른 성과나 이익을 말하며, 스스로의 결정에 의해서뿐만 아니라 상대방의 선택에 의해서도 결정된다. 이와 같이 모든 경쟁자들이 선택할 수 있는 전략들과 전략의 채택결과 얻게 되는 이득을 나타낸 것을 이득행렬(payoff matrix)이라고 한다.

게임은 우선 경쟁자의 수에 따라 2인 또는 N인게임으로 분류할 수 있다. 여기서 경쟁자의 수는 이해관계에 따라 정해지는데, 2인 게임은 이해관계를 달리하는 집단의 수가 둘이 되는 것이다. 또한 각 경쟁자가 받는 이득에 따라 정화게임(constant-sum game)과 비정화게임(nonconstant-sum game)으로 분류할 수 있다. 정화게임은 각 경쟁자가 선택하는 전략에 관계없이 각자의 이득의 합이 일정한 게임을 말하며, 특히 이득의 합이 0인 경우를 영화게임(zero-sum game)이라고 한다. 비정화게임은 각 경쟁자들이 받는 이득의 합이 일정하지 않은 경우의 게임을 말한다.

3. 2인영화게임

2인영화게임(two-person zero-sum game)은 경쟁자가 둘이며, 이 두 경쟁자가 받는 이득의 합이 0인 게임이다. 이러한 2인영화게임에서는 두 경쟁자가 상충된 이해관계를 가지므로 한 경쟁자의 이익은 상대방의 손실을 초래하게 되어 두 경쟁자의 손익을 합하면 항상 0이 된다.

3.1 지배원리

게임에서 한 전략이 다른 전략에 비해 항상 불리한 이득을 제공한다면 그 전략은 이득행렬에서 제거되어야 한다. 어느 한 경쟁자가 특정의 전략을 채택함으로써 얻는 성과가 다른 전략의 채택에 따른 성과보다 불리하거나 동일하다면 이 전략을 채택하지 않을 것이다. 이처럼 지배원리(the principles of dominance)는 채택이 불필요한 전략을 소거함으로써 게임의 규모를 축소시키는 데 적용된다.

[표 12-1]에서 A의 전략 Ⅰ과 전략 Ⅱ의 각 이득을 비교해 보면, B의 채택전략에 관계없이 전략 Ⅰ이 전략 Ⅱ에 비하여 항상 A에게 불리하다는 것을 알 수 있다. 따라서 A는 전략 Ⅰ을 채택할 이유가 전혀 없다. 이때 전략 Ⅱ는 전략 Ⅰ을 지배한다고 말하며, 피지배전략 Ⅰ은 이득행렬에서 완전히 제거되어야 한다.

이러한 지배관계는 물론 B의 전략에서도 나타난다. [표 12-1]을 B의 입장에서 보면 전략 Ⅱ가 전략 Ⅲ을 지배한다. 왜냐하면 B가 전략 Ⅱ를 채택

표 12-1 ▶ 이득행렬

B의 전략 / A의 전략	Ⅰ	Ⅱ	Ⅲ
Ⅰ	2	3	6
Ⅱ	6	5	8
Ⅲ	7	1	5

표 12-2 ▶ 피지배전략이 소거된 이득행렬

B의 전략 / A의 전략	Ⅰ	Ⅱ	Ⅲ
Ⅰ	-	-	-
Ⅱ	2	5	-
Ⅲ	7	1	-

하게 되면 A가 어느 전략을 채택하는가에 관계없이 전략 Ⅲ을 채택하는 것보다 손실이 항상 적기 때문이다. 따라서 B의 전략 Ⅲ을 이득행렬로부터 제거할 수 있다. 이와 같이 피지배전략이 소거되면 이득행렬은 [표 12-2]와 같이 축소된다.

피지배전략을 제거하는 것은 게임의 최종결과에는 아무런 영향을 미치지 않으면서 이득행렬을 단순화시킬 수 있는 이점을 갖는다.

3.2 maximin-minimax기준

maximin-minimax기준은 게임의 참가자가 항상 최악의 상황에 대비하여 전략을 선택한다는 가정에 근거를 두고, 최악의 성과 중에서 최선인 전략을 선택하는 기준이다. 게임의 이득행렬은 항상 한 경쟁자에 대한 성과로 표시된다. 따라서 보수적인 기준에서 경쟁자는 선택가능한 전략의 최소이익 중에서 최대를 선택한다. 또한 마찬가지로 다른 경쟁자는 채택가능한 전략의 최대손실 중에서 최소인 전략을 선택하게 된다.

이를 [표 12-3]과 같은 이득행렬을 이용하여 설명하기로 한다. 가령 경쟁자 A가 전략 Ⅰ을 채택할 경우 B가 채택하는 전략에 따라 8, 2, 9 및 5 중에서 어느 한 가지의 이득을 얻을 수 있다. 그러나 B의 전략에 관계없이 최소한 2의 이득은 보장받는다. 즉, A가 전략 Ⅰ을 채택할 경우 발생할 수 있는 최악의 결과는 2의 이익을 얻는 것이다. 이와 마찬가지로, A의 각 전략별 최소이득은 전략 Ⅱ를 채택할 경우 5, 전략 Ⅲ을 채택할 경우 -4이다. 따라서 만약 A가 하나의 전략만을 최적전략으로 채택한다면 각 행의 최소값은 각 전략을 선택하는 경우에 보장받을 수 있는 최소이익이 된다.

이러한 최소이익은 [표 12-3]에 있어서 행의 최소값(row minimum)으로 표시된다. 이 문제에서 A는 최적전략으로 전략 Ⅱ를 채택하게 될 것이다.

표 12-3 ▶ 안점이 존재하는 이득행렬

B의 전략 / A의 전략	Ⅰ	Ⅱ	Ⅲ	Ⅳ	행의 최소값
Ⅰ	8	2	9	5	2
Ⅱ	6	⑤	7	18	5*
Ⅲ	7	3	-4	10	-4
열의 최대값	8	5*	9	18	

그 이유는 최소이익 중에서 최대이익을 얻을 수 있는 전략 Ⅱ를 채택하는 것이 *A*에게 가장 유리하기 때문이다. 이때 경쟁자 A가 선택한 전략을 maximin전략이라 하며, 이 전략의 채택에 따른 이득을 게임의 maximin값이라고 한다.

한편, 경쟁자 B는 손실을 최소화하려고 할 것이다. 만약 B가 전략 Ⅰ을 채택한다면 A의 선택에 관계없이 기대손실 8, 6, 7 중에서 최대값인 8 이상의 손실은 입지 않을 것이다. 동일한 논리가 나머지 세 전략에도 적용되며, 이 결과가 [표 12-3]에 있어서 열의 최대값(column maximum)으로 표시된다. 이 경우에 경쟁자 B는 최대손실을 최소화하는 전략을 선택할 것이다. 즉, 최대손실 중 최소인 전략을 선택하는 것이 B의 최선책이며, B는 전략 Ⅱ를 선택한다. 이와 같이 선택한 B의 전략을 minimax전략이라고 하며, 이 전략의 채택에 따른 손실을 게임의 minimax값이라고 한다.

maximin-minimax기준에서 minimax값은 maximin값보다 크거나 같다. 그런데 만약 minimax값과 maximin값이 같을 경우 그 게임은 안점(saddle point)을 갖는다고 하며, 이 안점의 값이 곧 게임값(game value)이 된다. 이처럼 어느 게임에 안점이 존재한다는 것은 두 경쟁자들 중 누구도 자신의 의도를 변경하지 않고 끝까지 추진해야 할 최적전략임을 의미한다. 위의 예에서 minimax값과 maximin값이 5로서 동일하므로 이 게임에는 안점이 존재한다. 이와 같이 안점이 존재하는 경우에 두 경쟁자가 채택하는 전략을 순수전략(pure strategy)이라 하며, 이러한 게임을 순수게임(pure game)이라 한다.

4. 혼합전략

현실적으로 게임에는 안점(鞍點)이 존재하지 않는 경우가 많이 있다. 예를 들어 [표 12-4]와 같은 2인영화게임을 가정해 보자.

이 이득행렬에서 나타난 바와 같이 maximin값(2)과 minimax값(3)이 서로 다르므로 이 게임은 안점이 존재하지 않는다. 이 상태에서 maximin-minimax기준에 따라 두 경쟁자가 모두 최적으로 행동한다면 각각 전략 Ⅱ를 채택해야 할 것이다. 이 경우 A는 실제로 기대이익(2)보다 많은 이득(3)을 얻게 되며, 따라서 계속 같은 전략을 유지하려 하게 된다. 그러나 경쟁자 B는 즉시 전략 Ⅱ로부터 전략 Ⅰ로 바꾸어 경쟁자 A의 이득을 2로 감소시키려고 할 것이다. 이에 대응하여 A도 B가 전략 Ⅰ을 채택하리라는 것을 알고 전략 Ⅱ를 전략 Ⅰ로 바꾸어 이익을 4로 증가시키려 할 것이다. 이로 인하여 다시 B가 전략 Ⅰ에서 전략 Ⅱ로 변경할 것이며, 이러한 과정은 반복적으로 계속된다.

이처럼 A, B가 선택하는 전략이 계속적으로 반복되는 경우 maximin-minimax기준은 더 이상 최적기준이 되지 못한다. 이는 각 경쟁자가 전략을 변경함으로써 자신의 성과를 향상시킬 수 있기 때문이다. 일반적으로 최적전략으로 maximin-minimax기준에 따른 순수전략을 채택할 수 없다면 여러 전략을 혼합하여 채택하는 혼합전략(mixed strategy)을 사용해야 한다. 즉, 선택이 가능한 전략들을 확률적으로 적절히 혼합하여 채택함으로써 각 경쟁자가 받을 수 있는 기대이득을 최대화할 수 있도록 해야 한다.

표 12-4 ▶ 혼합전략의 이득행렬

B의 전략 / A의 전략	Ⅰ	Ⅱ	행의 최소값
Ⅰ	4	1	1
Ⅱ	2	3	2*
열의 최대값	4	3*	

앞의 예에서 A가 전략 Ⅰ을 선택할 확률을 x_1, 전략 Ⅱ를 선택할 확률을 x_2라 하자. 물론 x_1과 x_2는 확률이므로 0과 1 사이의 값이며, 이들을 합하면 반드시 1이어야 한다. 이를 수학적으로 표현하면 다음과 같다.

$$\sum_{i=1}^{2} x_i = x_1 + x_2 = 1$$

$$x_i \geq 0$$

만약 혼합전략이 $(x_1, x_2) = \left(\frac{2}{3}, \frac{1}{3}\right)$로 주어졌다면 경쟁자 A가 받을 수 있는 기대이득을 구할 수 있다. 우선 상대방인 B가 항상 전략 Ⅰ만을 채택한다고 하자. 그러면 제1열인 $\begin{pmatrix} 4 \\ 2 \end{pmatrix}$만이 A에게 의미가 있다. 이때 경쟁자 A는 혼합전략을 채택함으로써 장기적으로 게임의 $\frac{2}{3}$에 대해서는 4의 이득을 얻고, $\frac{1}{3}$에 대해서는 2의 이득을 얻을 것이므로, A의 기대이득은 다음과 같다.

$$E_1 = \frac{2}{3}(4) + \frac{1}{3}(2) = \frac{10}{3}$$

마찬가지로 경쟁자 B가 항상 전략 Ⅱ만을 채택한다고 하면 기대이득은 다음과 같이 산출된다.

$$E_2 = \frac{2}{3}(1) + \frac{1}{3}(3) = \frac{5}{3}$$

그러나 B도 A와 마찬가지로 혼합전략을 채택한다면 경쟁자 A의 기대이득은 E_1과 E_2의 사이에 있게 된다. 여기서 중요한 점은 $(x_1, x_2) = \left(\frac{2}{3}, \frac{1}{3}\right)$로 규정된 혼합전략에 의해서 경쟁자 A가 얻을 수 있는 최소기대이득은 $E_2 = \frac{5}{3}$라는 사실이다.

이번에는 A가 다음과 같은 확률을 갖는 또 다른 혼합전략을 채택한다고 하자.

$$(x_1, x_2) = \left(\frac{1}{10}, \frac{9}{10}\right)$$

이 전략하에서 B가 혼합전략을 채택하지 않는다면 A가 얻을 수 있는 기대이득은 각각 다음과 같다.

$$E_1' = \frac{1}{10}(4) + \frac{9}{10}(2) = \frac{11}{5}$$

$$E_2' = \frac{1}{10}(1) + \frac{9}{10}(3) = \frac{14}{5}$$

만약 B도 혼합전략을 채택한다면 A의 기대이득은 또다시 E_1'와 E_2' 사이에 있게 된다. 따라서 새로운 혼합전략하에서 A의 최소기대이득은 $E_1' = \frac{11}{5}$이 된다. 이 값은 물론 처음의 혼합전략에 따른 최소기대이득보다 큰 값이지만, 이 새로운 혼합전략이 최선책이라는 보장은 없다. 따라서 경쟁자 A는 가능한 최소기대이득 중 최대값을 얻을 수 있는 확률을 갖는 혼합전략을 찾아야 한다.

5. 도해법

도해법(graphical method)은 두 경쟁자 중 최소한 한 경쟁자가 단지 두 개의 전략만을 가지고 있는 게임에 한하여 적용할 수 있다.

[표 12-4]의 이득행렬을 가진 게임은 두 경쟁자가 모두 두 개씩의 전략을 가지고 있기 때문에 도해법을 이용하여 최적혼합전략을 구할 수 있다. 우선 A가 전략 Ⅰ과 전략 Ⅱ를 선택할 확률을 각각 x_1과 x_2라고 하면 $x_1 + x_2 = 1$이 된다. 따라서 A가 전략 Ⅰ과 Ⅱ를 선택할 확률은 x_1과 $(1-x_1)$이며, B가 전략 Ⅰ만을 선택한다고 하면 A의 기대이익은 다음과 같이 계산할 수 있다.

$$\begin{aligned} E_1 &= 4x_1 + 2x_2 \\ &= 4x_1 + 2(1-x_1) \\ &= 2x_1 + 2 \end{aligned}$$

또한 B가 전략 Ⅱ를 선택하는 경우 A의 기대이득은 다음과 같다.

$$\begin{aligned} E_2 &= x_1 + 3x_2 \\ &= x_1 + 3(1-x_1) \\ &= 3 - 2x_1 \end{aligned}$$

그림 12-1 ▶ 경쟁자 A의 기대이득

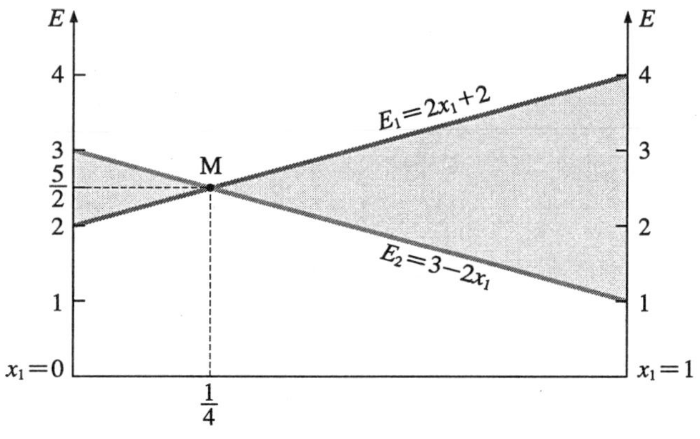

앞의 두 식에서 기대이득 E가 모두 x_1에 관한 일차함수이기 때문에 두 기대이득함수를 [그림 12-1]과 같이 그래프로 나타낼 수 있다.

[그림 12-1]에서 직선 E_1은 B가 전략 Ⅰ을 채택할 경우에 A가 얻을 수 있는 기대이익을 표시하고, 직선 E_2는 B가 전략 Ⅱ를 채택할 경우 A의 기대이득을 표시한다. 또한 색칠한 영역은 B가 다양한 전략을 혼합하는 경우에 A가 얻을 수 있는 기대이득의 조합을 나타낸다. 여기서 B가 두 개의 전략 중 어느 전략을 선택하는가에 관계없이 A가 얻을 수 있는 최소의 기대이득은 색칠한 영역의 하한경계선이 되며, 점 M은 이러한 최소기대이득 중 최대가 되는 점으로서, 이 점에서 A의 최적혼합전략이 결정된다.

M은 직선 E_1과 E_2가 교차하는 점이므로, 이 점의 좌표는 다음과 같이 구할 수 있다.

$$2x_1+2 = 3-2x_1$$
$$x_1 = \frac{1}{4}$$

이 x_1값을 이용하여 x_2 및 E의 최적치를 각각 다음과 같이 구할 수 있다.

$$x_2 = 1-\frac{1}{4}=\frac{3}{4}$$
$$E = 4x_1+2x_2$$
$$= 4\left(\frac{1}{4}\right)+2\left(\frac{3}{4}\right) = \frac{5}{2}$$

따라서 A의 최적혼합전략은 $x_1=\frac{1}{4}$ 및 $x_2=\frac{3}{4}$ 이고, 이때의 게임값은 $\frac{5}{2}$가 된다. 즉, A는 전략 Ⅰ을 $\frac{1}{4}$만큼 채택하고, 전략 Ⅱ를 $\frac{3}{4}$만큼 채택함으로써 B의 전략에 관계없이 최소한 $\frac{5}{2}$의 이득을 기대할 수 있다.

이와 같은 방법을 이용하여 경쟁자 B의 최적혼합전략도 쉽게 구할 수 있다. 만약 B가 전략 Ⅰ과 전략 Ⅱ를 선택할 확률을 각각 y_1과 y_2라고 하면 $y_1+y_2=1$이므로, 상대방 A의 채택전략 여하에 따라 각각 다음과 같은 기대손실이 산출된다.

$$
\begin{aligned}
E_1 &= 4y_1+y_2 \\
&= 4y_1+(1-y_1) \\
&= 3y_1+1 \quad \text{(경쟁자 A가 전략 Ⅰ을 채택할 경우)} \\
E_2 &= 2y_1+3y_2 \\
&= 2y_1+3(1-y_1) \\
&= 3-y_1 \quad \text{(경쟁자 A가 전략 Ⅱ를 채택할 경우)}
\end{aligned}
$$

[그림 12-2]에서 보는 바와 같이 변수 y_1을 가로축에, 기대손실 E를 세로축에 나타내면 이 두 식은 2개의 직선으로 표시될 수 있다. 이 그래프에서 A가 전략 Ⅰ, Ⅱ 중 어느 전략을 선택하든 간에 B가 지불해야 할 최대의 기대손실이 최소가 되는 점 N에서 B의 최적혼합전략이 산출된다. 따라서 N점의 좌표는 다음과 같이 구할 수 있다.

그림 12-2 ▶ 경쟁자 B의 기대손실

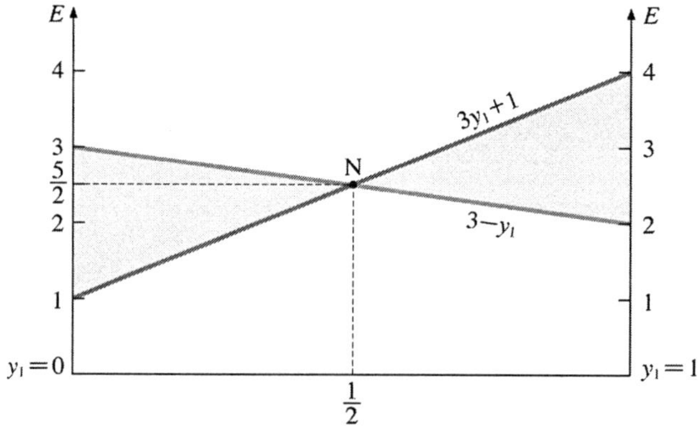

$$3y_1 + 1 = 3 - y_1$$

$$y_1 = \frac{1}{2}$$

이를 이용하여 y_2와 E의 값을 구하면 다음과 같다.

$$y_2 = 1 - \frac{1}{2} = \frac{1}{2}$$

$$E = 4y_1 + y_2$$

$$= 4\left(\frac{1}{2}\right) + \frac{1}{2} = \frac{5}{2}$$

따라서 $y_1 = \frac{1}{2}$, $y_2 = \frac{1}{2}$의 최적혼합전략을 채택함으로써 경쟁자 B는 A의 전략에 관계없이 발생할 수 있는 기대손실을 최대 $\frac{5}{2}$로 막을 수 있다.

이상에서 설명한 도해법은 한 경쟁자가 채택할 수 있는 전략의 수가 두 개 이하인 경우에 한하여 적용할 수 있으며, 상대방이 선택할 수 있는 순수 전략의 수와는 관계가 없다. 단지 상대방이 채택가능한 전략의 수는 그래프에서 직선의 수와 같으므로 이 직선에 의하여 영역이 결정될 뿐이다.

6. 선형계획적 해법

도해법은 사용하기가 용이하지만, 두 경쟁자 중 적어도 한 경쟁자의 채택가능한 전략이 두 개 이하인 경우에만 적용될 수 있다는 것이 단점이다. 이와 같이 도해법으로 풀 수 없는 게임에 적용할 수 있는 해법으로서 선형계획법을 활용할 수 있다. 즉, 혼합전략을 채택해야 하는 모든 2인영화게임을 선형계획문제로 변형시켜 쉽게 해결할 수 있다.

일반적으로 경쟁자 A와 B가 각각 m개와 n개의 전략을 가질 경우 각 전략에 따른 기대이득은 [표 12-5]와 같은 행렬로 표시된다.

[표 12-5]에서 경쟁자 A가 각 전략을 선택할 확률을 x_1, x_2, $\cdots$, x_m이라 하고, B가 각 전략을 선택할 확률을 y_1, y_2, $\cdots y_n$이라고 하자. 이때 $x_1 + x_2 + \cdots + x_m = 1$이며, $y_1 + y_2 + \cdots + y_n = 1$이다.

표 12-5 ▶ 이득행렬의 일반형

B의 전략 / A의 전략	1	2	$\cdots$	n
1	a_{11}	a_{12}	$\cdots$	a_{1n}
2	a_{21}	a_{22}	$\cdots$	a_{2n}
$\vdots$	$\vdots$	$\vdots$	$\vdots$	$\vdots$
m	a_{m1}	a_{m2}	$\cdots$	a_{mn}

여기서 우선 A의 최적혼합전략을 구하기 위하여 게임값을 v라 하면, 게임문제는 다음과 같이 선형계획모형의 형태로 나타낼 수 있다.

$$
\begin{aligned}
\text{max.}\quad & Z = v \\
\text{s.t.}\quad & a_{11}x_1 + a_{21}x_2 + \cdots + a_{m1}x_m \geq v \\
& a_{12}x_1 + a_{2n}x_2 + \cdots + a_{m2}x_m \geq v \\
& \quad\vdots \qquad \vdots \qquad\qquad \vdots \qquad \vdots \\
& a_{1n}x_1 + a_{27}x_2 + \cdots + a_{mn}x_m \geq v \\
& x_1 + x_2 + \cdots + x_m = 1 \\
& x_1,\ x_2,\ \cdots,\ x_m \geq 0
\end{aligned}
$$

위 선형계획모형에서 제약조건이 '≥'의 형태를 갖는 이유는, 게임값 v는 경쟁자 B가 어떠한 전략을 채택하더라도 경쟁자 A가 얻을 수 있는 최소한도의 기대이득이기 때문이다. 이 선형계획모형은 모든 제약조건을 v로 나누어 단순화시킬 수 있다. 그러나 이것은 $v>0$인 경우에만 가능하다. 만약 $v<0$이라면 부등호의 방향이 바뀌게 되며, $v=0$이면 수학적으로 불능이다. 일반적으로 게임의 maximin값이 비음이면 게임값은 양수이다. 그러나 게임의 maximi 값이 음수이면 혼합전략의 게임값 v가 음수가 될 가능성이 있으므로 양의 상수 k를 모든 원소에 더하여 행렬의 원소가 양수가 되도록 해야 한다. 이렇게 하여 수정된 행렬에서 양수의 게임값을 얻게 되는데, 이 경우 실제의 게임값은 수정된 행렬의 게임값에서 원래의 행렬에 더한 양의 상수 k만큼을 공제하여 구할 수 있다.

만약 $v>0$이라고 가정하면 선형계획모형의 제약조건은 다음과 같이 변형된다.

$$a_{11}\frac{x_1}{v}+a_{21}\frac{x_2}{v}+\cdots+a_{m1}\frac{x_m}{v}\ \geq 1$$

$$a_{12}\frac{x_1}{v}+a_{22}\frac{x_2}{v}+\cdots+a_{m2}\frac{x_m}{v}\ \geq 1$$

$$\vdots \qquad\quad \vdots \qquad\quad \vdots \qquad \vdots$$

$$a_{1n}\frac{x_1}{v}+a_{2n}\frac{x_2}{v}+\cdots+a_{mn}\frac{x_m}{v}\ \geq 1$$

$$\frac{x_1}{v}+\frac{x_2}{v}+\cdots+\frac{x_m}{v}\ =\ \frac{1}{v}$$

그런데 선형모형의 목적함수인 v의 최대화는 $\frac{1}{v}$의 최소화로 바꾸어 쓸 수 있고, $\frac{1}{v}=\frac{x_1}{v}+\frac{x_2}{v}+\cdots+\frac{x_m}{v}$ 이므로 $\frac{x_i}{v}=X_i\,(i=1,\ 2,\ \cdots,\ m)$라 하고 $\frac{1}{v}=Z$라 놓으면, 게임문제에 대한 일반적인 선형계획모형의 형태는 다음과 같다.

$$\begin{aligned}
\text{min.}\quad & Z=\ X_1+X_2+\cdots+X_m\\
\text{s.t.}\quad & a_{11}X_1+a_{21}X_2+\cdots+a_{m1}X_m\ \geq 1\\
& a_{12}X_1+a_{22}X_2+\cdots+a_{m2}X_m\ \geq 1\\
& \quad\vdots \qquad\quad \vdots \qquad\qquad\quad \vdots\\
& a_{1n}X_1+a_{2n}X_2+\cdots+a_{mn}X_n\ \geq 1\\
& X_1,\ X_2,\ \cdots,\ X_m\ \geq 0
\end{aligned}$$

한편 경쟁자 B의 기대손실을 최소화하는 최적혼합전략 역시 게임문제를 다음과 같이 선형계획모형의 형태로 변형시킴으로써 구할 수 있다. 여기서 제약식이 '$\leq$'의 형태로 나타나는 이유는, 게임값 v는 A의 채택전략에 관계없이 경쟁자 B가 받을 수 있는 최대한도의 기대손실을 나타내기 때문이다.

$$\begin{aligned}
\text{min.}\quad & z=\ v\\
\text{s.t.}\quad & a_{11}y_1+a_{12}y_2+\cdots+a_{1n}y_n\ \leq v\\
& a_{21}y_1+a_{22}y_2+\cdots+a_{2n}y_n\ \leq v\\
& \quad\vdots \qquad\quad \vdots \qquad\qquad \vdots\\
& a_{m1}y_1+a_{m2}y_2+\cdots+a_{mn}y_n\ \leq v\\
& y_1+y_2+\cdots+y_n\ =\ 1\\
& y_1,\ y_2,\ \cdots,\ y_n\ \geq 0
\end{aligned}$$

다시 $v>0$이라고 가정하고 모든 제약조건을 v로 나누어, $\frac{y_j}{v}=Y_j\,(j=1,$ $2,\ \cdots,\ n)$로 바꾸면 다음의 제약식으로 표시되며, 또한 목적함수 v의 최소화는 $\frac{1}{v}$의 최대화로 표시할 수 있으므로 $\frac{1}{v}=Y_1+Y_2+\cdots+Y_n$이 되며, $\frac{1}{v}=Z$라 놓으면 다음과 같은 선형계획모형이 된다.

$$
\begin{aligned}
\text{max.}\quad & Z = Y_1+Y_2+\cdots+Y_n \\
\text{s.t.}\quad & a_{11}Y_1+a_{12}Y_2+\cdots+a_{1n}Y_n \le 1 \\
& a_{21}Y_1+a_{22}Y_2+\cdots+a_{2n}Y_n \le 1 \\
& \quad\vdots \qquad\quad \vdots \qquad\qquad\quad \vdots \\
& a_{m1}Y_1+a_{m2}Y_2+\cdots+a_{mn}Y_n \le 1 \\
& Y_1,\ Y_2,\ \cdots,\ Y_n \ge 0
\end{aligned}
$$

이상에서 알 수 있는 것은 위의 두 형태의 선형계획문제는 서로 쌍대관계가 된다는 점이다. 즉, 경쟁자 B의 선형계획모형은 경쟁자 A의 쌍대문제가 되며, 따라서 최적해에 이르러서는 경쟁자 A와 경쟁자 B의 목적함수값은 일치한다.

이 두 선형계획모형에 심플렉스법을 적용할 경우, 경쟁자 B의 선형계획문제는 구조상 심플렉스법에 의하여 풀 수 있으며, 경쟁자 A의 문제는 쌍대심플렉스법을 적용해야 한다. 그러나 두 가지 해법 중 어느 해법을 적용하든지 최적기대치는 동일하기 때문에 해법의 선택은 제약조건의 수에 따라 정하면 된다.

그러면 다음과 같은 이득행렬을 갖는 게임문제의 최적혼합전략을 선형계획법을 이용하여 구해 보도록 하자.

표 12-6 ▶ 이득행렬

B의 전략 / A의 전략	Ⅰ	Ⅱ	Ⅲ	행의 최소화
Ⅰ	3	−1	−3	−3
Ⅱ	−3	3	−1	−3
Ⅲ	−4	−3	3	−4
열의 최대값	3	3	3	

표 12-7 ▶ 수정된 이득행렬

B의 전략 / A의 전략	I	II	III
I	8	4	2
II	2	8	4
III	1	2	8

이 문제에서 maximin값이 −3이므로 게임값이 음수이거나 0일 가능성이 있다. 따라서 특정 상수 k를 행렬의 모든 원소에 더해 주어야 한다. 이때 상수 k의 값은 최소한 maximin값의 절대값보다 크거나 같아야 한다. 가령 $k=5$라 하면 앞의 이득행렬은 [표 12-7]과 같이 수정된다.

이 이득행렬을 이용하여 B의 선형계획모형을 다음과 같이 나타낼 수 있다.

$$
\begin{aligned}
\text{max.}\quad & Z = Y_1 + Y_2 + Y_3 \\
\text{s.t.}\quad & 8Y_1 + 4Y_2 + 2Y_3 \le 1 \\
& 2Y_1 + 8Y_2 + 4Y_3 \le 1 \\
& Y_1 + 2Y_2 + 8Y_3 \le 1 \\
& Y_1,\ Y_2,\ Y_3 \ge 0
\end{aligned}
$$

심플렉스법을 이용하여 이 문제를 풀면 최종 심플렉스표는 [표 12-8]과 같다.

표 12-8 ▶ 게임문제의 최종 심플렉스표

$c_j \rightarrow$	기저	상수	1	1	1	0	0	0
↓			Y_1	Y_2	Y_3	s_1	s_2	s_3
1	Y_1	1/14	1	0	0	1/7	−1/14	0
1	Y_2	11/196	0	1	0	−3/98	31/196	−1/14
1	Y_3	5/49	0	0	1	−1/98	−3/98	1/7
	z_j	45/196	1	1	1	5/49	11/196	1/14
	$c_j - z_j$		0	0	0	−5/49	−11/196	−1/14

이 문제에서 $Z=\frac{1}{v}$ 및 $Y_j=\frac{y_j}{v}(j=1,\ 2,\ 3,\ \cdots\cdots,\ n)$이며, 이득행렬의 모든 원소에 5를 더하였기 때문에 [표 12-8]의 심플렉스해는 다음과 같이 수정되어야 한다.

$$v=\frac{1}{Z}-k=196/45-5=-29/45$$

$$y_1=\frac{Y_1}{Z}=\frac{1/14}{45/196}=14/45$$

$$y_2=\frac{Y_2}{Z}=\frac{11/196}{45/196}=11/45$$

$$y_3=\frac{Y_3}{Z}=\frac{5/49}{45/196}=20/45$$

반면에 경쟁자 A의 최적전략은 위 문제의 쌍대해를 이용하여 구할 수 있다. 즉, $Z=45/196$, $X_1=9/45$, $X_2=11/196$ 및 $X_3=1/14$이므로, A의 최적혼합전략은 다음과 같다.

$$x_1=X_1/Z=20/45$$

$$x_2=X_2/Z=11/45$$

$$x_3=X_3/Z=14/45$$

따라서 경쟁자 A는 전략 Ⅰ을 20/45의 비율로, 전략 Ⅱ를 11/45의 비율로, 그리고 전략 Ⅲ을 14/45의 비율로 채택함으로써 B의 전략에 관계없이 최소 -29/45의 기대이득 즉 최대 29/45만큼의 기대손실을 보게 된다.

그러나 경쟁자 B는 전략 Ⅰ을 14/45, 전략 Ⅱ를 11/45, 그리고 전략 Ⅲ을 20/45의 비율로 혼합하여 채택함으로써 A의 전략에 관계없이 최대한 -29/45의 기대손실 즉 최소한 29/45만큼의 기대이득을 얻게 된다.

7. 비영화게임과 *N*인게임

게임모형에는 2인영화게임 외에 비영화게임이나 N인게임과 같은 몇 가지 형태가 있다.

비영화게임(non-zero-sum game)은 경쟁자들이 얻는 성과의 합 즉 경쟁자의 이익과 상대방의 손실의 합이 0이 되지 않는 게임이다. 실제의 경쟁 상황을 보면 경쟁자들이 동시에 이익을 얻거나 동시에 손실을 얻는 경우 즉 비경쟁적인 상황이 많다. 예를 들어, 경쟁회사들의 광고 전략은 기존시장의 점유뿐만 아니라 새로운 시장을 개발하여 상호이익을 증대시키기 위하여 수립되기도 한다.

이와 같이 비영화게임에서는 경쟁자들의 호혜적 이익이 가능하므로 다른 경쟁자와 협동을 하게 될 경우도 있다. 따라서 비영화게임은 상호협동 여부에 따라 협동적 게임(cooperative game)과 비협동적 게임(non-cooperative game)으로 분류되기도 한다. 국가 간의 무역규정에 관한 경쟁적 상황이나 노사 간의 협상 등은 협동적 게임이라 할 수 있으며, 이와 같은 게임에서는 경쟁자가 셋 이상일 경우에는 일부 경쟁자들 간에 상호 타협이 허용되기도 한다.

한편 *N*인게임은 상반된 이해관계를 가진 경쟁자가 셋 이상 *N*인인 경우의 게임을 말한다. 2인영화게임에서는 한 경쟁자의 이익이 상대방 경쟁자의 손실을 초래하므로 두 경쟁자 간에 어떠한 타협이나 협동이 있을 수가 없다. 그러나 *N*인게임에서는 타협이나 협동이 허용된다. 즉, 셋 이상의 경쟁자가 있기 때문에 일부 경쟁자들이 다른 경쟁자에게 손실을 주기 위하여 결탁할 수가 있으며, 따라서 경쟁자들 간에 타협이 이루어지기도 한다.

8. 엑셀을 이용한 게임이론문제

8.1 순수게임전략

그림 12-3 ▶ 안점이 존재하는 이득행렬

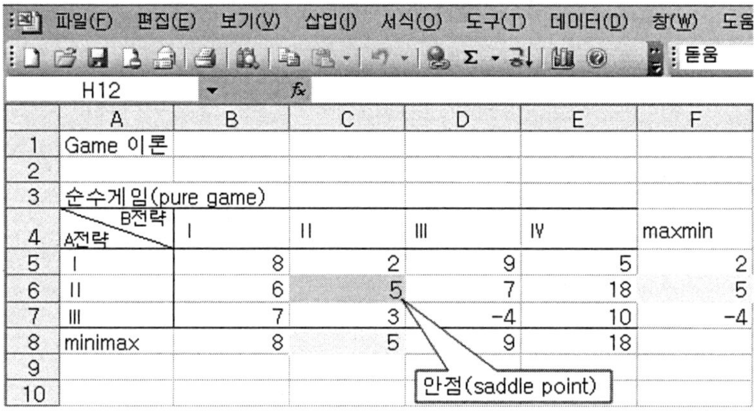

2인영화게임에서 최적전략을 결정하기 위한 기본적인 방법으로 매우 보수적인 maximin-minimax기준이 이용된다.

[그림 12-3]에서 나타난 바와 같이, 경쟁자 A는 maximin전략에 따라 Ⅱ전략을 선택할 것이고, 경쟁자 B는 minimax전략에 따라 Ⅱ전략을 선택할 것이다.

표 12-9 ▶ maximin-minimax기준

	A	B	C	D	E
8	minimax	MAX(B5:B7)	MAX(C5:C7)	MAX(D5:D7)	MAX(E5:E7)

	F
5	MIN(B5:E5)
6	MIN(B6:E6)
7	MIN(B7:E7)

이때 만약 minimax값과 maximin값이 같을 경우, 그 게임은 안점을 가지며, 이 안점의 값이 바로 게임값이 된다.

위의 예는 5가 안점이 되는 순수게임이다.

8.2 혼합전략

[표 12-10]에서 나타난 바와 같이, maximin값(2)과 minimax값(3)이 서로 다르므로 이 게임은 안점이 존재하지 않으며, 따라서 경쟁자 A, B 모두 자기에게 유리한 전략을 선택하고자 반복적으로 전략을 변경할 것이다. 그러므로 이때에는 선택이 가능한 전략들을 혼합하여 채택하는 혼합전략을 사용해야 한다.

먼저 경쟁자 A의 입장에서 선형계획모형을 작성하면, [그림 12-4]와 같다. 풀이 과정은 선형계획법과 동일하며, 단지 목표셀 값 max z=v를 min Z=X1+X2로 변형시킨다. 또한 구한 해 X1과 X2는 각각 z값(v)으로 나눈 값인 x1, x2값으로 조정한다.

표 12-10 ▶ 혼합전략의 이득행렬

B전략 / A전략	I	II	행의 최소값 (maximin)
I	4	1	1
II	2	3	2*
열의 최대값 (minimax)	4	3*	

그림 12-4 ▶ A전략의 LP화

I14

	A	B	C	D	E	F	G
1	A의 최적혼합전략(mixed strategy)						
2							
3		선택확률1(X1)	선택확률2(X2)	좌변상수		우변상수	최적혼합전략
4	목적함수	1	1	2			
5	B가 I 전략선택	4	2	6	>=	1	3
6	B가 II전략선택	1	3	4	>=	1	2
7							
8	해(Xi)	1	1				
9	해(xi=Xi/z)	0.5	0.5				

그림 12-5 ▶ A의 해 찾기 모델 설정 창

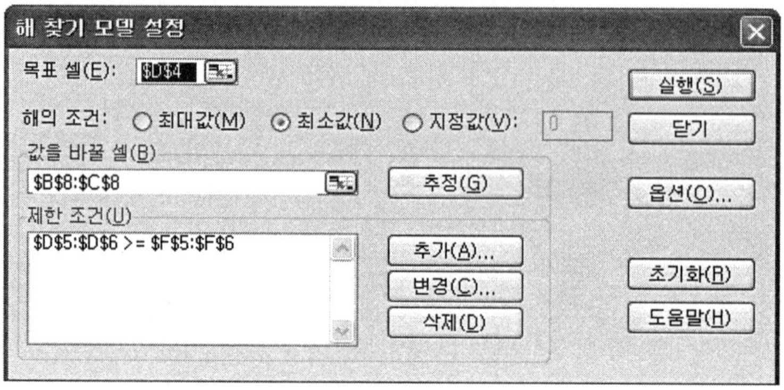

[그림 12-5]와 같이 [해 찾기 모델 설정] 창이 뜨면, [목표 셀] 값과 [해의 조건] 최소값에 표시하고, [값을 바꿀 셀]은 $B$8:$C$8, [제한조건]은 $D$5:$D$6 >= $F$5:$F$6을 추가한다.

[실행] 버튼을 누르면, [그림 12-6]과 같은 A경쟁자의 최적혼합전략값이 산출된다. 여기에서 A의 최적혼합전략은 x1=0.25, x2=0.75이고, 이때의 게임값은 2.5가 된다. 즉, A는 전략 Ⅰ을 1/4만큼 채택하고, 전략 Ⅱ를 3/4만큼 채택함으로써 B의 전략에 관계없이 최소한의 5/2의 이득을 기대할 수 있다.

다음으로 경쟁자 B의 입장에서 선형계획모형을 작성하면, [그림 21-7]과 같다. 풀이 과정은 선형계획법과 동일하며, 단지 목표셀 값 min z=v를 max Z=Y1+Y2로 변형시킨다. 또한 구한 해 Y1과 Y2는 각각 z값(v)으로 나눈 값인 y1, y2값으로 조정한다.

그림 12-6 ▶ A의 최적혼합전략

I13

	A	B	C	D	E	F	G
1	A의 최적혼합전략(mixed strategy)						
2							
3		선택확률1(X1)	선택확률2(X2)	좌변상수		우변상수	최적혼합전략
4	목적함수	1	1	0.4			
5	B가 Ⅰ전략선택	4	2	1	>=	1	2.5
6	B가 Ⅱ전략선택	1	3	1	>=	1	2.5
7							
8	해(Xi)	0.1	0.3				
9	해(xi=Xi/z)	0.25	0.75				

그림 12-7 ▶ B전략의 LP화

I15

	A	B	C	D	E	F	G
1	B의 최적혼합전략(mixed strategy)						
2							
3		선택확률1(Y1)	선택확률2(Y2)	좌변상수		우변상수	최적혼합전략
4	목적함수	1	1	2			
5	A가 I 전략선택	4	1	5	<=	1	2.5
6	A가 II전략선택	2	3	5	<=	1	2.5
7							
8	해(Yi)	1	1				
9	해(yi=Yi/z)	0.5	0.5				

[그림 12-8]과 같이 [해 찾기 모델 설정] 창이 뜨면, [목표 셀] 값과 [해의 조건] 중 최대값에 표시하고, [값을 바꿀 셀]은 $B$8: $C$8, [제한 조건]은 $D$5: $D$6 <= $F$5: $F$6을 추가한다.

[실행] 버튼을 누르면, [그림 12-9]와 같은 B경쟁자의 최적혼합전략값이 산출된다. 여기서 B의 최적혼합전략은 y1=0.5, y2=0.5이고, 이때의 게임값은 2.5가 된다. 즉, B는 전략 Ⅰ을 1/2만큼 채택하고, 전략 Ⅱ를 1/2만큼 채택함으로써 A의 전략에 관계없이 발생할 수 있는 기대손실을 최대 5/2로 막을 수 있다.

그림 12-8 ▶ A의 해 찾기 모델 설정 창

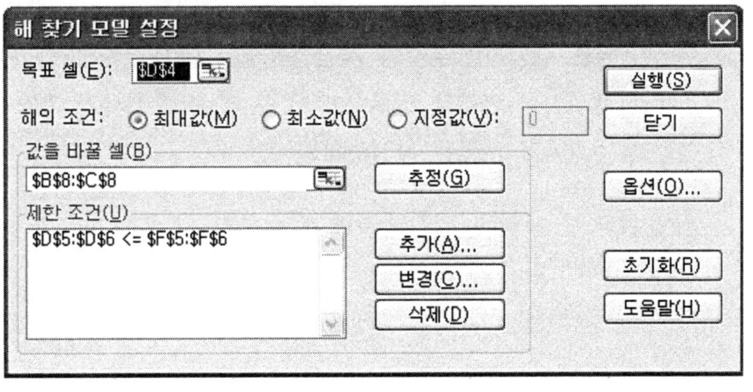

그림 12-9 ▶ B의 최적혼합전략

I17

	A	B	C	D	E	F	G
1	B의 최적혼합전략(mixed strategy)						
2							
3		선택확률1(Y1)	선택확률2(Y2)	좌변상수		우변상수	최적혼합전략
4	목적함수	1	1	0.4			
5	A가 I 전략선택	4	1	1	<=	1	2.5
6	A가 II전략선택	2	3	1	<=	1	2.5
7							
8	해(Yi)	0.2	0.2				
9	해(yi=Yi/z)	0.5	0.5				

예 제

1 **동일 업종에 참여하고 있는 A, B 두 회사는 시장점유율을 높이기 위해 가격경쟁을 하고 있다. 현재의 시장점유율은 양사가 모두 50%로 동일하며, 한 회사의 시장점유율이 높아지면 다른 회사의 시장점유율은 그만큼 낮아지게 된다. 이러한 상황에서 A사와 B사가 모두 가격을 그대로 유지하는 경우 시장점유율에는 변화가 없다. 그러나 A사가 가격인하전략을 채택할 경우, B사가 가격을 그대로 두게 되면 A사의 시장점유율이 6% 정도 증대될 것으로 추정되며, B사 또한 가격인하전략을 채택하면 A사의 시장점유율은 단지 3%의 증가에 그칠 것으로 추정된다. 한편 A사는 가격을 인하하지 않는 데 반해 B사가 가격인하전략을 취하는 경우 A사는 2%의 시장을 상실하게 된다.**

(1) 이 게임의 이득행렬을 작성하라.

(2) 각 회사의 최적전략과 게임값을 구하라.

해답 (1)

A의 전략 \ B의 전략	가격불변	가격인하	행의 최소값
가격불변	0	−2	−2
가격인하	6	③	3*
열의 최대값	6	3*	

(2) A의 최적전략 : 가격인하
B의 최적전략 : 가격인하
게임값 : 3

A와 B의 최적전략은 모두 가격인하전략이며, 이 전략을 채택할 경우 A 회사는 시장점유율이 3% 증대되며, 따라서 게임값은 3이다.

2 다음은 특정 게임의 이득행렬이다. 물음에 답하라.

A의 전략 \ B의 전략	Ⅰ	Ⅱ	Ⅲ
Ⅰ	0	−2	2
Ⅱ	5	4	−3
Ⅲ	2	3	−4

(1) 지배원리에 의하여 이득행렬을 축소시켜라.
(2) (1)에서 구한 이득행렬을 가지고 각 경쟁자의 최적혼합전략을 도해법으로 구하라.
(3) 각 경쟁자의 최적혼합전략을 구할 수 있도록 선형계획모형으로 변형하라.

해답 (1) A의 전략 Ⅱ가 전략 Ⅲ을 지배하므로 전략 Ⅲ을 이득행렬에서 소거할 수 있다.

A의 전략 \ B의 전략	Ⅰ	Ⅱ	Ⅲ
Ⅰ	0	−2	2
Ⅱ	5	4	−3

다시 B의 전략 Ⅱ가 전략 Ⅰ을 지배하므로 다음과 같은 이득행렬로 축소된다.

A의 전략 \ B의 전략	Ⅱ	Ⅲ
Ⅰ	−2	2
Ⅱ	4	−3

(2) 경쟁자 A가 전략 Ⅰ을 선택할 확률을 x_1이라 하면 전략 Ⅱ를 선택할 확률은 $(1-x_1)$이 된다. 따라서 B가 전략 Ⅱ와 저략 Ⅲ을 선택할 경우에 각각에 대한 A의 기대이득(E)은 다음과 같다.

$$E_2 = -2(x_1)+4(1-x_1)$$
$$= 4-6x_1$$
$$E_3 = 2(x_1)-3(1-x_1)$$
$$=-3+5x_1$$

두 기대이득함수를 그래프로 표시하면 다음과 같다.

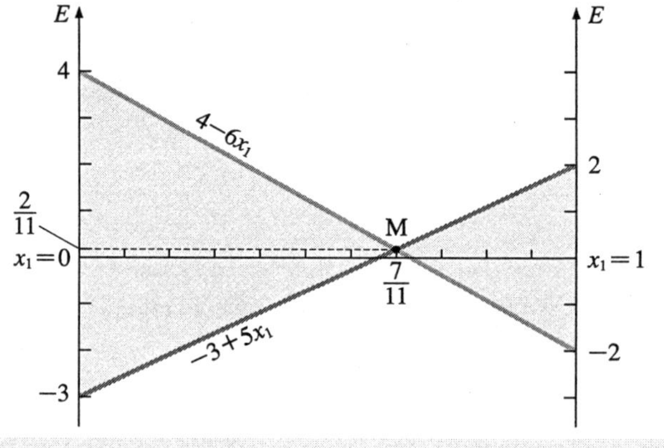

두 직선의 교점인 점 M에서 최적혼합전략이 형성되므로, 두 직선을 연립하여 점 M의 좌표를 구할 수 있다.

$$-3+5x_1=4-6x_1$$

따라서 A의 최적혼합전략은 $(x_1,\ x_2)=\left(\frac{7}{11},\ \frac{4}{11}\right)$이며, 게임값은

$$E_2 = -2\left(\frac{7}{11}\right)+4\left(1-\frac{7}{11}\right)$$
$$= \frac{2}{11}$$

이다.

경쟁자 B가 전략 Ⅱ와 Ⅲ를 선택할 확률을 y_2, y_3라 하면 $y_3=(1-y_2)$이므로, A의 선택전략에 따라 B의 기대손실(E')은 다음과 같다.

$$E_1' = -2y_2+2(1-y_2)$$
$$= 2-4y_2$$
$$E_2' = 2y_2-3(1-y_2)$$
$$= -3+7y_2$$

이를 그래프에 표시하면

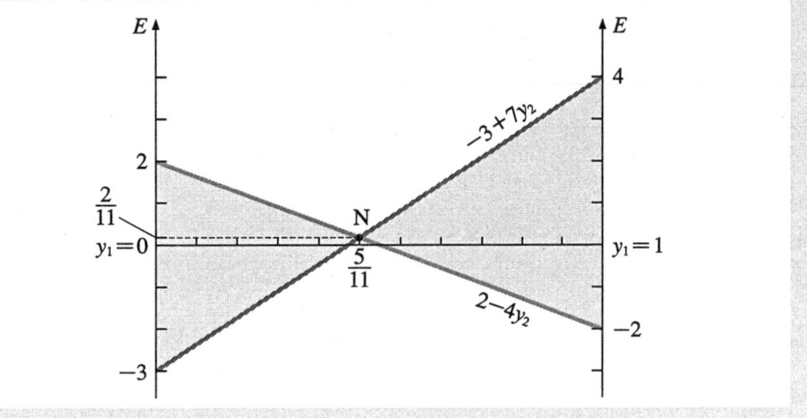

최적전략은 점 N에서 형성되므로 N 점의 좌표를 구하면 다음과 같다.

$$2-4y_2 = -3+7y_2$$

$$y_2 = \frac{5}{11}$$

따라서 $(y_2,\ y_3)=\left(\frac{5}{11},\ \frac{6}{11}\right)$이며, 게임값은 $\frac{2}{11}$이다.

(3) 원래의 이득행렬에 4를 더하면 수정된 이득행렬은 다음과 같다.

A의 전략 \ B의 전략	I	II	III
I	4	2	6
II	9	8	1
III	6	7	0

경쟁자 A가 전략 I, II, III을 채택할 확률을 각각 x_1, x_2, x_3라고 하면, 이득행렬을 이용하여 다음과 같이 표현할 수 있다.

$$\begin{aligned}
\text{max.} \quad & z = v \\
\text{s.t.} \quad & 4x_1+9x_2+6x_3 \geq v \\
& 2x_1+8x_2+7x_3 \geq v \\
& 6x_1+x_2 \geq v \\
& x_1,\ x_2,\ x_3 \geq 0
\end{aligned}$$

각 제약조건을 v로 나누면

$$4\frac{x_1}{v}+9\frac{x_2}{v}+6\frac{x_3}{v} \geq 1$$

$$2\frac{x_1}{v}+8\frac{x_2}{v}+7\frac{x_3}{v} \geq 1$$

$$6\frac{x_1}{v}+\frac{x_2}{v} \geq 1$$

목적함수 v의 최대화는 $\frac{1}{v}$의 최소화로 바꾸어 쓸 수 있고, $x_1+x_2+x_3=1$이므로 $\frac{x_i}{v}=X_i(i=1,\ 2,\ 3)$라고 하,면 다음과 같이 게임모형을 선형계획모형으로 변형할 수 있다.

$$\begin{aligned}
\text{min.}\quad & z = X_1+X_2+X_3 \\
\text{s.t.}\quad & 4X_1+9X_2+6X_3 \geq 1 \\
& 2X_1+8X_2+7X_3 \geq 1 \\
& 6X_1+X_2 \geq 1 \\
& X_1,\ X_2,\ X_3 \geq 0
\end{aligned}$$

마찬가지로, 경쟁자 B가 전략 Ⅰ, Ⅱ, Ⅲ을 채택할 확률을 각각 y_1, y_2, y_3라고 하면, 이득행렬은 다음과 같이 표현할 수 있다.

$$\begin{aligned}
\text{min.}\quad & z = v \\
\text{s.t.}\quad & 4y_1+2y_2+6y_3 \leq v \\
& 9y_1+8y_2+y_3 \leq v \\
& 6y_1+7y_2 \leq v \\
& y_1,\ y_2,\ y_3 \geq 0
\end{aligned}$$

다시 각 제약조건을 v로 나누고, 목적함수 v의 최소화를 $\frac{1}{v}$로 최대화로 바꾸어 $\frac{y_i}{v}=Y_i(i=1,\ 2,\ 3)$라고 하면, 이 게임의 선형계획모형은 다음과 같다.

$$\begin{aligned}
\text{max.}\quad & z = Y_1+Y_2+Y_3 \\
\text{s.t.}\quad & 4Y_1+2Y_2+6Y_3 \leq 1 \\
& 9Y_1+8Y_2+Y_3 \leq 1 \\
& 6Y_1+7Y_2 \leq 1 \\
& Y_1,\ Y_2,\ Y_3 \geq 0
\end{aligned}$$

연습문제 *Exercise*

1 아래표와 같이 이득행렬이 주어졌을 때 각 경쟁자의 최적전략을 구하라.

(1)

A의 전략 \ B의 전략	Ⅰ	Ⅱ	Ⅲ
Ⅰ	−3	1	2
Ⅱ	1	2	1
Ⅲ	1	0	−2

(2)

A의 전략 \ B의 전략	Ⅰ	Ⅱ	Ⅲ
Ⅰ	0	4	1
Ⅱ	−1	−2	3
Ⅲ	1	3	2

2 다음 두 게임의 안점과 게임값을 구하라.

(1)

A의 전략 \ B의 전략	Ⅰ	Ⅱ	Ⅲ	Ⅳ
Ⅰ	8	6	2	8
Ⅱ	8	9	4	5
Ⅲ	7	5	3	5

(2)

A의 전략 \ B의 전략	Ⅰ	Ⅱ	Ⅲ	Ⅳ
Ⅰ	4	−4	−5	6
Ⅱ	−3	−4	−9	−2
Ⅲ	6	7	−8	−9
Ⅳ	7	3	−9	5

3 **S사와 F사는 상호경쟁관계에 있는 회사로서 시장점유율을 높이기 위하여 광고를 계획하고 있다. 그런데 만약 S사와 F사가 광고에 자금을 투자하지 않을 경우 두 회사의 시장점유율에는 변동이 없을 것이다. 그러나 F사만이 광고활동에 $10,000를 투자한다면 S사는 2%의 시장을 상실하게 되며, $20,000를 투자하게 되면 5%의 시장을 상실하게 된다. 한편 S사가 광고에 $15,000를 투자할 경우 F사가 전혀 광고를 하지 않는다면 S사의 시장점유율은 3% 증대된다. 또한 F사가 $10,000를 투자하게 되면 S사의 시장점유율은 1% 증대되며, $20,000를 투자하면 S사의 시장점유율은 1% 하락한다.**

(1) 이 게임의 성과표를 작성하라.
(2) S사의 최적전략과 게임값을 구하라.

4 **다음과 같은 이득행렬을 가진 게임이 있다고 하자.**

A의 전략 \ B의 전략	Ⅰ	Ⅱ
Ⅰ	3	−2
Ⅱ	−2	2

도해법을 이용하여 각 경쟁자의 최적혼합전략과 게임값을 구하라.

5 **다음과 같은 이득행렬이 주어졌을 때 도해법을 이용하여 게임값과 경쟁자 A의 최적혼합전략을 구하라.**

(1)

B의 전략 / A의 전략	I	II	III
I	4	3	1
II	0	1	2

(2)

B의 전략 / A의 전략	I	II	III
I	3	−2	4
II	−3	6	−2
III	1	−1	3
IV	0	4	1

6 **다음과 같은 이득행렬이 주어져 있다고 하자.**

B의 전략 / A의 전략	I	II	III	IV
I	5	0	3	1
II	2	4	3	2
III	3	2	0	4

최적혼합전략을 구할 수 있도록 선형계획모형을 작성하라.

7 **다음의 이득행렬을 갖는 게임을 선형계획문제로 변형하라.**

(1)

B의 전략 / A의 전략	I	II	III
I	5	3	2
II	3	−2	3
III	2	6	−1

(2)

B의 전략 / A의 전략	Ⅰ	Ⅱ	Ⅲ	Ⅳ	Ⅴ
Ⅰ	−3	−6	5	−2	3
Ⅱ	−1	4	−4	1	−2
Ⅲ	0	−2	−5	−3	1
Ⅳ	2	−3	0	2	−4

8 **다음과 같은 이득행렬을 갖는 게임에서 A와 B의 최적전략을 선형계획법으로 구하라.**

B의 전략 / A의 전략	Ⅰ	Ⅱ	Ⅲ
Ⅰ	−1	1	1
Ⅱ	2	−2	2
Ⅲ	3	3	−3

13 네트워크 모형

Management science

1. 서 론

기업을 비롯한 많은 조직에서 수행하고 있는 사업 중에는 그 규모가 크고 내용이 복잡하며 반복적으로 수행하지 않고 한 번으로 완료되는 프로젝트들이 많다. 예를 들어 대형 선박 건조사업, 대규모 건설공사, 연구개발사업 등은 규모가 크고 사업 착수 후 완료까지 수많은 단계의 공정을 거치게 된다.

이와 같이 규모가 크고 비반복적인 성격을 갖는 프로젝트들은 다음과 같은 특징을 갖고 있다.

① 프로젝트는 많은 활동으로 구성되어 내용이 매우 복잡하다.
② 프로젝트를 완료하기까지 장시간이 소요되기 때문에 이 기간 동안 예기치 않은 변화가 발생하는 경우, 비용이나 기술상 큰 영향을 미친다.
③ 프로젝트의 공정이 지연되는 경우 막대한 비용 상의 손실을 초래할 수 있다.
④ 프로젝트에 포함된 각 활동들은 정해진 순서에 따라 실행된다.

이러한 대규모 프로젝트를 효율적으로 계획·통제하기 위해 개발된 기법이 네트워크 모형(network model)이다.

특히 PERT(Program Evaluation and Review Technique)와 CPM(Critical Path Method)은 네트워크 모형 중 가장 많이 이용되는 기법들이다. 원래 PERT는 1958년 미 해군이 폴라리스(Polaris) 미사일 프로젝트를 위해 부즈, 앨런 및 해밀턴(Booz, Allen and Hamilton) 경영자문회사와 록히드(Lockheed) 항공사의 도움으로 개발한 기법이며, CPM은 1957년 듀폰(Dupont)사의 워커(M. R. Walker)와 래밍턴랜드(Ramington Rand)사의 켈리(J. E. Kelly)의 공동연구로 개발된 기법이다.

2. PERT와 CPM의 개념

PERT와 CPM은 기본적인 접근방법에 있어서는 별 차이가 없으나, 모든 활동을 완료하는 데 필요한 시간의 추정방법이 다르다. PERT는 기대활동완료시간(expected activity completion time)과 그 분산(variance)을 결정하기 위해 세 종류의 시간추정치(time estimates)를 사용한다. 따라서 PERT는 확률적 기법(probabilistic technique)에 속하며, 이 기법을 이용하여 주어진 기간 내에 전체 프로젝트를 완성하게 될 확률을 구할 수 있다. 반면에 CPM은 확정적 기법(deterministic technique)으로 간주되는데, 이 기법에서는 각 활동에 대해 정상완료시간(normal completion time)과 속성완료시간(crash completion time)이라는 두 종류의 시간추정치를 사용한다.

PERT와 CPM을 적용할 때 사용되는 절차는 다음과 같다.

① 프로젝트와 프로젝트에 포함되는 모든 활동을 규정한다.
② 활동의 순서를 결정한다.
③ 모든 활동을 연결하는 네트워크를 작성한다.
④ 각 활동에 소요되는 시간 및 비용을 추정한다.
⑤ 주공정(critical path)을 결정한다.
⑥ 해당 프로젝트를 통제하는 데에 네트워크를 이용한다.

프로젝트를 통제하는 데 있어 특히 주공정을 발견하는 일은 가장 중요한 작업 중의 하나이다. 주공정상의 활동들은 전체 프로젝트에 여유시간이 있을 경우 각 활동의 여유시간을 결정해 주는 기준이 되기 때문이다. 경영자들은 비주공정상의 활동들을 검토하여 인력과 자원의 재계획 및 재배치를 실시함으로써 작업상의 융통성을 발휘할 수 있다.

대부분의 대규모 프로젝트는 일련의 활동 또는 작업단위로 세분화하여 PERT/CPM기법을 적용·분석할 수 있다. 이와 같이 프로젝트는 수많은 활동들로 구성되어 있기 때문에, 프로젝트의 성공적인 수행을 위해서는 사전에 다음과 같은 문제들에 대한 집중적인 연구를 필요로 한다.

① 전체의 프로젝트가 언제 완료될 것인가?
② 프로젝트 내에서 주공정활동(critical activity) 즉 그 활동의 수행이 늦어질 경우 프로젝트 전체의 지연을 초래하게 되는 활동들은 무엇인가?
③ 비주공정활동(noncritical activity) 즉 전체 프로젝트의 완료에 지장을 초래하지 않고도 어느 정도의 지연이 허용되는 활동들은 무엇인가?
④ 주어진 기간 내에 프로젝트를 완료할 수 있는 확률을 얼마인가?
⑤ 프로젝트가 일정계획대로 진행되고 있는가, 진행상에 차질이 있는가, 아니면 계획보다 빨리 진행되고 있는가?
⑥ 프로젝트에 투입되고 있는 비용이 예산액과 비교하여 적정한가, 과다한가, 아니면 예산액보다 절약되었는가?
⑦ 완료예정일까지 프로젝트를 끝마치기 위해 필요한 자원은 확보되어 있는가?
⑧ 만약 프로젝트의 완료시간을 좀 더 단축해야 할 경우 최소의 비용으로 목적을 달성할 수 있는 최선의 방법은 무엇인가?

PERT/CPM은 바로 이상과 같은 문제를 해결하는 데 유용하게 이용될 수 있는 기법이다.

3. 네트워크 모형 해의 산출

3.1 네트워크 모형 작성

G사는 사내공장에 대기오염 예방시설을 설치하는 데 따른 지출비용의 절감문제로 오랫동안 부심하고 있다. 한편, 지역사회의 환경보호단체에서는 최근 들어 이 회사를 상대로 16주 이내에 매연여과장치를 굴뚝에 설치하도록

표 13-1 ▶ G사 프로젝트의 모든 활동

활동	작업내용	선행활동
A	내부설비	
B	지붕 및 바닥개조	
C	집연기의 설치	A
D	바닥 콘크리트 및 골격공사	B
E	고온 연소기의 설치	C
F	오염 통제장치의 설치	C
G	매연가스여과기의 설치	D, E
H	검사 및 실험	F, G

요청하였다. G사는 해당 기간 내에 여과장치의 설치공사를 완료하기 위한 방안을 강구하게 되었다.

PERT/CPM기법의 첫 번째 단계는 프로젝트에 포함된 모든 활동을 분석하고 각 활동들의 선후관계를 결정하는 것이다.

G사는 여과장치 설치공사를 분석한 결과, 이 프로젝트가 [표 13-1]과 같이 8개의 활동으로 구성되었음을 알 수 있었다.

[표 13-1]에서 선행활동이란 그 활동을 시작하기 전에 끝마쳐야 되는 활동을 말한다. 집연기의 설치(활동 C)를 하기 전에 먼저 내부시설(활동 A)을 해야 하기 때문에 활동 A는 활동 C의 선행활동이 됨을 알 수 있다. 마찬가지로 B는 활동 D에 앞서 수행되어야 한다.

프로젝트에 포함된 모든 활동의 내용이 구체화되고, 각 활동들의 선후관계가 결정된 다음에는, 이를 토대로 네트워크를 작성할 수 있다.

네트워크(network)란 모든 활동과 단계의 상호관계를 그림으로 표시한 것이다. 여기서 활동(activity)은 완료하는 데 일정한 자원과 시간이 소요되는 작업을 말한다. 네트워크에서는 활동을 화살표(→)로 표시한다. 또한 단계(event)는 일정 시점에 있어서의 작업의 완료를 의미하며, 원(◯)으로 표시한다. 네트워크는 몇 개의 화살표로 연결된 숫자가 기입된 원(◯)들로 구성된다. 이 원은 결합점(node) 혹은 마디라 하고, 마디를 연결하는 화살표는 가지(branch)라 부른다.

예를 들어, [표 13-1]의 활동 A를 네트워크로 표시하면 다음과 같다.

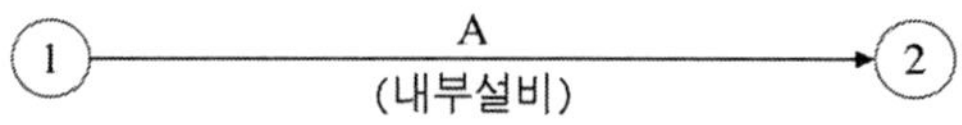

위의 네트워크는 활동 A가 단계 1에서 시작하여 단계 2에서 완료됨을 나타내고 있다. 한편, 활동 A는 활동 C의 유일한 선행활동인데, 이 관계를 네트워크로 표시하면 다음과 같다.

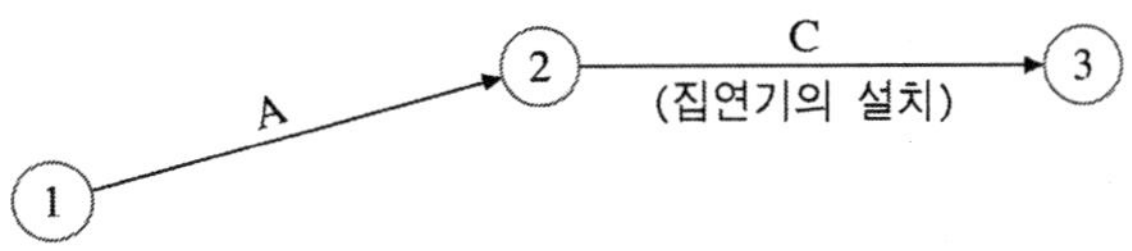

원 내에 기입된 숫자의 크기는 별 의미가 없으며, 다만 한 활동의 시작이나 완료 및 전체 활동들의 선후관계를 보다 효과적으로 나타내는 데 이용된다.

이상과 같은 과정을 반복하여 G사의 프로젝트의 네트워크를 작성하면 [그림 13-1]과 같다.

그림 13-1 ▶ G사 오염예방 프로젝트의 네트워크

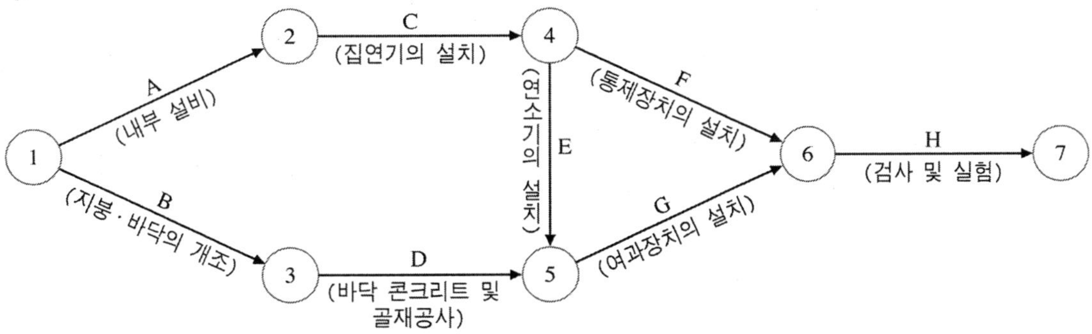

3.2 활동시간의 추정

PERT기법의 다음 단계는 각 활동을 완료하는 데 소요되는 시간을 추정하는 작업이다.

이를 위해 각 활동에 대해 다음과 같은 세 가지의 시간추정치를 기초로 한 하나의 확률분포를 이용한다.

① 낙관적 시간(optimistic time)

모든 상황이 순조롭게 진행될 경우 소요될 최단시간으로서 보통 a로 표시한다.

② 최빈 시간(most likely time)

정상적인 조건하에서 흔히 발생하는 활동시간으로서 모든 확률분포의 최빈값(mode)에 해당하는 시간이며, 보통 m으로 표시한다.

③ 비관적 시간(pessimistic time)

가장 불리한 상황이 발생할 경우 소요될 최장시간으로서 보통 b로 표시한다.

PERT에서는 이와 같은 시간추정치들이 β분포를 이루는 것으로 가정한다([그림 13-2] 참조).

이 연속확률분포(continuous distribution)는 PERT에서 각 활동완료시간에 대한 기대치와 분산을 결정하는 데에 가장 적절한 분포인 것으로 알려져 있다.

먼저 한 활동에 기대시간(t)을 구하기 위해 β분포의 세 가지 시간추정치를 다음과 같이 가중평균한다.

$$t = \frac{a+4m+b}{6} \tag{13-1}$$

다음에는, 이 기대시간추정치의 분산을 구하기 위해 (13-2)의 식을 이용한다.

$$\text{분산} = \left(\frac{b-a}{6}\right)^2 \tag{13-2}$$

그림 13-2 ▶ 세 가지 시간추정치의 β확률분포

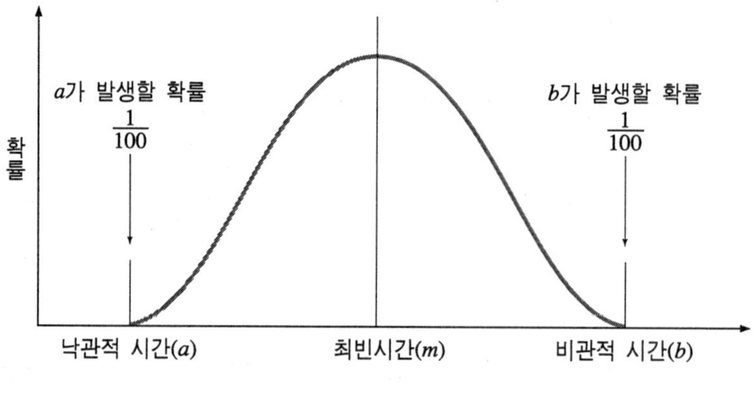

이 식은 β분포의 양 끝 간격이 6σ(평균으로부터 $\pm 3\sigma$)라는 통계적 개념으로부터 유도된 것이다. $b-a$는 6σ이기 때문에 $\sigma=(b-a)/6$이며, 따라서 분산은 $((b-a)/6)^2$이 된다.

[표 13-2]에는 G사 프로젝트의 각 활동에 대한 낙관적 시간, 최빈시간 및 비관적 시간이 제시되어 있으며, 식 (13-1)과 (13-2)를 이용하여 각 활동에 대한 기대시간과 분산이 계산되어 있다.

표 13-2 ▶ G사 프로젝트의 활동시간 추정

활동	낙관적 시간 a	최빈시간 m	비관적 시간 b	기대시간 $t=((a+4m+b)/6)$	분산 $((b-a)/6)^2$
A	1	2	3	2	$\left(\frac{3-1}{6}\right)^2=\frac{4}{36}$
B	2	3	4	3	$\left(\frac{4-2}{6}\right)^2=\frac{4}{36}$
C	1	2	3	2	$\left(\frac{3-1}{6}\right)^2=\frac{4}{36}$
D	2	4	6	4	$\left(\frac{6-2}{6}\right)^2=\frac{16}{36}$
E	1	4	7	4	$\left(\frac{7-1}{6}\right)^2=\frac{36}{36}$
F	1	2	9	3	$\left(\frac{9-1}{6}\right)^2=\frac{64}{36}$
G	3	4	11	5	$\left(\frac{11-3}{6}\right)^2=\frac{64}{36}$
H	1	2	3	2	$\left(\frac{3-1}{6}\right)^2=\frac{4}{36}$

그림 13-3 ▶ G사 프로젝트의 네트워크

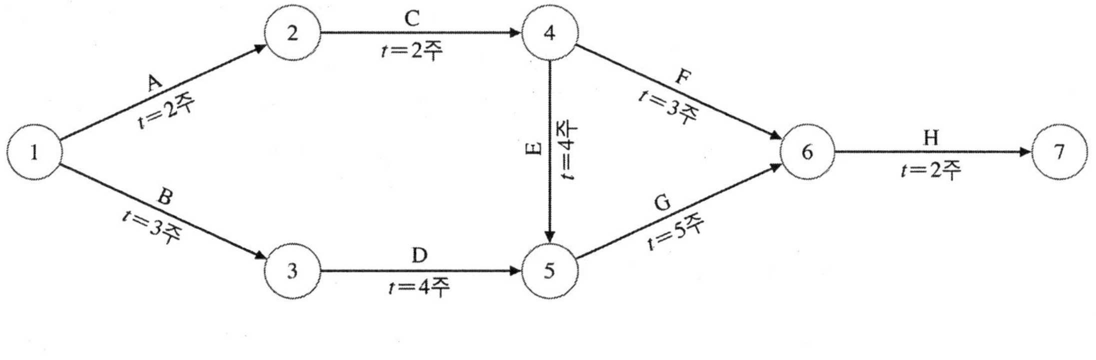

3.3 주공정의 결정

일단 각 활동의 기대시간이 산출되면, PERT에서는 이것을 해당 활동의 실제수행시간으로 받아들인다.

[표 13-2]를 보면 프로젝트에 포함된 8개의 활동에 대한 총기대시간이 25주로 되어 있으나, [그림 13-2]에서 알 수 있듯이 몇 가지 작업을 동시에 수행할 수 있기 때문에 전체 프로젝트의 완료시간은 이보다 단축될 수 있다. 한 프로젝트를 완료하는 데 어느 정도의 시간이 소요될 것인가를 추정하기 위해서는 네트워크에 대한 주공정분석(critical path analysis)을 수행해야 한다.

주공정(critical path)이란 네트워크상의 모든 활동을 완료하는 데 소요되는 시간이 가장 긴 경로를 의미한다. 만일 G사가 프로젝트의 완료시간을 단축시키기 위해서는 이 주공정상에 있는 어느 활동의 완료시간을 단축시킬 수밖에 없다. 반대로, 주공정상의 어느 활동이 지연될 경우 전체 프로젝트의 완료에 지연을 초래하게 된다.

이와 같이 PERT에 있어 중요성을 띠고 있는 주공정을 발견하기 위해서는 네트워크의 각 활동에 대해 다음 값들을 계산해야 한다.

① ES(Earliest Start Time) : 선행활동의 요구조건을 충족시키면서 한 활동을 가장 빨리 착수할 수 있는 시간, 즉 착수가능시간
② EF(Earliest Finish Time) : 선행활동의 요구조건을 충족시키면서 한 활동을 가장 빨리 완료할 수 있는 시간, 즉 완료가능시간
③ LS(Latest Start Time) : 전체 프로젝트를 지연시키지 않고 한 활동을 가장 늦게 시작할 수 있는 한계시간, 즉 착수마감시간
④ LF(Latest Finish Time) : 전체 프로젝트를 지연시키지 않고 한 활동을 가장 늦게 완료할 수 있는 한계시간, 즉 완료마감시간

(1) ES와 EF의 계산

각 활동에 대한 ES와 EF를 계산하기 위해서는 네트워크의 원점(origin)인 단계 1에서부터 출발해야 한다. 원점에서의 출발시간은 항상 0으로 놓는

다. 활동 A의 기대시간은 2주이므로, 이 활동의 EF는 아래의 그림에서 보는 바와 같이 2가 된다.

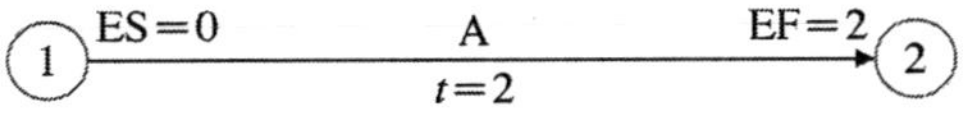

EF는 다음 식에 따라 계산된다.

$$\begin{aligned} \text{EF} &= \text{ES} + \text{기대시간} \\ &= \text{ES} + t \qquad (13-3) \end{aligned}$$

네트워크의 모든 활동에 대한 ES와 EF를 계산하는 데는 지켜야 할 한 가지 기본원칙이 있다. 이는 각 활동을 시작하기 위해서는 먼저 선행활동들이 모두 완료되어야 한다는 원칙이다. 다시 말하여, ES를 구하기 위해서는 그 활동에 대한 최장기경로(the longest path)를 찾아야 한다. 예를 들어, 활동 C의 ES는 다음 그림에서 보는 바와 같이 2주일이다. 이는 활동 C의 선행활동이 활동 A 하나뿐이며 활동 A의 EF가 2주일이기 때문이다.

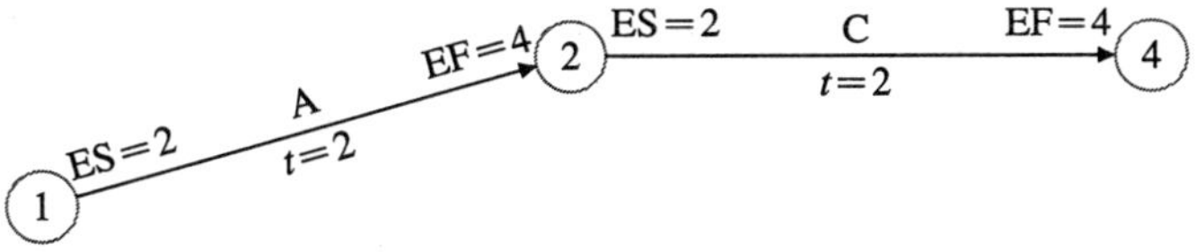

그러나 활동 G에 대한 ES의 경우는 활동 D와 E 2개의 선행활동을 가지고 있으며, D의 EF는 7주일이고, E의 EF는 8주일이다. 따라서 활동 G를 가장 빨리 착수할 수 있는 시간은 프로젝트 개시 후 8주일이며, 활동 G의 ES는 8임을 알 수 있다.

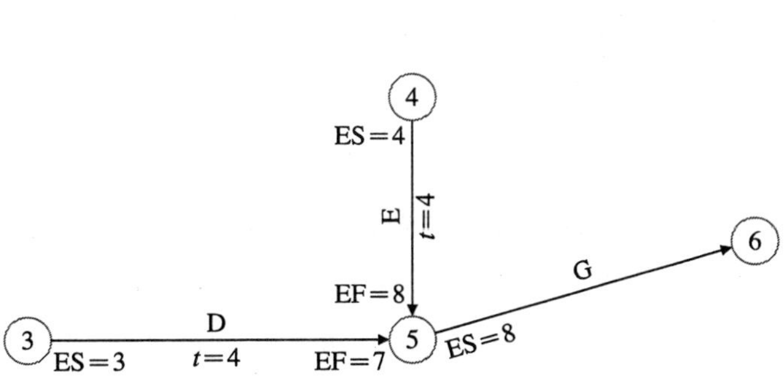

그림 13-4 ▶ G사 프로젝트의 ES 및 EF

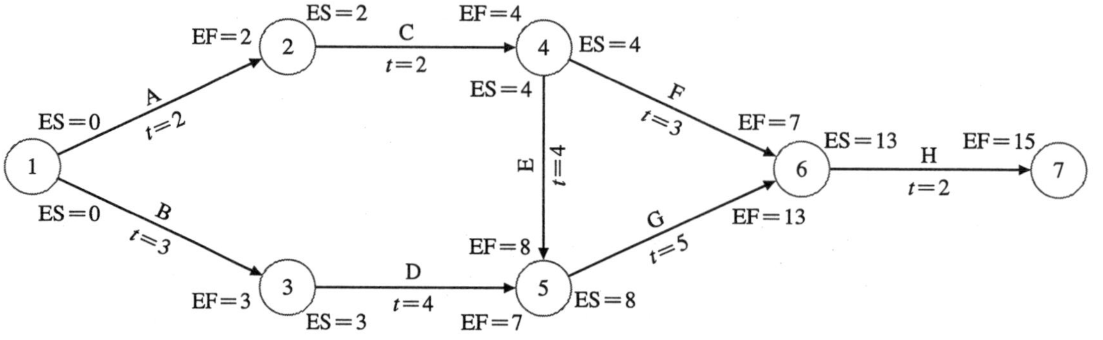

모든 활동에 대한 ES와 EF를 구하는 데에는 네트워크의 원점에서 출발하여 종점을 연결하는 전향적 연산(forward-pass)의 개념이 적용된다. [그림 13-4]는 이 개념의 적용결과를 보여 준다. 각 단계마다 EF=ES+t가 성립함을 보여 주고 있다. 여기서 전체 프로젝트를 가장 빨리 완료할 수 있는 시간은 15주라는 사실을 알 수 있다.

(2) LS와 LF의 계산

주공정을 발견하기 위한 다음 단계는 각 활동에 대해서 LS와 LF를 구하는 일이다. 이 작업은 네트워크의 최종활동에서 출발하여 최초활동으로 거슬러 올라가는 후향적 연산(backward-pass)을 적용한다. 이를 위해 먼저 최종활동 H에 15주의 LF를 부여한 다음 선행활동들에 대한 LS와 LF를 구해 나간다. 여기서 최종활동의 LF에 부여된 15는 최종활동의 EF값이다.

LF란 전체 프로젝트를 지연시키지 않고 어떤 한 활동을 가장 늦게 완료할 수 있는 한계시간을 의미하며, LS란 어떤 한 활동을 가장 늦게 시작할 수 있는 한계시간을 의미한다.

일단 LF가 산출되면, 다음의 식을 이용하여 LS를 계산할 수 있다.

$$\begin{aligned} \text{LS} &= \text{LF} - \text{기대시간} \\ &= \text{LF} - t \end{aligned} \tag{13-4}$$

활동 H에 대한 LF가 15이므로 이 활동에 대한 LS는 13주(LS=15-2)가 된다. 일반적으로 각 활동에 대해서 LS와 LF를 계산할 때에는 어떤 한 단계에서 출발하는 모든 활동에 대한 LS 중 최소의 값을 그 활동에 대한

LF로 한다. 따라서 다음 그림에서 보는 바와 같이, 단계 4에서 출발하는 두 활동(E, F)의 LS인 4와 10 중 4를 활동 C에 대한 LF로 결정한다. 이것은 활동 C를 프로젝트 개시 후 적어도 4주 말까지는 완료해야 함을 의미한다. 또한 활동 E의 LS가 4이고 활동 F의 LS가 10이므로, 활동 E는 늦어도 5주 초에, 그리고 활동 F는 늦어도 11주 초에는 시작해야만 전체 프로젝트를 지연시키지 않고 완료할 수 있다.

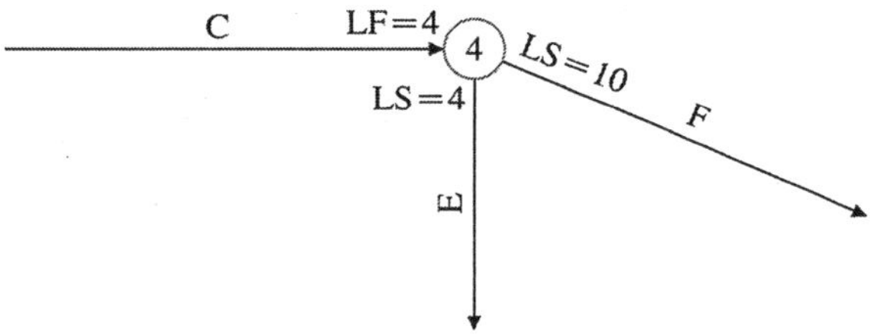

이상과 같은 방법으로 G사 프로젝트에 포함된 모든 활동에 대한 LS와 LF를 계산하면 [그림 13-5]와 같다.

그림 13-5 ▶ G사 프로젝트의 LS와 LF

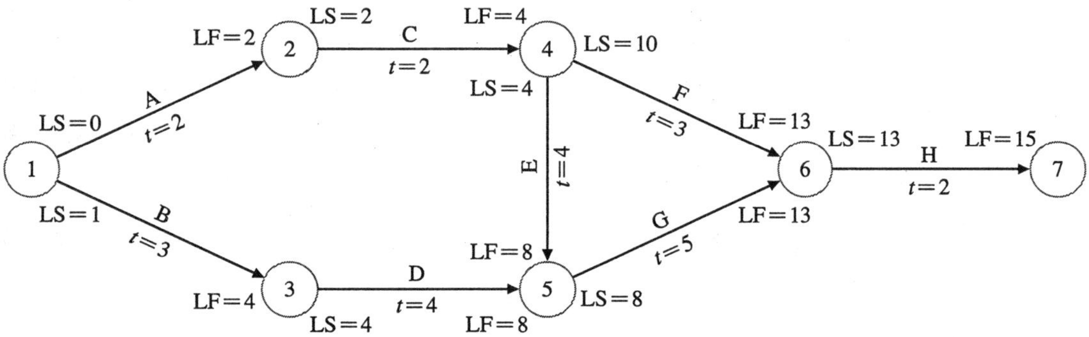

(3) 여유시간 및 주공정 산출

일단 모든 활동에 대해서 ES, LS, EF 및 LF가 산출되면, 각 활동에 대해 여유시간을 계산한다.

여유시간(slack time)이란 전체 프로젝트의 지연을 초래하지 않고 각 활동을 지연할 수 있는 시간을 의미한다. 여유시간을 수학적으로 표현하면 다음과 같다.

표 13-3 ▶ G사 프로젝트의 일정계획

활동	ES	EF	LS	LF	여유시간 (LS-ES)	주공정상에 있는지의 여부
A	0	2	0	2	0	○
B	0	3	1	4	1	×
C	2	4	2	4	0	○
D	3	7	4	8	1	×
E	4	8	4	8	0	○
F	4	7	10	13	6	×
G	8	13	8	13	0	○
H	13	15	13	15	0	○

$$\begin{aligned} \text{여유시간} &= LS - ES \text{ 또는} \\ &= LF - EF \end{aligned} \tag{13-5}$$

[표 13-3]은 프로젝트의 모든 활동에 대해 ES, EF, LS, LF 및 여유시간을 계산한 것이다. 예를 들어, 활동 B의 경우 LS-ES=1-0=1 혹은 LF-EF=4-3=1이므로 이 활동의 여유시간은 1주일이 된다. 이는 활동 B가 1주일간 지연된다 해도 전체 프로젝트는 예정 기간 내에 완료될 수 있음을 의미한다.

한편, 활동 A, C, E, G 및 H는 여유시간이 전혀 없으며, 따라서 이 중 어느 하나의 활동이 지연되면, 그 결과 반드시 전체 프로젝트의 지연을 초래하게 된다. 때문에 이와 같은 활동들을 주공정활동이라 하고, 이 활동들이 결합되어 이루어진 경로를 주공정(critical path)이라고 한다.

[그림 13-6]에는 G회사 프로젝트의 주공정(A-C-E-G-H)이 네트워

그림 13-6 ▶ G사 프로젝트의 주공정

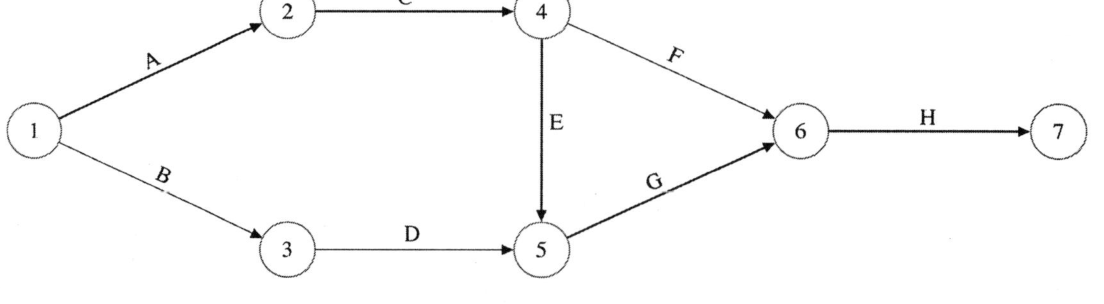

크 형태로 나타나 있다. 이 주공정을 따라 프로젝트를 진행할 경우 전체 프로젝트의 완료시간은 15주일로서, 이는 [표 13-3]에서 EF 혹은 LF의 최대치와 일치한다.

3.4 프로젝트 완료확률

주공정분석을 통해서 프로젝트의 기대완료시간이 15주일임을 알았다. 그런데 G사는 만약 프로젝트를 16주 이내에 완료하지 못할 경우 환경보호단체로부터 공장폐쇄의 압력을 받게 될 것으로 예상하고 있다. 이 회사가 16주 이내에 프로젝트를 완료할 가능성은 얼마나 될까?

이러한 문제를 해결하기 위해서는 프로젝트의 완료시간에 대한 확률분포를 알아야 한다. 특히 확률분포의 유형과 프로젝트 완료시간의 분산을 알 수 있어야 한다.

먼저, PERT에서는 전체 프로젝트의 완료시간은 정규분포를 따르며, 활동시간들은 통계적으로 상호 독립적이라고 가정한다. 이 가정들이 성립할 경우 [그림 13-7]과 같은 정규분포곡선을 이용하여 프로젝트 완료시간을 추정할 수 있다. 이를 위해 프로젝트의 완료시간에 대한 분산을 추정하여야 한다.

전체 프로젝트의 완료시간에 대한 분산(variance)은 다음과 같이 주공정활동들의 분산을 합한 것과 같다. 이러한 합산이 가능한 것은 각 활동시간들 사이의 독립성 가정에서 비롯된다.

$$\text{프로젝트의 분산} = \sum \text{주공정활동의 분산} \qquad (13-6)$$

[표 13-2]에 나타나 있는 바와 같이, 각 주공정활동의 분산은 다음과 같다.

주공정활동	분산
A	$\frac{4}{36}$
C	$\frac{4}{36}$
E	$\frac{36}{36}$
G	$\frac{64}{36}$
H	$\frac{4}{36}$

따라서 프로젝트의 분산은

$$\text{프로젝트의 분산} = 4/36+4/36+36/36+64/36+4/36 = 3.111$$

이며, 프로젝트의 표준편차는

$$\text{프로젝트의 표준편차}\ (\sigma_T) = \sqrt{\text{프로젝트의 분산}} = \sqrt{3.111} = 1.76(\text{주})$$

가 된다.

이상의 내용을 요약하면 [그림 13-7]과 같이 프로젝트의 완료시간은 정규분포를 따르는 것으로 가정하며, 이 분포의 평균은 기대완료시간 즉 15주이고, 분산과 표준편차는 각각 3.111주 및 1.76주이다. 이제 G사가 프로젝트를 마감기한인 16주 이내에 끝마칠 확률을 구하기 위해서는 [그림 13-8]에서 보는 바와 같이 이 기간에 해당하는 정규분포곡선 아래의 면적을 구하면 된다. 이를 위해 먼저 다음과 같이 표준정규방정식(standard normal equation)을 이용하여 z값을 구해야 한다.

$$z = \frac{\text{마감기한} - \text{기대완료시간}}{\sigma_T} \tag{13-7}$$

$$\therefore\ z = \frac{16\text{주} - 15\text{주}}{1.76\text{주}} = 0.57$$

부록의 표준정규분포표를 보면, z가 0.57일 경우의 확률은 0.21567임을 알 수 있다. 따라서 G사가 대기오염 방지시설을 마감기한인 16주 이내에 설치

그림 13-7 ▶ 프로젝트 완료시간에 관한 확률분포

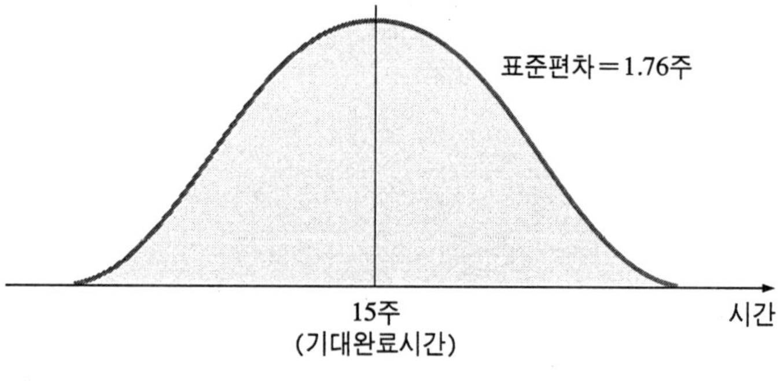

그림 13-8 ▶ G사가 프로젝트를 16주 이내에 완료할 확률

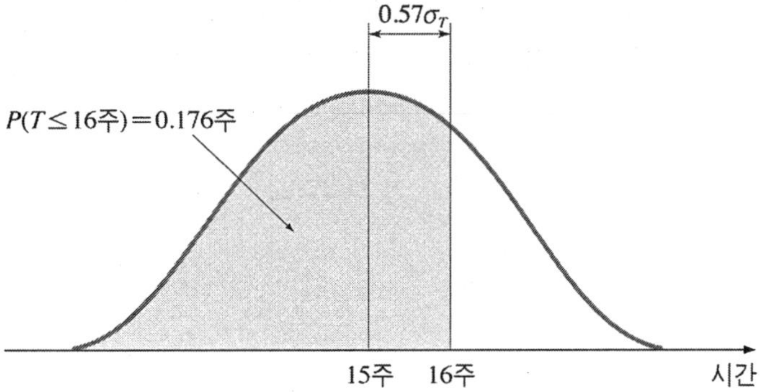

할 수 있는 확률은 약 71.6%(=50+21.6)이며, [그림 13-8]은 이와 같은 내용을 설명하고 있다.

PERT분석을 통해서 G사는 다음과 같은 몇 가지 중요한 사실을 알 수 있었다.

① 프로젝트의 기대완료시간은 15주일이다.
② 마감기한인 16주 이내에 프로젝트를 완료할 수 있는 가능성은 71.6%이다.
③ 주공정상에 있는 활동은 5가지(A, C, E, G, H)이며, 어떠한 이유로든 이 활동들 중 어느 하나가 지연될 경우 전체 프로젝트의 지연을 초래하게 된다.
④ 3가지 활동(B, D, F)은 주공정상에 있지 않으며, 수행과정에서 여유시간이 인정된다. 따라서 필요한 경우에는 이들 활동들의 여유자원을 주공정에 전용함으로써 전체 프로젝트의 완료시간을 단축할 수 있다.
⑤ 각 활동의 착수일과 종료일에 대한 일정계획은 [표 13-3]과 같다.

3.5 PERT에서의 가상활동

가상활동(dummy activity)이란 시간을 전혀 소비하지 않는 활동으로서 단지 네트워크의 논리적 선행관계를 유지하기 위한 목적으로 도입된다.

가상활동에 대한 이해를 위해 가령 G사의 대기오염 방지시설을 설치하는 문제에 또 하나의 제약조건이 있다고 하자. 원래의 네트워크에는 활동 D의 선행활동이 활동 B 하나뿐이었는데, 만일 활동 D를 착수하기 전에 활동 B와 함께 활동 A도 완료되어야 한다면 어떻게 될 것인가?

이러한 경우에는 활동 C와 활동 D가 동일한 시작단계와 완료단계를 갖게 된다. 즉, 활동 C와 D는 동시에 활동 A를 완료한 뒤에 시작할 수 있다. 이것을 네트워크로 표시하면 다음과 같다.

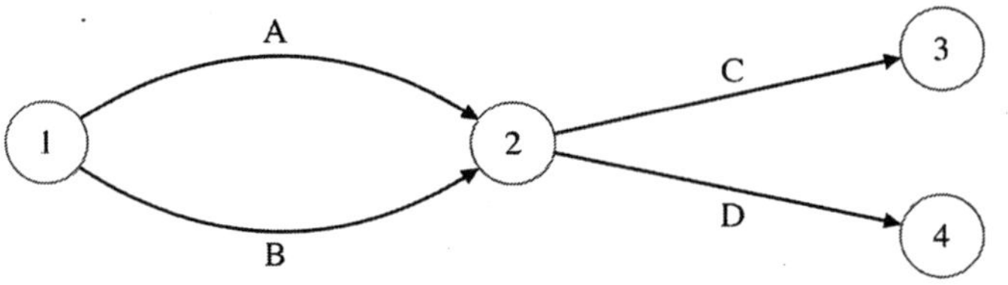

이 네트워크는 활동 A와 B를 선행활동으로 하는 활동 D에게는 아무런 문제가 되지 않지만, 활동 A만을 선행활동으로 하는 활동 C에게는 문제가 된다.

이와 같은 경우 활동 A와 B가 동일한 시작 및 완료마디를 갖지 못하도록 하고, 활동과 단계가 정확한 순서를 갖도록 하기 위해 가상활동을 삽입한다. 이것을 네트워크로 표시하면 [그림 13-9]와 같다. 여기서 점선은 가상활동을 나타낸다.

그림 13-9 ▶ 네트워크에서의 가상활동의 예

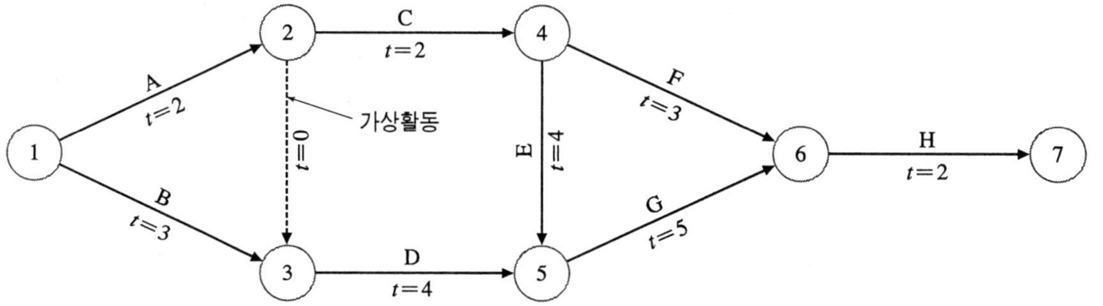

4. 프로젝트의 비용 통제와 완료시간 단축

PERT는 프로젝트의 완료시간을 조정하고 통제하는 효율적인 기법이기는 하지만, 프로젝트의 중요한 요소 중의 하나인 비용을 고려하지 않는다는 단점이 있다. PERT/Cost는 PERT에서 노출된 이와 같은 한계점을 보완하여 경영자로 하여금 시간과 함께 비용까지도 포함하여 이에 대한 계획, 감독 및 통제를 할 수 있도록 PERT를 수정한 기법이다.

또한 PERT/CPM의 주된 관심사 중 하나는 완료시간의 단축이다. 이때에는 주로 CPM기법을 적용한다.

4.1 프로젝트비용의 통제

경영자는 전체 프로젝트의 진행상황, 특히 예산투입과정을 수시로 점검해야 한다. 프로젝트의 예산을 감독하고 통제하는 목적은 프로젝트가 예정대로 순조롭게 진행되고 있으며, 또한 비용지출이 최소한도로 유지되고 있는지를 확인하는 데에 있다.

G사 프로젝트는 총 15주의 기대완료시간 중 6주째의 공정에 들어가 있다. 활동 A, B 및 C는 이미 완료되었으며, 이 활동을 수행하는 데 각각 $20,000, $36,000 및 $26,000의 비용이 지출되었다. 활동 D는 10%의 공정을 완료하였으며, 이때까지 지출된 비용은 $6,000이다. 또 활동 E는 $4,000의 비용을 지출하여 20%의 공정을 완료하였다. 그러나 활동 G와 H는 아직 착수하지 않았다. 그러면 이 시점에서 G사의 프로젝트는 계획대로 잘 진척되고 있는가, 지금까지 소요된 작업진척액은 얼마이며, 비용의 낭비는 없었는가 등에 대해 살펴보자.

작업진척액 즉 특정기일까지의 특정 활동에 대한 투자비용은 다음과 같이 계산한다.

$$\text{작업진척액} = \text{작업진척률} \times \text{총활동예산(총비용예산)} \qquad (13-8)$$

프로젝트비용을 통제하기 위해서는 작업진척액의 계산과 함께 활동차이(activity difference)도 계산해야 하는데, 이는 다음과 같이 계산할 수 있다.

$$\text{활동차이} = \text{실제비용} - \text{작업진척액} \qquad (13-9)$$

여기서 만일 활동차이가 (+)이면 비용이 낭비되고 있으며, (−)이면 비용이 절감되고 있음을 나타낸다. [표 13-4]는 G사의 프로젝트에 대한 진척성과를 제시하고 있다.

표 13-4 ▶ 예산비용의 감독과 통제

활동	총활동예산	작업진척률	작업진척액	실제비용		활동차이
A	$22,000	100	$22,000	$20,000		-$2,000
B	30,000	100	30,000	36,000		6,000
C	26,000	100	26,000	26,000		0
D	48,000	10	4,800	6,000		1,200
E	56,000	20	11,200	20,000		8,800
F	30,000	20	6,000	4,000		-2,000
G	80,000	0	0	0		0
H	16,000	0	0	0		0
			$100,000	$112,000	비용낭비액	$12,000

이 표의 제2열은 각 활동의 총비용예산을 나타내고, 제3열은 각 작업의 진척률(percent of completion)을 나타낸다. 이와 같은 자료와 각 활동에 대한 실제의 투자비용을 이용하여 각 활동의 작업진척액과 각 활동에 대한 비용절감 또는 낭비액을 계산할 수 있다.

작업진척액은 총비용예산에 작업진척률을 곱하여 구한다. 예를 들어 활동 D의 작업진척액은 $\$48,000 \times 10\% = \$4,800$가 된다.

또 특정 활동에 대한 비용절감액 또는 비용낭비액 역시 실제의 지출비용에서 작업진척액을 뺌으로써 구할 수 있다. 이 활동차이를 모두 합하면 전체 프로젝트에 대한 운영성과를 산출할 수 있다. [표 13-4]를 보면, 제6주까지 $12,000의 비용낭비가 있었음을 알 수 있으며, 이는 동 기의 총작업진척액이 $100,000인 데 반해 실제의 지출비용은 $112,000나 된다는 사실과 일치한다.

이제 이와 같은 정보를 가지고 프로젝트를 통제하는 방법에 대해 살펴보도록 하자. 만일 G사가 LS기준을 적용하여 예산을 편성하였다면 제6주까지 $162,000의 비용지출이 있어야 한다. 그러나 동기의 작업진척액은 $100,000에 불과하므로 프로젝트의 수행일정에 차질이 발생하고 있으며, 실제의 비용지출액은 $112,000이므로 비용낭비도 있었음을 의미한다. 따라서 G사가 예정기일 내에 프로젝트를 완성시키기 위해서는 현재의 작업수행을 가속화해야 하며, 지금까지의 비용낭비를 제거하기 위해서는 향후의 예산에 대해 세심한 감독과 통제를 기해야 할 것이다.

4.2 프로젝트 완료시간의 단축

프로젝트 완료시간의 단축문제를 논의하기 위해서는 먼저 CPM에 대한 이해가 필요하다.

CPM은 확정적 네트워크 모형에 속한다. 이것은 CPM이 각 활동의 완료시간과 소요비용이 확실하게 알려져 있는 것으로 가정하기 때문이다. 즉, PERT와는 달리 CPM에서는 확률분포의 개념을 도입하지 않으며, 그 대신 정상시간과 정상비용 그리고 속성시간과 속성비용이라는 두 가지의 시간추정치와 비용추정치를 이용한다.

정상시간(normal time)이란 정상적인 조건에서 활동을 수행하는 데 소요되는 시간으로서, PERT에서의 기대활동시간(t)의 개념과 일치하며, 정상비용(normal cost)이란 활동을 정상시간에 완료하는 데 소요되는 비용을 말한다. 반면에 속성시간(crash time)이란 특정 활동을 수행하는 데 필요한 최소한의 시간을 의미하며, 속성비용(crash cost)이란 속성시간으로 활동을 완료하는 데에 소요되는 비용을 말한다. CPM 네트워크에 대한 주공정을 유도하는 절차는 PERT의 경우와 동일하며, ES와 LS, EF와 LF 및 여유시간 등을 계산해야 한다.

(1) 완료시간 단축비용의 산출

가령 G사가 환경보호단체로부터 12주 이내에 대기오염방지시설을 설치하도록 통보를 받아서 프로젝트의 마감기한이 16주가 아닌 12주로 바뀌었다고 하자. 앞서의 PERT 분석에서 이 프로젝트의 기대완료시간이 15주일이었으므로, G사가 주어진 마감기한을 지키기 위해서는 각 활동시간의 일부 또는 전부에 대한 단축을 하지 않으면 안 된다. 이러한 완료시간의 단축을 위해서는 시설이나 인력 등의 필요자원을 해당 활동에 추가로 배정해야 한다.

이와 같이 활동시간의 단축에는 활동비용이 추가되므로 시간과 비용 사이의 보상관계(trade-off)를 검토함으로써 최소비용으로 프로젝트의 기간을 단축할 수 있는 방법을 모색해야 한다.

[그림 13-10]은 시간과 비용과의 관계를 표시하고 있는데, 편의상 선형이라고 가정한다. 이 그림의 C점은 활동의 속성시간과 속성비용을, 그리고 N

그림 13-10 ▶ 활동의 시간-비용관계

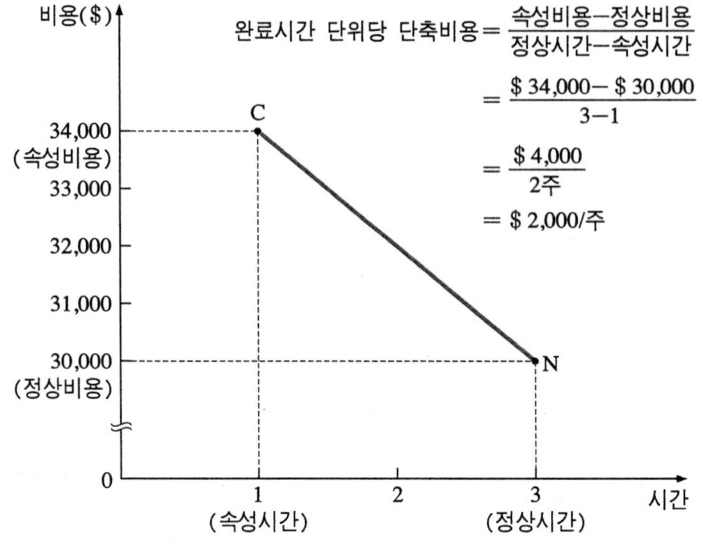

점은 정상시간과 정상비용을 나타낸다. 시간-비용의 직선 즉 CN의 기울기는 시간과 비용의 보상관계를 설명한다. 즉, 한 활동의 완료시간을 한 단위 단축하는 데에 얼마의 추가비용이 소요되는가를 나타낸다. 그러므로 완료시간의 단축에 필요한 단위시간당 추가비용 I는 다음 식을 적용하여 산출할 수 있다.

$$\text{완료시간 단위당 단축비용 } I = \frac{\text{속성비용} - \text{정상비용}}{\text{정상시간} - \text{속성시간}} \tag{13-10}$$

G사 프로젝트에서 활동 B의 정상시간이 3주일, 정상비용이 $30,000이며, 속성시간은 1주일, 속성비용은 $34,000라 하면, 이 활동 B에 추가로 자원을 배정할 경우 완료시간을 2주일 단축할 수 있으며, 이때 추가되는 비용은 $4,000이다. 따라서 1주일을 단축하는 데는 평균 $2,000의 추가비용이 소요된다.

$$I = \frac{34,000 - 30,000}{3 - 1} = 2,000 \tag{13-11}$$

이러한 비용분석의 목적은 정상비용 이상으로 추가해야 할 비용을 최소화하면서 프로젝트 완료시간을 최대로 단축시키는 방안을 찾는 데 있다. 여기서 프로젝트의 완료시간을 단축시키기 위해서는 주공정활동들의 완료시간을 단축시키면 된다.

표 13-5 ▶ 각 활동에 대한 시간, 비용 및 주당 추가비용

활동	시간(주)		비용($)		주당	주공정상에
	정상	속성	정상	속성	추가비용	있는지의 여부
A	2	1	$22,000	$23,000	$1,000	○
B	3	1	30,000	34,000	2,000	×
C	2	1	26,000	27,000	1,000	○
D	4	3	48,000	49,000	1,000	×
E	4	2	56,000	58,000	1,000	○
F	3	2	30,000	30,500	500	×
G	5	2	80,000	86,000	2,000	○
H	2	1	16,000	19,000	3,000	○
		합계	$308,000	$326,500		

G사는 각 활동에 대해서 정상 및 속성시간과 정상 및 속성비용 그리고 완료시간 단축을 위한 주당 단축비용 등을 추정하여 [표 13-5]와 같이 정리하였다.

[그림 13-11]은 이를 네트워크로 표시한 것이다. 화살표 위의 괄호 속에 있는 숫자는 활동의 속성시간을, 괄호가 없는 숫자는 정상시간을 각각 나타낸다. 또한 화살표 밑에 있는 숫자는 주당 단축비용을 나타낸다.

그림 13-11 ▶ 정상시간, 속성시간, 주당 단축비용이 표시된 네트워크

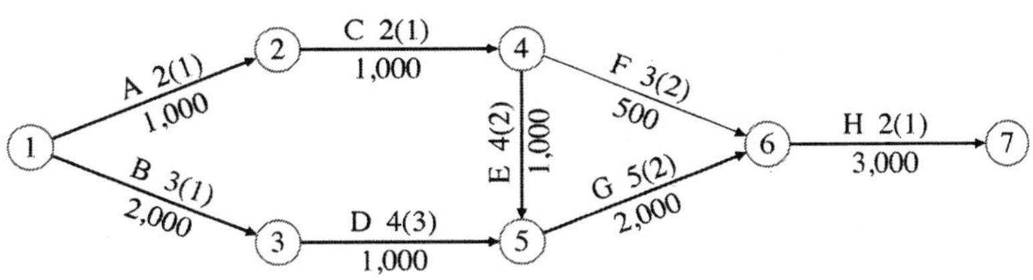

(2) 완료시간 단축방법의 탐색

완료시간 단축방안 탐색의 첫 단계는 정상시간 및 속성시간을 적용하여 각각의 주공정을 찾는 것이다. 먼저, 정상시간에 의한 주공정은 A-C-E-G-H (15주)이고, 속성시간에 의한 주공정은 A-C-E-G-H와 B-D-G-H(7주)이다. 정상조건에서의 프로젝트비용은 $308,000인 데 비해 ([표 13-5]), 모든 활동을 단축했을 때의 비용은 $326,500이다. 이 프로젝트는 아무리 많

은 자원을 투입한다 해도 착수 후 7주 이전에는 완료할 수 없다. 즉, 정상시간보다 최대한 8주를 단축한다 해도 적어도 7주가 경과해야 이 프로젝트는 완료가 가능하다.

둘째 단계는 단축대상이 될 활동을 선정하기 위해 정상시간에 의한 주공정상에 있는 활동들 중 최소의 주당 단축비용을 갖는 활동을 찾아야 한다.

[그림 13-11]을 보면 활동 A, C, E가 가장 적은 비용($1,000)을 가지므로 이 활동들을 단축대상으로 삼아야 한다. 단축시킬 수 있는 최대의 시간은 모두 4주이지만 활동 A의 1주만을 단축시킨다. 왜냐하면, 4주를 단축시킨 경우 공정 A-C-E-G-H는 주공정이 아니고 공정 B-D-G-H가 새로운 주공정이 되기 때문이다. 1주를 단축시키면 이 프로젝트는 14주에 완료할 수 있으며, 추가비용 $1,000를 포함한 프로젝트의 총비용은 $309,000(=308,000+1,000)가 된다.

다음에는 단축된 활동에 대한 완료시간을 수정하여 새로운 네트워크를 작성하고, 정상시간에 의한 주공정을 찾아낸다. 그 결과가 [그림 13-12]에 표시되어 있다.

이제 공정 A-C-E-G-H와 공정 B-D-G-H가 동시에 주공정이 되었다. 이와 같이 주공정이 2개 이상인 경우에는 각 주공정을 동시에 동일기간 단축시켜야 하기 때문에 활동 C를 1주 단축하고, 활동 D를 1주 단축해야 한다. 이 경우 프로젝트의 완료시간은 13주로 감소되고, 총비용은 $311,000(=309,000+1×1,000+1×1,000)로 증가된다.

활동 C와 D가 1주씩 단축된 후의 새로운 네트워크는 [그림 13-13]과 같으며, 주공정은 그대로 A-C-E-G-H와 B-D-G-H이다.

이제 활동 B를 2주 단축하고 활동 E를 2주 단축하면 되며, 이로 인해 프로젝트의 완료시간은 11주로 단축된 반면, 총비용은 $317,000(=311,000+2×2,000+2×1,000)로 증가된다.

그림 13-12 ▶ 활동 A가 단축된 후의 네트워크

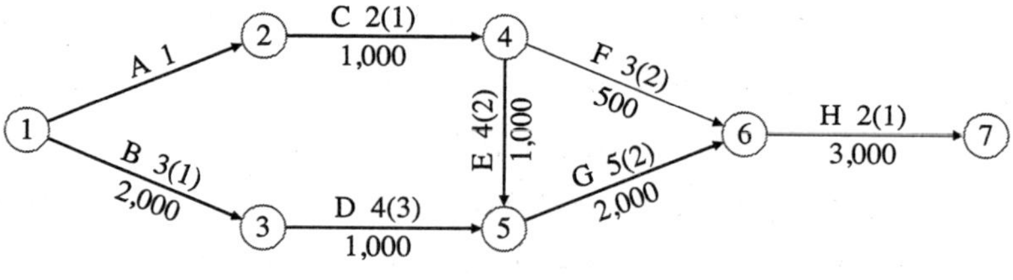

그림 13-13 ▶ 활동 C와 D가 단축된 후의 네트워크

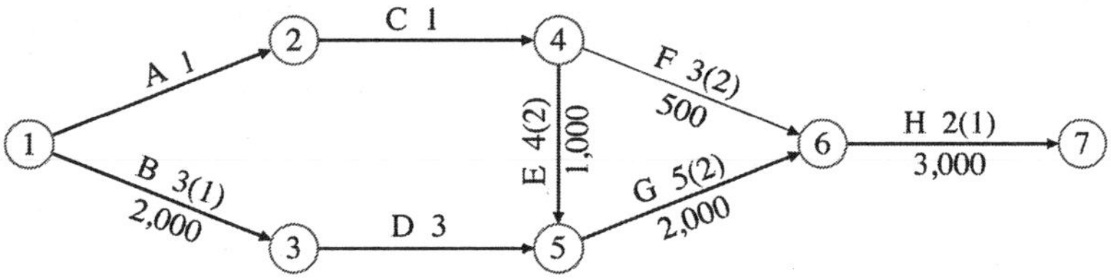

그림 13-14 ▶ 활동 B와 E가 단축된 후의 네트워크

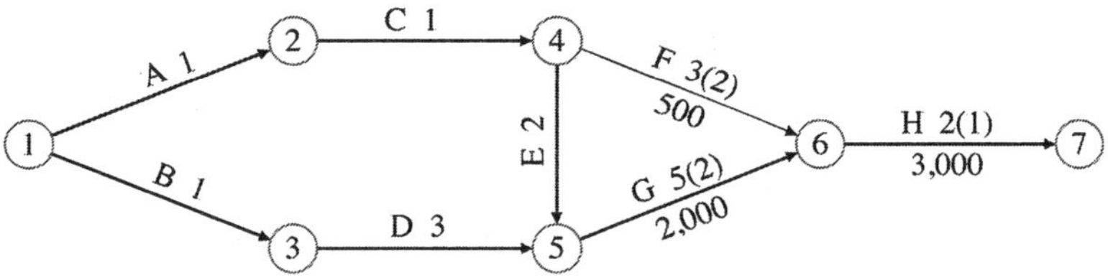

활동 B와 E가 단축된 후의 새로운 네트워크는 [그림 13-14]와 같으며, 주공정은 여전히 A-C-E-G-H와 B-D-G-H이다. 다시 활동 G를 3주 단축하고 활동 H를 1주 단축하면, 프로젝트의 완료시간은 7주로 단축된 반면, 총비용은 $326,000(=317,000+3×2,000+1×3,000)로 증가된다. 활동 G와 H가 단축된 후의 네트워크는 [그림 13-15]과 같으며, 주공정은 여전히 A-C-E-G-H와 B-D-G-H이다.

그런데 여기서 한 가지 유의해야 할 점은 주공정상에 있는 모든 활동의 완료시간이 최대한으로 단축된 이상, 주공정활동이 아닌 기타 활동들의 완료시간을 단축하기 위해 더 이상의 비용을 추가한다는 것은 아무런 의미가 없다는 사실이다. 즉, 이 프로젝트는 7주 이전에는 완료할 수 없으므로, 활동 F를 단축하더라도 추가비용만 발생할 뿐 프로젝트 완료시간을 더 이상 단축시킬 수 없는 것이다. 결국 이 프로젝트는 정상비용 $308,000를 투입하여 정상시간 15주에 완료할 수 있으나, 정상비용 $308,000에 추가비용 $18,000

그림 13-15 ▶ 활동 G와 H가 단축된 후의 네트워크

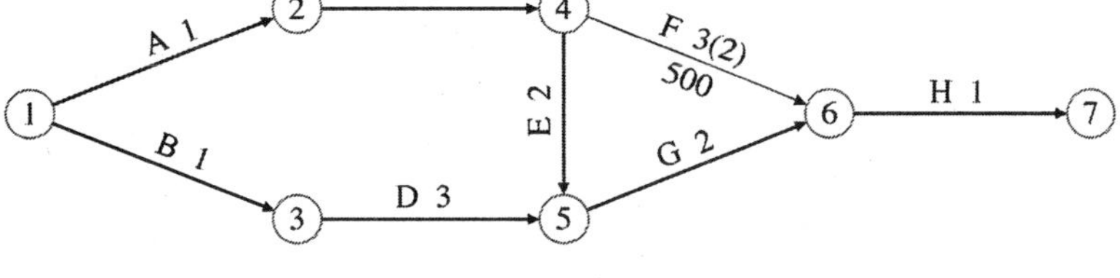

표 13-6 ▶ 가능한 모든 활동을 단축한 후의 결과

활동	단축기간(주)	추가비용	정상비용	활동비용
A	1	$1,000	$22,000	$23,000
B	2	4,000	30,000	34,000
C	1	1,000	26,000	27,000
D	1	1,000	48,000	49,000
E	2	2,000	56,000	58,000
F	0	0	30,000	30,000
G	3	6,000	80,000	86,000
H	1	$3,000	$16,000	$19,000
		$18,000	$308,000	$326,000

를 투입하면 7주에 완료할 수 있음을 알 수 있다. 이상의 결과를 정리하면 [표 13-6]과 같다.

4.3 프로젝트의 단축과 간접비용

프로젝트 완료시간의 단축을 위해서는 직접비용 외에도 간접비용을 고려하여 의사결정을 내려야 한다. 직접비용(direct cost)은 프로젝트 완료시간에 반비례하는 비용으로서 임금과 자재비 등을 포함하며, 간접비용(indirect cost)은 이자, 설비사용료, 보험료 및 경영자 봉급 등 사업수행에 간접적으로 필요한 경비로서 프로젝트 완료시간과 비례한다.

표 13-7 ▶ 각 기간별 직접비용, 간접비용, 총비용

기간(주)	직접비용	간접비용	총비용
15	$308,000	$300,000	$608,000
14	309,000	297,500	606,500
13	311,000	295,000	606,000
12	314,000	292,500	606,500
11	317,000	290,000	607,000
10	319,000	287,500	606,500
9	321,000	285,000	606,000
8	323,000	282,500	605,500*
7	326,000	280,000	606,000

*은 최적값임

G사 프로젝트에 간접비용을 고려하면, 프로젝트의 각 기간별 총비용은 [표 13-7]과 같이 된다. 여기서 간접비는 매주 \$2,500씩 발생한다고 가정한다.

[표 13-7]에서 보는 바와 같이 간접비용을 고려할 경우, G사 프로젝트는 8주에 완료할 때 가장 적은 비용(\$605,500)이 소요된다.

4.4 선형계획법을 이용한 완료시간 단축

선형계획법은 프로젝트 완료시간의 단축을 계획하는 데 이용할 수 있는 또 하나의 유용한 기법이다. 선형계획분석에 필요한 자료는 [표 13-5]와 [그림 13-16]에서 추출한 것이다.

프로젝트 착수 후 어느 단계가 발생하는 시간을 x라 하면 x_i $(i=1, 2, \cdots, 7)$는 다음과 같이 정의된다.

x_1 = 단계 1이 발생하는 시간

x_2 = 단계 2가 발생하는 시간

x_3 = 단계 3이 발생하는 시간

x_4 = 단계 4가 발생하는 시간

x_5 = 단계 5가 발생하는 시간

x_6 = 단계 6이 발생하는 시간

x_7 = 단계 7이 발생하는 시간

또, 각 활동의 단축시간을 y라 하면 y_A는 활동 A의 단축시간, y_B는 활동 B의 단축시간, ……, y_H는 활동 H의 단축시간이 된다.

그림 13-16 ▶ G사 프로젝트의 네트워크

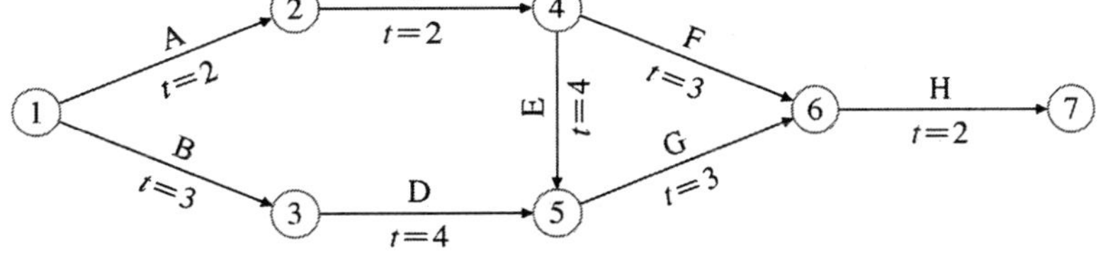

(1) 목적함수

선형계획모형의 목적은 프로젝트 완료시간 단축의 목적인 정상비용을 초과하는 속성비용을 최소로 하는 데에 있으므로, 선형계획모형의 목적함수는 다음과 같다.

$$\begin{aligned}\text{min. } z = &\ 1,000y_A + 2,000y_B + 1,000y_C + 1,000y_D + 1,000y_E \\ &+ 500y_F + 2,000y_G + 3,000y_H\end{aligned}$$

이 식의 비용계수는 [표 13-5]의 추가비용 란에서 추출한 것이다.

(2) 단축시간 제약조건

완료시간 단축을 위한 LP모형에서의 제약조건은 각 활동의 단축시간이 최대허용단축시간을 초과할 수 없다는 조건을 나타내기 위해 설정된다.

각 y에 대한 최대치는 [표 13-5]에서 정상시간과 속성시간의 차이이다.

$$\begin{aligned}&y_A \le 1,\ y_B \le 2,\ y_C \le 1,\ y_D \le 1, \\ &y_E \le 2,\ y_F \le 1,\ y_G \le 3,\ y_H \le 1\end{aligned}$$

(3) 완료시간 제약조건

이 제약조건은 프로젝트 완료시간에 관한 제약조건으로서, G사 프로젝트를 12주일로 단축해야 한다면, 이때의 조건식은 다음과 같다.

$$x_7 \le 12$$

(4) 네트워크 자체에 대한 제약조건

이는 네트워크의 구조에 관한 제약조건으로서, 네트워크에서는 각 단계에 대해 반드시 하나 이상의 제약조건이 존재한다.

먼저, 단계 1의 발생시점은 0이므로 $x_1 = 0$이라 놓는다. 다음 단계 2에 대해서는

단계 2의 발생시점 ≥ 활동 A의 정상시간 − 활동 A의 단축시간
+ 활동 A의 착수시점

$$x_2 \geq 2 - y_A + 0 \quad 즉 \quad x_2 + y_A \geq 2$$

와 같은 제약식이 성립한다. 마찬가지로 단계 3에 대해서도

$$x_3 \geq 3 - y_B + 0 \quad 즉 \quad x_3 + y_B \geq 3$$

이 성립한다. 그러나 단계 4의 경우에는 활동 C가 단계 2의 발생시점 즉 x_2 에서 시작하기 때문에 그 제약조건은

$$x_4 \geq 2 - y_A + x_2 \quad 즉 \quad x_4 - x_2 + y_C \geq 2$$

가 된다. 단계 5에 대해서는 두 개의 제약조건이 필요하다. 그 첫째는 활동 D에 관한 것으로서

$$x_5 \geq 4 - y_D + x_3 \quad 즉 \quad x_5 - x_3 + y_D \geq 4$$

이며, 둘째는 활동 E에 관한 것으로서

$$x_5 \geq 4 - y_E + x_4 \quad 즉 \quad x_5 - x_4 + y_E \geq 4$$

이다. 단계 6의 경우에도

$$x_6 \geq 3 - y_F + x_4 \quad 즉 \quad x_6 - x_4 + y_F \geq 3$$
$$x_6 \geq 5 - y_G + x_5 \quad 즉 \quad x_6 - x_5 + y_G \geq 5$$

와 같은 두 개의 제약조건이 성립한다. 마지막으로 단계 7에 대해서는

$$x_7 \geq 2 - y_H + x_6 \quad 즉 \quad x_7 - x_6 + y_H \geq 2$$

와 같은 제약조건이 성립한다.

이상과 같은 제약조건식에 비음조건(non-negativity constraints)을 부가함으로써 최적 y값과 그에 따른 x값을 구할 수 있다.

5. 엑셀을 이용한 네트워크 모형 문제

5.1 주공정 결정

그림 13-17 ▶ 엑셀을 이용한 주공정 결정(CPM)

	A	B	C	D	E	F	G	H	I	J
1	CPM(Critical Project Management)									
2										
3		활동(activity)		소요시간(t)	ES	EF	LS	LF	Slack(여유)	tical(중대경로)
4		A		2	0	2	0	2	0	Yes(*)
5		B		3	0	3	1	4	1	No
6		C		2	2	4	2	4	0	Yes(*)
7		D		4	3	7	4	8	1	No
8		E		4	4	8	4	8	0	Yes(*)
9		F		3	4	7	10	13	6	No
10		G		5	8	13	8	13	0	Yes(*)
11		H		2	13	15	13	15	0	Yes(*)
12										
13					완료시간	15				

	B	D	E	F	G	H
3	활동	t	ES	EF	LS	LF
4	A	2	0	=E4+D4	=H4-D4	=MIN(G6)
5	B	3	0	=E5+D5	=H5-D5	=MIN(G7)
6	C	2	=MAX(F4)	=E6+D6	=H6-D6	=MIN(G8,G10)
7	D	4	=MAX(F5)	=E7+D7	=H7-D7	=MIN(G10)
8	E	4	=MAX(F6)	=E8+D8	=H8-D8	=MIN(G10)
9	F	3	=MAX(F6)	=E9+D9	=H9-D9	=MIN(G11)
10	G	5	=MAX(F7,F8)	=E10+D10	=H10-D10	=MIN(G11)
11	H	2	=MAX(F9,F10)	=E11+D11	=H11-D11	15
13			완료시간	=MAX(F4:F11)		

	I	J
3	Slack(여유)	Critical(중대경로)
4	=H4-F4	=IF(I4=0,"Yes(*)","No")
5	=H5-F5	=IF(I5=0,"Yes(*)","No")
6	=H6-F6	=IF(I6=0,"Yes(*)","No")
7	=H7-F7	=IF(I7=0,"Yes(*)","No")
8	=H8-F8	=IF(I8=0,"Yes(*)","No")
9	=H9-F9	=IF(I9=0,"Yes(*)","No")
10	=H10-F10	=IF(I10=0,"Yes(*)","No")
11	=H11-F11	=IF(I11=0,"Yes(*)","No")

(1) ES

먼저 E3 칸의 ES(Earliest Start time)는 선행활동의 요구조건을 충족시키면서 한 활동을 가장 빨리 착수할 수 있는 시간으로 원점에서 출발하므로 E4와 E5에 0으로 놓는다. 다음으로 ES를 구하기 위해서는 그 활동에 최장기경로를 찾아야 하므로, E10 칸의 MAX(F7,F8), E11 칸의 MAX(F9,F10)을 이용한다.

(2) EF

F3 칸의 EF(Earliest Finish time)는 선행활동의 요구조건을 충족시키면서 한 활동을 가장 빨리 완료할 수 있는 시간으로, EF=ES+t(소요시간) 식을 이용하여 계산할 수 있다. 따라서 F4=E4+D4=0+2=2가 된다.

(3) LS

G3 칸의 LS(Latest Start time)는 전체 프로젝트를 지연시키지 않고 한 활동을 가장 늦게 시작할 수 있는 한계시간으로, LS=LF-t로 계산한다. 따라서 G4=H4-D4=2-2=0이 된다.

(4) LF

H3 칸의 LF(Latest Finish time)는 전체 프로젝트를 지연시키지 않고 한 활동을 가장 늦게 완료할 수 있는 한계시간으로, 어떤 한 단계에서 출발하는 모든 활동에 대한 LS 중 최소의 값을 그 활동에 대한 LF로 한다. 따라서 H6 칸의 MIN(G8,G10)을 이용하여 LF를 구한다.

주의할 점은 LF의 값은 H11 값인 15부터 역순으로 산출한다는 점이다.

(5) 여유시간

일단 모든 활동에 대해서 ES, LS, EF 및 LF가 산출되면, 이를 이용하여 여유시간을 계산한다. 여유시간은 전체 프로젝트의 지연을 초래하지 않고 각 활동을 지연할 수 있는 시간으로, ST=LS−ES 또는 ST =LF−EF로 계산한다.

(6) 주공정

여유시간이 0인 활동 A, C, E, G, H는 주공정을 구성하는 활동들이다.

이 주공정을 따라 프로젝트를 진행할 경우 전체 프로젝트의 완료시간은 15시간이 되어 EF 혹은 LF의 최대치와 일치한다.

5.2 PERT를 이용한 프로젝트 관리

그림 13-18 ▶ PERT를 이용한 프로젝트 관리

F22

	A	B	C	D	E	F	G	H	I	J	K
1	PERT(Program Evaluation Review Technique)										
2											
3			예상활동시간								
4		활동(activity)	낙관시간(a)	최빈시간(m)	비관시간(b)	중대경로	기대시간(t)	분산			
5		A	1	2	3	*	2	0.1111			
6		B	2	3	4		3	0.1111		평균중대경로	
7		C	1	2	3	*	2	0.1111		평균소요시간	15
8		D	2	4	6		4	0.4444		분산합	3.111111111
9		E	1	4	7	*	4	1.0000			
10		F	1	2	9		3	1.7778		완료확률P(T≤d	0.7146
11		G	3	4	11	*	5	1.7778			
12		H	1	2	3	*	2	0.1111		예상완료시간	16

	G	H
5	=IF(C5=" "," ",(C5+4*D5+E5)/6)	=IF(C5=" "," ",((E5-C5)/6)^2)
6	=IF(C6=" "," ",(C6+4*D6+E6)/6)	=IF(C6=" "," ",((E6-C6)/6)^2)
7	=IF(C7=" "," ",(C7+4*D7+E7)/6)	=IF(C7=" "," ",((E7-C7)/6)^2)
8	· ·	· ·

	K
7	=SUMIF(F5:F12,"*",G5:G12)
8	=SUMIF(F5:F12,"*",H5:H12)
10	=NORMDIST(16,K7,SQRT(K8),1)

[그림 13-18]과 같이 프로젝트의 기대완료시간이 15주임을 알았다. 만약 프로젝트를 K12 칸의 16주 이내에 반드시 완료해야 한다면, 프로젝트를 예정대로 끝마칠 확률은 얼마인가?

PERT기법에서 프로젝트의 각 활동의 시간추정치를 알기 위해서는 낙관적 시간(a), 최빈시간(m), 비관적 시간(b)을 이용하여 산출하며, 각 활동의 기대시간(t)은 $t = (a + 4m + b)/6$ 식을 통해 구한다. 따라서 G5 칸의 값은 =IF(C5=" "," ", (C5+4*D5+E5)/6)가 되며, $(1 + 4 \times 2 + 3)/6 = 2$가 된다.

이 기대시간추정치의 분산은 $((b - a)/6)^2$ 식을 통하여 산출한다. H5칸의 분산값은 =IF(C5=" "," ",((E5-C5)/6)^2)가 되며, $((3 - 1)/6)^2 = 0.1111$이 된다.

이렇게 구해진 평균기대시간과 분산값을 이용하여 프로젝트의 중대경로(주공정)의 기대소요시간은 15주, 분산은 3.11주가 된다. 이 분산은 F5:F12에서 중대경로로 선정된 활동들의 각 분산의 합계이다.

만약 프로젝트를 K12 칸의 16주 이내에 반드시 완료해야 한다면, 프로젝트를 예정대로 끝마칠 확률은 얼마인가? 이를 위해서는 전체 프로젝트의 완료시간은 정규분포를 따른다는 기본가정을 통해 표준정규방정식을 이용하여 z값을 구해야 한다.

$$z = \left(\frac{\text{마감기한} - \text{기대완료시간}}{\sigma_T} \right) = \frac{16 - 15}{1.76} = 0.57$$

표준정규분포표를 보면, z가 0.57일 경우의 확률은 0.2156임을 알 수 있다.

그림 13-19 ▶ NORMDIST함수인수

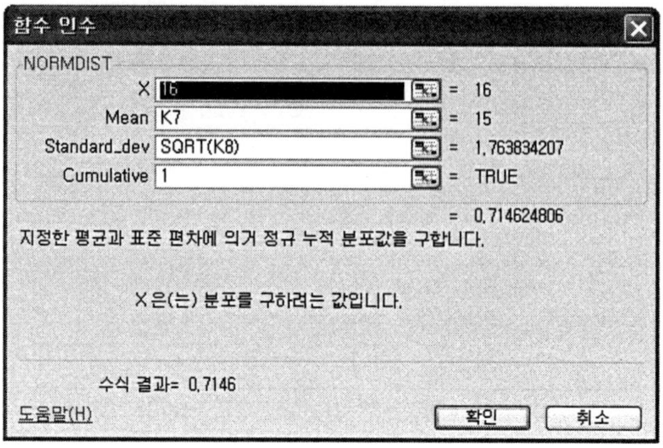

따라서 프로젝트 예상완료시간이 16주 이내에 완료할 수 있는 확률은 71.56%(=50%+21.56%)이다.

이때 K10 칸의 NORMDIST(16,K7,SQRT(K8),1) 함수의 의미는 평균 K7(16), 표준편차 SQRT(K8)에 의거 X(16)의 정규누적분포값을 구하는 것이다.

5.3 프로젝트의 단축과 비용관리

그림 13-20 ▶ 프로젝트 단축과 비용관리

G24

	A	B	C	D	E	F	G	H	I	J	K
1	CPM시간비용관계분석										
2											
3											
4			활동시간		비용						
5		활동(activity)	정상	속성	정상	속성	최대단축시간	단축비용/주	시작시간	단축시간	완료시간
6		A	2	1	22000	23000	1	1000	0	0	2
7		B	3	1	30000	34000	2	2000	0	0	3
8		C	2	1	26000	27000	1	1000	0	0	2
9		D	4	3	48000	49000	1	1000	0	0	4
10		E	4	2	56000	58000	2	1000	0	0	4
11		F	3	2	30000	30500	1	500	0	0	3
12		G	5	2	80000	86,000	3	2000	0	0	5
13		H	2	1	16000	19000	1	3000	0	0	2
14											
15											
16								프로젝트완료	0	≤	7
17											
18								총비용	308000		

	G	H	K
6	=C6-D6	=(F6-E6)/G6	=I6+C6-J6
7	=C7-D7	=(F7-E7)/G7	=I7+C7-J7
8	=C8-D8	=(F8-E8)/G8	=I8+C8-J8
9	· ·	· ·	· ·

	I
24	=SUM(E6:E13)+SUMPRODUCT(H6:H13,J6:J13)

[그림 13-20]과 같이 CPM을 이용한 프로젝트 완료시간의 단축문제를 다룰 수 있다. 이 분석의 목적은 정상비용 이상으로 추가해야 할 비용을 최소화하면서 프로젝트 완료시간을 최대로 단축시키는 방안을 모색하는 데 있다.

먼저 G6 칸의 최대단축시간은 G6 = 정상시간 - 속성시간 = C6-D6이 된다. 이때 필요한 단위시간당 추가단축비용은 $\frac{\text{속성비용}-\text{정상비용}}{\text{정상시간}-\text{속성시간}}$이다. 따라서 H6 칸의 추가단축비용은 $\frac{F6-E6}{(G6=C6-D6)}$이 된다.

K6 칸의 완료시간은 시작시간 + 정상시간 - 단축시간 = I6+C6-J6이다. 또한 I18 칸의 총비용은 정상비용의 합과 프로젝트 단축시 소요되는 추가단축비용의 합계로

=SUM(E6:E13)+SUMPRODUCT(H6:H13,J6:J13)

이다.

그림 13-21 ▶ 해 찾기 모델 설정

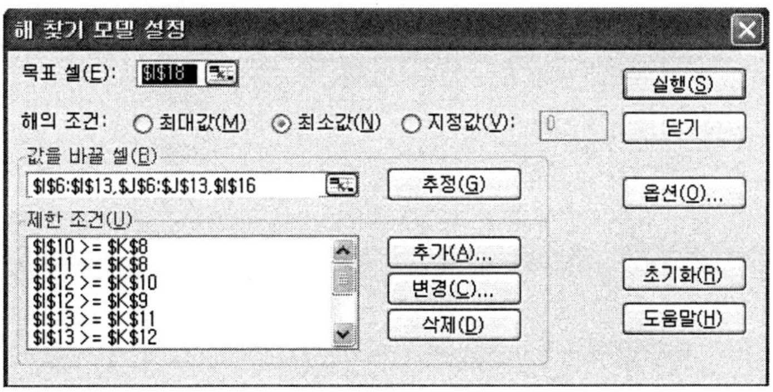

자료를 입력한 다음, 엑셀 메뉴 중 도구 메뉴에서 [해 찾기 서브메뉴]를 클릭하면 [그림 13-21]과 같은 [해 찾기 모델 설정] 창이 뜬다.

[해 찾기 모델 설정] 창에서 [목표 셀]($I$18)은 총비용값을 구하게 된다. [값을 바꿀 셀]은 시작시간과 단축시간 및 프로젝트 완료시간인 $I$6:$I$13, $J$6:$J$13, $I$16을 지정한다. [제한 조건] 란에는 [추가] 버튼을 눌러서 $I$8>=$K$6, $I$9>=$K$7를 추가하여 C시작시간이 A완료시간보다 크며, D시작시간이 B완료시간보다 크다는 제약조건을 추가한다. 같은 방법으로 제한조건을 추가하면, $I$10>=$K$8, $I$11>=$K$8, $I$12>=$K$9, $I$12>=$K$10, $I$13>=$K$11, $I$13>=$K$12이다.

다음으로 프로젝트완료시간>=H완료시간($I$16>=$K$13), 프로젝트완료시간<=프로젝트 최대완료시간($I$16<=$K$16), 단축시간<=최대단축시간($J$6:$J$13<=$G$6:$G$13) 제한조건을 추가한다.

그 다음으로 [실행] 버튼을 누르면, [그림 13-22]과 같은 결과표를 얻는다.

여기에서 원래 정상시간으로 프로젝트를 진행시킬 경우 완료예상시간은 15주이다. 그러나 [그림 13-22]의 I16 칸의 프로젝트 완료시간을 7주로 8주를 더 단축시킬 수 있으며, 이때 총프로젝트비용은 가장 최소값인 326,000이다.

이것은 정상적으로 프로젝트를 완료할 때 소요되는 308,000보다 18,000이 더 소요된다. 하지만 만약 8주를 단축함으로써 얻을 수 있는 추가이익이 20,000이라면 오히려 20,000-18,000=2,000만큼 총이익의 증가를 가져올 수 있다.

그림 13-22 ▶ 모든 활동을 단축한 후 결과표

G24

	A	B	C	D	E	F	G	H	I	J	K
1	CPM시간비용관계분석										
2											
3											
4			활동시간		비용						
5		활동(activity)	정상	속성	정상	속성	최대단축시간	단축비용/주	시작시간	단축시간	완료시간
6		A	2	1	22000	23000	1	1000	0	1	1
7		B	3	1	30000	34000	2	2000	0	2	1
8		C	2	1	26000	27000	1	1000	1	1	2
9		D	4	3	48000	49000	1	1000	1	1	4
10		E	4	2	56000	58000	2	1000	2	2	4
11		F	3	2	30000	30500	1	500	3	0	6
12		G	5	2	80000	86,000	3	2000	4	3	6
13		H	2	1	16000	19000	1	3000	6	1	7
14											
15											
16								프로젝트완료	7	≤	7
17											
18								총비용	326000		

표 13-8 ▶ 각 기간별 직접비용, 간접비용 및 총비용

기간	직접비용	간접비용	총비용
15	308,000	300,000	608,000
14	309,000	297,500	606,500
13	311,000	295,000	606,000
· ·	· ·	· ·	· ·
8	323,000	282,500	605,500
7	326,000	280,000	606,000

이 프로젝트 단축모형을 통해 단축기간별 비용을 계산하면 [표 13-8]과 같으며, 간접비용이 매주 2,500씩 발생한다고 가정하면, 이에 따른 총비용 역시 [표 13-8]과 같다. 따라서 이 프로젝트는 8주에 완료할 때 가장 적은 비용(605,500)이 소요된다.

예 제

1 다음과 같은 활동과 시간추정치를 가진 프로젝트가 있다.

활동	선행활동	시간추정치(월)		
		a	m	b
A		10	12	16
B	A	2	8	36
C	A	1	4	5
D	A	2	3	4
E	B	8	12	20
F	C	15	18	30
G	C	3	5	8
H	E, F	2	4	8
I	D, G	6	9	12
J	H, I	4	6	14

(1) 네트워크를 작성하라.
(2) 각 활동에 대하여 기대시간과 분산을 구하라.
(3) 각 활동에 대하여 ES, EF, LS, LF 및 여유시간을 계산하라.
(4) 주공정 및 전체 프로젝트 완료시간을 산출하라.
(5) 4년 이내에 이 프로젝트를 완료할 확률을 구하라.
(6) 이 프로젝트를 완료하는 데 55개월 이상 걸릴 확률을 구하라.

해답 (1)

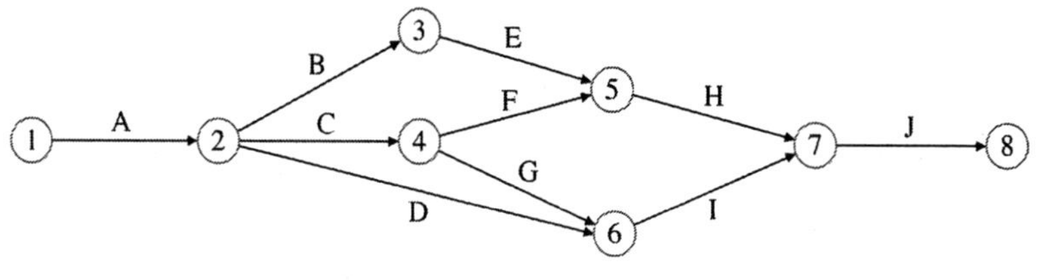

(2)

활동	기대시간	분산
A	12.33	1.00
B	11.67	32.11
C	3.67	0.44
D	3.00	0.11
E	12.67	4.00
F	19.50	6.25
G	5.17	0.69
H	4.33	1.00
I	9.00	1.00
J	7.00	2.78

(3)

활동	ES	EF	LS	LF	여유시간
A	0.00	12.33	0.00	12.33	0.00
B	12.33	24.00	12.33	24.00	0.00
C	12.33	16.00	13.50	17.17	1.17
D	12.33	15.33	29.00	32.00	16.67
E	24.00	36.67	24.00	36.67	0.00
F	16.00	35.50	17.17	36.67	1.17
G	16.00	21.17	26.83	32.00	10.83

H	36.67	41.00	36.67	41.00	0.00
I	21.17	30.17	32.00	41.00	10.83
J	41.00	48.00	41.00	48.00	0.00

(4) 주공정 : A → B → E → H → J

프로젝트 완료시간 : 48(월)

(5) 프로젝트의 기대완료시간이 48개월이므로, 프로젝트를 4년 이내에 완료할 확률은 50%이다.

(6) $\sigma_T = \sqrt{1.00 + 32.11 + 4.00 + 1.00 + 2.78}$

$= 6.4$(월)

$$z = \frac{55.0 - 48.0}{6.4} = 1.09$$

$$P(T > 55) = 0.5000 - 0.3621 = 0.1379$$

따라서, 55개월 이상 걸릴 확률은 약 14%이다.

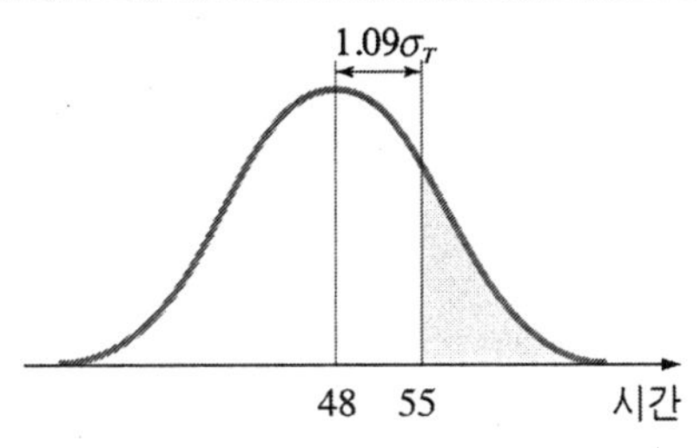

2 어느 프로젝트의 활동과 그에 관련된 시간 및 직접비용이 다음과 같이 주어졌을 때

활동	시간(주)		직접비용($)		선행활동
	정상	속성	정상	속성	
1~2	8	6	12,000	13,000	
1~3	10	7	6,000	10,500	
2~4	6	4	8,000	10,000	1~2
2~3	3	2	14,000	17,000	1~2
3~4	5	2	7,000	9,700	1~3, 2~3

(1) 각 활동별 추가비용을 계산하라.

(2) 프로젝트를 16, 15, 14, 13, 12, 11 및 10주에 끝낼 때 소요될 최소비용을 구하라.

(3) 프로젝트의 완료기간을 단축시킬 경우 다음과 같이 간접비를 절감할 수 있다. 직접비와 간접비를 합한 총비용을 가장 적게 들이기 위해서는 프로젝트를 몇 주에 완성해야 하는가?

시간(주)	16	15	14	13	12	11	10
간접비($)	23,000	19,100	17,200	14,400	13,700	13,200	12,700

(4) 이 프로젝트는 10주 미만에는 완료할 수 없다. 그 이유는 무엇인가?

해답 (1)

활동	추가비용($)
1~2	800
1~3	1,500
2~4	1,000
2~3	3,000
3~4	900

(2) 16주에 완료할 경우

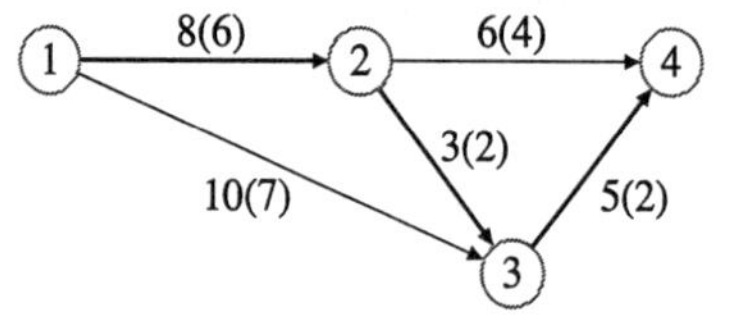

비용 : $ 47,000

15주

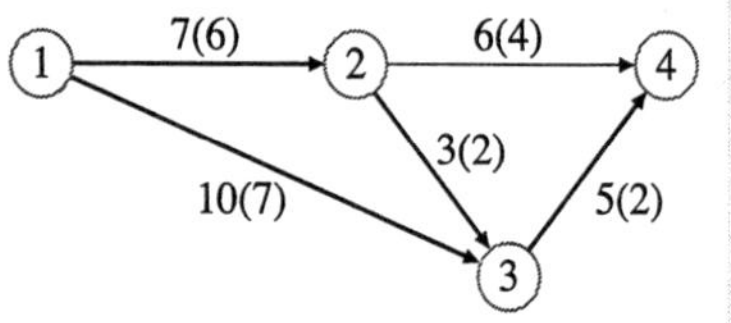

비용 : $ 47,800(=47,000+800)

14주

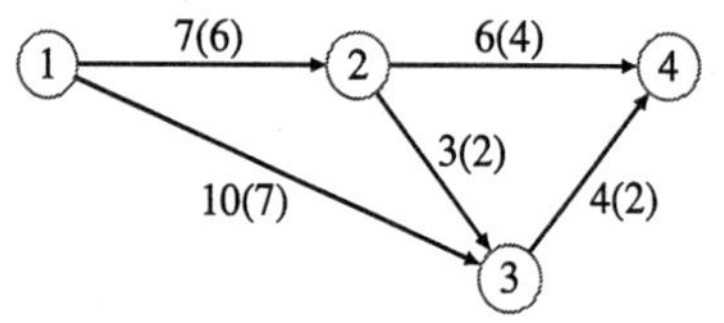

비용 : $ 48,700(=47,800+900)

13주

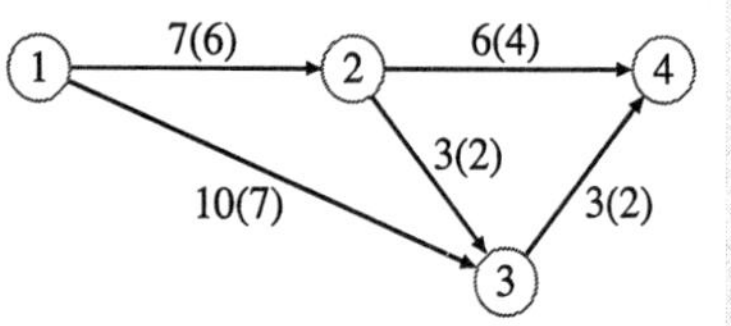

비용 : $ 49,600(=48,700+900)

12주

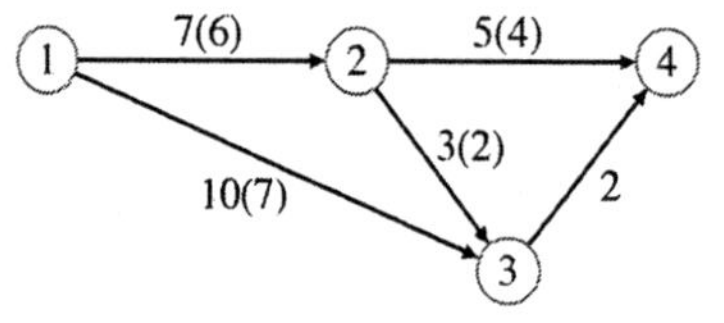

비용 : $ 51,500(=49,600+1,000+900)

11주

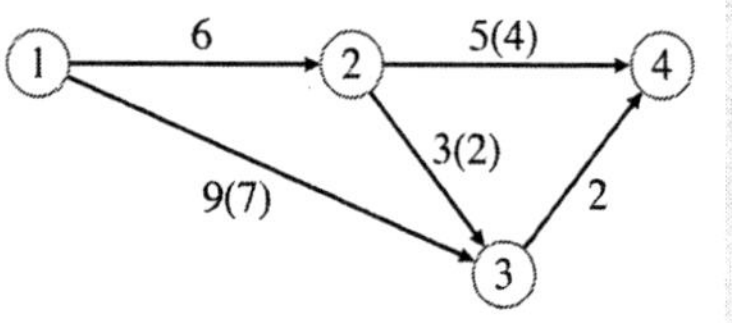

비용 : $ 53,800(=51,500+800+1,500)

10주

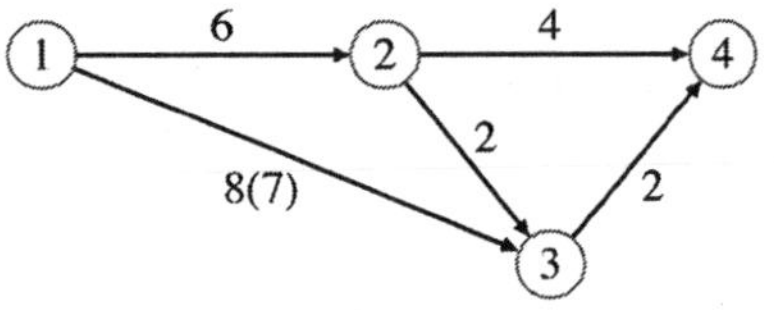

비용 : $ 59,300(=53,800+1,500+1,000+3,000)

(3)

시간(주)	10	11	12	13	14	15	16
직접비	$59,300	$53,800	$51,500	$49,600	$48,700	$47,800	$47,000
간접비	12,700	13,200	13,700	14,400	17,200	19,100	23,000
총비용	$72,000	$67,000	$65,200	$64,000*	$65,900	$66,900	$70,000

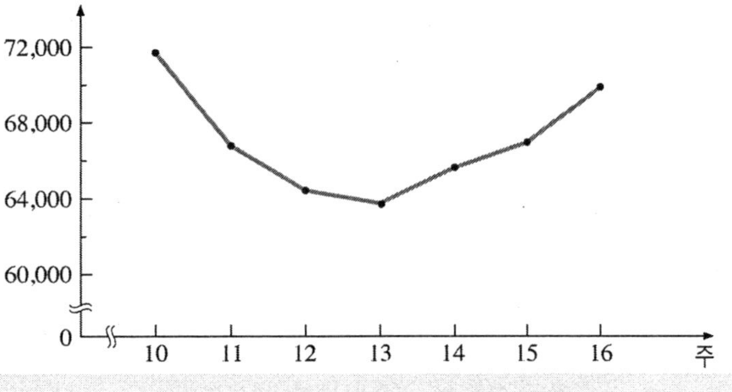

따라서 총비용을 가장 적게 들이기 위해서는 프로젝트를 13주에 완성해야 한다.

(4) 주공정(1→2→4와 1→2→3→4)상의 활동들이 모두 단축되었기 때문이다. 이 경우 다른 주공정(1→3→4)상의 활동을 단축하더라도 비용만 추가될 뿐 프로젝트 완료시간은 단축되지 않는다.

연습문제 *Exercise*

1 한 경영자문회사는 기업의 중간관리자들의 훈련을 계획하고 있다. 이러한 훈련계획에는 다음과 같은 활동들이 포함되어 있다.

활동	선행활동
A	
B	
C	
D	B
E	A, D
F	C
G	E, F

이들 활동의 네트워크를 작성하라.

2 문제 1에서 각 활동시간이 다음과 같이 추정되었다. 전체 프로젝트의 완료시간과 주공정을 결정하라.

활동	시간(일)
A	2
B	5
C	1
D	10
E	3
F	6
G	8
	계 35일

3 M기계회사는 좁은 강이나 수로에서 자라는 잡초를 제거하는 기계를 개발하려고 한다. 시험용 기계를 제조하기 위해 필요한 활동들은 다음과 같다.

활동	선행활동
A	
B	
C	A
D	A
E	B
F	B
G	C, E
H	D, F

이들 활동의 네트워크를 작성하라.

4 문제 3의 M기계회사는 다음 표와 같이 활동시간을 추정하였다.

활동	시간
A	6
B	5
C	3
D	2
E	4
F	6
G	10
H	7

(1) 각 활동에 대하여 ES, EF, LS, LF 그리고 여유시간을 계산하라.

(2) 주공정 및 전체 프로젝트의 완료시간을 산출하라.

5 Z경영자문회사는 여러 가지 활동들로 구성된 한 프로젝트를 수행하려고 한다. 각 활동에 대한 낙관적 시간, 최빈시간, 비관적 시간이 다음과 같다.

활동	시간추정치(일)			선행활동
	a	*m*	*b*	
A	3	6	8	
B	2	4	4	
C	1	2	3	
D	6	7	8	C
E	2	4	6	B, D
F	6	10	14	A, E
G	1	2	4	A, E
H	3	6	9	F
I	10	11	12	G
J	14	16	20	C
K	2	8	10	H, I

각 활동의 기대시간과 분산을 구하라.

6 문제 5의 Z경영자문회사 프로젝트를 완료하는 데 필요한 기대시간을 계산하고 주공정을 찾아라.

7 문제 6의 Z경영자문회사가 40일 내에 프로젝트를 완료할 확률을 구하라.

8 다음과 같이 활동과 시간추정치가 주어졌을 때 물음에 답하여라.

활동	시간추정치(일)			선행활동
	a	*m*	*b*	
A	8	10	12	
B	6	7	9	
C	3	3	4	
D	10	20	30	A
E	6	7	8	C
F	9	10	11	B, D, E
G	6	7	10	B, D, E
H	14	15	16	F
I	10	11	13	F
J	6	7	8	G, H
K	4	7	8	I, J
L	1	2	4	G, H

(1) 이들 활동의 네트워크를 작성하라.

(2) 각 활동에 대하여 기대시간과 분산을 구하라.

(3) 각 활동에 대하여 ES, EF, LS, LF 및 여유시간을 계산하라.

(4) 주공정 및 전체 프로젝트 완료시간을 산출하라.

(5) 70일 이내에 이 프로젝트를 완료할 확률을 계산하라.

(6) 80일 이내에 이 프로젝트를 완료할 확률을 계산하라.

(7) 90일 이내에 이 프로젝트를 완료할 확률을 계산하라.

9 **어느 프로젝트의 각 활동에 대한 ES, LS 기대시간 및 총비용이 다음과 같이 주어졌을 때 물음에 답하여라.**

활동	ES	LS	t	총비용
A	0	0	6	10
B	1	4	2	14
C	3	3	7	5
D	4	9	3	6
E	6	6	10	14
F	14	15	11	13
G	12	18	2	4
H	14	14	11	6
I	18	21	6	18
J	18	19	4	12
K	22	22	14	10
L	22	23	8	16
M	18	24	6	18

(1) ES를 이용하여 매월 소요될 예산을 산출하라.

(2) LS를 이용하여 매월 소요될 예산을 산출하라.

10 **어느 프로젝트의 활동과 그에 관련된 시간 및 비용이 다음과 같이 주어졌을 때 물음에 답하여라.**

활동	시간(주)		비용($)		선행활동
	정상	속성	정상	속성	
A	3	2	1,000	1,600	
B	2	1	2,000	2,700	
C	1	1	300	600	
D	7	3	1,300	1,600	A
E	6	3	850	1,000	B
F	2	1	4,000	5,000	C
G	4	2	1,500	2,000	D, E

(1) 각 활동별 추가비용을 계산하라.

(2) 네트워크를 작성하고 정상시간에 의한 주공정과 속성시간에 의한 주공정을 찾아라.

(3) 최소의 추가비용을 투입하여 프로젝트를 완료할 최소시간을 구하라.

(4) 프로젝트를 10주 이내에 끝내는 데 소요될 최소비용을 결정하는 선형계획모형을 작성하라.

14 재고모형

Management science

1. 서 론

기업에서 효율적인 재고관리는 기업의 성공 여부를 결정하는 필수적인 요소가 되고 있다. 기업이 과다한 재고를 보유하면 재고유지비의 증가로 인하여 비용의 발생요인이 될 뿐만 아니라 기업의 현금흐름 및 유동성을 악화시킨다. 반면에 재고를 충분하게 보유하고 있지 않은 경우에는 재고부족으로 인하여 생산활동과 제품판매에 지장을 초래하는 등 기회비용이 발생한다.

재고(inventory)는 현재 또는 미래의 수요를 충족시켜 주는 보유자원으로서 전형적인 재고의 예는 원자재, 재공품, 완제품 등이다. 특히 이 중에서 완제품의 재고수준은 수요와 직접적인 관계가 있다. 물론 수요가 확정적이거나 수요예측을 정확히 할 수 있고 수요를 적시에 충족시킬 수 있다면 재고를 보유할 필요가 없다. 그러나 대개는 수요가 불확실하고 수요예측을 정확히 할 수 없기 때문에, 이러한 수요에 대응하기 위하여 적정재고를 보유하고 합리적인 재고관리(inventory management)가 필요하게 된다.

2. 재고의 여러 가지 기능

2.1 재고의 기능

(1) 공정 간 완충작용

재고의 주요 기능 중의 하나는 조직 내의 제조공정들을 분리하는 기능이다. 만약 각 공정 내에 재고로서 재공품을 보유하고 있지 않으면 각 공정 간의 작업시간의 불균형으로 인하여 작업지연과 비능률이 발생하게 된다. 예를 들어, 한 제조공정이 끝나지 않은 상태에서 다음 제조공정을 시작하기 위해서는 작업에 필요한 재공품이 있어야 한다. 그러나 재공품을 보유하고 있지 않으면 다음 공정들은 가동을 중단해야 한다. 이처럼 재공품 재고는 한 공정이 다른 공정에 부정적 영향을 미치지 않도록 완충작용을 하게 된다.

(2) 자원의 저장

자원의 공급기간이 한정되어 있으나, 이 자원에 대한 수요가 계속적으로 발생한 경우 수요에 대비하여 공급기간 중에 자원을 구입, 재고로 보유해야 한다. 예를 들어, 농·수산물과 같이 특정 계절에 수확이 가능한 반면에 수요는 연중 일정하다면 미래의 수요를 위하여 이들을 재고로 보유해야 한다. 이처럼 재고는 자원을 저장하는 기능을 담당한다.

(3) 가격변동에 대한 대비

자원을 조직 내에 재고로 보유하는 것은 가격변동에 대한 대비책이 될 수 있다. 예를 들어, 현금을 은행에 예치하면 10% 내지 12%의 이자수익을 얻을 수 있다. 그러나 인플레이션이나 자원의 부족으로 인하여 자원의 가격이 30% 이상 인상된다면, 은행 예치금으로 자원을 구입하여 재고로 보유하는 것이 보다 나은 투자방법이다.

(4) 불규칙적 수요의 조절

재고자산에 대한 수요가 불규칙적이면 일정량의 재고를 보유하는 것이 절대적으로 필요하다. 일반적으로 수요는 정확히 예측할 수 없기 때문에 수요의 변화에 대응하기 위하여 안전재고가 유지되어야 한다. 만약 한 점포에서 갑작스러운 수요의 증가로 재고부족이나 품절현상이 발생하면 고객들은 그들의 욕구를 충족시키기 위하여 다른 점포로 가게 된다. 이로 인해 고객의 호의를 상실하게 되고 기회비용이 발생한다. 따라서 불규칙적인 수요를 조절하기 위해 적정량의 안전재고를 보유함으로써 재고비용을 절감할 수 있다.

(5) 수량할인 혜택

재고의 또 다른 기능으로서 대량구매를 통하여 가격을 할인받는 수량할인의 혜택을 들 수 있다. 대부분의 공급자는 대량주문을 하면 가격을 할인해준다. 따라서 구매비용을 절감하기 위해 제품을 대량으로 구입하여 재고로 보유할 수 있다. 그러나 이 경우 재고유지비를 고려해야 한다.

2.2 재고의사결정 및 재고비용

재고의 기능이 효율적으로 수행되기 위해서는 다음과 같은 두 가지의 기본적인 의사결정이 필요하다.

① 얼마나 주문할 것인가?
② 언제 주문할 것인가?

즉, 재고관리에 있어서 핵심이 되는 의사결정문제는 주문량과 주문시기의 결정이다. 그런데 주문량과 주문시기는 수요의 크기와 변동에 따라 상호 유기적으로 결정이 된다. 수요가 확정적인 경우 주문량을 결정하면 주문시기가 자동적으로 산출되며, 반대로 주문시기를 결정하면 주문량이 자동적으로 산출된다. 그러나 수요가 확률적인 경우에는 주문량과 주문시기가 상호 독립적이어서 두 변수를 동시에 고려해야 한다. 따라서 수요에 대응하여 적시에 적량의 재고를 최소의 비용으로 유지하는 재고관리의 기본기능을 달성하기 위해서는 주문량과 주문시기를 합리적으로 결정해야 한다.

재고에 관한 의사결정이 잘 되었는가를 평가하는 중요 기준이 곧 재고비용이다. 따라서 비용최소화의 목적이 달성될 수 있는 주문량과 주문시기의 결정이 중요하다. 재고의사결정과 관련된 주요 비용은 다음과 같다.

(1) 주문비용

주문비용(ordering cost)은 제품의 주문부터 인수에 이르기까지 구매, 조달과 관련하여 발생하는 비용으로 수송비, 통신비, 자료처리비용, 사무비용, 검사비용 및 인수비용 등이 포함된다. 이러한 비용들은 매 주문시 발생하는 기본비용이므로 주문량의 크기와는 관계없이 일정하다. 따라서 1회 주문비용에 기간당 총주문횟수를 곱하여 산출되는 기간당 총주문비용은 주문횟수에 비례하여 변동한다. 만약 한 기업이 제품을 외부로부터 조달하지 않고 자체 생산한다면 주문비용 대신에 제품을 제조하기 위한 가동준비비용(set-up cost)이 필요하다.

(2) 재고유지비용

재고유지비용(holding cost)은 재고를 유지·보관하는 데 발생하는 비용이다. 이에는 보관비, 보험료, 도난이나 파손, 감모에 따른 비용뿐만 아니라 재고에 투입된 자금에 대한 자본비용 등이 포함된다. 이러한 재고유지비용은 특정 수준의 재고를 보유하고 있기 때문에 발생하는 비용이므로, 재고수준의 변화에 비례하여 변동한다.

(3) 재고부족비용

재고부족비용(stock-out cost)은 재고부족으로 인하여 발생하는 비용이다. 완제품의 경우 재고부족이 발생하면 판매기회가 상실되고 고객의 신뢰를 잃게 된다. 또한 원재료의 재고가 부족하면 생산을 중단해야 한다. 이처럼 재고부족비용은 재고부족으로 인하여 발생하는 판매기회 및 고객의 상실, 생산중단에 따른 손실 등, 기회비용(opportunity cost)의 성격을 띠고 있다.

일반적으로 재고수준의 증가는 재고유지비를 증가시키는 반면에, 재고부족비용 및 주문비용 등을 감소시킨다. 따라서 재고의사결정은 적정재고수준을 유지하여 총재고비용을 최소화할 수 있도록 주문량과 주문시기를 결정하는 일이다.

3. 기본 EOQ 모형

3.1 EOQ 모형의 의의

재고와 관련된 의사결정문제, 즉 총비용을 최소화하는 주문량과 주문시기를 결정하는 문제를 해결하기 위해서는 재고모형(inventory model)을 이용해야 한다. 재고모형은 최적화를 시도하는 계량적 방법을 배경으로 하고 있어 재고모형을 이용함으로써 효율적인 재고관리를 할 수 있게 된다. 수많은 재고모형들 중 주문량 결정을 위한 가장 기본적인 모형으로는 경제적 주문량 모형을 들 수 있다.

경제적 주문량 모형(economic order quantity model)은 고전적 재고모형으로서 모든 재고모형의 기초가 된다. 이 모형은 1915년 해리스(F.W. Harris)의 논문에서 경제적 주문량(economic order quantity)에 관한 공식으로 널리 알려진 이래 최적주문량을 결정하는 데 이용되고 있다.

EOQ 모형에서는 다음과 같은 가정이 필요하다.

① 수요는 알려져 있으며 일정하다(확정적 수요).
② 주문 후 주문량이 인도되는 기간 즉 조달기간(lead time)은 알려져 있으며 일정하다.
③ 주문량은 일시에 입고된다.
④ 수량할인은 허용되지 않는다.
⑤ 1회의 주문비용과 단위당 재고유지비는 일정하다.
⑥ 재고부족이나 미도착주문(back-order)은 발생하지 않는다.

이러한 가정하에서 EOQ 모형의 재고수준의 변화는 [그림 14-1]을 이용하여 설명할 수 있다. [그림 14-1]에서 조달기간을 고려하지 않을 경우 주문량 Q는 수요가 일정하다고 가정하였으므로 시간의 경과에 따라 일정한 비율로 감소한다. 재고수준이 0까지 하락하면 다시 재주문을 하게 된다. 이에 따라 재고수준이 다시 Q로 상승하고 새로운 재고 사이클이 시작되며, 이러한 과정이 계속적으로 반복된다.

그림 14-1 ▶ 시간의 경과에 따른 재고수준의 변화

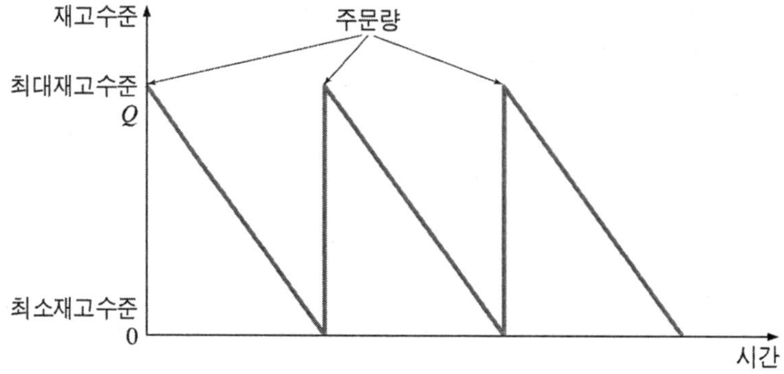

3.2 경제적 주문량의 결정

재고분석의 목적은 재고와 관련해서 발생하는 총재고비용이 최소가 되도록 최적주문량을 결정하는 것이다. 기본 EOQ 모형에서는 가정에 따라 재고부족비가 발생하지 않으므로 단지 주문비용과 재고유지비용만을 비용으로 고려한다. 따라서 이 모형에서는 주문비용과 재고유지비용의 합을 최소화하는 경제적 주문량을 결정하게 된다.

[그림 14-2]에서는 주문량의 함수로서의 총비용의 변화를 보여 주고 있다. 그래프에서 주문량이 증가함에 따라 기업이 유지해야 하는 평균재고가 증가하게 되어 재고유지비용은 상승한다. 반면에 1회 주문비용은 주문량의 크기와는 관계없이 일정하나 주문량이 증가하면 주문횟수가 줄어들기 때문에

그림 14-2 ▶ 총비용곡선

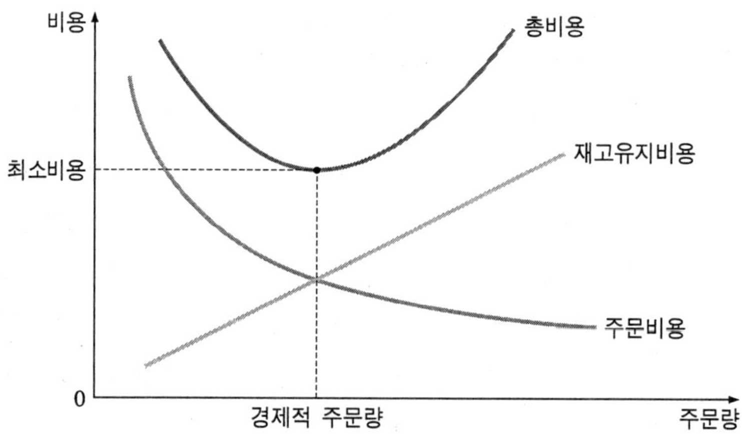

총주문비용은 감소한다. 총비용은 재고유지비용과 주문비용으로 구성되므로, 두 비용곡선이 일치하는 균형점에서 총비용이 최소가 된다. 이때의 주문량이 경제적 주문량(EOQ)이며, 총비용을 최소화하는 최적주문량을 의미한다.

(1) 재고유지비용 산출

기본 EOQ 모형에서는 시간의 경과에 따라 재고가 일정한 비율로 감소하기 때문에 평균재고는 최소재고수준 0과 최대재고수준 Q를 평균한 $\frac{Q}{2}$이다.

$$\text{평균재고수준} = \frac{0+Q}{2} = \frac{Q}{2}$$

만약 연간 단위당 재고유지비가 C_h라면 연간 총재고유지비는 평균재고수준에 단위당 재고유지비를 곱하여 다음과 같이 산출된다.

$$\text{총재고유지비용} = \frac{Q}{2} C_h$$

(2) 주문비용 산출

수요가 일정한 경우 주문량이 증가하면 연간 주문횟수가 줄어 총주문용은 감소한다. 연간 총수요를 D라 하고 1회 주문량을 Q라고 하면, 연간 총주문횟수는

$$\text{연간 총주문횟수} = \frac{D}{Q}$$

가 된다. 여기서 1회 주문비용을 C_o라고 하면 연간 총주문비용은 총주문횟수에 1회 주문비용을 곱하여 다음과 같이 산출된다.

$$\text{총주문비용} = \frac{D}{Q} C_o$$

(3) 경제적 주문량 결정

기본 EOQ 모형에서는 재고비용으로 재고유지비용과 주문비용만을 고려하기 때문에 총비용(total cost: TC)은 연간 총재고유지비용과 연간 총주문비용을 합하여 산출한다.

$$\text{TC} = \frac{Q}{2} C_h + \frac{D}{Q} C_o$$

[그림 14-2]에서 보는 바와 같이, 총비용은 재고유지비용과 주문비용이 일치하는 점에서 최소가 된다. 따라서 총비용이 최소가 되는 주문량 Q는 다음과 같이 구할 수 있다.

$$\frac{Q}{2} C_h = \frac{D}{Q} C_o$$

$$Q^2 = \frac{2DC_o}{C_h}$$

$$Q^* = \sqrt{\frac{2DC_o}{C_h}}$$

여기서 구한 Q^*가 총비용을 최소화하는 기본 EOQ 모형의 경제적 주문량(EOQ)이다.

$$\text{EOQ} = \sqrt{\frac{2DC_o}{C_h}}$$

또한 경제적 주문량 Q는 미분을 이용하여 구할 수도 있다. 총비용을 TC라 하면

$$\text{TC} = \frac{Q}{2} C_h + \frac{D}{Q} C_o$$

이다. 위의 총비용 TC를 Q에 관하여 미분하여 0으로 놓고 Q에 관하여 정리하면

$$\frac{dTC}{dQ} = \frac{C_h}{2} - \frac{DC_o}{Q^2} = 0$$

$$Q^* = \sqrt{\frac{2DC_o}{C_h}}$$

가 된다. 따라서 경제적 주문량은 다음과 같다.

$$\text{EOQ} = \sqrt{\frac{2DC_o}{C_h}}$$

C_h : 단위당 재고유지비, C_o : 1회 주문비용, D : 연간 수요량

그런데 기업에서 재고유지비용은 제품의 단위당 가격에 대한 비율로써 나타내는 경우가 많다. 이 경우 P를 제품의 가격이라 하고, I를 가격에 대한 단위당 재고유지비의 비율이라 한다면 연간 단위당 재고유지비 C_h는 PI가 된다. 따라서 경제적 주문량은 다음과 같이 나타낼 수 있다.

$$\text{EOQ} = \sqrt{\frac{2DC_o}{PI}}$$

실례로서 S사는 다른 제조업체에서 펌프를 구입하려고 한다. 펌프의 연간 수요(D)는 1,000대이며, 1회 주문비용(C_o)는 \$10, 단위당 재고유지비(C_h)는 평균 \$0.5이다. 이 자료를 이용하여 경제적주문량을 구하면 다음과 같다.

$$\begin{aligned}\text{EOQ} &= \sqrt{\frac{2DC_o}{C_h}} \\ &= \sqrt{\frac{2(1,000)(10)}{0.5}} = 200(\text{대})\end{aligned}$$

이때 연간 총비용은 다음과 같이 구할 수 있다.

$$\begin{aligned}\text{TC} &= \frac{Q}{2}C_h + \frac{D}{Q}C_o \\ &= \left(\frac{200}{2}\right)(0.5) + \left(\frac{1,000}{200}\right)(10) = \$100\end{aligned}$$

3.3 재주문점 : 주문시기의 결정

대부분의 단순한 재고모형에서는 주문품은 주문과 동시에 입고된다고 가정한다. 즉, 기업에서 특정 품목의 재고수준이 0일 때 주문을 하면 주문과 동시에 그 품목의 조달이 가능하다고 가정한다. 그러나 실제로 주문을 해서 조달되기까지는 일정한 기간이 소요되며, 이 기간을 조달기간(lead time), 또

는 인도기간(delivery time)이라고 한다. 따라서 주문시기는 언제 주문할 것인가를 나타내 주는 재고수준인 재주문점(reorder point : ROP)에 의해 결정된다.

수요가 항상 일정하고 그 크기가 알려져 있는 확정적 모형에서 재주문점은 다음과 같이 구할 수 있다.

$$\text{재주문점(ROP)} = \text{1일 수요량} \times \text{조달기간}$$
$$= d \times L$$

[그림 14-3]에는 그래프상에 재주문점이 표시되어 있다. 그래프에서 사선은 1일 재고사용량인 수요량 d를 나타내며, 조달기간 L은 주문량이 인도되는 데 소요되는 시간이다. 따라서 재고수준이 재주문점에 도달했을 때 주문을 하게 되면, 조달기간 L이 경과된 후에 주문량이 인도된다. 이때 재고수준은 조달기간 중에도 계속하여 일정한 양 d만큼을 사용하기 때문에 0인 상태이다.

X사의 트랜지스터의 연간 수요량은 8,000단위이며, 1일 수요량은 40단위이다. 만약 주문품의 조달에 평균 3일이 소요된다면, 재주문점은 다음과 같이 계산할 수 있다.

$$\text{ROP} = d \times L$$
$$= 40 \times 3 = 120(\text{단위})$$

따라서 이 회사는 트랜지스터의 재고수준이 120단위가 되면 주문을 해야 한다. 이때 주문량은 3일 후에 조달되며, 기존의 재고는 고갈되어 있는 상태

그림 14-3 ▶ 재주문점

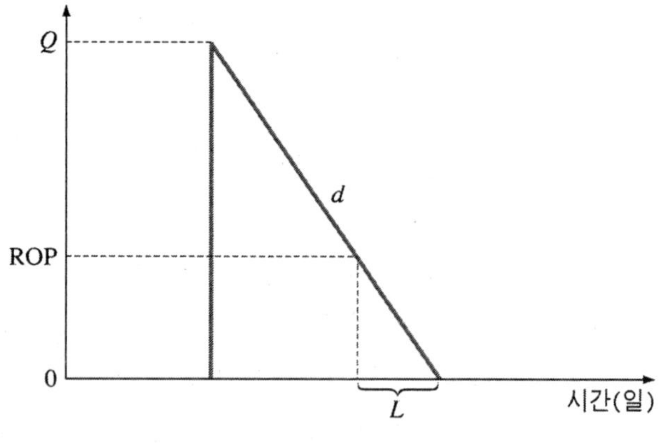

이다. 이러한 재주문점의 계산은 수요가 확실하고 일정한 확정적 상황에서만 적용이 가능하다.

4. 고정주문주기 모형

재고모형은 주문방식에 따라 고정주문량모형과 고정주문주기모형으로 나눌 수 있다. 고정주문량 모형(fixed order quantity model)은 1회 주문량을 적정하게 정해 놓고 재고수준이 재주문점 이하로 하락하면 고정주문량만큼 주문하는 방법이다. 따라서 이 재고모형을 재고관리에 적용시키면 재주문점과 주문량의 결정이 중요한 문제가 된다. 경제적 주문량(EOQ)모형은 총비용을 최소화하는 최적주문량을 결정하는 모형이므로 고정주문량모형이라고 할 수 있다.

고정주문주기 모형(fixed order interval model)은 주문기간을 고정하고 주문시점에 도달하면 미리 정해진 최대재고수준에서 재고보유량을 차감한 수량만큼을 주문하는 방법이다. 이 모형에서는 기본 EOQ 모형에서 전제로 한 가정을 그대로 적용하면, [그림 14-4]에서 보는 바와 같이 재고수준의 변화는 기본 EOQ 모형과 동일하게 된다. 그러나 수요가 변동하면 기본 EOQ 모형과 다른 형태를 갖는다.

그림 14-4 ▶ 수요와 조달기간이 일정한 경우의 고정주문주기모형

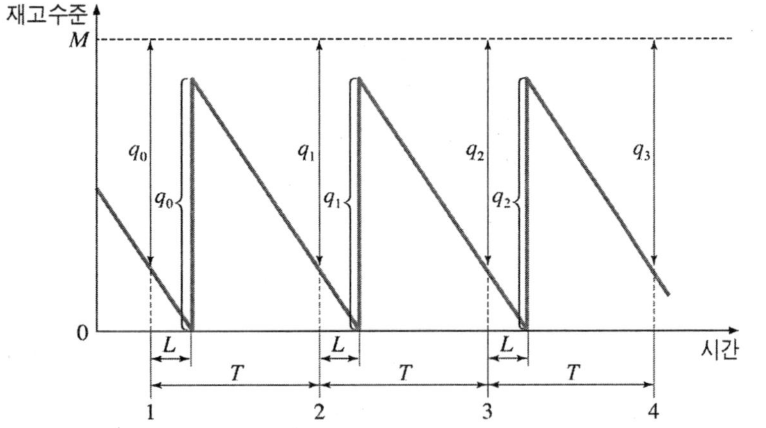

[그림 14-4]에서 시간의 경과에 따라 재고수준은 수요에 대응하여 일정하게 감소한다. 일정한 수요로 인하여 재고수준이 하락하다가 미리 정해진 주문시기에 도달하면 보유재고량과 최대재고수준 M과의 차이인 q만큼의 주문을 하게 된다. 주문량 q가 조달되면 재고수준은 증가하나 조달기간 중의 수요로 인하여 보유재고가 감소했으므로 최대재고수준에는 이르지 못한다. 실제로 재고수준이 최대재고수준에 도달하는 것은 조달기간 중의 수요가 0인 경우뿐이다. 여기서 T는 한 주문시점에서 다음 주문시점까지의 주문주기를 나타내는 변수이다. 고정주문주기 모형에서는 최적주문주기의 결정이 중요한 문제가 된다.

먼저 주문주기 T와 주문량 Q, 연간수요량 D 사이에는 다음과 같은 관계가 성립한다.

$$T = \frac{Q}{D} \quad \text{즉} \quad Q = TD$$

여기서 총비용을 최소화하는 최적주문주기 T를 구하기 위해서는 총비용을 고려해야 한다.

$$TC = \frac{Q}{2} C_h + \frac{D}{Q} C_o$$

이 식에 $Q = TD$를 대입하면

$$\begin{aligned} TC &= \frac{TD}{2} C_h + \frac{D}{TD} C_o \\ &= \frac{TD}{2} C_h + \frac{C_o}{T} \end{aligned}$$

이다. 이를 T에 관하여 미분하고 0으로 놓으면 최적주문주기 T가 산출된다.

$$\frac{dTC}{dT} = \frac{D}{2} C_h - \frac{C_o}{T^2} = 0$$

$$T = \sqrt{\frac{2C_o}{DC_h}}$$

여기서 기본 EOQ모형을 적용하기 위하여 제시했던 S사의 예를 가지고 최적주문주기를 구해 보도록 하자. S사는 다른 제조업체에서 펌프를 구입하려고 한다. 펌프의 연간 수요는 1,000단위이고 주문비는 \$10, 재고유지비는 \$0.5이다. 이 경우 $C_o = \$10$, $C_h = \$0.5$, $D = \$1000$이므로 최적주문주기는 다음과 같다.

$$T = \sqrt{\frac{2C_o}{DC_h}}$$
$$= \sqrt{\frac{(2)(10)}{(1,000)(0.5)}}$$
$$= 0.2(\text{년}) = 73(\text{일})$$

5. 경제적 생산량 모형

기본 EOQ 모형에서는 주문량이 주문과 동시에 조달된다는 가정에 전제를 두고 경제적 주문량을 결정하였다. 그러나 기업이 일정기간에 걸쳐 주문을 하거나, 특히 생산공정에서 특정 품목을 생산하면서 동시에 판매한다면 재고를 일시에 보충할 수 없기 때문에 기본 EOQ 모형을 적용할 수 없다. 이 경우에는 경제적 생산량을 결정하며, 이에 적합한 모형을 경제적 생산량(economic production quantity : EPQ) 모형이라고 한다.

경제적 생산량 모형에서는 [그림 14-5]에서 보는 바와 같이 기간당 생산량(p)이 기간당 수요량(d)보다 많으므로 수요량을 초과하는 양($p-d$)만큼

그림 14-5 ▶ **경제적 생산량 모형**

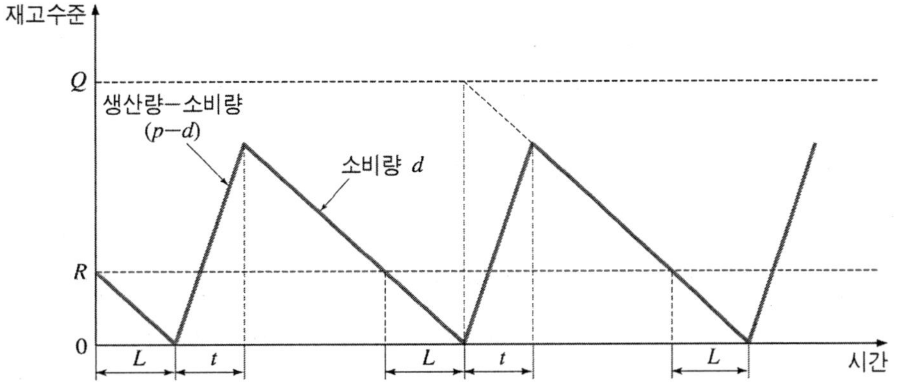

이 재고가 된다. 재고는 생산이 이루어지는 기간 동안 계속 증가하여 일정한 수준에 이르면 생산이 중단된다. 그러나 생산중단기간 중에도 수요가 일정하게 유지되므로 재고가 고갈되면 다시 생산을 시작하게 된다. 이 경우 EPQ 모형의 목적은 총비용을 최소화하는 경제적 생산량을 결정하는 데 있다.

(1) 재고유지비용 산출

재고유지비용은 평균재고수준에 단위당 재고유지비를 곱하여 산출한다.

이 모형에서는 1일 생산량 p가 1일 수요량 d보다 크다고 가정하고 있기 때문에 $(p-d)$만큼이 초과 생산되므로 t기간 동안의 최대재고수준은

$$\text{최대재고수준} = t(p-d)$$

이다. 또한 생산량 Q는 매일 p단위씩 t기간 동안 생산된 양이므로 $Q=p\cdot t$이다. 이로부터

$$t=\frac{Q}{p}$$

가 된다. 따라서 연간 평균재고수준은 다음과 같다.

$$\begin{aligned}\text{평균재고수준} &= \frac{1}{2}t(p-d)\\ &= \frac{1}{2}\frac{Q}{p}(p-d)\\ &= \frac{1}{2}Q\left(1-\frac{d}{p}\right)\end{aligned}$$

이 식을 이용하여 연간 총재고유지비용을 구하면 다음과 같다.

$$\begin{aligned}\text{총재고유지비용} &= (\text{평균재고수준})\times(\text{단위당 재고유지비})\\ &= \frac{1}{2}Q\left(1-\frac{d}{p}\right)C_h\end{aligned}$$

(2) 가동준비비용 산출

경제적 생산량 모형에서는 제품이 일정기간에만 생산되기 때문에 주문비용 대신 가동준비비용이 필요하다. 가동준비비용(set-up cost)은 제품 생산을 위하여 생산설비 및 준비작업에 소요되는 비용으로서 기본 EOQ 모형에서의 주문비용과 같은 성격을 갖는다. 따라서 연간 총가동준비비용은 다음과 같이

구할 수 있다.

$$\text{총가동준비비} = (\text{연간 생산횟수}) \times (\text{1회 가동준비비용})$$
$$= \frac{D}{Q} C_s$$

(3) 경제적 생산량 결정

경제적 생산량을 결정하는 데 있어서 총비용은 연간 총재고유지비용과 연간 총가동준비비용의 합이다.

$$TC = \frac{1}{2} Q\left(1 - \frac{d}{p}\right) C_h + \frac{D}{Q} C_s$$

이 식을 Q에 관하여 미분하고, 다시 이를 0으로 놓아 경제적 생산량을 구하면 다음과 같다.

$$\frac{dTC}{dQ} = \frac{1}{2}\left(1 - \frac{d}{p}\right) C_h - \frac{D}{Q^2} C_s = 0$$

$$Q^* = \sqrt{\frac{2DC_s}{\left(1 - \frac{d}{p}\right) C_h}}$$

이 Q^*가 곧 경제적 생산량이 된다.

$$\text{EPQ} = \sqrt{\frac{2DC_s}{\left(1 - \frac{d}{p}\right) C_h}}$$

실례를 들어 보자. B사는 상업용 냉장고를 제조하고 있다. 이 냉장고에 대한 연간 추정수요는 10,000대이다. 이 회사는 1일 80대의 냉장고를 생산할 수 있는 반면에, 생산기간 동안의 1일 수요는 60대이다. 생산공정을 가동시키기 위하여 가동준비비용으로 약 \$100가 소요되며, 재고유지비는 연간 1대당 \$0.5이다. 이 자료를 가지고 경제적 생산량과 생산기간을 구해 보도록 한다. 먼저 D=1,000, C_s=100, C_h=0.5, p=80 d=60이므로, 경제적 생산량은 4,000대이다.

$$\text{EPQ} = \sqrt{\frac{2DC_s}{C_h\left(1-\frac{d}{p}\right)}}$$

$$= \sqrt{\frac{2\times 10,000\times 100}{0.5\left(1-\frac{60}{80}\right)}}$$

$$= 4,000(\text{대})$$

다음, 1일 80대의 생산이 가능하므로 생산기간은 $\frac{Q}{p}$ =4,000/80=50일이 소요된다.

6. 기본 EOQ 모형의 확장

EOQ모형의 기본가정은 비현실적이서 실제문제에 적용이 불가능한 경우가 많다. 예를 들어, 특정 생산공정에서 주문량이 주문과 동시에 조달되는 대신에 계속적으로 보충되기도 하며, 대량으로 구매를 하면 가격을 할인해 주는 경우도 있다. 또한 수요가 불확실하고 일정하지 않기 때문에 재고부족이나 품절현상이 발생하기도 한다.

6.1 수량할인이 허용되는 경우

기본 EOQ모형에서는 수량할인(quantity discount)을 고려하지 않았다. 그러나 일반적으로 제품을 대량으로 구매할 경우 가격을 할인해 주는 수량할인이 이루어지고 있다. 수량할인이 있는 경우 그 혜택을 받기 위하여 매회 제품을 대량으로 주문한다면 평균재고가 증가하여 결국 총재고유지비가 증가할 것이다. 반면에 1회 주문량이 증가되면 연간 총주문횟수는 줄어들어 총주문비가 감소하게 된다. 따라서 대량구매로 인한 총재고유지비용의 증가액이 총주문비용과 구매비용의 절감액보다 적다면 경제적 주문량보다 많은 양을 주문하는 것이 바람직하다. 이처럼 수량할인이 고려되는 경우에는 이에 따른 이점을 누리기 위해 주문량이 기존의 경제적 주문량보다 많아야 하는가를 평가할 필요가 있다.

수량할인이 허용하는 경우 총재고비용은 다음과 같다. 이 식에서 단위 당 재고유지비 C_h는 단위당 구매가격에 대한 재고유지비의 비율을 곱하여 CI로 표시해야 한다. 이는 수량할인의 경우 주문량에 따라 단위당 구매가격이 상이하여 단위당 재고유지비 C_h가 일정하다고 가정할 수 없기 때문이다.

$$\text{총재고비용} = \text{재고유지비용} + \text{주문비용} + \text{구매비용}$$

$$TC = \frac{Q}{2}C_h + \frac{D}{Q}C_o + DC$$

$$= \frac{Q}{2}CI + \frac{D}{Q}C_o + DC$$

D : 연간 수요량, C : 단위당 가격, I : 재고유지비비율

B백화점은 판매를 목적으로 완구용 자동차를 구입하려고 한다. 그런데 완구제조회사에서는 매출을 신장시키기 위하여 완구용 자동차의 수량할인을 [표 14-1]과 같이 제시하고 있다.

이 표에서 보는 바와 같이 정상가격은 $ 5이며, 구매량에 따라 가격할인율은 달라진다. 또한 완구용 자동차의 연간 수요는 5,000개이고, 1회 주문비는 $49이며, 단위당 재고유지비는 제품가격의 20%이다.

총재고비용을 최소화하는 경제적 주문량은 다음 네 단계를 거쳐 결정된다.

단계 1 : 각각의 할인율에 따라서 수량할인이 없다고 가정하고 경제적 주문량을 구한다.

$$Q_1 = \sqrt{\frac{(2)(5,000)(49)}{(0.2)(5.00)}} = 700$$

$$Q_2 = \sqrt{\frac{(2)(5,000)(49)}{(0.2)(4.80)}} = 714$$

$$Q_3 = \sqrt{\frac{(2)(5,000)(49)}{(0.2)(4.75)}} = 718$$

표 14-1 ▶ 수량할인표

분류	주문량(개)	할인율(%)	할인가격($)
1	999 이하	0	$ 5.00
2	1,000~1,999	4	4.80
3	2,000 이상	5	4.75

단계 2 : 단계 1에서 구한 경제적 주문량이 해당 할인율을 적용받을 수 있는 양보다 적다면 주문량을 조정하여 해당 할인율이 적용될 수 있는 최소량으로 조정한다. Q_1은 700개로서 해당 할인율을 적용받을 수 있는 주문량 범위인 0과 999개 사이에 있으므로 조정이 필요하지 않다. 그러나 Q_2는 714개인 데 비해 해당 할인율이 적용될 수 있는 범위는 1,000개에서 1,999개이므로 그 범위에서의 최소주문량인 1,000개로 조정해야 한다. 마찬가지로 Q_3도 2,000개로 조정해야 한다.

$$Q_1 = 700,\ Q_2 = 1,000,\ Q_3 = 2,000$$

단계 3 : 각 할인율별로 조정된 경제적 주문량에 대한 총비용을 산출한다.

$$TC = \frac{D}{Q} C_o + \frac{Q}{2} C_h + DC$$

단계 2에서 구한 경제적 주문량 Q_1, Q_2, Q_3에 대한 총비용을 산출하면 [표 14-2]와 같다.

단계 4 : 단계 3에서 산출한 총비용 중에서 최소비용을 가져오는 주문량이 총재고비용을 최소화하는 경제적 주문량이다. 위 표에서 완구용 자동차의 주문량이 1,000개일 경우 연간 총비용은 최소가 된다. 따라서 B백화점의 경제적 주문량은 1,000개이다.

수량할인이 존재하는 경우 총비용곡선은 [그림 14-6]에서 보는 바와 같이 상이한 세 개의 비용곡선으로 분할된다. 첫 번째 비용곡선은 경제적 주문량이 $0 \le Q \le 999$인 경우의 총비용곡선이며, 두 번째와 세 번째 비용곡선은 각각 $1,000 \le Q \le 1999$인 경우와 $2,000 \le Q$인 경우의 총비용곡선이다. 이 세 개의 비용곡선 중 두 번째 곡선에 총비용을 최소로 하는 점이 존재하며, 이 점에서의 주문량 1,000대가 최적주문량이 된다.

표 14-2 ▶ 수량할인이 있는 경우의 총비용

분류	단위가격	주문량	구매비	주문비	재고유지비	총비용
1	$ 5.00	700	$ 25,000	$ 350	$ 350	$ 25,700
2	4.80	1000	24,000	245	480	24,725
3	4.75	2000	23,750	122.5	950	24,822.5

그림 14-6 ▶ 수량할인이 있는 경우의 총비용곡선

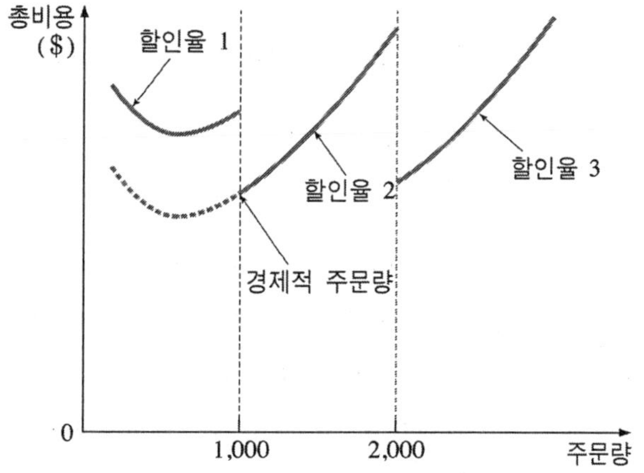

6.2 재고부족이 허용되는 경우

기본 EOQ모형에서는 수요에 대응할 만한 충분한 재고가 있지 않을 경우에 발생하는 재고부족(stock-out)을 허용하지 않았다. 그러나 현실적으로 제품의 가격이 높아서 재고유지비용이 많이 소요된다면 차라리 재고부족을 허용하는 편이 더욱 경제적일 수 있다. 이처럼 재고부족이 허용되는 경우 고객으로부터 주문이 있으나 재고가 부족하다면 부족한 주문상품이 도착한 후에 주문에 응할 수 있는 미도착주문(back-order)을 가정한다. 이러한 미도착주문은 그 제품에 대한 새로운 수요가 발생하기 전에 충족되어야 한다.

재고부족을 허용하는 경우에 총재고비용은 주문비용, 재고유지비용, 재고부족비용으로 구성된다.

$$\text{총재고비용} = \text{주문비용} + \text{재고유지비용} + \text{재고부족비용}$$

(1) 주문비용 산출

연간 총주문비용은 기본 EOQ모형에서와 동일하다.

$$\text{총주문비용} = \frac{D}{Q} C_o$$

(2) 재고유지비용 산출

연간 총재고유지비는 평균재고수준에 연간 단위당 재고유지비 C_h를 곱한 값이다.

$$총재고유지비용 = (평균재고수준) \times (단위당\ 재고유지비)$$

기본 EOQ모형에서는 최대재고수준을 2로 나누어 평균재고수준을 구할 수 있었으나, 재고부족을 허용하는 경우에는 용이하지 않다. [그림 14-7]에서 보는 바와 같이, 재고를 보유하고 있는 t 기간 동안의 최대재고수준은 $(Q-S)$이고, 재고부족이 발생하는 t_b 기간 동안의 재고량은 0이다. 따라서 총기간 T의 평균재고수준은 다음과 같이 나타낼 수 있다.

$$평균재고수준 = \frac{\frac{(Q-S)}{2}t + 0 \cdot \frac{t_b}{2}}{T} = \frac{\left(\frac{Q-S}{2}\right)t}{T}$$

그런데 총재고비용을 최소화하는 주문량 Q와 미도착주문량 S의 값을 구하기 위해서는 t와 T를 Q와 S로 나타내야 한다.

1일 수요량을 d 라 하면, 재고보유기간 t 는 다음과 같다.

$$t = \frac{Q-S}{d}$$

또한 총기간 T 는

$$T = \frac{Q}{d}$$

이다. 그러므로 평균재고수준은 다음과 같다.

$$평균재고수준 = \frac{\left(\frac{Q-S}{2}\right)t}{T} = \frac{\left(\frac{Q-S}{2}\right)\left(\frac{Q-S}{d}\right)}{\frac{Q}{d}}$$

그림 14-7 ▶ 재고부족이 허용되는 경우

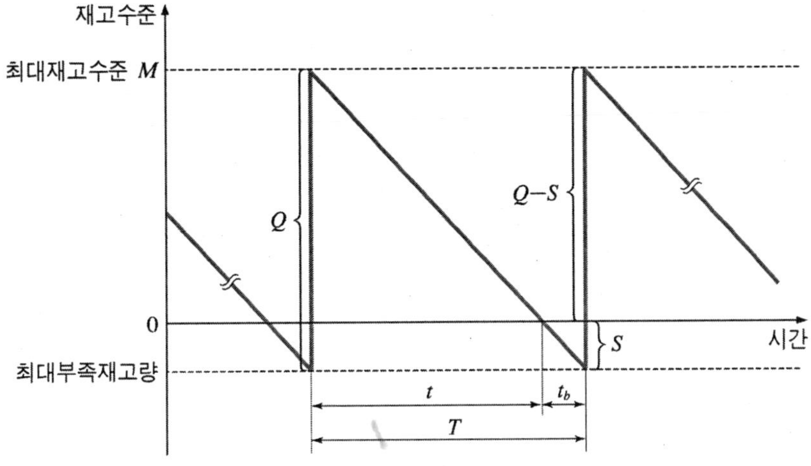

$$= \frac{(Q-S)^2}{2Q}$$

따라서 연간 총재고유지비용은

$$\text{총재고유지비용} = (\text{평균재고수준}) \times (\text{단위당재고유지비})$$
$$= \frac{(Q-S)^2}{2Q} C_h$$

가 된다.

(3) 재고부족비용 산출

재고부족이 허용되는 경우에는 부족한 주문량에 대하여 미도착주문이 가능하다. 따라서 정상적인 재고부족비용에는 미도착주문에 따른 비용과 고객의 불만이나 호의(goodwill)의 상실에 따른 기회비용도 포함된다.

재고부족비용은 고객이 주문상품을 기다리는 기간에 따라 달라지기 때문에 재고유지비용과 동일한 방법으로 구할 수 있다. 즉, 재고부족이 발생하는 기간 t_b 동안의 최대재고부족량은 S이므로 t_b 기간의 평균재고부족량은 $\frac{S}{2}$이다. 따라서 총기간 T 동안의 평균재고부족량은 다음과 같다.

$$\text{평균재고부족량} = \frac{0 \cdot t + \left(\frac{S}{2}\right) t_b}{T}$$

$$= \frac{\left(\frac{S}{2}\right)t_b}{T}$$

다시 t_b와 T를 Q와 S로 나타내면 다음과 같다.

$$t_b = \frac{S}{d}, \quad T = \frac{Q}{d}$$

이를 이용하여 평균재고부족량은 다음과 같이 나타낼 수 있다.

$$\text{평균재고부족량} = \frac{\left(\frac{S}{2}\right)\left(\frac{S}{d}\right)}{\frac{Q}{d}} = \frac{S^2}{2Q}$$

따라서 총재고부족비용은 다음과 같이 산출된다.

$$\begin{aligned}\text{총재고부족비용} &= (\text{평균재고부족량}) \times (\text{단위당 재고부족비용}) \\ &= \frac{S^2}{2Q}C_b\end{aligned}$$

C_b : 연간 단위당 재고부족비용, S : 재고부족량(미도착주문량)

(4) 경제적 주문량 및 재고부족량 결정

먼저, 연간 총비용은 다음과 같이 나타낼 수 있다.

$$\begin{aligned}TC &= \frac{D}{Q}C_o + \frac{(Q-S)^2}{2Q}C_h + \frac{S^2}{2Q}C_b \\ &= \frac{D}{Q}C_o + \frac{(Q^2 - 2QS + S^2)}{2Q}C_h + \frac{S^2}{2Q}C_b \\ &= \frac{D}{Q}C_o + \frac{Q}{2}C_h - SC_h + \frac{S^2}{2Q}(C_h + C_b)\end{aligned}$$

이 식에서 경제적 주문량과 재고부족량을 구하기 위하여 총비용함수를 Q와 S에 관하여 미분한 다음 이를 0으로 놓으면

$$\frac{\partial TC}{\partial Q} = -\frac{D}{Q^2}C_o + \frac{C_h}{2} - \frac{S^2}{2Q^2}(C_h + C_b)$$

$$= 0$$

$$\frac{\partial TC}{\partial S} = C_h - \frac{C_h + C_b}{Q} S$$

$$= 0$$

이다. 위 식을 연립하여 S값을 구하면 이 값이 바로 미도착주문량이다.

$$S = Q\left(\frac{C_h}{C_h + C_b}\right)$$

이번에는 총비용함수를 Q에 관하여 미분한 식에 미도착주문량 S값을 대입하면, 재고부족을 허용하는 경우의 경제적 주문량 Q^*를 구할 수 있다.

$$Q^* = \sqrt{\frac{2DC_o}{C_h}\left(\frac{C_h + C_b}{C_b}\right)}$$

B씨는 여성복 취급상으로서 가을용 드레스의 주문량을 결정하려고 한다. 이 드레스의 수요는 1,000벌이며, 재고유지비는 연간 단위당 \$2, 1회 주문비용은 \$7.5이다. 고객들은 재고부족에 대하여 만족하지는 않지만 드레스의 사이즈와 스타일의 다양성 때문에 미도착주문을 허용한다. 재고부족으로 인한 비용은 연간 단위당 \$10로 추정하고 있다. 이 문제에 대한 경제적 주문량과 미도착주문량을 구해 보도록 하자.

$$D = 10,000, \quad C_h = 2, \quad C_o = 7.5, \quad C_b = 10$$

앞에서 구한 공식에 따라 이 문제의 경제적 주문량 Q와 미도착주문량 S를 구하면

$$Q = \sqrt{\frac{2DC_o}{C_h}\left(\frac{C_h + C_b}{C_b}\right)} = \sqrt{\frac{2(10,000)(7.5)}{2}\left(\frac{2+10}{10}\right)}$$

$$= 300\,(\text{벌/회})$$

$$S = Q\left(\frac{C_h}{C_h + C_b}\right) = 300\left(\frac{2}{10+2}\right)$$

$$= 50\,(\text{벌})$$

이 된다.

7. 안전재고수준의 결정

경제적 주문량을 결정하는 문제들은 수요와 조달기간의 확실성을 전제로 하고 안전재고(safety stocks)가 없는 것으로 가정하였다. 그러나 실제로 수요는 불확실할 뿐만 아니라 조달기간 또한 일정하지 않은 경우가 많다. 따라서 수요의 변화와 조달기간의 변동에 대비하기 위해서는 경제적 주문량이나 재주문점의 조정 내지 안전재고가 필요하다.

[그림 14-8]은 수요의 변화로 인하여 재고부족이 발생하는 경우를 보여주고 있다. 조달기간 중 수요가 변화하면, 주문량이 인도되는 시점에서는 재고부족이나 재고과잉 현상 등이 발생하게 된다. 재고부족이 발생하는 경우 안전재고를 포함시키면 [그림 14-9]와 같이 되며, 안전재고량은 재고부족현상을 발생시키지 않는 수준이어야 한다. 재고부족이 발생하지 않도록 안전재고수준을 유지하는 최선의 방법 중의 하나가 재주문점(ROP)을 이용하는 것이다. 즉, 재주문점에 재고부족을 방지하는 안전재고를 가산함으로써 수요변동에 대한 대응이 가능하다.

$$\text{ROP} = \bar{d} \times L$$

그림 14-8 ▶ 수요의 변화에 따른 재고부족과 재고과잉

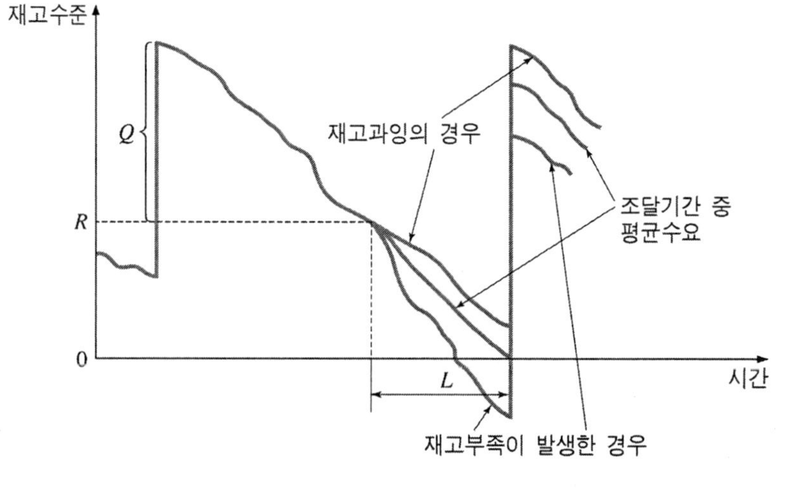

그림 14-9 ▶ 안전재고를 고려한 모형

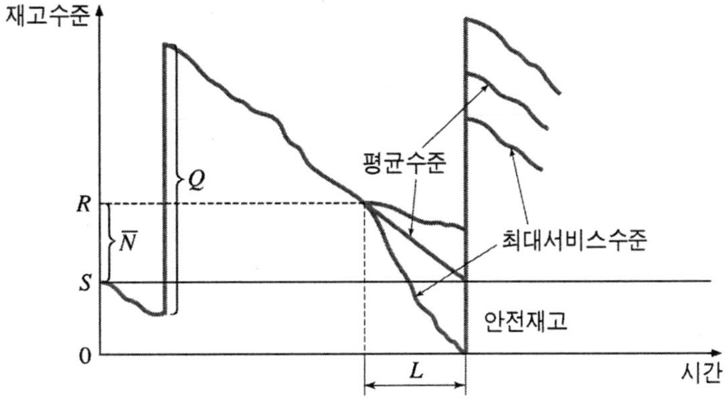

$\bar{d}$=1일 평균수요량, L=조달기간

이 식에 안전재고를 포함하는 경우 새로운 재주문점은 다음과 같이 된다.

$$\text{ROP} = \bar{d} \times L + SS$$

SS=안전재고

이때 재고부족비용을 확실히 알 수 있다면, 이를 이용하여 총재고비용을 최소로 하는 안전재고수준을 산출할 수 있다. 그러나 재고부족비용에 대한 확실한 정보가 없다면, 서비스수준의 개념을 이용하여 안전재고수준을 결정해야 한다.

(1) 재고부족비가 확실한 경우의 안전재고수준 결정

경제적주문량이 일정하고 재주문점에 의한 주문을 할 경우 재고부족 현상은 대체로 재주문점에 도달한 후, 즉 조달기간 중 갑작스러운 수요의 증가로 인하여 발생한다. 그러나 일단 조달기간 중의 수요의 확률과 재고부족비용을 알게 되면 총비용을 최소화하는 적정한 안전재고수준의 결정이 가능하다.

안전재고를 보유하게 되면 재고부족비용은 감소하는 반면에 재고유지비용은 증가하게 된다. 만약 안전재고수준이 1단위 증가하면 이 증가분에 대한 재고유지비용이 증가하지만, 1단위의 재고부족이 발생할 위험을 방지시켜 주는 효과가 있다. 따라서 적정 안전재고수준은 이 두 비용이 균형을 이루는 점에서 결정되어야 한다.

표 14-3 ▶ 조달기간 동안의 수요의 확률

수요량	확률
30	.1
40	.2
ROP → 50	.4
60	.2
70	.1
	1.0

C사의 연간 단위당 재고유지비는 \$5, 단위당 재고부족비용은 \$40이며, 연간 주문횟수는 6회이다. 조달기간 동안의 수요량에 대한 확률분포는 [표 14-3]과 같다.

[표 14-3]을 이용하여 조달기간 동안의 평균수요 μ는 다음과 같이 구할 수 있다.

$$\begin{aligned}\mu &= (30)(0.1)+(40)(0.2)+50(0.4)+60(0.2)+70(0.1)\\ &= 50\end{aligned}$$

C사의 목표는 연간 안전재고유지비용과 재고부족비용의 합이 최소가 되는 안전재고수준을 결정하는 데 있다. 연간 안전재고유지비는 안전재고수준에 연간 단위당 재고유지비를 곱하여 산출한다. 예를 들어, 안전재고가 20단위라면 안전재고유지비용은 $20\times5=100$(\$)이며, 새로운 재주문점은 평균수요에 안전재고수준을 가산한 70단위가 된다.

그러나 재고부족비용은 발생가능한 여러 재고부족수준의 재고부족비용을 모두 합하여 산출해야 하기 때문에 약간 복잡하다. 만약 안전재고가 0인 경우 수요량이 60단위이고 ROP가 50단위라면 10단위의 재고가 부족하며, 수요량이 70단위이면 20단위의 재고가 부족하게 된다. 따라서 연간 재고부족비용은 단위당 재고부족비에 재고부족량, 발생확률 및 연간 재고부족 발생횟수(주문횟수)를 곱하여 산출한다.

예를 들어, 안전재고가 0이라면 재고부족 현상은 실제 수요량이 60과 70단위인 경우에만 발생하고, 이들 수요의 확률은 0.2와 0.1, 단위당 재고부족비용은 \$이기 때문에, 연간 재고부족비용은 다음과 같이 960달러이다.

표 14-4 ▶ 안전재고수준에 따른 비용 (금액단위:달러)

안전재고수준	추가 재고유지비	재고부족비용	총비용
20	20×5=100.00	0	100.00
10	10×5=50.00	10×0.1×40×6=240.00	290.00
0	0	10×0.2×40×6+20×0.1×40×6=960.00	960.00

$$\begin{aligned}\text{연간 재고부족비용} &= \sum(\text{부족재고량})\times(\text{확률})\times(\text{단위당 재고부족비})\\ &\quad \times(\text{연간 재고부족발생횟수})\\ &= (10)\times(0.2)\times(40)\times(6)+(20)\times(0.1)\times(40)\times(6)\\ &= 960\end{aligned}$$

[표 14-4]에 각 안전재고수준에 따른 총비용이 계산되어 있다. 이 표에서 총비용이 최소인 안전재고수준은 20단위이고, 따라서 새로운 재주문점은 50+20=70단위가 된다.

(2) 재고부족비용이 불확실한 경우의 안전재고수준 결정

재고부족비용이 불확실하거나 산출하기가 매우 어려운 경우에는 서비스수준(service level)이라는 개념을 이용한다. 일반적으로 서비스수준은 재고부족이 발생하지 않을 확률을 말한다. 예를 들어, 한 기업이 특정 품목에 대하여 95%의 서비스수준을 채택하였다면, 이는 기업이 수요의 95%를 충족시키기를 원한다는 것을 의미한다. 따라서 특정 서비스수준을 유지하기 위하여 안전재고가 도입되면, 최대재고수준은 안전재고수준만큼 증가된다. 또한 재주문점은 조달기간 중의 평균수요량에 안전재고를 합한 것과 같다.

조달기간 중의 평균수요를 μ라 하면

$$\mu = \bar{d}L$$

이 된다. 또한 [그림 14-10]에서 보는 바와 같이 X를 재주문점이라고 하면

$$\begin{aligned}Z &= \frac{X-\mu}{\sigma}\\ &= \frac{SS}{\sigma}\end{aligned}$$

그림 14-10 ▶ 정규분포곡선을 이용한 안전재고수준의 결정

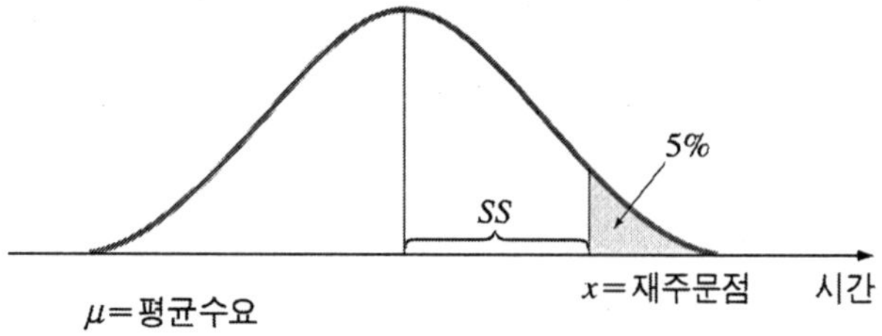

μ=평균수요

σ=표준편차

x=평균수요+안전재고

SS=안전재고=$x-\mu$

$Z=\dfrac{x-\mu}{\sigma}$

이므로, 안전재고는 $SS = Z\sigma$이다. 따라서 재주문점은 다음과 같이 나타낼 수 있다.

$$\begin{aligned} \text{ROP} &= \mu + SS \\ &= \bar{d}L + Z\sigma \end{aligned}$$

여기서 실례를 들어 보기로 하자. D사는 조달기간 중의 수요가 정규분포에 따르는 제품의 재고를 보유하고 있다. 이 재고의 조달기간 중 평균수요는 350단위이며, 표준편차는 10이다. 그런데 이 회사는 조달기간 중 95%의 서비스수준을 유지하기 위한 안전재고수준을 결정하려고 한다.

필요로 하는 안전재고수준을 산출하려면 우선 정규분포표를 이용하여 서비스수준 95%에 해당하는 Z값을 구해야 한다. 정규분포표에서 95%에 해당하는 Z값은 1.65이다. 또한 $Z=\dfrac{SS}{\sigma}$이므로, 요구되는 안전재고수준은 다음과 같이 구할 수 있다.

$$\begin{aligned} SS &= Z\sigma \\ &= 1.65(10) \\ &= 16.5 \\ &\fallingdotseq 17 \end{aligned}$$

또한 조달기간 중의 평균수요는 $\mu=350$이므로, 재주문점은 다음과 같다.

표 14-5 ▶ 서비스수준과 재고유지비용

서비스수준 (%)	Z	안전재고수준 (단위)	재고유지비 ($)
90	1.28	12.8	12.80
91	1.34	13.4	13.40
92	1.41	14.1	14.10
93	1.48	14.8	14.80
94	1.55	15.5	15.50
95	1.65	16.5	16.50
96	1.75	17.5	17.50
97	1.88	18.8	18.80
98	2.05	20.5	20.50
99	2.32	23.2	23.20
99.99	3.72	37.2	37.20

$$\begin{aligned} \text{ROP} &= \mu + Z\sigma \\ &= 350 + 17 \\ &= 367 \end{aligned}$$

이처럼 안전재고수준은 서비스수준에 따라 변동한다. 서비스수준이 증가하면 안전재고수준이 증가하며, 결국 재고유지비용이 증가하게 된다.

[표 14-5]는 D사의 문제에서 연간 단위당 $1의 재고유지비가 소요된다고 가정했을 때, 90%에서 99.9%까지의 서비스수준에 따른 재고유지비용을 산출한 것이다.

이 표를 이용하여 서비스수준과 재고유지비의 관계를 알아보기 위하여 그래프로 나타내면 [그림 14-11]과 같다. 이 그림에서 보는 바와 같이, 이 문제의 재고유지비는 서비스수준이 98% 이상이 되면 갑자기 증가하게 된다. 따라서 서비스수준을 정할 때는 서비스수준의 향상에 따라 추가되는 재고유지비용을 고려해야 한다.

그림 14-11 ▶ 서비스수준과 재고유지비

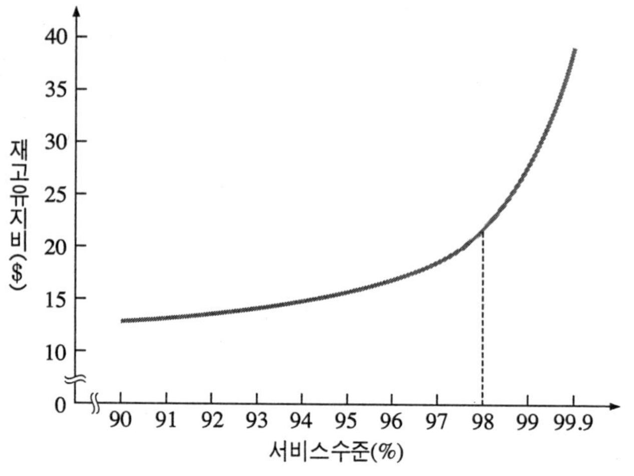

8. 엑셀을 이용한 재고모형

8.1 엑셀을 이용한 경제적 주문량 모형

[그림 14-12]과 같이 S사의 펌프 제품에 대한 기본 자료를 입력하고, 경제적 주문량을 구할 수 있다.

기본적 EOQ 모형에서는 경제적 주문량(EOQ)이 재고유지비용과 주문비용이 일치하는 균형점에서 발생하게 된다.

$$\begin{aligned} EOQ &= SQRT(2*B6*B7/B8) \\ &= \sqrt{\frac{2DC_O}{C_h}} \\ &= 200 \end{aligned}$$

$$\begin{aligned} TC &= B17+B18+B20 \\ &= \frac{D}{Q}C_O + \frac{Q}{2}C_h \\ &= 100 \end{aligned}$$

따라서 경제적 주문량은 200이고, 이때의 총비용은 100이다.

그림 14-12 ▶ 엑셀을 이용한 경제적 주문량(EOQ) 결정

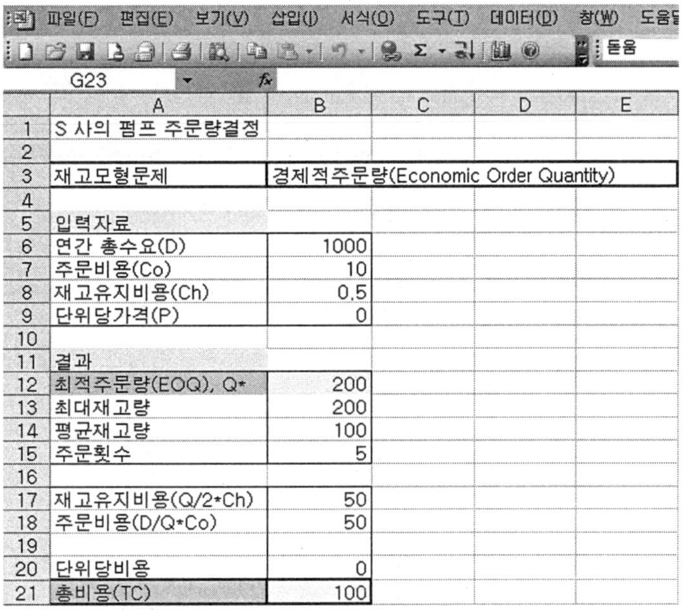

	A	B	C	D	E
1	S 사의 펌프 주문량결정				
2					
3	재고모형문제	경제적주문량(Economic Order Quantity)			
4					
5	입력자료				
6	연간 총수요(D)	1000			
7	주문비용(Co)	10			
8	재고유지비용(Ch)	0.5			
9	단위당가격(P)	0			
10					
11	결과				
12	최적주문량(EOQ), Q*	200			
13	최대재고량	200			
14	평균재고량	100			
15	주문횟수	5			
16					
17	재고유지비용(Q/2*Ch)	50			
18	주문비용(D/Q*Co)	50			
19					
20	단위당비용	0			
21	총비용(TC)	100			

	A	B
12	최적주문량(EOQ), Q*	=SQRT(2*B6*B7/B8)
13	최대재고량	=B12
14	평균재고량	=B12/2
15	주문횟수	=B6/B12
21	총비용(TC)	=B17+B18+B20

8.2 엑셀을 이용한 경제적 생산량 모형

[그림 14-13]과 같이 B사의 상업용 냉장고 제품에 대한 재고문제의 기본 자료를 입력하면, 경제적 생산량(EPQ)을 구할 수 있다.

경제적 생산량 모형에서는 생산율(p)이 수요율(d)보다 많으므로 수요량을 초과하는 양(p-d)만큼이 1일재고가 된다. 재고유지비는 평균재고량에 단위당 재고유지비를 곱하여 산출한다. 먼저 t기간 동안의 최대재고량은 $t(p-d) = Q(p-d)/p = Q\left(1-\frac{d}{p}\right)$이고, 따라서 연간 평균재고량은 $\frac{1}{2}Q\left(1-\frac{d}{p}\right)$이 된다.

그림 14-13 ▶ 엑셀을 이용한 경제적 생산량(EPQ) 결정

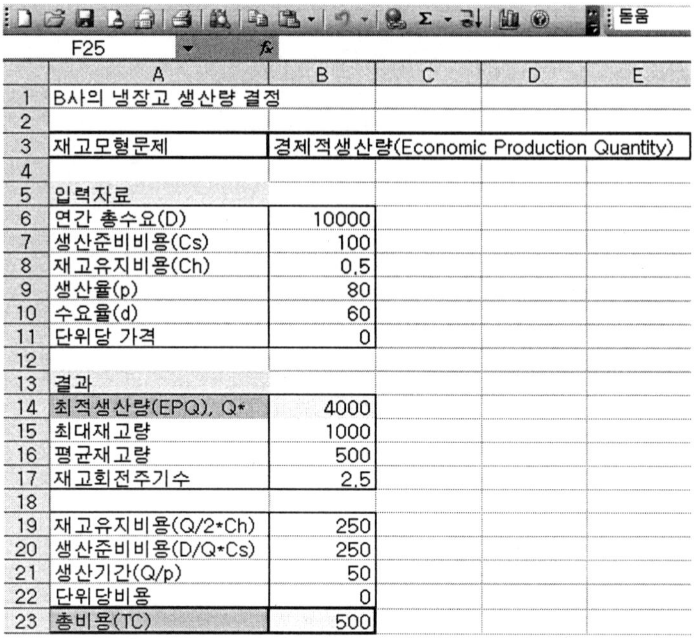

F25

	A	B	C	D	E
1	B사의 냉장고 생산량 결정				
2					
3	재고모형문제	경제적생산량(Economic Production Quantity)			
4					
5	입력자료				
6	연간 총수요(D)	10000			
7	생산준비비용(Cs)	100			
8	재고유지비용(Ch)	0.5			
9	생산율(p)	80			
10	수요율(d)	60			
11	단위당 가격	0			
12					
13	결과				
14	최적생산량(EPQ), Q*	4000			
15	최대재고량	1000			
16	평균재고량	500			
17	재고회전주기수	2.5			
18					
19	재고유지비용(Q/2*Ch)	250			
20	생산준비비용(D/Q*Cs)	250			
21	생산기간(Q/p)	50			
22	단위당비용	0			
23	총비용(TC)	500			

	A	B
14	최적생산량(EPQ), Q*	=SQRT(2*B6*B7/B8)*SQRT(B9/(B9-B10))
15	최대재고량	=B14*(B9-B10)/B9
16	평균재고량	=B15/2
17	재고회전 주기 수	=B6/B14
23	총비용(TC)	=B19+B20+B22

$$\begin{aligned} \text{최대재고량} &= \text{B15} = \text{B14*(B9}-\text{B10)/B9} \\ &= 1000 \\ \text{평균재고량} &= \text{B16} \\ &= \text{B15/2} \\ &= 500 \end{aligned}$$

또한, 연간 총재고유지비용은 $\frac{1}{2}Q\left(1-\frac{d}{p}\right)C_h$이 되며, 가동준비비용은 연간 생산횟수에 1회 가동준비비를 곱하여 $\frac{D}{Q}C_s$의 식으로 계산한다.

경제적 생산량 모형에서는 재고유지비용과 가동준비비용의 합을 최소화하

는 경제적 생산량을 결정한다. 이때 경제적 생산량(EPQ) 즉 최적생산량은 재고유지비용과 가동준비비용이 일치하는 균형점에서 발생하게 된다.

$$EPQ = SQRT(2*B6*B7/B8)*SQRT(B9/(B9-B10)$$
$$= \sqrt{\frac{2DC_s}{C_h\left(1-\frac{d}{p}\right)}}$$
$$= 4{,}000$$
$$TC = B19+B20+B22$$
$$= \frac{1}{2}Q\left(1-\frac{d}{p}\right)C_h + \frac{D}{Q}C_s$$
$$= 500$$

따라서 경제적 생산량은 4,000이며, 이때의 총비용은 500이다.

예 제

1 **L자동차회사는 하청업체로부터 직접 자동차의 차동장치에 필요한 부품을 구입한다. 연간 부품의 사용량은 25,000개이며, 부품의 단가는 $3.4이다. 1회 주문에 소요되는 비용은 $50이며, 연간 재고유지비는 개당 $0.78이다.**

(1) 총비용을 최소화하는 1회 주문량을 구하라.

(2) 연간 최적주문횟수를 구하라.

(3) 최적주문주기를 구하라.

(4) 연간 총비용을 산출하라.

해답 (1) $C_o = 50(\$)$ $C_h = 0.78(\$)$ $D = 25{,}000$(개)

$$EOQ = \sqrt{\frac{2DC_o}{C_h}} = \sqrt{\frac{2(25,000)(50)}{0.78}}$$
$$= 1,790(\text{개})$$

(2) 연간 최적주문횟수 $= \frac{D}{Q} = \frac{25,000}{1,790}$

$$= 14(\text{회})$$

(3) $T = \dfrac{Q}{D}$

$= \sqrt{\dfrac{2C_o}{DC_h}} = \sqrt{\dfrac{2(50)}{(25,000)(0.78)}}$

$= 0.072$(년) $=26.1$(일)

(4) $TC = \dfrac{Q}{2}C_h + \dfrac{D}{Q}C_o$

$= \dfrac{(1,790)}{2}(0.78) + \dfrac{(25,000)}{(1,790)}(50)$

$= 1,396(\$)$

2 **한 회사에서는 1일 10단위의 제품을 생산하고 있다. 이 회사의 가동일수는 연간 250일이며, 제품 1단위당 생산원가는 $10이다. 또한 1회 가동을 위한 준비비용은 $100, 단위당 재고유지비는 생산원가의 30%이다. 이익최대화를 목표로 연간 1,500단위의 제품을 판매하고 있다고 할 때, 다음 물음에 답하라.**

(1) 경제적 생산량과 총비용을 계산하라

(2) 연간 총생산횟수를 계산하라

(3) 1회 생산기간은 며칠인가?

(4) 최대재고수준을 구하라

해답 (1) $C_s = 100(\$)$ $C_h = 10 \times 0.3 = 3(\$)$ $p = 10$

$d = 1,500/250 = 6$(개) $D = 1,500$(개)

$\text{EPQ} = \sqrt{\dfrac{2DC_s}{\left(1-\dfrac{d}{p}\right)C_h}} = \sqrt{\dfrac{2(1,500)(100)}{\left(1-\dfrac{6}{10}\right)(3)}}$

$= 500$(단위)

(2) 연간 총생산횟수 $= \dfrac{D}{Q} = \dfrac{1500}{500}$

$= 3$(회)

(3) $t = \dfrac{Q}{p} = \dfrac{500}{10}$

$= 50$(일)

(4) 최대재고수준 $= (p-d)t = (10-6)50$

$= 200$(단위)

3 한 백화점에서는 공급자로부터 직접 셔츠를 구입·판매하고 있다. 셔츠는 연간 10,000장이 판매되며, 1회 주문비는 $ 20, 재고유지비는 셔츠 1장당 공급가격의 20%가 소요될 것으로 추정하고 있다. 그런데 셔츠의 공급가격은 다음 표에서 보는 바와 같이 주문량에 따라 차이가 있다. 경제적 주문량을 구하라.

분류	주문량(장)	단위가격($)
1	499 이하	5.00
2	500~999	4.50
3	1,000 이상	3.90

해답 $Q_1 = \sqrt{\dfrac{2DC_o}{CI}} = \sqrt{\dfrac{2(10,000)(20)}{(5.0)(0.2)}} = 633$(장)

$$Q_2 = \sqrt{\frac{2(20)(10,000)}{(4.5)(0.2)}} = 666(\text{장})$$

$$Q_3 = \sqrt{\frac{2(20)(10,000)}{(3.9)(0.2)}} = 716(\text{장})$$

Q_1은 할인율이 적용되는 주문량을 초과하므로 할인율이 적용되는 범위의 최대값으로 하향조정하고, Q_2은 할인율이 적용되는 범위에 미달하므로 범위의 최소값으로 상향 조정하여 총비용을 구한다.

$$Q_1' = 499(\text{장})$$

$$Q_2' = 666(\text{장})$$

$$Q_3 = 1,000(\text{장})$$

$$TC = DC + \frac{D}{Q}C_o + \frac{Q}{2}C_h$$

분류	단위가격	주문량(장)	구매비	주문비	재고유지비	총비용
1	$ 5.00	499	$ 50,000	$ 401	$ 250	$ 50,651
2	4.50	666	45,000	300	300	45,600
3	3.90	1,000	39,000	200	390	39,590

따라서 총비용이 최소가 되는 경제적 주문량은 1,000장이다.

4 한 회사는 연간 1,000단위의 원자재를 공급자로부터 구입해서 사용하고 있다. 그런데 주문비는 $ 40이며, 재고유지비로 연간 단위당 $ 10이다. 만약에 재고부족이 발생할 경우 $ 40의 손실을 가져온다고 한다. 다음 물음에 답하라.

(1) 재고부족을 허용하는 경우에 경제적 주문량을 구하라.

(2) 최대재고부족량을 구하라.

(3) 가동일수가 250일일 경우 재고보유기간은 얼마인가?

(4) 연간 주문횟수를 구하라.

(5) 재고유지비와 재고부족비를 이용하여 합리적인 안전재고수준을 산출하라.

해답 (1) $C_o = 40(\$)$ $C_b = 40(\$)$ $C_h = 10(\$)$ $D = 1,000$(단위)

$$\text{EOQ} = \sqrt{\frac{2DC_o}{C_h}\left(\frac{C_h + C_b}{C_b}\right)} = \sqrt{\frac{2\times 1,000\times 40}{10}\left(\frac{10+40}{40}\right)}$$

$= 100$(단위)

(2) $$S = Q\left(\frac{C_h}{C_h + C_b}\right) = 100\left(\frac{10}{10+40}\right)$$

$= 20$(단위)

(3) $$t = \frac{Q-S}{d} = \frac{100-20}{1,000/250}$$

$= 20$(일)

(4) 주문횟수 $= \dfrac{D}{Q} = \dfrac{1,000}{100}$

$= 10$(회)

(5) 총재고부족비용은 1회 재고부족비용에 재고부족발생횟수 즉 주문횟수를 곱하여 산출한다.

총재고부족비 = (40)(10) = 400($)

재고유지비는 연간 단위당 $10이므로 재고부족으로 인하여 발생하는 재고부족비용 $400을 안전재고를 보유하는 재고유지비용으로 충당할 수 있다. 따라서

$SS = 400/10 = 40$(단위)

5 **한 가전제품대리점에서는 생산공장에서 직접 토스터를 구입하여 판매하고 있다. 이 대리점에서는 재고부족을 방지하기 위하여 안전재고를 설정하려고 한다. 토스터에 대한 주문비는 $30, 연간 단위당 재고유지비는 $5, 연간 주문횟수는 20회이다. 또한 과거의 자료를 이용하여 작성한 조달기간 동안의 수요량에 대한 확률분포는 다음 표와 같다. 물음에 답하라.**

수요	확률
10	0.2
15	0.3
20	0.05
25	0.2
30	0.25

(1) 조달기간 동안의 평균수요를 구하라.

(2) 단위당 재고부족비용이 \$ 2, 재주문점이 20대일 경우, 최적안전재고수준을 구하라.

(3) 95%의 서비스수준을 채택할 경우, 안전재고수준과 재주문점을 구하라. 단, 조달기간 동안의 수요에 대한 표준편차는 9대이다.

해답 (1) $\mu=10(0.2)+15(0.3)+20(0.05)+25(0.2)+30(0.25)$
$=20$(대)

(2) 재주문점이 20대일 경우 수요가 25대와 30대일 때 재고부족이 발생한다.

수요량	안전재고	재고유지비	재고부족비	총비용(\$)
30	10	(10)(5)=50	0	50
25	5	(5)(5)=25	(5)(2)(0.25)(20)=50	75
20	0	0	(5)(2)(0.2)(20)+(10)(2)(0.25)(20)=140	140

따라서 최적안전재고는 10대이다.

$$\text{ROP} = \mu+SS=20+10$$
$$= 30(\text{대})$$

(3) $Z_{0.95}=1.65 \quad \sigma=9$(대)

$$SS = Z\sigma=1.65(9)$$
$$= 15(\text{대})$$
$$\text{ROP} = \bar{d}L+SS = \mu+SS$$
$$= 20+15 = 35(\text{대})$$

연습문제 *Exercise*

1 C사는 연간 7,200대의 에너지보존기구를 제작하고 있는 회사로 비용최소화를 목표로 하고 있다. 이 기구의 판매가격은 $10이며, 1회 생산에 소요되는 비용은 $300, 유지비는 단위가격의 30%이다.

(1) 연간 생산횟수가 1회인 경우의 총비용을 구하라.
(2) 최적생산량과 생산에 소요되는 총비용을 구하라.
(3) 연간 최적생산횟수는 얼마인가?

2 A회사는 연간 10,000개의 전구를 필요로 한다. 전구의 주문 시에 드는 비용은 $54이며, 연간 전구 1개당 $0.5의 보관비용이 소요된다. 이 회사의 조업일수는 300일, 전구의 조달기간은 10일이다. 다음 물음에 답하라.

(1) 경제적 주문량을 구하라.
(2) 연간 총비용을 구하라.
(3) 최적주문주기를 구하라.
(4) 연간 최적주문횟수는 얼마인가?
(5) 재주문점을 구하라.

3 다음 세 품목의 재주문점을 구하라. 단 생산기간은 300일이다.

품목	수요	조달기간
A	5,200	2주
B	60	1개월
C	600	17일

4 한 품목에 대한 연간 소요량이 8,000단위, 가동준비비 $20, 단위당 재고유지비가 연간 $0.2인 경우에, 경제적 생산량과 총재고비용을 구하라.

5 한 기계제작회사에서는 특수베어링 24,000개를 자체 생산해서 사용하고 있다. 생산을 위한 가동준비비는 $70이며, 생산율은 주당 1,000개이다. 단위당 생산비용이 $5.5, 연간 단위당 재고유지비가 $1.5라고 할 때, 다음 물음에 답하라.

(1) 현재 이 회사가 1회 1,500개를 생산하고 있다면, 생산에 필요한 비용은 얼마인가?
(2) 최적생산량을 구하라.
(3) 생산기간을 계산하라.

6 촬영장비를 제작하는 업체에서는 공급자로부터 개당 $100의 렌즈를 구입하고 있다. 렌즈는 연간 1,250개가 필요하며, 1회 주문비는 $8, 연간 단위당 재고유지비는 공급가격의 20%가 소요될 것으로 추정하고 있다. 그런데 공급자는 1회에 50개 이상을 주문할 경우에 $5의 가격할인을, 100개 이상을 주문할 경우에는 $10의 가격할인을 제안하고 있다. 경제적 주문량을 구하라.

7 G병원은 제약회사로부터 항생제를 다음 표에 제시된 가격으로 구입하고 있다. 만약 이 병원에서 다음 해의 항생제에 대한 수요가 50,000정, 주문비가 $50, 재고유지비가 단위가격의 20%라고 추정할 경우에, 최적주문량은 얼마인가?

분류	주문량(정)	단위가격($)
1	4,999 이하	2.75
2	5,000~9,999	2.60
3	10,000 이상	2.50

8 주방기구 전문판매업체인 M상사는 연간 3,000대의 가스레인지를 판매하고 있다. 가스레인지를 생산공장에 주문하는 데 드는 비용은 $25이며, 재고유지비는 연간 단위당 $4이다. 그런데 M상사가 판매하는 가스레인지는 성능이 우수해서 소비자들은 재고부족이 발생할 경우 미도착주문을 허용한다. 그러나 재고부족으로 인하

여 제품의 판매기회를 상실하게 되므로 연간 단위당 $ 75의 재고부족비용이 발생된다. 이러한 상황에서 최적주문량과 최적재고부족량을 산출하라.

9 M씨는 미용체조를 위한 운동기구를 취급하고 있다. M씨는 수요에 대응하기 위하여 연간 7회에 걸쳐 다량으로 제품을 구입해 왔다. 제품의 구입에 따른 1회 주문비는 $ 400, 재고유지비는 연간 단위당 $ 5이다. 또한 재고부족비는 단위당 $ 50 정도로 추정된다. 그러나 조달기간 중에 수요는 변동이 심하여 정확히 예측할 수 없고, 단지 과거의 자료에 의해 다음 표와 같이 확률분포로 나타낼 수 있다. 재주문점이 60단위일 경우, 최적안전재고수준을 결정하라.

조달기간 중 수요량	확률
40	.1
50	.2
60	.2
70	.2
80	.2
90	.1

10 조달기간 중의 한 제품에 대한 수요가 정규분포를 이루고 있으며, 평균수요는 $\mu = 1,000$단위, 수요에 대한 표준편차는 $\sigma = 40$단위라고 하고, 다음 물음에 답하라.

(1) 제품생산공장에서 평균수요량만큼 생산·판매할 경우에 이 회사의 서비스수준은 어느 정도인가?

(2) 안전재고수준을 60단위로 설정했다면 서비스수준은 어느 정도인가?

(3) 99%의 서비스수준을 채택할 경우에 보유해야 할 안전재고수준과 재주문점을 산출하라.

11 다음의 표는 조달기간이 1주인 어느 제품의 조달기간 동안의 수요에 관한 자료이다. 이 제품의 가격은 단위당 $ 250이며, 재고유지비는 제품가격의 20%이다.

수요	발생빈도(회)
0 < 50	1
50 < 100	7
100 < 150	11
150 < 200	16
200 < 250	19
250 < 300	20
300 < 350	14
350 < 400	9
400 < 450	5
450 < 500	2

(1) 90%의 서비스수준에서의 안전재고량과 재고유지비를 산출하라.

(2) 95%의 서비스수준에서의 안전재고량과 재고유지비를 산출하라.

(3) 99%의 서비스수준에서의 재주문점을 산출하라.

15 대기행렬이론

Management science

1. 서 론

일상생활 중에 서비스시설에서 서비스를 제공받기 위해 줄지어 차례를 기다리고 있는 고객들을 흔히 볼 수 있다. 슈퍼마켓, 주유소, 은행, 병원, 자동차 서비스공장, 공항 등에서 자주 발생하는 이러한 대기행렬(waiting line)은 도착수(arrivals), 서비스시설(service facilities) 및 실제의 대기행렬(queue) 등 세 가지 기본요소에 의해서 그 특성이 결정된다.

대기행렬에 관한 연구는 오랫동안 지속되어 왔고 현재 널리 이용되고 있는 계량분석기법의 하나이다. 원래 대기행렬이론은 20세기 초 네덜란드의 얼랑(Erlang)이 전화시설문제를 분석함으로써 시작되었다. 그 후, 제2차 세계대전 말에는 대기행렬이론이 보다 일반적인 문제에까지 확장되었으며, 오늘날 기업경영문제에 광범위하게 응용되고 있다.

먼저 대기행렬 시스템의 개념, 기본가정, 모형의 분류 및 대기행렬공식을 이용한 실제 사례를 분석하고자 한다.

2. 대기행렬시스템의 개념

2.1 대기행렬비용

대기행렬문제의 핵심은 기업이 고객에게 제공해야 할 가장 이상적인 서비스수준을 찾는 데에 있다. 슈퍼마켓에서는 계산대에 몇 대의 금전등록기를 설치해야 할 것인가를 결정해야 하며, 주유소에서는 몇 대의 주유펌프를 설치하고 종업원은 몇 명을 고용해야 할 것인가를 결정해야 한다. 또 은행에서는 시간대별로 몇 개의 창구를 개설해야 할 것인가를 결정해야 한다. 만일 필요 이상으로 서비스시설을 갖추고 고객에 대한 서비스를 제공하는 경우에는 가동되지 않는 서비스시설이 생기게 되어 기업은 과다한 비용을 지출하게 된다. 반면에 최저한도의 서비스시설만을 보유하게 되면 비용절감을 도모할 수는 있지만 결과적으로 고객의 불만족을 초래하게 되어 재구매 포기를 유발하게 된다. 따라서 경영자들은 서비스에 수반되는 비용과 고객의 대기로 인한 비용 간의 보상관계(trade-off)를 검토하여 적절한 서비스수준을 유지해야 한다.

[그림 15-1]은 이와 같은 내용을 잘 설명하고 있다. 즉, 기업이 서비스시설을 평가하고 적절한 서비스수준을 유지하기 위하여서는, 기대서비스비용(expected service cost)과 기대대기비용(expected waiting cost)을 합한

그림 15-1 ▶ 대기행렬비용 및 서비스수준

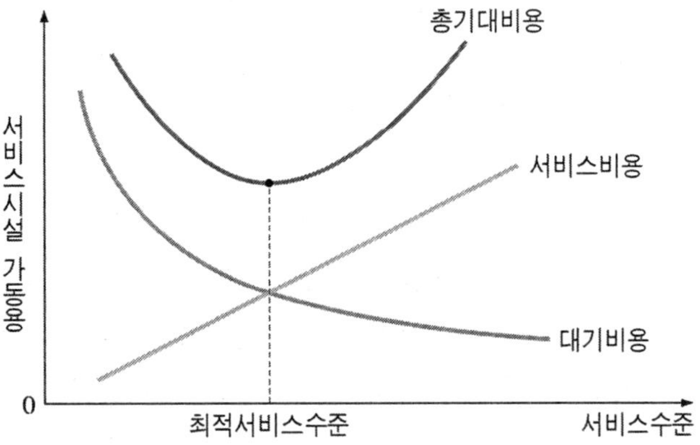

총기대비용(total expected cost)을 최소로 하는 시스템을 설계해야만 한다.

일반적으로 대기행렬 시스템은 반드시 다음과 같은 세 가지의 기본요소 즉 ① 시스템에의 도착(arrivals), ② 대기행렬(queue), ③ 서비스시설(service facilities)로 구성되어 있다.

2.2 도착의 속성

서비스시스템에 도착하는 고객은 고객모집단(calling population)의 크기, 시스템에의 도착형태(pattern of arrivals) 및 도착자의 행태(behavior of the arrivals)에 따라 그 속성이 다르다.

(1) 고객모집단의 크기

모집단의 크기는 무한하거나 또는 유한하다. 특정 시간에 시스템에 도착하는 고객의 수가 총잠재고객수의 극히 일부분에 해당하는 경우라면, 고객모집단은 무한한 것으로 가정한다. 고속도로 톨케이트에 도착하는 차량이라든지, 슈퍼마켓에 도착하는 구매자들의 경우는 무한모집단(infinite population)에 해당한다. 대기행렬모형의 대부분은 이와 같이 모집단이 무한한 것으로 가정한다. 그러나 고장가능성이 있고 수선을 요하는 기계 8대만으로 운영되는 작업장과 같은 경우는 유한모집단(finite population)의 좋은 예이다.

(2) 시스템에 도착형태

고객들은 어느 정도 일정한 간격으로 서비스시설에 도착한다. 환자가 검진을 받기 위해 15분마다 병원에 도착하는 경우나, 학생이 상담을 하기 위해 30분마다 교수연구실에 도착하는 경우이다. 반면에, 도착자들이 상호 독립적이며 도착을 정확하게 예측할 수 없는 경우에는 무작위도착(random arrival)으로 간주한다.

대기행렬문제에서 단위시간당 도착고객의 수를 추정하기 위해서는 포아송분포(Poisson distribution)를 가정하는 것이 보통이다. 주어진 도착률(arrival rate)에 대하여(예 : 시간당 2명의 고객, 분당 4대의 트럭), 다음과 같은 공식을 이용하여 이산적(discrete) 포아송분포를 유도할 수 있다.

그림 15-2 ▶ 도착시간에 대한 포아송분포의 예

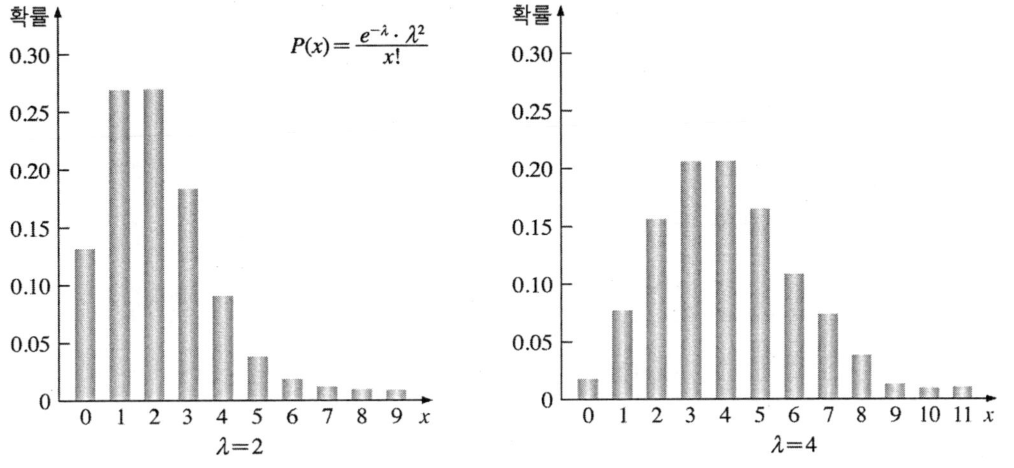

$$P(x) = \frac{e^{-\lambda}\lambda^{x}}{x!} \quad \text{for}, \ x=0,\ 1,\ 2,\ 3,\ \cdots$$

$P(x)$ = 도착률, x = 단위시간당 도착수, λ = 평균도착률, e = 2.7183

[그림 15-2]는 $\lambda=2$ 및 $\lambda=4$인 포아송분포를 도시한 것이다. 이는 평균도착률(시간당 고객수)이 $\lambda=2$일 경우에 주어진 임의의 시간에 도착하는 고객수가 0일 확률은 약 13%, 1일 확률은 약 27%, 2일 확률은 약 27%, 3일 확률은 약 18%, 4일 확률은 약 9% 등임을 나타내고 있다. 또한 시간당 평균도착수가 9 이상일 확률은 0에 가깝다는 것을 알 수 있다.

물론 고객의 도착수가 항상 포아송분포를 따르는 것은 아니며, 때로는 다른 특수한 분포를 따를 수도 있다.

(3) 도착자의 행태(behavior of the arrivals)

대기행렬모형에서는 도착한 고객이 서비스를 받을 때까지 대기행렬 내에서 기다리며, 대기 중인 행렬을 교체하지 않는 것으로 가정한다. 그러나 사람들은 대기를 회피하거나 중도에서 포기하는 경향을 가지고 있다. 회피(balking)란 대기행렬이 너무 길어 자신의 욕구나 관심을 충족시킬 수 없다고 생각하고 대기를 처음부터 포기하는 것을 말하며, 중도포기(reneging)란 일단 대기행렬에는 들어갔으나 끝까지 견디지 못하고 서비스를 받기 전에 그 행렬을 떠나는 것을 말한다.

슈퍼마켓에서 생활용품이 가득한 시장바구니를 안고 있는 가정주부가 대기행렬이 너무 길다는 이유로 구매행위를 포기하는 사례를 종종 볼 수 있다. 이와 같이 자기 점포에 큰 손실을 초래하는 사태가 발생함으로 인하여 경영자들은 대고객 서비스수준에 대한 의사결정의 중요성을 깊이 인식하게 된다.

2.3 대기행렬의 특성

대기행렬의 길이(length of queue)는 유한할 수도 있고 무한할 수도 있다. 유한대기행렬(limited queue)이란 외부의 물리적 제약으로 인해 행렬의 길이가 무한하게 증대할 수 없는 경우를 말한다. 식탁이 10개밖에 없어서 하룻밤에 불과 50여 명의 고객만을 상대하고 있는 소규모 음식점 등에서 볼 수 있다. 반면에 무한대기행렬(unlimited queue)이란 고속도로 톨게이트의 자동차 대기행렬에서 볼 수 있듯이 그 길이가 제한되어 있지 않은 경우를 말한다. 일반적으로 대기행렬모형은 무한한 것으로 가정한다.

대기행렬의 두 번째 특성은 대기행렬규칙(queue discipline)으로, 행렬 내의 고객이 서비스를 받고자 하는 경우에 적용하게 되는 원칙을 말한다. 대부분의 시스템에서는 선입선출법(first-in, first-out) 즉 FIFO라고 알려진 대기행렬규칙을 적용한다.[1] 그러나 병원의 응급실이나 슈퍼마켓의 긴급계산창구에서는 특별히 결정된 우선순위로 인해 선입선출법의 원칙이 배제되는 경우도 있다. 즉, 병원의 경우 응급환자를 일차적으로 치료하고 있으며, 슈퍼마켓에서도 소량의 구매자들은 우선적으로 계산해 주고 있다.

2.4 서비스시스템의 속성

서비스시스템에 관한 두 가지의 기본속성, 서비스시스템의 유형(the configuration of the service system)과 서비스시간의 분포(service time distribution)에 대해서 살펴보자.

---

1) FIFO 대신에 FIFS(first-in, first-served)라는 용어를 쓰기도 한다. 또 하나의 대기행렬원칙인 LIFS(last-in, first-served)가 있는데, 이는 원재료를 산적해 놓고 윗부분의 원재료부터 먼저 사용하는 경우에 볼 수 있다.

(1) 서비스시스템의 유형

서비스시스템은 동일한 서비스를 제공하는 서비스시설 즉 서비스창구(channel)의 수와 서비스가 완료될 때까지 고객이 거쳐야 하는 서비스단계(phase)의 수에 따라 구분된다. 서비스시설이 하나인 단일창구시스템(single-channel system)은 극장의 매표창구라든지 고속도로 톨게이트 등에서 볼 수 있다.

그림 15-3 ▶ 대기행렬시스템의 네 가지 유형

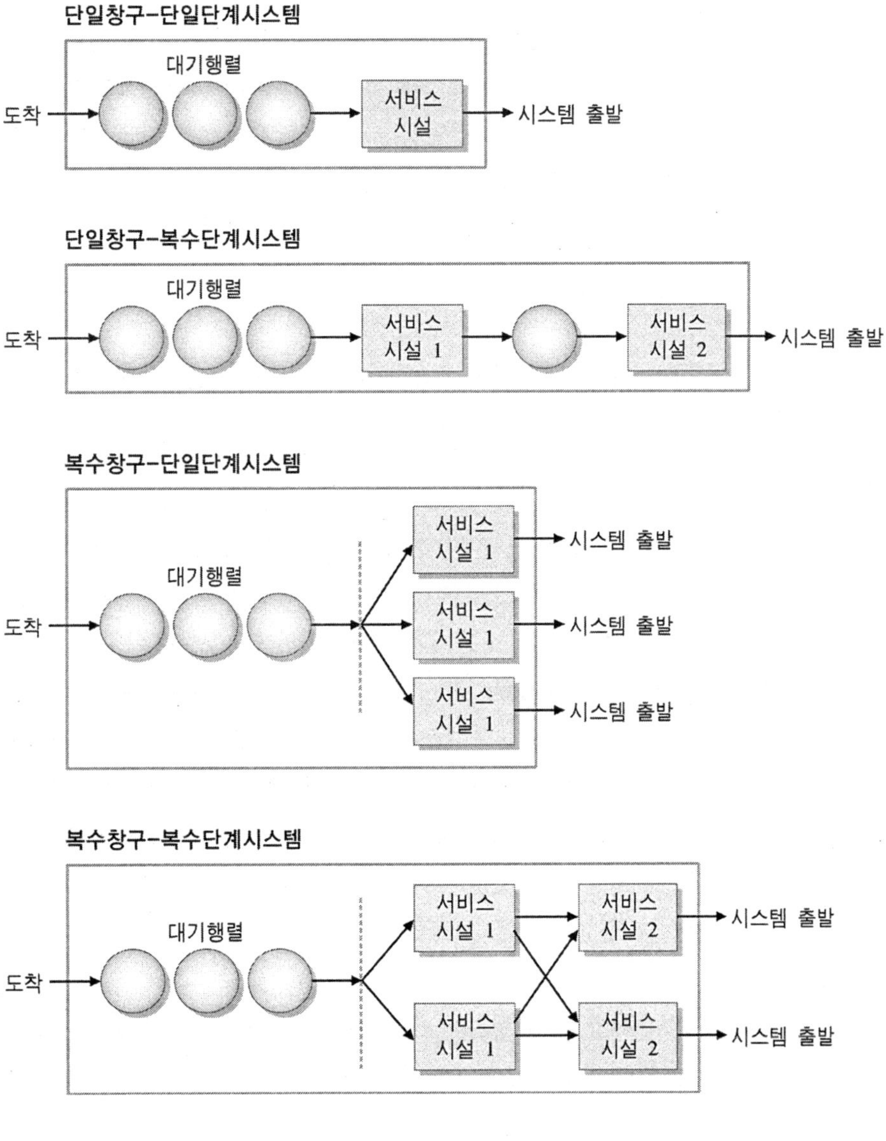

반면에, 은행이나 대규모 이발소 및 여행사 등처럼 복수의 창구가 개설되어 있고 고객들이 도착순서대로 대기행렬에서 대기하고 있는 경우에는 이를 복수창구시스템(multiple-channel system)이라고 한다.

단일단계시스템(single-phase system)은 고객이 단 한 곳의 서비스 제공장소에서 서비스를 받고 그 시스템을 떠나는 서비스시스템을 말한다. 예를 들어, 종업원 한 사람이 주문을 받고 음식을 제공하면서 요금까지 받는 음식점의 경우는 이 시스템에 해당한다. 그러나 서비스 단계가 나누어져 있어 음식점이 한 곳에서 주문을 받고 다른 곳에서 식사요금을 접수하고 또 다른 곳에서 음식을 제공한다면 이는 복수단계시스템(multi-phase system)이 된다.

그러므로 대기행렬시스템은 서비스창구와 서비스단계의 수에 따라 단일창구·단일단계시스템, 단일창구·복수단계시스템, 복수창구·단일단계시스템 및 복수창구·복수단계시스템이라는 네 가지 유형으로 나누어질 수 있다. [그림 15-3]은 이와 같은 네 가지 유형의 대기행렬시스템을 알기 쉽게 도시한 것이다.

(2) 서비스시간의 분포(service time distribution)

서비스에 소요되는 시간도 고객의 도착형태와 마찬가지로 일정하거나 확률적일 수 있다.

자동차세차장과 같은 기계식 서비스시스템은 서비스시간이 일정하며, 각 고객의 서비스에 소요되는 시간은 동일하다. 그러나 서비스시간은 확률분포를 이루는 것이 보통이며, 확률적 서비스시간은 특히 음의 지수확률분포(negative exponential probability distribution)를 따르는 것으로 가정한다.

[그림 15-4]는 서비스시간이 지수분포를 따른다고 할 때 어느 특정 서비스에 소요되는 시간이 장시간일 확률이 매우 낮음을 보여 주고 있다. 가령 평균서비스시간이 30분일 때 고객이 서비스시설에서 90분 이상의 서비스를 요구할 확률은 사실상 0이며, 평균서비스시간이 1시간일 때에는 고객에 대한 서비스시간이 180분 이상일 확률은 사실상 0임을 알 수 있다.

지수분포는 수학적 대기행렬모형의 유도과정에 매우 유용한 확률분포인데, 이는 대부분의 모형들이 포아송분포에 의한 도착과 지수분포에 의한 서비스라는 가정에 그 이론적 기초를 두고 있기 때문이다.

그림 15-4 ▶ 서비스시간에 대한 지수분포의 예

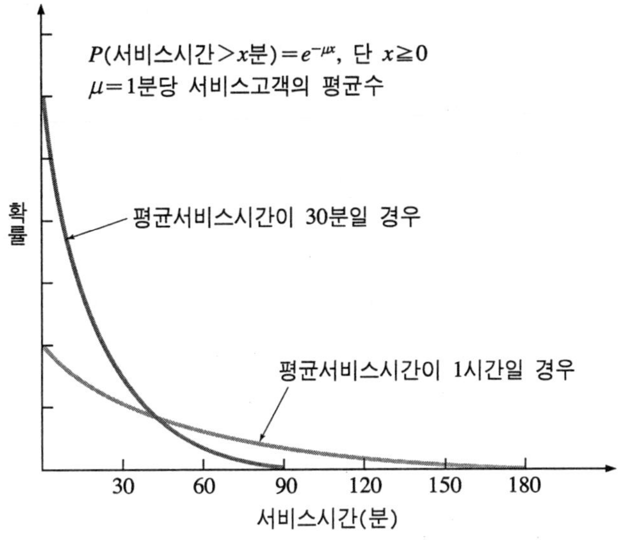

3. 단일창구 · 단일단계 대기행렬모형

3.1 모형의 가정

단일창구 · 단일단계모형(single-channel, single-phase model)은 가장 간단한 대기행렬모형으로서 매우 광범위하게 이용되고 있는 모형중의 하나이며, 다음과 같은 가정을 필요로 한다.

① 도착자들은 선입선출법(first-in, first-out: FIFO)에 따라 서비스를 받는다.
② 모든 도착자들은 대기행렬의 길이에 관계없이 서비스를 받기 위해 기다린다. 즉, 고객의 회피 혹은 중도포기가 없다.
③ 모든 도착은 선행도착률preceding arrivals)과는 독립적이다. 그러나 평균도착수 즉 도착률은 시간의 경과에 관계없이 일정하다.
④ 도착수는 포아송확률분포를 따르며, 무한모집단(infinite population)을 가정한다.
⑤ 서비스시간은 고객에 따라 상이하며 상호 독립적이나, 평균서비스시간은

알려져 있다.

⑥ 서비스시간은 음의 지수확률분포를 따른다.

⑦ 평균서비스율(average service rate)은 평균도착률(average arrival rate)보다 크다.

3.2 대기행렬의 공식

먼저 대기행렬의 공식에 포함되는 기호들을 정의하기로 하자.

$P_n(t)$: 시점 t에 대기행렬의 길이가 n명일 확률(서비스를 받는는 도중에 있는 사람을 포함한다.)

λ : 평균도착률 즉 단위시간에 서비스를 원하는 고객이 도착하는 율

μ : 평균서비스율 즉 단위시간에 서비스를 제공하는 율

$\rho=\lambda/\mu$: 시스템의 이용률(utilization factor) 즉 서비스시설이 가동될 확률

Δt : 2명 이상의 고객이 떠나거나 도착하지 못할 만한 아주 짧은 시간

이제 $(t+\Delta t)$시점에 n명의 고객이 대기하고 있는 경우를 생각하여 그 확률을 구해 보자(단, 서비스를 받는 도중에 있는 고객도 포함한다).

$(t+\Delta t)$ 시점에 n명이 대기하고 있는 경우는, Δt가 아주 짧은 시간이라 2명 이상의 고객이 도착하거나 떠나지 못한다고 가정하였으므로, 다음 4가지 경우밖에 없다.

① t시점에 n명이 대기하고 있다가 Δt 동안에 한 명도 도착하지 않고 한 명도 떠나지 않을 경우

② t시점에 $n+1$명이 대기하고 있다가 Δt 동안에 한 명도 도착하지 않고 한 명이 떠나는 경우

③ t시점에 $n-1$명이 대기하고 있다가 Δt 동안에 한 명이 도착하고 한 명도 떠나지 않는 경우

④ t시점에 n명이 대기하고 있다가 Δt 동안에 한 명이 도착하고 한 명이 떠나는 경우

이에 따른 각각의 확률을 구하기 위하여 Δt 동안에 한 명이 도착하는 확률과 한 명이 떠나는 확률, 또 그 반대의 확률을 구해 보자.

단위시간에 고객이 도착하는 율이 λ이므로 도착하는 확률은 이 단위시간과 Δt를 비교 · 조정하면 된다.

$\therefore$ 도착하는 확률 $= \lambda \cdot \Delta t$

도착하지 않는 확률 $= 1 - \lambda \cdot \Delta t$

떠나는 확률도 마찬가지로 단위시간과 Δt를 비교 · 조정하면 된다.

$\therefore$ 떠나는 확률 $= \mu \cdot \Delta t$

떠나지 않는 확률 $= 1 - \mu \cdot \Delta t$

이를 이용하여 ①, ②, ③, ④의 확률을 구하면 다음과 같다.

①의 확률 : $P_n(t) \times (1 - \lambda \Delta t) \times (1 - \mu \Delta t)$

②의 확률 : $P_{n+1}(t) \times (1 - \lambda \Delta t) \times \mu \Delta t$

③의 확률 : $P_{n-1}(t) \times \lambda \Delta t \times (1 - \mu \Delta t)$

④의 확률 : $P_n(t) \times \lambda \Delta t \times \mu \Delta t$

그러므로 $t + \Delta t$ 시점에 n명이 대기하고 있을 확률은 위의 네 경우의 확률을 전부 합한 것과 같다.

$$\begin{aligned} P_n(t + \Delta t) &= P_n(t) \cdot (1 - \lambda \Delta t) \cdot (1 - \mu \Delta t) + P_{n+1}(t) \cdot (1 - \lambda \Delta t) \\ &\quad \cdot \mu \Delta t + P_{n-1}(t) \cdot \lambda \Delta t \cdot (1 - \mu \Delta t) + P_n(t) \cdot \lambda \Delta t \cdot \mu \Delta t \end{aligned}$$

이 식을 정리하여 정차미분방정식을 구하면 다음과 같다.

$$\begin{aligned} P_n(t + \Delta t) &= P_n(t) - P_n(t) \cdot \lambda \Delta t - P_n(t) \cdot \mu \Delta t + P_{n+1}(t) \cdot \mu \Delta t \\ &\quad + P_{n-1}(t) \cdot \lambda \Delta t + 0 \end{aligned}$$

〔$\because$ $(\Delta t)^2$은 0에 무한히 접근하므로〕

여기서, 우변의 첫째항 $P_n(t)$를 이항시키면

$$P_n(t+\Delta t)-P_n(t) = -P_n(t)\cdot\lambda\Delta t-P_n(t)\cdot\mu\Delta t+P_{n+1}(t)\cdot\mu\Delta t + P_{n-1}(t)\cdot\lambda\Delta t$$

Δt 로 양변을 나누면

$$\begin{aligned}\frac{P_n(t+\Delta t)-P_n(t)}{\Delta t} &= -P_n(t)\cdot\lambda-P_n(t)\cdot\mu+P_{n+1}(t)\cdot\mu \\ &\quad + P_{n-1}(t)\cdot\lambda \\ &= -(\lambda+\mu)P_n(t)+\mu\cdot P_{n+1}(t)+\lambda\cdot P_{n-1}(t)\end{aligned}$$

그런데 앞서의 가정을 통해서 고객이 대기하는 확률은 시점 t에 관계없이 일정한 값을 유지한다는 것을 알 수 있다. 따라서 $P_n(t)$의 미분값은 0이 될 것이다.

$$\begin{aligned}\therefore \lim_{\Delta t\to 0}&\frac{P_n(t+\Delta t)-P_n(t)}{\Delta t} \\ &= \frac{dP_n(t)}{dt} \\ &= -(\lambda+\mu)\cdot P_n(t)+\mu\cdot P_{n+1}(t)+\lambda\cdot P_{n-1}(t) \\ &= 0\end{aligned}$$

이 된다. 그리고 앞의 가정에 의하여 $P_n(t)=P_n$이므로 위의 식은 다음과 같이 고쳐 쓸 수 있다.

$$-(\lambda+\mu)\cdot P_n+\mu P_{n+1}+\lambda P_{n-1} = 0$$

이 식은 $n\geq 1$인 경우에만 의미가 있으므로, 이번에는 $n=0$인 경우에 대한 항등식을 생각하여 보면 역시 같은 개념에 의하여 아래와 같이 된다.

$$P_0(t+\Delta t) = (1-\lambda\Delta t)\cdot P_0(t)+(1-\lambda\Delta t)\cdot(\mu\Delta t)\cdot P_1(t)$$

$$\frac{dP_0(t)}{dt} = -\lambda P_0(t)+\mu P_1(t)$$

마찬가지로 $P_n(t)=P_n$, $\dfrac{dP_0(t)}{dt}=0$을 가정하여 $-\lambda P_0+\mu P_1=0$을 얻는다. 따라서 두 정차방정식

$$\begin{cases} -\lambda P_0 + \mu P_1 = 0, & n=0 \\ -(\lambda+\mu)P_n + \mu P_{n+1} + \lambda P_{n-1} = 0, & n \geq 0 \end{cases}$$

을 풀기 위하여 각 n에 대한 해를 구하면

$$\begin{aligned} n&=0\ ;\ P_0 = P_0 \\ n&=1\ ;\ P_1 = \frac{\lambda}{\mu} P_0 \\ n&=2\ ;\ P_2 = \left(\frac{\lambda}{\mu}\right)^2 P_0 \\ &\vdots \qquad\qquad \vdots \\ n&=n\ ;\ P_n = \left(\frac{\lambda}{\mu}\right)^n P_0 \end{aligned}$$

가 된다. 즉, 이 모형에서 고객이 n단위 있을 확률을 $P_n = \left(\frac{\lambda}{\mu}\right)^n P_0 = \rho^n P_0$ 이다. 그런데 $\sum_{n=0}^{\infty} P_n = 1$이므로 $\sum_{n=0}^{\infty} P_n = \sum_{n=0}^{\infty} \rho^n P_0 = P_0 \sum_{n=0}^{\infty} \rho^n = 1\ ;\ P_0 = \frac{1}{\sum_{n=0}^{\infty} \rho^n}$ 임을 알 수 있다. $\sum_{n=0}^{\infty} \rho^n$은 더 간단히 만들 수 있는데, 만일 $\rho < 1$ 이라면 이 등비급수는

$$\sum_{n=0}^{\infty} \rho^n = 1 + \rho + \rho^2 + \cdots\cdots = \frac{1}{1-\rho}$$

이므로, 결국 $P_0 = 1 - \rho$라는 결과를 얻는다. 따라서 $P_n = (1-\rho)\rho^n$이다. 즉, 시스템 내에 고객이 없을 확률, 바꾸어 말하면 시스템의 유휴율(percent idle time)은 다음과 같이 된다.

$$\text{시스템의 유휴율} = 1 - \rho = 1 - \frac{\lambda}{\mu} \qquad (15\text{-}1)$$

또한 $P_n = (1-\rho)\rho^n$이다. 이 결과는 $\rho < 1$ 인 경우에만 유용하며, 만일 $\rho \geq 1$이라면 확률 P_n이 시점 t에 무관한 성질을 보장하지 못하므로 이 결과를 사용할 수 없다.

위의 가정들을 인정하면, 몇 가지 중요한 정보들을 더 알아낼 수 있다.

① 시스템 내의 평균고객수 L(대기행렬 내의 고객수와 서비스 중인 고객수의 합)

평균고객수 $L=\sum_{n=0}^{\infty} nP_n=\sum_{n=0}^{\infty} n(1-\rho)\rho^n$으로 정의되며, 우선 $\sum_{n=0}^{\infty} n\rho^n$을 계산하면 될 것이다.

$$\begin{aligned}\sum_{n=0}^{\infty} n\rho^n &= \rho+2\rho^2+3\rho^3+\cdots\\ &= (\rho+\rho^2+\rho^3+\cdots)+(\rho^2+\rho^3+\cdots)\\ &\quad +(\rho^3+\rho^4+\cdots)+\cdots\\ &= \sum_{k=0}^{\infty}(\rho^k+\rho^{k+1}+\cdots)\\ &= \sum_{k=1}^{\infty}\sum_{n=k}^{\infty}\rho^n\\ &= \sum_{k=1}^{\infty}\sum_{n=0}^{\infty}\rho^{n+k}\\ &= \sum_{k=1}^{\infty}\rho^k\cdot\sum_{n=0}^{\infty}\rho^n\\ &= \sum_{k=1}^{\infty}\rho^k\cdot\frac{1}{1-\rho}\end{aligned}$$

이므로, 이 결과를 이용하면

$$L=(1-\rho)\cdot\frac{\rho}{(1-\rho)^2}=\frac{\rho}{1-\rho}=\frac{\frac{\lambda}{\mu}}{1-\frac{\lambda}{\mu}}=\frac{\lambda}{\mu-\lambda} \qquad (15\text{-}2)$$

② 평균대기행렬의 길이 L_q(대기행렬 내의 평균고객수)

대기행렬의 길이 즉 대기 중인 고객의 수는 총고객수 n에서 현재 서비스를 받는 중인 1단위를 뺀 $n-1$이다.

$$\begin{aligned}L_q &= \sum_{n=1}^{\infty}(n-1)P_n=\sum_{n=0}^{\infty} nP_n-\sum_{n=1}^{\infty} P_n\\ &= L-(1-P_0)\\ &= \frac{\rho^2}{1-\rho}\\ &= \frac{\left(\frac{\lambda}{\mu}\right)^2}{1-\frac{\lambda}{\mu}}=\frac{\lambda^2}{\mu(\mu-\lambda)}\end{aligned} \qquad (15\text{-}3)$$

③ 고객의 시스템 내에서의 평균소비시간 W(대기시간과 서비스시간의 합)

평균소비시간 W는 L에 평균도착시간인 $\frac{1}{\lambda}$을 곱함으로써 얻는다. 즉,

$$W = \frac{1}{\lambda} \cdot L = \frac{1}{\lambda} \cdot \frac{\lambda}{\mu - \lambda} = \frac{1}{\mu - \lambda} \tag{15-4}$$

④ 고객의 대기행렬 내에서의 평균대기시간 W_q

평균대기시간 W_q는 L_q에 $\frac{1}{\lambda}$을 곱하여 계산된다. 즉,

$$\begin{aligned} W_q &= \frac{1}{\lambda} \cdot L_q = \frac{1}{\lambda} \cdot \frac{\lambda^2}{\mu(\mu - \lambda)} \\ &= \frac{\lambda}{\mu(\mu - \lambda)} \end{aligned} \tag{15-5}$$

⑤ 시스템의 평균고객수가 k 이상일 확률 $P_{n>k}$

$$\begin{aligned} P_{n>k} &= 1 - (P_0 + P_1 + \cdots + P_k) \\ &= 1 - \sum_{n=0}^{k} \left(\frac{\lambda}{\mu}\right)^n \left(1 - \frac{\lambda}{\mu}\right) \\ &= 1 - \left(1 - \frac{\lambda}{\mu}\right) \sum_{n=0}^{k} \left(\frac{\lambda}{\mu}\right)^n \\ &= 1 - \left(1 - \frac{\lambda}{\mu}\right) \cdot \frac{\left\{1 - \left(\frac{\lambda}{\mu}\right)^{k+1}\right\}}{1 - \frac{\lambda}{\mu}} \\ &= 1 - \left\{1 - \left(\frac{\lambda}{\mu}\right)^{k+1}\right\} \\ &= \left(\frac{\lambda}{\mu}\right)^{k+1} \end{aligned} \tag{15-6}$$

3.3 사례연구

한 자동차 부품상점의 기사 갑은 자동차에 시간당 평균 3대의 소음기를 설치할 능력이 있다고 한다. 또 이 서비스를 필요로 하는 고객들이 시간당 2명꼴로 점포에 도착한다고 한다. 이 점포가 단일창구모형에 대한 일곱 가지 조건을 모두 충족하고 있을 경우, 이 점포의 활동특성을 나타내는 수치는 다

음과 같이 계산된다.

① $\lambda=2$ (시간당 2대의 차량도착)

② $\mu=3$ (시간당 3대의 소음기 설치)

③ $L=\frac{\lambda}{\mu-\lambda}=\frac{2}{3-2}=2$ (시스템 내에서 평균 2대가 대기 또는 소음기 설치)

④ $W=\frac{1}{\mu-\lambda}=\frac{1}{3-2}=1$ (각 차량이 시스템에서 평균 1시간 소비)

⑤ $L_q=\frac{\lambda^2}{\mu(\mu-\lambda)}=\frac{2^2}{3(3-2)}=1.33$ (평균 1.33대가 대기)

⑥ $W_q=\frac{\lambda}{\mu(\mu-\lambda)}=\frac{2}{3(3-2)}=\frac{2}{3}$ (시간) =40 (1대당 평균 40분 대기)

⑦ $\rho=\frac{\lambda}{\mu}=\frac{2}{3}=0.67$ (시설의 가동률은 67%)

⑧ $P_o=1-\frac{\lambda}{\mu}=0.33$ (유휴율 즉 시스템 내에 차량이 없을 확률은 33%)

⑨ 시스템 내의 차량이 k대 이상일 확률

k	$P_{n>k}=(2/3)^{k+1}$	
0	(0.667) ←	(이는 $1-P_o=1-0.33=0.67$과 동일)
1	0.444	
2	0.296	
3	(0.198) ←	(이는 시스템 내의 차량이 3대 이상일 가능성이
4	0.132	19.8%임을 의미함)
5	0.088	
6	0.058	
7	0.039	

대기행렬모형은 대기시간이나 행렬의 길이 및 유휴시간 등을 예측하는 데에는 아주 유용하지만, 비용요인까지를 고려한 최적의사결정을 가능하게 해주지는 못한다. 그러나 이 점포의 주인은 서비스수준의 향상에 따른 비용증대와 서비스개선으로 인한 고객의 대기비용절감 간의 보상관계(tradeoff)를 검토하여 점포운영에 관한 새로운 결정을 내리고자 한다.

이 점포의 고객의 대기비용은 고객 불만족과 점포의 이미지 상실의 관점에서 대기시간당 \$10 정도일 것으로 추산되었다. 차량 한 대의 평균대기시간은 2/3시간이며, 하루에 약 16대의 차량을 서비스할 수 있기 때문에(시간당 2대, 1일 8시간 영업), 차량들이 소음기를 설치하기 위해 하루에 대기하는 총시간은 $\frac{2}{3} \times 16 = 10\frac{2}{3}$ 시간이다. 따라서 이 경우 고객의 총대기비용은 다음과 같다.

$$\text{고객대기비용} = (\$10/\text{시간}) \times \left(10\frac{2}{3}\ \text{시간/일}\right)$$
$$= \$106/\text{일}$$

이 문제에서 고려해야 할 또 하나의 비용은 서비스기사인 갑의 급료문제이다. 갑은 시간당 $7 즉 하루 $56의 급료를 지급받는다. 따라서 하루 총기대비용은 $106 + $56 = $162/일이 된다. 주인은 자기 점포의 운영을 개선해 보기 위해서 갑 대신 새로운 기사를 고용하기로 하고 시간당 4대의 소음기를 설치할 수 있는 을을 찾아냈다. 을의 경우는 시간당 $9의 급료를 요구하고 있다. 주인은 갑 대신 을을 채용하는 것이 가치가 있는지를 알아보기 위해 시간당 4대의 새로운 서비스율을 이용, 시스템의 활동특성에 대한 전반적인 재검토를 실시하였다.

①′ $\lambda = 2$

②′ $\mu = 4$

③′ $L = \frac{\lambda}{\mu - \lambda} = \frac{2}{4-2} = 1$(대)

④′ $W = \frac{1}{\mu - \lambda} = \frac{1}{4-2} = \frac{1}{2}$(시간)

⑤′ $L_q = \frac{\lambda^2}{\mu(\mu - \lambda)} = \frac{2^2}{4(4-2)} = \frac{1}{2}$(대)

⑥′ $W_q = \frac{\lambda}{\mu(\mu - \lambda)} = \frac{2}{4(4-2)} = \frac{1}{4}$(시간) =15(분)

⑦′ $\rho = \frac{\lambda}{\mu} = \frac{2}{4} = 0.5$ (50%)

⑧′ $P_0 = 1 - \frac{\lambda}{\mu} = 1 - 0.5 = 0.5$ (50%)

⑨′ 시스템 내의 차량이 k대 이상인 확률

k	$P_{n>k}=(2/4)^{k+1}$
0	0.5
1	0.25
2	0.125
3	0.062
4	0.031
5	0.016
6	0.008
7	0.004

을의 서비스속도가 빠르기 때문에 대기행렬의 길이와 대기시간이 단축되었음을 알 수 있다. 고객은 시스템 내에서 평균 1/2시간을 소비하면 되고, 대기행렬에서 1/4시간을 대기하면 되는데, 이는 갑이 서비스기사로 있을 경우 시스템 내의 평균소비시간이 1시간, 대기행렬에서의 평균대기시간이 2/3시간이던 때보다 단축되었다. 을을 고용할 경우, 고객의 총대기시간은 (16대/일)×(1/4시간/대)=4시간이므로 고객의 대기비용과 을의 급료를 포함한 총기대비용은 다음과 같다.

고객대기비용 = \$10/시간×4시간 = \$40/일
을의 급료 = 8시간/일×\$9/시간 = \$72/일
총기대비용 = 대기비용+급료(서비스비용)
= \$40+\$72 = \$112/일

한편, 갑을 계속 고용할 경우의 하루 총기대비용은 \$162이기 때문에, 주인은 \$50(=\$162−\$112)의 비용절감을 위해 을을 신규채용하기로 결정하였다.

4. 복수창구 · 단일단계 대기행렬모형

복수창구 · 단일단계 대기행렬시스템(multiple-channel, single phase queuing system)이란 둘 이상의 서비스창구가 개설되어 있고 서비스를 받기 위해 대기 중인 고객들이 단 하나의 대기행렬을 형성한 후 행렬의 선두에 있는 고객이 우선적으로 이용가능한 최초의 창구를 통해 서비스를 받는 시스템을 말한다([그림 15-3] 중 복수창구 시스템 참조).

복수창구시스템에서도 단일창구시스템에서와 마찬가지로 도착수는 포아송분포를 따르고, 서비스시간은 지수분포를 따른다. 또한 서비스순서는 선입선출법(FIFO)에 의하고, 모든 창구는 동일한 속도로 서비스를 수행하는 것으로 가정한다. 단일창구모형에 적용되었던 기타의 모든 가정들도 복수창구모형에 그대로 적용된다.

M을 개설된 창구의 수, λ를 평균도착률, μ를 각 창구에서의 평균서비스율이라고 할 때, 복수창구 대기행렬시스템의 활동특성을 결정하는 공식은 다음과 같다.

① 시스템 내의 고객수가 0일 확률 :

$$P_o = \frac{1}{\left[\sum_{n=0}^{n=M-1} \frac{1}{n!}\left(\frac{\lambda}{\mu}\right)^n\right] + \frac{1}{M!}\left(\frac{\lambda}{\mu}\right)^M \frac{M\mu}{M\mu-\lambda}} \tag{15-7}$$

단, $M\mu > \lambda$

② 시스템 내의 평균고객수 :

$$L = \frac{\lambda\mu(\lambda/\mu)^M}{(M-1)!\,(M\mu-\lambda)^2} P_o + \frac{\lambda}{\mu} \tag{15-8}$$

③ 고객의 시스템 내에서의 평균소비시간 :

$$W = \frac{\mu(\lambda/\mu)^M}{(M-1)!\,(M\mu-\lambda)^2} Po + \frac{1}{\mu} = \frac{L}{\lambda} \tag{15-9}$$

④ 대기행렬 내의 평균고객수 :

$$L_q = L - \frac{\lambda}{\mu} \tag{15-10}$$

⑤ 고객의 대기행렬 내에서의 평균대기시간 :

$$W_q = W - \frac{1}{\mu} = \frac{L_q}{\lambda} \tag{15-11}$$

⑥ 시스템의 이용률 :

$$\rho = \frac{\lambda}{M\mu} \tag{15-12}$$

이 공식들은 확실히 단일창구모형에서 이용되었던 공식들에 비해 훨씬 복잡하지만, 제공하는 정보의 형태와 그 용도에 있어서는 별다른 차이가 없다.

복수창구 대기행렬모형의 응용을 위해 자동차 부품상점의 사례를 활용한다. 주인은 두 가지의 대안을 검토하였다. 제1안은 현재의 기사 갑을 계속 채용하는 방안으로서, 이때에는 하루 총 $162의 기대비용이 발생한다. 제2안은 갑을 해고하는 대신, 급료가 약간 비싸면서도 기능이 좋은 을을 채용하는 방안인데, 이는 하루 $112의 비용이 발생되어 비용절감을 기대할 수 있다. 그러나 이 점포 주인은 제3의 새로운 대안을 고려하고 있다. 이것은 제2의 작업장을 새로이 개설하는 방안이다. 새로운 작업장을 하나 더 개설하는 경우에는 갑을 해고하지 않고 또 다른 기사를 채용하게 된다. 종전의 작업장과 새로 개설할 작업장의 서비스 속도를 동일하게 하기 위해서 갑과 동일한 속도(즉, $\mu=3$)로 소음기를 설치할 수 있는 기사를 새로 채용하고자 한다. 고객들은 종전과 마찬가지로 $\lambda=2$의 비율로 시스템에 도착하며, 이들은 동일한 행렬에서 대기하고 있다가 두 기사 중 여유 있는 기사가 생기면 서비스를 받게 될 것이다.

이 새로운 대안 즉 복수창구시스템과 종전의 단일창구시스템 간의 경제성을 분석하기 위해 이 점포 주인은 $M=2$의 복수창구시스템에 대한 활동특성을 계산하였다.

① $P_0 = \dfrac{1}{\left[\sum_{n=0}^{1} \frac{1}{n!}\left(\frac{2}{3}\right)^n\right] + \frac{1}{2!}\left(\frac{2}{3}\right)^2\left(\frac{2(3)}{2(3)-2}\right)}$

$= 0.5$ (시스템 내의 차량이 0일 확률)

② $L = \left(\dfrac{2(3)(2/3)^2}{1/[2(3)-2]^2}\right)\left(\dfrac{1}{2}\right) + \dfrac{2}{3}$

$= 0.75$ (시스템 내의 평균차량수)

③ $W = \dfrac{L}{\lambda} = \dfrac{3/4}{2}$

$= \dfrac{3}{8}$ 시간=22.5분 (시스템 내에서의 평균소비시간)

④ $L_q = L - \dfrac{L}{\mu} = \dfrac{3}{4} - \dfrac{2}{3}$

$= 0.083$ (대기행렬 내의 평균차량수)

⑤ $W_q = \dfrac{L_q}{\lambda} = \dfrac{0.083}{2}$

$= 0.0415$시간 $= 2.5$분 (차량의 대기행렬 내에서의 평균대기시간)

이상에서 산출된 자료와 종전 시스템하에서의 활동특성을 비교해 보면 [표 15-1]과 같다. 이 표에 따르면, 제2의 창구를 개설함으로써 나타나는 서비스의 향상이 시스템 활동특성들에 뚜렷한 효과를 미치고 있음을 볼 수 있다. 특히 고객의 대기시간이 40분(갑을 계속 채용할 경우) 또는 15분(을로 교체할 경우)에서 2.5분으로 현저한 단축되었다. 마찬가지로 대기행렬 내의 평균차량수도 0.083대로 떨어졌다.[2] 그러나 이와 같은 사실들만 가지고 제2의 작업장을 개설한다는 결정을 내리기에는 충분하지 못하다.

따라서 이 점포 주인은 급료를 고려하여 시스템에 대한 경제성 분석을 하기 위해 새로운 기사에게 갑과 동일한 수준의 급료 즉 시간당 $7을 지급하면 될 것으로 추산하였다.

또 고객들의 총대기시간은 (16대/일)×(0.0415시간/대)=0.664시간일 것이므로, $M=2$의 복수창구시스템에 대한 총대기비용은 다음과 같다.

표 15-1 ▶ 서비스수준이 시스템의 활동특성에 미치는 효과

활동특성	서비스수준		
	기사 1인(갑)	기사 1인(을)	기사 2인
	$\mu=3$	$\mu=4$	$\mu=3$
P_0	0.33	0.50	0.50
L	2대	1대	0.75대
W	60분	30분	22.5분
L_q	1.33대	0.5대	0.083대
W_q	40분	15분	2.5분

2) 여기서 새로운 기사를 추가로 고용함으로써 고객의 대기시간이 정확히 절반으로 줄지 않고 그 이상의 단축이 가능하게 됨을 유의해야 한다. 이는 확률적 도착과 서비스과정에 기인한다. 1명의 기사가 있고 1분 이내에 2명의 고객이 도착할 경우 제2도착자는 오랜 시간을 대기하게 된다. 두 고객의 도착 전에 기사가 30~40분 정도 유휴시간이 있었느냐의 여부는 고객도착 후의 평균대기시간에 아무런 영향을 미치지 못한다. 이와 같이 단일창구모형은 복수창구모형에 비해 상대적으로 긴 대기시간을 요하게 된다.

$$고객대기비용 = \$10/시간 \times 0.664시간 = \$6.64/일$$
$$기사\ 2인의\ 급료 = 2 \times 8시간/일 \times \$7/시간 = \$112/일$$
$$총기대비용 = 대기비용 + 서비스비용(급료)$$
$$= \$6.64 + \$112 = \$118.64/일$$

갑만을 기사로 할 경우에는 $162/일, 을만을 기사로 할 경우에는 $112/일의 비용지출이 예상되었었다. 제3안 즉 새로운 창구를 개설하는 방안을 채택하면 고객의 상점에 대한 이미지를 강화하고 고객의 대기시간을 단축할 수 있다는 긍정적 효과를 기대할 수 있는 반면에, 서비스 향상에 따른 비용증대를 유발하게 된다. 결과적으로, 새로운 작업장을 개설하는 제3안을 채택하지 않고 현재의 기사를 을로 교체하는 제2안을 채택하는 것이 이 점포 주인이 취할 수 있는 최적의사결정임을 알 수 있다.

또한 의사결정자가 $M=3$, 4 또는 5일 경우의 대기행렬모형을 분석하는 데에는 계산절차가 너무 복잡하여 막대한 비용과 시간의 낭비를 초래한다. 그러나 [표 15-2]와 같은 대기행렬표가 개발되어 있어 복수창구시스템에 대한 활동특성의 계산 부담을 피할 수 있다.

무수한 반복계산을 거쳐 산출된 이 표는 시스템의 다음 세 가지 특성 간의 관계를 제시해 준다.

① 서비스시설의 이용률 $\rho(\lambda/\mu)$
② 개설된 서비스 창구의 수 M
③ 대기행렬 내의 평균고객수 L_q.

이 표를 통하여 우리는 시스템의 이용률(ρ)과 창구의 수($M=1$, 2, 3, 4, 5)를 결합시킴으로써 그에 상응하는 대기행렬의 길이(L_q)를 쉽게 산출할 수 있다.

가령, 어느 은행이 월말에 개설해야 할 출납창구의 수를 결정하려 한다고 하자. 이 은행에서는 고객이 시간당 $\lambda=18$의 비율로 도착하며, 각 출납창구는 시간당 $\mu=20$의 비율로 서비스 즉 출납업무를 수행할 수 있는 것으로 추정하고 있다. 따라서 시스템의 이용률은 $\rho=\frac{\lambda}{\mu}=18/20=0.90$이다. [표 15-2]에서 $\rho=0.90$일 경우에 $M=1$이면 평균대기고객수(L_q)는 8.1명이다. 그러나 $M=2$ 즉 출납창구가 둘이면 L_q는 0.2285명으로 감소하고, 다

표 15-2 ▶ 서비스 창구의 수, $M=1\sim5$와 이용률 $\rho=\lambda/\mu$에 대한 L_q의 값

	창구의 수				
ρ	1	2	3	4	5
0.10	0.0111				
0.15	0.0264	0.0008			
0.20	0.0500	0.0020			
0.25	0.0833	0.0039			
0.30	0.1285	0.0069			
0.35	0.1884	0.0110			
0.40	0.2666	0.0166			
0.45	0.3681	0.0239	0.0019		
0.50	0.5000	0.0333	0.0030		
0.55	0.6722	0.0449	0.0043		
0.60	0.9000	0.0593	0.0061		
0.65	1.2071	0.0767	0.0084		
0.70	1.6333	0.0976	0.0112		
0.75	2.2500	0.1227	0.0147		
0.80	3.2000	0.1523	0.0189		
0.85	4.8166	0.1873	0.0239	0.0031	
0.90	8.1000	0.2285	0.0300	0.0041	
0.95	18.0500	0.2767	0.0371	0.0053	
1.0		0.3333	0.0454	0.0067	
1.2		0.6748	0.0904	0.0158	
1.4		1.3449	0.1778	0.0324	0.0059
1.6		2.8444	0.3128	0.0604	0.0121
1.8		7.6734	0.5320	0.1051	0.0227
2.0			0.8888	0.1739	0.0398
2.2			1.4907	0.2770	0.0659
2.4			2.1261	0.4305	0.1047
2.6			4.9322	0.6581	0.1609
2.8			12.2724	1.0000	0.2411
3.0				1.5282	0.3541
3.2				2.3856	0.5128
3.4				3.9060	0.7365
3.6				7.0893	1.0550
3.8				16.9366	1.5184
4.0					2.2164
4.2					3.3269
4.4					5.2675
4.6					9.2885
4.8					21.6384

(Englewood S. Buffa, *Modern Production Management: Managing the Operations Function*, John Wiley & Sons, Inc, 5th ed, 1979에서 인용)

시 $M=3$이면 0.03명, $M=4$이면 0.0041명으로 감소한다. 이 이상 출납창구의 수를 늘리면 평균대기고객수는 0이 된다.

대기행렬에서의 평균 대기시간 W_q의 계산도 $W_q=L_q/\lambda$이므로 매우 간단하다. 즉, 창구가 하나이면 $W_q=8.1/18=0.4$시간(27분), 창구가 둘이면 $W_q=0.2285/18=0.0126$시간(0.75분) 등과 같다. 이 표를 이용하는 경우 이용률 ρ의 정확한 값이 표상에 나타나 있지 않을 경우에는 보간법(interpolation)을 이용하여 L_q의 값을 계산해 낼 수 있다.

5. 복잡한 대기행렬모형 및 시뮬레이션의 이용

실제의 서비스시스템에서 발생하는 대부분의 대기행렬문제는 자동차 부품상의 경우와 유사한 활동특성들을 나타내는 것이 보통이다. 특히 포아송분포의 도착과 지수분포의 서비스시간, 무한모집단 및 선입선출의 서비스순서를 가정하는 단일창구 및 복수창구 대기행렬시스템의 경우에는 더욱 그러하다.

그러나 이와 같은 특수한 상황이 현실과는 상이한 경우도 흔히 볼 수 있다. 가령, 자동차 정비소의 서비스시간은 지수분포보다는 오히려 정규분포를 따르는 경향이 있다. 또 침상이 20개이고 간호원이 하나 내지 둘인 소형 병동은 무한모집단이 아닌 유한모집단의 대기행렬문제와 관련되어 있다.[3)]

또, 수강신청시 재학생에게 신입생보다 우선권을 부여하는 대학의 등록시스템은 우선순위(preemptive priority)에 의한 대기행렬규칙을 적용하는 선입선출법의 한 예이다. 한편, 사원채용을 위한 신체검사는 단일단계모형과는 다른 일종의 복수단계시스템에 속한다. 신체검사시 각 지원자는 제1분과에서 혈액검사를 받기 위해 대기한 후, 다음 분과에서 시력검사를 위해 대기한다. 다음 제3분과에 가서 정신과 의사와 면담한 후 마지막 제4분과에서 건강관리

3) 물론 $n=250$까지의 모집단을 취급할 수 있는 유한모집단 대기행렬표도 개발되어 있기는 하다. 유한모집단과 무한모집단을 구분짓는 명확한 수치는 없으나, 직관과 경험에 의한 일반적인 법칙에 따르면 대기행렬 내의 고객수가 모집단의 중요 부분을 차지할 때에는 유한대기행렬모형으로 본다. Peck와 Hazelwood에 의해 개발된 「유한대기행렬표」(John Wiley & Sons. 1958)를 이용하면 이와 같은 모형의 활동특성을 계산하는 데 필요한 복잡한 수학적 절차를 피할 수 있다.

과 의사로부터 최종적인 건강진단을 받게 된다. 각 검사단계마다 지원자는 새로운 대기행렬에 들어가서 자기 차례를 기다려야 한다.

한편 대기행렬이론을 실제 문제에 응용하기 위하여 모형을 설정하는 것이 전혀 불가능한 경우도 있다. 이 경우 계량분석가들은 컴퓨터 시뮬레이션을 이용하는 것이 보통이다. 시뮬레이션(simulation)은 도착률 및 서비스시간 등, 대기행렬시스템의 파라미터에 관한 확률분포의 추론을 위해 난수(random numbers)를 이용하는 기법이다. 이 기법을 이용함으로써 수개월의 처리시간을 요하는 방대한 자료를 컴퓨터를 통해 단 몇 초 만에 입수할 수 있게 된다. 따라서 실제작업을 거치지 않고도 새로운 서비스창구의 개설문제와 같은 통제가능요인의 분석이 가능하게 된다. 일반적으로 표준화된 대기행렬 모형이 실제의 서비스시스템을 설명하지 못할 경우에 이와 같은 시뮬레이션 모형을 개발하는 것이 바람직하다.

6. 엑셀을 이용한 대기행렬문제

그림 15-5 ▶ 대기행렬문제

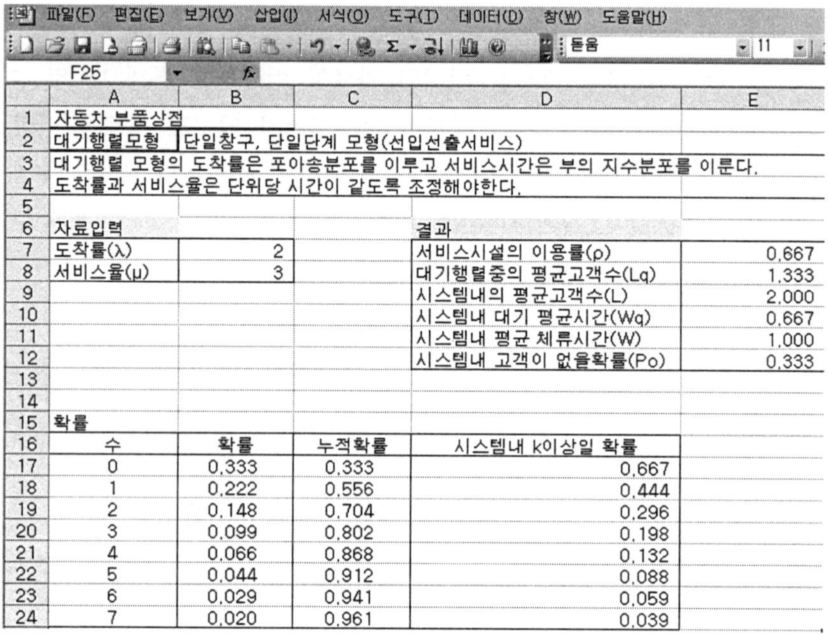

	A	B	C	D	E
1	자동차 부품상점				
2	대기행렬모형	단일창구, 단일단계 모형(선입선출서비스)			
3	대기행렬 모형의 도착률은 포아송분포를 이루고 서비스시간은 부의 지수분포를 이룬다.				
4	도착률과 서비스율은 단위당 시간이 같도록 조정해야한다.				
5					
6	자료입력			결과	
7	도착률(λ)	2		서비스시설의 이용률(ρ)	0.667
8	서비스율(μ)	3		대기행렬중의 평균고객수(Lq)	1.333
9				시스템내의 평균고객수(L)	2.000
10				시스템내 대기 평균시간(Wq)	0.667
11				시스템내 평균 체류시간(W)	1.000
12				시스템내 고객이 없을확률(Po)	0.333
13					
14					
15	확률				
16	수	확률	누적확률	시스템내 k이상일 확률	
17	0	0.333	0.333	0.667	
18	1	0.222	0.556	0.444	
19	2	0.148	0.704	0.296	
20	3	0.099	0.802	0.198	
21	4	0.066	0.868	0.132	
22	5	0.044	0.912	0.088	
23	6	0.029	0.941	0.059	
24	7	0.020	0.961	0.039	

이 점포의 기사는 자동차에 시간당 평균 3대의 소음기를 설치할 능력이 있으며, 이 서비스를 필요로 하는 고객들은 시간당 2명꼴로 점포에 도착한다고 한다.

이 점포의 활동특성을 나타내는 수치는 다음과 같이 계산된다.

표 15-3 ▶ 대기행렬모형의 특성값 계산

	E
7	=B7/B8
8	=B7^2/(B8*(B8-B7))
9	=B7/(B8-B7)
10	=B7/(B8*(B8-B7))
11	=1/(B8-B7)
12	=1-E7

① 도착률(λ)=2 (시간당 2대의 차량도착)

② 서비스율(μ)=3 (시간당 3대의 소음기 설치)

③ 시스템 내의 평균고객수(L) = $\frac{\lambda}{\mu-\lambda}$ =B7/(B8-B7)=2

④ 고객의 시스템내 평균체류시간(W) = $\frac{1}{\mu-\lambda}$ =1/(B8-B7)=1

⑤ 대기행렬 중의 평균고객수(Lq) = $\frac{\lambda^2}{\mu(\mu-\lambda)}$ =B7^2/(B8*(B8-B7))=1.33

⑥ 시스템 내 대기평균시간(Wq) = $\frac{\lambda}{\mu(\mu-\lambda)}$ =B7/(B8*(B8-B7))=0.667시간=40분

⑦ 서비스시설의 이용률(ρ) = $\frac{\lambda}{\mu}$ =B7/B8=0.667=66.7%

⑧ 시스템 내 고객이 없을 확률(Po, 유휴율)=1- $\frac{\lambda}{\mu}$ =1-0.667=0.333=33.3%

시스템 내의 차량이 k대 있을 확률은 $P_{n>k}=\left(\frac{2}{3}\right)^{k+1}$ 이다. D17:D24의 값은 이 식을 이용하여 구한 값과 동일하다.

표 15-4 ▶ 시스템 내의 차량이 k대 이상일 확률

수	확률	누적확률	시스템 내 k 이상일 확률
0	0.333	0.333	0.667
1	0.222	0.556	0.444
2	0.148	0.704	0.296
3	0.099	0.802	0.198
4	0.066	0.868	0.132
5	0.044	0.912	0.088
6	0.029	0.941	0.059
7	0.020	0.961	0.039

표 15-5 ▶ 시스템 내 차량이 k대 이상일 확률 계산

	B	C	D
17	=1-B7/B8	=1-B7/B8	=1-C17
18	=B17*$B$7/$B$8	=C17+B18	=1-C18

예 제

1 **한 종합병원의 피부과에는 1명의 전문의가 하루 8시간 환자를 치료하고 있다. 이 전문의는 시간당 평균 4명의 환자를 치료할 수 있으며, 환자들은 시간당 3명씩 도착한다. 환자의 도착은 포아송분포를 따르며, 치료시간은 지수분포를 따른다고 할 때, 다음 물음에 답하여라.**

(1) 이 시스템의 활동특성치들을 계산하라.

(2) 이 전문의는 매일 $90의 진료수당을 받고 있으며, 환자가 대기함으로써 발생하는 비용은 시간당 $5이다. 매일 피부과에서 발생하는 총비용을 계산하라.

해답 (1) 평균도착률 ; $\lambda = 3$

평균서비스율 ; $\mu = 4$

시스템의 이용률 ; $\rho = \lambda/\mu = 3/4$

시스템 내의 평균환자수 ; $L = \dfrac{\lambda}{\mu - \lambda} = \dfrac{3}{4-3} = 3$(명)

환자 한 명이 시스템 내에서 소비하는 평균시간 ;

$$W = \frac{1}{\mu - \lambda} = \frac{1}{4-3} = 1(\text{시간})$$

진료를 받기 위해 대기하고 있는 환자의 수 ;

$$L_q = \frac{\lambda^2}{\mu(\mu - \lambda)} = \frac{(3)^2}{4(4-3)} = \frac{9}{4} = 2.25(\text{명})$$

환자 한 명이 진료를 받기 전에 대기하는 시간 ;

$$W_q = \frac{\lambda}{\mu(\mu - \lambda)} = \frac{3}{4(4-3)} = \frac{3}{4}(\text{시간}) = 45(\text{분})$$

시스템 내에 한 명의 환자도 없을 확률 ;

$$P_0 = 1 - \frac{\lambda}{\mu} = 1 - \frac{3}{4} = \frac{1}{4} = 0.25$$

(2) 하루에 진료할 수 있는 환자의 수

= 시간당 도착하는 환자의 수×하루 진료시간

= 3×8=24(명)

환자의 총대기시간

= 하루에 진료할 수 있는 환자의 수×환자 한 명당 대기시간

$= 24 \times \frac{3}{4} = 18$(시간/일)

환자의 대기비용 = 시간당 대기비용×고객의 총대기시간

= $5×18시간/일 = $90/일

서비스비용(진료수당) = $90

총비용 = 환자의 대기비용+서비스비용

= $90+$90 = $180/일

2 **1의 피부과에 한 명의 전문의를 더 채용하려고 한다. 새로 채용할 전문의도 시간당 4명의 환자를 치료할 수 있으며, 매일 $90의 진료수당을 지급하려고 한다.**

(1) 이 경우에 활동특성치들을 계산하라.

(2) 두 명의 수련의가 진료할 경우 피부과에서 발생하는 총비용을 계산하라.

해답 (1) 두 명의 수련의가 진료하고 있으므로 복수창구·단일단계모형의 공식을 적용해야 한다.

$$P_0 = \frac{1}{\left[\sum_{n=0}^{1}\frac{1}{n!}\left(\frac{3}{4}\right)^n\right] + \frac{1}{2!}\left(\frac{3}{4}\right)^2\left(\frac{2(4)}{2(4)-3}\right)}$$

$$= \frac{1}{1+\frac{3}{4}+\frac{1}{2}\left(\frac{9}{16}\right)\left(\frac{8}{8-3}\right)} = \frac{1}{1+\frac{3}{4}+\frac{9}{20}}$$

$$= \frac{20}{44} = 0.45$$

$$L = \left\{\frac{(3)(4)(3/4)^2}{1![2(4)-3]^2}\right\}\left(\frac{20}{44}\right) + \frac{3}{4}$$

$$= \frac{27/4}{25}\left(\frac{20}{44}\right) + \left(\frac{3}{4}\right) = \frac{48}{55}$$

$= 0.87$(명)

$$W = \frac{L}{\lambda} = \frac{48/55}{3} = \frac{16}{55}\text{(시간)}$$

$= 17.45$(분)

$$L_q = L - \frac{\lambda}{\mu} = \frac{48}{55} - \frac{3}{4} = \frac{27}{220}$$

$= 0.12$(명)

$$W_q = \frac{L_q}{\lambda} = \frac{0.12}{3} = 0.04(\text{시간})$$

$$= 2.4(\text{분})$$

(2) 환자의 총대기시간 = 24×0.04 = 0.96(시간)

환자의 대기비용 = \$5×0.96시간/일 = \$4.8/일

두 명의 전문의의 진료수당 = 2×\$90 = \$180/일

총비용 = \$4.8+\$180 = \$184.8/일

3 **1과 2의 계산결과를 통해서 총비용최소화의 관점에서 몇 명의 전문의를 채용할 것인가를 결정하라. 또한 한 명의 전문의가 진료할 때와 두 명의 전문의가 진료할 때 서비스수준은 어떻게 변하는가?**

해답 두 명의 전문의가 진료하는 경우의 비용(\$184.8)이 한 명의 전문의가 진료하는 경우의 비용(\$180)보다 크므로 총비용최소화의 관점에서는 한 명의 전문의만을 채용하는 것이 유리하다.

그러나 한 명의 전문의가 진료하는 경우 환자 한 명당 대기시간은 45(분)인 반면, 두 명의 전문의가 진료하는 경우는 2.4(분)으로 대폭 줄어들게 된다. 따라서 한 명의 전문의를 더 채용할 경우 서비스수준은 크게 향상될 수 있다.

연습문제 *Exercise*

1 G백화점에서는 토요일이면 약 300명의 고객이 물건을 구매한다. 토요일마다 몇 개의 계산창구를 개설해야 할 것인가를 결정하면서, 이 백화점의 매니저는 두 가지 요인 즉 고객의 대기시간(그리고 그와 관련된 대기비용)과 추가로 카운터를 고용하는 데 따르는 서비스비용 등을 고려하고 있다. 카운터의 시간당 평균임금은 $4이다. 한 명의 카운터만 근무할 경우 고객당 대기시간은 약 10분(즉 $\frac{1}{6}$시간), 두 명의 카운터가 근무할 때의 대기시간은 고객당 6분, 세 명의 카운터가 일할 때는 4분, 네 명의 카운터가 근무할 때는 3분이다. 백화점 경영자는 고객만족도를 조사한 결과, 고객이 계산을 하기 위해 소비하는 단위시간당 판매기회의 상실과 백화점에 대한 이미지 손상이라는 측면에서 약 $5씩 손해를 본다는 것을 알 수 있었다.

이상의 정보를 이용하여 G백화점이 총비용을 최소화하기 위해서 토요일마다 몇 개의 창구를 개설해야 될 것인가를 결정하라.

2 R전자회사는 매일 평균 3대씩 고장을 일으키는 기계를 수리하기 위하여 1명의 기술자를 두고 있다. 이 기술자는 하루에 평균 8대의 기계를 수리할 수 있다. 고장발생은 포아송분포를 따르며, 수리시간은 지수분포를 따른다고 할 때, 다음 물음에 답하라.

(1) 이 서비스시스템의 이용률은 얼마인가?
(2) 고장난 기계 1대당 가동하기까지는 평균 얼마의 시간이 필요한가?
(3) 어떤 특정시점에 몇 대의 기계가 수리를 받기 위해 대기하고 있는가?
(4) 한 대 이상의 기계가 이 서비스시스템 내에 있을 확률은 얼마인가?
또 2대, 3대, 4대 이상이 시스템 내에 있을 확률은 각각 얼마인가?

3 H세차장은 주 6일 영업을 하고 있지만 언제나 토요일이 업무량이 제일 많다. 과거 자료로 볼 때 토요일은 하루 종일 시간당 20대의 차가 세차하러 온다. 이 세차장은 2분당 1대의 차를 세차할 수 있는 직원을 한 명 고용하고 있다. 포아송도착과 지수서비스시간을 가정할 때, 다음 물음에 답하라.

(1) 대기행렬 내에 평균 몇 대의 차가 있을 것인가?
(2) 세차대로 올라가기 전에 한 대의 차가 대기하게 될 평균시간은?
(3) 이 서비스시스템 내에서 한 대의 차가 소비하는 평균시간은?
(4) 이 서비스시스템의 이용률은?
(5) 이 서비스시스템 내에 한 대의 차도 없을 확률은?

4 어느 지역에 4개의 극장이 모여 있는 극장단지가 있다. 4개의 극장은 서로 다른 영화를 상영하고 있으며, 이들 4개의 극장이 동시에 시작했을 때 많은 군중이 몰려들어서 일어날 혼잡을 피하기 위해 영화 개시시간이 서로 다르도록 시간표가 짜여져 있다. 입장권은 극장단지 입구에 있는 하나의 매표창구에서만 팔고 있으며, 이 매표소에는 시간당 평균 280명의 관객에게 표를 팔 수 있는 매표원 한 명이 근무하고 있다. 평상시 관객입장수는 시간당 평균 210명이다. 관객의 도착은 포아송분포를 따르며, 매표시간은 지수분포를 따른다고 가정할 때, 다음 물음에 답하라.

(1) 입장권을 사기 위해 대기행렬에서 기다리고 있는 평균관객수는 몇 명인가?
(2) 한 명의 관객이 이 서비스시스템 내에서 소비하는 평균시간은?
(3) 매표창구에 도착하기 위해서 소비하는 평균시간은?
(4) 이 서비스시스템 내에 2명 이상이 있을 확률은? 또 3명, 4명 이상이 있을 확률은 각각 얼마인가?

5 어느 대학 학생회관 내의 식당에서는 학생들이 한 줄로 서서 기다리다가 식권을 산 다음 음식을 받으러 간다. 학생들은 분당 약 4명씩 매표구에 도착한다. 매표구 직원이 한 명의 학생에게 식권을 판매하는 데에 약 12초가 걸린다. 학생의 도착은 포아송분포를 따르며 식권판매는 지수분포를 따른다고 할 때, 다음 물음에 답하라.

(1) 이 시스템 내에 2명 이상의 학생이 있을 확률은? 또 3명, 4명 이상이 있을 확률은 각각 얼마인가?
(2) 이 시스템 내에 한 명의 학생도 있지 않을 확률은?
(3) 매표구에 도착하기까지 한 학생이 기다려야 하는 평균시간은?
(4) 대기행렬 내에서 기다리는 학생의 수는?
(5) 이 시스템 내에서 기다리는 학생의 수는?
(6) 매표구에 직원이 한 명 더 근무한다면 (2), (3), (4), (5)에서 계산된 수치들이 어떻게 달라질 것인가? 단, 학생들은 한 줄로 서서 기다리다가 두 명의 직원 중 한 명으로부터 식권을 구매한다고 가정한다.

6 **A백화점은 전화로 주문을 받는 카탈로그 판매부를 운영하고 있으며, 이 판매부에는 현재 1명의 직원이 근무하고 있다. 한 건의 주문을 받고 있을 때, 다른 곳에서 걸려오는 전화는 자동적으로 잠시 기다려달라는 녹음장치의 요청을 받는다. 한 건의 주문이 끝나면 가장 오래 기다렸던 전화가 연결되어 주문이 계속된다. 전화는 시간당 12건이 걸려오며, 이 직원은 1건의 주문을 받는 데 평균 4분이 걸린다.**

전화주문건수는 포아송분포를 따르며 서비스시간은 지수분포를 따른다. 이 직원의 급료는 시간당 $5이다. 고객이 기다림으로써 발생하는 백화점에 대한 이미지 손상과 판매 감소로 인한 백화점측의 손실은 시간당 $25이다.

(1) 고객들이 자신들의 전화가 직원에게 연결될 때까지 기다려야 하는 시간은 평균 얼마나 되나?
(2) 주문하려고 기다리는 고객들의 숫자는 평균 몇 명인가?
(3) 전화 받는 직원을 한 명 더 채용하려고 한다. 이 경우 서비스수준과 백화점이 부담하는 총비용에 대해서 고려하라. 단, 새로운 직원에게도 시간당 $5를 지급한다.

7 **한 과일도매상은 회사의 배달 트럭에 과일을 싣는 고용원을 한 사람 두고 있다. 포아송분포에 따라서 트럭들은 하루 평균 24대 즉 시간당 3대씩 과일을 싣기 위해 과일창고에 도착한다. 고용원의 과일 싣는 시간은 지수분포를 따르는데, 시간당 4대의 트럭에 과일을 싣는다.**

이 시스템의 활동특성들을 계산하라. 과일을 싣거나 혹은 과일을 싣기 위해 기다리는 트럭이 3대 이상 있을 확률은 얼마인가?

8 문제 7의 도매상 주인은 과일을 싣는 고용원을 한 명 더 채용하는 것이 상점의 효율을 크게 높일 것으로 생각하고 있다. 그는 과일 싣는 곳에 두 사람의 고용원이 있게 될 경우 시간당 4대에서 8대의 비율로 과일 싣는 비율을 높일 것으로 추정하고 있다. 그런 변화가 대기행렬에 미치는 영향을 분석하고, 그 결과들을 문제 7에서 계산된 결과들과 비교해 보라.

9 트럭 기사들은 시간당 $10의 급료를 받으며, 과일 싣는 고용원들은 시간당 $6을 받는다. 트럭 기사들이 행렬에 대기 중이거나 짐을 싣고 있는 중에 상관없이 그들의 급료는 두 경우의 시간을 모두 고려해서 지불된다. 그러나 이러한 경우 기사들은 생산측면에서 볼 때 놀고 있는 것이며, 따라서 상점측에는 손실이 발생하는 결과가 된다. 한 명의 고용원을 더 채용하는 것이 상점측에 얼마 정도의 시간당 원가절감을 가져올 것인가?

10 문제 7의 도매상은 과일 싣는 과정을 신속히 하기 위하여 하나의 짐 싣는 창구를 더 개설할 것을 고려 중이다. 그들 생각으로는 단순히 하나의 짐 싣는 창구에 추가로 고용원을 1명 더 늘리는 것보다(문제 8의 경우처럼), 1개의 창구를 더 개설하는 것이 훨씬 더 효율적일 것이라고 생각하고 있다.

두 창구에서 각 고용원들은 매 시간당 4대의 트럭에 짐을 실을 수 있을 것이며, 트럭들은 시간당 3대씩 계속해서 도착할 것이라고 가정하고, 이 새로운 서비스 시스템의 활동특성들을 계산하라. 문제 7에서 고려된 한 명의 고용원이 있는 경우와 문제 8에서 고려된 한 개의 창구에 두 명의 고용원이 있는 경우와 비교해서 2개의 창구를 개설하는 경우에는 어떤 효과가 발생할 것인가를 설명하라.

16 마아코브 분석

Management science

1. 서 론

마아코브 분석(Markov analysis)이란 주어진 현재의 확률을 분석하여 미래의 확률을 예측하는 기법이다. 이 기법을 창안한 마아코브(Markov)는 1905년 브라운 동작(Brownian motion)을 설명하기 위해 실시한 연쇄적 실험과정으로부터 이 개념을 도출하였다. 이 기법은 시장점유율의 분석이나 부실책임의 예측, 대학등록자수의 예측 및 기계고장률의 예측 등 기업을 비롯한 여러 형태의 조직에서 광범위하게 이용되고 있다.

가령, 어느 두 경쟁기업이 처음에는 40%와 60%의 시장점유율을 기록하고 있다가, 일정기간이 경과한 후 각각 45%와 55%로 변했다고 하자. 이때 처음 40%와 60%의 시장점유율을 초기상태(initial condition)라 한다. 마아코브 분석의 목적은 이러한 초기상태에서 출발하여 미래 특정 시점의 상태를 예측하는 데에 있다. 그런데, 이와 같은 예측을 위해서는 그 시스템이 앞으로 어느 한 상태에서 다른 특정 상태로 변동할 가능성 즉 확률을 알아야 하기 때문에 의사결정자는 확률에 관한 정보를 수집하여 행렬의 형태로 정리해 두어야 한다. 이와 같이 시스템이 한 시점에서 또 다른 시점으로 이행하면서 시스템의 한 상태가 특정의 다른 상태로 변동할 확률을 제시하는 행렬을 변환확률행렬(matrix of transition probabilities)이라 한다. 또한 시스템의 시간이행 및 변화과정을 마아코브 과정(Markov process) 혹은 마아코브 연쇄(Markov chain)라 하는데, 바로 이러한 과정을 검토함으로써 의사결정자는 자기가 관심을 가지고 있는 시스템의 미래 상태나 조건을 예측할 수 있는 것이다.

마아코브 분석은 다음과 같은 가정에서 전개된다.

① 발생가능한 상태의 수는 유한하다.
② 상태변동의 확률은 시간의 경과에 관계없이 항상 일정하다.
③ 과거의 상태와 변환확률행렬을 알면, 이를 이용하여 미래의 상태를 예측할 수 있다.
④ 전체 시스템의 규모(예컨대 기업 및 고객의 총수)와 비용은 분석기간 중 변동하지 않는다.

2. 상태와 확률변환

상태(state)는 조건(condition)이라고도 하며, 마아코브 과정에 포함된 시스템이 특정 시점에서 나타내고 있는 모든 상황을 파악하는 데에 이용된다. 가령 한 기계가 어느 시점에서 정상적으로 가동되느냐 혹은 가동되지 않느냐 하는 것은 상태의 대표적인 예이다. 여기서 이 기계가 정상적으로 가동되는 상태를 제1상태(first state), 정상적으로 가동되지 않는 상태를 제2상태(second state)로 정의한다. 또한 어느 지역에 세 개의 슈퍼마켓이 있다고 할 때, 특정 시점에서 이 지역 주민들은 셋 중 어느 하나의 고객이 된다고 하면, 주민이 과연 어느 슈퍼마켓의 고객이 될 것이냐에 따라 세 가지의 상태가 존재하는 것으로 볼 수 있다.

마아코브 분석에서는 발생가능한 상태의 수가 한정되어 있으며 상호독립적인 것으로 가정하는데, 이는 의사결정자가 마아코브 과정에서 발생가능한 상태를 모두 열거할 수 있을 뿐만 아니라 한 시스템이 특정 시점에서 나타내는 상태는 오직 하나임을 의미한다. 예컨대 앞서의 슈퍼마켓 문제의 경우, 특정 시점에서 주민은 셋 중 오직 한 점포의 고객이 된다는 가정이 성립할 때에 한하여 마아코브 분석이 가능한 것이다.

이와 같이 발생가능한 모든 상태들을 열거한 다음에는 시스템이 특정 상태에 있을 확률을 추정하여, 이 확률정보를 다음과 같이 상태확률벡터(vector of state probabilities)로 정리해야 한다.

$\pi(i)$ = 기간 i의 상태벡터

$\pi(i) = (\pi_1, \pi_2, \cdots, \pi_n)$

단, n=상태의 수, π_i=상태 i의 확률

한편 분석대상이 단 하나일 때에는 이 시스템에 대한 상태를 확정적으로 알 수 있는 경우도 있다. 예컨대 어느 기계의 가동상태를 점검할 때, 의사결정자가 이 기계의 정상가동 여부를 정확히 파악할 수 있는 경우가 많다. 이 때 기간 1 즉 최초의 상태벡터는 다음과 같이 표시된다.

$\pi(1) = (1, 0)$

여기서

π_1 = (기계가 제1상태에 있을 확률) = 1

π_2 = (기계가 제2상태에 있을 확률) = 0

$\pi(1)$ = 기계에 대한 기간 1에서의 상태벡터

이다. 그러나 실제문제에서는 둘 이상의 분석대상을 갖는 것이 보통인데, 이 때에는 시스템의 구성요소 전체가 각각의 상태에 있을 확률을 추정하지 않으면 안 된다.

이제 전술한 슈퍼마켓의 문제를 예로 들어, 지역 주민들에 대한 상태벡터를 산출해 보기로 한다. 가령 어느 달에 세 점포를 애용하는 고객의 총수가 100,000명이고, 이들 중 점포 A의 고객은 40,000명, 점포 B와 점포 C의 고객은 똑같이 30,000명이었다고 가정하자. 이 경우에 지역 주민이 점포 A를 애용하는 상태를 상태 1, 점포 B를 애용하는 상태를 상태 2, 그리고 점포 C를 애용하는 상태를 상태 3으로 각각 정의할 수 있다. 또한 임의의 한 주민이 세 점포 중 어느 하나의 고객일 확률을 각각 다음과 같이 추정할 수 있다.

상태 1(점포 A의 고객) : 40,000/100,000 = 0.4

상태 2(점포 B의 고객) : 30,000/100,000 = 0.3

상태 3(점포 C의 고객) : 30,000/100,000 = 0.3

이제 상기의 확률정보를 이용하면 다음과 같은 상태벡터가 유도된다.

$$\pi(1) = (0.4,\ 0.3,\ 0.3)$$

여기서 위의 벡터가 마아코브 과정의 초기상태가 되며, 이때 유도된 상태벡터는 초기상태에 대한 확률벡터를 나타내고 있다. 따라서 위의 확률정보를 이용하면 초기상태에 관한 다음과 같은 확률벡터가 작성된다.

$$\pi(1) = (0.4,\ 0.3,\ 0.3)$$

단, $\pi(1)$ = 초기의 상태벡터

π_1 = (한 소비자가 상태 1 즉 점포 A의 고객일 확률) = 0.4

π_2 = (한 소비자가 상태 2 즉 점포 B의 고객일 확률) = 0.3

π_3 = (한 소비자가 상태 3 즉 점포 C의 고객일 확률) = 0.3

여기서 세 점포에 대한 상태벡터에 표시된 확률들은 각각 제1기 즉 초기에 세 점포가 점하는 시장점유율을 나타내고 있다. 이처럼 시장조사문제에 관한 한 시장점유율이 확률값을 대신하여 상태벡터를 표시하는 데 이용될 수 있다.

일단 발생가능한 상태의 종류를 열거하고 초기의 상태확률을 구한 다음에 변환확률행렬을 유도해야 한다. 이 행렬은 상태벡터와 더불어 미래의 상태를 예측하는 데에 이용된다.

3. 변환확률행렬

시스템이 현재의 한 상태에서 미래의 특정 상태로 이행한다고 할 때, 주어진 현재의 상태에서 미래의 특정 상태가 발생할 확률을 보여 주는 행렬을 변환확률행렬(matrix of transition probabilities)이라고 한다. 즉, 현재상태의 수를 m, 미래상태의 수를 n이라 하고, 현재의 상태 i가 주어져 있을 때 미래의 상태 j가 발생할 조선부확률을 P_{ij}라 하면, 변환확률행렬은 다음과 같이 표시된다.

$$\text{변환확률행렬} \quad P = \begin{pmatrix} p_{11} & p_{12} & \cdots & p_{1n} \\ p_{21} & p_{22} & \cdots & p_{2n} \\ \vdots & \vdots & \vdots & \vdots \\ p_{m1} & p_{m2} & \cdots & p_{mn} \end{pmatrix}$$

이 변환확률행렬의 원소 P_{ij}는 실제의 경험에 의해 결정되는 것이 보통이다. 가령, 슈퍼마켓의 예에서 의사결정자가 충분한 기간 동안 계속 관찰한 결과, 이번 기에 점포 A를 애용하던 고객들(상태 1) 중 10%가 다음 기에는 점포 B를 애용하였다면(상태 2) $P_{12}=0.10$이 된다. 이 변환확률행렬에서 각 행의 확률들을 합하면 다음과 같이 반드시 1이 된다.

$$\begin{aligned} p_{i1}+p_{i2}+\cdots+p_{in} &= \sum_{j=1}^{n} p_{ij} \quad (i=1,\ 2, \cdots,\ m) \\ &= 1 \end{aligned}$$

4. 미래상태의 예측

마아코브 분석의 주된 목적이 미래상태의 예측에 있으므로 변환확률행렬과 특정 시점에서의 상태확률벡터를 알 수만 있다면 상태확률벡터에 변환확률행렬을 곱함으로써 미래의 특정 시점에서의 상태확률을 간단히 추정할 수 있다.

예를 들어, 초기의 상태확률벡터를 $\pi(1)$, 제2기의 상태확률벡터를 $\pi(2)$라 하면, 제 2기의 상태확률벡터는

$$\pi(2) = \pi(1) \cdot P$$

에 의해 추정된다. 여기서 P는 변환확률행렬이다. 일반적으로 n기의 상태로부터 다음 $n+1$기의 상태를 예측하고자 한다면 다음 공식을 적용하면 된다.

$$\pi(n+1) = \pi(n) \cdot P$$

그러면 앞서의 슈퍼마켓 문제에서 각 점포에 대한 차기의 시장점유율을 예측해 보기로 하자. 만약 이 문제의 변환확률행렬이

$$P = \begin{pmatrix} 0.8 & 0.1 & 0.1 \\ 0.1 & 0.7 & 0.2 \\ 0.2 & 0.2 & 0.6 \end{pmatrix}$$

과 같이 추정되었다고 하면, 시장점유율에 관한 현재의 상태벡터는 $\pi(1) = (0.4,\ 0.3,\ 0.3)$이므로, 제 2기의 상태벡터는 다음과 같이 추정될 것이다.

$$\begin{aligned} \pi(2) &= \pi(1)P \\ &= (0.4,\ 0.3,\ 0.3)\begin{pmatrix} 0.8 & 0.1 & 0.1 \\ 0.1 & 0.7 & 0.2 \\ 0.2 & 0.2 & 0.6 \end{pmatrix} \\ &= (0.41,\ 0.31,\ 0.28) \end{aligned}$$

따라서 점포 A의 시장점유율은 0.40에서 0.41로, 점포 B의 시장점유율은 0.30에서 0.31로, 그리고 점포 C의 시장점유율은 0.30에서 0.28로 변동될 것으로 예측할 수 있다.

지금까지 세 개의 점포가 자리잡고 있는 어느 지역의 시장을 하나의 시스템으로 간주하여 이 시스템의 미래상태가 어떻게 될 것인가를 예측하는 데에 마아코브 분석이 어떻게 이용되는가를 살펴보았다. 이 문제에서 시장점유율은 한 소비자가 특정 시점에서 각 점포를 애용할 확률과 일치하는 개념이기 때문에 이 소비자의 초기상태를 추정하여 세 가지의 확률로 표시하였다. 그러나 문제에 따라서는 한 시스템의 초기상태를 확정적으로 파악할 수 있는 경우도 있다. 즉, 의사결정자가 시스템의 초기상태를 확실히 알 수 있는 경우의 마아코브 분석에 관하여 기계가동상태의 예측문제를 예로 들어 설명하고자 한다.

어느 정미소의 제분기는 현재 정상적으로 가동되고 있다. 그런데 어느 달에 이 기계가 정상적으로 가동되었을 경우 다음 달에는 이 기계의 총조업시간 중 80%만이 정상가동되었으며, 이 기계가 비정상적으로 가동되었다면 다음 달에는 총조업시간 중 10%만 정상가동되었다고 한다. 그러면 이 기계가 지금부터 한 달 후에 정상적으로 가동될 확률은 얼마일까?

우신 기계가 정상적으로 가동되는 경우를 상태 1, 비정상적으로 가동되는 경우를 상태 2라고 정의하면, 이 기계는 현재 상태 1에 있기 때문에 초기의 상태확률벡터가 다음과 같이 결정된다.

$$\pi(1) = (\text{상태 1의 확률, 상태 2의 확률})$$
$$= (1,\ 0).$$

또한 문제의 내용을 보면 이 기계가 정상상태에서 다시 정상상태를 유지할 확률은 0.8, 비정상상태로 변동할 확률은 0.2이고, 비정상상태에서 정상상태로 변동할 확률은 0.1, 비정상상태를 유지할 확률은 0.9이므로, 이 문제의 변환확률행렬은 다음과 같이 표시할 수 있다.

$$P = \begin{pmatrix} 0.8 & 0.2 \\ 0.1 & 0.9 \end{pmatrix}$$

그런데 제2기의 상태확률벡터 $\pi(2)$는 $\pi(2) = \pi(1) \cdot P$에 의해 추정되기 때문에 결국 $\pi(2)$는 다음에서 보는 바와 같이 $\pi(2) = (0.8,\ 0.2)$가 된다.

$$\pi(2) = (1,\ 0) \begin{pmatrix} 0.8 & 0.2 \\ 0.1 & 0.9 \end{pmatrix}$$
$$= [(1)(0.8) + (0)(0.1),\ (1)(0.2) + (0)(0.9)]$$
$$= (0.8,\ 0.2)$$

이는 현재 정상적으로 가동되고 있는 이 기계가 앞으로 한 달 후에도 정상적으로 가동될 확률이 0.8임을 의미한다.

다음으로 두 달 후의 이 기계에 대한 상태확률벡터 $\pi(3)$을 유도하기 위해서는 공식 $\pi(3) = \pi(2) \cdot P$를 이용해야 한다. 그런데 $\pi(2) = (0.8,\ 0.2)$임이 확인되었고, 변환확률행렬 P 역시 이미 알려진 바와 같으므로, $\pi(3)$는 다음과 같이 추정된다.

$$\pi(3) = (0.8,\ 0.2) \begin{pmatrix} 0.8 & 0.2 \\ 0.1 & 0.9 \end{pmatrix}$$
$$= [(0.8)(0.8) + (0.2)(0.1),\ (0.8)(0.2) + (0.2)(0.9)]$$
$$= (0.66,\ 0.34).$$

따라서 현재 정상적으로 가동되고 있는 이 기계가 앞으로 두 달 후에도 계속 정상적으로 가동될 확률은 0.66임을 알 수 있다. 이와 같은 마아코브 과정을 반복함으로써 의사결정자는 미래 특정 기간의 기계가동상태에 대한 확률벡터를 얼마든지 유도할 수 있는 것이다.

5. 안정상태

슈퍼마켓의 시장점유율과 정미소 제분기의 가동상태에 대한 사례에서 마아코브 과정을 계속 반복함에 따라 시장점유율과 기계상태의 각 확률이 결국 0 아니면 1에 접근할 것으로 생각하기 쉽다. 그러나 매회의 마아코브 과정에서 이처럼 상태백터의 각 확률들이 계속 증가하거나 계속 감소한다 하더라도 그 극한값은 결코 0 또는 1이 될 수 없으며, 언젠가는 이 확률들이 안정된 값에 도달하게 된다.

이와 같이 더 이상 마아코브 과정을 계속한다 해도 상태백터의 확률들이 변동하지 않고 일정한 값을 유지할 때 이를 안정상태(steady state)라 한다. 마아코브 과정은 장기적으로 볼 때 반드시 안정상태에 도달한다. 시장점유율의 분석에서도 그렇지만, 의사결정자가 마아코브 분석에서 주로 관심을 갖는 것은 바로 이 안정상태에서의 확률이라 할 수 있다.

그러면 안정상태에서의 상태확률을 어떻게 추정할 수 있을까? [표 16-1]

표 16-1 ▶ 기계가동에 대한 상태확률의 추이

기간	상태 1	상태 2
1	1.0	0.0
2	.8	.2
3	.66	.34
4	.562	.438
5	.4934	.5066
6	.44538	.55462
7	.411766	.588234
8	.388236	.611763
9	.371765	.628234
10	.360235	.639754
11	.352165	.647834
12	.346515	.653484
13	.342560	.657439
14	.339792	.660207
15	.337854	.662145

은 정미소 제분기에 대한 사례에서 예측대상기간을 15회로 하여 마아코브 분석으로 산출되는 각 기간의 상태확률벡터를 정리한 것이다.

이 표에 제시된 상태확률의 추이를 살펴보면, 마아코브 과정이 계속됨에 따라 이 기계가 정상적으로 가동될 확률은 계속 감소하지만, 감소의 정도는 기간의 경과에 따라 점차 작아진다는 것을 알 수 있다. 만약 100회 정도의 충분한 기간을 대상으로 마아코브 분석을 실시한다면 정상상태 및 비정상상태의 확률은 거의 안정상태에 이르게 될 것이며, 이 표에 나타난 추세를 감안한다면 안정상태에 이르렀을 때의 정상가동확률은 대략 0.3333 즉 1/3 정도가 될 것으로 추정된다.

특정 시점에서 한 시스템이 안정상태에 도달하였다면, 이 시점에서의 상태확률벡터와 다음 시점에서의 상태확률벡터는 같다. 따라서 안정상태하에서는

$$\pi(\text{다음 기}) = \pi(\text{이번 기}) \times \text{변환확률행렬}$$
$$\pi = \pi \cdot P$$

와 같은 관계가 성립하게 되며, 이 관계식을 이용하면 언제나 안정상태에서의 상태확률벡터 π에 대한 추정이 가능해진다. 이 관계식을 안정상태의 조건(condition for steady state)이라 한다.

여기서 정미소 제분기의 가동문제에 대한 안정상태를 유도해 보자. 우선 안정상태의 조건이 $\pi = \pi \cdot P$이므로

$$(\pi_1,\ \pi_2) = (\pi_1,\ \pi_2)\begin{pmatrix} 0.8 & 0.2 \\ 0.1 & 0.9 \end{pmatrix}$$
$$= (0.8\pi_1 + 0.1\pi_2,\ 0.2\pi_1 + 0.9\pi_2)$$

와 같은 관계가 성립되어, 결국 안정상태에서의 각 상태확률에 관한 다음과 같은 연립방정식이 유도된다.

$$\pi_1 = 0.8\pi_1 + 0.1\pi_2 \qquad (16\text{-}1)$$
$$\pi_2 = 0.2\pi_1 + 0.9\pi_2 \qquad (16\text{-}2)$$

물론 식 (16-1)과 (16-2)에서 모두 $\pi_2 = 2\pi_1$이므로 이 두 방정식은 동치(equivalent)이다. 또한 상태벡터의 각 확률을 합하면 1이 되어야 하기 때문에, 이 문제의 경우

$$\pi_1 + \pi_2 = 1 \qquad (16\text{-}3)$$

이라는 또 하나의 방정식이 성립한다. 이 식 (16-3)과 앞의 두 식 (16-1), (16-2) 중 어느 하나를 연립으로 풀면 π_1, π_2의 고유한 값이 다음과 같이 산출된다.

$$\pi_1 = \frac{1}{3} = 0.3333$$

$$\pi_2 = \frac{2}{3} = 0.6667.$$

이 값은 앞에서 [표 16-1]의 확률추이를 고려하여 산출한 안정상태의 확률과 일치함을 알 수 있다.

안정상태의 추정에서 각 상태확률을 추정할 때 초기상태의 확률에 관한 정보는 전혀 필요치 않다. 초기상태가 어떠냐 하는 것은 안정상태의 결정에 전혀 영향을 미치지 않기 때문이다.

6. 흡수상태 및 기초행렬

지금까지 시장점유율과 기계의 가동상태는 시간의 경과에 따라 특정 상태에서 다른 상태로 변환할 수 있다고 가정하였지만, 실제로는 그런 변환이 불가능한 경우도 많다. 기계가 일단 고장나면 정상상태로 환원될 수 없다든지 외상매출금이 회수불능으로 대손처리되는 경우 등이 있다. 이와 같이 어느 시스템에 특정의 상태가 주어지면 이 시스템은 그 상태로 흡수되어 영구히 같은 상태로 남게 되는 경우, 이러한 속성을 가진 상태를 흡수상태(absorbing state)라 하고, 그렇지 않은 상태를 비흡수상태(non-absorbing state)라 한다.

기업의 외상매출금에 대한 계정체계를 보면, 매출채권을 지급만기일의 경과 정도에 따라 몇 가지의 범주로 구분하여 관리하는 경우가 많다. 분류되는 범주의 수는 물론 기업의 사정에 따라 다르겠지만, 여기서는 다음과 같은 네 가지 범주로 분류하고 있다고 가정하자. 여기서 외상매출금의 각 범주는 각 매출채권의 입장에서 보면 마아코브 과정의 상태에 해당하는 개념이다.

① 상태 1 : 회수된 채권
② 상태 2 : 대손채권(만기일이 3개월 이상 경과)
③ 상태 3 : 만기일이 1개월 미만 경과된 채권
④ 상태 4 : 만기일이 1~3개월 경과된 채권

각 매출채권이 가질 수 있는 상태를 열거하였으면, 마아코브 분석의 일반적 절차에 따라 변환확률행렬을 추정해야 한다. 변환확률행렬을 추정함으로써 장기적 안정상태에서의 매출채권의 내용을 예측할 수 있고, 이를 매출채권관리에 응용할 수 있다. 변환확률행렬은 각 매출채권이 시간의 경과에 따라 네 가지 범주 내에서 어떻게 변화할 것인가를 나타내 준다. 그런데 특정시점에서 상기의 네 가지 상태 중 회수된 채권의 범주(상태 1)에 속하는 채권이나 대손채권의 범주(상태 2)에 속하는 채권은 사실상 다른 상태의 채권으로 변환할 가능성이 전혀 없기 때문에 상태 1에서 상태 1로 변환할 확률은 1이고, 상태 1에서 기타의 상태로 변환할 확률은 0이 된다. 마찬가지로 상태 2에서 상태 2로 변환할 확률은 1이고, 상태 2에서 기타의 상태로 변환할 확률은 0이 된다. 이와 같은 상태 1과 상태 2가 흡수상태이다. 나머지 상태 3과 상태 4는 다른 상태로의 변환이 가능하기 때문에 비흡수상태에 해당된다.

그러면 비흡수상태인 상태 3과 상태 4에 대한 변환확률을 살펴보자. 지금까지의 경험에 따르면 만기일 경과기간이 1개월 미만(상태 3)인 채권이 다음 달에 회수(상태 1)될 확률은 0.6. 상태 3을 유지할 확률이 0.2, 그리고 만기일이 1~3개월 경과된 채권(상태 4)으로 변환할 확률은 0.2라고 한다. 그러나 만기일 경과기간이 1개월도 안 되는 채권이 다음 달에 갑자기 3개월 이상이 경과되어 대손채권으로 처리될 수는 없기 때문에 상태 3에서 상태 2로 변환될 확률은 0이 된다. 한편 만기일이 1~3개월 경과된 채권(상태 4)이 다음 달에 회수될(상태 1) 확률은 0.4, 채무불이행으로 확정되어 대손처리될(상태 2) 확률은 0.1, 만기일을 1개월 미만 경과한 채권(상태 3)을 이행할 확률은 0.3, 그리고 상태 4에 그대로 남아 있을 확률은 0.2라고 한다.

이상의 내용을 정리하면 다음 [표 16-2]와 같다.

표 16-2 ▶ 변환확률의 분포

금월	차월			
	회수	대손	1개월 미만	1~3개월
회수	1	0	0	0
대손	0	1	0	0
1개월 미만	0.6	0	0.2	0.2
1~3개월	0.4	0.1	0.3	0.2

이 표를 행렬로 표시하면 다음과 같은 변환확률행렬이 산출된다.

$$P = \begin{pmatrix} 1 & 0 & 0 & 0 \\ 0 & 1 & 0 & 0 \\ 0.6 & 0 & 0.2 & 0.2 \\ 0.4 & 0.1 & 0.3 & 0.2 \end{pmatrix}$$

이제 특정 시점에서 각각의 상태에 매출채권이 어떠한 비율로 분포되어 있는가를 파악할 수만 있다면, 이 상태벡터에 변환확률행렬을 곱하는 연산을 통하여 차기의 매출채권이 어떠한 상태로 분포될 것인가를 예측할 수 있다.

안정상태의 추정을 위해서는 먼저 기초행렬(fundamental matrix)이라는 개념을 이해해야 한다. 기초행렬이란 흡수상태가 존재하는 경우의 안정상태를 추정하기 위해 도입된 개념으로, 이 행렬을 구하기 위해서는 변환확률행렬 P를 다음과 같이 흡수상태의 행렬을 단위행렬(unit matrix)과 영행렬(zero matrix)로 구분하여 분할해야 한다.

$$P = \left(\begin{array}{cc|cc} 1 & 0 & 0 & 0 \\ 0 & 1 & 0 & 0 \\ \hline 0.6 & 0 & 0.2 & 0.2 \\ 0.4 & 0.1 & 0.3 & 0.2 \end{array}\right)$$

(위 왼쪽 블록 ↓ I, 위 오른쪽 블록 ↓ 0, 아래 왼쪽 블록 ↑ A, 아래 오른쪽 블록 ↑ B)

$$I = \begin{bmatrix} 1 & 0 \\ 0 & 1 \end{bmatrix} \qquad 0 = \begin{bmatrix} 0 & 0 \\ 0 & 0 \end{bmatrix}$$

$$A = \begin{bmatrix} 0.6 & 0 \\ 0.4 & 0.1 \end{bmatrix} \qquad B = \begin{bmatrix} 0.2 & 0.2 \\ 0.3 & 0.2 \end{bmatrix}$$

변환확률행렬이 이와 같은 형태로 분할되었을 때 기초행렬 F는 다음 공식에 의해 정의되는 행렬을 말한다.

$$\text{기초행렬 } F=(I-B)^{-1}$$

즉, 기초행렬은 단위행렬 I에서 비흡수행렬의 하나인 행렬 B를 뺀 다음, 여기서 산출된 행렬의 역행렬(inverse matrix)을 취함으로써 구해진다. 외상매출금 문제의 경우는 $(I-B)$가

$$\begin{aligned}(I-B) &= \begin{bmatrix}1 & 0\\0 & 1\end{bmatrix}-\begin{bmatrix}0.2 & 0.2\\0.3 & 0.2\end{bmatrix}\\ &= \begin{bmatrix}0.8 & -0.2\\-0.3 & 0.8\end{bmatrix}\end{aligned}$$

이므로, 이 행렬의 역행렬을 취하면 다음과 같은 기초행렬이 산출된다.[1)]

$$\begin{aligned}F &= (I-B)^{-1}\\ &= \begin{bmatrix}0.8 & -0.2\\-0.3 & 0.8\end{bmatrix}^{-1}\\ &= \begin{bmatrix}1.38 & 0.34\\0.52 & 1.38\end{bmatrix}\end{aligned}$$

기초행렬을 유도한 다음에는 비흡수상태에 해당하는 각 상태가 흡수상태에 해당하는 각 상태로 변환할 확률을 추정해야 한다. 이는 외상매출금 문제의 경우 현재 만기일 경과가 1개월 미만의 채권 혹은 1~3개월의 채권이 장차 회수될 확률 및 대손처리될 확률을 추정해야 한다는 뜻이다. 이 확률은 앞서 유도한 기초행렬 F에 행렬 A를 곱함으로써 산출된다.

---

1) $A=\begin{bmatrix}x_{11} & x_{12}\\x_{21} & x_{22}\end{bmatrix}$에서 이 행렬의 행렬식을 $|A|$라 하면 A의 역행렬은

$$A^{-1}=\frac{1}{|A|}\begin{bmatrix}x_{22} & -x_{12}\\-x_{21} & x_{11}\end{bmatrix}=\begin{bmatrix}\frac{x_{22}}{|A|} & \frac{-x_{12}}{|A|}\\ \frac{-x_{21}}{|A|} & \frac{x_{11}}{|A|}\end{bmatrix}$$

이 된다. 단, $|A|=x_{11}x_{22}-x_{12}x_{21}$이다.

$$FA = \begin{bmatrix} 1.38 & 0.34 \\ 0.52 & 1.38 \end{bmatrix} \begin{bmatrix} 0.6 & 0 \\ 0.4 & 0.1 \end{bmatrix}$$

$$= \begin{bmatrix} 0.97 & 0.03 \\ 0.86 & 0.14 \end{bmatrix}$$

따라서 비흡수상태에 있는 채권 중 만기일 경과 기간이 1개월 미만인 채권(상태 3)이 앞으로 만기일을 경과한 후 3개월 이내에 회수될(상태 1) 확률은 0.97, 3개월이 경과하도록 회수되지 않음으로써 대손처리(상태 2)될 확률은 0.03이며, 만기일 경과 기간이 1~3개월인 채권(상태 4)이 만기일을 경과한 후 3개월 이내에 회수(상태 4)될 확률은 0.86, 3개월이 지나도록 회수되지 않음으로써 대손처리(상태 2)될 확률은 0.14임을 알 수 있다.

행렬 FA는 현재의 비흡수상태가 앞으로 특정의 흡수상태로 변화할 확률을 제시해 주기 때문에 이는 당연히 변환확률행렬에 해당한다. 이제 각 비흡수상태가 현재 어떻게 분포되어 있는가를 나타내는 벡터를 다음과 같이 비흡수상태벡터 M이라고 정의하자.

$$M = (M_1,\ M_2,\ \cdots,\ M_n)$$

단, n = 비흡수상태의 수

M_i = i번째 비흡수상태의 규모 $(i=1,\ 2,\ \cdots,\ n)$

이다. 이와 같이 현재의 각 비흡수상태 M_i가 주어져 있을 때 의사결정자가 알고자 하는 미래의 궁극적인 흡수상태벡터는 벡터 M에 변환확률행렬 FA를 곱함으로써 추정할 수 있다.

만기일 경과 기간이 1개월 미만인 채권의 총액이 현재 $ 2,000이고, 1~3개월 경과한 채권의 총액이 현재 $ 5,000라고 하면 비흡수상태 M은

$$M = (2{,}000,\ 5{,}000)$$

이 된다. 이 행렬 M에 행렬 FA를 곱하면 현재의 각 매출채권이 앞으로 어떠한 흡수상태로 변모할 것인가, 즉 얼마만큼 회수되고 얼마만큼 회수불가능할 것인가를 알 수 있다.

$$M \cdot FA = (2{,}000,\ 5{,}000) \begin{bmatrix} 0.97 & 0.03 \\ 0.86 & 0.14 \end{bmatrix}$$

$$= (6{,}240,\ 760)$$

따라서 이 회사의 총매출채권 $ 7,000 중에서 $ 6,240는 회수될 것으로 예상되지만, 나머지 $ 760는 만기일이 3개월 이상 경과할 때까지 회수되지 못하여 대손처리될 것으로 예상된다.

예 제

1 **A상표의 커피를 생산하는 A기업에서는 B상표의 커피를 생산하는 경쟁회사의 고객들을 자기 회사의 고객으로 유치하기 위해 대대적인 광고활동을 수행하고자 한다. 이 전략을 집행하기 이전에 시장조사를 실시한 결과, A상표의 고객이 B상표의 고객으로 전환될 확률과 B상표의 고객이 A상표의 고객으로 전환될 확률은 각각 0.2이었으며, 따라서 [표 1]과 같은 변환확률행렬이 작성되었다. 한편 이 회사가 새로운 광고전략에 따라 광고활동을 할 경우에 그에 따른 경쟁회사의 대응전략을 감안하여 새로운 변환확률행렬을 추정한 결과 [표 2]와 같았다고 한다. A회사가 이 광고전략을 수행하는 데에는 연간 $ 120,000가 소요되며, 커피의 총고객수는 50만이다. 고객 한 명에 대한 연간 평균순이익을 $ 2라 할 때, A회사에서는 과연 이 광고전략을 실시하는 것이 타당할까?**

[표 1] 광고 전 변환확률

현재 \ 미래	A상표 (상태 1)	B상표 (상태 2)
A상표(상태 1)	0.8	0.2
B상표(상태 2)	0.2	0.8

[표 2] 광고 후 변환확률

현재 \ 미래	A상표 (상태 1)	B상표 (상태 2)
A상표(상태 1)	0.8	0.2
B상표(상태 2)	0.3	0.7

해답 우선 안정상태의 정의에 따라 광고실시 전에는 다음과 같은 관계식이 성립한다.

$$(\pi_1,\ \pi_2) = (\pi_1,\ \pi_2)\begin{bmatrix} 0.8 & 0.2 \\ 0.2 & 0.8 \end{bmatrix}$$
$$= (0.8\pi_1 + 0.2\pi_2,\ 0.2\pi_1 + 0.8\pi_2)$$

또, $\pi_1 + \pi_2 = 1$이므로, 이 두 식을 연립으로 풀면 $\pi_1 = \pi_2 = \frac{1}{2}$이 산출된다. 한편, 광고 실시 후에는

$$(\pi_1{}', \ \pi_2{}') = (\pi_1{}', \ \pi_2{}')\begin{bmatrix} 0.8 & 0.2 \\ 0.3 & 0.7 \end{bmatrix}$$

$$= (0.8\pi_1{}' + 0.3\pi_2{}', \ 0.2\pi_1{}' + 0.7\pi_2{}')$$

와 같은 관계식이 성립하고 또한 $\pi_1{}' + \pi_2{}' = 1$이므로, 이 두 식을 연립으로 풀면 $\pi_1{}' = 3/5$, $\pi_2{}' = 2/5$를 얻는다. 이것은 A상표의 회사가 새로운 광고전략을 실시함으로써 결국 시장점유율은 1/2(50%)에서 3/5(60%)으로 높일 수 있음을 나타낸다. 이와 같은 사실은 50만×10%=5만의 고객 증대를 의미하며, 고객이 5만 명 증대함으로써 추가로 얻게 되는 이익은 $ 2×50,000=$ 100,000이다. 그러나 이러한 이익을 얻기 위해 소요되는 광고비가 $ 120,000이므로, 이 광고전략을 실시할 경우에는 $ 20,000의 손실을 초래하게 된다.

2 **어느 컴퓨터회사에서는 필기 및 서류전형에 합격한 신입사원 후보자들을 상대로 컴퓨터교육을 실시하여 소정의 실기시험에 합격한 사람만을 최종합격자로 결정한다고 한다. 컴퓨터 프로그래밍에 관한 이 시험에 대하여 후보자들은 세 번의 전형기회를 갖게 되며, 세 번 모두 실패하는 경우에는 자동적으로 탈락하게 된다. 여기서 모든 후보자들을 다음과 같은 네 가지 상태로 분류할 수 있다.**

상태 1 : 3차 이내에 합격

상태 2 : 3차 이내에 불합격

상태 3 : 1차 시험에 불합격

상태 4 : 2차 시험에 불합격

그런데, 이 회사의 인사부장이 경험한 바에 따르면 모든 상태들 간의 변환확률 행렬은 다음과 같다고 한다.

$$P = \begin{pmatrix} 1 & 0 & 0 & 0 \\ 0 & 1 & 0 & 0 \\ 0.6 & 0 & 0.1 & 0.3 \\ 0.3 & 0.3 & 0.2 & 0.2 \end{pmatrix}$$

현재 필기 및 서류전형에 합격한 사람들 중 1차의 시험에 불합격한 사람은 50명이고, 2차의 시험에도 불합격한 사람은 30명이라고 할 때, 이들 중 최종적으로 합격할 사람과 불합격할 사람은 각각 몇 명일 것으로 예상할 수 있을까?

해답 이 문제에서는 현재 1, 2차 시험에서 불합격한 사람, 즉 상태 3 및 상태 4가 비흡수상태에 해당한다. 우선 문제의 변환확률행렬을 다음과 같이 분할할 수 있다.

$$P=\left(\begin{array}{cc:cc} 1 & 0 & 0 & 0 \\ 0 & 1 & 0 & 0 \\ \hdashline 0.6 & 0 & 0.1 & 0.3 \\ 0.3 & 0.3 & 0.2 & 0.2 \end{array}\right)$$

$$I=\begin{bmatrix} 1 & 0 \\ 0 & 1 \end{bmatrix} \qquad 0=\begin{bmatrix} 0 & 0 \\ 0 & 0 \end{bmatrix}$$

$$A=\begin{bmatrix} 0.6 & 0 \\ 0.3 & 0.3 \end{bmatrix} \quad B=\begin{bmatrix} 0.1 & 0.3 \\ 0.2 & 0.2 \end{bmatrix}$$

여기서 행렬 $(I-B)$를 구하면

$$\begin{aligned}(1-B) &= \begin{bmatrix} 1 & 0 \\ 0 & 1 \end{bmatrix}-\begin{bmatrix} 0.1 & 0.3 \\ 0.2 & 0.2 \end{bmatrix} \\ &= \begin{bmatrix} 0.9 & -0.3 \\ -0.2 & 0.8 \end{bmatrix}\end{aligned}$$

이므로, 다음과 같은 기초행렬이 산출된다.

$$\begin{aligned}F &= \begin{bmatrix} 0.9 & -0.3 \\ -0.2 & 0.8 \end{bmatrix}^{-1} \\ &= \begin{bmatrix} 1.21 & 0.45 \\ 0.30 & 1.36 \end{bmatrix}\end{aligned}$$

다음으로 FA를 계산하면

$$\begin{aligned}FA &= \begin{bmatrix} 1.21 & 0.45 \\ 0.30 & 1.36 \end{bmatrix}\begin{bmatrix} 0.6 & 0 \\ 0.3 & 0.3 \end{bmatrix} \\ &= \begin{bmatrix} 0.86 & 0.14 \\ 0.59 & 0.41 \end{bmatrix}\end{aligned}$$

이며, 이는 비흡수상태 3, 4에서 흡수상태 1, 2로 변환할 확률을 나타낸다. 따라서 현재 합격권 내에 들지 못한 80(=50+30)명 중 최종적으로 합격할 사람은 다음에서 볼 수 있는 바와 같이 61명이고, 끝까지 합격하지 못함으로써 탈락할 사람은 19명이다.

$$(50,\ 30)\begin{bmatrix} 0.86 & 0.14 \\ 0.59 & 0.41 \end{bmatrix}=(61,\ 19)$$

연습문제 *Exercise*

1 **한 운동선수는 1980년산 스포츠카를 소유하고 있다. 이 사람은 어느 날 이 차가 정상적으로 운행될지의 여부를 확실히 알 수는 없으나, 지금까지의 경험에 따르면 이 차가 어제 정상적으로 운행되었을 경우 90%는 오늘도 정상적으로 운행되며, 어제 정상적으로 운행되지 않았을 경우 70%는 오늘도 정상적으로 운행되지 않는다고 한다. 다음 물음에 답하라.**

(1) 오늘 이 차가 정상적으로 운행되었을 때, 내일은 정상적으로 운행되지 않을 확률은 얼마인가?

(2) 오늘 이 차가 정상적으로 운행되지 않았을 때, 내일은 정상적으로 운행될 확률은 얼마인가?

(3) 변환확률행렬을 구하라.

2 **등산장비를 생산하는 세 경쟁기업 A, B, C에서는 성능이 우수한 텐트를 독자적으로 개발하여 연초에 시판하기 시작하였다. 연초에는 텐트에 대한 세 회사의 시장점유율이 1/3로서 거의 동일하였으나, 1년이 경과하면서 시장점유율에 관한 다음과 같은 상태변동이 발생하였다. 물음에 답하라.**

① A회사의 고객들 중 80%는 변동이 없었으나, 16%는 B회사의 고객으로, 4%는 C회사의 고객으로 전환하였다.

② B회사의 고객들 중 76%는 변동이 없었으나, 18%는 A회사의 고객으로, 6%는 C회사의 고객으로 전환하였다.

③ C회사의 고객들 중 84%는 변동이 없었으나, 12%는 A회사의 고객으로, 4%는 B회사의 고객으로 전환하였다.

(1) 연말에 각 회사가 점하게 될 시장점유율은 각각 얼마인가?

(2) 고객들이 이상과 같은 구매형태를 계속 유지할 경우에 안정상태에서의 각 회사의 장기적인 시장점유율을 예측하라.

3 **자원봉사자들에 의해서 운영되고 있는 어느 자선단체는 세 개의 부서로 구성되어 있으며, 각 부서에 소속된 모든 자원봉사자들은 언제나 부서 간의 이동이 허용되고 있다. 어느 해 6월과 7월 사이 각 부서 간의 인사이동이 다음 표와 같다고 할 때, 이 해 12월에는 각 부서의 인원수가 얼마쯤 될 것으로 예측할 수 있을까?**

전입부서	6월 현재 인원	전출부서			9월 현재 인원
		1	2	3	
1	30	27	3	4	34
2	60	2	57	4	63
3	40	1	0	32	33
계	130				130

4 **다음 변환확률행렬은 신용카드를 이용하는 어느 백화점 고객들의 신용구매에 따른 채무이행상태에 관한 것이다. 물음에 답하라.**

금월 \ 차월	지불(상태 1)	미지불(상태 2)
지불(상태 1)	0.95	0.05
미지불(상태 2)	0.95	0.05

(1) 안정상태의 확률은 얼마인가?

(2) 이 백화점의 경영자는 전기의 채무를 지금까지 이행하지 않은 고객에 대해 신용판매를 중단하는 것이 좋은가? 그 이유는 무엇인가?

5 **모회사에서는 두 기계 A, B 중 어느 하나를 임차하고자 한다. 두 기계가 정상상태에서 비정상상태로 변환할 확률과 그 반대 경우의 확률이 다음과 같다고 하자.**

A기계의 변환확률

현재 \ 미래	정상	비정상
정상	0.9	0.1
비정상	0.6	0.4

B기계의 변환확률

현재 \ 미래	정상	비정상
정상	0.8	0.2
비정상	0.7	0.3

(1) 각 기계에 대한 안정상태의 확률을 구하라.

(2) 어느 기계를 임차하는 것이 바람직한가?

6 **J대학교는 과거 수년 동안 대학 정원의 수가 일정하게 유지되어 왔다. 이 대학에서는 자체의 구내서점을 운영하여 그 수익금을 학생복지에 활용하고 있으나, 학교 부근에는 거의 동일한 규모의 사설서점이 A, B, C 세 개나 자리잡고 있다. 그런데 최근에 이 학교 학생들 중 많은 수가 외부의 사설서점에서 도서구매를 하고 있어 구체적인 시장조사를 실시한 결과 다음과 같은 변환확률행렬이 작성되었다.**

현재 \ 미래	구내매점	사설서점		
		A	B	C
구내매점	0.6	0.2	0.1	0.1
A	0	0.7	0.2	0.1
B	0.1	0.1	0.8	0
C	0.5	0.05	0.1	0.8

현재 네 서점이 차지하고 있는 시장점유율이 같다고 할 때, 물음에 답하라.

(1) 다음 기에 각 서점이 차지하는 시장점유율을 추정하라.

(2) 제3기 및 제4기에 각 서점이 차지하게 될 시장점유율을 추정하라.

(3) 이 대학교의 학생들은 구내매점의 책값이 오히려 다른 서점들보다 비싸다고 불평한다. 이 학교의 학생처에서는 이 점을 우려하고 있으나 학생들에 대한 복리후생비가 증가 추세에 있기 때문에 책값의 인하는 고려하지 않고 있다. 이러한 상태에서 구내서점의 장기적 시장점유율은 어떻게 될까?

7 XYZ회사의 주가를 100일 동안 측정한 결과, 다음과 같은 변환확률에 따라 1포인트 상승하거나 하락하였다고 한다. 안정상태의 확률은 얼마인가?

현재 \ 미래	1포인트 상승	1포인트 하락
1포인트 상승	0.4	0.6
1포인트 하락	0.6	0.4

8 자전거를 생산하는 갑, 을, 병 세 경쟁기업이 있다. 최근에 갑 회사에서는 어느 연구소에 시장조사 프로젝트를 의뢰한 결과 자전거시장의 총규모는 $1,000,000이며, 세 회사의 시장점유율은 각각 25%, 40%, 35%이었다고 한다. 그런데 갑 회사에서는 작년 한 해 동안에 기록한 매출액 중 6%의 이윤을 획득한 바 있다. 이 프로젝트팀은 철저한 조사결과를 토대로 $1,500의 비용을 투자하여 효과적인 광고를 실시할 경우, 다음과 같은 변환확률을 기대할 수 있을 것이라는 정보를 갑 회사에 제공하였다.

현재 \ 미래	갑	을	병
갑	0.80	0.15	0.05
을	0.15	0.80	0.05
병	0.05	0.05	0.90

만약 이 회사가 투자액의 20%를 1년 이내에 회수하는 것을 목표로 한다면, 광고를 실시하는 것이 좋다는 프로젝트팀의 제안을 받아들이는 것이 옳을까?

9 서로 인접되어 있는 A, B 두 호수에는 피라미들이 서식하고 있다. 현재 이 두 호수에는 각각 900마리와 100마리의 피라미가 살고 있으나, 1미터 너비의 운하가 두 호수 사이에 새로 건설됨에 따라 곧 물고기의 대이동이 있을 것을 예상된다. 한 어류전문가가 지난 한 달 동안 관찰한 결과 이 물고기들은 더 작은 다른 물고기들을 주로 먹고 살지만 자기들 스스로를 잡아먹기 때문에 그 수가 거의 일정하다고 한다. 또, 그가 조사한 바에 의하면, 이 기간 동안 90마리가 A에서 B로 이동한 반면에, B에서 A로 이동한 물고기는 5마리 정도이었다고 한다. 물음에 답하라.

(1) 이와 같은 이동행태가 일정하게 유지된다고 할 때, 결국 두 호수에 서식하게 될 피라미의 수는 각각 몇 마리씩이 될까?

(2) B호수가의 주민들은 운하의 건설로 인하여 A호수의 피라미들이 B호수로 이동함에 따라 B호수의 경관 및 수산자원상의 가치손실을 초래하게 된 사실을 주목하고 있다. 따라서 그에 대한 하나의 대책으로서 운하 내에 댐의 축조를 고려하고 있으나, 이는 피라미들이 A에서 B로 이동할 확률을 감소시킬 수 있을 뿐이며, 이동에 대한 완전한 대책은 될 수 없다. 주민들의 목표가 만약 각 호수의 물고기 수를 원래의 상태대로 환원시키는 데 있다면, 두 호수 간의 피라미 이동에 관한 변환확률이 얼마일 경우 이들의 목표가 달성될 수 있을까?

10 **J가구사는 가구를 전문으로 생산·판매하는 기업이다. 이 회사에서는 할부판매를 원칙으로 하고 있기 때문에 대부분의 운전자본이 외상매출금으로 묶여 있는 상태이다. 고객들은 대부분이 납기 내에 상품대금을 지불하는 것이 보통이지만, 외상매출금 중 일정한 비율은 만기일을 항상 경과하게 되고, 심지어 어떤 고객은 아예 지불을 하지 않아 할 수 없이 대손처리하는 경우도 있다. 이 회사가 경험한 바에 따르면 만기일을 2개월 이상 경과한 고객은 일반적으로 채무를 이행하지 않는 관계로 이 고객에 대해서는 신용판매를 중지하고 그에 대한 채권을 대손처리하였다고 한다. 이 회사의 매출채권 관리자는 매월 초 외상매출원장의 모든 계정을 검토하여 이를 완납, 회수 중, 만기일 경과(1개월) 및 대손 등 네 가지의 상태로 분류하고 있다. 그는 전월과 금월의 실적을 토대로 다음과 같은 변환확률행렬을 작성하여 사장에게 보고하였다. 물음에 답하라.**

금월의 상태	전월의 상태			
	완납	회수 중	만기일 경과	대손
완납	1.0	0	0	0
회수 중	0.4	0.3	0.3	0
만기일 경과	0.5	0.2	0.2	0.1
대손	0	0	0	1.0

(1) 각 상태를 흡수상태와 비흡수상태로 구분하라.

(2) 이 변환확률행렬을 적절한 형태로 변형하여 기초행렬의 산출에 필요한 행렬의 분할을 실시하라.

(3) 각 비흡수상태가 각 흡수상태로 변환할 확률을 제시하라.

(4) 현재 지불 중인 외상매출금이 $ 20,000, 만기일을 1개월 경과한 외상매출금이 $ 14,000라고 할 때, 이 채권 중 결국 회수될 금액과 대손처리될 금액은 각각 얼마인가?

17 시뮬레이션

Management science

1. 서 론

경영과학에서는 실제 경영시스템을 선형계획모형 등의 수학적 모형이나 통계적 모형으로 정형화하여 분석적인 방법(analytical method)으로 최적해를 도출하게 된다. 그러나 실제 문제들을 보면 관련변수가 너무 많아 이를 모형화하기가 곤란할 뿐만 아니라, 일단 모형화되었더라도 분석적인 방법을 통해 모형에 대한 최적해를 구할 수 없는 경우도 많다.

특정 시스템에 관한 의사결정문제에 직면하여 이 시스템을 대상으로 직접 물리적인 실험을 실시하거나 시스템 전체를 분석해 보아야 하지만 현실적으로 불가능한 경우도 있다. 현재 개발 중에 있는 제트기의 모의제품을 만들어 이 모형의 기체역학적 속성을 실험한다든지, 태풍이나 홍수와 같은 천연재해의 상황을 모의화하여 재해자 구제 및 도피훈련을 실시한다든지, 혹은 적군의 실제 공격을 가정하여 아군의 방어전략을 실험하고자 하는 경우에는 분석적인 방법을 적용하기가 곤란하게 된다.

시뮬레이션(simulation)은 이와 같이 분석적인 방법으로는 문제의 해를 구할 수 없는 경우에 이용되는 기법이다. 실제 시스템은 그대로 두고 그 모형을 상대로 잠재적 의사결정 대안들의 장단점을 평가할 수 있게 해 주는 기법이다. 실세계의 상황을 수학적으로 모의화(simulating) 내지 복제(duplicating)

한 다음, 그 시스템의 활동특성(operating characteristics) 즉 파라미터를 분석하고 실험결과를 토대로 최종적인 결론을 유도하는 기법이 곧 시뮬레이션이다.

먼저 시뮬레이션의 특성과 기본절차를 소개한 다음, 시뮬레이션의 대표적 모형인 몬테카를로 시뮬레이션에 대하여 고찰하고, 이 모형이 실제 경영의사결정에 어떻게 이용되는가를 설명하기로 한다.

2. 시뮬레이션의 특성 및 절차

2.1 시뮬레이션의 특성

시뮬레이션의 기본 아이디어는 실제 시스템을 모방 내지 모의화할 수 있는 장치를 활용하여 그 시스템의 속성, 형태 및 활동특성 등을 연구하는 데에 있다. 이 장치는 물리적이든 수학적이든 상관없으며, 경영자가 시스템의 형태를 효과적으로 설명할 수 있는 것이면 시뮬레이션에 이용할 수 있다. 새로 도입한 비행기의 활동특성을 연구하기 위해 가상적인 비행조건을 모의화한다든지, 어느 재고시스템의 행태를 실험하기 위하여 그 시스템을 대표할 수 있는 수학적 모형으로 모의화하는 것은 시뮬레이션의 대표적 예이다.

시뮬레이션 모형에서는 그 해가 연역적(deductively)으로 도출되는 것이 아니라 귀납적(inductively)으로 도출된다. 즉, 시뮬레이션에 있어서는 일정한 조건을 가정하여 모형에 특정 결정변수값들을 대입한 다음, 각 값이 주어진 의사결정기준에 미치는 효과를 측정함으로써 실험을 행하는 것이다. 가령, 어느 은행의 현금수납에 관한 대기행렬문제에서 수납창구의 수를 몇 개로 할 것인가를 결정하고자 할 때에는, 고객의 도착상태를 가정하여 개설된 창구의 수가 고객에의 서비스수준을 감안한 총비용에 어떠한 영향을 미치게 되는가를 실험한다.

이와 같이 시뮬레이션 기법은 귀납적이라는 기본성격을 갖기 때문에 이 기법에서는 무작위추출(random sampling)이라는 주요 개념이 사용된다. 무작위표본을 추출함으로써 정해진 기간 동안 그 시스템에 어떠한 사상이 발생하는가를 측정할 수 있는 것이다.

시뮬레이션이 갖는 또 하나의 중요한 특성은 모형 자체가 확정적(deterministic)일 수도 있고 확률적(probabilistic)일 수도 있다는 점이다. 경영자가 어떤 투자안이 기업의 재무제표 즉 대차대조표라든지 손익계산서 혹은 재무상태변동표에 미치는 영향에 관한 민감도분석을 수행하고자 할 때 확정적 모형을 가정하여 분석을 행한다. 확정적 모형을 가정하는 또 다른 예로서는 설비의 배치문제, 네트워크 분석 및 재고관리시스템 등을 들 수 있다. 이와 같은 확정적 시뮬레이션 모형의 기본 가정은 한 확률변수의 분포 전체를 어느 한 값이 대표할 수 있다는 것이다.

확률적 시뮬레이션 모형에서는 문제를 확률현상(random phenomena)으로 다루게 되는데, 이러한 시뮬레이션을 흔히 몬테카를로 시뮬레이션(Monte Carlo simulation)이라 한다. 몬테카를로 시뮬레이션이란 실제의 시스템을 대표하는 수학적 모형으로부터 무작위표본을 추출한다는 데에 기본 아이디어를 두는 기법이다.

2.2 시뮬레이션의 절차

시뮬레이션의 기본절차는 일반적인 의사결정 절차와 비슷하다. 시뮬레이션을 이용하여 의사결정을 할 때에는 먼저 문제에 대한 정의로부터 시작하여 주어진 문제와 관련된 변수들을 파악한다. 다음으로 각 변수간의 관계를

그림 17-1 ▶ 시뮬레이션의 기본절차

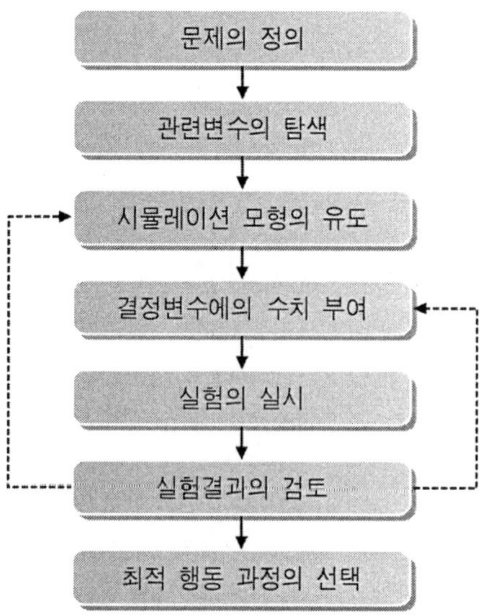

구체적으로 설명할 수 있는 수학적 모형을 유도하고, 실험에 투입하기 위한 여러 가지 행동과정을 모색한다. 실험을 실시한 후에는 원래의 모형을 수정하거나 입력자료를 변경시킴으로써 이것이 실험결과에 미치는 영향을 평가한다. 마지막으로 의사결정자가 주어진 여건에서 목표달성의 최대화를 기대할 수 있는 최적의 행동과정을 선정함으로써 시뮬레이션이 종결된다.

이상과 같은 시뮬레이션의 절차를 그림으로 설명하면 [그림 17-1]과 같다.

2.3 시뮬레이션의 장 · 단점

시뮬레이션은 의사결정자들에 의하여 광범위하게 이용되고 있는데, 다음과 같은 장점을 갖고 있다.

첫째, 시뮬레이션은 실제로 실행가능한 해를 제시할 수 있으며, 여기서 도출된 해는 항상 신축성을 갖는다.

둘째, 전통적인 계량분석모형으로는 접근할 수 없는 복잡한 실제상황을 분석하는 데에 효과적으로 이용할 수 있다. 가령, 경제 · 사회 · 환경 및 정치 등의 복잡한 변수로 구성되어 있는 도시행정을 비롯하여 병원, 교육시스템 혹은 세계 식량시스템 등은 계량적으로 모형화하기가 어렵지만, 시뮬레이션 기법을 적용하면 실제에 근접하는 해를 산출할 수 있다.

셋째, 시뮬레이션이 아니면 도저히 해를 산출할 수 없는 경우도 있다. 미항공우주국(NASA)에서 토성의 실세계를 관측하여 그 생태계에 대한 분석을 하고자 할 때에는 시뮬레이션 기법을 이용할 수밖에 없다.

넷째, 시뮬레이션에서는 실제 시스템의 운행에 지장을 초래하지 않고 실험이 가능하다. 병원 · 학교 혹은 생산공장 등에 있어서 새로운 정책이나 아이디어는 실제 시스템을 상대로 실험하기가 곤란하지만, 시뮬레이션에서는 모의화한 모형을 대상으로 실험하기 때문에 가능하다.

다섯째, 상호 대체적인 의사결정들을 평가하고자 하는 경우에 있어서는 이 기법이 가장 효율적으로 이용될 수 있다. 경영자들은 여러 가지 대안들 중 최적대안이 무엇인가를 사전에 결정하고자 하는데, 이 경우 컴퓨터 터미널을 통하여 시뮬레이션을 행하면 불과 몇 분 이내에 각 대안을 실험하여 그 효과를 측정할 수 있게 된다.

여섯째, 이 기법은 시뮬레이션을 구성하는 개별적 변수들의 상호작용효과를 분석하여 이들 중 어느 것이 목표의 달성에 보다 중요한 역할을 담당하게 되는가를 제시해 준다.

일곱째, 시뮬레이션을 이용하면 최대한의 시간절약이 가능하다. 발주, 광고 등 고려 중인 정책대안이 앞으로 수년 동안 미치게 될 효과를 컴퓨터 시뮬레이션을 통해 단 수초 만에 측정할 수 있다.

여덟째, 일반적 계량분석모형에는 흔히 현실성이 결여된 많은 가정들이 있어 실행에 옮기기가 어려운 경우가 많은데, 이와 같은 실세계의 복잡한 현상까지도 시뮬레이션 모형에 구체화시킬 수 있다. 예컨대, 대기행렬모형에서는 서비스시간과 도착률이 각각 지수분포와 포아송분포를 따르고, 재고모형에서는 조달기간과 수요가 정규분포를 따르는 것으로 가정하지만, 시뮬레이션에서는 그와 같은 특수한 확률분포를 가정하지 않고도 현실성 있는 최적해의 산출이 가능하다.

이상과 같은 장점이 있는 반면에, 시뮬레이션은 다음과 같은 이용상의 한계점이 있다.

첫째, 훌륭한 시뮬레이션 모형을 개발하기 위해서는 장시간을 요하는 복잡한 과정을 거쳐야 하며, 그에 따라 막대한 비용지출이 요구된다. 현재 경영의사결정에 이용되고 있는 시뮬레이션 모형 중에는 수년에 걸쳐 개발된 것들도 많다.

둘째, 선형계획법이라든지 PERT, EOQ 등의 일반적 계량분석기법들의 경우와는 달리, 시뮬레이션은 문제에 대한 유일한 하나의 최적해를 제시하지 못한다. 즉, 이 기법은 반복적인 일련의 시행과정을 통하여 상이한 해를 산출하는 시행착오적 접근법이라 할 수 있다.

셋째, 의사결정자들이 효과적인 시뮬레이션을 수행하기 위해서는 문제의 해와 관련된 모든 조건과 관련변수들을 정의해야 하는데, 실세계의 현상들이 너무 복잡하기 때문에 어렵다.

넷째, 시뮬레이션 모형은 특정 문제에 한정하여 적용될 수 있기 때문에 문제의 유형이 달라지면 그에 따른 새로운 모형이 개발되어야만 한다. 어느 한 시뮬레이션 모형이 제시한 해와 결론을 모든 문제에 일관성 있게 적용할 수는 없다.

3. 몬테카를로 시뮬레이션

3.1 몬테카를로 시뮬레이션의 의의

확률적 시스템을 모의화하는 데 이용되는 시뮬레이션 기법을 일반적으로 몬테카를로 시뮬레이션(Monte Carlo simulation)이라 한다. 이 기법의 핵심은 확률적 성격을 가진 모형의 변수들을 상대로 실험을 행한다는 것이다. 실험이란 확률사상을 발생시키는 특정 장치를 이용함으로써 가능한데, 이 장치는 모형에 의해 가설적으로 작성된 확률분포에 따라 각 확률사상이 발생할 수 있도록 설계되어야 한다. 따라서 몬테카를로 시뮬레이션에서는 무작위추출을 통하여 확률사상을 발생시킨다.

이와 같이 몬테카를로 시뮬레이션은 불확실성에서의 의사결정에 적용되는 기법으로서 모형에 확률변수를 포함하기 때문에 무작위로 발생시킨 여러 가지 조건에서 각 결정대안을 평가한다. 또한 동일한 결정대안을 상대로 모형을 변경시켜 가면서 동일한 실험과정을 반복한다.

몬테카를로 시뮬레이션이 다른 시뮬레이션 기법들에 비하여 보다 광범위하게 이용되고 있는 것은 사실이지만, 이 기법과 외형적으로 유사한 시뮬레이션 기법과 혼동해서는 안 된다. 증권시장의 거래정책을 모의화하기 위해 과거의 자료를 이용하여 가상적인 증권시장을 설정할 때, 시뮬레이션에 방대한 양의 자료가 포함되기 때문에 컴퓨터 처리가 필요하다. 증권시장 시뮬레이션을 몬테카를로 시뮬레이션과 유사한 형태로 보기 쉽지만 과거의 시장에 관한 정보가 이미 확실하게 알려져 있다는 사실을 감안하면 증권시장 시뮬레이션은 본래 확정적 성격을 갖는 시뮬레이션 기법이며, 불확실한 상황에서 특정의 확률분포를 가정하여 실험을 행하는 몬테카를로 시뮬레이션과는 근본적인 차이가 있음을 유의해야 한다.

3.2 몬테카를로 시뮬레이션의 절차

몬테카를로 시뮬레이션은 다음과 같은 다섯 단계를 거쳐 실험이 행해진다.

① 분석되어야 할 각 확률변수에 대한 확률분포를 유도한다.
② 제1단계의 분석을 위해 유도된 각 확률분포를 토대로 확률분포를 작성한다.
③ 제1단계의 확률변수에 특정값 혹은 특정 범위의 값을 부여하기 위해 난수(random number)의 구간을 설정한다.
④ 난수를 무작위추출함으로써 시뮬레이션 실험을 실시한다.
⑤ 시뮬레이션 실험을 반복적으로 시행하고 실험결과를 검토하여 의사결정에 반영한다.

어느 기업의 스노 타이어에 대한 수요예측문제에 몬테카를로 시뮬레이션을 적용해 보자.

(1) 단계 1 : 확률분포의 유도

몬테카를로 시뮬레이션의 제1단계는 시스템을 구성하고 있는 주요 확률변수에 대한 확률분포를 유도하는 일이다. 그런데 실세계에서는 어느 제품에 대한 하루의 수요량, 제품의 조달기간, 특정 기계에 고장이 발생하는 시간간격, 특정의 서비스시설에 대한 고객 도착시간 간격과 서비스시간 및 프로젝트의 완성시간 등 확률적인 성격을 가진 변수들이 존재한다. 이와 같은 확률변수들의 확률분포를 유도하기 위한 가장 보편적인 방법은 과거 자료을 검토하는 일이다. 해당 변수의 각 관측치에 대한 빈도(frequency)를 관측치의 총수로 나누면 상대도수(relative frequency)가 되는데, 이 상대도수를 확률에 대한 근사치로 사용하면 그 변수의 확률분포가 유도된다.

H회사의 스노 타이어에 대한 과거 200일 동안의 일간 수요가 [표 17-1]과 같다고 하자. 이 제품에 대한 지금까지의 수요 패턴이 앞으로도 계속 유지될 것으로 보고 이 표에 제시된 각 수요량의 도수를 관측된 총수요량 200으로 나누면, 스노 타이어의 수요에 관한 확률분포를 유도할 수 있다. [표 17-2]는 이와 같은 확률분포의 유도과정을 설명하고 있다.

표 17-1 ▶ 스노 타이어의 수요실적

수요량	도수
0	10
1	20
2	40
3	60
4	40
5	30
	200일

표 17-2 ▶ 수요에 대한 확률분포

수요량 x	상대도수(확률) $p(x)$
0	10/200=0.05
1	20/200=0.10
2	40/200=0.20
3	60/200=0.30
4	40/200=0.20
5	30/200=0.15
	200/200=1.00

그러나 확률분포의 유도를 위해서 반드시 과거 자료에 의존할 필요는 물론 없으며, 의사결정자의 직관과 경험으로 나름대로 유도한 확률분포를 이용할 수도 있다. 또한 이미 개발되어 있는 정규분포, 이항분포, 포아송분포 혹은 지수분포 등을 그대로 이용해도 무방하다.

(2) 단계 2 : 누적확률분포의 작성

제1단계에서 해당 확률변수에 대한 확률분포가 유도된 다음에는, 이를 토대로 각 변수값에 대한 누적확률분포(cumulative distribution)를 작성해야 한다. 여기서 확률변수가 취하게 될 각 값에 대한 누적확률은 직전 값까지의 누적확률에 그 값 자체의 확률을 더함으로써 계산된다. 이와 같이 누적확률분포를 작성하는 이유는 이것이 제3단계에서 난수를 부여하는 데에 이용되기 때문이다.

[표 17-3]은 스노 타이어에 대한 누적확률분포를 나타내며, [그림 17-2]는 이를 그래프로 표시한 것이다.

표 17-3 ▶ 스노 타이어에 대한 누적확률분포

수요량 x	확률 $p(x)$	누적확률 $P(x)$
0	0.05	0.05
1	0.10	0.15
2	0.20	0.35
3	0.30	0.65
4	0.20	0.85
5	0.15	1.00

그림 17-2 ▶ 그래프로 표시한 누적확률분포

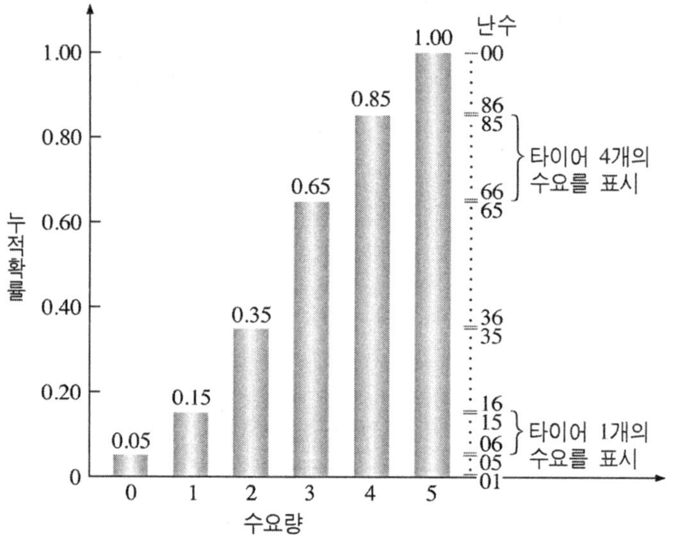

(3) 단계 3 : 난수구간의 결정

시뮬레이션에 포함된 각 변수에 대한 누적확률분포를 작성한 다음에는, 각 변수값에 부여할 난수의 집합을 결정해야 한다. 난수의 집합이란 제4단계에서 추출되는 난수가 관련 확률변수의 어느 값에 해당하는 난수인지를 추정하기 위해 미리 각 값에 할당된 난수의 범위를 제시해 주는 것으로서 난수구간(random number interval)이라 부른다. 여기서 난수구간은 각 변수값에 대한 확률에 비례하여 설정되기 때문에 각 값이 발생할 확률이 클수록 난수구간도 커지게 된다.

[표 17-2]에서 타이어의 수요가 하루 0개일 확률이 5%이기 때문에 추출가능한 총난수들 중 5%를 이 수요에 할당하며, 1개의 수요에 대해서는 10%

표 17-4 ▶ 스노 타이어에 대한 난수구간표

수요량	확률	누적확률	난수구간
0	0.05	0.05	01~05
1	0.10	0.15	06~15
2	0.20	0.35	16~35
3	0.30	0.65	36~65
4	0.20	0.85	66~85
5	0.15	1.00	86~00

의 난수를 할당하게 된다. 이때 만약 난수가 두 자리 수인 경우에는 추출가능한 난수의 종류가 100가지이며, 각 난수가 추출될 가능성은 동일할 것으로 보기 때문에 01부터 시작하여 순서적으로 다섯 가지의 난수(즉 01, 02, 03, 04 및 05)를 0대의 수요에 할당하고, 그 다음 06부터 15까지의 10개의 난수를 1개의 수요에 할당하는 방법을 적용한다.[1)]

그런데 제2단계에서 작성된 누적확률분포를 이용하면 확률변수의 각 값에 상응하는 난수구간을 간단한 방법으로 유도할 수 있다. [표 17-4]는 H회사의 각 수요량에 대한 누적확률분포로부터 각 수요량에 부여될 난수의 구간을 유도한 것이다.

(4) 단계 4 : 난수의 추출

몬테카를로 시뮬레이션의 제4단계에서는 구체적으로 난수를 추출하여 이를 확률변수의 특정 값에 할당한다. 이 작업의 목적은 추출된 난수가 제3단계에서 설정된 구간의 어디에 해당하는가를 파악함으로써 관련 변수값이 얼마로 추정되는가를 확인하는 데에 있다. H회사의 스노 타이어에 대한 시뮬레이션에서 추출된 난수가 81이라 하면, 이 난수가 포함된 66~85의 구간은 4개의 수요를 나타내기 때문에 우리는 이 타이어 대한 1일 수요가 4개일 것으로 추정한다.

난수를 추출하는 방법은 여러 가지가 있으나, 가장 보편적인 방법은 [표 17-5]와 같은 난수표(random number table)를 이용하는 방법이다. 난수

1) 이와는 다른 방법으로 0대의 수요에 00, 01, 02, 03, 04라는 다섯 개의 난수를 부여해도 상관없다. 즉, 00이라는 난수는 0을 나타낼 수도 있고 100을 나타낼 수도 있으나, 100개의 숫자 중 다섯 개를 이 수요에 할당하기만 하면 되는 것이며, 다섯 개의 난수가 구체적으로 어떤 수인가는 해의 결과에 영향을 미치지 않는 것으로 간주한다.

표 17-5 ▶ 난수표

52	06	50	88	53	30	10	47	99	37	66	91	35	32	00	84	57	07
37	63	28	02	74	35	24	03	29	60	74	85	90	73	59	55	17	60
82	57	68	28	05	94	03	11	27	79	90	87	92	41	09	25	36	77
69	02	36	49	71	99	32	10	75	21	95	90	94	38	97	71	72	49
98	94	90	36	06	78	23	67	89	85	29	21	25	73	69	34	85	76
96	52	62	87	49	56	59	23	78	71	72	90	57	01	98	57	31	95
33	69	27	21	11	60	95	89	68	48	17	89	34	09	93	50	44	51
50	33	50	95	13	44	34	62	64	39	55	29	30	64	49	44	30	16
88	32	18	50	62	57	34	56	62	31	15	40	90	34	51	95	26	14
90	30	36	24	69	82	51	74	30	35	36	85	01	55	92	64	09	85
50	48	61	18	85	23	08	54	17	12	80	69	24	84	92	16	49	59
27	88	21	62	69	64	48	31	12	73	02	68	00	16	16	46	13	85
45	14	46	32	13	49	66	62	74	41	86	98	92	98	84	54	33	40
81	02	01	78	82	74	97	37	45	31	94	99	42	49	27	64	89	42
66	83	14	74	27	76	03	33	11	97	59	81	72	00	64	61	13	52
74	05	81	82	93	09	96	33	52	78	13	06	28	30	94	23	37	39
30	34	87	01	74	11	46	82	59	94	25	34	32	23	17	01	58	73
59	55	72	33	62	13	74	68	22	44	42	09	32	46	71	79	45	89
67	09	80	98	99	25	77	50	03	32	36	63	65	77	94	19	95	88
60	77	46	63	71	69	44	22	03	85	14	48	69	13	30	50	33	24
60	08	19	29	36	72	30	27	50	64	85	72	75	29	87	05	75	01
80	45	86	99	02	34	87	08	86	84	49	76	24	08	01	86	29	11
53	84	49	63	26	65	72	84	85	63	26	02	75	26	92	62	40	67
69	84	12	94	51	36	17	02	15	29	16	52	56	43	26	22	08	62
37	77	13	10	02	18	31	19	32	85	31	94	81	43	31	58	33	51

자료 : Rand Corporation, *A Million Digits with 100,000 Normal Deviates*, The Free Press, 1955. p.7.

의 추출은 항상 무작위이기 때문에 의사결정자 고유의 결정원칙에 따라 난수를 추출하면 되지만, 추출상의 편차(bias)를 배제하기 위해 일관성 있게 추출하는 것이 좋다.

(5) 단계 5 : 시뮬레이션의 실행 및 실험결과의 검토

제4단계에서 난수가 추출된 다음에는, 이를 토대로 의사결정자가 필요로 하는 확률변수의 특정한 값을 추정할 수 있게 된다.

H회사가 스노 타이어의 수요를 예측하기 위해 10일 동안의 수요에 대한

표 17-6 ▶ 타이어의 수요에 대한 시뮬레이션

날짜	난수	수요 추정치
1	52	3
2	37	3
3	82	4
4	69	4
5	98	5
6	96	5
7	33	2
8	50	3
9	88	5
10	90	5
		39

10일 동안의 평균수요=39/10=3.9대/일

10회의 실험을 실시한다고 하자. 또한 제4단계에서 의사결정자가 좌측 상단으로부터 시작하여 그 아래로 이동하면서 일련의 난수를 추출하였다고 하면, [표 17-6]의 제2열과 같은 난수들이 발생하게 됨을 알 수 있다. 이 표의 마지막 열에는 추출된 각 난수에 상응하는 확률변수의 값 즉 수요추정치가 제시되어 있다.

여기서 10회의 실험결과 유도된 평균수요 즉 3.9는 [표 17-2]의 실제자료를 통해 다음과 같이 산출된 기대수요 즉 2.95와 큰 차이가 있다는 점이다.

$$
\begin{aligned}
\text{기대수요} &= \sum_{i=0}^{5} x_i p(x_i) \\
&= 0(0.05)+1(0.10)+2(0.20)+3(0.30)+4(0.20)+5(0.15) \\
&= 2.95\text{대/일}
\end{aligned}
$$

그러나 불과 몇 회의 실험을 통해서 주어진 문제에 대한 확정적 결론에 도달하는 것은 극히 위험한 일이다. 이 예의 경우 실험횟수를 증대시킴에 따라 시뮬레이션을 통한 수요추정치가 기대수요에 점차 접근할 것으로 예상할 수 있는 것이다. 또한 시뮬레이션을 수행한 다음에는 설정된 모형에 대한 타당성 평가를 위해 관련변수의 정확한 정의 여부는 물론 실험에 투입된 자료의 신빙성 등에 대한 치밀한 검토가 뒤따라야만 한다.

4. 경영과학문제에 시뮬레이션 적용

4.1 시뮬레이션과 재고분석

확률적 재고관리모형 즉 수요와 조달기간이 확정적으로 알려져 있지 않고 그 확률분포만을 알 수 있는 경우에 주문비용, 재고유지비용 및 재고부족비용 등의 총재고관리비용을 최소화해 주는 주문량과 주문점의 결정에 관한 문제에 시뮬레이션을 적용시켜 보자.

대도시에 위치하고 있는 S철공소는 유명상표의 전기드릴(electric drill)을 구입·판매하는 회사이다. 이 제품은 매일매일의 수요변동이 심한 편이며, 과거 300일 동안 [표 17-7]의 제1, 2열과 같은 판매실적을 기록했다고 한다. 또한 이 기간 중 50회의 주문과정에서 기록한 조달기간은 [표 17-8]의 제1, 2열과 같다고 한다.

표 17-7 ▶ 전기드릴의 수요량에 대한 확률 및 난수구간

(1) 수요량	(2) 도수	(3) 확률	(4) 누적확률	(5) 난수구간
0	15	0.05	0.05	01~05
1	30	0.10	0.15	06~15
2	60	0.20	0.35	16~35
3	120	0.40	0.75	36~75
4	45	0.15	0.90	76~90
5	30	0.10	1.00	91~00
	300일	1.00		

표 17-8 ▶ 조달기간에 대한 확률 및 난수구간

(1) 조달기간(일)	(2) 도수	(3) 확률	(4) 누적확률	(5) 난수구간
1	10	0.20	0.20	01~20
2	25	0.50	0.70	21~70
3	15	0.30	1.00	71~00
	50회	1.00		

두 표의 제3열 이하에는 실제의 경험적인 도수분포로부터 유도한 확률분포, 누적확률분포 및 난수구간이 제시되어 있다. 이와 같은 자료를 토대로 시뮬레이션을 시행한다고 할 때, 총재고관리비용을 최소화하기 위한 주문량과 주문점은 각각 얼마일까?

그러면 일단 주문점을 5로 하고 주문량을 10으로 하여 잠정적인 시뮬레이션을 시행해 보기로 하자. 즉, 어느 날의 보유재고가 5 이하로 떨어지면 공급업자에게 10개의 전기드릴을 주문하는 재고정책으로 실험을 행한다고 가정하자. 여기서 유의할 점은 조달기간이 1일이라고 할 때, 이는 주문품목이 다음 날 아침에 도착한다는 의미가 아니라, 하루 걸러 다음 영업일 초기에 도착함을 의미한다. 또한 이 문제에서는 기초재고가 10개인 것으로 가정한다.

[표 17-9]에는 10일 즉 10회의 시뮬레이션을 시행하는 과정 전체가 제시되어 있다. 여기서 이용하고 있는 난수는 난수표의 제2열에서 추출한 것이다. 이 표에 제시된 시뮬레이션은 구체적으로 다음과 같은 네 단계를 거쳐 수행되었다. 특히 제1, 2단계는 수요에 관한 시뮬레이션을 나타내고, 제3, 4단계는 조달기간에 관한 시뮬레이션을 나타낸다.

① 먼저 발주한 수량의 제품이 도착되었는지의 여부를 검토함으로써 매일에 대한 시뮬레이션을 시작한다(제2열). 이때 만약 도착된 것으로 확인되면 주문량 즉 10단위만큼 현재의 기초재고를 증대시킨다(제3열).

② 난수를 추출하고(제4열), 수요의 확률분포로부터 이 난수에 해당하는 수요를 확인한다(제5열).

③ 매일의 기말재고를 계산한다(제6열). 여기서 기말재고는 기초재고에서 그 날의 수요량을 차감함으로써 계산되는데, 만약 기초재고가 수요량보다 작을 때에는 그 차이를 재고부족량으로 처리한다(제7열).

④ 매일의 기말재고가 주문점 즉 5단위 이하로 떨어졌는지의 여부를 확인한다. 만약 주문점에 도달하였으나 미도착재고가 없을 때에는 여기서 즉시 주문을 행해야 한다(제8열). 이 새로운 발주재고의 조달기간에 대한 시뮬레이션을 위해 난수표로부터 또 다른 난수를 추출한다(제9열). 여기서 조달기간의 시뮬레이션을 위하여 수요의 시뮬레이션에 이용된 난수들을 그대로 사용해도 무방하다. 마지막으로 조달기간에 대한 확률분포를 이용하여 추출된 난수를 해당 조달기간으로 바꾸어 준다.

표 17-9 ▶ S철공소의 재고관리 시뮬레이션

(1) 날짜	(2) 도착재고	(3) 기초재고	(4) 난수	(5) 수요	(6) 기말재고	(7) 재고부족	(8) 발주여부	(9) 난수	(10) 조달기간
1	…	10	06	1	9	0	×		
2	0	9	63	3	6	0	×		
3	0	6	57	3	③[1]	0	○	(02)[2]	1
4	0	3	(94)[3]	5	0	2	⊗[4]		
5	⑩[5]	10	52	3	7	0	×		
6	0	7	69	3	4	0	○	33	2
7	0	4	32	2	2	0	×		
8	0	2	30	2	0	0	×		
9	⑩[6]	10	48	3	7	0	×		
10	0	7	88	4	3	0	○	14	1
					41	2			

*1. 이것이 5단위의 주문점 이하로 떨어진 최초의 재고수준이다. 이 시점에서는 미도착재고도 없기 때문에 여기서 새로운 주문을 행해야 한다.
2. 난수 02는 첫 번째의 조달기간을 결정하기 위해 난수표의 제2열에서 세 번째의 난수(57)에 이어 추출한 것이다.
3. 난수표에서 57 다음의 난수 02는 제3일째의 조달기간을 결정하는 데 이용되었으므로 그 다음의 난수 94가 수요를 추정하는 데에 할당되었다.
4. 제3일에 주문한 미도착재고가 있으므로 새로운 발주는 불필요하다.
5. 제1회의 발주분은 하루 걸려 다음 영업일 아침에 도착되기 때문에 제3일째의 말에 발주된 주문량이 제5일의 아침에 도착한다.
6. 이 재고는 제6일의 영업종결시 발주한 제품의 도착분이다. 조달기간이 2일인 이 재고의 도착 이전에는 다행히도 재고부족이 발생하지 않았다.

이상과 같은 시뮬레이션의 결과로 S철공소의 재고정책에 영향을 미치게 될 다음의 몇 가지 중요한 파라미터값들이 산출되었다.

① 평균기말재고 : 41/10 = 4.1단위/일
② 평균재고부족량 : 2/10 = 0.2단위/일
③ 평균주문횟수 : 3/10 = 0.3회/일

이와 같은 정보는 실험 중인 재고정책 즉 5단위의 주문점과 10단위의 주문량에 대한 재고비용을 분석하는 데에 이용된다.

한편, S철공소는 1회의 주문비용이 $10, 드릴 한 대당 1일의 재고유지비용이 $0.50, 그리고 재고부족으로 판매기회를 상실하는 데에 따르는 기회손실이 단위당 $8이라고 한다. 이와 같은 상황에서 재주문점(ROP)=5, 주문량(Q)=10의 재고정책을 추진하는 데 필요한 1일의 총재고비용은 얼마일까?

먼저 총재고비용을 구성하는 세 가지 요소의 비용을 구하면,

④ 1 주문비용 : 1회의 주문비용×1일의 평균주문횟수=10×0.3=$3.00

⑤ 1일 재고유지비용 : 단위당 하루의 재고유지비용×1일의 평균기말재고
=0.5×4.1=$2.05

⑥ 1일 재고부족비용 : 8×0.2=$1.60

와 같으므로, S철공소의 시뮬레이션에서는 하루의 총재고비용이

⑦ 1일의 총재고비용 : $3.00+$2.05+$1.60=$6.65

임을 알 수 있다.

그러나 이상의 시뮬레이션을 통하여 산출된 여러 가지 값들은 불과 10회의 실험을 통해 얻어진 자료이기 때문에, 이를 토대로 재고정책에 관한 어떤 확정적인 결론을 내려서는 안 된다. 또한 지금까지의 시뮬레이션은 ROP=5, Q=10을 대상으로 하였기 때문에 채택가능한 주문점과 주문량의 다른 조합에 대해서도 동일한 실험을 계속하여 총재고관리비용을 최소화해 주는 최적대안을 선정해야 한다.

4.2 시뮬레이션과 대기행렬

대기행렬문제를 해결하기 위해서는 여러 가지 엄격한 가정들을 필요로 하기 때문에 분석적 방법으로 그 해를 도출하면 현실성을 결여할 가능성이 크다. 따라서 대기행렬문제는 시뮬레이션 모형을 가장 효과적으로 이용할 수 있는 분야이다.

어느 대규모 하역부두의 화물선 도착률(arrival rate)과 서비스율(service rate) 및 서비스의 지연률에 대한 시뮬레이션을 적용해 보자. 여기서는 화물선의 도착률과 서비스시간에 대하여 포아송분포나 지수분포를 가정하지 않기 때문에 수리적 대기행렬모형으로는 해를 구할 수 없게 된다.

항구의 부두에는 화물선들이 화물의 하역을 위해 하역장에 도착한다. 부두에 도착하는 화물선의 수는 하루 통상 0~5대의 범위를 벗어나지 않는다. 이 부두의 통제부에서 조사한 바에 따르면, 하루 동안의 화물선 도착률은 [표 17-10]의 제1, 2열과 같은 확률분포를 이룬다고 한다. 또한 매일 하역을

표 17-10 ▶ 도착률의 확률분포 및 난수구간

도착률	확률	누적확률	난수구간
0	0.13	0.13	01~13
1	0.17	0.30	14~30
2	0.15	0.45	31~45
3	0.25	0.70	46~70
4	0.20	0.90	71~90
5	0.10	1.00	91~00
	1.00		

표 17-11 ▶ 하역률의 확률분포 및 난수구간

하역률	확률	누적확률	난수구간
1	0.05	0.05	01~05
2	0.15	0.20	06~20
3	0.50	0.70	21~70
4	0.20	0.90	71~90
5	0.10	1.00	91~00
	1.00		

마친 화물선의 수 즉 하루의 하역률(unloading rate)은 구체적으로 [표 17-11]의 제1, 2열과 같은 확률분포를 이룬다고 한다.

한편, 화물선들은 선입선출법(first come, first served)에 따라 하역을 하기 때문에 도착 당일에 화물을 하역하지 못한 화물선은 다음 날까지 기다릴 수밖에 없다. 그러나 화물선을 장시간 동안 부두에 정박시키는 것은 바람직하지 못할 뿐만 아니라, 업자들로부터 걸려오는 독촉전화도 감당해 내기가 곤란하다. 이와 같은 점을 감안하여 이 부두의 통제부에서는 작업자의 추가 파견을 본사에 요청하였으나, 본사에서는 그 이전에 도착률, 서비스율(하역률) 및 하역지연율에 대한 시뮬레이션을 시행하도록 지시하였다.

이와 같은 단일창구·단일단계 대기행렬 시스템에 대한 시뮬레이션을 위해서는 순서에 따라 우선 도착률과 하역률의 확률분포를 기초로 하여 두 변수값에 대한 누적확률분포를 작성하고 난수구간을 설정해야 한다. [표 17-10] 및 [표 17-11]의 제3열과 제4열에는 해당 변수의 누적확률분포와 그에 따른 난수구간이 제시되어 있다. 다음 각 변수별로 난수표로부터 난수를 추출하여 이를 각 변수의 적절한 값에 할당해야 하는데, 이와 같은 실험은 가능

표 17-12 ▶ 부두의 하역작업에 대한 시뮬레이션

(1) 일자	(2) 대기건수	(3) 난수	(4) 도착수	(5) 총하역대상	(6) 난수	(7) 하역수
1	⊖[1]	52	3	3	37	3
2	0	06	0	0	63	⓪[2]
3	0	50	3	3	28	3
4	0	88	4	4	02	1
5	3	53	3	6	74	4
6	2	30	1	3	35	3
7	0	10	0	0	24	⓪[3]
8	0	47	3	3	03	1
9	2	99	5	7	29	3
10	4	37	2	6	60	3
11	3	66	3	6	74	4
12	2	91	5	7	85	4
13	3	35	2	5	90	4
14	1	32	2	3	73	③[4]
15	0	00	5	5	59	3
	20 (총대기수)		41 (총도착수)			39 (총하역수)

*1. 시뮬레이션의 시작 초기에는 하역대기 중인 화물선이 없는 것으로 가정한다. 그러나 장기적으로 시뮬레이션을 시행하는 경우에는 초기의 상태를 어떻게 가정해도 결과에 영향을 미치지 않는다.
 2. 제2일에는 3척의 화물선을 하역할 수 있으나, 당일의 도착분은 물론 전날의 하역대기분도 없기 때문에 하역수는 자동적으로 0이 된다.
 3. 제2일의 경우와 동일한 상황이다.
 4. 이번에는 4척을 하역할 수 있으나, 대기행렬 내에 3척만 있기 때문에 하역수는 3척이 된다.

한 한 충분한 횟수(100회 이상)만큼 시행하는 것이 바람직하겠으나, 여기서는 사례의 목적상 일단 15회의 실험만을 시행하기로 하였다.

한편, 매일의 도착률을 추정하기 위해서는 난수표의 제1행에서, 매일의 하역률을 추정하기 위해서는 난수표의 제2행에서 각각 난수를 추출하였다. [표 17-12]는 이 서비스 시스템의 주요 특성치(파라미터)를 추정하기 위하여 15회의 시뮬레이션을 시행하는 과정을 제시하고 있다.

[표 17-12]의 시뮬레이션 결과를 토대로 이 대기행렬 시스템에 관하여 다음과 같은 세 가지의 파라미터값을 추정할 수 있다.

① 화물선의 평균대기율 : 20/15 = 1.33건/일
② 화물선의 평균도착률 : 41/15 = 2.73척/일
③ 시스템의 평균하역율 : 39/15 = 2.60건/일

이와 같은 정보를 이용하여 부두의 통제부에서는 화물선이 대기하는 데 따른 비용, 유휴인력의 발생으로 인한 기회손실 및 작업자의 추가고용에 따른 비용 등을 분석함으로써 효율적인 인력정책을 수립할 수 있다. 물론 작업자 수의 증가에 따라 하역률에 관한 또 다른 확률분포를 작성함으로써 새로운 시뮬레이션을 시행하는 것이 바람직하다.

4.3 시뮬레이션과 유지보수정책

시뮬레이션은 고려 중인 유지보수정책의 실행 전에 이를 실험하여 그 타당성을 평가하는 데에 유용하게 이용된다. 흔히 기업에서는 기계의 고장으로 인한 손실과 인력의 추가고용으로 인한 노무비 증대를 상호 비교함으로써 유지보수정책에 대한 의사결정문제를 해결한다. 또 장래의 기계 고장을 최소화하기 위해 부품의 교체 여부에 대한 실험을 행하는 경우도 있다.

T전력회사는 약 200대의 수력발전기를 가지고 전국에 전력을 공급하고 있다. 이 회사는 아무리 보수관리가 잘 되는 발전기라 하더라도 주기적으로 고장이 발생하기 때문에 발전기의 고장시간에 대하여 깊은 관심을 갖게 되었다. 이 회사에는 현재 4명의 숙련공이 기계보수를 담당하고 있으며, 이들에게는 시간당 $30라는 높은 임금이 지급된다. 이들은 한 번에 8시간씩 4교대로 근무하고 있으며, 기계 고장에 대비하여 1명씩의 수리공이 1주일 내내 24시간 근무해야 한다. 만약 어느 발전기가 고장 나면 커다란 손실을 초래하게 된다. 이 회사의 발전기가 고장 났을 때에는 다른 회사의 시설을 이용하는 대신 그 대가로 시간당 $75를 지급해야만 한다.

이 회사의 경험에 의하면 기계의 고장이 발생하는 시간간격 즉 고장주기는 0.5시간에서 3시간까지 다양하게 나타났으며, 100건의 고장에 대하여 구체적으로 [표 17-13]의 제1, 2, 3열과 같은 확률분포를 얻었다. 또한 수리공들은 발전기의 수리에 투입하는 시간의 기본단위를 한 시간으로 하려는 경향이 있기 때문에, 앞의 100건의 고장에 대하여 각각의 수리시간을 측정하고, 이를 사사오입함으로써 수리시간이라는 변수가 취할 수 있는 값의 범위를 1, 2,

표 17-13 ▶ 고장주기의 확률분포 및 난수구간

고장주기	발생빈도	확률	누적확률	난수구간
0.5	5	0.05	0.05	01~05
1	6	0.06	0.11	06~11
1.5	16	0.16	0.27	12~27
2	33	0.33	0.60	28~60
2.5	21	0.21	0.81	61~81
3	19	0.19	1.00	82~00
	100	1.00		

표 17-14 ▶ 수리시간의 확률분포 및 난수구간

수리시간	발생빈도	확률	누적확률	난수구간
1	28	0.28	0.28	01~28
2	52	0.52	0.80	29~80
3	20	0.20	1.00	81~00
	100	1.00		

3시간을 한정시켰다. [표 17-14]의 제1, 2, 3열은 이렇게 해서 유도된 수리시간의 확률분포를 나타내고 있다.

T회사의 유지보수시스템에 관한 시뮬레이션에서는 다음과 같은 파라미터의 값들을 추정해야 한다

① 서비스(유지보수)에 대한 소요비용
② 기계고장으로 인한 비용
③ 시스템의 총유지비용(서비스비용과 고장비용의 합)

이를 위해 앞에서 유도된 확률분포를 토대로 고장주기와 수리시간의 각각에 대한 누적확률분포와 그에 따른 난수구간을 설정하면 [표 17-13] 및 [표 17-14]의 제4, 5열과 같다.

다음으로 고장주기에 대한 시뮬레이션을 위해 일련의 난수를 추출하여 이를 고장주기의 적절한 값에 할당하고, 수리시간에 대한 시뮬레이션을 위해 또 다른 난수를 추출하여 수리시간의 적절한 값에 할당해야 한다. [표 17-15]는 15건의 기계 고장을 가정하여 15회의 실험을 시행하는 과정을 정리한 것이다. 이 시뮬레이션 과정은 비교적 복잡하기 때문에 각 단계를 보다 구체

적으로 설명하면 다음과 같다.

① 제1열(고장순서)

고장의 발생순서를 나타낸다.

② 제2열(난수)

고장주기의 시뮬레이션에 이용될 난수이다. 이 수치들은 난수표의 오른쪽 끝에서 두 번째 열로부터 추출된 난수들이다.

③ 제3열(고장주기)

②에서 추출된 난수와 [표 17-13]에 설정된 난수구간을 비교하여 난수를 해당구간의 고장주기값에 할당한 것이다.

④ 제4열(고장시각)

밤 12시에 시뮬레이션을 시작하는 것으로 가정하여 제3열의 고장주기를 고장의 발생시각으로 바꾸어 준 것이다. 예컨대, 제1회의 고장에 대한 고장주기가 2시간이므로 02 : 00에 최초의 고장이 발생하는 것으로 본다. 나머지의 고장에 대한 고장시각도 직전의 고장시각에 고장주기를 더해 줌으로써 산출할 수 있다.

⑤ 제5열(수리시작시각)

수리를 시작하는 시각은 고장이 발생하는 시각을 기준으로 하여 계산하되, 제8열에서 직전의 수리작업이 언제 종료될 것인지를 참조해야 한다. 즉, 고장시각보다 직전작업의 종료시각이 늦을 때에는 후자가 수리시작시각이 된다.

⑥ 제6열(난수)

난수표의 마지막 열에서 추출된 것으로서, 각 기계고장에 대한 수리시간을 추정하는 데 이용된다.

⑦ 제7열(수리시간)

⑥에서 추출된 난수와 [표 17-14]의 난수구간을 비교하여 각 난수를 구체적인 소요시간에 할당한 것이다.

⑧ 제8열(수리종료시각)

수리가 종료되는 시각은 제5열의 수리시작시각에 제7열의 수리시간을 더함으로써 산출된다.

⑨ 제9열(기계정지시간)

제8열의 수리종료시각에서 제4열의 고장시각을 빼면 기계의 가동이 불가능한 정지시간이 산출된다.

표 17-15 ▶ 고장주기와 수리시간에 대한 시뮬레이션

① 고장순서	② 고장주기 에 대한 난수	③ 고장주기	④ 고장시각	⑤ 수리시작 시각	⑥ 수리시간 에 대한 난수	⑦ 수리시간	⑧ 수리 종료시각	⑨ 기계 정지시간
1	57	2	02 : 00	02 : 00	07	1	03 : 00	1
2	17	1.5	03 : 30	03 : 30	60	2	05 : 00	2
3	36	2	05 : 30	05 : 30	77	2	07 : 00	2
4	72	2.5	08 : 00	08 : 00	49	2	10 : 00	2
5	85	3	11 : 00	11 : 00	76	2	13 : 00	2
6	31	2	13 : 00	13 : 00	95	3	16 : 00	3
7	44	2	15 : 00	16 : 00	51	2	18 : 00	3
8	30	2	17 : 00	18 : 00	16	1	19 : 00	2
9	26	1.5	18 : 30	19 : 00	14	1	20 : 00	1.5
10	09	1	19 : 30	20 : 00	85	3	23 : 00	3.5
11	49	2	21 : 30	23 : 00	59	2	01 : 00	3.5
12	13	1.5	23 : 00	01 : 00	85	3	04 : 00	5
13	33	2	01 : 00	04 : 00	40	2	06 : 00	5
14	89	3	04 : 00	06 : 00	42	2	08 : 00	4
15	13	1.5	05 : 30	08 : 00	52	2	10 : 00	4.5
								44시간

[표 17-15]에 제시된 총 15회의 시뮬레이션 결과를 보면, 실험시작시각(00 : 00)에서 마지막 15회째의 고장에 대한 수리를 종료할 때(10 : 00)까지 총 34시간이 경과하게 될 것임을 알 수 있다. 또 이 표의 마지막 열에는 발전기의 총 정지시간이 44시간으로 되어 있다. 한편 처음에 언급한 바와 같이 수리공의 급료는 시간당 $30이며, 발전기 운행의 정지로 인한 기계고장비용은 시간당 $75이므로, 현재의 유지보수시스템을 그대로 유지할 경우 다음과 같은 유지비용의 발생을 예상할 수 있다.

① 수리공의 급료 : $30×34시간 = $1,020
② 기계고장비용 : $75×44시간 = $3,300
③ 시스템의 총유지비용 : 수리공의 급료+기계고장비용
= $1,020 + $3,300 = $4,320

위에서 계산된 총 $4,320의 시스템 유지비용에 대한 타당성 여부는 유지보수정책의 다른 대안들과 비교・검토하여 결정되어야만 한다. 예컨대, 4명의

수리공을 새로 채용하여 1회의 교대근무시간당 2명씩을 근무시킬 것인가, 한 명만을 추가로 채용함으로써 인력이 모자라 수리작업의 지연이 발생할 경우 기존의 수리공을 돕도록 할 것인가, 아니면 현재 고용 중인 4명의 수리공만을 가지고 유지보수시스템을 유지해 나갈 것인가 등을 결정하기 위해서는 새로운 대안들에 대한 시뮬레이션을 통해 각각이 대안들이 제시하는 총유지비용 등을 추정해야 한다.

또한 미래의 기계 고장을 최소한도로 줄이기 위한 예방적 유지계획문제에 대해서도 시뮬레이션을 이용하면 편리하다. T전력회사의 경우 발전기의 모터라든지 밸브, 전선, 스위치 등에 고장이 생겼을 때 고장부품을 즉시 교체하는 방안을 생각할 수도 있겠으나, 고장난 부품을 일단 수리하고 수리된 부품의 수명기간을 추정, 이 수명기간이 경과한 후 부품을 교체하는 방안도 고려될 수 있다. 이 중 어느 대안을 선택할 것이냐 하는 것은 새로운 부품과 수리된 부품의 고장률에 대한 확률분포를 추정하여 시뮬레이션을 시행함으로써 각 대안에 대한 유지비용을 계산하여 결정되어야 한다.

4.4 시뮬레이션과 재무분석

재무분석(financial analysis)에 시뮬레이션이 응용될 때에는 이를 흔히 위험분석(risk analysis)이라고 한다. 위험분석의 목적은 판매가격, 시장규모 및 시장의 성장률 등과 같은 재무적 변수들이 ROI(투자수익) 등의 재무적 파라미터에 미치는 영향을 연구하는 데에 있다. 이때 시뮬레이션 모형에서는 각 재무변수에 대한 확률분포로부터 표본을 선정한 다음(이는 난수를 추출하여 관련 확률변수의 적절한 값에 할당하는 것을 의미함), 이를 토대로 투자수익을 추정하게 된다. 여기서는 매회의 실험에 대하여 상이한 투자수익이 산출되기 때문에 시뮬레이션을 시행하면 투자수익에 대한 확률분포가 유도된다. 이 확률분포로부터 의사결정자는 ROI에 대한 기대값은 물론 위험의 질(quality)을 평가하는 데 이용되는 표준편차를 추정할 수 있다.

어느 기업가는 중소도시에서 과거 10년 동안 영업을 해 오고 있는 한 중소기업의 매입 여부를 결정하고자 한다. 시장조사를 실시한 결과, 지금까지 이 회사가 기록한 월간매출액과 월간영업비에 관하여 [표 17-16]과 [표 17-17]의 제1, 2열과 같은 확률분포를 얻게 되었다.

표 17-16 ▶ 월간매출액의 확률분포 및 난수구간

월간매출액 x (\$1,000)	확률 $p(x)$	누적확률 $\Sigma p(x)$	난수구간
22	0.08	0.08	01~08
23	0.12	0.20	09~20
24	0.20	0.40	21~40
25	0.30	0.70	41~70
26	0.17	0.87	71~87
27	0.08	0.95	88~95
28	0.05	1.00	96~00
	1.00		

• 기대월간매출액 : $\Sigma xp(x) = \$24,800$

표 16-17 ▶ 월간영업비의 확률분포 및 난수구간

월간영업비용 y (\$1,000)	확률 $p(y)$	누적확률 $\Sigma p(y)$	난수구간
21	0.10	0.10	01~10
22	0.15	0.25	11~25
23	0.50	0.75	26~75
24	0.15	0.90	76~90
25	0.10	1.00	91~00
	1.00		

• 기대월간영업비 : $\Sigma yp(y) = \$\ 23,000$

이 기업가가 회사를 매입함으로써 예상되는 매월의 순이익(z)을 추정하기 위해서는 월간매출액(x)과 영업비(y)에 관한 시뮬레이션을 행해야 한다. 이를 위해 먼저 두 확률변수에 대한 누적확률분포를 구하고 그에 따른 난수구간을 설정하면 [표 17-16] 및 [표 17-17]의 제3, 4열과 같다. 다음에는 두 확률분포로부터 각각 25개의 표본을 추출하여 매입 후의 월간매출액과 월간영업비를 추정해 보자. 이를 위해서는 난수 25개를 추출하여 이 난수와 두 확률변수의 각 값에 부여된 난수구간을 비교함으로써, 추출된 난수를 각 확률변수의 적절한 값에 할당해야 한다. [표 17-18]에는 매월의 매출액과 영업비의 추정에 관한 시뮬레이션 과정이 제시되어 있다. 여기서 이용한 난수는 난수표의 제3열과 제4열에서 각각 추출한 것이다. 또한 이 표에는 매월의 매출액에서 매월의 영업비를 차감하여 계산된 월간수익도 나타나 있다.

이제 이상의 시뮬레이션 결과로 산출된 25개의 월간투자수익 측정치를 이용하여 이 확률변수(z)에 대한 확률분포를 유도하면 [표 17-19]와 같다.

월간투자이익에 대한 [표 17-19]의 확률분포로부터 우리는 이 투자안에 관한 다음과 같은 파라미터 값을 산출할 수 있다.

① 월간투자수익의 기댓값 : $E(z) = \Sigma z \cdot p(z)$

② 월간투자수익의 표준편차 : $s_x = \sqrt{\Sigma[z - E(z)]^2 p(z)}$

표 17-18 ▶ 월간매출액, 월간영업비 및 월간순이익의 시뮬레이션

실험번호	난수	월간매출액 (x)	난수	월간영업비 (y)	월간투자수익 ($z=x-y$)
1	50	25	88	24	1
2	28	24	02	21	3
3	68	25	28	23	2
4	36	24	49	23	1
5	90	27	36	23	4
6	62	25	87	24	1
7	27	24	21	22	2
8	50	25	95	25	0
9	18	23	50	23	0
10	36	24	24	22	2
11	61	25	18	22	3
12	21	24	62	23	1
13	46	25	32	23	2
14	01	22	78	24	-2
15	14	23	74	23	0
16	81	26	82	24	2
17	87	26	01	21	5
18	72	26	33	23	3
19	80	26	98	25	1
20	46	25	63	23	2
21	19	23	29	23	0
22	86	26	99	25	1
23	49	25	63	23	2
24	12	23	94	25	-2
25	13	23	10	21	2

표 17-19 ▶ 월간투자수익의 확률분포

월간투자이익 z($ 1000)	발생빈도 (도수)	확률 $p(z)$
-2	2	0.08
0	4	0.16
1	6	0.24
2	8	0.32
3	3	0.12
4	1	0.04
5	1	0.04
	25	1.00

따라서 이 기업가는 기타의 선택가능한 투자안들에 대해서도 이와 같은 파라미터값들을 추정하여, 여기서 산출된 값들과 상기의 값들을 비교함으로써 회사매입에 관한 의사결정을 내려야 한다. 여기서 산출된 투자수익의 표준편차 혹은 분산은 제시된 투자안의 위험도를 평가하는 데 이용된다. 두 투자안의 ROI에 대한 기대값은 동일한 반면에 ROI의 분산은 A가 B보다 크다면, B안의 위험도가 낮기 때문에 투자가는 당연히 투자안 B를 선택할 것이다.

4.5 시뮬레이션의 기타문제

(1) 시뮬레이션의 통계적 측면

한 시스템의 파라미터값들을 추정하기 위해서는 여러 가지 통계적 조작이 필요하다. 특히 관련변수의 확률분포를 유도하는 문제라든지 난수의 추출을 통한 표본의 선정, 그리고 변수의 평균과 분산의 추정에 있어서는 통계적 개념과 기법이 핵심을 이루게 된다. 이는 시뮬레이션 자체가 본래 통계적 추론으로서의 성격을 내포하고 있음을 의미한다.

시뮬레이션의 통계적 측면과 관련하여 무엇보다도 중요한 사항은 실험의 시행횟수에 대한 결정이라 할 수 있다. 이는 실험의 시행횟수가 시뮬레이션에 의한 관련변수의 추정에 있어 그 정확도(precision)와 신뢰도(reliability)를 결정해 주기 때문이다. 실험의 시행횟수 n을 결정하기 위해서는 다음 공식을 이용하면 된다.

$$n = z^2 \frac{\sigma^2}{d^2}$$

단, 이 공식에서 z는 표준정규변수로서 추정의 신뢰도에 상응하는 값이며, d는 의사결정자가 목표로 하는 추정의 정확도로서 진정한 파라미터값에 대한 추정치의 최대허용오차를 말한다. 또한 σ는 모집단(population)의 진정한 확률분포에 대한 표준편차를 의미한다. 만약 σ가 알려져 있지 않을 때에는 관련변수가 취할 수 있다고 생각되는 최대값과 최소값을 이용하여 다음과 같이 산출되는 σ의 측정치 즉 σ_g를 사용한다.

$$\sigma_g = \frac{\text{최대값} - \text{최소값}}{6}$$

따라서 이 경우에는 앞서의 시행횟수 n에 대한 산출공식을 다음과 같이 변형시켜 필요한 시행횟수를 구할 수 있다.

$$n = \frac{z^2 {\sigma_g}^2}{d^2}$$

가령, 부두 하역장의 대기행렬사례에서 최대로 대기가능한 화물선의 수가 6척, 그 최소값은 0척이며, 95%의 신뢰도에서 추정오차의 최대허용한계를 ±0.1로 한다면, $\sigma_g = (6-0)/6 = 1$이므로 필요한 시행횟수는 다음과 같이 산출된다.

$$\begin{aligned} n &= \frac{(1.96)^2 (1)^2}{(0.1)^2} \\ &= 384.16 \end{aligned}$$

그러므로 적어도 385회의 실험을 시행해야 함을 알 수 있다.

(2) 난수의 추출방법

시뮬레이션에 있어 난수의 추출은 가장 중요한 작업 중의 하나이다. 문제는 필요한 난수를 의사결정자의 편의 없이 어떻게 합리적으로 추출할 수 있느냐 하는 것이다. 이를 위한 방법으로 100개의 홈이 있는 룰렛 점선기(roulette)의 바퀴를 돌리는 방법, 암실의 항아리로부터 10가지의 숫자가 표시된 공을 꺼내는 방법 등을 들 수 있다.

무수한 반복시행을 요하는 대규모 시뮬레이션의 경우에는 일반적으로 컴퓨터 프로그램을 이용하여 난수를 추출하는 것이 바람직하다.

또 하나의 중요한 난수추출방법으로서는 1940년대에 개발된 폰 노이만 중간제곱법(Von Neumann midsquare method)이 있다.

① n자리로 된 임의의 숫자를 최초의 난수로 선정한다.
② 이 숫자를 제곱한다.
③ 이 새로운 숫자의 가운데에 포함된 임의의 n자리의 수를 두 번째의 난수로 선정한다.
④ 제2, 3단계의 연산작업을 반복하여 계속적으로 난수를 추출한다.

임의의 4자리 수 3,614를 최초의 난수로 선정하였다고 하자. 이 숫자를 제곱하면 13,060,996이 되므로, 이 새로운 숫자의 가운데에 있는 임의의 4자리 수 즉 0609가 두 번째의 난수가 된다. 따라서 0609를 다시 제곱하여 그 가운데 4자리 수를 취하면 다시 세 번째의 난수가 되고, 이와 같은 과정을 계속하여 반복하면 필요로 하는 난수가 얼마든지 추출될 수 있다. 이 중간제곱법은 극히 간단하기 때문에 이를 프로그램화하여 편리하게 이용할 수 있으나, 난수의 발생과정에서 동일한 숫자가 반복되기가 쉽다는 단점이 있다.

(3) 컴퓨터와 시뮬레이션

시뮬레이션 특히 몬테카를로 시뮬레이션에서는 동일한 연산절차를 무수히 반복해야 하기 때문에, 이 기법을 실제로 응용하기 위해서는 컴퓨터의 활용이 필수적이다. 일단 컴퓨터 프로그램이 작성되기만 하면 수천 회에 달하는 시뮬레이션을 비교적 저렴한 비용으로 시행할 수 있게 된다. 최근 대량의 자료를 고속처리할 수 있는 대형 컴퓨터 등이 개발됨으로써, 시뮬레이션이 여러 가지 계량분석기법들 중 가장 널리 이용되고 있다.

(4) 기타 시뮬레이션 모형

시뮬레이션 모형은 일반적으로 몬테카를로 시뮬레이션, 휴리스틱 프로그래밍, 오퍼레이셔널 게이밍 및 인공지능의 네 가지로 분류된다. 이들 중 몬테카를로 시뮬레이션에 대해서는 이미 설명을 마쳤으므로, 여기서는 나머지 세 유형의 시뮬레이션에 대해서만 간단히 언급하기로 한다.

먼저 휴리스틱 프로그래밍(heuristic programming)은 소위 "시행착오식 접근법" 혹은 "지름길법"에 의해 문제의 해결책을 발견하고자 하는 기법이다. 즉, 이 기법은 해의 도출과정에 포함된 여러 단계에서 적용하기 위한 일련의 휴리스틱을 찾는 데에 그 목적을 둔다. 휴리스틱 프로그래밍은 다음과 같은 두 가지 형태의 문제를 해결하는 데 유용하다. 첫째, 각 의사결정단계별로 선택가능한 여러 가지 대안을 제시하여 이 중 어느 한 행동경로를 선정하도록 함으로써 계산상의 편의는 물론이고 문제의 규모를 축소시켜 주기 때문에, 대규모의 문제를 해결하는 데에 이용된다. 둘째, 난해한 구조로 이루어진 특수한 문제의 해결을 위해 의사결정과정을 모의화하는 데에 이 기법을 이용한다. 그러나 휴리스틱 프로그래밍에서는 선택가능한 모든 대안을 평가하지 않기 때문에 이 기법은 최적해를 산출하지 못한다.

대신에 이 기법은 주어진 비용 또는 예산의 범위 내에서 만족할 만한 해를 제시해 준다. 이 기법이 효과적으로 이용되고 있는 분야로서는 조립라인의 균형화(line balancing) 문제, 설비의 배치, 포오트폴리오의 선정, 전기모터의 설계, 창고의 입지, 재고의 통제, 작업장의 일정계획(job shop scheduling), 대규모 프로젝트에서의 자원할당 및 백화점의 가격결정 등을 들 수 있다.

오퍼레이셔널 게이밍(operational gaming)은 둘 이상의 경쟁자들이 포함되어 있는 게임에 대한 시뮬레이션으로서, 여기서는 일정한 경쟁상황을 가정하여 게임 참가자들이 자신이 전략과 의사결정능력을 발휘하도록 만든다. 이 기법은 교육훈련의 목적이나 실험상의 목적 혹은 구체적 문제해결의 목적으로 이용될 수 있다.

게임은 사례연구, 역할연기(role playing) 및 감수성 훈련(sensitivity training) 등과 매우 유사하지만, 정해진 규칙에 의해 설정된 한계 내에서 모형을 조작해야 한다는 점이 다르다. 이 모형은 주어진 시스템을 모의화하고 각 의사결정과 그 결과와의 관계를 규정해 주는 수학적 가설들로 구성되어 있다.

인공지능(artificial intelligence)은 특정 목적을 지향하는 행위를 모의화하는 네 이용되는 시뮬레이션 모형의 한 분야이다. 본래 이 기법은 개별의사결정자들의 행위 패턴을 모의화하기 위한 목적으로 휴리스틱 프로그래밍을 확대·연장시킨 기법이라 할 수 있다. 이 기법은 또한 우리가 알고 있는 일반적인 문제해결절차와 비슷한 과정을 거쳐 문제의 해를 산출한다. 즉, 이 기법은 탐색(search), 문제의 유형 확인, 귀납적 추론(inductive inference) 및 학습(learning)의 4단계를 거쳐 문제의 해를 구하는 것이다.

5. 엑셀을 이용한 몬테카를로 시뮬레이션 문제

그림 17-3 ▶ 시뮬레이션 자료 입력

K28

	A	B	C	D	E	F	G	H	I
1	스노우 타이어의 수요								
2		확률	확률범위(하위수준)	누적확률	수요량		일	난수	시뮬레이션된 수요량
3		0.05	0	0.05	0		1	0.846358	4
4		0.1	0.05	0.15	1		2	0.684157	4
5		0.2	0.15	0.35	2		3	0.517716	3
6		0.3	0.35	0.65	3		4	0.938245	5
7		0.2	0.65	0.85	4		5	0.569553	3
8		0.15	0.85	1	5		6	0.135715	1
9							7	0.094867	1
10							8	0.360635	3
11							9	0.463214	3
12							10	0.535861	3
13								Average	3

표 17-20 ▶ 난수와 수요량 결정

	H	I
3	=RAND()	=VLOOKUP(H3, $C$3: $E$8,3,TRUE)
4	=RAND()	=VLOOKUP(H4, $C$3: $E$8,3,TRUE)
5	=RAND()	=VLOOKUP(H5, $C$3: $E$8,3,TRUE)
6	=RAND()	=VLOOKUP(H6, $C$3: $E$8,3,TRUE)
7	=RAND()	=VLOOKUP(H7, $C$3: $E$8,3,TRUE)
8	=RAND()	=VLOOKUP(H8, $C$3: $E$8,3,TRUE)
9	=RAND()	=VLOOKUP(H9, $C$3: $E$8,3,TRUE)
10	=RAND()	=VLOOKUP(H10, $C$3: $E$8,3,TRUE)
11	=RAND()	=VLOOKUP(H11, $C$3: $E$8,3,TRUE)
12	=RAND()	=VLOOKUP(H12, $C$3: $E$8,3,TRUE)
13	Average	=AVERAGE(I3:I12)

[그림 17-3]과 같이 시뮬레이션 자료를 입력한다. 몬테카를로 시뮬레이션은 무작위추출법(random sampling)을 통하여 확률적 실험을 시행하는 것을 기본원리로 이용하고 있다. 이 기법을 이용하기 위해서는 다음과 같은 5단계가 필요하다.

이 예제는 H사가 생산하는 타이어에 대한 일일 수요량을 시뮬레이션을 통해 산출하는 문제이다.

(1) 확률분포 설정

주요 변수(타이어 수요량)에 대한 확률분포를 설정한다. 변수에 대한 확률분포는 과거의 자료를 근거로 파악할 수 있다. H사의 과거 200일 동안의 수요량에 대한 빈도 자료는 [표 17-21]과 같다.

표 17-21 ▶ 타이어의 수요량과 확률

수요량	빈도(일수)	확률	누적확률
0	10	0.05	0.05
1	20	0.10	0.15
2	40	0.20	0.35
3	60	0.30	0.65
4	40	0.20	0.85
5	30	0.15	1.00
계	200	1.00	

(2) 누적확률분포값 계산

확률분포표에 나타난 변수에 대한 빈도를 각 확률값으로 계산하고, 이에 대한 누적확률값을 산출한다.

(3) 난수값의 범위 결정

각 변수에 대한 누적확률값을 계산한 다음, 미래의 수요량을 예측하기 위한 변수값을 도출하기 위해 난수값의 범위를 산정한다. 여기에서는 C3:C8과 D3:D8이 난수값의 범위가 되며, 난수값이 이 범위에 속할 때 해당하는 수요

예측량을 결정하면 된다. 예를 들면, H3 셀의 0.846358값은 0.65~0.85값 사이이므로, 이에 해당하는 수요량은 4개가 된다.

(4) 난수값 결정

난수값을 결정하는 방법은 여러 가지가 있을 수 있다. 특히 문제가 크면 클수록 수천 번의 시행착오를 통해 난수를 추출하는 과정을 겪을 수도 있다. H3 셀의 =RAND()함수는 0과 1 사이의 균등하게 분포된 난수값을 추출해 주는 함수이다. 기능키 F9를 누르면 반복적으로 시뮬레이션을 하여 결과가 바뀌어 나타나게 된다.

I3 셀의 =VLOOKUP(H3,$C$3:$E$8,3,TRUE)함수는 H3 열의 첫 열에서 값을 검색하여 지정한 열의 같은 행에서 데이터를 비교하여 결과를 보여 주는데, 여기에서는 결과가 4의 값을 갖는다. VLOOKUP은 표의 가장 왼쪽 열에서 특정 값을 찾아, 지정한 열에서 같은 행에 있는 값을 표시한다. 비교값이 찾으려는 데이터의 왼쪽 열에 있으면 HLOOKUP 대신 VLOOKUP을 사용한다. VLOOKUP에서 V는 "가로"를 나타낸다.

VLOOKUP(lookup_value, table_array, col_index_num, range_lookup)

Lookup_value는 배열의 첫째 열에서 찾을 값이며, Table_array는 데이터를 찾을 정보 테이블이다. Col_index_num은 비교값과 같은 행에 있는 값

그림 17-4 ▶ VLOOKUP 함수

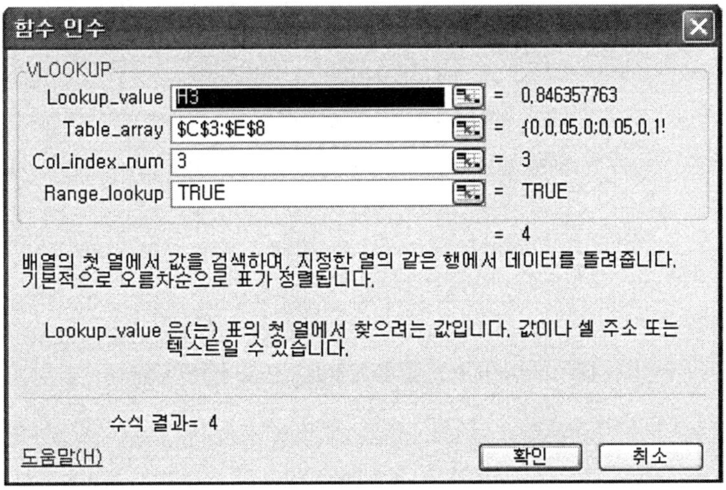

을 표시할 table_array의 열 번호이며, Range_lookup은 VLOOKUP이 정확하게 일치하는 값을 찾을 것인지 근사값을 찾을 것인지를 결정하는 논리값을 말한다.

(5) 실험 반복

이제 10일간의 타이어 수요량을 시뮬레이션하여 값을 구하면 I3:I12에 나타난 바와 같다. 이때의 평균값은 3.0개로 나타났다. 하지만 원래 200일간의 과거 자료를 통해 나타난 기대수요량은 2.95이었다.

$$\sum_{i=0}^{5}(0.05)(0)+(0.10)(1)+(0.20)(2)+(0.30)(3)+(0.20)(4)+(0.15)(5)$$
$$=2.95\text{개}$$

이렇게 과거 기대수요량과 시뮬레이션하여 구한 예측기대수요량이 다르게 나타날 수 있지만, 사실은 이 시뮬레이션 과정을 수천 번을 반복시행하면 결국 기대수요량이 2.95개에 가깝게 나타난다는 사실을 말해 주고 있다.

C18 셀의 =FREQUENCY(G18:G27,B18:B23) 함수는 값의 범위 내에서 해당 값의 발생빈도를 계산하여 세로 배열 형태로 반환한다. 예를 들어,

표 17-22 ▶ 10일간의 타이어 수요량

16	결과(빈도표)				
17	수요량	빈도	비율	누적비율	수요량
18	0	0	0	0	4
19	1	2	0.2	0.2	4
20	2	0	0	0.2	3
21	3	5	0.5	0.7	5
22	4	2	0.2	0.9	3
23	5	1	0.1	1	1
24		10			1
25					3
26					3
27					3
28					3

	C	D
18	=FREQUENCY(G18:G27,B18:B23)	=C18/$C$24

FREQUENCY함수를 사용하여 G18:G27에 있는 데이터가 지정한 점수 범위(B18:B23)에 들어가는 수요량의 개수(C18:C23)를 구할 수 있다.

FREQUENCY는 배열을 반환하므로 배열수식으로 입력해야 한다.

예제에서는 범위 C18:C23을 선택하고 F2 키를 누른 다음, Ctrl+Shift+Enter를 누르면 된다. 수식을 배열수식으로 입력하지 않으면 결과는 항상 1이 됨을 주의해야 한다.

그림 17-5 ▶ FREQUENCY함수 인수

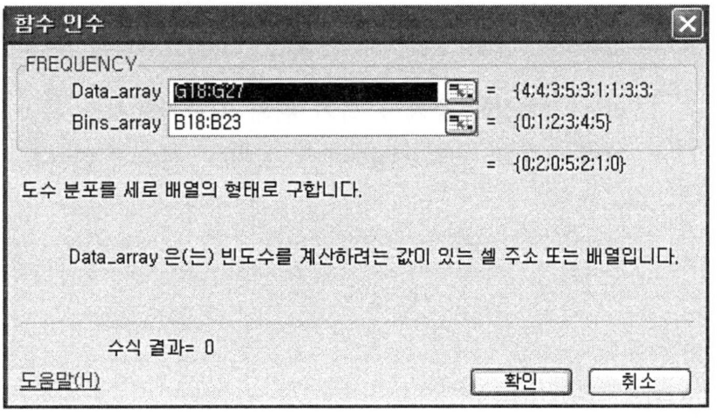

연습문제 *Exercise*

1 **어느 세차장에 주차를 하기 위해 지난 200시간 동안 도착한 차량의 수를 조사한 결과 다음과 같은 자료가 입수되었다. 물음에 답하라.**

도착한 차량의 수	도수
3대 이하	0
4	20
5	30
6	50
7	60
8	40
9대 이상	0
	200

(1) 차량의 도착수에 대한 확률분포와 누적확률분포를 작성하라.

(2) 이 변수에 대한 난수구간을 설정하라.

(3) 차량의 도착수에 대해 15시간의 시뮬레이션을 행하여 시간당 평균도착수를 산출하라. 단, 필요한 난수는 난수표의 제1열에서 추출하되, 난수 52부터 추출을 시작할 것.

2 **온수기를 생산 · 판매하는 C회사의 사장은 고객으로부터 급증하는 수요에 대비하여 이 제품의 재고를 충분히 보유하고자 하나, 그에 따른 막대한 비용이 문제가 되고 있다. 그는 지난 50주 동안 온수기의 판매실적을 관측하여 다음 표와 같이 정리하였다. 물음에 답하라.**

주당 판매량	도수
4대	6주
5	5
6	9
7	12
8	8
9	7
10	3
	50

(1) 만약 이 회사에서 매주 8대의 온수기를 공급한다고 하면, 20주의 시뮬레이션에서 몇 회에 걸쳐 재고부족이 발생할까? 난수표의 제7열에서 난수를 추출하되, 난수 10으로부터 출발하라.

(2) 20회의 시뮬레이션 기간 동안 주당 평균판매량은 얼마일까?

(3) 분석적 방법을 이용하여 주당 기대판매량을 산출하고, 그 결과를 (2)의 시뮬레이션 결과와 비교하라.

3 **본문의 부두 하역장에 관한 대기행렬문제에서 작업자의 수를 증대시킨 결과 시간 하역률에 대하여 다음과 같은 새로운 확률분포가 작성되었다고 한다.**

일간하역률	확률
1	0.03
2	0.12
3	0.40
4	0.28
5	0.12
6	0.05
	1.00

(1) 화물 하역작업에 대하여 15일의 시뮬레이션을 시행하고 평균하역지연율, 화물선의 일간평균도착수 및 하루의 평균하역률을 계산하라. 단, 일간 도착수에 대한 난수는 끝에서 두 번째 행으로부터 추출할 것.

(2) 이 시뮬레이션 결과와 본문의 시뮬레이션 결과를 비교·설명하라.

4 본문의 사례연구 중 S철공소의 재고정책에 대한 문제에서는 주문량 10과 주문점 5를 가정하여 시뮬레이션을 시행하였으며, 그 결과가 [표 17-9]에 제시되어 있다. 여기서 산출된 총일간재고비용은 $6.65이었다.

이번에는 주문량 12, 주문점 6이라는 재고정책을 상대로 시뮬레이션을 시행함으로써 그 결과를 앞서의 재고정책과 비교하고자 한다. 10일의 시뮬레이션을 행하고 이 두 재고정책이 산출하는 재고관리비용을 비교하라.

5 대학원 경영학과 석사과정 1학년을 마친 K군은 학비조달문제로 고심해 오고 있다. 그의 한 달 고정수입은 연구조교 장학금으로 받는 $350이지만, 학부 학생들에게 계량경영학 과목을 지도해 줌으로써 벌어들이는 약간의 추가수입이 있다고 한다. 여기서 그의 월간소득이 다음과 같은 확률분포에 따라 결정된다고 하자(단, 이러한 소득은 매월 첫 날에 발생된다고 가정한다).

월간소득	확률
$ 350	0.40
400	0.20
450	0.30
500	0.10
	1.00

K군이 지출하는 비용 역시 매월 다르며, 그는 매월 지출액이 다음과 같은 확률분포를 이루는 것으로 추정하고 있다.

금년 초 K군의 통장에는 $600의 예금 잔고가 남아 있었다고 할 때, 금년 1년(12개월) 동안 K군이 기록하게 될 매월 재무상태에 대한 시뮬레이션을 행하라.

월간지출액	확률
$300	0.10
400	0.45
500	0.30
600	0.15
	1.00

6 E회사는 계측기를 전문으로 생산하는 기업이다. 이 회사에서 생산에 필요한 원자재를 구입하는 데 소요되는 조달기간은 다음 [표 1]과 같은 확률분포를 따른다고 한다. 또한 과거의 경험에 의하면 [표 2]와 같은 확률분포에 따라 원자재의 재고부족이 발생하였다고 한다. 이 회사는 지금 막 계측기 20개의 생산에 착수하였다. 만약 과거의 추세가 미래에도 계속될 것으로 가정할 때, 재고부족으로 인해 예상되는 생산지연일수는 평균 얼마인가?

[표 1]

조달기간	확률	누적확률
1주일	0.10	0.10
2	0.15	0.25
3	0.20	0.45
4	0.25	0.70
5	0.25	0.95
5	0.05	1.00

[표 2]

재고부족량	확률	누적확률
5	0.10	0.10
4	0.20	0.30
3	0.20	0.50
2	0.30	0.80
1	0.10	0.90
0	0.10	1.00

7 어느 보험회사의 수출보험부에서는 수출품에 대한 보험서류의 처리를 담당할 사무직원 한 명의 추가 고용을 인사부에 요청하였다. 수출보험부에는 현재 2명의 사무직원이 고용되어 있는데, 모든 사원은 하루 8시간을 근무하여 시간당 $ 2.5의 급료를 받는다. 이 사무직원들의 작업은 공공성을 띠고 있기 때문에 수출업자들이 보험서류의 처리를 위해 8시간 이상을 대기할 경우 초과시간당 $ 5의 기회손실이 발생한다고 한다. 지금까지 사무직원들이 처리한 보험건수의 실적과 1건당 처리시간의 실적이 다음과 같은 도수분포를 나타냈다고 할 때, 새로운 사무직원 한 명을 추가로 고용할 것인지의 여부를 결정하라.

[표 1] 보험처리건수의 실적

1일 처리건수	도수
60	30
70	10
80	15
90	10
100	35

[표 2] 1건당 처리시간의 실적

1건당 처리시간	도수
6	10
8	25
10	35
21	20
19	10

8 P정밀주식회사는 성능이나 내용연수가 서로 비슷한 20대의 기계로 시계부품을 생산하는 기업이다. 이 기계들에 대해서는 고장의 예방을 위한 유지활동(maintenance)이 정기적으로 수행되고 있지만 이들은 때때로 고장이 발생하고 있다. 따라서 4명의 수리공이 기계 고장에 대비하여 하루 8시간 동안 근무하고 있으나, 고장 난 각 기계에 대해 매회 한 사람만이 수리작업을 할 수 있다고 한다. 또한 5대 이상의 기계가 동시시에 고장을 일으키는 때도 있고 모든 수리공이 휴식하고 있는 경우도 있으나, 2~3명의 수리공이 휴식하고 있는 경우가 가장 빈번히 발생한다고 한다. 이 회사의 사장은 현재 고용되어 있는 4명의 수리공이 과연 적정한 수준인가에 대해 검토하고 있다. 계량분석자의 조사결과에 따르면 특정 시점에서 기계가 고장을 일으킬 확률은 0.10이며, 기계 수리에 소요되는 시간은 다음과 같은 확률분포를 이루는 것으로 나타났다.

기계당 소요 수리시간	확률
20분	0.05
25	0.25
30	0.35
35	0.30
40	0.05

기계의 정지로 인한 회사의 손실은 시간당 $8이며, 수리공의 임금은 시간당 $4이다. 각 수리공에 대해 10분의 여유시간을 허용한다고 할 때, 이 회사에 대한 수리공 수의 최적수준은 얼마인가?

9 어느 문방구점에서는 탁상용 카렌다의 최적주문량을 결정하고자 한다. 수요와 조달기간은 확률변수로서 다음과 같은 확률분포를 따르는 것으로 간주되고 있다.

1주의 수요(1,000개)	확률
0	0.2
10	0.4
20	0.3
30	0.1

조달기간	확률
2	0.3
3	0.4
4	0.3

1회의 주문비용은 $50, 1000개당 재고유지비용은 1주일에 $1이고, 재고부족비용은 1,000개당 $10이다. 이 회사의 재고관리자는 Q=50,000, ROP=20,000와 Q

=40,000, ROP=30,000이라는 두 가지의 대안을 놓고 이 중 어느 하나를 선택하기 위해 시뮬레이션을 행하고자 한다. 여기서는 다음과 같은 상황을 가정한다 : ① 기초재고는 30,000이다. ② 미도착주문(back order)은 허용되지 않는다. ③ 매회의 발주는 재고수준이 ROP 이하로 떨어지게 되는 주의 첫째 날에 행한다. ④ 발주된 제품은 조달기간이 경과된 바로 다음 주의 첫째 날에 도착한다.

이상과 같은 문제에 대하여 5회째의 주문품이 도착할 때까지의 시뮬레이션을 행하라.

10 B회사는 이 회사에서 계획 중인 여러 가지 투자안들에 대한 평균연간수익률을 추정하기 위해 시뮬레이션 모형을 개발하였다. 매회 실험에 대해 이 투자안의 수명기간을 몇 가지로 달리하여 각 대안에 대한 시뮬레이션을 수행하고자 한다. 이 투자문제에 대해 계량분석자는 수명기간 동안의 연간수익률이 −20%와 40% 사이의 값일 때, 몇 회의 실험을 향해야 할지 결정하고자 한다. 만약 95%의 신뢰도를 유지하면서 1% 이내의 정확도를 목표로 한다면, 평균연간투자수익률을 추정하는 데 필요한 실험횟수는 얼마나 될까?

참고문헌

Management science

Barndt, Stephen E. and David W. Carvey, *Essentials of Operations Management*, Prentice-Hall, Inc., 1982.

Bierman, Harold Jr., Charles P. Bonini and Warren H. Hausman, *Quantitative analysis for Business Decisions*, Richard D. Irwin, Inc., 1981.

Cook, Thomas M. and Robert A. Russell, *Introduction to Management Science*, Prentice-Hall, Inc., 1977.

Daellenbach, Hans G. and John A. George, *Introduction to Operations Research Techniques*, Allyn and Bacon, Inc., 1978.

Hadley, G., *Linear Programming*, Addison-Wesley Publishing Co., 1962.

Holloway, Charles A., *Decision Making Under Uncertainty*, Prentice-Hall, Inc., 1979.

Hillier, Frederick S. and Gerald J. Liebermann, *Introduction to Operations Research*, Holden-Day, Inc., 1980.

Jones, J. Morgan, *Introduction to Decision Theory*, Richard D. Irwin, Inc., 1977.

Lapin, Lawrence L., *Management Science for Business Decisions*, Harcourt Brace, Jovanovich, Inc., 1980.

Lee, Sang M., *Introduction to Management Science*, The Dryden Press, 1983.

Levin, Richard I. and Charles A. Kirkpatrick, *Quantitative Approaches to Management 4th ed.*, McGraw-Hill Book Co., 1978.

Meredith, Jack R. and Efraim Turban, *Essentials of Management Science*, Business Publications Inc., 1982.

Pinney, William E. and Donald B. McWilliams, *Management Science-an Introduction to Quantitative Analysis for Management*, Happer & Row, Publishers, 1982.

Render, Barry and Ralph M. Stair, Jr., *Quantitative Analysis for Management*, Allyn and Bacon, Inc., 1982.

Schneider, Kenneth C. and C. Randall Byers, *Quantitative Management*, John Wiley & Sons, Inc., 1979.

Taha, Hamdy A., *Operations Reseahch-an Introduction 3rd ed.*, Macmillan Publishing Co., Inc., 1982.

Thierauf, Robert J. and Robert C. Klekamp, *Decision Making Through Operations Research, 2nd ed.*, John Wiley & Sons Inc., 1975.

Wagner, Harvey M., *Principles of Operations Research, 2nd ed.*, Prentice-Hall, Inc., 1975.

부 록

Management science

Ⅰ. 표준정규분포표

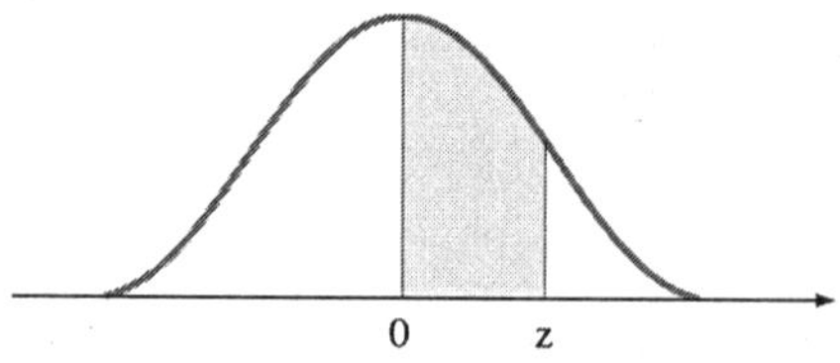

z	.00	.01	.02	.03	.04	.05	.06	.07	.08	.09
0.0	.0000	.0040	.0080	.0120	.0160	.0199	.0239	.0279	.0319	.0359
0.1	.0398	.0438	.0478	.0517	.0557	.0596	.0636	.0675	.0714	.0753
0.2	.0793	.0832	.0871	.0910	.0948	.0987	.1026	.1064	.1103	.1141
0.3	.1179	.1217	.1255	.1293	.1331	.1368	.1406	.1443	.1480	.1517
0.4	.1554	.1591	.1628	.1664	.1700	.1736	.1772	.1808	.1844	.1879
0.5	.1915	.1950	.1985	.2019	.2058	.2088	.2123	.2157	.2190	.2224
0.6	.2257	.2291	.2324	.2357	.2389	.2422	.2454	.2486	.2517	.2549
0.7	.2580	.2611	.2642	.2673	.2704	.2734	.2764	.2794	.2823	.2852
0.8	.2881	.2910	.2939	.2967	.2995	.3023	.3051	.3078	.3106	.3133
0.9	.3159	.3186	.3212	.3238	.3264	.3289	.3315	.3340	.3365	.3389
1.0	.3413	.3413	.3461	.3485	.3508	.3531	.3354	.3577	.3599	.3621
1.1	.3643	.3665	.3686	.3708	.3729	.3749	.3770	.3790	.3810	.3830
1.2	.3849	.3869	.3888	.3907	.3925	.3944	.3962	.3980	.3997	.4015
1.3	.4032	.4049	.4066	.4082	.4099	.4115	.4131	.4147	.4162	.4177
1.4	.4192	.4207	.4222	.4236	.4251	.4265	.4279	.4292	.4306	.4319
1.5	.4332	.4345	.4357	.4370	.4382	.4394	.4406	.4418	.4429	.4441
1.6	.4452	.4463	.4474	.4484	.4495	.4505	.4515	.4525	.4535	.4545
1.7	.4554	.4564	.4573	.4582	.4591	.4599	.4608	.4616	.4625	.4633
1.8	.4641	.4649	.4656	.4664	.4671	.4678	.4686	.4693	.4699	.4706
1.9	.4713	.4719	.4726	.4732	.4738	.4744	.4750	.4756	.4761	.4767
2.0	.4772	.4778	.4783	.4788	.4793	.4798	.4803	.4808	.4812	.4817
2.1	.4821	.4826	.4830	.4834	.4838	.4842	.4846	.4850	.4854	.4857
2.2	.4861	.4864	.4868	.4871	.4875	.4878	.4881	.4884	.4887	.4890
2.3	.4893	.4896	.4898	.4901	.4904	.4906	.4909	.4911	.4913	.4916
2.4	.4918	.4920	.4922	.4925	.4927	.4929	.4931	.4932	.4934	.4936
2.5	.4938	.4940	.4941	.4943	.4945	.4946	.4948	.4949	.4951	.4952
2.6	.4953	.4955	.4956	.4957	.4959	.4960	.4961	.4962	.4963	.4964
2.7	.4965	.4966	.4967	.4968	.4969	.4970	.4971	.4972	.4973	.4974
2.8	.4974	.4975	.4976	.4977	.4977	.4978	.4979	.4979	.4980	.4981
2.9	.4981	.4982	.4982	.4983	.4984	.4984	.4985	.4985	.4986	.4986
3.0	.4987	.4987	.4987	.4988	.4988	.4989	.4989	.4989	.4990	.4990

II. 포아송 분포표

$$p(x) = \frac{\lambda^x e^{-\lambda}}{x!}, \ \lambda > 0, \ x = 0, 1, 2, \cdots$$

x	0.1	0.2	0.3	0.4	0.5	0.6	0.7	0.8	0.9	1.0
0	.9048	.8187	.7408	.6703	.6065	.5488	.4966	.4493	.4066	.3679
1	.0905	.1637	.2222	.2681	.3033	.3293	.3476	.3595	.3659	.3679
2	.0045	.0164	.0333	.0536	.0758	.0988	.1217	.1438	.1647	.1839
3	.0002	.0011	.0033	.0072	.0126	.0198	.0284	.0383	.0494	.0613
4	.0000	.0001	.0002	.0007	.0016	.0030	.0050	.0077	.0111	.0153
5	.0000	.0000	.0000	.0001	.0002	.0004	.0007	.0012	.0020	.0031
6	.0000	.0000	.0000	.0000	.0000	.0000	.0001	.0002	.0003	.0005
7	.0000	.0000	.0000	.0000	.0000	.0000	.0000	.0000	.0000	.0001

x	1.1	1.2	1.3	1.4	1.5	1.6	1.7	1.8	1.9	2.0
0	.3329	.3012	.2725	.2466	.2231	.2019	.1827	.1653	.1496	.1353
1	.3662	.3614	.3543	.3452	.3347	.3230	.3106	.2975	.2842	.2707
2	.2014	.2169	.2303	.2417	.2510	.2584	.2640	.2678	.2700	.2707
3	.0738	.0867	.0998	.1128	.1255	.1378	.1496	.1607	.1710	.1804
4	.0203	.0260	.0324	.0395	.0417	.0551	.0636	.0723	.0812	.0902
5	.0045	.0062	.0084	.0111	.0141	.0176	.0216	.0260	.0309	.0361
6	.0008	.0012	.0018	.0026	.0035	.0047	.0061	.0078	.0098	.0120
7	.0001	.0002	.0003	.0005	.0008	.0011	.0015	.0020	.0027	.0034
8	.0000	.0000	.0001	.0001	.0001	.0002	.0003	.0005	.0006	.0009
9	.0000	.0000	.0000	.0000	.0000	.0000	.0001	.0001	.0001	.0002

x	2.1	2.2	2.3	2.4	2.5	2.6	2.7	2.8	2.9	3.0
0	.1225	.1108	.1003	.0907	.0821	.0743	.0672	.0608	.0550	.0498
1	.2572	.2438	.2306	.2177	.2052	.1931	.1815	.1703	.1596	.1494
2	.2700	.2681	.2652	.2613	.2565	.2510	.2450	.2384	.2314	.2240
3	.1890	.1966	.2033	.2090	.2138	.2176	.2205	.2225	.2237	.2240
4	.0992	.1082	.1169	.1254	.1336	.1414	.1488	.1557	.1622	.1680
5	.0417	.0476	.0538	.0602	.0688	.0735	.0804	.0872	.0940	.1008
6	.0146	.0174	.0206	.0241	.0278	.0319	.0362	.0407	.0455	.0504
7	.0044	.0055	.0068	.0083	.0099	.0118	.0139	.0163	.0188	.0216
8	.0011	.0015	.0019	.0025	.0031	.0038	.0047	.0057	.0068	.0081
9	.0003	.0004	.0005	.0007	.0009	.0011	.0014	.0018	.0022	.0027
10	.0001	.0001	.0001	.0002	.0002	.0003	.0004	.0005	.0006	.0008
11	.0000	.0000	.0000	.0000	.0000	.0001	.0001	.0001	.0002	.0002
12	.0000	.0000	.0000	.0000	.0000	.0000	.0000	.0000	.0000	.0001

x	λ 3.1	3.2	3.3	3.4	3.5	3.6	3.7	3.8	3.9	4.0
0	.0450	.0408	.0369	.0334	.0302	.0273	.0247	.0224	.0202	.0183
1	.1397	.1304	.1217	.1135	.1057	.0984	.0915	.0850	.0789	.0733
2	.2165	.2087	.2008	.1929	.1850	.1771	.1692	.1615	.1539	.1465
3	.2237	.2226	.2209	.2186	.2158	.2125	.2087	.2046	.2001	.1954
4	.1734	.1781	.1823	.1858	.1888	.1912	.1931	.1944	.1951	.1954
5	.1075	.1140	.1203	.1264	.1322	.1377	.1429	.1477	.1522	.1563
6	.0555	.0608	.0662	.0716	.0771	.0826	.0881	.0936	.0989	.1042
7	.0246	.0278	.0312	.0348	.0385	.0425	.0466	.0508	.0551	.0595
8	.0095	.0111	.0129	.0148	.0169	.0191	.0215	.0241	.0269	.0298
9	.0033	.0040	.0047	.0056	.0066	.0076	.0089	.0102	.0116	.0132
10	.0010	.0013	.0016	.0019	.0023	.0028	.0033	.0039	.0045	.0053
11	.0003	.0004	.0005	.0006	.0007	.0009	.0011	.0013	.0016	.0019
12	.0001	.0001	.0001	.0002	.0002	.0003	.0003	.0004	.0005	.0006
13	.0000	.0000	.0000	.0000	.0001	.0001	.0001	.0001	.0002	.0002
14	.0000	.0000	.0000	.0000	.0000	.0000	.0000	.0000	.0000	.0001

x	λ 4.1	4.2	4.3	4.4	4.5	4.6	4.7	4.8	4.9	5.0
0	.0166	.0150	.0136	.0123	.0111	.0101	.0091	.0082	.0074	.0067
1	.0679	.0630	.0583	.0540	.0500	.0462	.0427	.0395	.0365	.0337
2	.1393	.1323	.1254	.1118	.1125	.1063	.1005	.0948	.0894	.0842
3	.1904	.1852	.1798	.1743	.1687	.1631	.1574	.1517	.1460	.1404
4	.1951	.1944	.1933	.1917	.1898	.1875	.1849	.1820	.1789	.1755
5	.1600	.1633	.1662	.1687	.1708	.1725	.1738	.1747	.1753	.1755
6	.1093	.1143	.1191	.1237	.1281	.1323	.1362	.1398	.1432	.1462
7	.0640	.0686	.0732	.0778	.0824	.0869	.0914	.0959	.1002	.1044
8	.0328	.0360	.0393	.0428	.0463	.0500	.0537	.0575	.0614	.0653
9	.0150	.0168	.0188	.0209	.0232	.0255	.0280	.0307	.0334	.0363
10	.0061	.0071	.0081	.0092	.0104	.0118	.0132	.0147	.0164	.0181
11	.0023	.0027	.0032	.0037	.0043	.0049	.0056	.0064	.0073	.0082
12	.0008	.0009	.0011	.0014	.0016	.0019	.0022	.0026	.0030	.0034
13	.0002	.0003	.0004	.0005	.0006	.0007	.0008	.0009	.0011	.0013
14	.0001	.0001	.0001	.0001	.0002	.0002	.0003	.0003	.0004	.0005
15	.0000	.0000	.0000	.0000	.0001	.0001	.0001	.0001	.0001	.0002

x	λ 5.1	5.2	5.3	5.4	5.5	5.6	5.7	5.8	5.9	6.0
0	.0061	.0055	.0050	.0045	.0041	.0037	.0033	.0030	.0027	.0025
1	.0311	.0287	.0265	.0244	.0225	.0207	.0191	.0176	.0162	.0149

x										
2	.0793	.0746	.0701	.0659	.0618	.0580	.0544	.0509	.0477	.0446
3	.1348	.1298	.1239	.1185	.1133	.1082	.1033	.0985	.0938	.0892
4	.1719	.1681	.1641	.1600	.1558	.1515	.1472	.1428	.1383	.1339
5	.1753	.1748	.1740	.1728	.1714	.1697	.1678	.1656	.1632	.1606
6	.1490	.1515	.1537	.1555	.1571	.1584	.1594	.1601	.1605	.1606
7	.1086	.1125	.1163	.1200	.1234	.1267	.1298	.1326	.1353	.1377
8	.0692	.0731	.0771	.0810	.0849	.0887	.0925	.0962	.0998	.1033
9	.0362	.0423	.0454	.0486	.0519	.0552	.0586	.0620	.0654	.0688
10	.0200	.0220	.0241	.0262	.0285	.0309	.0334	.0359	.0386	.0413
11	.0093	.0104	.0116	.0129	.0143	.0157	.0173	.0190	.0207	.0225
12	.0039	.0045	.0051	.0058	.0065	.0073	.0082	.0092	.0102	.0113
13	.0015	.0104	.0021	.0024	.0028	.0032	.0036	.0041	.0046	.0052
14	.0006	.0007	.0008	.0009	.0011	.0013	.0015	.0017	.0019	.0022
15	.0002	.0002	.0003	.0003	.0004	.0005	.0006	.0007	.0008	.0009
16	.0001	.0001	.0001	.0001	.0001	.0002	.0002	.0002	.0003	.0003
17	.0000	.0000	.0000	.0000	.0000	.0000	.0000	.0001	.0001	.0001

	λ									
x	6.1	6.2	6.3	6.4	6.5	6.6	6.7	6.8	6.9	7.0
0	.0022	.0020	.0018	.0017	.0015	.0014	.0012	.0011	.0010	.0009
1	.0137	.0126	.0116	.0106	.0098	.0090	.0082	.0076	.0070	.0064
2	.0417	.0390	.0364	.0340	.0318	.0296	.0276	.0258	.0240	.0223
3	.0848	.0806	.0765	.0726	.0688	.0652	.0617	.0584	.0552	.0521
4	.1294	.1249	.1205	.1162	.1118	.1076	.1034	.0992	.0952	.0912
5	.1579	.1549	.1519	.1487	.1545	.1420	.1385	.1349	.1314	.1277
6	.1605	.1601	.1595	.1586	.1575	.1562	.1546	.1529	.1511	.1490
7	.1399	.1418	.1435	.1450	.1462	.1472	.1480	.1486	.1489	.1490
8	.1066	.1099	.1130	.1160	.1188	.1215	.1240	.1263	.1284	.1304
9	.0723	.0757	.0791	.0825	.0858	.0891	.0923	.0954	.0985	.1014
10	.0441	.0469	.0498	.0528	.0558	.0588	.0618	.0649	.0679	.0710
11	.0245	.0265	.0285	.0307	.0330	.0656	.0377	.0401	.0426	.0452
12	.0124	.0137	.0150	.0164	.0179	.0194	.0210	.0227	.0245	.0264
13	.0058	.0065	.0073	.0081	.0089	.0098	.0108	.0119	.0130	.0142
14	.0025	.0029	.0033	.0037	.0041	.0046	.0052	.0058	.0064	.0071
15	.0010	.0012	.0014	.0016	.0018	.0020	.0023	.0026	.0029	.0033
16	.0004	.0005	.0005	.0006	.0007	.0008	.0010	.0013	.0013	.0014
17	.0001	.0002	.0002	.0002	.0003	.0003	.0004	.0005	.0005	.0006
18	.0000	.0001	.0001	.0001	.0001	.0001	.0001	.0002	.0002	.0002
19	.0000	.0000	.0000	.0000	.0000	.0000	.0000	.0001	.0001	.0001

x	7.1	7.2	7.3	7.4	7.5	7.6	7.7	7.8	7.9	8.0
					λ					
0	.0008	.0007	.0007	.0006	.0006	.0005	.0005	.0004	.0004	.0003
1	.0059	.0054	.0049	.0045	.0041	.0038	.0035	.0032	.0029	.0027
2	.0208	.0194	.0180	.0167	.0156	.0145	.0134	.0125	.0116	.0107
3	.0492	.0464	.0438	.0413	.0389	.0366	.0345	.0324	.0305	.0286
4	.0874	.0836	.0799	.0764	.0729	.0696	.0663	.0632	.0602	.0573
5	.1241	.1204	.1167	.1130	.1094	.1057	.1021	.0986	.0951	.0916
6	.1468	.1445	.1420	.1394	.1367	.1339	.1311	.1282	.1252	.1221
7	.1489	.1486	.1481	.1474	.1465	.1454	.1442	.1428	.1413	.1396
8	.1321	.1337	.1351	.1363	.1373	.1382	.1388	.1392	.1395	.1396
9	.1042	.1070	.1096	.1121	.1144	.1167	.1187	.1207	.1224	.1241
10	.0740	.0770	.0800	.0829	.0858	.0887	.0914	.0941	.0967	.0993
11	.0478	.0504	.0531	.0558	.0585	.0613	.0640	.0667	.0695	.0722
12	.0283	.0303	.0323	.0344	.0366	.0388	.0411	.0434	.0457	.0481
13	.0154	.0168	.0181	.0196	.0211	.0227	.0243	.0260	.0278	.0296
14	.0078	.0086	.0095	.0104	.0113	.0123	.0134	.0145	.0157	.0169
15	.0037	.0441	.0046	.0051	.0057	.0062	.0069	.0075	.0083	.0090
16	.0016	.0019	.0021	.0024	.0026	.0030	.0033	.0037	.0041	.0045
17	.0007	.0008	.0009	.0010	.0012	.0013	.0015	.0017	.0019	.0021
18	.0003	.0003	.0004	.0004	.0005	.0006	.0006	.0007	.0008	.0009
19	.0001	.0001	.0001	.0002	.0002	.0002	.0003	.0003	.0003	.0004
20	.0000	.0000	.0001	.0001	.0001	.0001	.0001	.0001	.0001	.0002
21	.0000	.0000	.0000	.0000	.0000	.0000	.0000	.0000	.0001	.0001

x	8.1	8.2	8.3	8.4	8.5	8.6	8.7	8.8	8.9	9.0
					λ					
0	.0003	.0003	.0002	.0002	.0002	.0002	.0002	.0002	.0001	.0001
1	.0025	.0023	.0021	.0019	.0017	.0016	.0014	.0013	.0012	.0011
2	.0100	.0092	.0086	.0079	.0074	.0068	.0063	.0058	.0054	.0050
3	.0269	.0252	.0237	.0222	.0208	.0195	.0183	.0171	.0160	.0150
4	.0544	.0517	.0491	.0466	.0443	.0420	.0398	.0377	.0357	.0337
5	.0882	.0849	.0816	.0784	.0752	.0722	.0692	.0663	.0635	.0607
6	.1191	.1160	.1128	.1097	.1066	.1034	.1003	.0972	.0941	.0911
7	.1378	.1358	.1338	.1317	.1294	.1271	.1247	.1222	.1197	.1171
8	.1395	.1392	.1338	.1382	.1375	.1366	.1356	.1344	.1332	.1318
9	.1256	.1269	.1280	.1290	.1299	.1306	.1311	.1315	.1317	.1318
10	.1017	.1040	.1063	.1084	.1104	.1123	.1140	.1157	.1172	.1186
11	.0749	.0776	.0802	.0828	.0853	.0878	.0902	.0925	.0948	.0970
12	.0505	.0530	.0555	.0579	.0604	.0629	.0654	.0679	.0703	.0728
13	.0315	.0334	.0354	.0374	.0395	.0416	.0438	.0459	.0481	.0504
14	.0182	.0196	.0210	.0225	.0240	.0256	.0272	.0289	.0306	.0324

x	λ 8.1	8.2	8.3	8.4	8.5	8.6	8.7	8.8	8.9	9.0
15	.0098	.0107	.0116	.0126	.0136	.0147	.0158	.0169	.0182	.0194
16	.0050	.0055	.0060	.0066	.0072	.0079	.0086	.0093	.0101	.0109
17	.0024	.0026	.0029	.0033	.0036	.0040	.0044	.0048	.0053	.0058
18	.0011	.0012	.0014	.0015	.0017	.0019	.0021	.0024	.0026	.0029
19	.0005	.0005	.0006	.0007	.0008	.0009	.0010	.0011	.0012	.0014
20	.0002	.0002	.0002	.0003	.0003	.0004	.0004	.0005	.0005	.0006
21	.0001	.0001	.0001	.0001	.0001	.0002	.0002	.0002	.0002	.0003
22	.0000	.0000	.0000	.0000	.0000	.0001	.0001	.0001	.0001	.0001

x	λ 9.1	9.2	9.3	9.4	9.5	9.6	9.7	9.8	9.9	10
0	.0001	.0001	.0001	.0001	.0001	.0001	.0001	.0001	.0001	.0000
1	.0010	.0009	.0009	.0008	.0007	.0007	.0006	.0005	.0005	.0005
2	.0046	.0043	.0040	.0037	.0034	.0031	.0029	.0027	.0025	.0023
3	.0140	.0131	.0123	.0115	.0107	.0100	.0093	.0087	.0081	.0076
4	.0319	.0302	.0285	.0269	.0254	.0240	.0226	.0213	.0201	.0189
5	.0581	.0555	.0530	.0506	.0483	.0460	.0439	.0418	.0398	.0378
6	.0881	.0851	.0822	.0793	.0764	.0736	.0709	.0682	.0656	.0631
7	.1145	.1118	.1091	.1064	.1037	.1010	.0982	.0955	.0928	.0901
8	.1302	.1286	.1269	.1251	.1232	.1212	.1191	.1170	.1148	.1126
9	.1317	.1315	.1311	.1306	.1300	.1293	.1284	.1274	.1263	.1251

x	λ 9.1	9.2	9.3	9.4	9.5	9.6	9.7	9.8	9.9	10
10	.1198	.1210	.1219	.1228	.1235	.1241	.1245	.1249	.1250	.1251
11	.0991	.1012	.1031	.1049	.1067	.1083	.1098	.1112	.1125	.1137
12	.0752	.0776	.0799	.0822	.0844	.0866	.0888	.0908	.0928	.0948
13	.0526	.0549	.0572	.0594	.0617	.0640	.0662	.0685	.0707	.0729
14	.0342	.0361	.0380	.0399	.0419	.0439	.0459	.0479	.0500	.0521
15	.0208	.0221	.0235	.0250	.0265	.0281	.0297	.0313	.0330	.0347
16	.0118	.0127	.0137	.0147	.0157	.0168	.0180	.0192	.0204	.0217
17	.0063	.0069	.0075	.0081	.0088	.0095	.0103	.0111	.0119	.0128
18	.0032	.0035	.0039	.0042	.0046	.0051	.0055	.0060	.0065	.0071
19	.0015	.0017	.0019	.0021	.0023	.0026	.0028	.0031	.0034	.0037
20	.0007	.0008	.0009	.0010	.0011	.0012	.0014	.0015	.0017	.0019
21	.0003	.0003	.0004	.0004	.0005	.0006	.0006	.0007	.0008	.0009
22	.0001	.0001	.0002	.0002	.0002	.0002	.0003	.0003	.0004	.0001
23	.0000	.0001	.0001	.0001	.0001	.0001	.0001	.0001	.0002	.0002
24	.0000	.0000	.0000	.0000	.0000	.0000	.0000	.0001	.0001	.0001

x	λ 11	12	13	14	15	16	17	18	19	20
0	.0000	.0000	.0000	.0000	.0000	.0000	.0000	.0000	.0000	.0000
1	.0002	.0001	.0000	.0000	.0000	.0000	.0000	.0000	.0000	.0000
2	.0010	.0004	.0002	.0001	.0001	.0000	.0000	.0000	.0000	.0000
3	.0037	.0018	.0008	.0004	.0002	.0001	.0000	.0000	.0000	.0000
4	.0102	.0053	.0027	.0013	.0006	.0003	.0001	.0001	.0000	.0000
5	.0224	.0127	.0070	.0037	.0019	.0010	.0005	.0002	.0001	.0001
6	.0411	.0255	.0152	.0087	.0048	.0026	.0014	.0007	.0004	.0002
7	.0646	.0437	.0281	.0174	.0104	.0060	.0034	.0018	.0010	.0005
8	.0888	.0655	.0457	.0304	.0194	.0120	.0072	.0042	.0024	.0013
9	.1085	.0874	.0661	.0473	.0324	.0213	.0135	.0083	.0050	.0029
10	.1194	.1048	.0859	.0663	.0486	.0347	.0230	.0150	.0095	.0058
11	.1194	.1141	.1015	.0844	.0663	.0496	.0355	.0245	.0164	.0106
12	.1094	.1444	.1099	.0984	.0829	.0661	.0504	.0368	.0259	.0176
13	.0926	.1056	.1099	.1060	.0956	.0814	.0658	.0509	.0378	.0271
14	.0728	.0905	.1021	.1060	.1024	.0930	.0800	.0655	.0514	.0387
15	.0534	.0724	.0885	.0989	.1024	.0992	.0906	.0786	.0650	.0516
16	.0367	.0543	.0719	.0866	.1960	.0992	.0963	.0884	.0772	.0646
17	.0237	.0383	.0550	.0713	.0847	.0934	.0963	.0936	.0863	.0760
18	.0145	.0256	.0397	.0554	.0706	.0830	.0909	.0936	.0911	.0844
19	.0084	.0161	.0272	.0409	.0557	.0699	.0814	.0887	.0911	.0888
20	.0046	.0097	.0177	.0286	.0418	.0559	.0692	.0798	.0866	.0888
21	.0024	.0055	.0109	.0191	.0299	.0426	.0560	.0684	.0783	.0846
22	.0012	.0030	.0065	.0121	.0204	.0310	.0433	.0560	.0676	.0769
23	.0006	.0016	.0037	.0074	.0133	.0216	.0320	.0438	.0559	.0669
24	.0003	.0008	.0020	.0043	.0083	.0144	.0226	.0328	.0442	.0557
25	.0001	.0004	.0010	.0024	.0050	.0092	.0154	.0237	.0336	.0446
26	.0000	.0002	.0005	.0013	.0029	.0057	.0101	.0164	.0246	.0343
27	.0000	.0001	.0002	.0007	.0016	.0034	.0063	.0109	.0173	.0254
28	.0000	.0000	.0001	.0003	.0009	.0019	.0038	.0070	.0117	.0181
29	.0000	.0000	.0001	.0002	.0004	.0011	.0023	.0044	.0077	.0125
30	.0000	.0000	.0000	.0001	.0002	.0006	.0013	.0026	.0049	.0083
31	.0000	.0000	.0000	.0000	.0001	.0003	.0007	.0015	.0030	.0054
32	.0000	.0000	.0000	.0000	.0001	.0001	.0004	.0009	.0018	.0034
33	.0000	.0000	.0000	.0000	.0000	.0001	.0002	.0005	.0010	.0020
34	.0000	.0000	.0000	.0000	.0000	.0000	.0001	.0002	.0006	.0012
35	.0000	.0000	.0000	.0000	.0000	.0000	.0000	.0001	.0003	.0007
36	.0000	.0000	.0000	.0000	.0000	.0000	.0000	.0001	.0002	.0004
37	.0000	.0000	.0000	.0000	.0000	.0000	.0000	.0000	.0001	.0002
38	.0000	.0000	.0000	.0000	.0000	.0000	.0000	.0000	.0000	.0001
39	.0000	.0000	.0000	.0000	.0000	.0000	.0000	.0000	.0000	.0001

Ⅲ. $e^{-\lambda}$의 값

$e=2.71828$

x	e^{x}	e^{-x}	x	e^{x}	e^{-x}
0.00	1.000	1.000	3.00	20.086	0.050
0.10	1.105	0.905	3.10	22.198	0.545
0.20	1.221	0.819	3.20	24.533	0.041
0.30	1.350	0.741	3.30	27.113	0.037
0.40	1.492	0.670	3.40	29.964	0.033
0.50	1.649	0.607	3.50	33.115	0.030
0.60	1.822	0.549	3.60	36.598	0.027
0.70	2.014	0.497	3.70	40.447	0.025
0.80	2.226	0.449	3.80	44.701	0.022
0.90	2.460	0.407	3.90	49.402	0.020
1.00	2.718	0.368	4.00	54.598	0.018
1.10	3.004	0.333	4.10	60.340	0.017
1.20	3.320	0.301	4.20	66.686	0.015
1.30	3.669	0.273	4.30	73.700	0.014
1.40	4.055	0.247	4.40	81.451	0.012
1.50	4.482	0.223	4.50	90.017	0.011
1.60	4.953	0.202	4.60	99.484	0.010
1.70	5.474	0.183	4.70	109.95	0.009
1.80	6.050	0.165	4.80	121.51	0.008
1.90	6.686	0.150	4.90	134.29	0.007
2.00	7.389	0.135	5.00	148.41	0.007
2.10	8.166	0.122	5.10	164.02	0.006
2.20	9.025	0.111	5.20	181.27	0.006
2.30	9.974	0.100	5.30	200.34	0.005
2.40	11.023	0.091	5.40	221.41	0.005
2.50	12.182	0.082	5.50	244.69	0.004
2.60	13.464	0.074	5.60	270.43	0.004
2.70	14.880	0.067	5.70	298.87	0.003
2.80	16.445	0.061	5.80	230.30	0.003
2.90	18.174	0.055	5.90	365.04	0.003
3.00	20.086	0.050	6.00	403.43	0.002

찾아보기

Management science

[ㄱ]

[ㄴ]

[ㄷ]

[ㄹ]

[ㅁ]

[ㅂ]

[ㅅ]

[ㅇ]

[ㅈ]

[ㅊ]

[ㅌ]

[ㅍ]

[ㅎ]

[A]

[B]

[C]

[D]

[E]

[F]

[G]

[H]

[I]

[J]

[L]

[M]

[N]

[O]

[P]

[Q]

[R]

[S]

[T]

[U]

[V]

[W]

[Z]

저자 약력

형성우
전북대학교 상과대학 졸업
노스텍사스대학교 수학
일본 동북대학 박사(자원경영)
한국경영학회 부회장
대한OR/산업공학회 부회장
현, 전북대학교 상과대학 경영학부 명예교수
<저서>
『생산관리』(형설출판사)
『경영과학』(형설출판사)
『현대경영학』(형설출판사)

김주안
전북대학교 대학원 경영학 박사
미국 미시간주립대학교 객원교수
중국 연변과학기술대학교 상경학부 객원교수
현, 서남대학교 경영학과 교수
<저서>
『e비즈니스론』(한경사)
『통계조사방법』(한경사)
『병원경영학』(대학서림)

이상만
서울대학교 경영대학 졸업
서울대학교 대학원 경영학 박사
미국 일리노이대학교 교환교수
대한OR/산업공학회 이사
한국정보전략학회 회장
현, 전북대학교 상과대학 경영학부 교수
<저서>
『경제통계학상의』(형설출판사)
『현대경영학』(형설출판사)

경영과학

초판 1쇄 발행 / 2008년 9월 5일
초판 4쇄 발행 / 2022년 9월 16일

공저 형성우 · 이상만 · 김주안
발행처 형설출판사
경기도 파주시 회동길 37-23 · 전화 (031) 955-2361~4 · 팩시밀리 (031) 955-2341
발행인 장진혁
등록 라-제9호 · 1962년 5월 1일
홈페이지 http://www.hyungseul.co.kr
e-mail hs@hyungseul.co.kr

정가 36,000원

ISBN 978-89-472-4156-4 93320